華東師範大學圖書館藏民國書刊選輯圖錄

胡晓明　韩进　主编

中国近代文献保护工程

西泠印社出版社

图书在版编目（CIP）数据

中国近代文献保护工程 ：华东师范大学图书馆藏民国书刊选辑图录 / 胡晓明，韩进主编. -- 杭州 ：西泠印社出版社，2021.4
ISBN 978-7-5508-3376-0

Ⅰ. ①中… Ⅱ. ①胡… ②韩… Ⅲ. ①华东师范大学－院校图书馆－图书馆目录－民国 Ⅳ. ①Z822.6

中国版本图书馆CIP数据核字(2021)第052265号

中国近代文献保护工程：
华东师范大学图书馆藏民国书刊选辑图录

胡晓明　韩　进 主编

出 品 人　江　吟
责任编辑　俞　莺
责任出版　冯斌强
责任校对　徐　岫
特约编辑　郑梦祎
题　　签　韩　瑞
装帧设计　浙江越生文化创意有限公司
出版发行　西泠印社出版社
（杭州市西湖文化广场32号5楼　邮政编码　310014）
经　　销　全国新华书店
制　　版　浙江越生联合出版印刷有限公司
印　　刷　浙江越生联合出版印刷有限公司
开　　本　787mm×1092mm　1/16
字　　数　390千
印　　张　39
印　　数　0001—5000
书　　号　ISBN 978-7-5508-3376-0
版　　次　2021年4月第1版　第1次印刷
定　　价　388.00元

西泠印社出版社发行部联系方式：（0571）87243079

《中国近代文献保护工程：华东师范大学图书馆藏民国书刊选辑图录》编委会

主　　编：胡晓明　韩　进

编　　委：张静波　魏明扬　曾庆雨
周保明　李善强　回达强
阎　琳　叶宪允

序

民国时期(1912—1949)处于新旧社会制度嬗递的特殊时期,社会生活各方面发生剧烈变革的同时,也对思想文化领域产生了巨大的影响。中西之争、古今之争、传统与现代之争,各种思想的碰撞与交锋催生出丰硕的学术成果,民国文献作为此一时期学术思想的重要载体,不但反映了中国近代社会兴衰变迁的历史,还对现代与未来具有一定的启示意义。

清末民初的上海,现代化程度高,社会经济繁荣,文化市场活跃,吸引了大量文化人才。这使得上海成为人文荟萃之地,也为上海成为近代中国最具活力的出版中心创造了得天独厚的条件。当时的福州路一带集中了大量资本雄厚的出版机构,成为上海乃至全国的出版中心。除商务印书馆之外,中华、大东、世界、开明等重要书局相继成立。此外,还有很多独具个性的小书局。这些出版社出版了大量颇具影响力的书刊,这些书刊成为上海各大图书馆之民国馆藏最主要、最直接的来源。

位于上海的华东师范大学图书馆是重要的民国文献收藏单位，藏有民国时期书刊近10万册。溯其来源，可分为五个渠道：1. 前身学校大夏大学藏书；2. 前身学校光华大学藏书；3. 圣约翰大学罗氏图书馆藏书；4. 国立暨南大学图书馆藏书；5. 二十世纪五十年代初院系调整时从其他高校调拨来的图书。

从文献形态上看，近10万册馆藏民国时期书刊中有50991册民国时期出版的普通中文图书，占总量一半略强；其余期刊1971种，共13780册；线装书16592册，外文书18250册。

依照目前的学科分类方法对50991册馆藏普通中文图书进行分类，涉及政治、经济、社会、教育、文学、史学、哲学以及自然科学等多个领域，是本馆特藏的重要组成部分。其中历史学、地理学图书为11869册，约占23%；语言、文学类图书为10571册，将近21%；社会科学类图书10440册，占比20%有余。这三类图书占了普通中文图书的64%，其余哲学、艺术、美术、自然科学等学科图书数量各有不同，但各自所占总量之份额都比较小。这构成了华东师范大学馆藏民国时期普通中文图书的结构特色，既与华东师范大学作为全国高校中的文科重镇的特征相符，也与民国时期国内所出版的普通中文图书的学科分布大致相符。馆藏民国时期的报刊以中文综合类报刊居多，其中既有《申报》《京报》《字林沪报》《东方杂志》等成套的大型报刊，又有种类繁多的存续年代较短的报刊；既有一批反映当时社会转型发展特色的"新"字头报刊，如《新自由》《新时代》《新教育》等，也有专业性较强的学术杂志如《航务通讯》《化学》《气象杂志》等。馆藏民国时期的线装书以《四部丛刊》《四部备要》《古今图书集成》等大型成套图书为主。

与其他高校图书馆所藏民国时期书刊相比较，华东师范大学图书馆民国时期书刊在内容品质方面大致呈现出以下比较明显的特色：

一、本馆所藏圣约翰大学、光华大学、大夏大学等民国时期私立名校的年刊、章程、纪念专刊等颇值得关注。作为新中国创办的第一所师范大学，华东师范大学的前身圣约翰、光华、大夏等大学均有辉煌灿烂的校史。圣约翰大学创办于1879年，是在华办学时间最长的一所教会学校，素有“东方哈佛”“外交人才的养成所”等盛名；大夏大学创办于1924年，是国内最早实施导师制的大学，秉承苦教、苦学、苦干的“三苦精神”以及“自强不息”的校训，文理兼修，享有“东方的哥伦比亚大学”之美誉；光华大学在1925年反帝爱国的五卅运动中产生，以光复中华为己任，强调知行合一，其雄厚的师资力量被当时舆论认为高居上海各大学之首。三所大学皆产生于近代中国内忧外患的动荡时期，见证了近代社会的风云变幻，在全校师生艰苦卓绝的奋斗中形成反帝爱国的光荣传统与求实创新的优良学风。这些校史材料经常刊载由学校核心人物所撰的史述性文章，记录学校创立、发展、变化过程中的重大事件，一些年刊、纪念刊又用当时非常难得的高质量照片呈现民国时期学校众位教师的风采，亦为每一位毕业生保留了当年的照片和籍贯专业等信息。这些资料是研究大学史、高等教育发展史的珍贵史料。

二、教育学科的图书非常齐全，珍稀图书较多。馆藏教育类图书涵盖了教育哲学、教育基本原理、基础教育、大学教育、民众教育、社会教育、乡村教育、职业教育、女子教育、家庭教育等众多领域，还有不少著作专门探讨德育、学科教学法、体育等分支学科。如1914年版《大教育学》（张子和编纂，蒋维乔校订），系国人独立编写教育学学科教材的首创；1939年版《小学农事指导法》（王琳编著）是关于民国时期小学劳动教育的宝贵资料；1939年版《家庭教育之理论与实际》（黄觉民编）是民国时期陈鹤琴等十多位教育名家探讨儿童家庭教育理论的重要成果的集合。

三、哲学、社会学、政治学著作能够密切追踪民国时期的学术前沿和社会动向。如1946年版《康德学述》（郑昕著）是中国深入介绍康德哲学的第一本专著，其作者是国内第一位远赴德国钻研康德哲学、亲炙新康德主义的学者；1937年版罗素的名著《哲学大纲》（高名凯译），捕捉英美哲学的新动向，与英美学界呈现了相同步调；1934年版《社会学ABC》（孙本文著）以“社会行为”这一概念为核心展开对社会学的探讨，代表了当时国内外学界的一个热点。

四、历史学、地理学书籍中有不少在学术史上产生重大影响的著作。如1931年第二版的法国史学家朗格诺瓦、瑟诺博司的名著《史学原论》（李思纯译述，任鸿隽校订），作为西方科学史学的方法论经典教科书，对近代中国史学发展影响甚巨；1930年版《通史新义》（何炳松著）是新史学奠基人何炳松的代表性作品；1937年版《中国考古学史》（卫聚贤著）是史学界第一部系统论述中国考古学的专著；1936年版《斯坦因西域考古记》（向达译）至今仍是研习新疆地区考古学的必读著作。

五、民国线装书在本馆的民国特藏中也占有相当比重。民国时期是中西、新旧文化之间纠结紧张与发展演变的时代，作为过渡时代一种特殊的文献形式，民国线装书形制古而内容新，尤其值得关注。本馆收藏的民国线装书多为铅印本、石印本，另有部分影印本及手稿本。作为本馆民国文献收藏的重要组成部分，这部分文献中不乏内容新颖且装帧考究者，具有独特的资料价值与文物价值。

总之，民国时期的书刊十分珍贵。然而，由于民国书刊距今最近者也已有数十年之久，纸张脆化比较严重，很多已不适合读者借阅，民国文献的保护与整理工作迫在眉睫。近些年来，随着学界对民国文献重视程度的加深，民国文献的整理工作也在积极进行。除了数字化及影印出版等主要方式之外，从馆藏民国文献中择其要者进行图录的撰写，也是一种值得重视的整理方式。本馆此前对一部分西文书进行整理，曾出版《华东师范大学西文藏书票图录选刊》一书。而此次的《华东师范大学图书馆藏民国书刊选辑图录》，则是继藏书票之后对本馆民国特藏的又一次有重点的深度整理。本书精选284种馆藏民国时期的珍贵图书期刊，按学科类别和文献形态排列，每种立一条目，目下录其馆藏信息，附以原书高清书影和简明的内容提要，以便读者对具体书刊有更加直观的了解，增进阅读兴趣。

图书的生命在于流通，作为社会文化记录的保管人，图书馆员的重要责任就是尽最大的努力开发这些记录以供大众使用。本书是华东师范大学图书馆古籍部馆员集体努力下所取得的成果，不足之处，诚望图书馆界同行和广大读者不吝批评指正。

华东师范大学图书馆副馆长　魏明扬

二〇二〇年九月十七日

目录

校史相关

哲学、伦理学、心理学及宗教

社会科学及社会学

政治

法律

经济

新闻传播

图书馆、文献学及博物馆

艺术

历史

地理

科学技术

丛书、类书及书目

期刊

校史相关

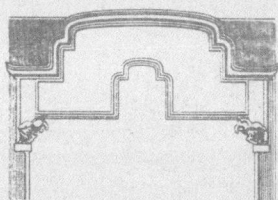

J29.90-6/8.93　私立光华大学成都十年记

光华大学编。

成都：私立光华大学成都分部结束办事处，1949年6月铅印本。白口，四周单边。线装一册。开本22.8cm×13.2cm，版框18.0cm×10.7cm。

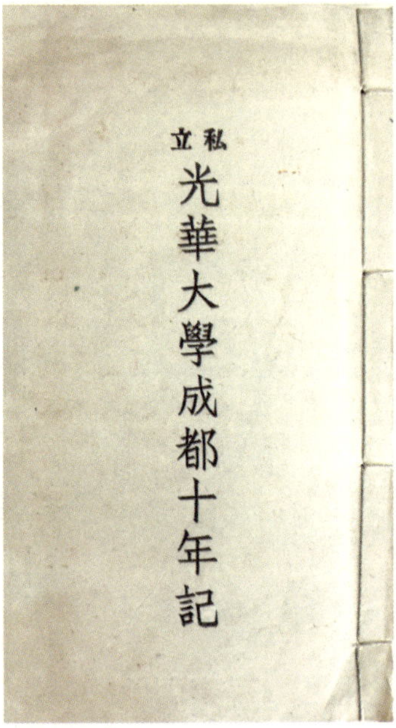

本书为纪念集之性质，前有张寿镛校长遗像及其在成都的留影，以及成都分部创办人、副校长谢霖像，另附1947年6月3日谢霖为本书所作序及光华大学校歌。内容包括光华大学念载简史、张寿镛先生传略、国民政府褒扬张故校长令、张寿镛蜀游诗集、文学院院长蒋维乔先生八年来敌伪诱胁实况、校董及名誉校董、上海校本部现任教职员、上海本部附属中学现任教职员、成都分部结束办事处之现任职员、成都分部之附属中学职员、成都分部记事本末、募集上海本校复兴基金征信录、川康各地同学分会献匾、留蓉借读成华同学会及附属中学学生献旗、摘录成都收受之本校二十二周年六三校庆贺辞，后附各类统计表十张。

本書由四川省成都市春熙路南段十七號附六號光華大學成都分部結束辦事處發行如有信件均請逕寄可也

序

上海光華大學，私立也，因愛國運動而成立之學校也，始於民國十四年六月三日，遂以是日爲校節，其首任校長，爲余老友張公壽鏞（字詠霓），賡續二十年，培植人才，以數千計，歿於民國三十四年七月，論其功績，可謂偉矣。

吾國實業不振，皆因專門人材，趨於從政之一途，以致社會公益事業，少人過問，私立學校者，社會公益事業也。環睹吾國私立學校維持之情形，有三端焉，一曰校董校長憑其資望與精神，終歲從事募捐，集腋成裘，以爲建設之資也。二曰教員職員，捐其學問勞力，爲教學及管理也。三曰肄業諸生，多擔學費，爲維持學校之經費也。以吾國社會之窮，而尚有許多私立學校能生存者，皆恃此三端耳，以故私立學校畢業之人，耳濡目染，多以社會事業爲己任，朱子曰，爲學須先立志，西儒曰，患難爲最良之教育，困苦缺乏，爲最良之師，私立學校，殆有之矣。

J29.90-6/8.93A　私立光华大学分设成都始末记

光华大学编。

成都：私立光华大学成都分部结束办事处，1949 年 7 月铅印本。

白口，四周单边。线装一册。开本 22.8cm × 13.2cm，版框 18.0cm × 10.7cm。

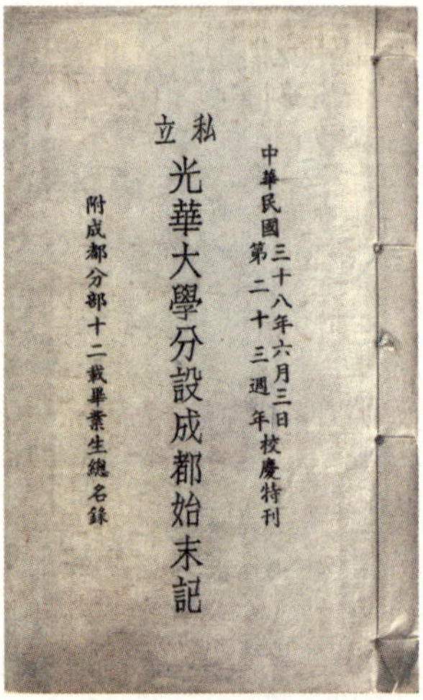

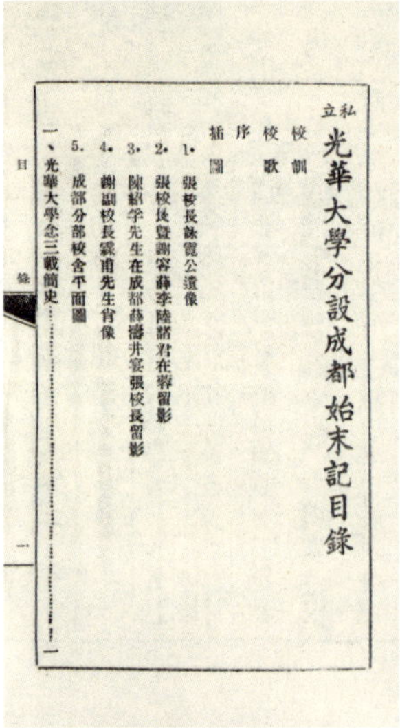

私立光華大學分設成都始末記目錄

校訓

校歌

序

插圖

1. 張校長詠霓公遺像
2. 張校長暨謝容蓀李陸諸君在蓉留影
3. 陳紹学先生在成都蓀濤井宴張校長留影
4. 謝副校長霖甫先生肖像
5. 成部分部校舍平面圖

一、光華大學念三載簡史……一

本书为 1949 年 6 月 3 日所编光华大学二十三周年校庆特刊，前附私立光华大学校歌、1949 年 7 月江钟杰序、1949 年 7 月赵廷夔序和 1949 年 7 月谢霖序，另有张寿镛遗像、谢霖像及张、谢等六人合影，末附《成都分部十二载毕业生总名录》。主要内容包括光华大学念三载简史、张寿镛先生传略、张寿镛蜀游诗集、文学院院长蒋维乔先生八年来敌伪诱胁实况、校董名录、上海校本部职员简录、成都分部记事本末，附表有：光华大学成都分部历年大学各学系暨专修科毕业生人数籍贯统计表、大学各学系暨专修科系科别毕业生人数统计表和历年附属中学暨附属小学毕业生人数籍贯统计表。

校訓

格致誠正

233.2/12　私立大夏大学一览

大夏大学编。

出版者不详，1929 年 6 月版。一册，16 开。

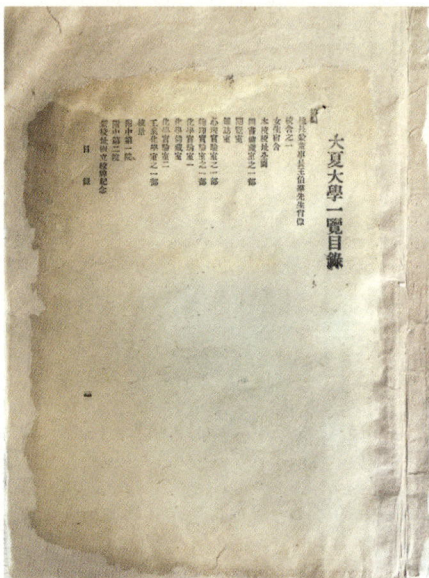

1924 年，因学潮从厦门大学脱离出来的三百余名师生在上海发起建立了一所综合性私立大学——大夏大学（The Great China University），马君武、王伯群、欧元怀先后任校长。本书为 1929 年版《私立大夏大学一览》，前有插图十七帧，含王伯群先生肖像、校址、校舍、校景、学生宿舍、图书馆、理化实验室、附中教学楼等；内容包括校史、大事记、校历、校务行政系统图、组织概要、校董题名、校务议会委员题名、职员题名、各种委员会委员题名、职员题名、教授题名、学生通则、各科课程及学程概要、各种统计表、前任教职员名录、毕业生名录和学生名录。

本校校長兼董事長

王伯羣先生

233.2/552C 圣约翰大学章程汇录

圣约翰大学编。

上海：上海美华书馆，1917—1920 年印行。一册，32 开。

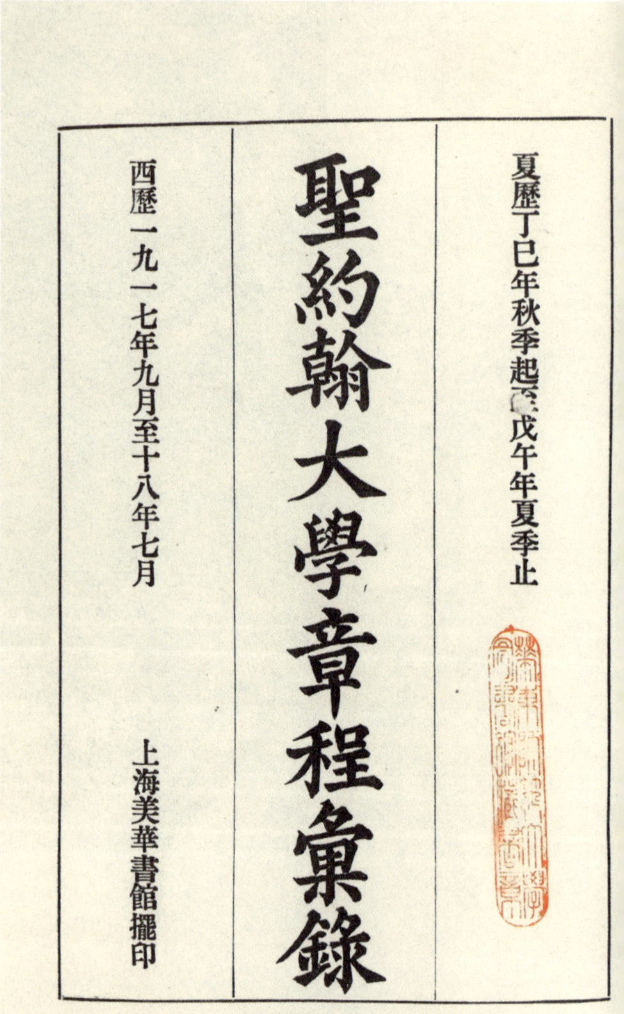
夏歷丁巳年秋季起至戊午年夏季止

聖約翰大學章程彙錄

西歷一九一七年九月至十八年七月

上海美華書館擺印

圣约翰大学（St. John's University）创建于 1879 年，是在华办学时间最长、在上海乃至在全国最优秀的一所教会学校，在中国近代高等教育史上有着重要地位。本书主要内容为学校章程汇编，包括 1917 年 9 月至 1918 年 7 月《圣约翰大学章程》三十四章、《圣约翰大学附属中学章程》二十六章附录八章；1918 年 9 月至 1919 年 7 月《圣约翰大学章程》三十六章、《圣约翰大学附属中学章程》二十八章附录八章；1919 年 9 月至 1920 年 7 月《圣约翰大学章程》三十四章、《圣约翰大学附属中学章程》二十六章附录九章。

夏歷戊午年秋季起至己未年夏季止

聖約翰大學章程彙錄

西歷一九一八年九月至十九年七月

上海美華書館擺印

夏歷己未年秋季起至庚申年夏季止

聖約翰大學章程彙錄

西歷一九一九年九月至二十年七月

233.2/93.8　光华年刊

年刊编辑委员会编。

上海:光华大学年刊社,1926—1938 年出版。十册,16 开。

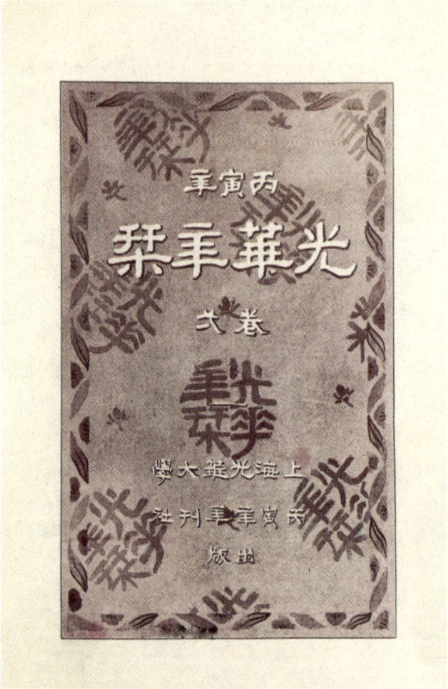

1925 年 6 月,退出圣约翰大学的 572 名师生创建了光华大学。1938 年内迁成都,抗战胜利后在上海复校。除个别年份外,年出一期,直至 1938 年。本书是教育史、大学史研究的重要史料,如登载毕业班学生照片(附中英文说明)及文艺作品,介绍学院系科及附属中学、小学概况,并有校景、学校生活、教职员照片等,尤其 1936 年刊并收钱基博《新生活之与校史》、姚璋《光华诞生的前夕》、朱时雋《本校一年内之概况》等文章及该校大事记。馆藏十册,即 1926、1927、1928、1930、1933、1934、1935、1936、1937、1938 年刊。

員 FACULTY 教

大夏季刊

大夏大学季刊社编。

上海：大夏季刊社，1929年刊行。一册，16开。

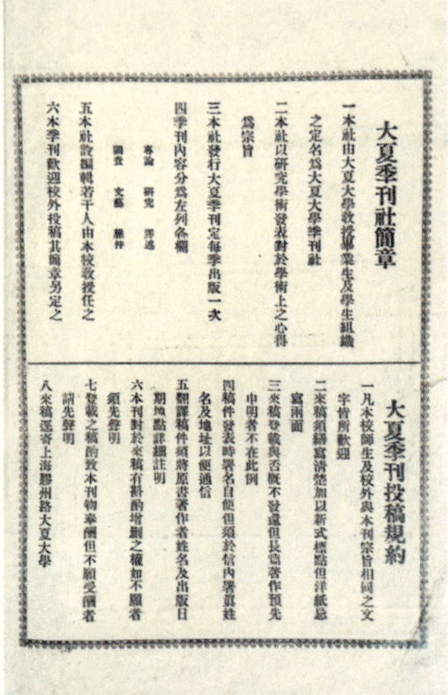

大夏季刊社簡章

一本社由大夏大學教授畢業生及學生組織之定名爲大夏大學季刊社

二本社以研究學術發表對於學術上之心得爲宗旨

三本社發行大夏季刊定每季出版一次

四季刊內容分爲左列各欄

專論 研究 譯述 調查 文藝 雜件

五本社設編輯若干人由本校教授任之

六本季刊歡迎校外投稿其簡章另定之

大夏季刊投稿規約

一凡本校師生及校外與本刊宗旨相同之文字皆所歡迎

二來稿須繕寫清楚加以新式標點但洋紙忌寫兩面

三來稿登載與否概不發還但長篇著作預先申明者不在此例

四稿件發表時署名自便但須於信內署眞姓名及地址以便通信

五翻譯稿件須將原書著作者姓名及出版日期地點詳細註明

六本刊對於來稿有斟酌增删之權如不願者須先聲明

七登載之稿酌致本刊物奉酬但不願受酬者請先聲明

八來稿逕寄上海膠州路大夏大學

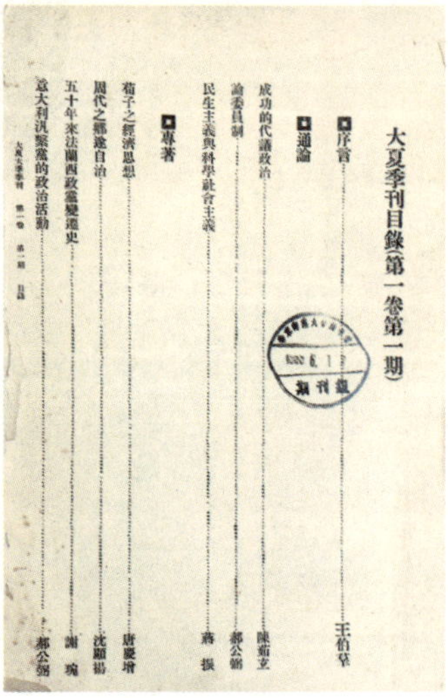

大夏季刊目錄(第一卷第一期)

■序言……王伯羣

■通論

成功的代議政治……陳茹玄

論委員制……郝公[illegible]

民生主義與科學社會主義……蔣振

■專著

荀子之經濟思想……唐慶增

周代之鄉遂自治……沈顯揚

五十年來法蘭西政黨變遷史……謝琬

意大利汎繫黨的政治活動……郝公弼

大夏大學季刊 第一卷 第一期 目錄

《大夏季刊》1929年创刊，是社会科学研究综合刊物，主要登载大夏师生研究所得，亦有校外投稿，主要栏目有专论、研究、译述、调查、文艺和杂件。以首卷一期为例，前附王伯群所撰之“发刊词”一篇，主要篇目则有《成功的代议政治》《论委员制》《民生主义与科学社会主义》（通论）、《荀子之经济思想》《周代之乡遂自治》《五十年来法兰西政党变迁史》等（专著）、《高中以上国文教授法》《对于祀孔问题之我见》等（研究及讨论）、《待焚诗稿叙》《闻雁赋》等（文苑）。本馆藏该刊首卷第一、二期，合订一册，分别出版于1929年5月、12月。

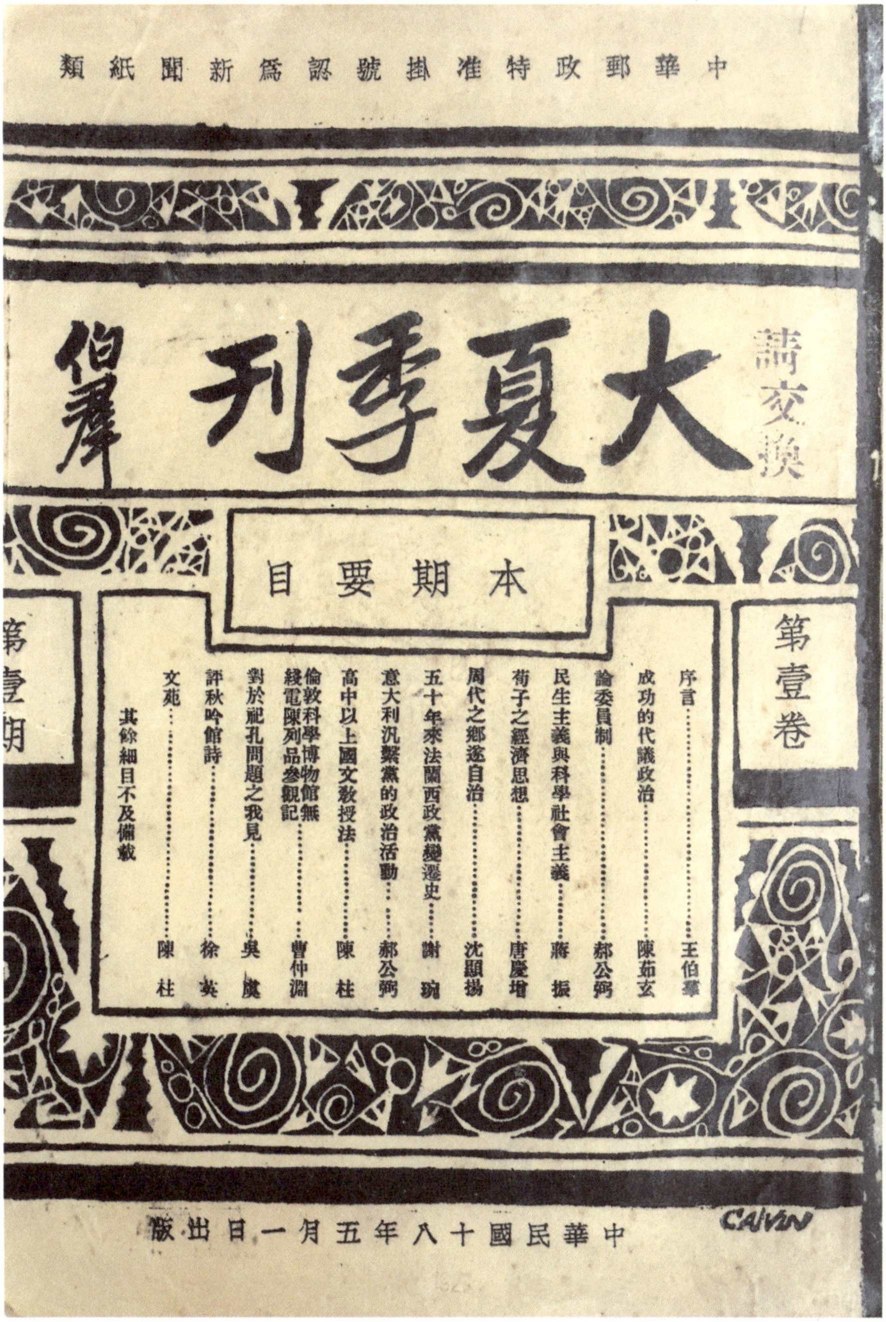
中華郵政特准掛號認爲新聞紙類

大夏季刊

伯羣

請交換

第壹卷

第壹期

本期要目

其餘細目不及備載

CAVIN

中華民國十八年五月一日出版

233.2/12　大夏大学商学院一九三六级纪念刊

纪念刊编辑委员会编。

上海：大夏大学商学院，1936年7月版。一册，16开。

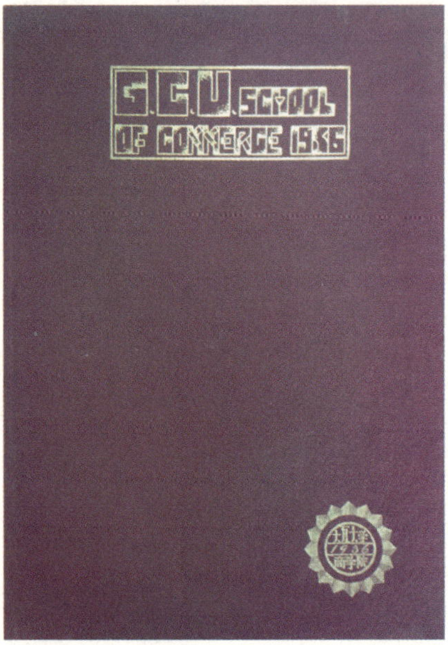

建校初期的大夏大学，设有文学院、理工学院、教育学院、法学院和商学院，商学院则包含银行系、会计系和工商管理系。1936年夏临近毕业之际，商学院“诸同学感于在校苔岑之雅，及出校后邪许之需，于是乎有纪念册之发行，盖一以纪念既往，一以策励将来”。书前有纪念刊总编辑黄延绪“弁言”及校秘书长兼商法教授王毓祥“序文”，后附“编后”一篇。主要内容包括：校景图片若干，本刊职员、教职员、本级同学等肖像及简介，一九三六级毕业同学合影一张，同学生活照若干，以及教职员和同学通讯录，其后还有广告二十页。该书扉页有“国立交通大学图书馆惠存，上海大夏大学商学院一九三六毕业同学会赠”。

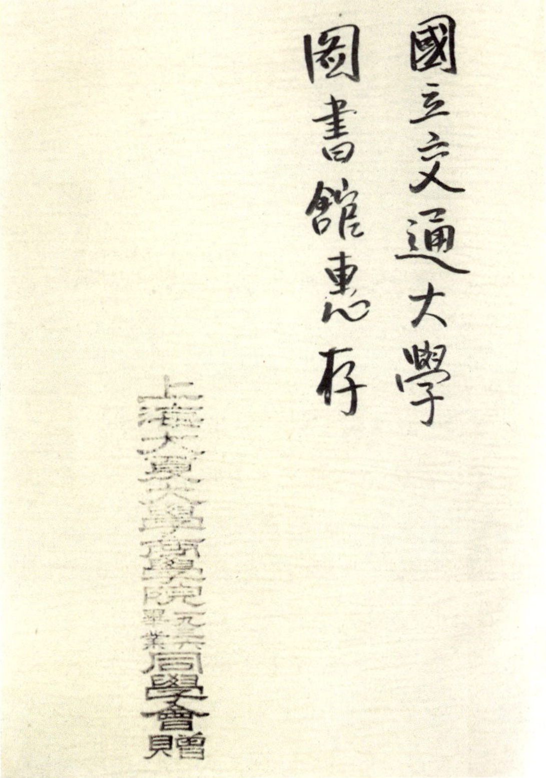
國立交通大學
圖書館惠存

上海大夏大學商學院一九三六畢業同學會贈

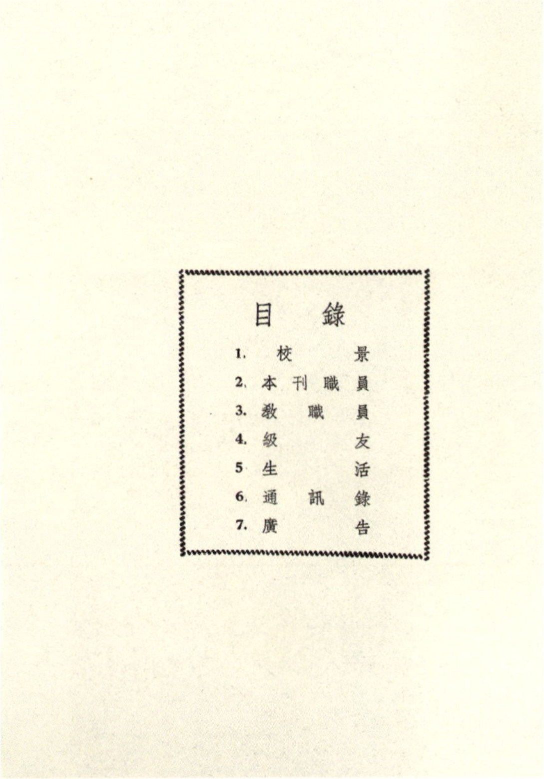
目錄

233.2/12.1F 上海法学院十周纪念刊

纪念刊编辑委员会编。

出版信息不详，1936 年 10 月印行。一册，16 开。

上海法学院，原名上海法科大学，成立于1926 年，以培养造就政法及财经人才为宗旨，曾开设法律、政治、经济、会计及银行等科系。上海解放后，学院被撤销，主体并入上海财政经济学院，部分系科并入其他高校。本刊由沈钧儒题签并撰写发刊词，前附钱永铭、于右任等九帧题词，主要内容包括：校史、校舍图片、校董教授职员等肖像、毕业生团体摄影、军训生活摄影、统计图表纪念文字六篇、论文七篇、校董题名、职员及教授名录、在校学生及历届毕业生名录，附录三篇。

法學院十年紀念

樹木樹人

錢永銘題

題辭

一

上海法學院十週紀念刊目次

目次

一

G649.28658　沪江大学民廿七级年刊

年刊编辑委员会编。

上海：上海沪江大学廿七级出版委员会，1938年初版。一册，大32开。

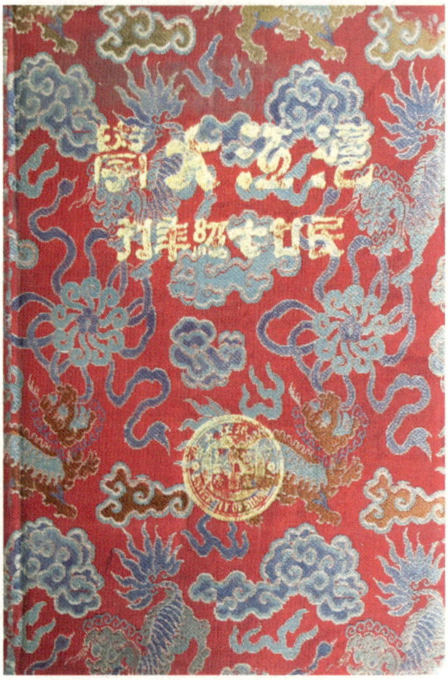

沪江大学（University of Shanghai）创办于1906年，初名浸会神学院，1909年浸会大学堂开设，1911年二者合并为上海浸会大学，1914年定名沪江大学，是中国第一所将男女同校作为制度的基督教大学。1952年全国高等学校进行院系调整，沪江大学各系科分别并入复旦大学、华东师范大学等沪上高校。本书前附樊正康年刊纪念册序、前校长刘湛恩博士遗容和哀辞、刘湛恩博士生平事略及总编辑陈大为所撰前言，内容包括级出版委员会、董事及教职员名录肖像、级合影、级组织、级友名录肖像、学习生活剪影、文章选登园地（七篇）和通讯录等。

級旗

SK16.26-9/8.164　苗胞影荟（第一辑）

吴泽霖辑。

贵阳大夏大学社会研究部摄制，1940 年 3 月刊行。

线装一册。开本 18.5cm × 12.5cm。

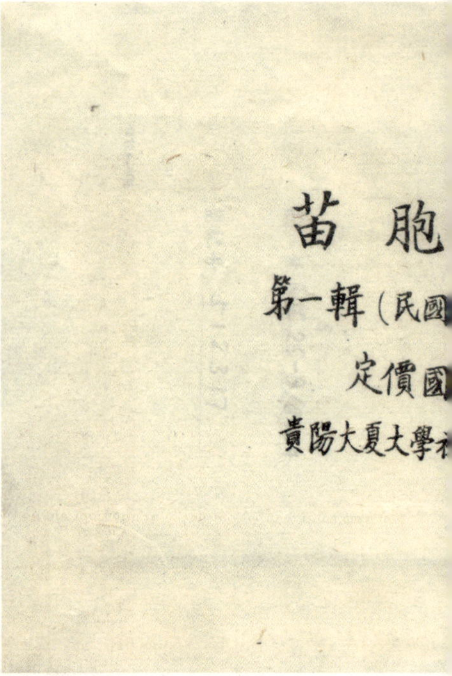
苗胞
第一輯（民國
定價國
貴陽大夏大學社

大夏大学是华东师范大学前身，1924 年成立于上海。抗日战争爆发后，大夏大学师生内迁贵阳。其间，大夏大学社会研究部在贵州苗区做社会概况调查时，曾摄苗胞生活相片数百帧，该辑选取二十帧，以资研究者之用。编者吴泽霖时为大夏大学教授，同时还担任大夏大学教务长、文学院院长、历史社会系系主任和社会研究部主任。他先后组织学生进行贵州苗夷概况调查、贵州苗夷民俗资料搜集、黔东南苗夷生活调查等多项田野工作。册首有编者简短说明，次为目录，次为内容。内容部分 20 页，正面为身着民族服装的苗胞照片一帧，背面为文字介绍。该组照片为研究抗战时期贵州地区苗族服饰和了解苗族生活风情提供了珍贵的资料。

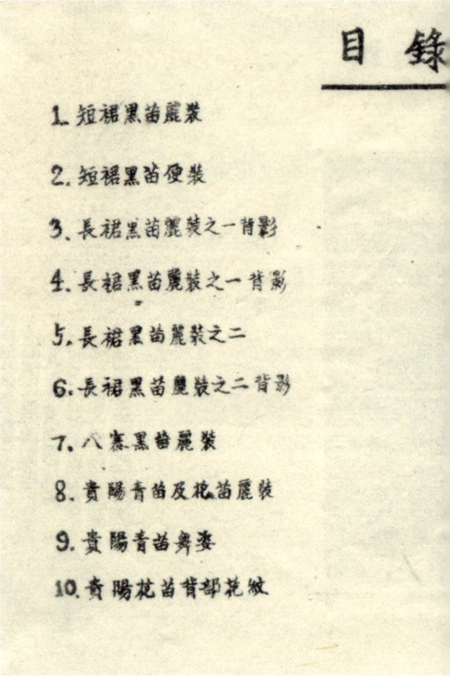
目錄

薈

年三月刊行）

元

究部攝製

黔省苗族種類繁多，其語言，服裝，風俗，習慣，互不一致。本部近二年來，在各處苗區舉行社會概況調查時，曾攝有苗胞生活相片數百幀，邇來各方索印者甚夥，用特選出較足資代表者二十幀，彙編為苗胞影薈第一輯，並略加說明，以供有心研究者之參考。如蒙不吝　指正，則幸甚焉。

吳澤霖

短裙黑苗麗裝

-1-

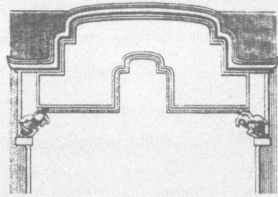

哲学、伦理学、心理学及宗教

102.8/242　论道

金岳霖著。

长沙：商务印书馆，1940 年 9 月初版。一册，32 开。

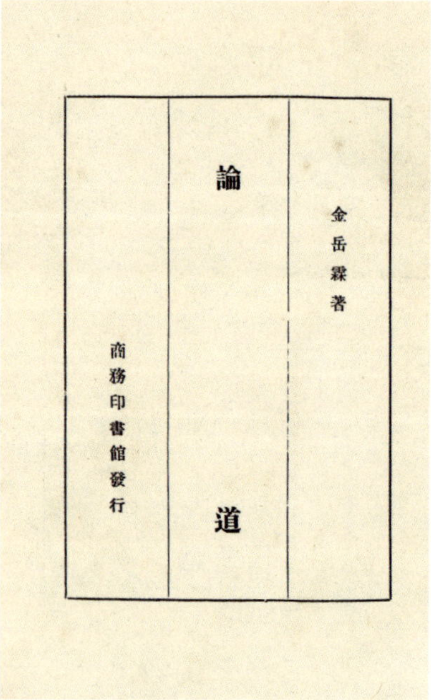

本书作者金岳霖是民国时期著名的哲学家、逻辑学家。本书共八章，分别为：道，式——能；可能底现实；现实底个体化；共相底关联；时——空与特殊；个体底变动；几与数；无极而太极。前有绪论。该书以西方哲学视角探讨中国哲学概念，系统完备，富有创造，是研究中国现代哲学的重要史料。

論道

緒論

有好些書有那何爲而作的問題。我這本書底形式與內容似乎免不了使讀者發生許多很基本的疑問。知道我的人們也許會感覺到一個向來不大談超現實的思想的人何以會忽然論起道來。從這本書的本身說，因爲有形式方面底限制，有些應說的話沒有說出來；如果在序文裏把這些話說出來，這本書底內容或者因此清楚一點。此所以我要表示我何以慢慢地有這本書所表示的思想。

我所謂思想包含思議與想像。這二者底分別，不久就會談到，在這裏暫且不提。可是、另外有一分別現在就要提出一下。思想有動有靜。所謂動的思想普通用這樣的話表示；『你去想想看。』動的思想似乎只有本書所謂殊相生滅中的歷程。例如我從早晨八點鐘想起一直想到十二點鐘，所想的題目也許是因果關係，而在八點

緒論　一

目錄

目次　一

中華民國二十九年九月初版

(20301)

論道一冊

每冊實價國幣叁元
外埠酌加運費匯費

著作者　金岳霖
發行人　王雲五　長沙南正路
印刷所　商務印書館
發行所　商務印書館　各埠

(本書校對者　章德宜　謝增毅　印頌文)

H一五四四上

序

寫這本書頗費時間。寫就是想，至少在我個人是這樣。前幾年我底習慣是用英文想，這幾年來，習慣慢慢地改過來，用中文想的時候增加。也許思想上的疙瘩太多，所以文字老是過於乾澀；無論如何，我深知道我缺乏運用文字的技能。在這一方面我要對馮芝生先生表示謝意。他看過全部原稿，經他隨時指示，太過意不去的地方或者沒有。我也要謝謝葉公超先生，他那論道兩字使一本不容易親近的書得到很容易親近的面目。

金岳霖

序　一

301/164　科学历史观教程

吴黎平、艾思奇合著。

上海：辰光书店，1946 年 3 月五版。一册，32 开。

本书初版于 1938 年 3 月，吴黎平早年长期负责党的宣传工作，艾思奇则长期致力于马克思主义哲学中国化研究。全书分八章，主要论述科学历史观、生产力与生产关系、阶级、国家政权、民族和民族斗争、家族、意识形态，末章为结论。

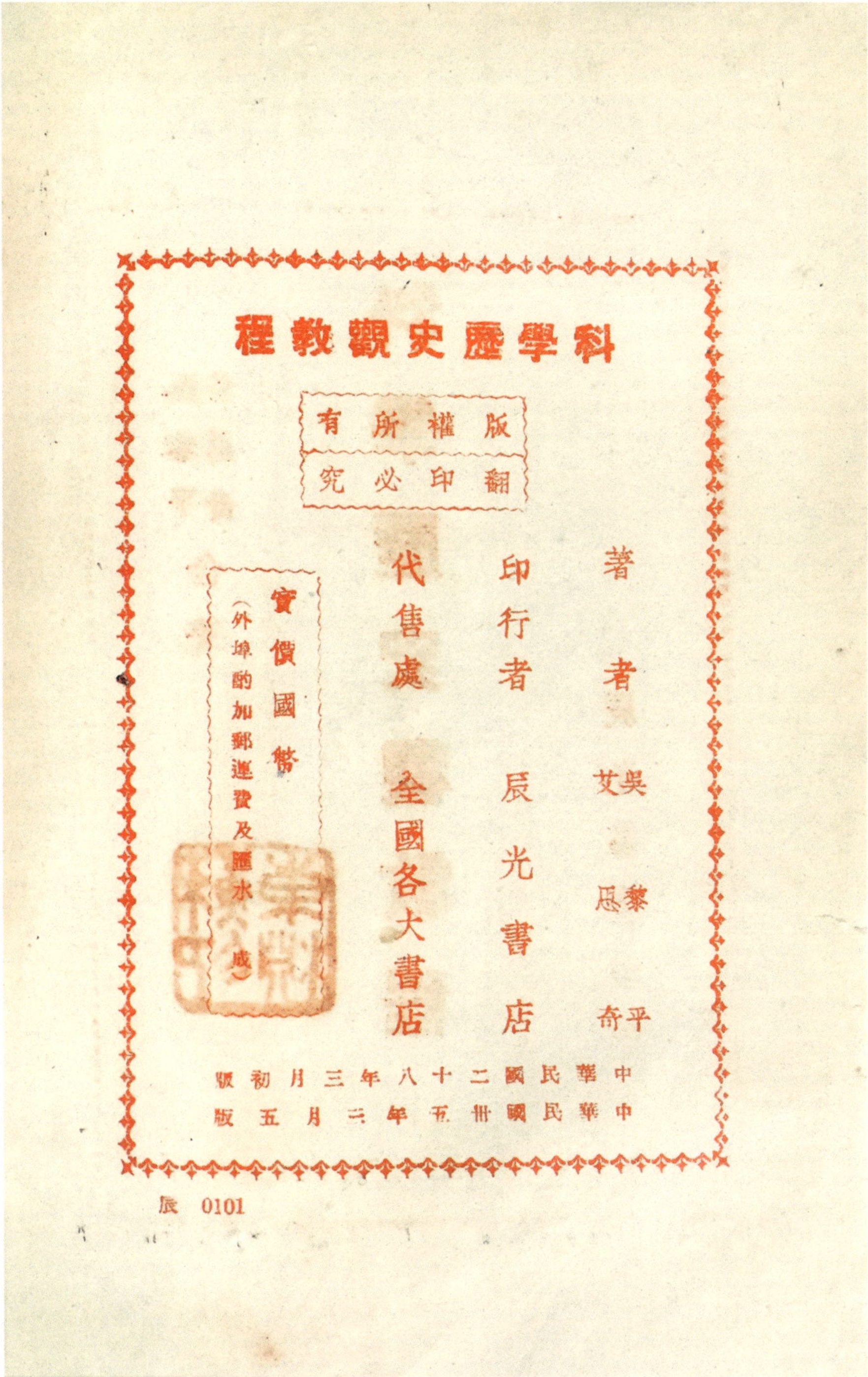

科學歷史觀教程

版權所有
翻印必究

著者　吳黎平　艾思奇

印行者　辰光書店

代售處　全國各大書店

實價國幣
（外埠酌加郵運費及匯水）

中華民國二十八年三月初版
中華民國卅五年六月五版

辰 0101

130/62.4E　历史的唯物论

［苏］布哈林著，梅根、依凡译。

上海：普益出版社，1930 年 6 月初版。一册，32 开。

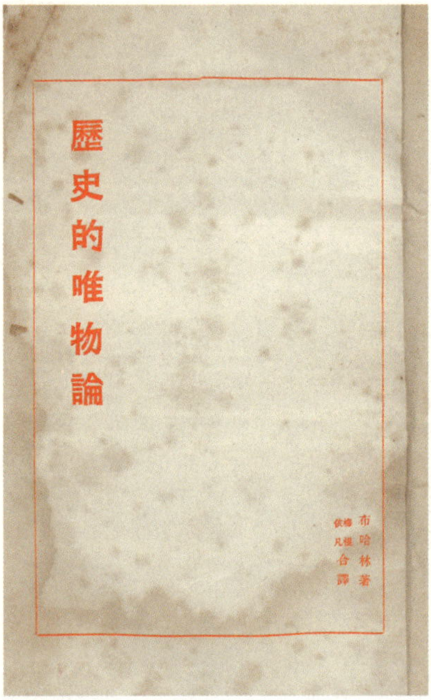

本书作者布哈林为苏联共产党早期领导人、马克思主义理论家，译者梅根、依凡情况不详。书首有校者序、原序、绪论，末附《历史的唯物论底立场》。正文共八章，分别为社会科学中之原因与目的、有定论与无定论、辩证法的唯物论、社会、社会与自然之间的平衡、社会各要素间的平衡、社会平衡的破坏与恢复、阶级与阶级争斗。本书作为通俗的马克思唯物论著作，在中国马克思主义传播史上具有重要地位。

歷史的唯物論目次

緒　論

社會科學之實際意義

1.工人階級鬥爭的需要與社會科學　2.資產階級與社會科學　3.社會科學之階級性　4.無產階級的科學爲什麼比資產階級的科學要高明些?　5.各種的社會科學與社會學　6.歷史的唯物論是馬克思主義的社會學。

第一節　工人階級鬥爭的需要與社會科學

資產階級的學者開口談某種科學時，總是用一種神祕的口調，好像這種東西是天上的產物，而非人世所有。其實，每種科學（我們無論拿那一種來看）之發生都是由於社會或其階級之需要。窗戶上的蒼蠅，或屋頂上的麻雀，誰也不去計算。但是欄裏的牛羊却計算的很清楚。這是因爲前者於人無用，後者於人很有益處。然而有益處的不僅是關於自然界底知識（我們可以從自然界取得種種的材料，工具，原料等），即關於社會底知識，亦同是實際上所必要的。勞動階級在其鬥爭中時時感覺這種知識的必要。勞動階級要能很正確地與旁的階級宣戰，就應該預先看清這些階級的行

101/402　东西文化及其哲学

梁漱溟讲演，陈政、罗常培编录。

上海：商务印书馆，1922 年 12 月三版。一册，32 开。

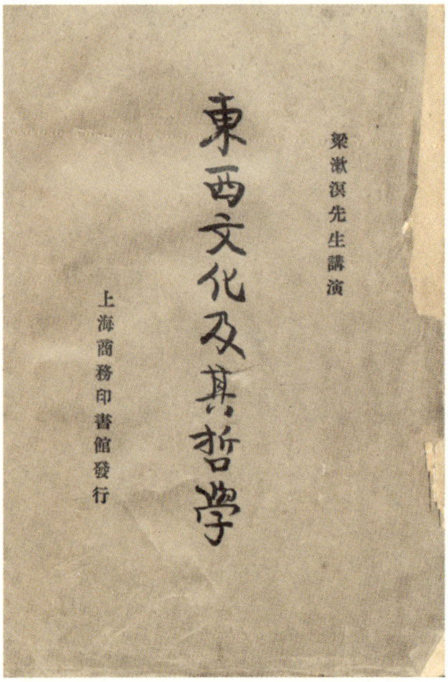

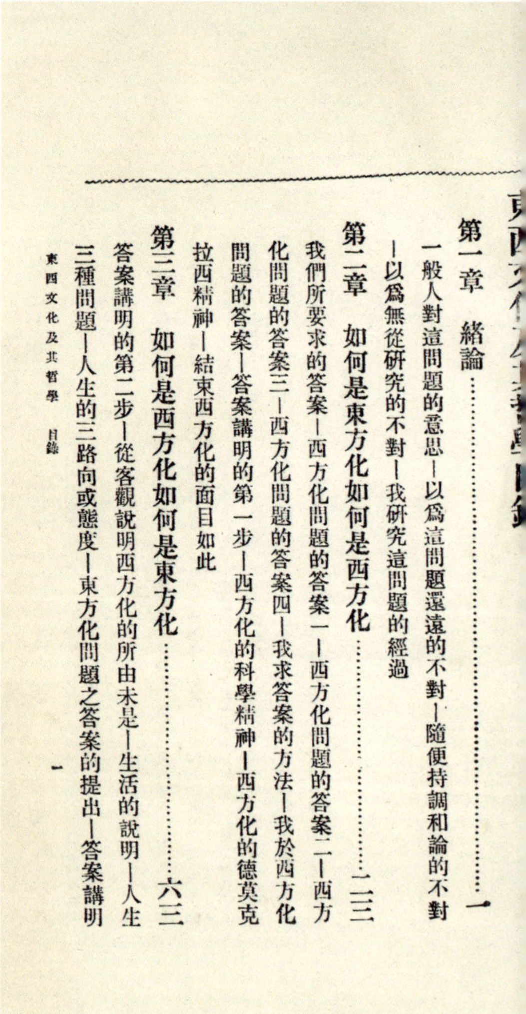
第一章　緒論……一
一般人對這問題的意思—以爲這問題還遠的不對—隨便持調和論的不對—以爲無從研究的不對—我研究這問題的經過
第二章　如何是東方化如何是西方化……一三
我們所要求的答案—西方化問題的答案一—西方化問題的答案二—西方化問題的答案三—西方化問題的答案四—我求答案的方法—我於西方化問題的答案—答案講明的第一步—西方化的科學精神—西方化的德莫克拉西精神—結束西方化的面目如此
第三章　如何是西方化如何是東方化……六三
答案講明的第二步—從客觀說明西方化的所由來是—生活的說明—人生三種問題—人生的三路向或態度—東方化問題之答案的提出—答案講明

東西文化及其哲學　目錄　一

本书作者梁漱溟为民国著名的哲学家、社会活动家。该书共五章，首章为绪论，正文部分主要探讨了如何是东方化与如何是西方化、西洋中国印度三方哲学之比观、世界未来之文化与我们今日应持的态度等问题。该书是研究新儒学思想的重要资料。

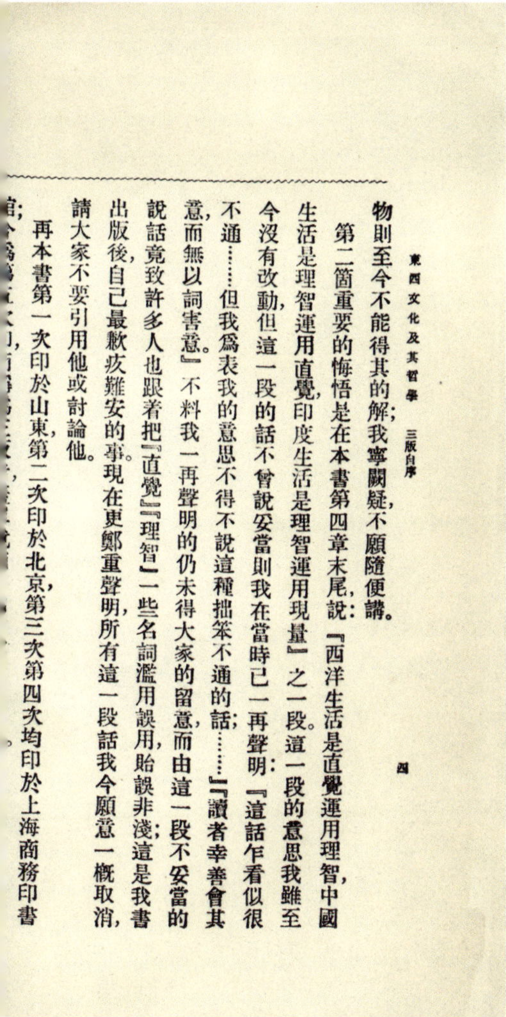

物則至今不能得其的解；我寧闕疑，不願隨便講。

第二箇重要的悔悟是在本書第四章末尾，說：『西洋生活是直覺運用理智，中國生活是理智運用直覺，印度生活是理智運用現量』之一段。這一段的意思我雖至今沒有改動，但這一段的話不曾說妥當則我在當時已一再聲明：『這話乍看似很不通……但我爲表我的意思不得不說這種拙笨不通的話；……』『讀者幸善會其意，而無以詞害意。』不料我一再聲明的仍未得大家的留意，而由這一段不妥當的說話竟致許多人也跟着把『直覺』『理智』一些名詞濫用誤用，貽誤非淺；這是我書出版後，自己最歉疚難安的事。現在更鄭重聲明，所有這一段話我今願意一概取消，請大家不要引用他或討論他。

再本書第一次印於山東，第二次印於北京，第三次第四次均印於上海商務印書館；

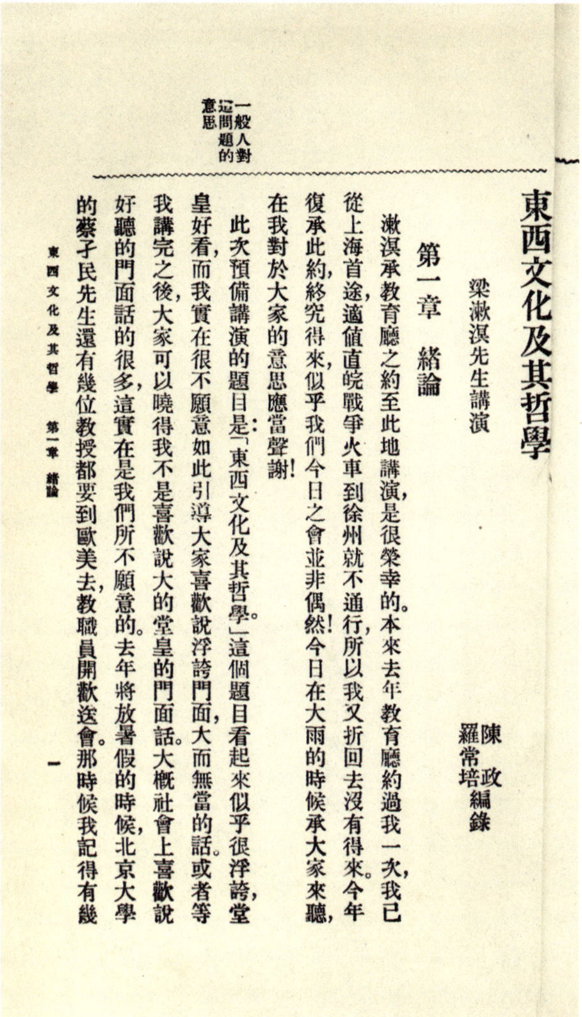

東西文化及其哲學

梁漱溟先生講演

陳政
羅常培 編錄

第一章　緒論

漱溟承教育廳之約至此地講演，是很榮幸的。本來去年教育廳約過我一次，我已從上海首途，適值直皖戰爭火車到徐州就不通行，所以我又折回去沒有得來。今年復承此約，終究得來，似乎我們今日之會並非偶然！今日在大雨的時候承大家來聽，在我對於大家的意思應當聲謝！

一般人對這問題的意思

此次預備講演的題目是：「東西文化及其哲學」。這個題目看起來似乎很浮誇，堂皇好看，而我實在很不願意如此引導大家喜歡說浮誇門面，大而無當的話。或者等我講完之後，大家可以曉得我不是喜歡說大的堂皇的門面話。大概社會上喜歡說好聽的門面話的很多，這實在是我們所不願意的。去年將放暑假的時候，北京大學的蔡孑民先生還有幾位教授都要到歐美去，教職員開歡送會。那時候我記得有幾

310.1/98c　中国思想对于欧洲文化之影响

朱谦之著。

长沙：商务印书馆，1940 年 7 月初版。一册，大 32 开。

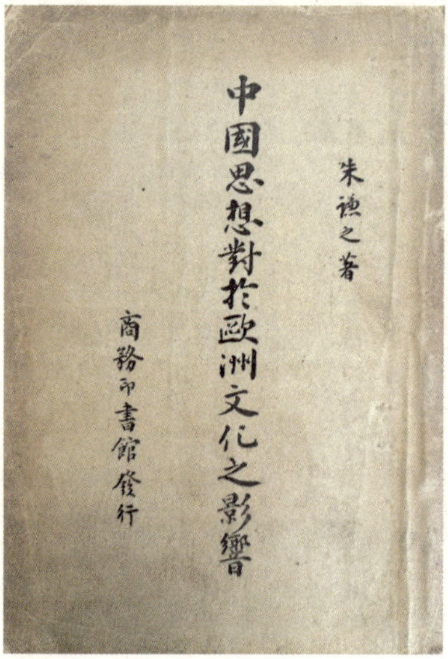

朱谦之，字情牵，福建福州人，著名历史学家、哲学史家，毕业于北大哲学系，后留学日本，先后任教于厦门大学、暨南大学、中山大学、北京大学等，长于中外思想文化交流史研究。本书内容主要包括欧洲文艺复兴与中国文明、十八世纪中欧之文化接触、耶稣会士对于宋儒理学之反响、启明运动与中国文化、中国哲学与德法革命等。圣约翰大学罗氏图书馆旧藏。

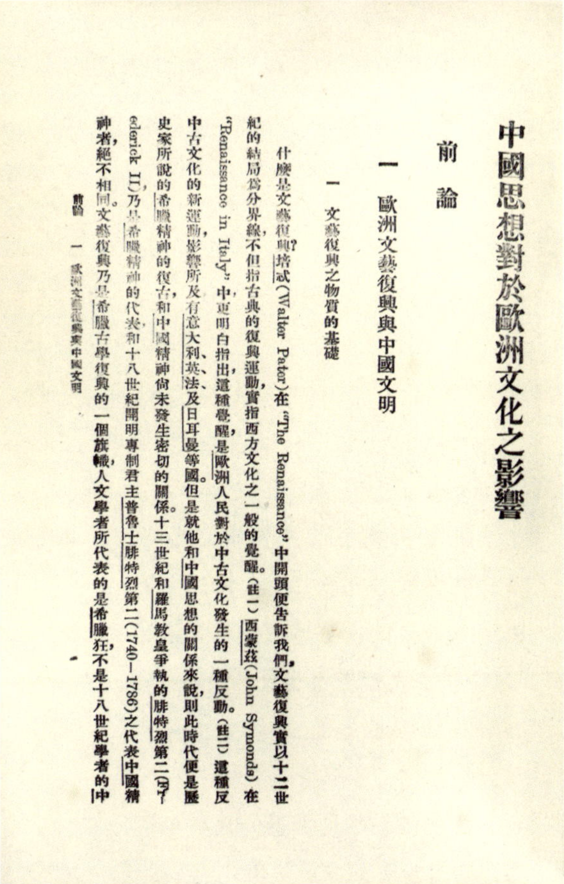

中國思想對於歐洲文化之影響

前論

一 歐洲文藝復興與中國文明

一 文藝復興之物質的基礎

什麼是文藝復興？培忒(Walter Pater)在"The Renaissance"中開頭便告訴我們，文藝復興實以十二世紀的結局爲分界線，不但指古典的復興運動，實指西方文化之一般的覺醒。(註一)西蒙茲(John Symonds)在"Renaissance in Italy"中更明白指出這種覺醒，是歐洲人民對於中古文化發生的一種反動。(註二)這種反中古文化的新運動，影響所及有意大利、英、法及日耳曼等國。但是就他和中國思想的關係來說，則此時代便是歷史家所說的希臘精神的復古，和中國精神尚未發生密切的關係。十三世紀和羅馬教皇爭執的腓特烈第二(Frederick II)乃是希臘精神的代表，和十八世紀開明專制君主普魯士腓特烈第二(1740—1786)之代表中國精神者，絕不相同。文藝復興乃是希臘古學復興的一個旗幟，人文學者所代表的是希臘狂，不是十八世紀學者的中

前論　一　歐洲文藝復興與中國文明　　一

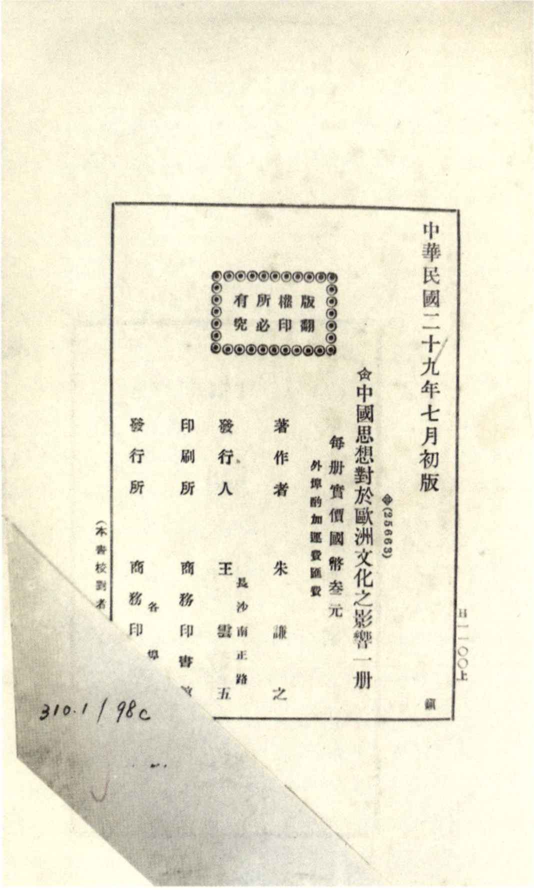

中華民國二十九年七月初版

(25663)

中國思想對於歐洲文化之影響一冊

每冊實價國幣叁元

外埠酌加運費匯費

版權所有 翻印必究

著作者　朱謙之

發行人　王雲五　長沙南正路

印刷所　商務印書館

發行所　商務印書館　各埠

(本書校對者

B一一〇〇上

310.1/98c

102/477A　中国哲学史

冯友兰著。

上海：神州国光社，1931 年 2 月初版。一册，32 开。

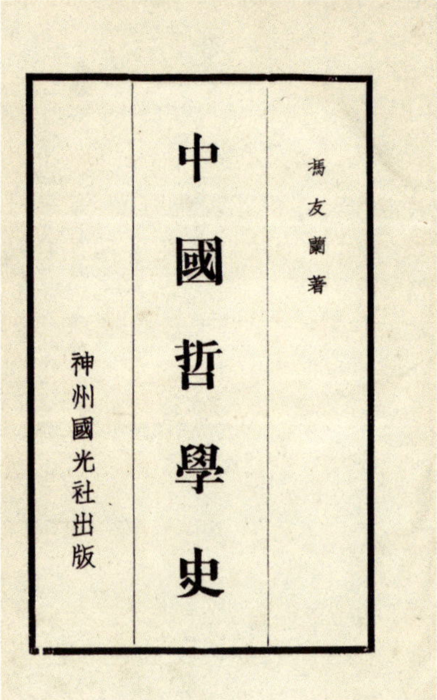

本书作者冯友兰为中国著名哲学家、教育家。全书共十六章，主要讲述先秦诸子哲学思想，末有陈寅恪、金岳霖之审查报告及瞿世英《读冯著中国哲学史》。该版本虽只涉及上古哲学，但作为冯氏具有现代意义的中国哲学史名著的最早印制品，仍有珍贵的文献价值。

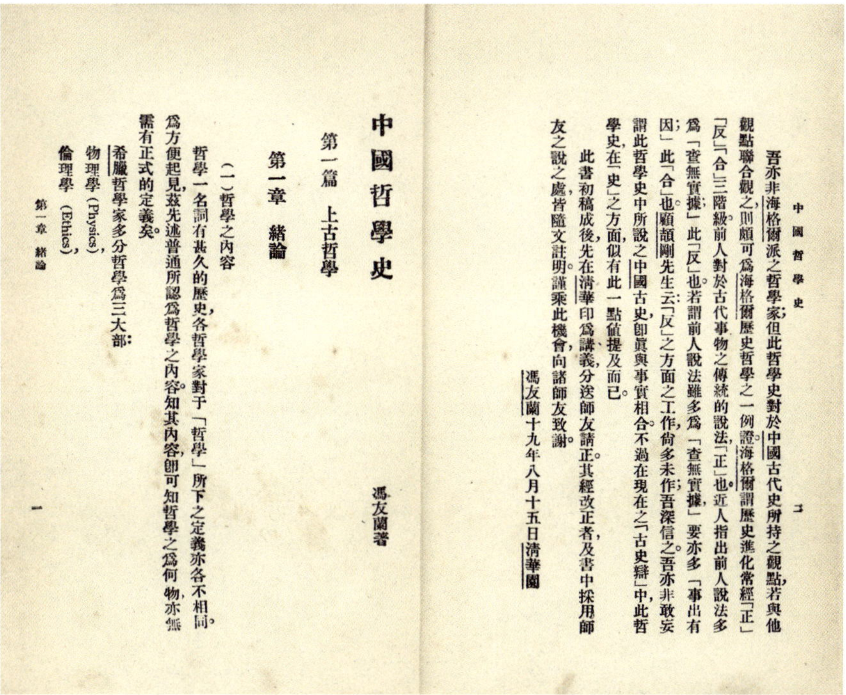

中國哲學史　二

吾亦非海格爾派之哲學家;但此哲學史對於中國古代史所持之觀點,若與他觀點聯合觀之,則頗可爲海格爾歷史哲學之一例證。海格爾謂歷史進化常經「正」「反」「合」三階級。前人對於古代事物之傳統的說法,「正」也。近人指出前人說法多爲「查無實據」,此「反」也。若謂前人說法雖多爲「查無實據,」要亦多「事出有因;」此「合」也。顧頡剛先生云「反」之方面之工作,尙多未作;吾深信之。吾亦非敢妄謂此哲學史中所說之中國古史,卽眞與事實相合,不過在現在之「古史辯」中,此哲學史在「史」之方面,似有此一點值提及而已。

此書初稿成後,先在淸華印爲講義,分送師友請正。其經改正者,及書中採用師友之說之處,皆隨文註明。謹乘此機會,向諸師友致謝。

馮友蘭十九年八月十五日淸華園

中國哲學史

馮友蘭著

第一篇　上古哲學

第一章　緒論

(一)哲學之內容

哲學一名詞有甚久的歷史,各哲學家對于「哲學」所下之定義亦各不相同。爲方便起見,兹先述普通所認爲哲學之內容。知其內容,卽可知哲學之爲何物,亦無需有正式的定義矣。

希臘哲學家多分哲學爲三大部:

物理學(Physics),

倫理學(Ethics),

第一章　緒論　一

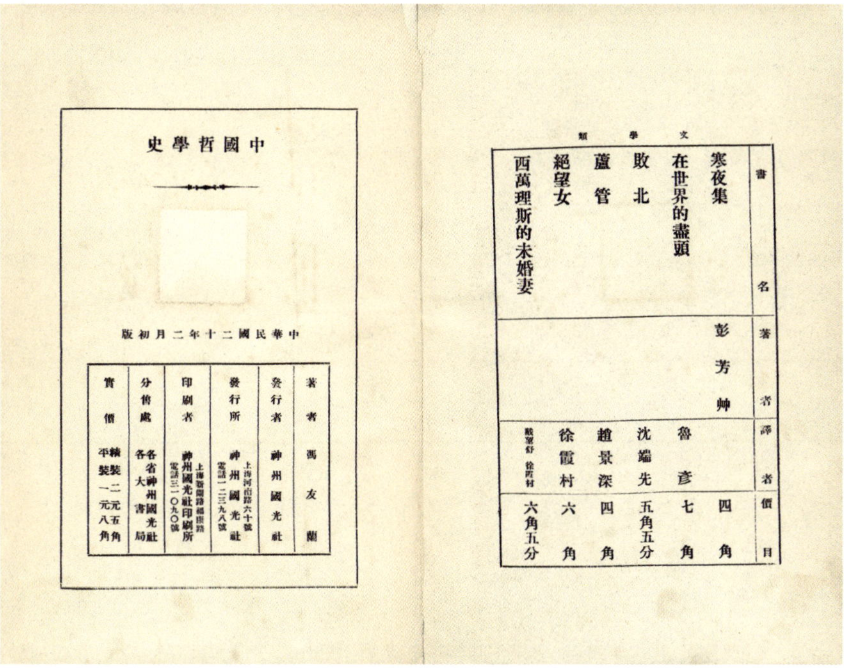

中國哲學史

中華民國二十年二月初版

著者	發行者	發行所	印刷者	分售處	實價
馮友蘭	神州國光社	上海河南路六十號 神州國光社 電話一二三九八號	上海新閘路福康路 神州國光社印刷所 電話三一〇九〇號	各省神州國光社 各大書局	精裝二元五角 平裝一元八角

文學類

書名	著者	譯者	價目
寒夜集	彭芳艸		四角
在世界的盡頭		魯彥	七角
敗北		沈端先	五角五分
蘆管		趙景深	四角
絕望女		徐霞村	六角
西萬理斯的未婚妻		戴望舒 徐霞村	六角五分

102.1/650　诸子通考

蒋伯潜编著。

南京：正中书局，1948 年 5 月初版。一册，32 开。

本书作者蒋伯潜为中国现代学者、教育家。该书绪论概述诸子谱系派别、学说及演变。上编题曰“诸子人物考”，评价各学派的名家；下编题曰“诸子著述考”，考证各学派要籍。上下两编各附两则附录。

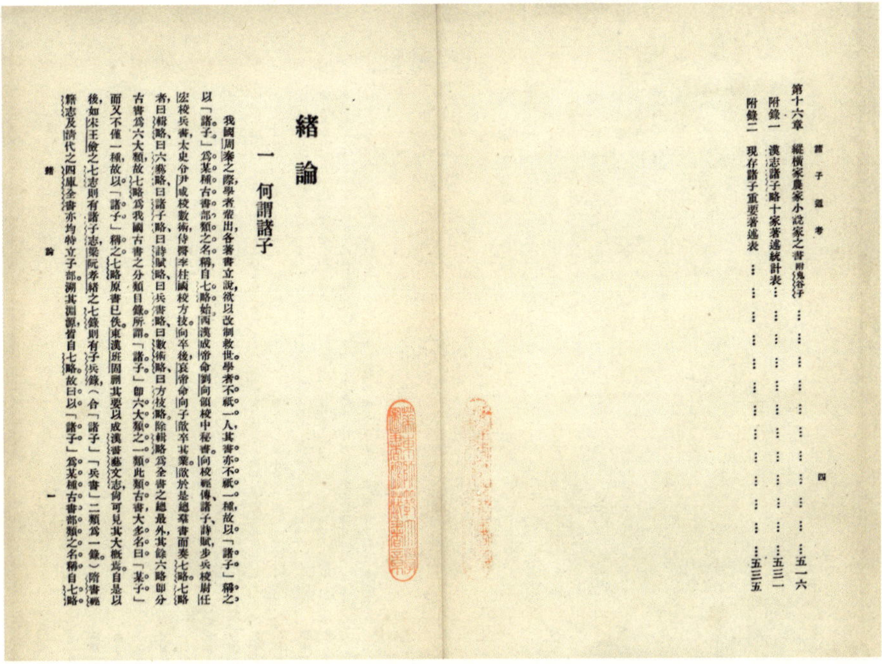

緒論

一　何謂諸子

我國周秦之際，學者蜂出，各著書立說，欲以改制救世。學者不祇一人，其書亦不祇一種，故以「諸子」稱之，以「諸子」爲某種古書部類之名稱，自七略始。西漢成帝命劉向領校中秘書，向校經傳、諸子、詩賦，步兵校尉任宏校兵書，太史令尹咸校數術，侍醫李柱國校方技。向卒後，哀帝命向子歆卒其業。歆於是總羣書而奏七略。七略者，曰輯略，曰六藝略，曰諸子略，曰詩賦略，曰兵書略，曰數術略，曰方技略。除輯略爲全書之總最外，其餘六略卽分古書爲六大類，故七略爲我國古書之分類目錄。所謂「諸子」，卽六大類之一類，此類古書，大多名曰「某子」而又不僅一種，故以「諸子」稱之。七略原書已佚，東漢班固刪其要以成漢書藝文志，尙可見其大概焉。自是以後，如宋王儉之七志則有諸子志，梁阮孝緒之七錄則有子兵錄，（合「諸子」「兵書」二類爲一錄。）隋書經籍志及淸代之四庫全書亦均特立子部，溯其淵源，皆自七略。故曰以「諸子」爲某種古書部類之名稱自七略。

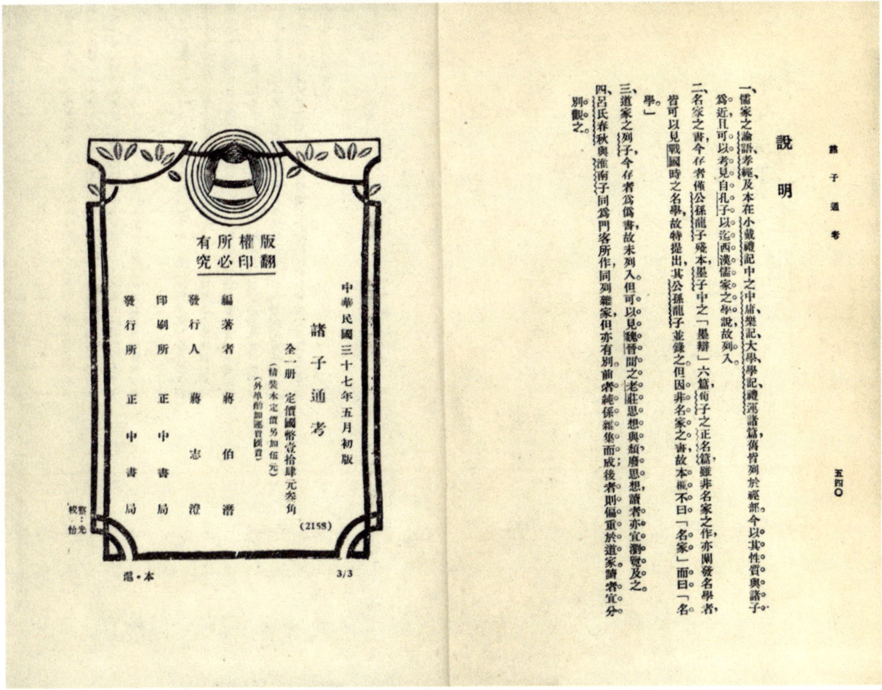

說明

一、儒家之論語、孝經，及本在小戴禮記中之中庸、樂記、大學、學記、禮運諸篇，舊皆列於經部。今以其性質與諸子爲近，且可以考見自孔子以迄西漢儒家之學說，故列入。

二、名家之書，今存者僅公孫龍子殘本。墨子中之「墨辯」六篇，荀子之正名篇，雖非名家之作，亦闡發名學者，皆可以見戰國時之名學，故特提出，其公孫龍子並錄之。但因非名家之書，故本欄不曰「名家」而曰「名學」。

三、道家之列子，今存者爲僞書，故未列入。但可以見魏晉間之老莊思想與頹廢思想，讀者亦宜瀏覽及之。

四、呂氏春秋與淮南子同爲門客所作，同列雜家，但亦有別。前者純係雜集而成，後者則偏重於道家。讀者宜分別觀之。

中華民國三十七年五月初版

諸子通考

全一册　定價國幣壹拾肆元叁角
（精裝本定價另加伍元）
（外埠酌加運費匯費）

(2158)

編著者　蔣伯潛
發行人　蔣志澄
印刷所　正中書局
發行所　正中書局

校對：繁光 怡

本．滬　3/3

102.14/556　墨经哲学

杨宽著。

重庆：正中书局，1942年8月初版。一册，32开。

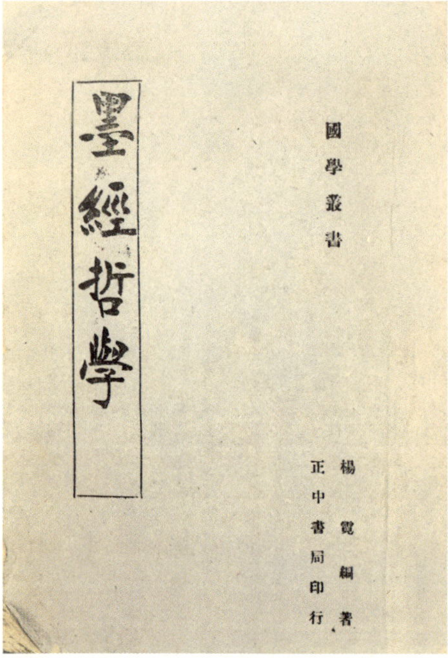

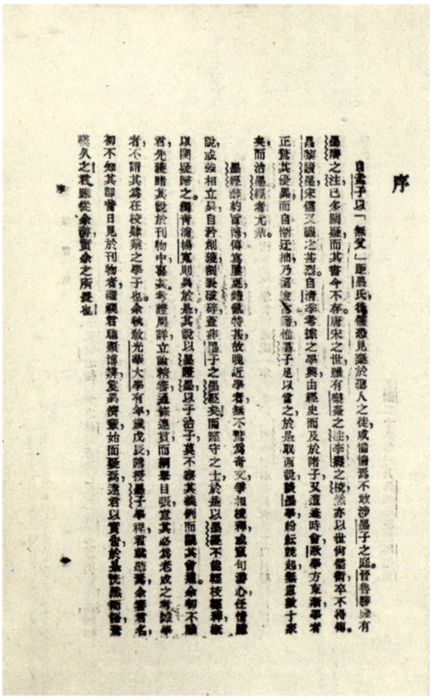

序

自孟子以「無父」距墨氏，後儒懲恐見棄於聖人之徒，咸惴惴焉不敢涉墨子之區。晉魯勝雖有墨辯之注，已多闕疑，而其書今不存。唐宋之世，雖有樂臺之注，李燾之校，然亦以世俗儒術卒不得傳。昌黎讀墨，宋儒又譏之甚烈。自清季考據之學興，由經史而及於諸子，又值晚清時會，歐學方東漸，學者正驚其優異，而自慚迂拙，乃溯源言墨，惟墨子是以重之，於是取西說以詮墨學，紛紜競起，無慮數十家矣，而治墨經者尤衆。

墨經辭約旨博，傳寫屢更，錯亂特甚，故晚近學者無不驚為奇文，爭相校釋，或望句著心，任情臆說，或強相立異，自矜創獲，斷裂破碎，盡非墨子之墨經矣。僅篤守之士，於是以墨經不能強校強釋，概以闕疑歸之。獨青浦楊寬則異於是，其說以墨經爲墨，以子治子，莫不尋其義例而歸其會通。余初不識君，先讀其說於刊物中，驚其考證周詳，立論精審，通條達貫，而綱舉目張，宜其必爲老成之學者，不謂其爲在校肄業之學子也。余執教光華大學有年，歲戊寅，講授墨子學程，君就學焉，余審君名，初不知其即昔日見於刊物者，讀觀君聽課憬拂，見爲賓案，始揣疑焉，遂君以實告，於是愜然而喜，亦嘆久之。甚矣，從余游，實余之所最也。

杨宽，字宽正，上海青浦人，1936年毕业于光华大学中文系。本书较当时学界而言，视《墨经》为系统的著作，认为《墨经》为墨学要旨之所在，均为其创新之处。重庆正中书局初版于封面和版权页两处将作者误为“杨霓”。国立暨南大学图书馆旧藏。

莊子天下篇稱：「相里勤之弟子，五侯之徒，南方之墨者苦獲已齒鄧陵子之屬，俱誦墨經，而倍譎不同，相謂『別墨』，以『堅白』『同異』之辯相訾，以觭偶不仵之辭相應。」是墨經乃「堅白」「同異」之辯之所自出，當無非以辭約旨博之故。莊子駢拇篇有云：「駢於辯者，纍瓦結繩竄句游心於『堅白』『同異』之間，而敝跬譽之言，非乎？楊墨是矣！」是後世墨者，不特於墨經相訾應，亦已多竄句游心，今欲於千載之後，觀其會通，必求其無穿鑿之病，斯固難矣！前伍非伯氏著墨辯解故，以全篇一歸之爲辯學，任公已深佩之，然墨經實非全辯學之書，故猶不能無扞格難通處，去歲君既畢業，彙集其十年來研究墨經之說，結集成册，別爲十五章，章各冠以學說之總名，復條析其目，臚以經說原句，附以校釋，並於卷首冠通說一卷，名之曰墨經哲學，示有別於世之以科學相皮傅者。余嘗謂君曰：「今之治學，宜乎觀其會通，以科學方法，比較分析，方有端緒可尋。校勘訓詁，此特治學初步然也，而觀其會通爲尤要，否則雖有仲容之精博，猶不足以探索眞理。」君韙余言，故是編之作，莫不窮原竟委，觀其會通，無割裂破碎之病，無立奇炫異之弊，墨經哲學之眞義，乃得大顯於天下，哲學史將爲之改觀矣！誠空前之傑構也！是爲序。

民國二十六年三月蔣維喬敍於因是齋。

102.14/15 墨学源流

方授楚著。

上海：中华书局，1940 年 10 月再版。一册，32 开。

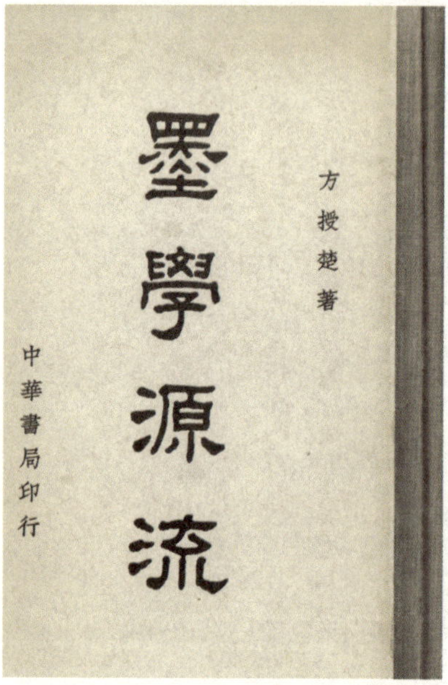

本书作者方授楚为民国墨学专家。该书分上、下两卷。上卷题为墨子之生平及其学派，共十章；下卷为墨子之姓氏国籍学说辨，共四章。书前有作者自序，末附《墨学余论》及名家论墨子之节录。该书为民国时期研究墨家学派及其源流的主要资料。

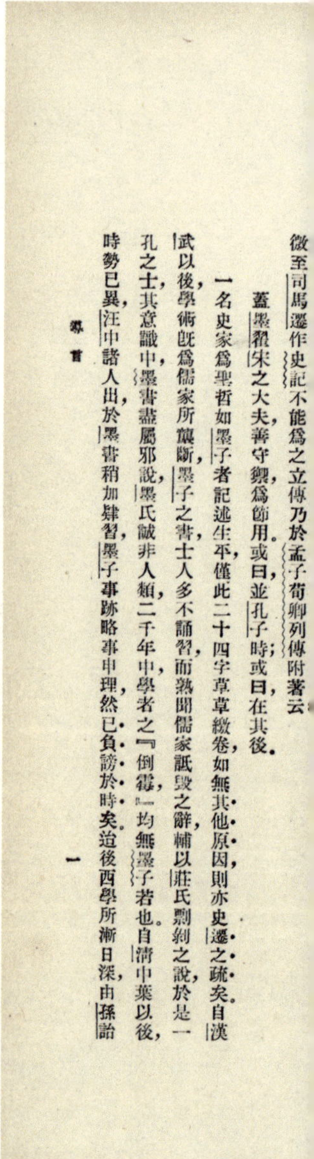

微至司馬遷作史記不能爲之立傳乃於孟子荀卿列傳附著云

蓋墨翟宋之大夫善守禦爲節用。或曰並孔子時；或曰在其後。

一名史家爲聖哲如墨子者記述生平僅此二十四字草草繳卷，如無其他原因，則亦史遷之疏矣。自漢武以後，學術既爲儒家所籠斷，墨子之書士人多不誦習，而熟聞儒家詆毀之辭，輔以莊氏剽剝之說，於是一孔之士，其意識中，墨書盡屬邪說，墨氏誠非人類，二千年中，學者之『倒霉，』均無墨子若也。自清中葉以後，時勢已異，汪中諸人出，於墨書稍加肄習，墨子事跡略事申理，然已負謗於時矣。迨後西學所漸日深，由孫詒

導言　一

墨學源流

上卷　墨子之生平及其學派

導言

當二千四百年前，春秋戰國遞嬗之際，有一所謂「賤人」起於魯，倡爲學說，以敎其時人民，而徒屬充

B248.21/L978　王阳明全集

（明）王守仁著，吕何均重编。

上海：大东书局，1936 年 3 月再版。二册，32 开。

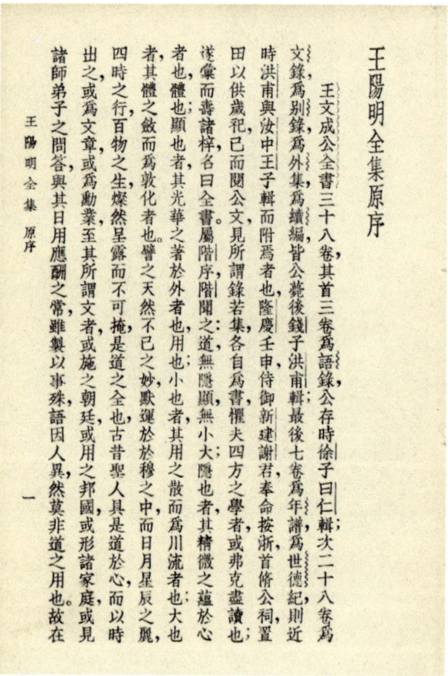

王陽明全集原序

王文成公全書三十八卷，其首三卷為語錄，公存時徐子曰仁輯；次二十八卷為文錄，為別錄，為外集，為續編，皆公薨後錢子洪甫輯；最後七卷為年譜，為世德紀，則近時洪甫與汝中王子輯而附焉者也。隆慶壬申，侍御新建謝君奉命按浙，首脩公祠，置田以供歲祀，已而閱公文，見所謂錄若集，各自為書，懼夫四方之學者，或弗克盡讀也；遂彙而壽諸梓，名曰全書。屬階序，階聞之：道，無隱顯，無小大；隱也者，其精微之蘊於心者也，體也；顯也者，其光華之著於外者也，用也；小也者，其用之散而為川流者也；大也者，其體之斂而為敦化者也。譬之天然，不已之妙，默運於於穆之中，而日月星辰之麗，四時之行，百物之生，燦然呈露而不可掩，是道之全也，古昔聖人具是道於心，而以時出之，或為文章，或為勳業，至其所謂文者，或施之朝廷，或用之邦國，或形諸家庭，或見諸師弟子之問答，與其日用應酬之常，雖製以事殊，語因人異，然莫非道之用也。故在

王陽明全集　原序　一

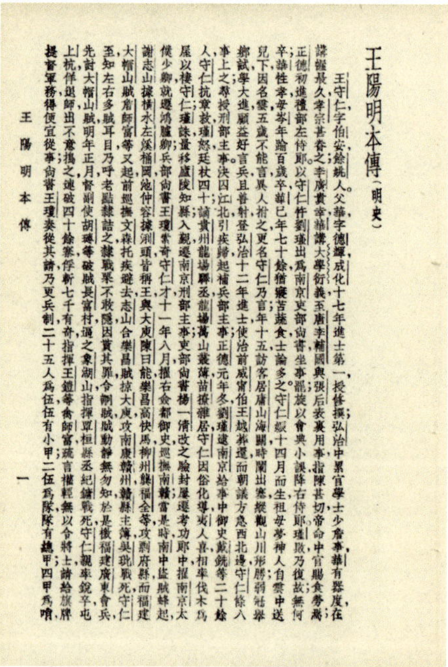

王陽明本傳（明史）

王守仁，字伯安，餘姚人。父華，字德輝，成化十七年進士第一，授修撰；弘治中累官學士少詹事，華有器度，在講幄最久，孝宗甚眷之；李廣貴幸，華講大學衍義至唐李輔國與張后表裏用事，指陳甚切，帝命中官賜食，旁為正德初，進禮部左侍郎，以守仁忤劉瑾，出為南京吏部尚書，坐事罷，旋以會典小誤，降右侍郎，瑾敗，乃復故，無何卒；華性孝，母岑年踰百歲卒，華已年七十餘，猶寢苦蔬食，士論多之。守仁娠十四月而生，祖母夢神人自雲中送兒下，因名雲，五歲不能言，異人拊之，更名守仁，乃言。年十五，訪客居庸山海關，時闌出塞，縱觀山川形勝，弱冠舉鄉試；學大進，顧益好言兵，且善射，登弘治十二年進士；使治前威甯伯王越葬，還而朝議方急西北邊，守仁條八事上之，尋授刑部主事，決囚江北，引疾歸，起補兵部主事；正德元年冬，劉瑾逮南京給事中御史戴銑等二十餘人，守仁抗章救，瑾怒，廷杖四十，謫貴州龍場驛丞，龍場萬山叢薄，苗獠雜居，守仁因俗化導，夷人喜，相率伐木為屋，以棲守仁；瑾誅，量移廬陵知縣，入覲，遷南京刑部主事，吏部尚書楊一清改之驗封；屢遷考功郎中，擢南京太僕少卿，就遷鴻臚卿；兵部尚書王瓊素奇守仁才，十一年八月，擢右僉都御史，巡撫南贛，當是時，南中盜賊蜂起，謝志山據橫水、左溪、桶岡，池仲容據浰頭，皆稱王，與大庾陳曰能、樂昌高快馬、郴州龔福全等，攻剽府縣，而福建大帽山賊詹師富等又起，前巡撫文森託疾避去，志山合樂昌賊掠大庾，攻南康、贛州，贛縣主簿吳玭戰死，守仁至，知左右多賊耳目，乃呼老黠隸詰之，隸戰栗不敢隱，因貰其罪，令偵賊，賊動靜無勿知，於是檄福建廣東會兵，先討大帽山賊，明年正月，督副使胡璉等破賊長富村，逼之象湖山，指揮覃桓、縣丞紀鏞戰死，守仁親率銳卒屯上杭，佯退師，出不意搗之，連破四十餘寨，俘斬七千有奇，指揮王鎧等擒師富；疏言權輕無以令將士，請給旗牌，提督軍務，得便宜從事；尚書王瓊奏從其請，乃更兵制，二十五人為伍，伍有小甲，二伍為隊，隊有總甲，四甲為哨，

王陽明本傳　一

王守仁，明代著名的思想家、哲学家、书法家兼军事家、教育家，心学集大成者。吕何均，浙江嘉兴人，现代学者，他将《阳明全集》重新编次，分为文集九卷、诗集二卷、书牍五卷、奏议七卷等。书中有《王阳明年谱》（七卷）、《王阳明传习录》（三卷）等。此著为《国学基本文库》之一种。

重編例言

一、王陽明先生格致之學，良知之說，發宋儒所未發，得孔孟之心傳；而其勛業文章，亦各稱是，足以炳燿千古。爰刊全集，以廣絕學之傳。

一、先生平居講說條敎，其門人徐愛先輯爲語錄三卷，卽傳習錄是；其餘詩文奏疏等類，則門人錢德洪續輯，凡爲文錄五卷，別錄十卷，外集七卷，續編六卷，附錄七卷。編次分類，病于繁複，未易得其綱要；爰爲次第分併，別爲文詩奏議書牘各集，及年譜，以類相從，使之歸于一貫，而無分列之弊。

一、是書係據明隆慶間浙江巡按謝廷傑原刊本付刊，惟原本頗有漫漶脫訛之處，悉以別本參校，正其非是；其無可考訂者，則姑與闕疑，以存其真。

一、是書本無句讀，致今讀者望洋興歎；不能卒讀；今特加以新式標點，俾微言奧義，躍然紙上，足爲學者津筏。

B249.55/D154　颜氏学记

（清）戴望著。

上海：商务印书馆，1934 年 7 月再版。一册，32 开。

戴望，字子高，浙江德清人，清代学者、经学家，于同治八年（1869）著《颜氏学记》十卷。本书研究明末清初思想家、教育家颜元的主要理学思想。卷首有作者自序，卷末有叶德辉于光绪甲午（1894）所题的后跋。本书为《国学基本丛书》之一种。

國學基本叢書
顏氏學記
戴望著
商務印書館發行

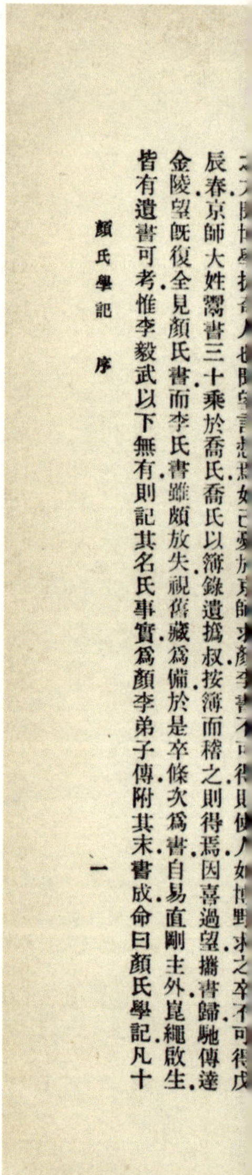
辰春京師大姓鬻書三十乘於喬氏喬氏以簿錄遺攜叔按簿而稽之則得焉因喜過望攜書歸馳傳達
金陵望既復全見顏氏書而李氏書雖頗放失視舊藏爲備於是卒條次爲書自易直剛主外崑繩啟生
皆有遺書可考惟李毅武以下無有則記其名氏事實爲顏李弟子傳附其末書成命曰顏氏學記凡十
顏氏學記　序　一

顏氏學記序

望年十四於敝簏得先五世祖又曾公所藏顏先生書上題識云康熙戊寅某月日在桐鄉李子剛主所贈也望讀而好之顧亟欲聞顏李本末出其書詢諸吾友程貞履正履正則取毘陵惲氏所撰李先生狀示予又得見王崑繩遺文有顏先生傳始驚歎以爲顏李之學周公孔子之道也自陳摶壽厓之流以其私說賛鼓天下聖學爲所汨亂者五百餘年始得兩先生救正之而緣隙奮筆者至今不絕何其蔽與始履正亦惑於其說既得存學編慨然有開物成務之志遂盡棄其學而學焉既又於丁巳秋得李先生論語大學中庸傳注傳注問及集悉舉以畀履正然猶闕大學辨業學規纂論學及諸經傳注望於顏氏之學雖好之不若履正專始得顏先生書之歲以訖丁巳中更習爲詞賦家言形聲訓故校讎之學丁巳後[illegible]

顏氏學記目錄

105.3/661 康德学述

郑昕著。

上海：商务印书馆，1946 年 11 月初版。一册，32 开。

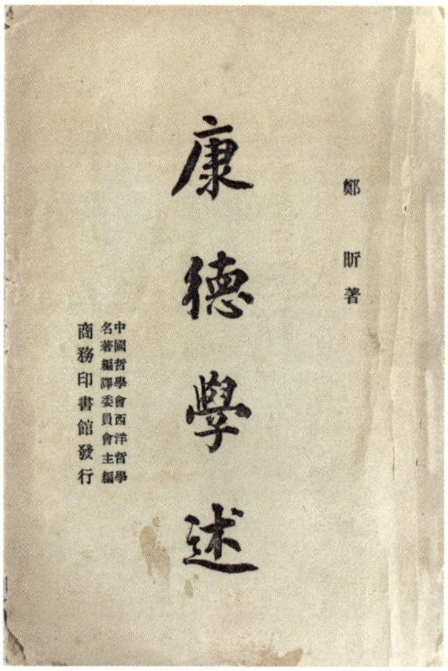

《康德学述》是“我国认真介绍康德哲学的第一本专著”（齐良骥语），由“读书札记”而整理成书，概述了康德的主要思想，主要包括三部分内容，即康德对玄学之批评、康德论知识、真理与实在（附录）。郑昕是第一个到德国攻读康德哲学的中国学者，并于 1933 年起在北京大学讲授康德，历时三十余年。圣约翰大学罗氏图书馆旧藏。

弁言

是書成於亂離中之讀書雜記。平日隨己之所好，心之所記，一一筆之於書，剪裁爲文，或可爲「純理性批導」一書之提要與詮譯；謂爲述學，殆猶過也。抑此學之在吾國，猶爲一未耕之園地，吾人但求會悟而得其眞，然後再視有無「新」哲學途徑（超過康德，可能有新哲學，掠過康德，只能有壞哲學）；故雖了無創意，亦彙集問世，以利初學。康德之學，博大精微，且行文艱澀，說之者復紛歧浩繁，苟有人焉，肯爲此作長編，一如焦里堂氏之於孟子，其學術價值，誠未可衡量也。

本編取材，除康德之「純理性批導」及「未來玄學導言」外，有下列數書：

Windelband, Lehrbuch Der Geschichte der Philosophie

Rogers, A Student's History of Philosophy

Fischer, Immanuel Kant 2 Bde.

Kroner, Von Kant bis Hegel Bd. I

Riehl, Der philosoqhische Kritizismus Bb. I

Caird, Critical Philosophy of Kant vol. I

301/517　历史哲学纲要

［德］黑格尔著，王灵皋译。

上海：言行出版社，1939 年 9 月版。一册，32 开。

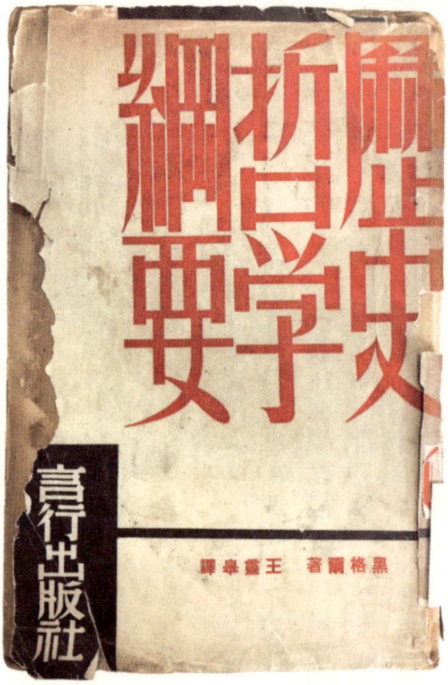

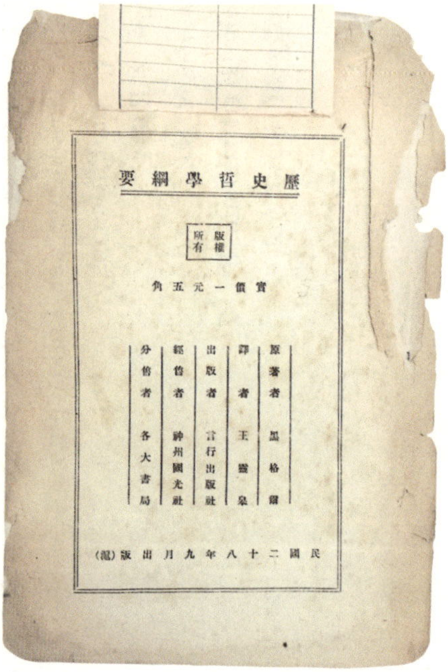

书名据日译本《历史哲学概论》、参照莱比锡 1917 年德文版《历史哲学》节译而成。内容有黑格尔自序及“一般的绪论”与“特殊的绪论”两编，前编包括“世界历史之理性观”“历史之理想与其实现”和“世界史之行程”三章；后编包括“各种不同的历史观察的方法”“世界历史之自然关联即地理的基础”与“世界史的区分”三章。本书另有上海神州国光社 1932 年 12 月初版本和 1949 年 4 月再版本。

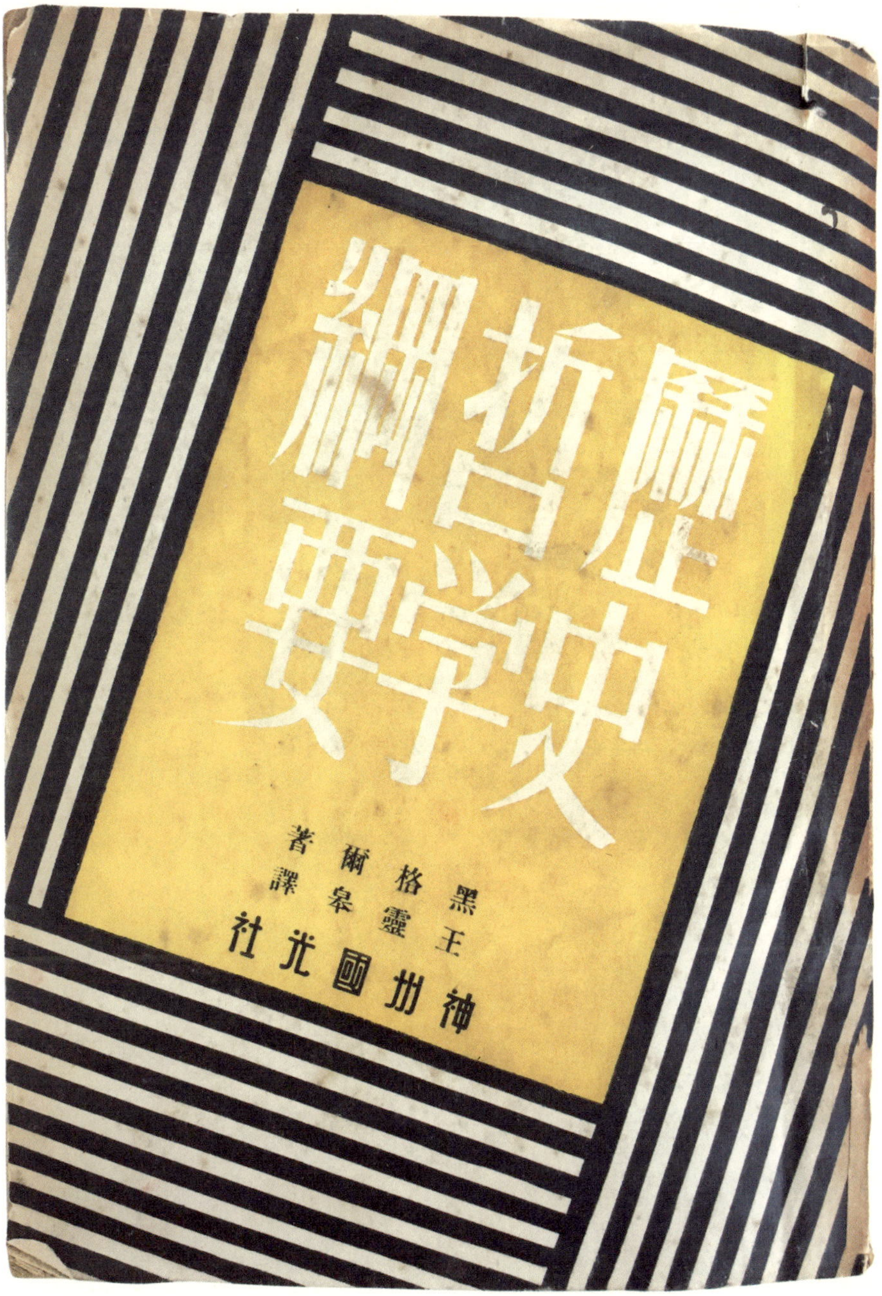
歷史哲學綱要
黑格爾著
王靈皋譯
神州國光社

105.2/775A 哲学大纲

［英］罗素著，高名凯译。

南京：正中书局，1937 年 7 月初版。一册，32 开。

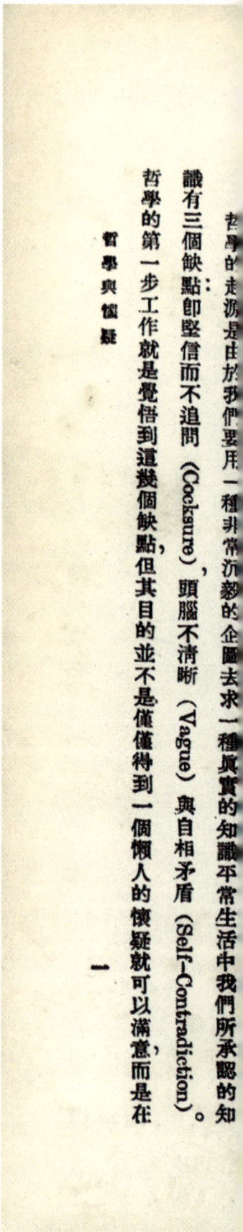
哲學的起源是由於我們要用一種非常沉毅的企圖去求一種眞實的知識平常生活中我們所承認的知識有三個缺點卽堅信而不追問（Cocksure），頭腦不淸晰（Vague）與自相矛盾（Self-Contradiction）。哲學的第一步工作就是覺悟到這幾個缺點，但其目的並不是僅僅得到一個懶人的懷疑就可以滿意，而是在

哲學與懷疑

一

《哲学大纲》是罗素总结性、通论性的哲学著作，也是作者唯一的通论性哲学著作，简洁全面地展现了罗素哲学的整体面貌。第一章《哲学与怀疑》，二至二十七章分为四部，即“人之从外研究”“物理世界”“人之从内研究”和“宇宙”。本书为《哲学丛刊》之一种。光华大学图书馆旧藏。

第一章　哲學與懷疑

或許有人希望我從哲學的定義說起，但是無論對與不對，我都不想這樣做。哲學的定義是隨我們所主張的哲學而變的；所以我們所能說起的，不外是有某種問題是某種人所感到興趣的，而這種問題，至少在當代的世界之中並不屬於任何科學的範圍。這些問題是對普通知識所生的懷疑。如果這些懷疑要求解答的話，也只能用一種專門的研究。這種研究我們就稱之爲哲學。爲哲學下定義的初步就是說明這種問題，這種懷疑。這也就是研究哲學的初步。在專究的哲學問題之中，有幾種問題是不能用理智去處理的，因爲它們已超出我們的

中華民國二十六年七月初版

哲學大綱

Outline of Philosophy

全一册　實價國幣九角

（外埠酌加運費匯費）

(838)

著　　者　Bertrand Russell

譯　　者　高名凱

發 行 人　吳秉常
南京河北路本局

印 刷 所　正中書局
南京河北路童家巷口

發 行 所　正中書局
上海福州路
南京太平路

民森　　1/1——10

141/523Z 哲学与人生

傅统先著。

上海：世界书局，1947年9月三版。一册，32开。

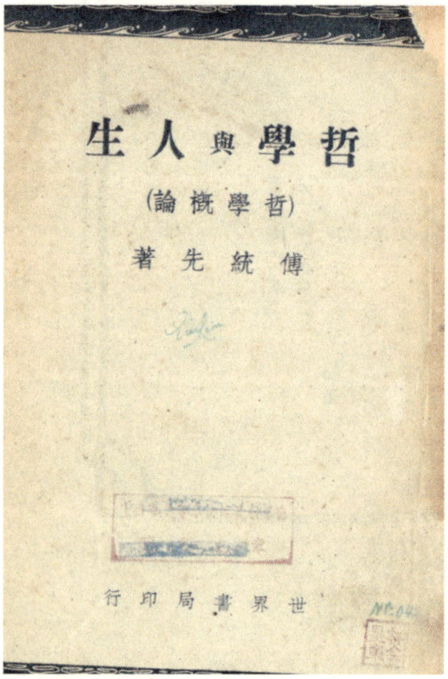

本书作者傅统先为中国著名教育家、心理学家。该书封面题名为《哲学与人生（哲学概论）》，共十四章，主要内容包括哲学与生活、人生之苦乐、死之谜、人生之目的、自由意志、人格之发展、人性之善恶、自私与利他、说爱、谈美、原真、宗教之本质、价值论等。此书是傅统先哲学领域著作的重要代表。

年說教，希望把青年各個都變成「正人君子。」不過當我們討論的時候青年們往往因而對於這許多問題看得比較清楚一點，而思想的正確可以支配一個人的行爲。假使本書在讀者，特別是青年方面能夠做到這一點，這也總算作者在此國家存亡絕續之際略盡其本位的責任了。

作者特別謝謝他的妻子蔣尙莊女士，因爲她在此生活艱難之際替作者分擔了大部分的憂慮。我再要謝謝幾年來和我們討論這許多重大問題的學生們，因爲假使沒有在各校「哲學概論」班裏面和諸位同學討論的機會，作者也許想不到寫這本書。最後再謝幾位同學替我抄寫校對。

統先序於上海聖約翰大學

哲學與人生(哲學概論)

傅統先著

目錄

第一章　哲學與生活

人生是不是需要哲學？

一　各人的立場的不同

有四個人一同到海灘上去玩。在這四個人之間有一位是文學家，一位是畫家，一位是地質學家，還有一位是商人。在他們閒談的時候畫家指着那一片茫茫的大海說：「看！這眞是一幅天然的圖畫。在這淡藍色的天空中添上幾隻上下飛翔的海鷗，再配上沙灘上游泳和休閒的男女。顏色調和，結構精緻，啊！那眞是美極了！」當時這位文士嘴裏輕輕的念着：「落霞與孤鶩齊飛，秋水共長天一色。」地質學家搶着說：「請你們別太酸氣。何必對於這一片客觀的自然界作許多空洞而不着邊際的主觀描寫呢？其實這海灘是幾種岩石累積成功的，因爲海水的冲積，逐漸使地面突出水面，這是很簡單的現象。」做生意的這位先生說：「你們所講的這些話都是不切實際的清談。這對於我們的生活有什麼關係呢？明明看見這樣一處地點適宜，風景宜人，交通便利的地方，何不大家集合資本辦一個海濱游泳場，兼設飲冰室，包管生意興隆。」畫家與文人異口同聲的說：「俗不可耐！」

何以這四個人對於同一景物會有不同的看法呢？你們以爲那一種看法最好呢？可是各人對於這個問題的答案是各不相同的。有人以爲商人的話最好，有人又贊成藝術家的描寫，有人又說地質學家的說明最準確。誠所謂「公說公有理，婆說婆有理。」在我們看起來，這四種看法都是好的，同時也都是不好的。何以都是好的呢？因爲假使畫家站在繪畫的立場來講，他的看法是最好的。地質學家站在地質學的立場來講，那末他的看法是最好。所

140.92/654　中国伦理学史

蔡元培编。

上海：商务印书馆，1933 年 3 月版。一册，32 开。

本书作者蔡元培为民国教育家、北大校长。该书由绪论、先秦创始时代、汉唐继承时代、宋明理学时代四部分组成，共计三十二章，论述了自先秦到明清诸多学派代表人物的伦理思想，是第一部系统整理和研究中国古代伦理思想的学术著作。

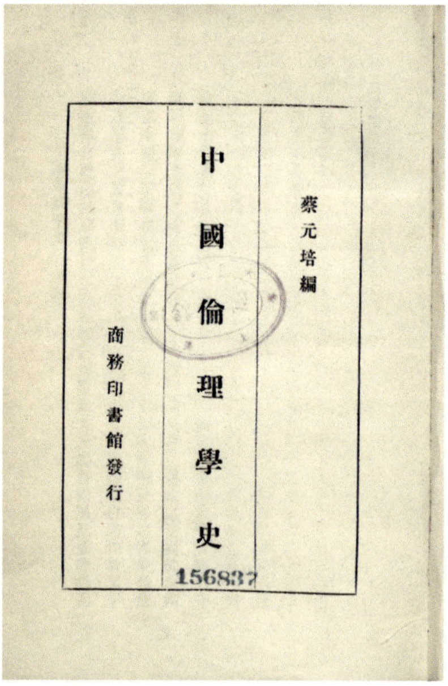

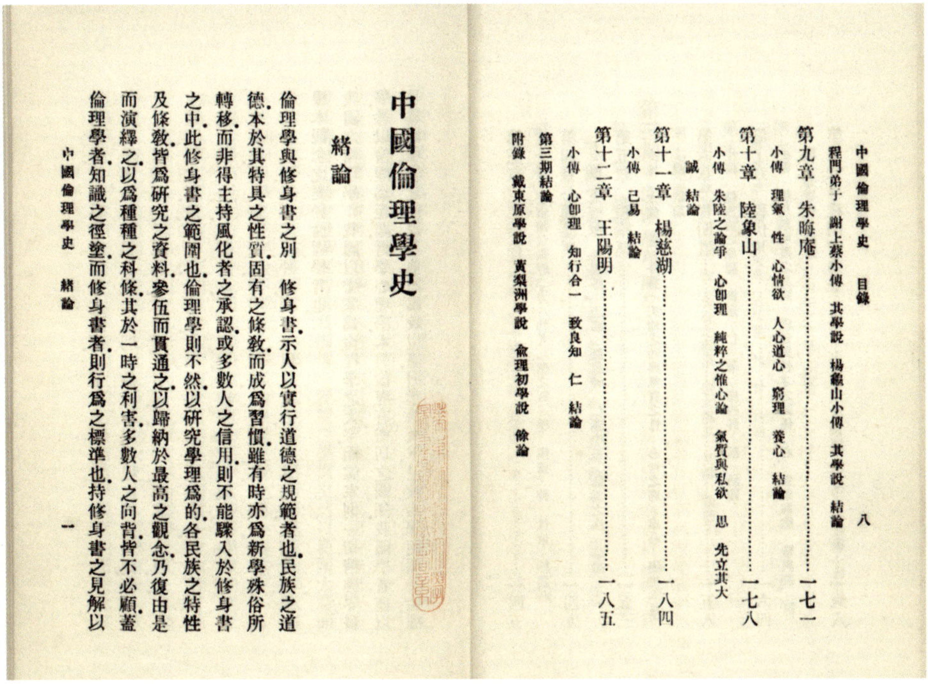

中國倫理學史

緒論

倫理學與修身書之別　修身書、示人以實行道德之規範者也、民族之道德、本於其特具之性質、固有之條教、而成爲習慣、雖有時亦爲新學殊俗所轉移、而非得主持風化者之承認、或多數人之信用、則不能驟入於修身書之中、此修身書之範圍也、倫理學則不然、以研究學理爲的、各民族之特性及條教、皆爲研究之資料、參伍而貫通之、以歸納於最高之觀念、乃復由是而演繹之、以爲種種之科條、其於一時之利害、多數人之向背、皆不必顧、蓋倫理學者、知識之徑塗、而修身書者、則行爲之標準也、持修身書之見解以

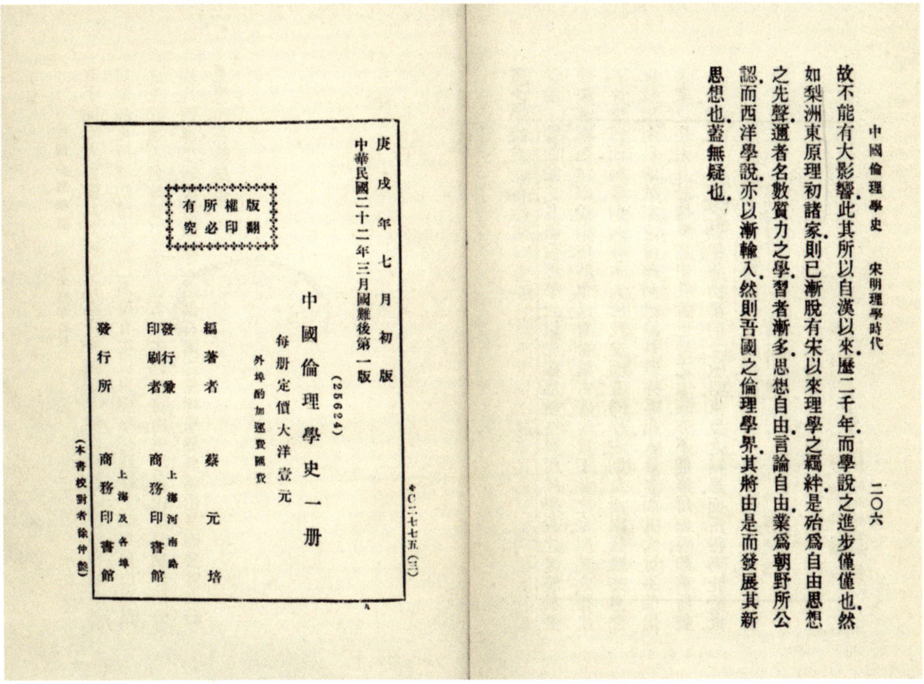

故不能有大影響、此其所以自漢以來、歷二千年、而學說之進步僅僅也、然如梨洲東原理初諸家、則已漸脫有宋以來理學之羈絆、是殆爲自由思想之先聲、邇者名數質力之學、習者漸多、思想自由、言論自由、業爲朝野所公認、而西洋學說、亦以漸輸入、然則吾國之倫理學界、其將由是而發展其新思想也、蓋無疑也、

庚戌年七月初版

中華民國二十二年三月國難後第一版

(25624)

中國倫理學史一册

每册定價大洋壹元

外埠酌加運費匯費

編著者　蔡元培

發行兼印刷者　商務印書館　上海河南路

發行所　商務印書館　上海及各埠

(本書校對者徐仲懿)

C二七七五(三)

693/428　儿童之语言与思想

张耀翔编著。

上海：中华书局，1948 年 4 月初版。一册，32 开。

本书作者张耀翔为中国著名教育家、心理学家。此书分上、下两编。上编为儿童的语言，共十章，主要讲述儿童语言发展实际的观察、语言与智能、儿童语言的缺陷等内容；下编为儿童的思想，共八章，主要涉及语言与思想、思想的发展、儿童与成人思想的差别、如何增进儿童的思想等方面。

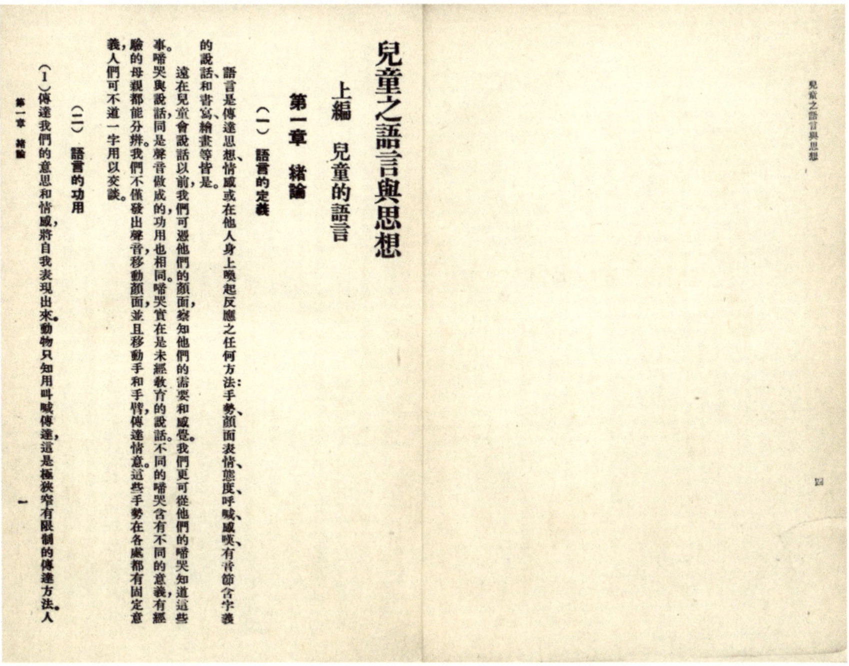

兒童之語言與思想

上編 兒童的語言

第一章 緒論

（一）語言的定義

語言是傳達思想、情感或在他人身上喚起反應之任何方法：手勢、顏面表情、態度、呼喊、感嘆、有音節含字義的說話、和書寫、繪畫等皆是。

遠在兒童會說話以前，我們可從他們的顏面，察知他們的需要和感覺。我們更可從他們的啼哭知道這些事。啼哭與說話同是聲音做成的，功用也相同。啼哭實在是未經教育的說話。不同的啼哭含有不同的意義，有經驗的母親都能分辨。我們不僅發出聲音，移動顏面，並且移動手和手臂，傳達情意。這些手勢在各處都有固定意義，人們可不道一字用以交談。

（二）語言的功用

（1）傳達我們的意思和情感，將自我表現出來。動物只知用叫喊傳達，這是極狹窄有限制的傳達方法。人

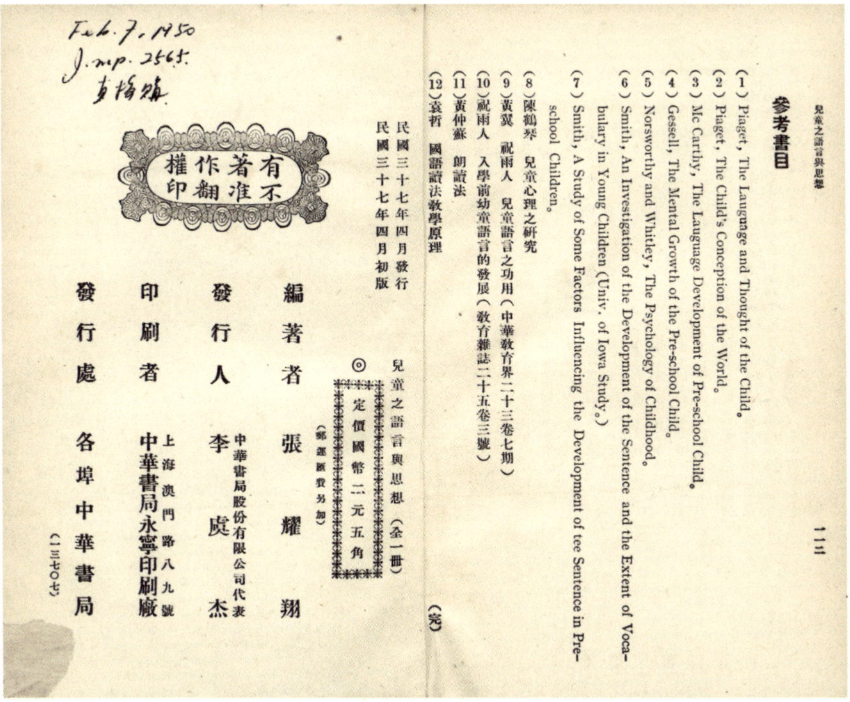

參考書目

（1）Piaget, The Lauguage and Thought of the Child。

（2）Piaget, The Child's Conception of the World。

（3）Mc Carthy, The Lauguage Development of Pre-school Child。

（4）Gessell, The Mental Growth of the Pre-school Child。

（5）Norsworthy and Whitley, The Psychology of Childhood。

（6）Smith, An Investigation of the Development of the Sentence and the Extent of Vocabulary in Young Children (Univ. of Iowa Study。)

（7）Smith, A Study of Some Factors Influencing the Development of tee Sentence in Pre-school Children。

（8）陳鶴琴 兒童心理之研究

（9）黃翼 祝雨人 兒童語言之功用（中華教育界二十三卷七期）

（10）祝雨人 入學前幼童語言的發展（教育雜誌二十五卷三號）

（11）黃仲蘇 朗讀法

（12）袁哲 國語讀法教學原理

（完）

民國三十七年四月發行
民國三十七年四月初版

兒童之語言與思想（全一冊）

◎ 定價國幣二元五角

（郵運匯費另加）

編著者 張耀翔

發行人 中華書局股份有限公司代表 李虞杰

印刷者 上海澳門路八九號 中華書局永寧印刷廠

發行處 各埠中華書局

（一三七〇七）

045.2/285.8　生路

［英］威尔斯著，鲁继曾译。

上海：商务印书馆，1937 年 10 月初版。一册，32 开。

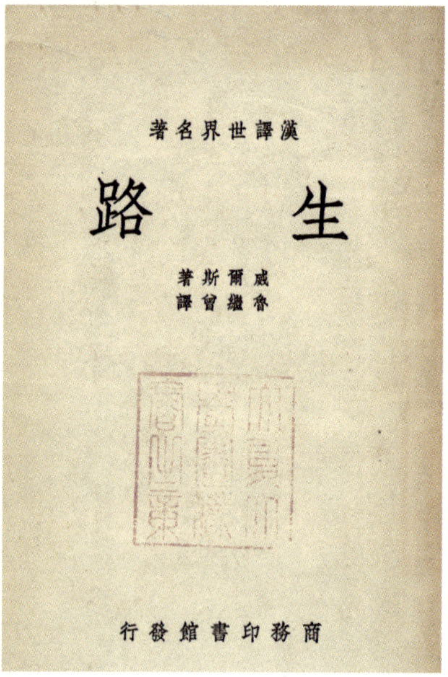

本书作者威尔斯为英国多产作家，译者鲁继曾为中国教育家。全书共二十五章，内容包括对作者情况的介绍以及对生活中遭遇的多种类型人生挫折的剖析。该书收入《汉译世界名著》。

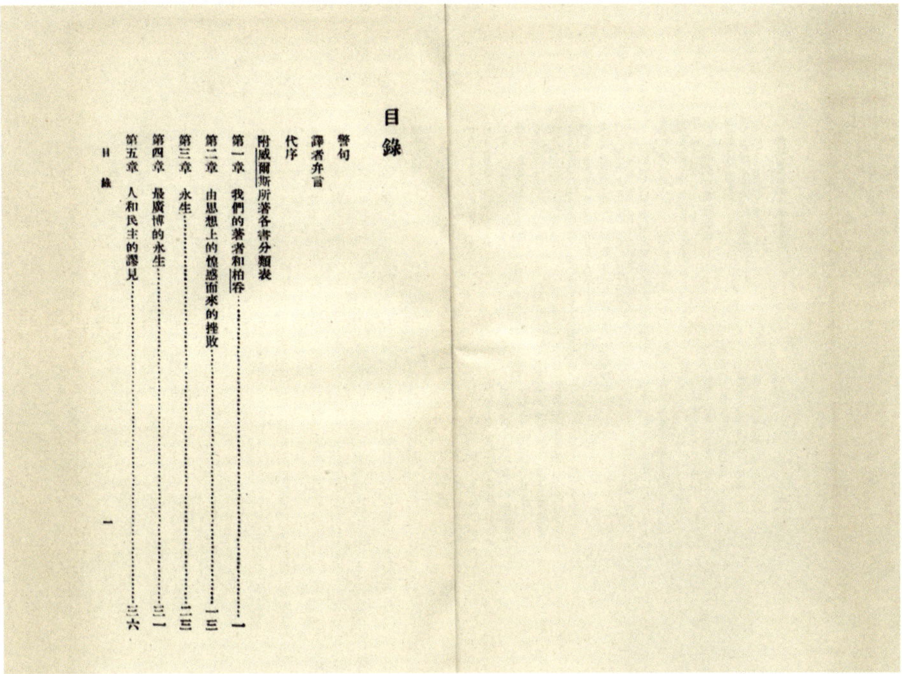

目錄

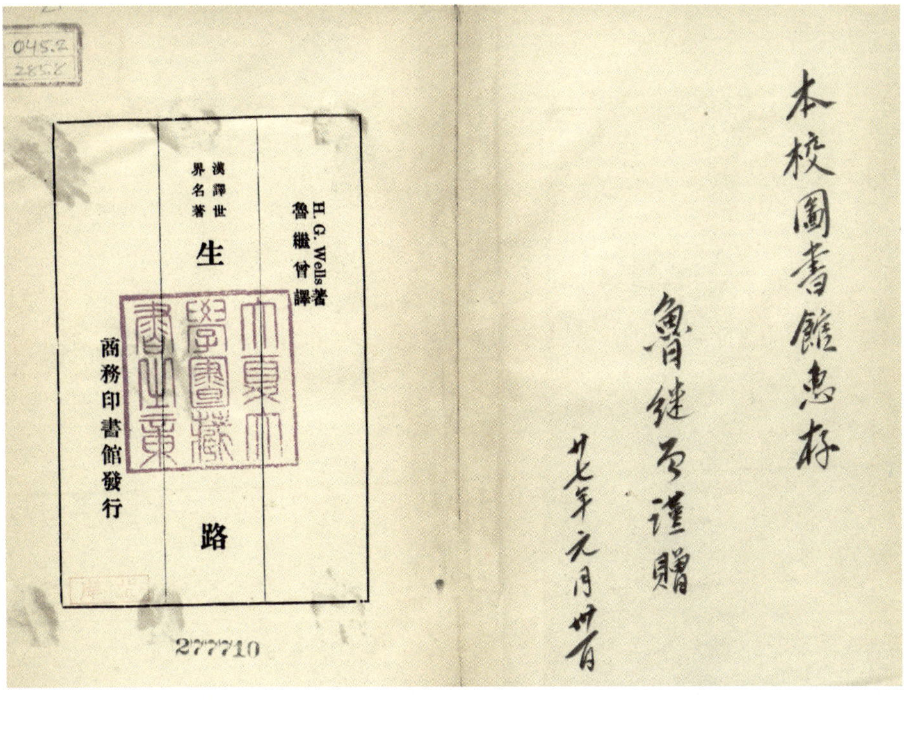

H. G. Wells著
魯繼曾譯

漢譯世界名著

生路

商務印書館發行

本校圖書館惠存
魯繼曾謹贈
廿七年元月卅日

B94/T162B 庐山学

释太虚讲。

上海：泰东图书局，1926年5月初版。一册，32开。

释太虚，近代著名高僧、佛门领袖。《庐山学》是太虚法师讲演集，主要收录1924年前后太虚在庐山、武昌佛学院以及其他各地的讲演稿，共五十六篇。《庐山学》一书首次提出了“庐山学”的概念，是近代较早“以地名学”的著作。

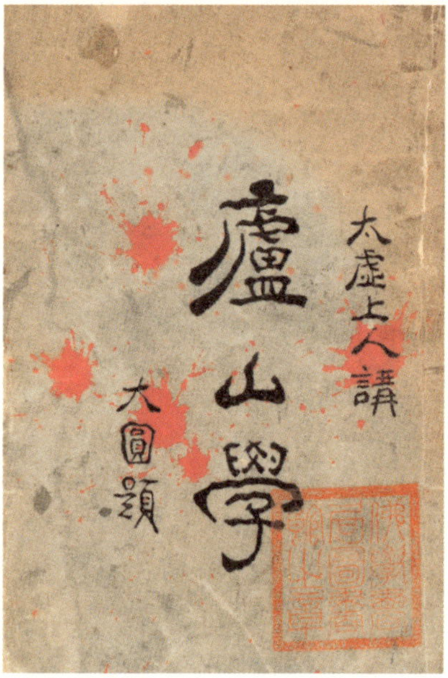

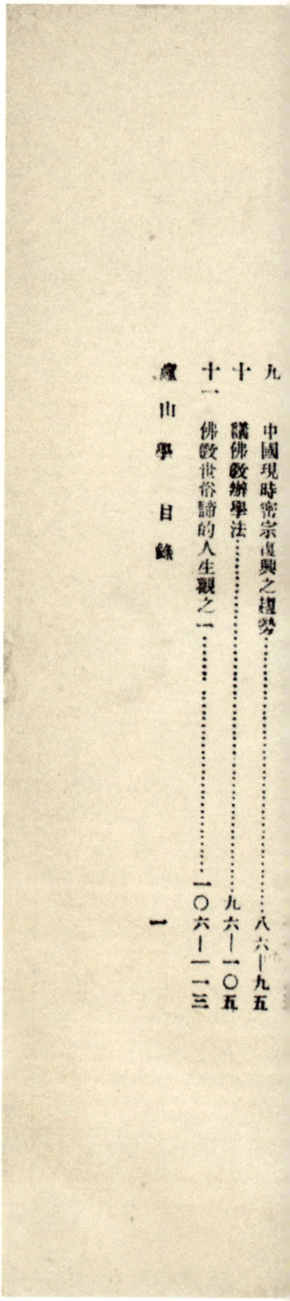

盧山學 目錄 一

廬山學 目錄

▲太虛法師演說之一

之『無分別智』。證入眞如。如瞎子、忽然眼光迸露。親見象之全體。一切都豁然開朗。從前種種計度。無不消失者。然科學家、譬祇知改良所藉用之機器。而不從能見之眼上根本改良。今根塵身心等。皆是俱生無明之性。若不謀此根、本改良。乃惟對境之是求。執一之是足。將何往而非瞎子擿埴。顚扑難進也哉。滯迷情之見者。可以休矣。故佛法之中堅方法、卽爲『完全非科學的』。『專息滅建築在戲論分別上之科學的』。以非如是則終不能『打破無明得大覺悟故』。然若能依佛法中戒、定、慧三增上學。布施等六波羅密行。精究實行。則勒馬崖頭。共登坦道。脫黑暗之火坑冰塹。於莊嚴佛土。出狂熱之社會羣衆於淸涼境界。夫亦何難之有。

（上『第二講』竟）

佛法與哲學

弟子聖功敬錄

B94/T162　法相唯识学

释太虚著述，虞德元记。

上海：商务印书馆，1936 年版。二册，16 开。

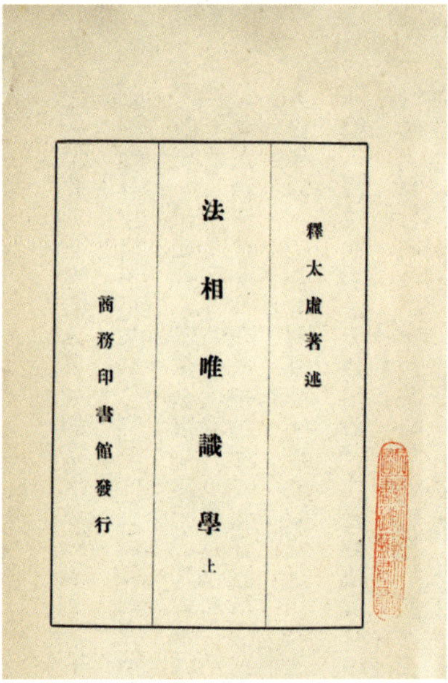

釋太虛著述

法相唯識學 上

商務印書館發行

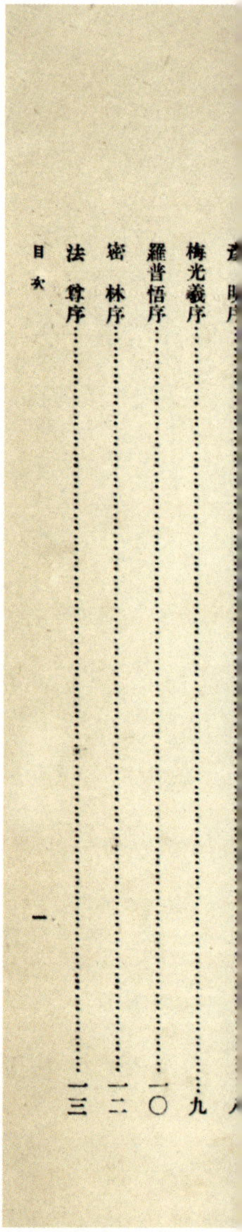

梅光羲序……九

羅普悟序……一〇

密林序……一二

法尊序……一三

目次 一

释太虚，近代著名高僧，与虚云老和尚、印光法师、弘一法师合称“民国四大高僧”。本书收入释太虚阐述法相唯识学的重要讲演和文章五十七篇，书前有王恩洋、张化声、唐大圆等人所作的十篇序。全书内容包括唯识理论类、唯识答辩类、唯识旁通疏释类等。该书内容全面，条理清晰，结构严谨，具有较高的科学性、系统性和理论性。

法相唯識學

目次

法相唯識學概論諸序

法相唯識學概論序

王恩洋

西方近代，學說思想，並國勢以勃興。科學哲學，風起雲湧，氣蓋全球，可謂盛矣。而哲學窮究宇宙之本體，示導人生之歸趣，尤異於科學之但究枝葉，僅求實用。是故博大精深，特在哲學。哲學之派別繁多，而旗鼓對立，厥爲唯心唯物之兩系。主張唯心者，以爲宇宙萬象，皆唯心變。所謂外物，都非實有。蓋云有者，不越所知。諸所知者，不越眼耳鼻舌身五官之感相，色聲香味堅煖重輕等是也。如是感相，隨覺官而變，隨時空而變，初無定性，爲實外境。所謂物者，又不越色聲香味堅煖重輕等相；意識於此聚集之諸相，分析之，綜合之，而賦以別別客觀獨立之觀念，由是覺其爲外物焉，如是而已矣。故唯心論亦稱爲意象論，觀念論也。若爾，則心未起時，宇宙萬有應盡空無。然心雖不生，物自相續，故知唯心義難安立。爲答斯難，巴克萊乃有上帝之說以濟其窮，新康德派有宇宙大心之說以廣其量。由是唯心之心，乃入玄漠。唯物論者，以爲宇宙之初，唯有雲氣。質點凝聚，漸成地球。物質化合化分，漸成生物。生物進化，漸有人類。人類進化，智慧以生。智情之用，厥號心識。所謂心者，既後物質以生，藉身體以存，緣外境而起，云何可說離物有心？所謂心者，不過物質凝合所起之用耳。以是故說，宇宙本體，體唯是物。雖然，生物進化之論，今之學者既每謂其不通。無心

B94/Y533　唯识学探源

印顺法师著。

上海：大法轮书局，1949 年 3 月再版。一册，32 开。

释印顺，浙江海宁人，为近代著名的佛教思想家、解行并重的大修行僧。本书是印顺法师的重要著述之一，卷首有著名高僧太虚法师所作之序和作者自序。全书分上、下两编，上编是“原始佛教的唯识思想”，下编是“部派佛教的唯识思想”。

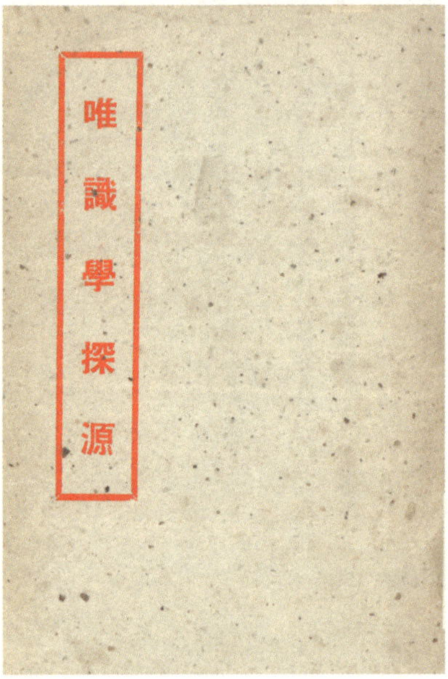

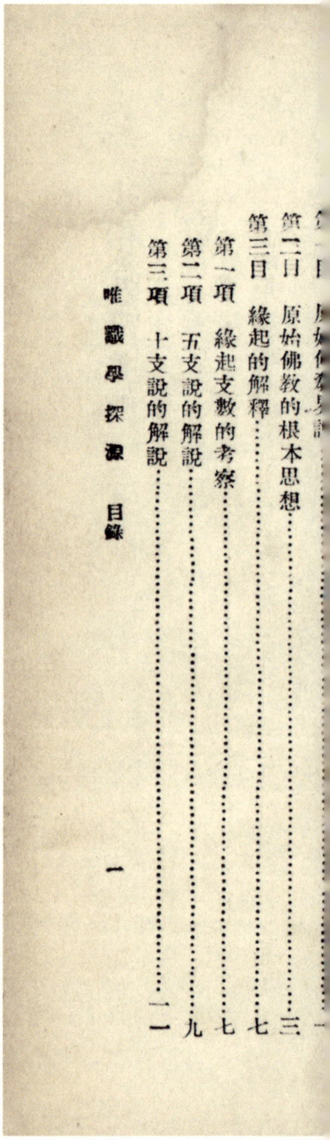

唯識學探源目次

唯識學探源

上編 原始佛教的唯識思想

第一章 原始佛教思想概說

第一目 原始佛教界說

唯識學的確立，雖是佛滅七世紀的事情；但如要從歷史的見地去攷察它思想的源泉，與發展中的演變，那就不能不從原始佛教研究起。不然，不但不能明白它思想的來源；也不能從佛教的立場，給予正確的評價。

佛滅一百年以後，佛教才開始顯著的分化。一般人，稱這分化了的佛教為部派佛教，分化以前的佛教為原始佛教。原始，只是說這一期的佛教，在理論上、制度上，不論那一方面，都比較要來得切近佛教的原始態。研究原始佛教，自然要依據阿含和毗奈耶（律）。關於大乘經，有人主張一字一句，都是釋尊親口宣說的。有人却否認它，說它完全是後人假托的。在我看來，大乘經有演繹整理的痕迹；說它全是後人的假托，却未

B94-61/F453　实用佛学辞典

佛学书局编辑部编。

上海：上海佛学书局，1935年版。二册，32开。

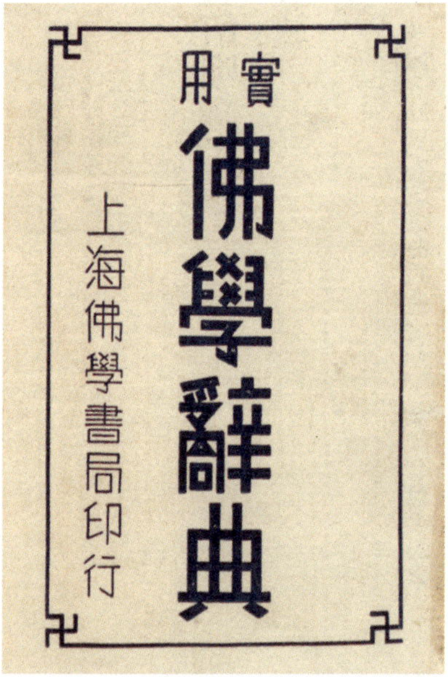

上海佛学书局于1929年由王一亭、李经纬等发起创办，是中国近代规模较大的一所编辑、刻印、流通佛学典籍的出版机构。本书介绍了诸多佛学知识。

實用佛學辭典

佛學書局編輯部編纂

一畫

一人作虛（雜語）公案名。一人吐虛言、則萬人相傳爲實也。空谷集云「有僧問興化存奬多子塔前共談何事。化云一人作虛、萬人傳實」

一刀三禮（雜語）彫刻佛像每下一刀須禮拜三寶三次。畫像經文謂之一筆三禮。又曰一字三禮。

一大宅（譬喻）以長者之一大宅、譬三界之火宅。見火宅條。

一大車（譬喻）以一大車譬法華之妙法。又云大白牛車。見法華經譬喻品及火宅條下火宅喻。

一大事（術語）開顯實相妙理之事業、開示佛知見之事業也。一大者實相之妙理、謂佛知見。即法華之妙法也。法華經方便品曰「諸佛世尊唯以一大事因緣故出現於世。」又人之生死謂爲大事。善導之臨終正念訣曰「世之大事莫越生死。一息不來乃屬後生。一念若錯便墮輪廻」

一大事因緣（術語）爲一大事之因緣。文句四上曰「衆生有此機感佛。名因佛乘機而應故名爲緣。是爲出世本意」

一大三千世界（術語）一世界之中央、有須彌山、此四方之大海中有四大洲、此大海之外以鐵圍山圍繞之、如是謂之一小世界。合一千小世界謂之小千世界、合一千小千世界謂之中千世界、合一千中千世界謂之大千世界。俱舍論十一曰「千四大洲乃至梵世。如是總說爲一小千。千倍小千名一中千界。千中千界總名一大千。如是大千同成同壞」

一三昧（術語）一行三昧之略。惟專心思一事、不顧其他也。

B949.2/Y533　中国佛教史略

释印顺、妙钦编述。

上海：正闻学社出版，大法轮书局发行，1947 年 7 月版。

一册，32 开。

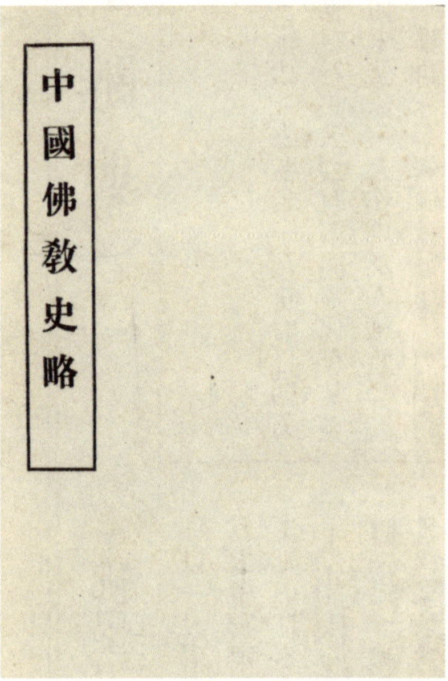

中國佛教史略

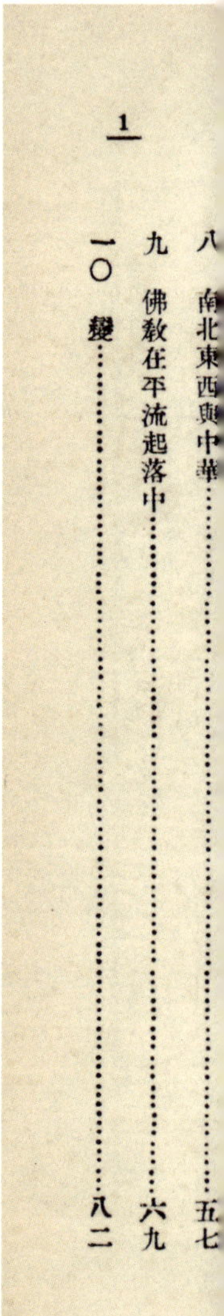

1

八　南北東西與中華……五七

九　佛教在平流起落中……六九

一〇　跋……八二

释印顺是现当代著名高僧之一，曾追随太虚法师投身中国近现代佛教复兴运动，二十世纪四十年代末赴台湾，创建了多所著名佛学院。曾以《中国禅宗史》一书，获日本大正大学的正式博士学位，为台湾比丘界首位博士，毕生推行人间佛教。本编为妙钦法师初稿，由印顺整理删补而成，为《正闻学社丛书》之一。

目次

序

中國今日的問題是整個文化革新的問題。在這整個革新中，宗教思想，宗教生活的革新，我認爲是最基本最深遠的工作。

提起宗教，當今士林類都要指斥爲迷信，爲麻醉品。然而這畢竟是就宗教外形之在歷史發展上拉雜拖帶的那些砂礫渣滓而言。宗教本身的核心意義却不能毀謗，不當否認的。任何完整的文化，任何完整的人格，都必有它的宗教基礎在。我從不能想像未來革新了的中國文化而會永遠乾枯枯地絕不含一點宗教的因素。

什麼是宗教的核心意義呢？我另有一番看法，在這裏限於篇幅，不便論及。這裏所要肯定的：如果宗教革新是中國文化再生中必需的工作，那麼，佛教——中國宗教傳統中主流之一——的革新運動無疑地值得社會上開明人士的熱烈歡迎與贊助的。

中國佛教到今日必須革新。千餘年的消長蛻變，不知已累積了多少砂礫渣滓、把個中純淨之金，熏鑠得曖昧失色。中國佛教，整個看來，早已成爲一團迷信觀念與制度的

B949.275/L422　西藏佛教史

李翊灼著。

上海：中华书局，1933 年 2 月版。一册，32 开。

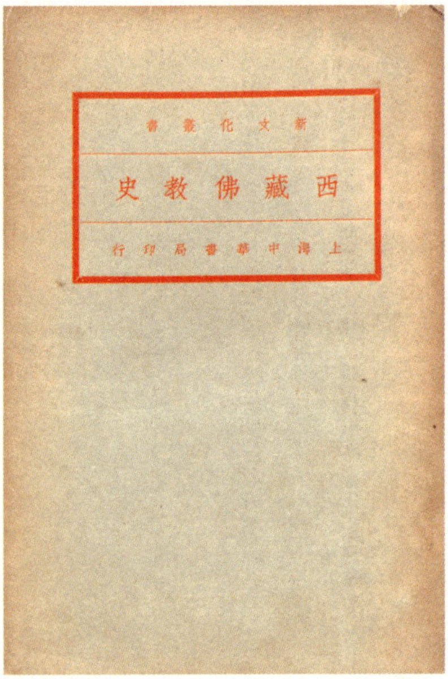

李翊灼，江西临川人，曾执教于东北大学、中央大学，著有《西藏佛教史》《印度佛教史》《劝发菩提心论》《心经密义述》等。《西藏佛教史》分三编，第一编总论四章，第二编史略二章，第三编余论三章，简要论述了西藏地区的佛教历史。本书为《新文化丛书》之一种。

西藏佛教史目錄

西藏佛教史

臨川李翊灼述

引言

環西藏皆極高之山：若喜馬拉雅，若喀喇崑崙，宛延迴合，巉峻奇特，有不可思議者；故西藏地位，平均高出海面一萬三千五百餘尺，爲世界第一高原。地勢既崇峻，其人民之賦禀，遂因之而亦高尙殊特，其思想志願，遂亦純質深廣，過於他民族。佛教未輸入以前，藏人皆崇奉幽邃渺漠之神靈奇異變怪之魔術，鈎深致遠，窮幽極微，卽其人富具特性毅力之證也。洎乎佛教輸入，明圓通之顯理，演眞實之密事，致廣大而盡精微，極高明而道中庸，仰則

B96/A112　回教哲学

［埃及］穆罕默德·阿布笃著，马坚译述。

上海：商务印书馆，1934年12月初版。一册，32开。

本书作者穆罕默德·阿布笃为伊斯兰教著名学者，译者马坚为中国著名的阿拉伯语专家。该书又名《回教——神论大纲》，共二十章，探讨了真主、先知、经典、人类等信仰和教义的基本问题，是伊斯兰哲学的重要汉译资料。收入《回教哲学丛书》。

中華民國二十三年十二月初版

（26457）

回教哲學叢書 回教哲學又名回教一神論大綱 一册
Outline of Islamic Monotheism
每册定價大洋壹元
外埠酌加運費匯費

原著者 Muhammad Abduh
譯述者 馬堅
發行人 王雲五 上海河南路
印刷所 商務印書館 上海河南路
發行所 商務印書館 上海及各埠

（本書校對者喻飛生）

七〇〇四上

回教哲學（又名回教一神論大綱）

第一章 緒論

一神論是研究「真主的存在」「應當爲真主肯定的」「可以敍述真主的」以及「應當對真主否定的」種種德性的學問，也是研究「列聖的使命」與「列聖所當有有的」「可有的」及「不可有的」種種德性的學問。

一神論阿文名「討赫德，」「討赫德」的本義是信仰真主的獨一無偶；稱一神論爲「討赫德，」是以重要部分的名目稱述全體，這重

序一

一神論是回教哲學的基礎，回教的各種宗教學科，無一不以一神論爲最後的根據的，所以信奉回教者，必習一神論，研究回教者亦當從一神論入手，我國素無適當的漢譯的一神論專書，可供教內教外人士的參考，這是莫大的憾事。

我到埃及後，初次與愛資哈爾大學回教哲學院專修部教授易卜臘欣·吉巴黎氏會面，便詢問他埃及有無最新的一神論書，他說：『穆罕默德·阿布篤先生的一神論大綱，是近代最有價值的著作。』後來我就買一本來，細心的研究，又常常去請教吉巴黎教授，並陳所作筆記，

197/331.3　回教教育史

［叙利亚］托太哈著，马坚译。

上海：商务印书馆，1946 年 12 月再版。一册，32 开。

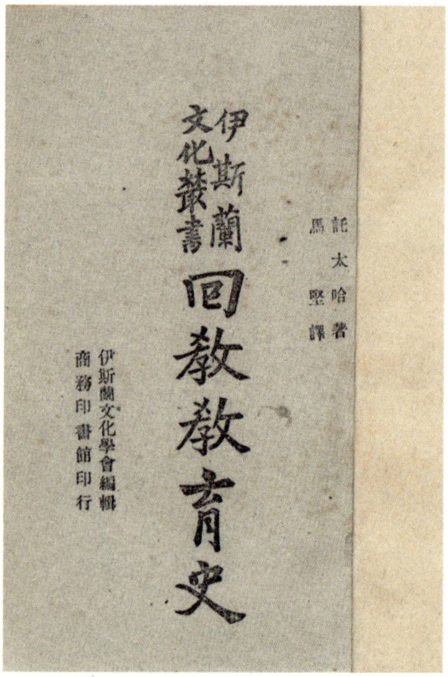

本书作者托太哈为阿拉伯地区的著名伊斯兰教学者，译者马坚为中国著名的阿拉伯语专家。该书共八章，主要论及学校、教员与学生、课程、教授法与学校礼仪、阿拉伯文的教育学名著、阿拉伯的妇女与教育、阿拉伯的教育哲学及阿拉伯人对于教育的贡献等内容，是研究伊斯兰教和阿拉伯教育历史的重要资料。收入《伊斯兰文化丛书》。

譯者序

回教出世以前，阿拉伯民族，是半開化的民族；能讀書寫字者，寥若晨星。回教祖聖先知穆罕默德，奉天命傳正教後，以宗教的力量，提倡教育，獎勵文化，能讀書寫字者，纔逐漸增多，而阿拉伯人所固有的詩歌與故事，經驗與閱歷，纔有紀載。後來，他們不但記錄回教的經典，與經外的傳說，而發揮其精義，且能翻譯四鄰的名著，以便吸收其文化，而發揚之，光大之，修正之，增補之。從此以後，世界上纔有所謂阿拉伯文化或回教文化。

穆聖原是一位文盲，不能讀書，更不能寫字，但他初次奉到的天啓，卻是提倡讀書寫字的明命；眞主命令他說：『爾當奉爾主之名而誦讀，爾主創造萬物，；自血塊創造人類。爾當誦讀，惟爾主最有榮光；爾主以筆教人，教人以其所未知』。（古蘭九六．一——五）由此可見回教之重視讀書與寫字。又回教的經典名古蘭，而「古蘭」的本義，是讀本；阿拉伯人秉其多神的崇拜，而改宗回教後，教育事業，忽然發達，突飛猛進，日新月異者，全以這部嚴徹妙的讀本，爲其原動力。

回教歷代的教育哲學、教育方法、學校沿革、課程綱要等史料，散在各家著作之中，翻檢頗爲困難。本書的著者託太博士(Dr. Khalil A. Totah) 費了許多蒐集和整理的工夫後，回教

(41) al-Nawawi; al-Tahdhīb. Edited by Wüstenfeld. Göttingen, 1842.
(42) al-Zarnūji; Ta'līm al-Muta'allim, Cairo, 1916.
(43) Ibn al-Qifti; Tarīkh al-Ḥukama,' Leipzig, 1903.
(44) Zaidan; Tārīkh al-Tamaddun al-Islāmi. 3rd Volume. Cairo, 1920.
(45) Mujir al-Dīn; al-'Uns al-Jalīl. 2 Vols. Cairo, 1966.

中華民國三十年四月初版
中華民國三十五年十二月再版

伊斯蘭文化叢書　回教教育史一冊
The Contribution of the Arabs to Education
(26447·1)
定價國幣叁元伍角
印刷地點外另加運費

原著者　Khalil A. Totah
譯述者　馬堅
發行人　朱經農　上海河南中路
印刷所　商務印書館印刷廠
發行所　商務印書館　各地

197/523　中国回教史

傅统先著。

长沙：商务印书馆，1940 年 7 月初版。一册，32 开。

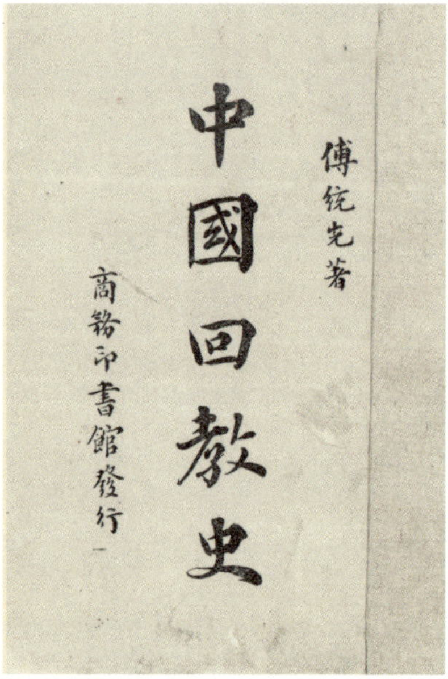

本书作者傅统先为著名的教育家和心理学家。该书共七章，分别为回教与穆罕默德、回教之传入中国、宋代之回教、元代回教之鼎盛、明代之回教、清代之回教、中华民国之回教。该书是民国间伊斯兰教历史研究的重要著作。

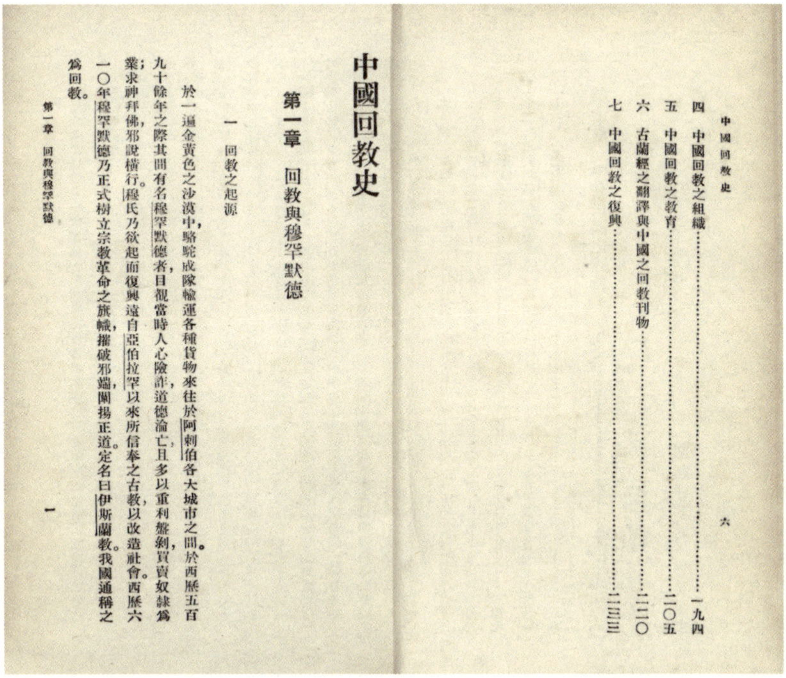

中國回教史

第一章　回教與穆罕默德

一　回教之起源

於一遍金黃色之沙漠中，駱駝成隊輸運各種貨物來往於阿剌伯各大城市之間。於西歷五百九十餘年之際其間有名穆罕默德者，目覩當時人心險詐，道德淪亡，且多以重利盤剝，買賣奴隸爲業；求神拜佛，邪說橫行。穆氏乃欲起而復興遠自亞伯拉罕以來所信奉之古教，以改造社會。西歷六一〇年穆罕默德乃正式樹立宗教革命之旗幟，摧破邪端，闡揚正道。定名曰伊斯蘭教。我國通稱之爲回教。

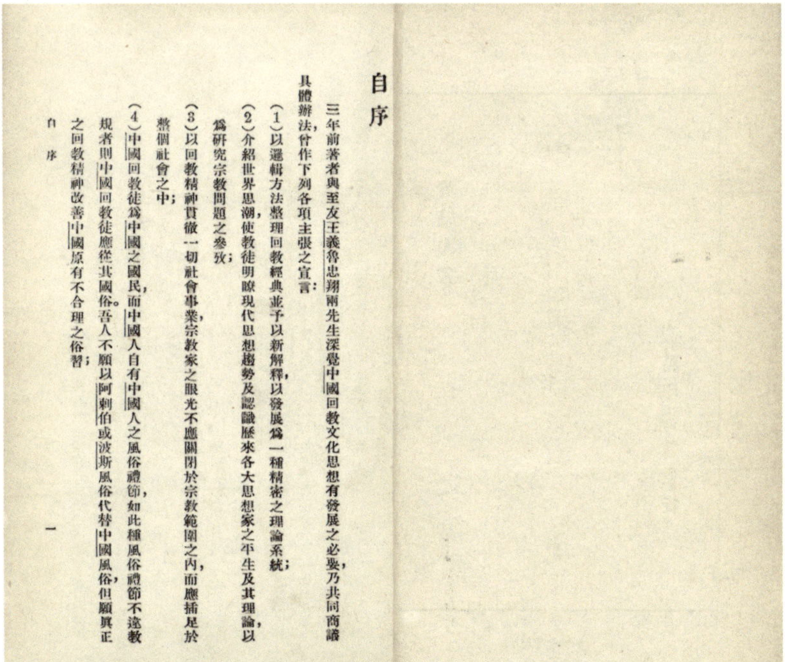

自序

三年前著者與至友王義魯忠翔兩先生深覺中國回教文化思想有發展之必要，乃共同商議具體辦法，曾作下列各項主張之宣言：

(1)以邏輯方法整理回教經典並予以新解釋，以發展爲一種精密之理論系統；

(2)介紹世界思潮，使教徒明瞭現代思想趨勢及認識歷來各大思想家之平生及其理論，以爲研究宗教問題之參攷；

(3)以回教精神貫徹一切社會事業，宗教家之眼光不應關閉於宗教範圍之內，而應插足於整個社會之中；

(4)中國回教徒爲中國之國民，而中國人自有中國人之風俗禮節，如此種風俗禮節不違教規者則中國回教徒應從其國俗。吾人不願以阿剌伯或波斯風俗代替中國風俗，但願其正之回教精神改善中國原有不合理之俗習；

072.192/393　明清间耶稣会士译著提要

徐宗泽编著。

上海：中华书局，1949 年 2 月初版。一册，32 开。

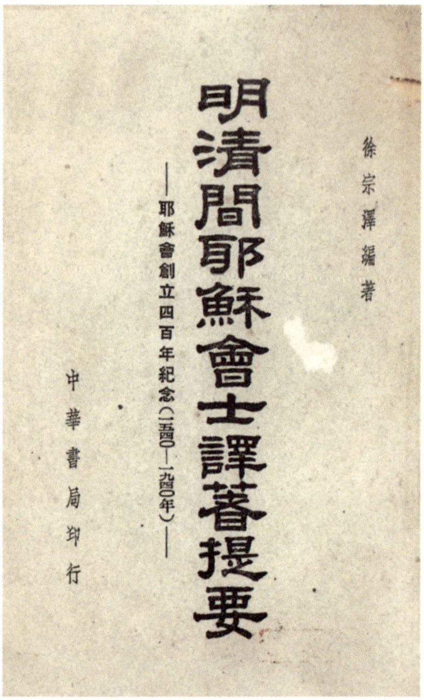

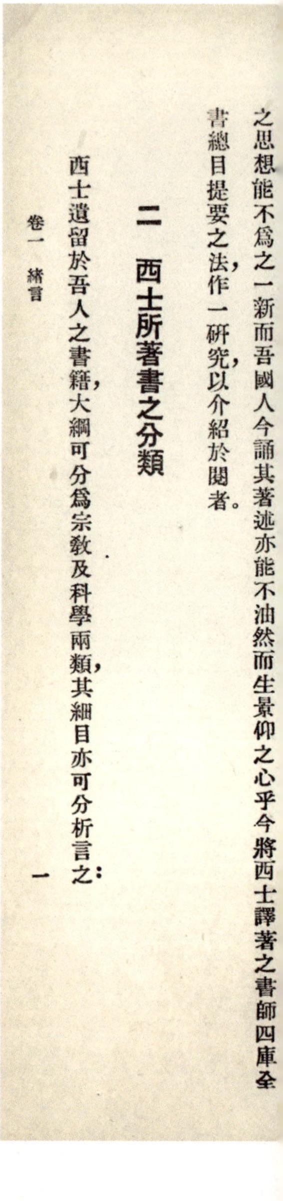
之思想能不爲之一新而吾國人今誦其著述亦能不油然而生景仰之心乎今將西士譯著之書師四庫全書總目提要之法作一研究，以介紹於閱者。

二　西士所著書之分類

西士遺留於吾人之書籍，大綱可分爲宗教及科學兩類，其細目亦可分析言之：

卷一　緒言　一

作者为中国早期天主教徒徐光启裔孙，早年入耶稣会初学院，后留学欧美，回国后历任《圣教杂志》主编及徐家汇天主堂藏书室主任。该书仿《四库全书总目》提要而作，分十卷七大门类，介绍明清间耶稣会士译著及本土有关著述二百余种，另有译著者传略、书名表及各种索引，是中国传教士著述专题书目的开创之作。

明清間耶穌會士譯著提要

卷一　緒言

一　明末耶穌會士輸入之科學

明清之際，西洋科學輸入我國，我國學術界上頓呈一異彩焉。其輸入之介紹人，爲天主教之耶穌會士，其最著名者，爲利瑪竇、湯若望、南懷仁、艾儒略等。我國學者則有徐光啓、李之藻等。其輸入之科學，有天文曆

明清間耶穌會士譯著提要（全一册）

定價國幣十元（郵運匯費另加）

民國三十八年二月發行
民國三十八年二月初版

版權所有　著作權證

編著者　徐宗澤

發行人　李虞杰（中華書局股份有限公司代表）

印刷者　中華書局永寧印刷廠（上海澳門路八九號）

發行處　各埠中華書局

（一三二五一）（海）（天）

社会科学及社会学

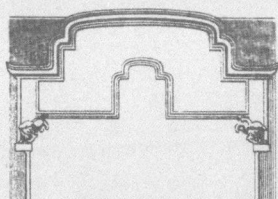

200/442　现代社会科学讲话

陈端志编。

上海：生活书店，1934 年 3 月初版。一册，32 开。

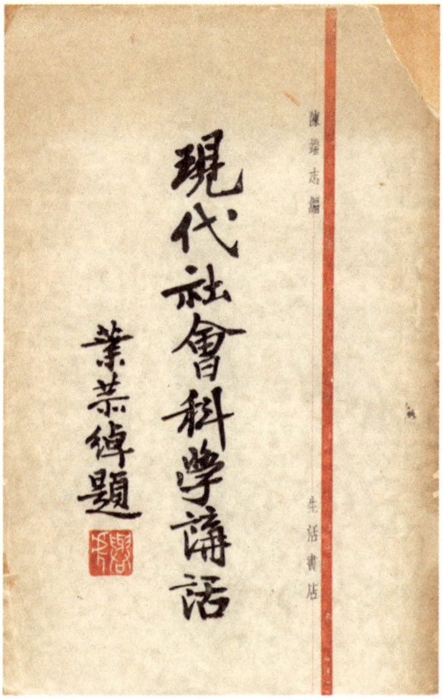

陈端志曾任国民政府社会部秘书，是中国早期的博物馆学家。本书共分为社会科学是什么、社会科学研究法、社会基础和社会建筑、社会问题、社会思想五章。另有附录列举了社会科学的自学书目。

現代社會科學講話

陳端志編

上海生活書店

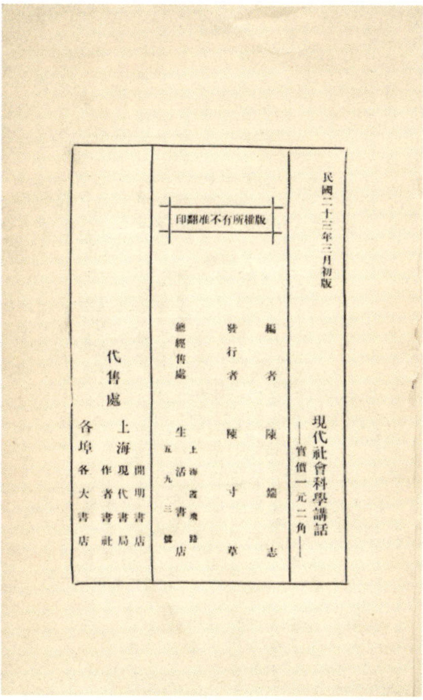

民國二十三年三月初版

現代社會科學講話
——實價一元二角——

版權所有不准翻印

編者 陳端志
發行者 陳寸萃
總經售處 生活書店 上海霞飛路五九三號

代售處 上海 開明書店 現代書局 作者書社 各埠各大書店

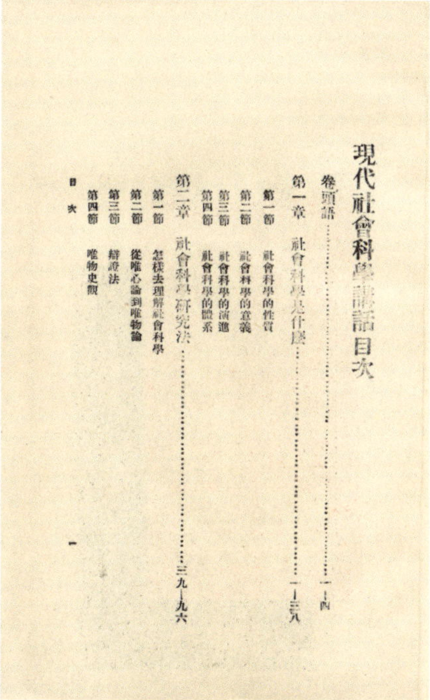

現代社會科學講話目次

目次 一

200.1/332　社会科学大纲

高尔松、高尔柏著。

上海：平凡书局，1949 年 6 月修正一版。一册，32 开。

高尔松、高尔柏兄弟为中国早期的共产党人，上海平凡书局为兄弟两人在福州路上所开设，主要出版发行著译书籍及进步的革命书籍，《社会科学大纲》为较有代表性的一部。全书共十三章，第一章绪论首先阐明了社会科学的概念，后十二章分别以社会论、文化论、唯物论、资本论、民族论、国家论、政党论、法律论、战争论、阶级论、宗教论、人口论为主题进行阐释。

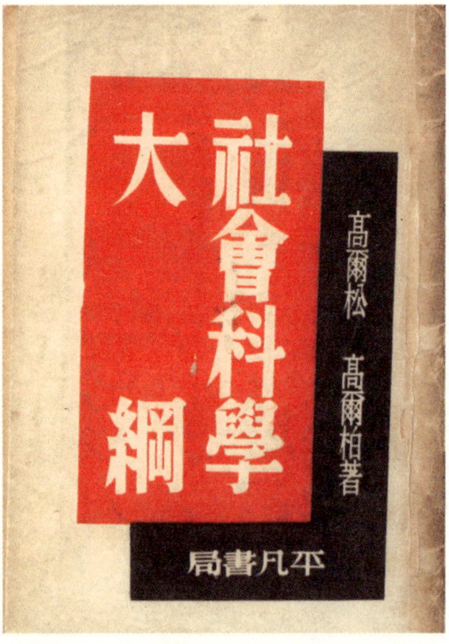

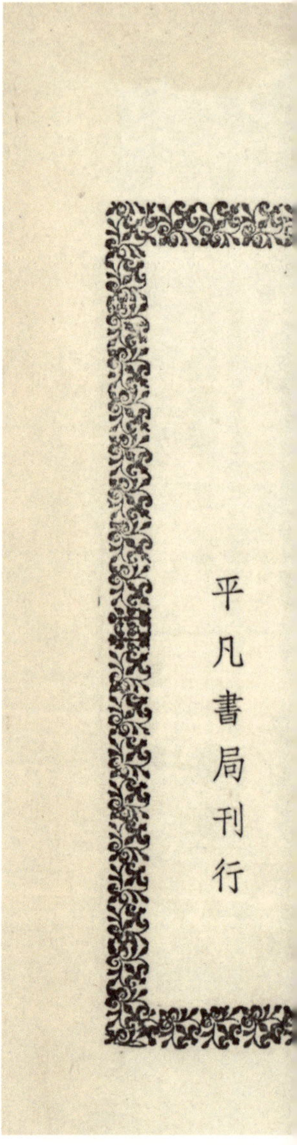

高爾松高爾柏著

社會科學大綱目次

200/412　社会科学概论

郭任远著。

上海：商务印书馆，1928年初版。一册，32开。

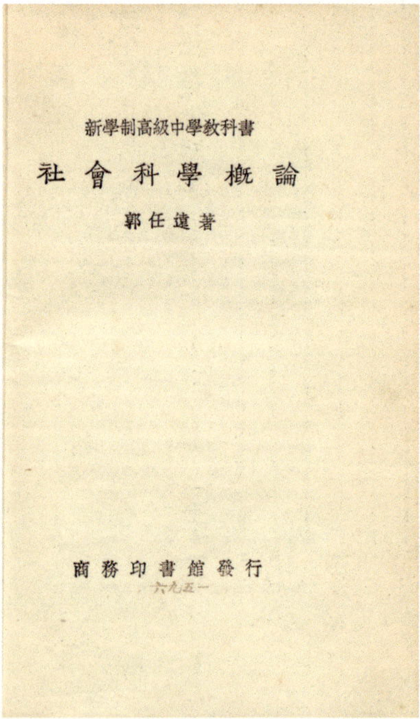
新學制高級中學教科書

社會科學概論

郭任遠著

商務印書館發行

郭任远，心理学家，曾留美，获得博士学位。本书为新学制高级中学教科书，也是一门社会科学入门的指导书。内容主要集中于社会生活的事实问题而有意避免学理讨论。全书共三编。第一编为社会生活和社会科学，分七章讲述基本概念；第二编为社会的特殊问题，分别对经济问题、政治问题、法律问题、家庭问题等九个特殊问题进行讨论；第三编为社会的进化。

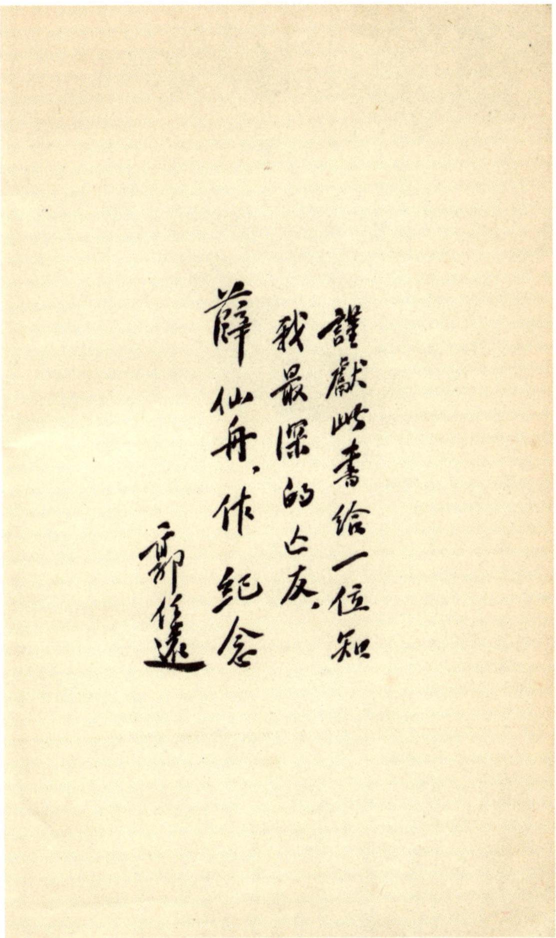

謹獻此書給一位知
我最深的亡友，
薛仙舟，作紀念
郭任遠

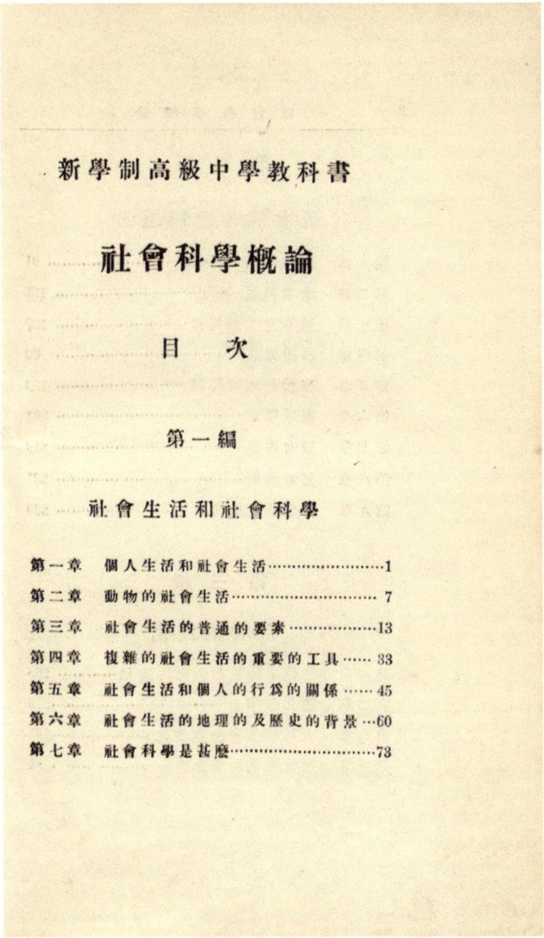

新學制高級中學教科書

社會科學概論

目　次

第一編

社會生活和社會科學

200/352 社会科学

［美］马克佛著，徐逸樵译。

上海：世界书局，1931年8月版。一册，32开。

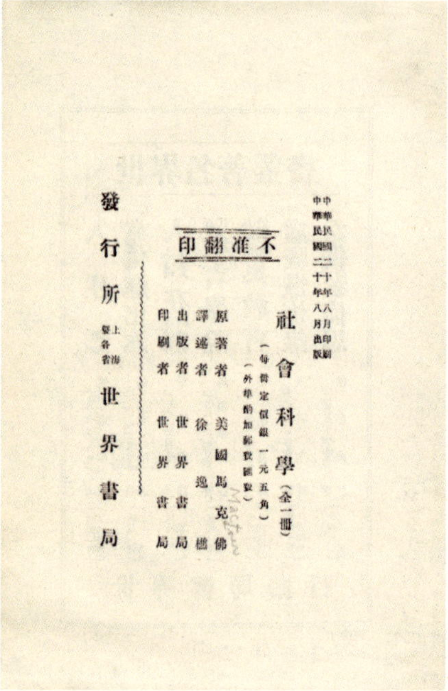

中華民國二十年八月印刷
中華民國二十年八月出版

社會科學（全一冊）
（每冊定價銀一元五角）
（外埠酌加郵費匯費）

不准翻印

原著者 美國馬克佛
譯述者 徐逸樵
出版者 世界書局
印刷者 世界書局

發行所 上海 暨各省 世界書局

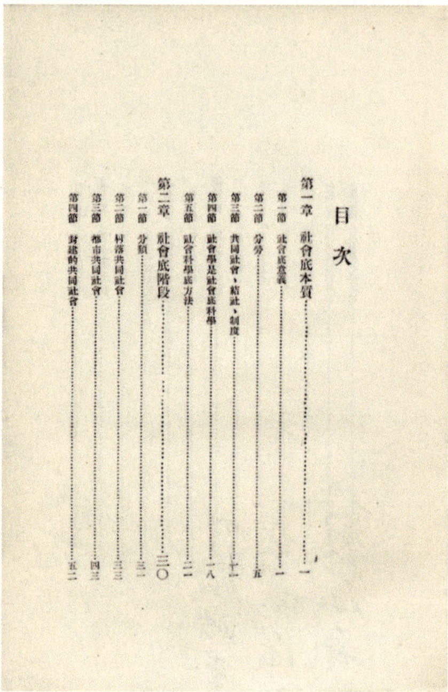

目次

本书译自 *The Elements of Social Science* 第四版，作者马克佛为多伦多大学政治经济学教授。全书分为七章，分别为社会的本质、社会的阶段、社会与环境、利害与结社、社会的构造、社会的进化、社会进化的大法则。此书为《文化科学丛书》之一种。大夏大学旧藏。

文化科學叢書發刊旨趣

人間最有力的武器，便是文化，尤其是科學，戰勝一切，克服一切。 文化是天天在進展的，尤其是科學，挾其一日千里之勢，突破一切的神祕，擊碎一切的迷誤。

我們中國，文化發揚極早，這是我們的光榮。 但是到了近代，我國文化卻遲遲不進，尤其是科學，全不能和外人相比較。 我們應該急起直追，去奪取文化的錦標，尤其是科學，我們應該特別去努力。

我們發刊這部文化科學叢書的根本意義，就是建立在上面所說的兩點上面的。 至於我們這部叢書的目的，舉其大者，約有兩端：

第一　凡百學術，既貴精深研究，復須普遍通俗：文化乃得日

200/151　新社会学大纲

李达著。

香港：生活书店，1948年2月初版。一册，32开。

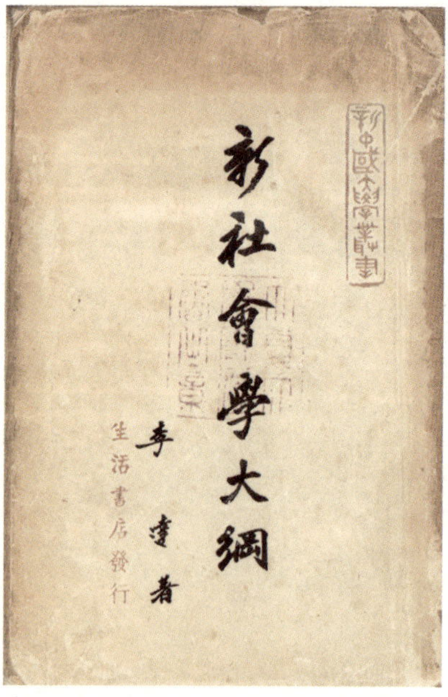

李达，马克思主义理论家、宣传家和教育家，中国共产党的主要创建者和早期领导人之一。本书系统阐释了历史唯物主义的基本原理。第一篇统领全书，明确了历史唯物论与辩证唯物论的关系，历史唯物论的根本论纲和研究对象、特点及基本原理。第二、三、四篇分别阐释作为社会基础的经济结构及由其所决定的作为社会上层建筑的政治及意识形态间的关系，从而揭示了人类社会发展的一般规律。本书被毛泽东誉为“中国人自己写的第一部马克思主义哲学教科书”。此书为《新中国大学丛书》之一种。

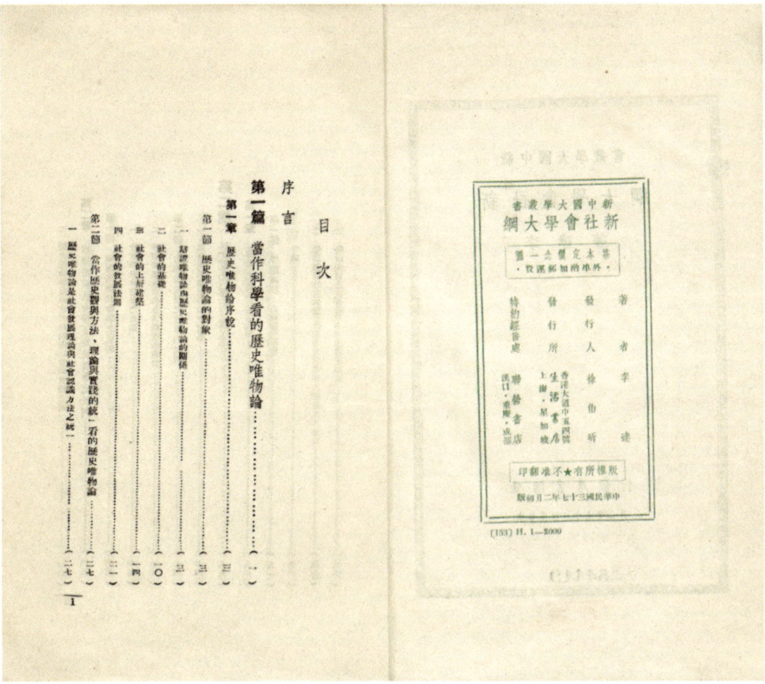

目次

1

新中國大學叢書

新社會學大綱

基本定價一圓

·外埠酌加郵運費·

著者 李達

發行人 徐伯昕

發行所 生活書店 香港大道中五四號 上海·星加坡

特約經售處 聯營書店 漢口·重慶·成都

中華民國三十七年二月初版

(153) H. 1—2000

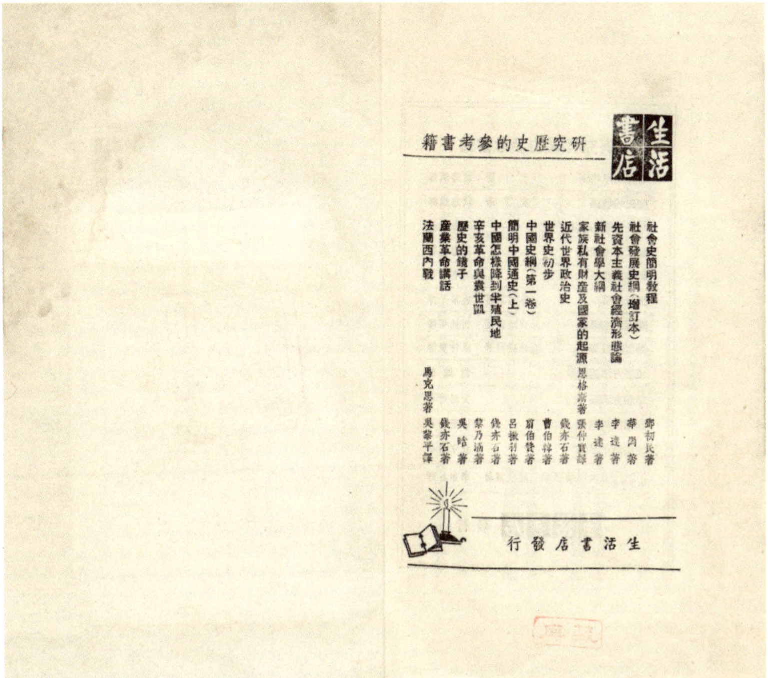

200/375　社会学 ABC

孙本文著。

上海：世界书局，1934 年 10 月八版。一册，32 开。

孙本文为中国早期社会学领军人物，建立了综合性的社会学理论体系，本书是其重要的代表作。该书以“社会行为”概念为核心展开，全书内容包括绪论、社会行为及其限制的要素、社会行为及其活动的要素、社会的性质和种类、社会制度与社会组织、社会标准与社会控制等共九章。

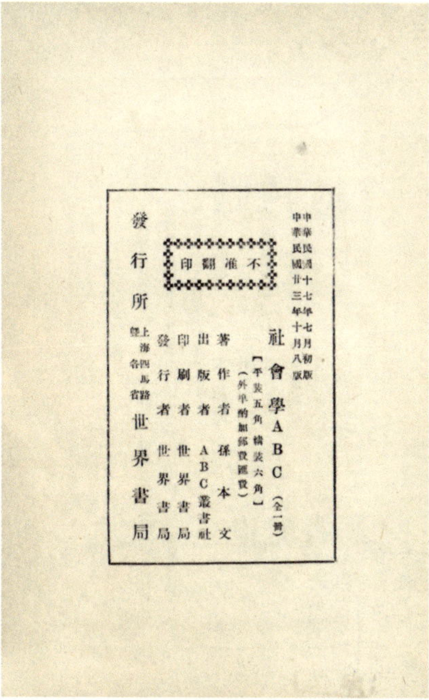
中華民國十七年七月初版
中華民國廿三年十月八版
社會學ABC（全一冊）
【平裝五角 精裝六角】
（外埠酌加郵費匯費）
著作者 孫本文
出版者 ABC叢書社
印刷者 世界書局
發行者 世界書局
發行所 上海四馬路 各省 世界書局

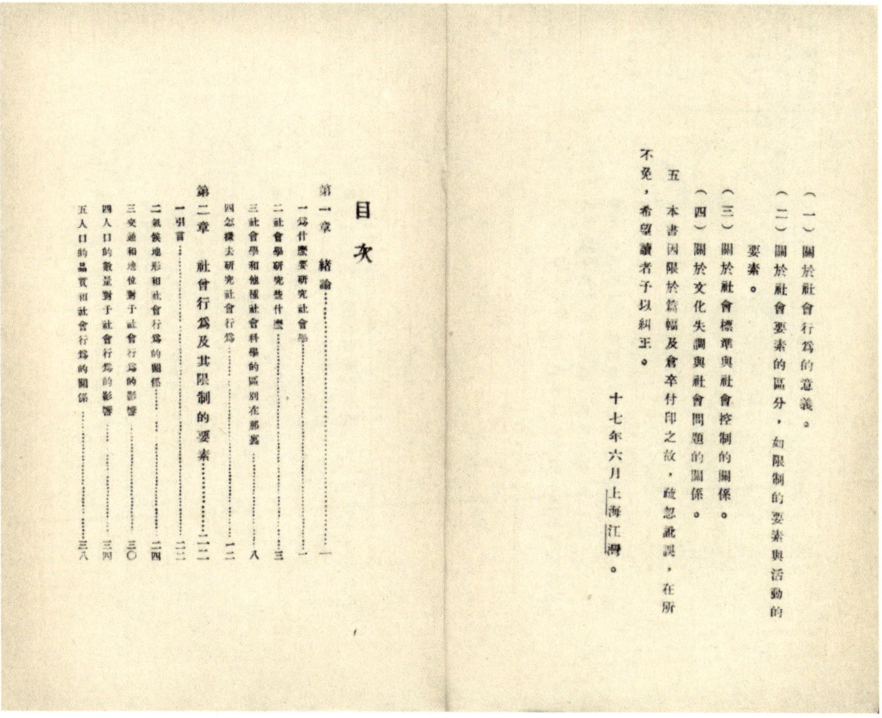
（一）關於社會行爲的意義。
（二）關於社會要素的區分，如限制的要素與活動的要素。
（三）關於社會標準與社會控制的關係。
（四）關於文化失調與社會問題的關係。
五 本書因限於篇幅及倉卒付印之故，疏忽訛誤，在所不免，希望讀者予以糾正。

十七年六月上海江灣。

目次

200/268　社会学入门

姜君辰著。

香港：文化供应社，1946 年 8 月港一版。一册，32 开。

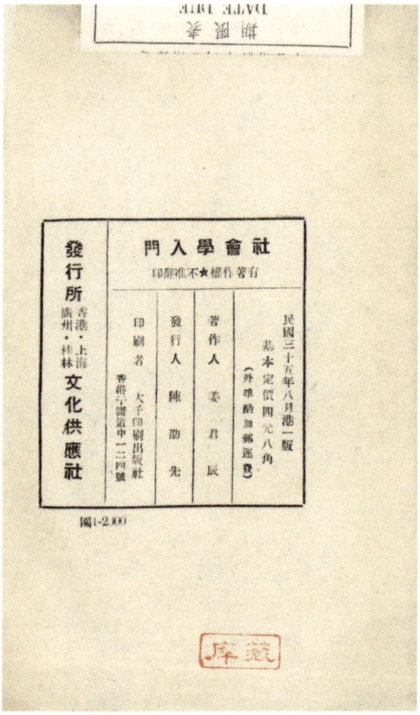

社會學入門
有著作權★不准翻印
民國三十五年八月港一版
基本定價四元八角
（外埠酌加郵運費）
著作人　姜君辰
發行人　陳劭先
印刷者　大千印刷出版社
香港干諾道中一二四號
發行所　香港・上海　廣州・桂林　文化供應社
圖1-2.000

姜君辰为中国经济学家。本书为作者在广西地方建设干部学校讲授社会常识课程所用的讲义。全书共有八讲，主要结合相关理论反思当时的社会现象，从而进行中国社会发展理论与实践方向的探讨。大夏大学旧藏。

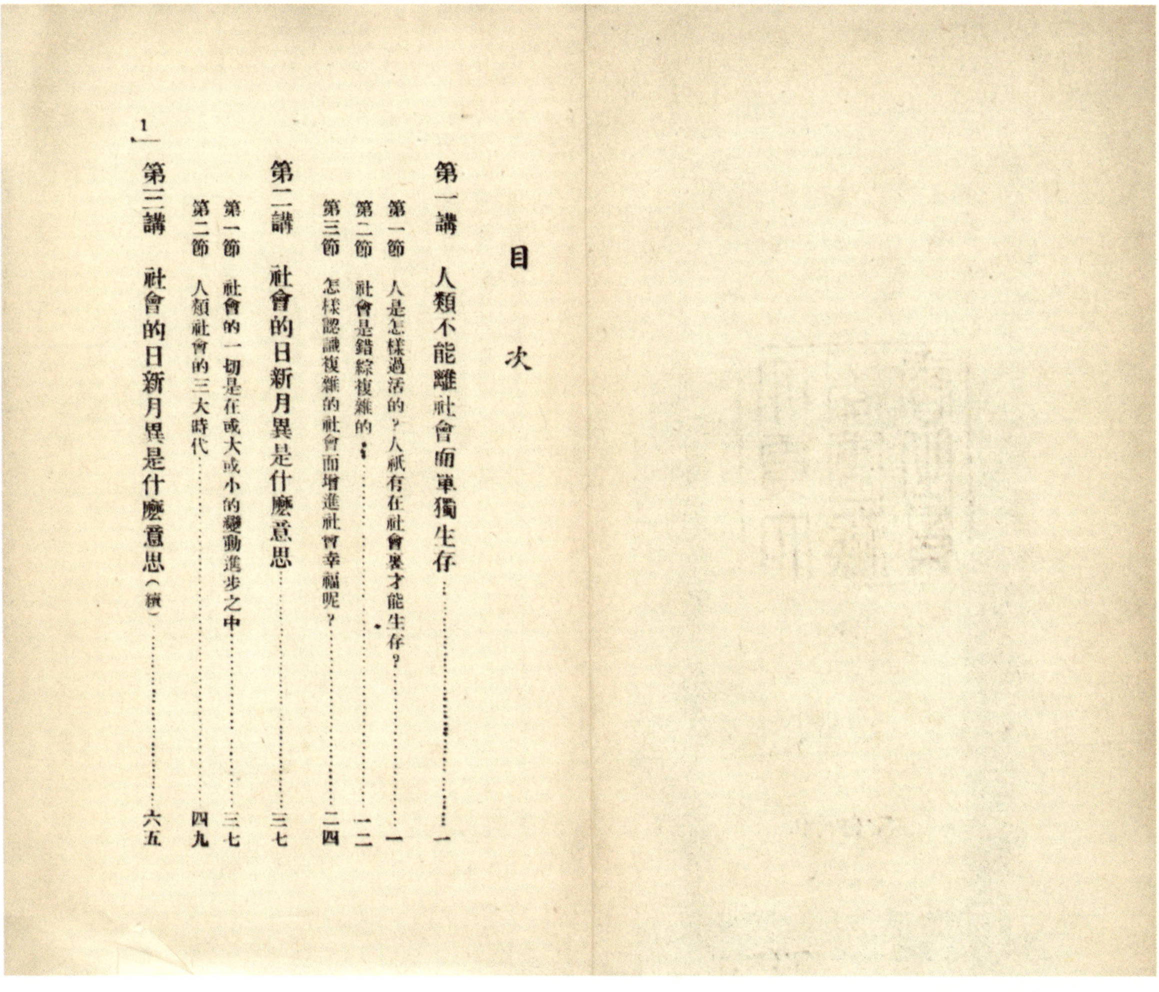

目次

1

200.1/441　社会学概论

陈翊林著。

上海：中华书局，1932年5月三版。一册，32开。

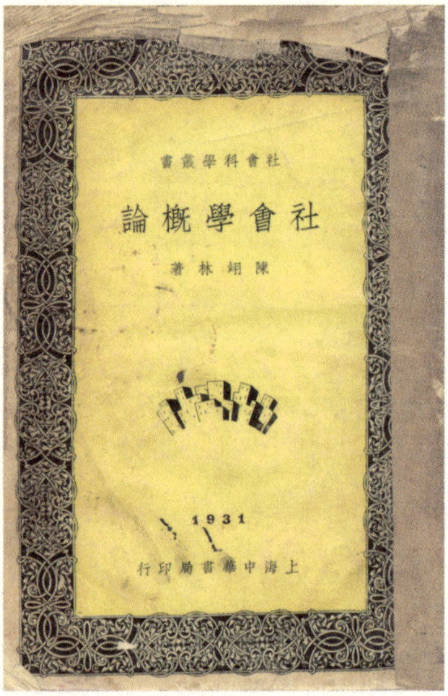

陈翊林，本名陈启天，近代教育史学家。本书由作者在国立成都大学教授社会学概论的学术积累而成。全书共四编十三章，分为绪论、社会生活的基础、社会生活的形态、社会生活的进化四部分。此书为《社会科学丛书》之一种。大夏大学旧藏。

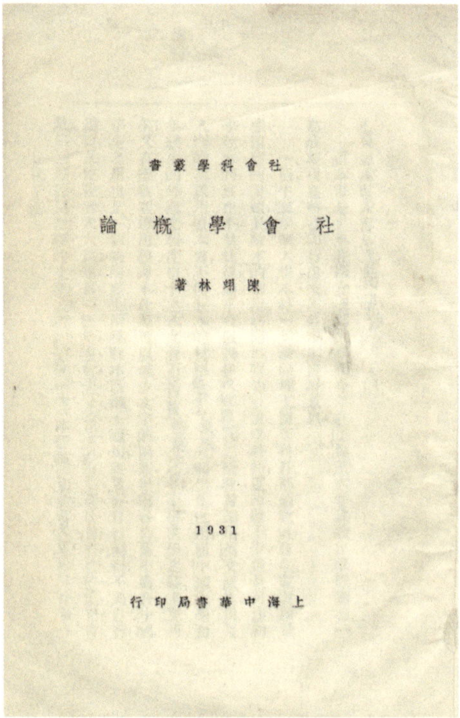

社會科學叢書

社會學概論

陳翊林著

1931

上海中華書局印行

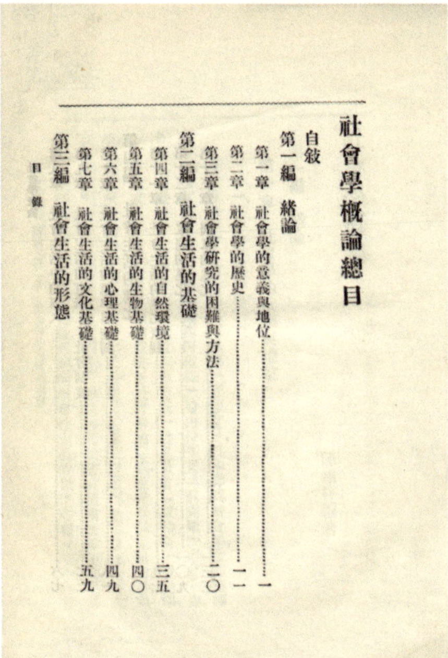

社會學概論總目

目錄

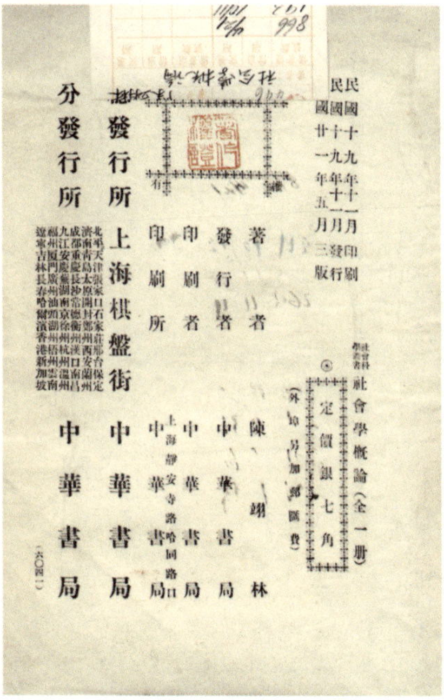

民國十九年十一月印刷

民國十九年十二月發行

民國廿一年五月三版

社會科學叢書　社會學概論（全一冊）

定價銀七角

（外埠另加郵匯費）

著者　陳翊林

發行者　中華書局

印刷者　中華書局

印刷所　上海靜安寺路哈同路口　中華書局

發行所　上海棋盤街　中華書局

分發行所　北平天津張家口石家莊邢台保定　濟南青島太原開封鄭州西安蘭州　成都重慶長沙常德衡州漢口南昌　九江安慶蕪湖南京徐州杭州溫州　福州廈門廣州汕頭潮州梧州雲南　遼寧吉林長春哈爾濱香港新加坡　中華書局

（六〇四一）

200.7/556　社会研究法

杨开道著。

上海：世界书局，1930 年 12 月再版。一册，32 开。

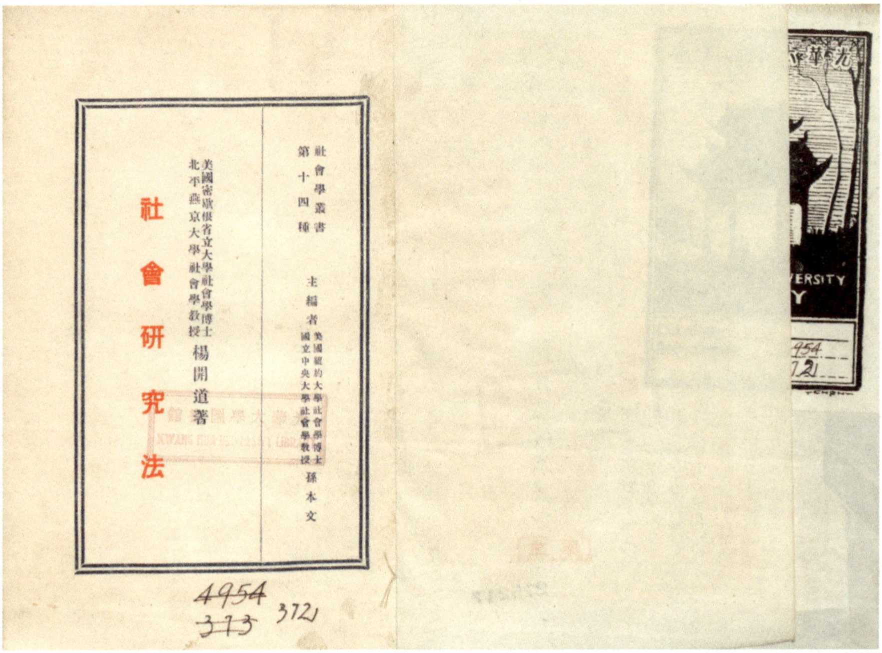

杨开道，中国社会学家，先后任大夏大学、复旦大学、中央大学、燕京大学教授。本书共九章，对社会学研究题目的选择、方法的选取、研究的过程进行言简意赅的总结梳理，是指导社会研究的系统性论著。此书为《社会学丛书》第十四种。光华大学旧藏。

中華民國十八年八月初版
中華民國十九年十二月再版

社會研究法（全一冊）

【每部定價銀六角】
外埠酌加郵費匯費

不准翻印

著作者 楊開道
出版者 世界書局
印刷者 世界書局

發行所 上海暨各省 世界書局

200/202　社会主义社会学

[俄] 波达诺夫著，萨孟武译。

上海：新生命书局，1929 年 4 月版。一册，32 开。

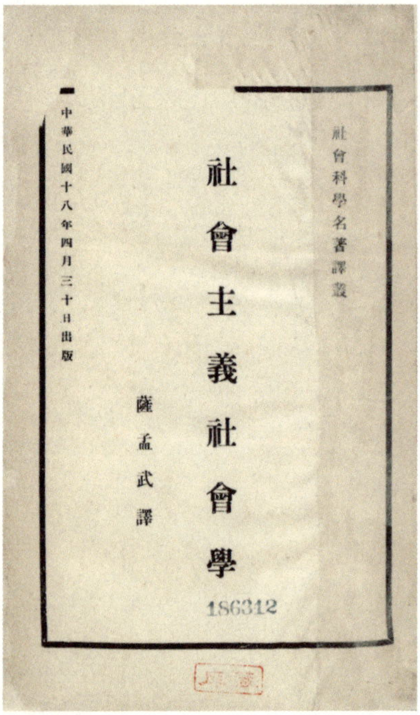

波达诺夫是与列宁同时代的俄国思想家，他的政治经济学思想对中国近代思想史以及中国马克思主义传播史均有深远影响。萨孟武，系民国著名的政治学家。本书共有七章，较为全面地介绍了社会主义背景下社会科学的方方面面。此书为《社会科学名著译丛》之一种。

社會主義社會學目錄

200/451　社会学与经济学

[法] 莫尼尔著，龙家骧译。

上海：中华书局，1932 年 11 月版。一册，32 开。

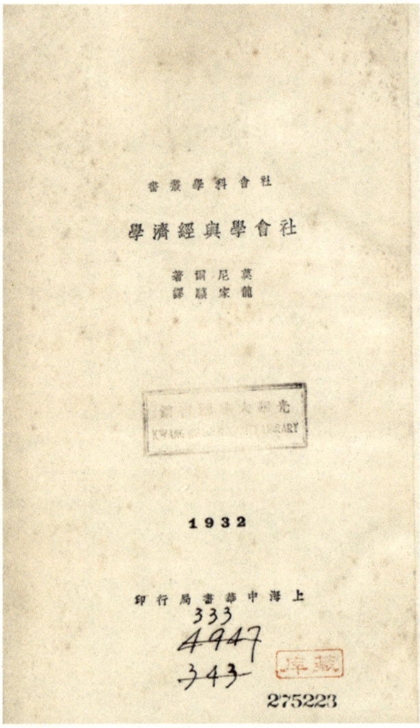

社会经济学萌芽于十九世纪中叶，本书为最早通过译著引入中国的国外探讨社会学与经济学两个学科交叉关系的论著。全书分为两篇，第一篇为两章，辨析了经济学与社会学的关系；第二篇为六章，分别分析了经济学与社会形态学、法律学及道德学、语言学、审美学、宗教学、技术学的关系。此书为《社会科学丛书》之一种。光华大学旧藏。

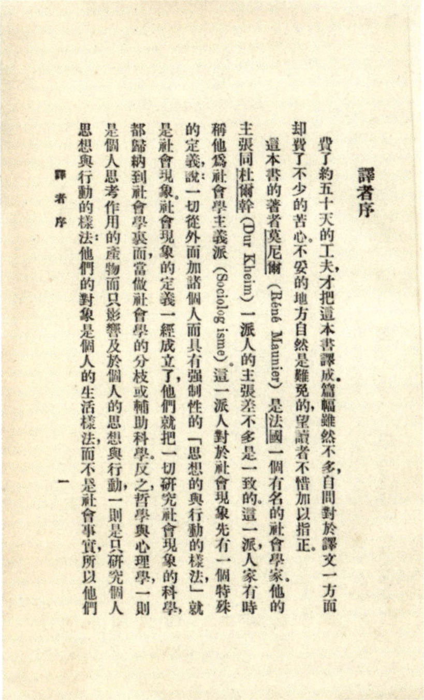

譯者序

費了約五十天的工夫，才把這本書譯成。篇幅雖然不多，自問對於譯文一方面却費了不少的苦心。不妥的地方自然是難免的，望讀者不惜加以指正。

這本書的著者莫尼爾（Réné Maunier）是法國一個有名的社會學家。他的主張同杜爾幹（Dur Kheim）一派人的主張差不多是一致的。這一派人家有時稱他爲社會學主義派（Sociolog isme）。這一派人對於社會現象先有一個特殊的定義，說：一切從外面加諸個人而具有强制性的「思想的與行動的樣法，」就是社會現象。社會現象的定義一經成立了，他們就把一切研究社會現象的科學，都歸納到社會學裏面，當做社會學的分枝或輔助科學。反之，哲學與心理學，一則是個人思考作用的產物，而只影響及於個人的思想與行動，一則是只研究個人思想與行動的樣法：他們的對象是個人的生活樣法，而不是社會事實，所以他們

譯者序　一

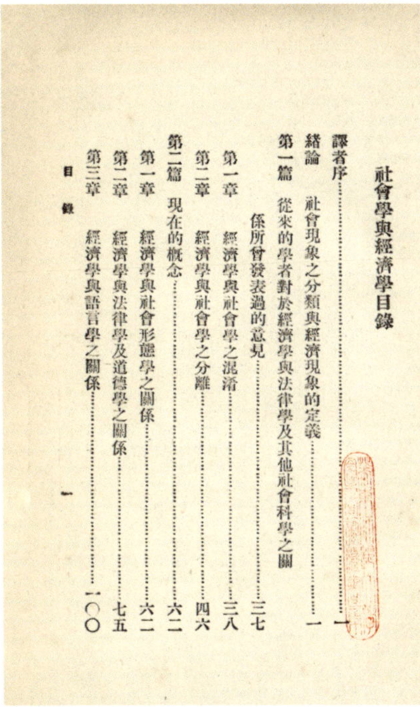

社會學與經濟學目錄

目錄　一

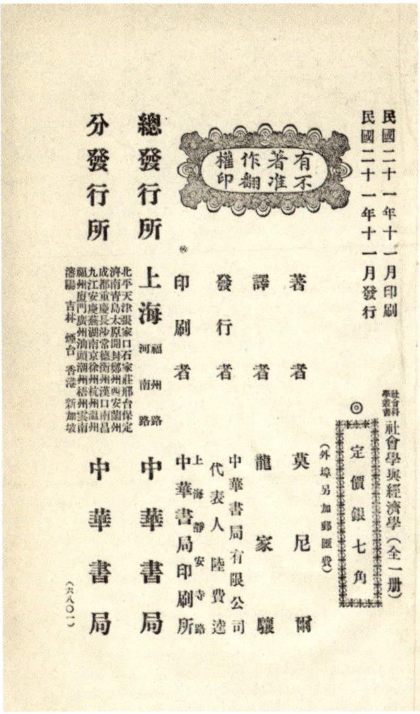

民國二十一年十一月印刷
民國二十一年十一月發行

社會科學叢書　社會學與經濟學（全一册）

◎定價銀七角

（外埠另加郵匯費）

有著作權　不准翻印

著者　莫尼爾
譯者　龍家驤
發行者　中華書局有限公司　代表人　陸費逵
印刷者　上海靜安寺路　中華書局印刷所

總發行所　上海福州路河南路　中華書局

分發行所　北平天津張家口石家莊邢台保定　濟南青島太原開封鄭州西安蘭州　成都重慶長沙常德衡州漢口南昌　九江安慶蕪湖南京徐州杭州溫州　福州廈門廣州汕頭潮州梧州雲南　瀋陽吉林煙台香港新加坡　中華書局

（六八〇一）

200.1/21　人类社会研究

王斐荪著。

上海：中华书局，1937 年 10 月初版。一册，32 开。

王斐荪，中国早期共产党人，曾赴法留学，归国后先后任教于中山大学、民国大学、湖南大学。本书为作者数十年读书录的一部分。全书共三章十三节，从人类和文化的起源、社会形态的发展、社会统治与社会秩序三方面论述人类社会的发展特点。大夏大学旧藏。

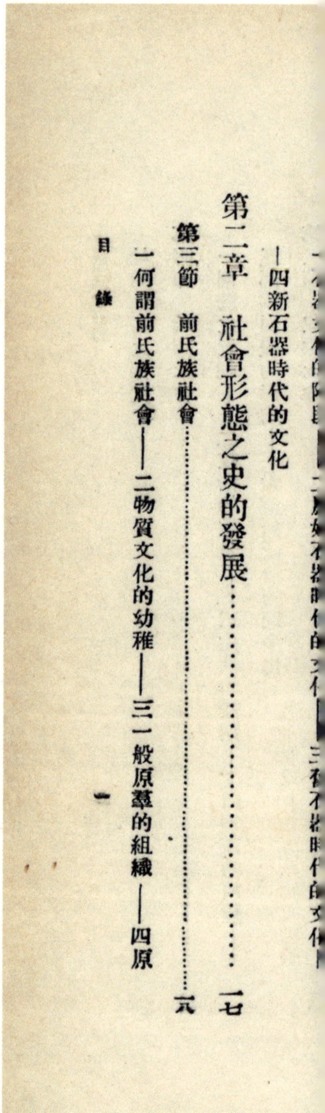
—四新石器時代的文化

第二章　社會形態之史的發展……一七

第三節　前氏族社會……一六

一何謂前氏族社會——二物質文化的幼稚——三一般原羣的組織——四原

目錄　一

自序

本書係筆者近數年來所作讀書錄之一部分及散文十餘篇整理編輯而成，其中僅有二萬字曾發表於定期刊物，餘則未曾以示人，茲分成系統，彙集而爲是編。

竊以人類所共同而最普遍之期望，在求其未來比現狀好，以及社會秩序之安定，前者與社會之發展有關，後者與社會之統制有關，本書之研究，即集中於此二問題。

現代中國民族因受環境之脅迫與刺激，一面力求社會之發展，一面復力求秩序之安定，此種心理，非常迫切，但人類社會究應如何而後可以發展？社會秩序究應如何而後可以安定？讀者如欲研究此項問題，希望獲得一強有力之啓示，本書或亦可供參考也。

又本書第三章中關於社會統制之工具、方法及其機構等之區分，與一般社會學者所言，不無出入，究竟合理與否，尚望於文化人類學及社會學有研究者不吝錫教，是所至幸。

中華民國二十六年六月王斐蓀自序

人類社會研究目錄

278.8/622　中国之家庭问题

潘光旦著。

上海：新月书店，1928年初版。一册，32开。

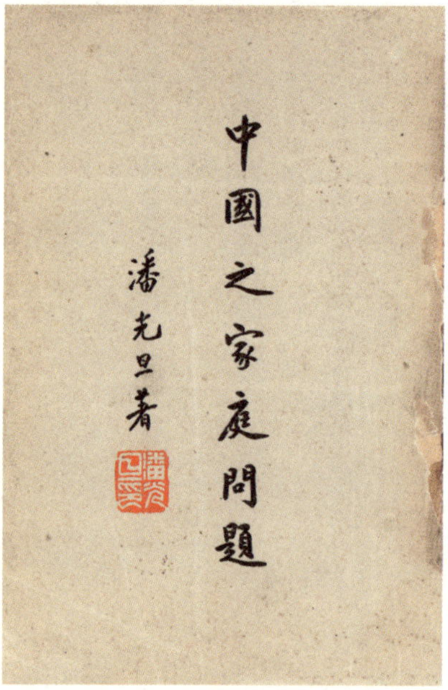

潘光旦，中国近代社会学家、优生学家、民族学家、教育家和翻译家。曾留学美国，归国后于国内多所知名高校任教。本书通过《时事新报》的问卷调查来了解中国当时的家庭现状，反映了新文化运动以来国人对于家庭问题的基本看法及观点。全书由序、中国之家庭问题征求案、答案之分析、答案之价值、附录五部分组成。主要涉及家庭问题的三大方面：一为家庭的前因，二为家庭本身，三为家庭的延续。

目錄

序

國人對於家庭問題，三四年前已有熱烈與詳細之討論。言專書則有家庭問題，家庭新論，中國之家庭問題，婦女雜誌之家庭問題號，女青年會之家庭問題討論集等；言定期刊物，則有家庭研究社之家庭研究；此外關於婦女，婚姻，性道德，生育限制……等問題之文字，與家庭問題有直接關係者，尤指不勝數。經此大規模與長時期之斟酌考慮，中國之家庭問題，宜若得所發落矣。年餘以還，討論之聲浪轉趨沉寂，一般社會殆亦確認其爲早經發落矣。今作者好事，必欲舉『辯論終結』之問題而續有論列，以重累讀者之視聽，亦有以圓其說乎？

中國之家庭問題至緊變也；欲求討論之切乎事理，竊以爲有不能不遵循之原則四。請分別言之。

一、就歷史觀之，家庭久爲文化社會組織之中心，可無疑義。社會學創說

200.1/151　社会学史纲

李剑华著。

上海：世界书局，1930 年 3 月版。一册，32 开。

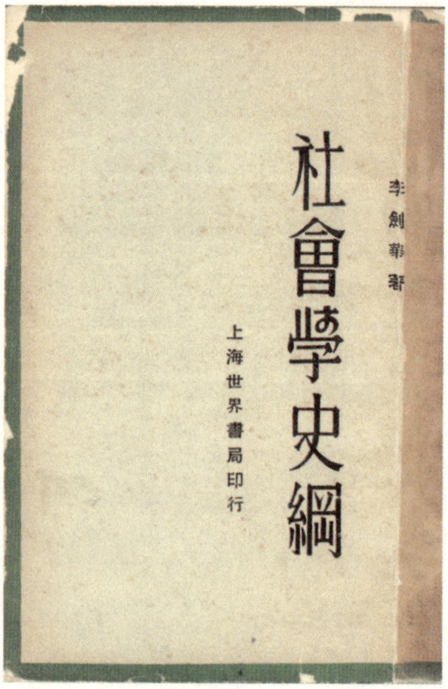

李剑华，中国社会学家、法学家。本书为作者在复旦大学任教时的社会学史讲义。全书共分五章，分别为社会学的来历、社会学史的意义及其问题、社会学史上的两大思潮、社会学史上的人物、概观社会学的世界。此书为《社会学丛书》第十三种。

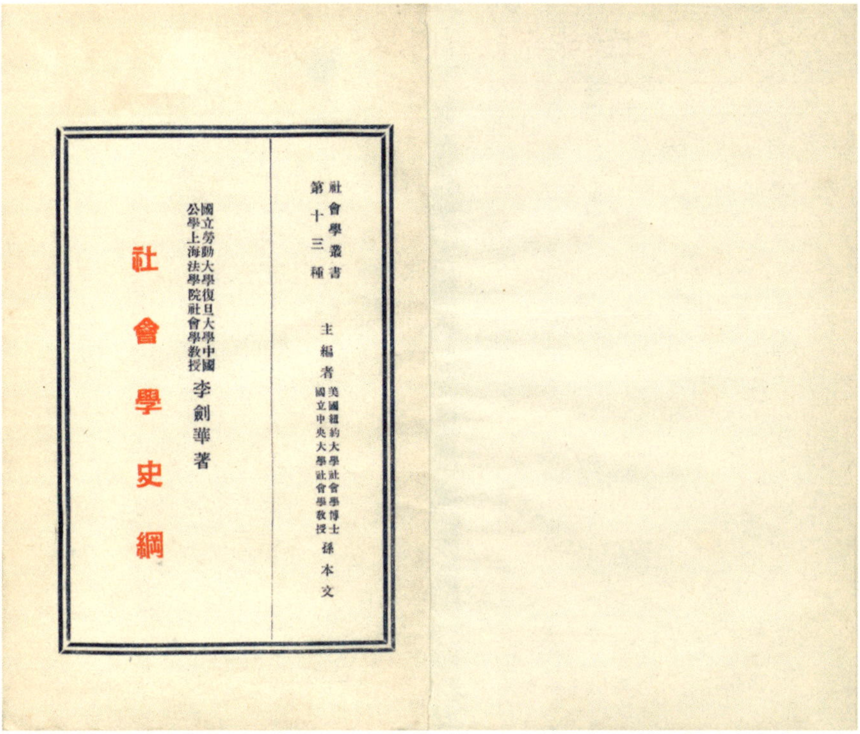

社會學叢書 第十三種

主編者 美國紐約大學社會學博士 國立中央大學社會學教授 孫本文

社會學史綱

國立勞動大學復旦大學中國公學上海法學院社會學教授 李劍華著

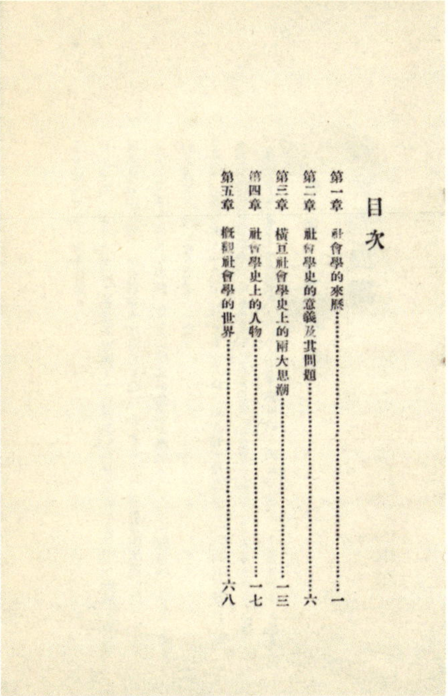

目次

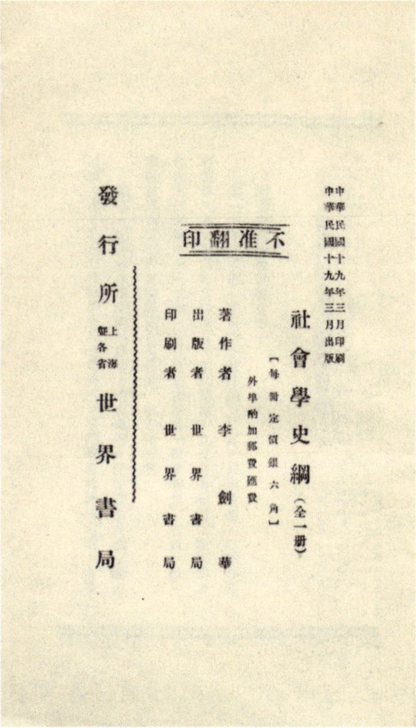

中華民國十九年三月印刷

中華民國十九年三月出版

社會學史綱（全一冊）

【每冊定價銀六角】

外埠酌加郵費匯費

不准翻印

著作者 李劍華

出版者 世界書局

印刷者 世界書局

發行所 上海暨各省 世界書局

200.1/477.3　社会学与社会问题

冯和法编，孙寒冰校。

上海：黎明书局，1933 年 9 月初版。一册，32 开。

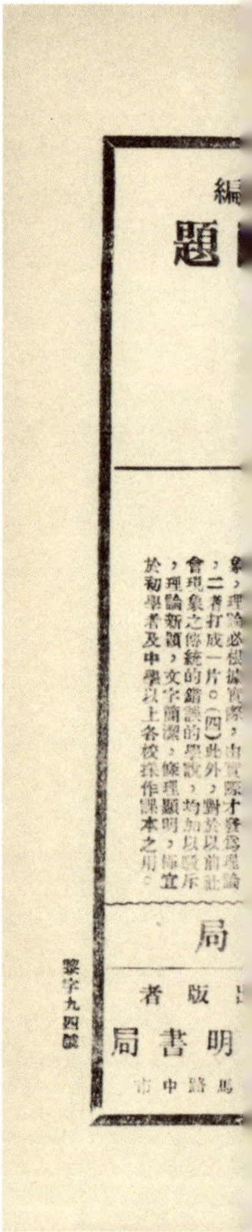

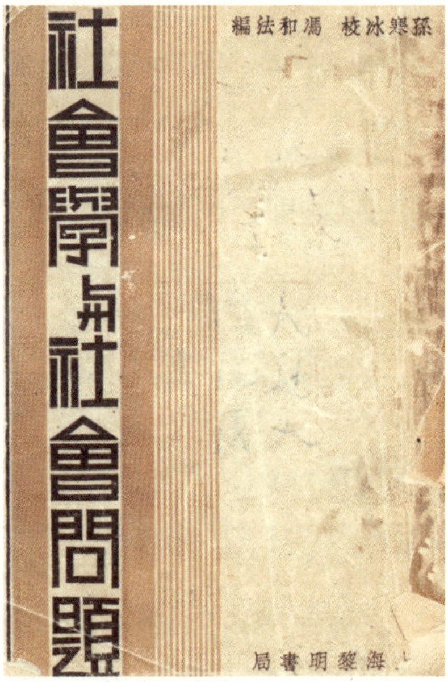

冯和法，中国近代经济学家。本书为面向社会学初学者的入门书籍，供一般高级中学作为课本使用。全书共六章，分别为什么是社会、社会进化、社会的基础、社会的形态、社会组织、社会问题。

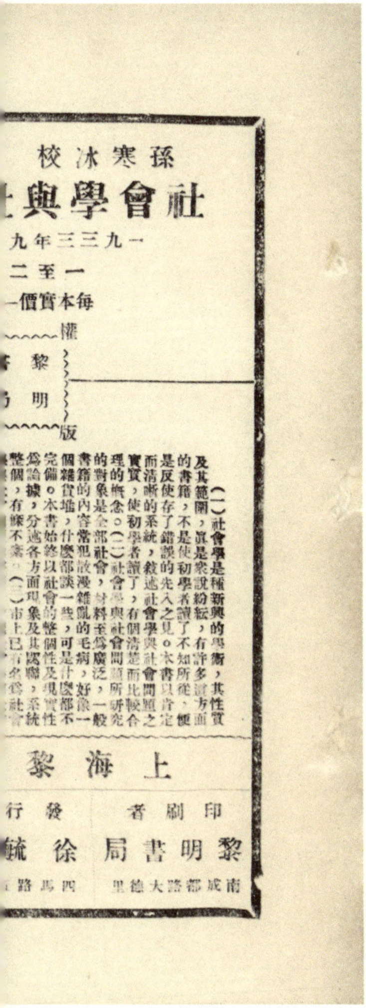

孫寒冰校

社會學與社

一九三三年九

一至二

每本實價一

版權

黎明

(一)社會學是種新興的學術，其性質及其範圍，眞是衆說紛紜，有許多這方面的書籍，不是使初學者讀了不知所從，便是反使存了錯誤的先入之見。本書以肯定而清晰的系統，敘述社會學與社會問題之實質，使初學者讀了，有個清楚而比較合理的概念。(二)社會學與社會問題所研究的對象是全部社會，材料至爲廣泛，一般書籍的內容常犯散漫雜亂的毛病，好像一個雜貨攤，什麼都談一些，可是什麼都不完備。本書始終以社會的整個性及現實性爲論據，分述各方面現象及其關聯，系統整個，有條不紊。(三)市上已有名爲社會

上海黎

印刷者 黎明書局 南城都路大德里

發行 徐毓 四馬路

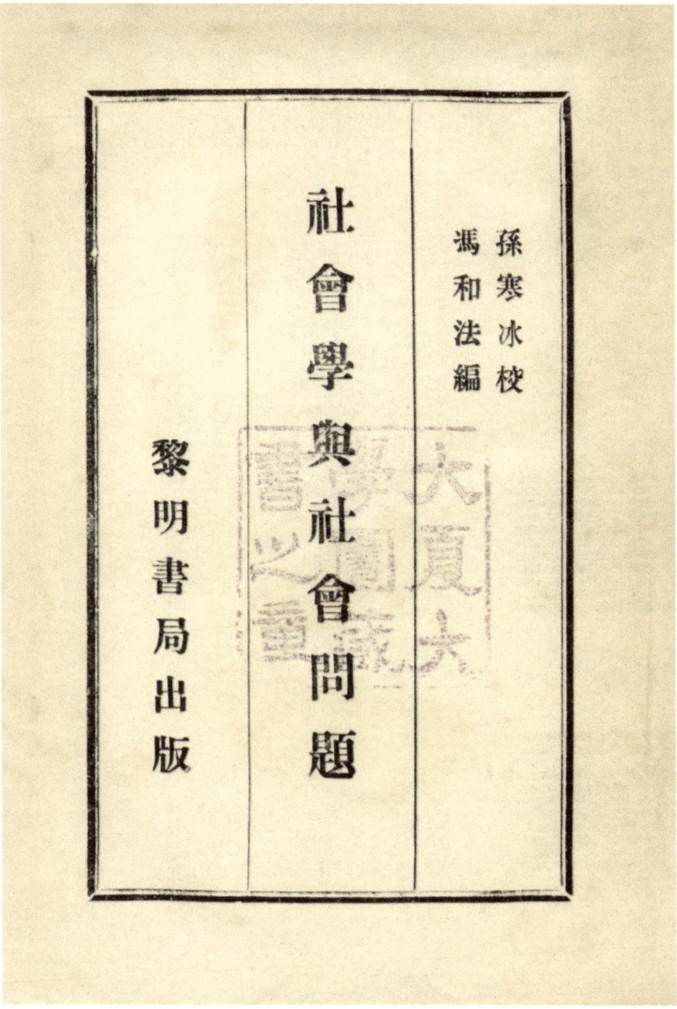

社會學與社會問題

孫寒冰校

馮和法編

黎明書局出版

政治

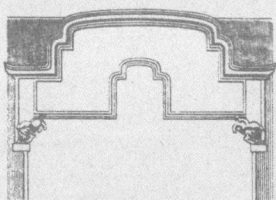

A752/D582　毛泽东的故事

作者不详。

哈尔滨：东北书店，1948年12月三版。一册，32开。

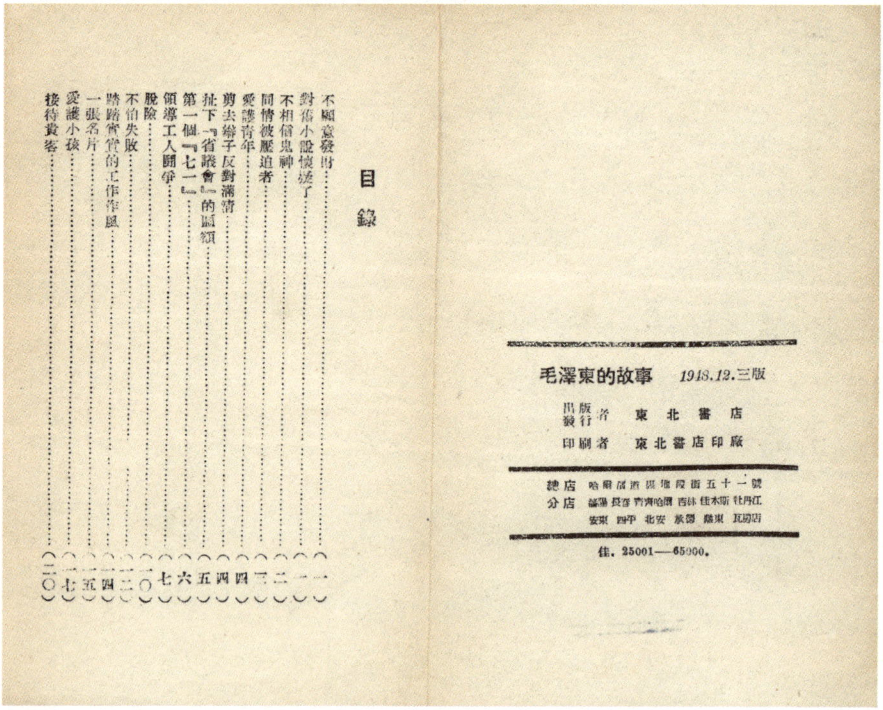

目錄

毛澤東的故事　1948.12.三版

出版發行者　東北書店

印刷者　東北書店印廠

總店　哈爾濱道裡地段街五十一號

分店　瀋陽　長春　齊齊哈爾　吉林　佳木斯　牡丹江
安東　四平　北安　承德　遼東　瓦房店

佳．25001—65000．

本书收录了毛泽东“不愿意发财”“不相信鬼神”“领导工人斗争”等二十三篇故事。此书是了解毛泽东少年时期成长历程的珍贵史料。

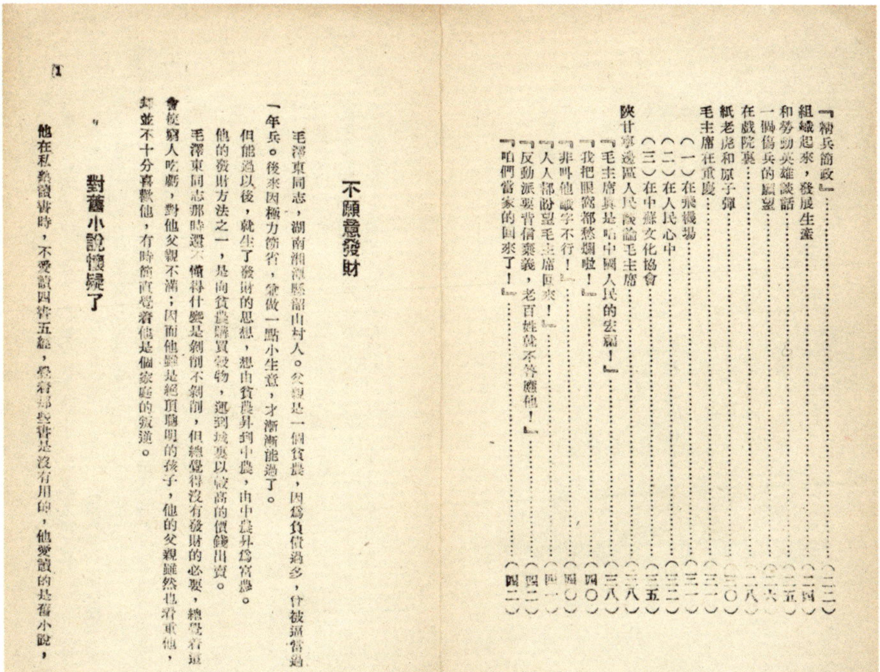

不願意發財

毛澤東同志，湖南湘潭縣韶山村人。父親是一個貧農，因為負債過多，曾被逼當過一年兵。後來因極力節省，兼做一點小生意，才漸漸能過了。

但能過以後，就生了發財的思想，想由貧農昇到中農，由中農昇為富農。他的發財方法之一，是向貧農購買穀物，運到城裏以較高的價錢出賣。

毛澤東同志那時還不懂得什麼是剝削不剝削，但總覺得沒有發財的必要，總覺着這會使窮人吃虧，對他父親不滿；因而他雖是絕頂聰明的孩子，他的父親雖然也看重他，卻並不十分喜歡他，有時簡直覺着他是個家庭的叛逆。

對舊小說懷疑了

他在私塾讀書時，不愛讀四書五經，覺着那些書是沒有用的，他愛讀的是舊小說，

A122/5000CB　德国农民战争

［德］恩格斯著，钱亦石译。

大连：新中国书局，1949年7月再版。一册，32开。

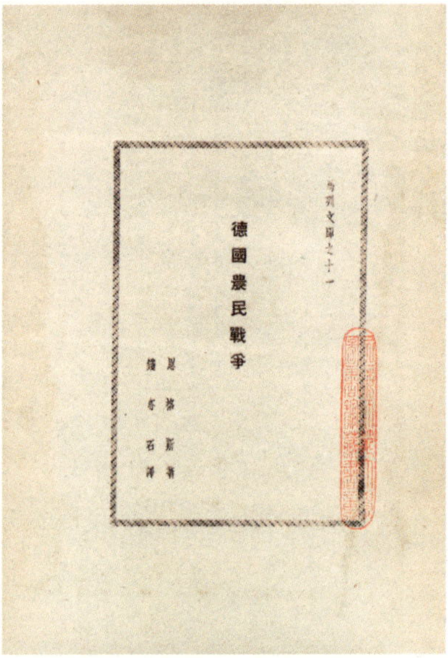

本书作者恩格斯为无产阶级革命导师，译者钱亦石为中国共产党湖北党部早期创始人、理论家。全书共七章，论证了德国农民战争的起源、各阶级立场、战争的情况、失败原因以及战争的意义。后附著者第二版序、著者第二版序书后、俄译本序及附录两种。该书为早期马列主义著作的汉语译本。收入《马列文库》。

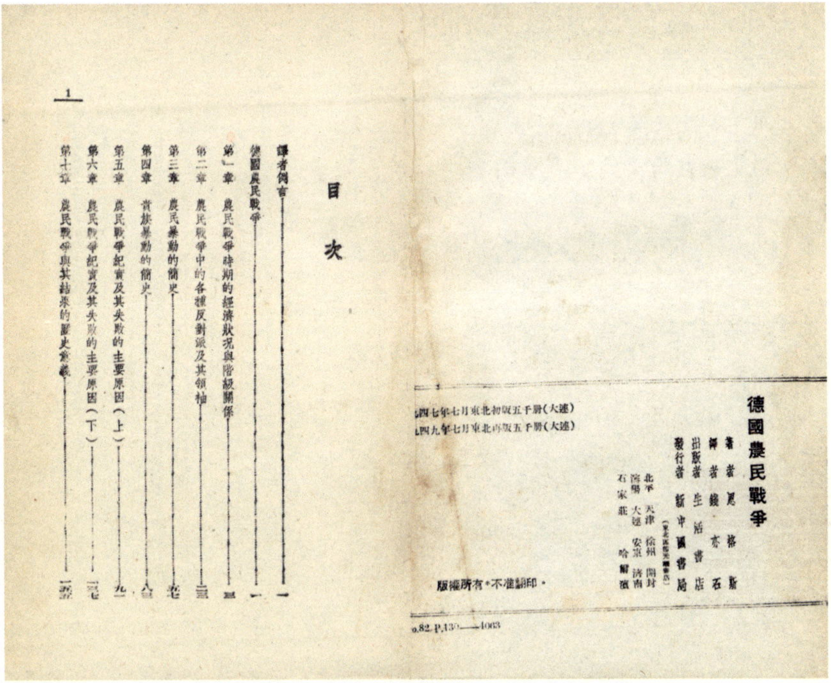

德國農民戰爭

著者　恩格斯
譯者　錢亦石
出版者　生活書店
發行者　新中國書局
（東北區總代辦事處）
北平　天津　徐州　開封
瀋陽　大連　安東　濟南
石家莊　哈爾濱

一九四七年七月東北初版五千册（大連）
一九四九年七月東北再版五千册（大連）

版權所有·不准翻印·

o.82-P.130——4063

目次

1

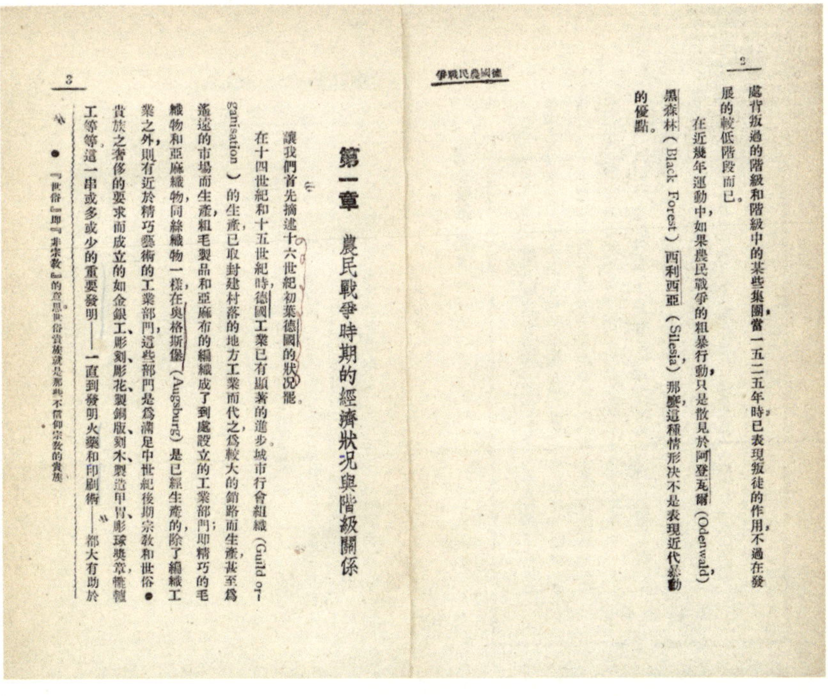

2

處背叛過的階級和階級中的某些集團，當一五二五年時已表現叛徒的作用，不過在發展的較低階段而已。

在近幾年運動中，如果農民戰爭的粗暴行動，只是散見於阿登瓦爾（Odenwald），黑森林（Black Forest）西利西亞（Silesia），那麼這種情形決不是表現近代暴動的優點。

德國農民戰爭

第一章　農民戰爭時期的經濟狀況與階級關係

讓我們首先摘述十六世紀初葉德國的狀況罷。

在十四世紀和十五世紀時，德國工業已有顯著的進步。城市行會組織（Guild organisation）的生產，已取封建村落的地方工業而代之，爲較大的銷路而生產，甚至爲遙遠的市場而生產，粗毛製品和亞麻布的編織成了到處設立的工業部門；即精巧的毛織物和亞麻織物，同絲織物一樣，在奧格斯堡（Augsburg）是已經生產的，除了編織工業之外，則有近於精巧藝術的工業部門，這些部門是爲滿足中世紀後期宗教和世俗●貴族之奢侈的要求而成立的，如金銀工、彫刻、彫花、製銅版、刻木、製造甲冑、彫球塊章、機轆工等等，這一串或多或少的重要發明——一直到發明火藥和印刷術——都大有助於

●『世俗』即『非宗教』的意思，世俗貴族就是那些不信仰宗教的貴族

3

271/265　欧美无产政党研究

施伏量译。

上海：新生命书局，1929 年 6 月版。一册，32 开。

施伏量，原名施存统，是中国民主革命时期著名的政治活动家。本书是关于欧美国家无产政党的研究专著,《新生命丛书》之一。本书之外，作者还译有《辩证法与资本制度》《苏俄政治制度》等书。

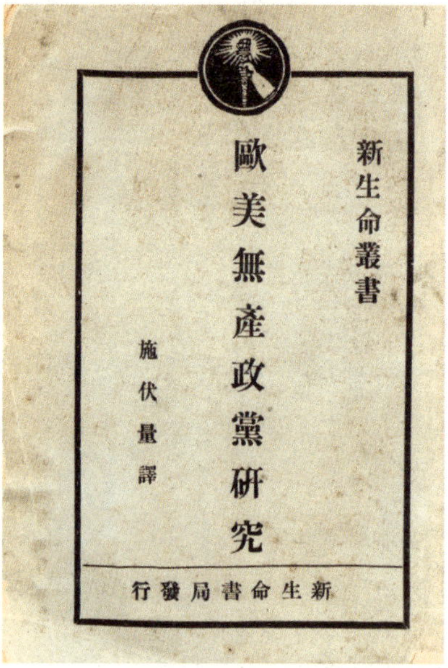

新生命叢書

歐美無產政黨研究

施伏量譯

新生命書局發行

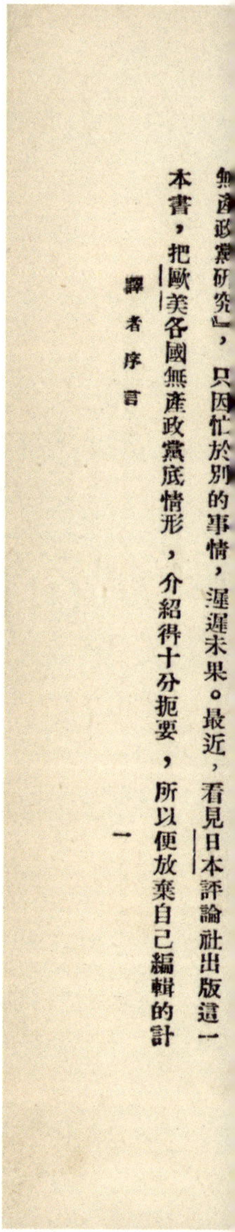

無產政黨研究』，只因忙於別的事情，遲遲未果。最近，看見日本評論社出版這一本書，把歐美各國無產政黨底情形，介紹得十分扼要，所以便放棄自己編輯的計

譯者序言　一

歐美無產政黨研究 目次

譯者序言

最近，政黨問題，尤其是無產政黨，很引起了入們底注意。許多革命的青年，都想知道各國政黨尤其是無產政黨底情形，但苦於無書可看。普通的政治史和社會運動史，關於無產政黨底情形，又說得很少，不能滿足多數急欲研究無產政黨者底需要。因此，專門介紹各國無產政黨的書籍底出版，就成爲必要了。

在不久以前，我曾經搜集一些關於日本無產政黨的材料，編成一本『日本無產政黨研究』，在新生命書局出版。關於日本近幾年來的無產政黨運動情形，大體上

042.67/151　守常全集

李大钊著。

上海：社会科学研究社，1939 年 4 月初版。一册，32 开。

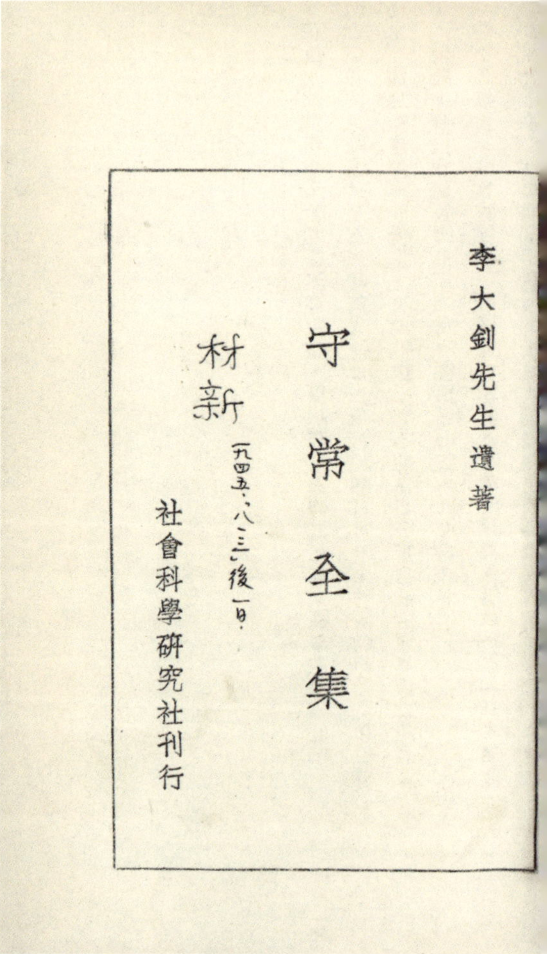

李大钊，字守常，河北乐亭人，中国共产主义运动的先驱，伟大的马克思主义者，杰出的无产阶级革命家，中国共产党的主要创始人之一。《全集》收录了李大钊的十八篇文章，分上下卷，前有鲁迅序（1933 年 5 月 29 日）。

序

我最初看見守常先生的時候，是在獨秀先生邀去商量怎樣進行新青年的集會上，這樣就算認識了。不知道他其時是否已是共產主義者。總之，給我的印象是很好的：誠實，謙和，不多說話。新青年的同人中，雖然也很有喜歡明爭暗鬥，扶植自己勢力的人，但他一直到後來，絕對的不是。

他的模樣是頗難形容的，有些儒雅，有些樸質，也有些凡俗。所以既像文士，也像官吏，又有些像商人。這樣的商人，我在南邊沒有看見過，北京却有的是舊書店或箋紙店的掌櫃。一九二六年三月十八日，段祺瑞們鎗擊徒手請願的學生的那一次，他也在羣衆中，給一個兵抓住了，問他是何等樣人。答說是『做買賣的』。兵道：『那麼，到這裏來幹什麼？滾你的罷！』一推，他總算逃得了性命。

倘說教員，那時是可以死掉的。

然而到第二年，他終於被張作霖們害死了。

段將軍的屠戮，死了四十二人，其中有幾個是我的學生，我實在很覺得一點痛楚；張將軍的屠戮，死的好像是十多人，手頭沒有記錄，說不清楚了，但我所認識的只有一個守常先生。在廈門知道了這消息之後，橢圓的臉、細細的眼睛和鬍子、藍布袍、黑馬褂，就時時出現在我的眼前，其間還隱約看見絞首台。痛楚是也有些的，但比先前淡漠了。這是我歷來的偏見：見同輩之死，總沒有像見青年之死的悲傷。

1

這回聽說在北平公然舉行了葬式，計算起來，去被害的時候已經七年了。這是極應該的。我不知道他那時被將軍們所編排的罪狀，——大概總不外乎『危害民國』罷。然而僅在這短短的七年中，事實就鐵鑄一般的證明了斷送民國的四省的並非李大釗，却是殺戮了他的將軍！

那麼，公然下葬的寬典，該是可以取得的了。然而我在報章上，又看見北平當局的禁止路祭和捕拿送葬者的新聞。我也不知道爲什麼，但這回恐怕是『妨害治安』了罷。倘其果然，則鐵鑄一般的反證，實在來得更加神速：看罷，妨害了北平的治安的是日軍呢還是人民！

但革命的先驅者的血，現在已經並不希奇了。單就我自己說罷，七年前爲了幾個人，就發過不少激昂的空論，後來聽慣了電刑，鎗斃斬決，暗殺的故事，神經漸漸麻木，毫不喫驚，也無言說了。我想，就是報上所記的『人山人海』去看梟首示衆的頭顱的人們，恐怕也未必覺得更興奮於看賽花燈的罷。血是流得太多了。

不過熱血之外，守常先生還有遺文在。不幸對於遺文，我却很難講什麼話。因爲所執的業，彼此不同，在新青年時代，我雖以他爲站在同一戰線上的伙伴，却並未留心他的文章，譬如騎兵不必注意於造橋，礮兵無須分神於馭馬，那時自以爲尚非錯誤。所以現在所能說的，也不過：一、是他的理論，在現在看起來，當然未必精當的；二、是雖然如此，他的遺文却將永在，因爲這是先驅者的遺產，革命史上的豐碑。一切死的和活的騙子的一疊疊的集子，不是已在倒塌下來，連商人也『不顧血本』的只收二三折了麼？

以過去和現在的鐵鑄一般的事實來測將來，洞若觀火！

一九三三年五月二十九夜，魯迅謹記。

2

278.1/151　妇女之过去与将来

李汉俊编译。

上海：商务印书馆，1927 年 8 月六版。一册，32 开。

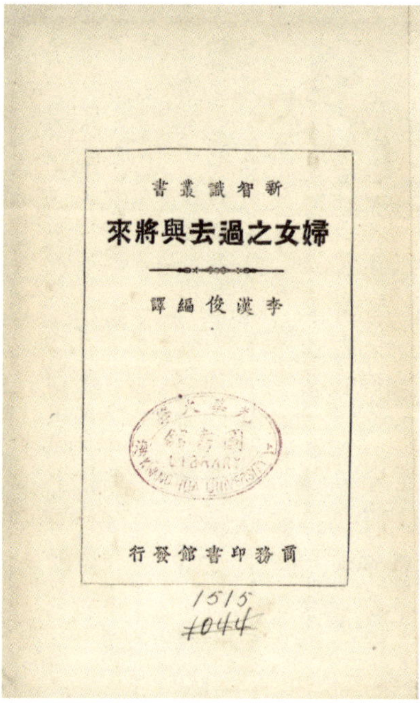

李汉俊是中共一大代表，曾留学日本。五四运动前后，中国妇女解放运动拉开序幕，李汉俊借鉴马克思主义原著和日本、欧洲等社会主义理论，对中国妇女的生存发展问题进行了探讨。本书为其妇女研究的代表作。全书由绪论、原始社会的男女关系、文明社会的男女关系、近代女子运动、结论、附录组成，主要介绍世界各国的女性社会地位及女权运动，启蒙中国妇女解放。此为《新智识丛书》之一。光华大学旧藏。

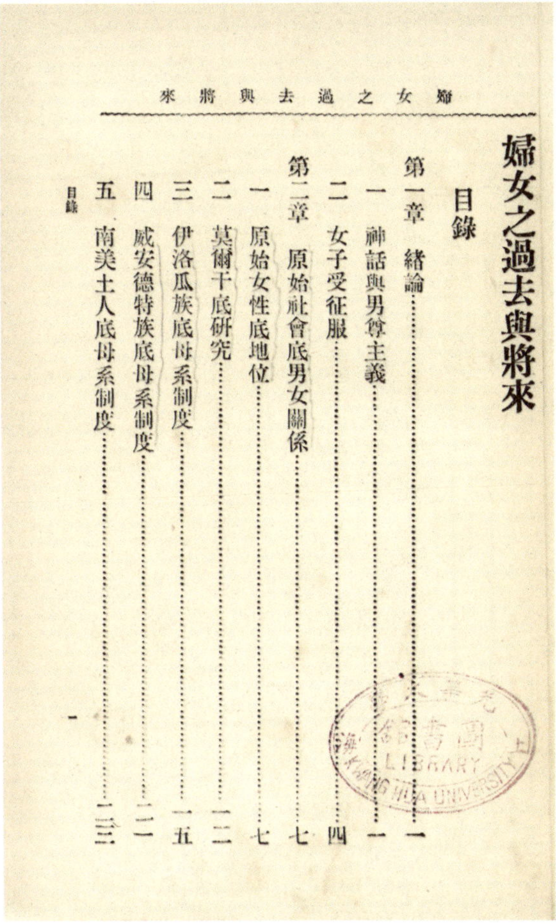

婦女之過去與將來

目錄

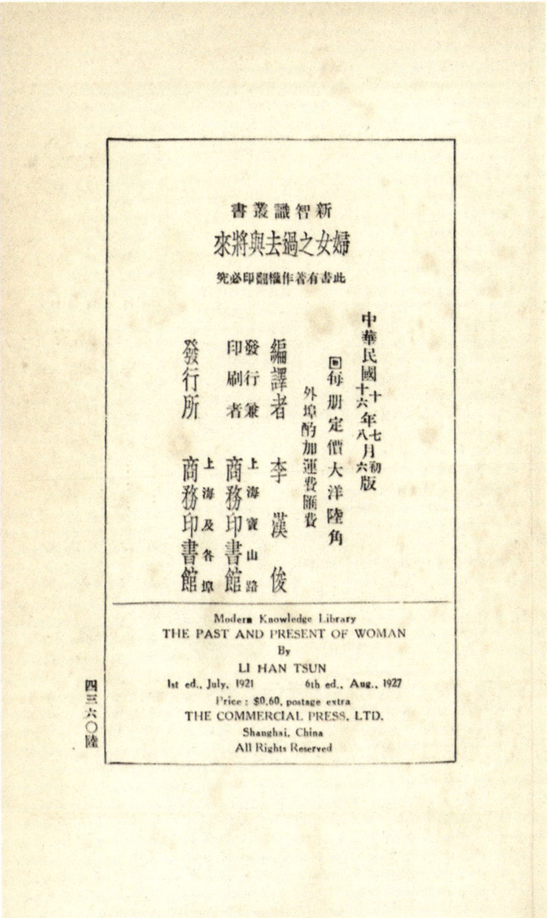

新智識叢書

婦女之過去與將來

此書有著作權翻印必究

中華民國十年七月初版 十六年八月六版

每冊定價大洋陸角 外埠酌加運費匯費

編譯者 李漢俊

發行兼印刷者 上海寶山路 商務印書館

發行所 上海及各埠 商務印書館

Modern Knowledge Library

THE PAST AND PRESENT OF WOMAN

By

LI HAN TSUN

1st ed., July, 1921　6th ed., Aug., 1927

Price: $0.60, postage extra

THE COMMERCIAL PRESS, LTD.

Shanghai, China

四三六〇陸

262/21 中国官僚政治研究

王亚南著。

上海：时代文化出版社，1949 年 1 月再版。一册，32 开。

本书是中国第一部用马克思主义科学方法系统地剖析传统官僚政治的经典著作。作者从分析中国社会经济形态入手，通观秦汉至民国历史，找出官僚政治的产生、形态和特征，其与封建社会长期停滞的关联，揭示其发展和转化的一般规律。全书分十七篇，曾连载于上海《时与文》杂志，结集初版于 1948 年 10 月。有“光华大学教务处生物实验室”印。

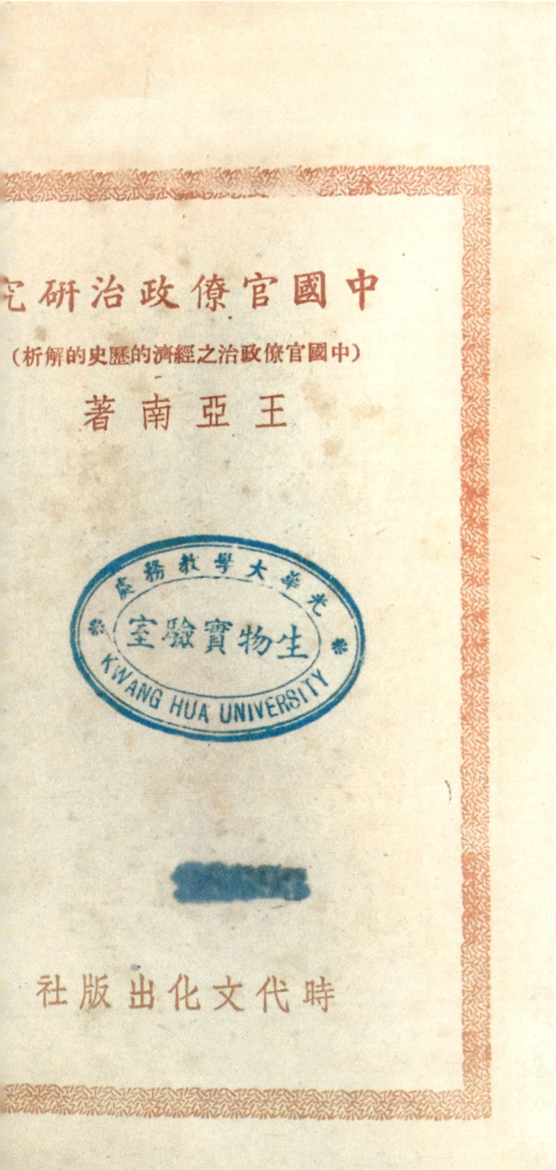

中國官僚政治研究

（中國官僚政治之經濟的歷史的解析）

王亞南著

時代文化出版社

民國卅七年十月初版

民國卅八年元月再版

中國官僚政治研究

著作者　王亞南

發行者　時代文化出版社　上海（九）牯嶺路卅四號

分銷處　全國各大書店

定價金圓券二元五角

(2001—3500)

261.42/21　孙文学说疏证

王万锺编著。

上海：正中书局，1946 年 10 月版。一册，32 开。

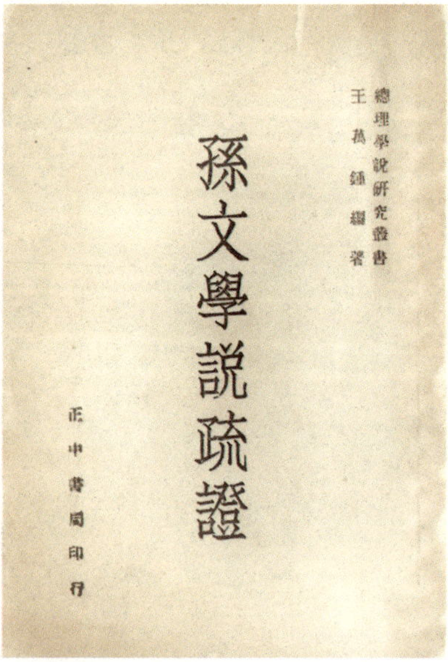

《孙文学说》亦称《心理建设》，是孙中山所撰写的《建国方略》的一部分，1918 年 12 月写成，1919 年 6 月由上海华强印书局正式出版。本书为其疏证，共二篇十章，第一篇检讨过往各家对总理学说之解说，第二篇则阐发总理学说之真意。全书完稿于 1936 年 12 月，为《总理学说研究丛书》之一种。华东师范大学历史系资料室旧藏。

序

孫文學說爲　總理親筆所著，所以表現　總理之思想者最爲真切。顧歷年以來，各家解說散見於書報者頗不一致，抵觸紛歧，往往而有。將欲使青年後起對於　總理學說有深切之認識與堅強之信仰，則非有詳明之闡述不爲功。著者不自度量，竊欲從事於此，期於遺教推行，國家建設，作細流土壤之一助。祇以公務在身，終日碌碌，苦少靜思研慮之機會。着手以來，歷時已久，尙不敢即謂完成，誠恐事務紛繁，稿件易佚，因決將已撰成者暫作結束，而以未及詳闡者待諸異日。全書計分二篇十章，第一篇係檢討過去各家之論述，對於熱誠解說　總理學說之同志，竟不免有求全責備之處。爲求解釋易於明瞭起見，區區之商榷，倘爲原著諸同志所不拒歟。第二篇係闡發　總理學說之眞義，對於　總理所注重之「能知必能行」與「不知亦能行」二義，特別加以注意。至知難行易爲一普徧原則，任何方面均係適用，初無技術與道德，或精神與物質之分，在各章中，亦可得到相當說明。一得之愚，甚望先進同志有以指正也。

在本書編著期中，先後欣逢老師蘇后青先生七十大壽暨父親母親六十壽辰，愧未有以爲祝，兹當編著工作告一段落，謹以此書爲老人永誌康疆之紀念。

王萬鍾誌於首都蘭園十五號二十五年十二月

附誌

此書初稿完成於二十五年十二月，翌年夏間，盧溝橋事變發生，京寓書籍運回泰縣本宅，本稿與焉。自東戰場失利，京中各機關奉令西遷，著者由京遷漢轉湘，再返漢轉川。直至今秋始函囑三弟萬銓設法將本稿寄出，費郵七金，歷時一月，經滬、港、粵、漢，輾轉抵渝，除略潮溼外，幸無損害。公餘重行校訂一過，略有增刪，並荷戴師季陶予以指示，彌增感奮。此稿在附寄前，銓弟恐過滬時或有遺失，又重繕副本一分，藏於家中，陳君維儒及族弟懷玉幫助實多。又前在京時幫同繕寫者，除陳君外，尙有朱君鎔華及張君榮南，辛勞可感，同邑劉君利曾手抄參考資料由郵見惠，亦可感念。歷年來關於各種參考資料之搜集，二弟萬鎔與四弟萬鈞均有幫助，本書名稱並由二弟提貢意見，因併附誌，以示不忘。

中華民國二十七年十二月三十日適爲　總理原著完成後之二十週年紀念日粟雲誌於陪都教育部。

中華民國三十三年三月渝初版
中華民國三十五年十月滬一版

孫文學說疏證

全書一册定價國幣三元
（外埠酌加運費匯費）

編著者　王萬鍾
發行人　吳秉常
印刷所　正中書局
發行所　正中書局

(1771)
林（本）招　2∖1

孫文學說疏證　二三七

附誌

此書初稿完成於二十五年十二月，翌年夏間，盧溝橋事變發生，京寓書籍運回泰縣本宅，本稿與焉。自東戰場失利，京中各機關奉令西遷，著者由京遷漢轉湘，再返漢轉川。直至今秋始函囑三弟萬銓設法將本稿寄出，費郵七金，歷時一月，經滬、港、粵、漢，輾轉抵渝，除略潮溼外，幸無損害。公餘重行校訂一過，略有增刪，並荷戴師季陶予以指示，彌增感奮。此稿在附寄前，銓弟恐過滬時或有遺失，又重繕副本一分，藏於家中，陳君維儒及族弟懷玉幫助實多。又前在京時幫同繕寫者，除陳君外，尙有朱君鎔華及張君榮南，辛勞可感，同邑劉君利曾手抄參考資料由郵見惠，亦可感念。歷年來關於各種參考資料之搜集，二弟萬鎔與四弟萬鈞均有幫助，本書名稱並由二弟提貢意見，因併附誌，以示不忘。

中華民國二十七年十二月三十日適爲　總理原著完成後之二十週年紀念日粟雲誌於陪都教育部。

262.42/329　国父遗教表解

浦家麟辑。

上海：铁风出版社，1946 年 10 月修正三版。一册，大 16 开。

该书主要内容分“党义类”“方略类（附建国大纲）”和“党义名著（重要宣言）”三类共三十四表。书前有孙中山传略及编者序，附“蒋总裁等手订党义表解”。1943 年初版于重庆，此版“特将原版缩小，以示普及”。大夏大学图书馆旧藏。

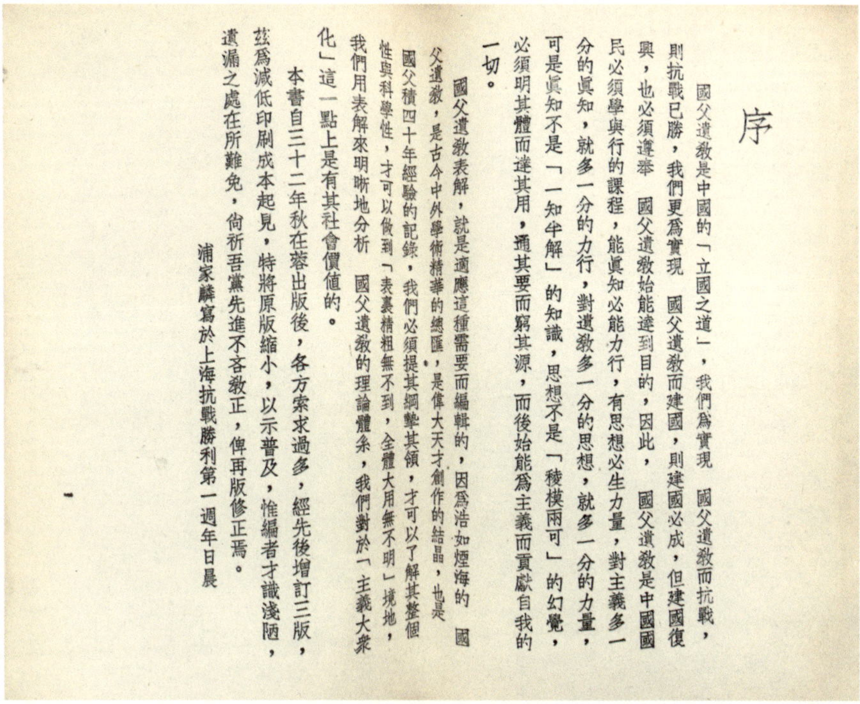

序

國父遺敎是中國的「立國之道」，我們爲實現 國父遺敎而抗戰，則抗戰已勝，我們更爲實現 國父遺敎而建國，則建國必成，但建國復興，也必須遵奉 國父遺敎始能達到目的，因此， 國父遺敎是中國國民必須學與行的課程，能眞知必能力行，有思想必生力量，對主義多一分的眞知，就多一分的力行，對遺敎多一分的思想，就多一分的力量，可是眞知不是「一知半解」的知識，思想不是「稜模兩可」的幻覺，必須明其體而達其用，通其要而窮其源，而後始能爲主義而貢獻自我的一切。

國父遺敎表解，就是適應這種需要而編輯的，因爲浩如煙海的 國父遺敎，是古今中外學術精華的總匯，是偉大天才創作的結晶，也是 國父積四十年經驗的記錄，我們必須提其綱挈其領，才可以了解其整個性與科學性，才可以做到「表裏精粗無不到，全體大用無不明」境地，我們用表解來明晰地分析 國父遺敎的理論體系，我們對於「主義大衆化」這一點上是有其社會價值的。

本書自三十二年秋在蓉出版後，各方索求過多，經先後增訂三版，茲爲減低印刷成本起見，特將原版縮小，以示普及，惟編者才識淺陋，遺漏之處在所難免，尚祈吾黨先進不吝敎正，俾再版修正焉。

浦家麟寫於上海抗戰勝利第一週年日晨

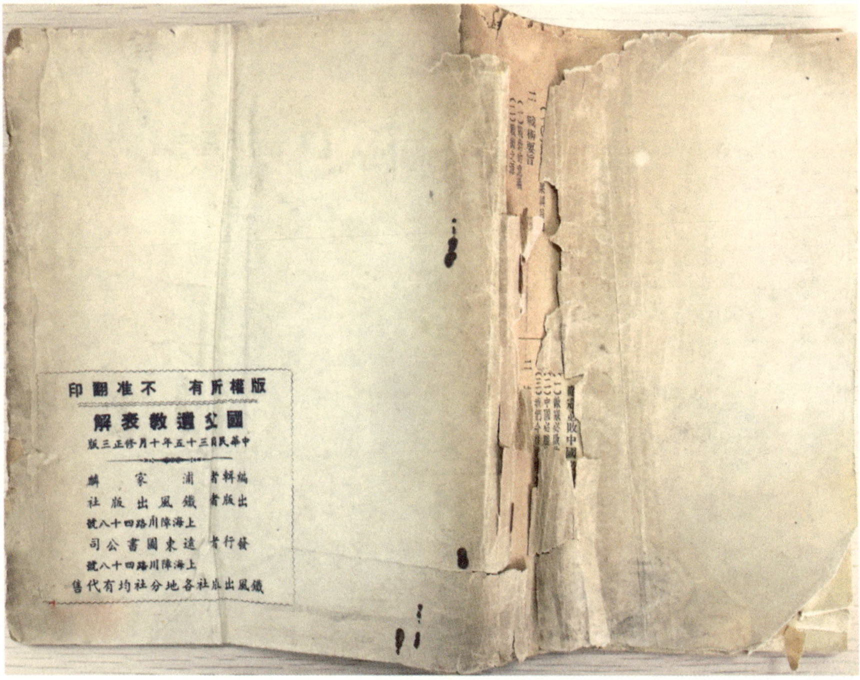

338/164　今日之苏联

郭沫若主编，吴清友编著。

重庆：读书出版社，1945 年 11 月初版。一册，32 开。

吴清友，著名经济学家和研究苏联问题专家。本书为《中苏文化协会研究委员会研究丛书》第二种，共十章：概况、领土与人民、历史述略、经济、政治制度、军备、外交、教育文化、红色首都莫斯科、中国与苏联。作者对苏联的历史、地理、政治、经济、军事、外交、文化、教育作了详尽的介绍，内容丰富。

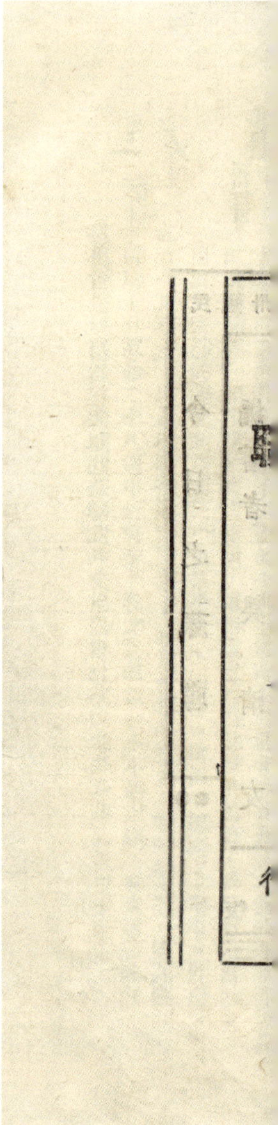

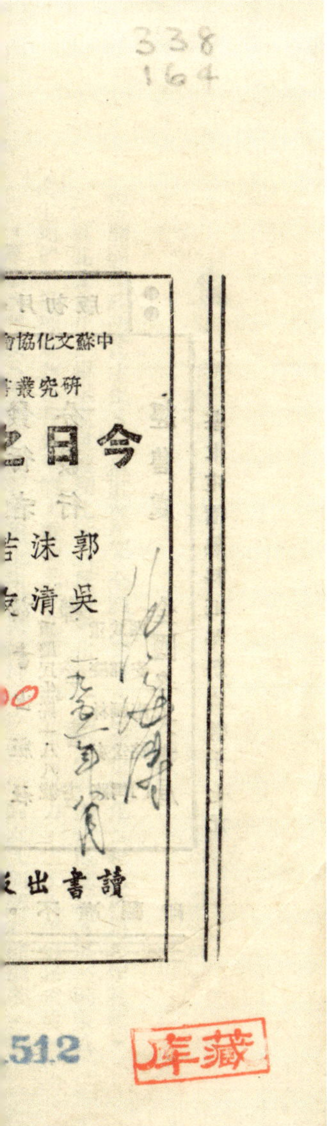
338
164
中蘇文化協會
研究叢書
今日之
郭沫若
吳清友
讀書出版

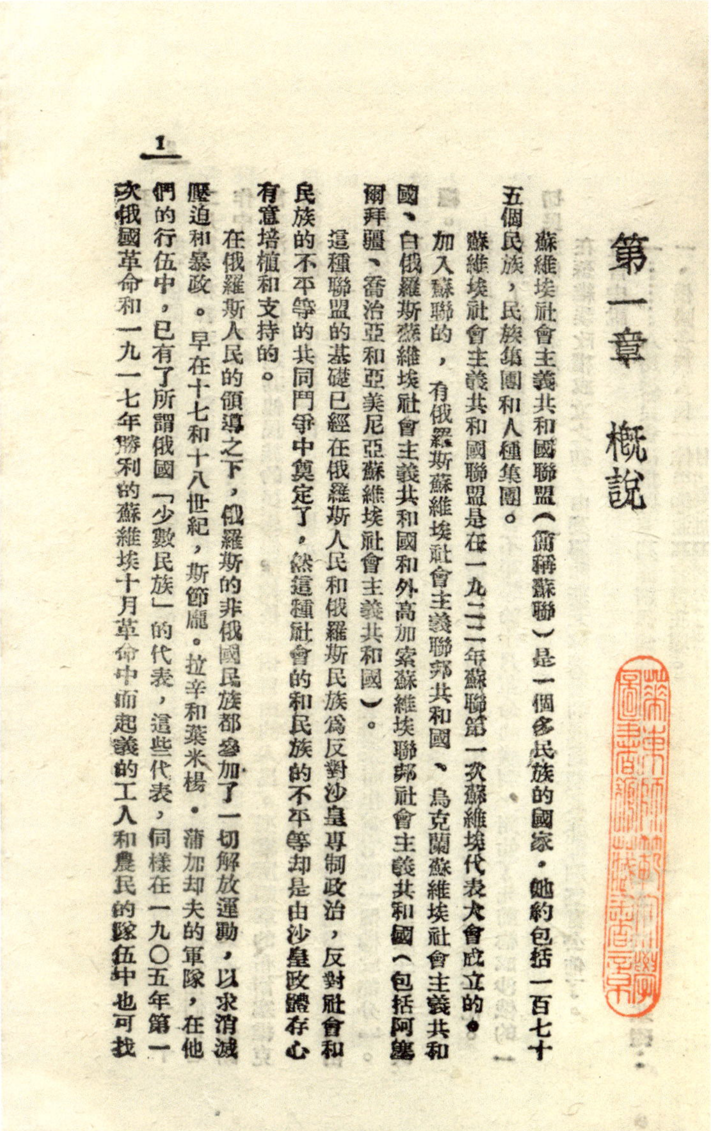

第一章 概說

蘇維埃社會主義共和國聯盟（簡稱蘇聯）是一個多民族的國家。她約包括一百七十五個民族，民族集團和人種集團。

蘇維埃社會主義共和國聯盟是在一九二二年蘇聯第一次蘇維埃代表大會成立的。加入蘇聯的，有俄羅斯蘇維埃社會主義聯邦共和國、烏克蘭蘇維埃社會主義共和國、白俄羅斯蘇維埃社會主義共和國和外高加索蘇維埃聯邦社會主義共和國（包括阿塞爾拜疆、喬治亞和亞美尼亞蘇維埃社會主義共和國）。

這種聯盟的基礎已經在俄羅斯人民和俄羅斯民族為反對沙皇專制政治，反對社會和民族的不平等的共同鬥爭中奠定了。然這種社會的和民族的不平等却是由沙皇政體存心有意培植和支持的。

在俄羅斯人民的領導之下，俄羅斯的非俄國民族都參加了一切解放運動，以求消滅壓迫和暴政。早在十七和十八世紀，斯節晁·拉辛和葉米楊·蒲加却夫的軍隊，在他們的行伍中，已有了所謂俄國「少數民族」的代表，這些代表，同樣在一九〇五年第一次俄國革命和一九一七年勝利的蘇維埃十月革命中而起義的工人和農民的隊伍中也可找

1

267.93/461.5　亚洲劳工预备会议

国际劳工局中国分局编。

上海：国际劳工局中国分局，1948 年 6 月版。一册，32 开。

国际劳工局，是指国际劳工组织的常设工作机构，是国际劳工组织三个主要机构之一。1947 年 10 月国际劳工局在印度新德里召开亚洲劳工预备会议，这是亚洲民族及国际劳工组织历史上的重要事件，此书就是围绕这一会议所形成的文件。

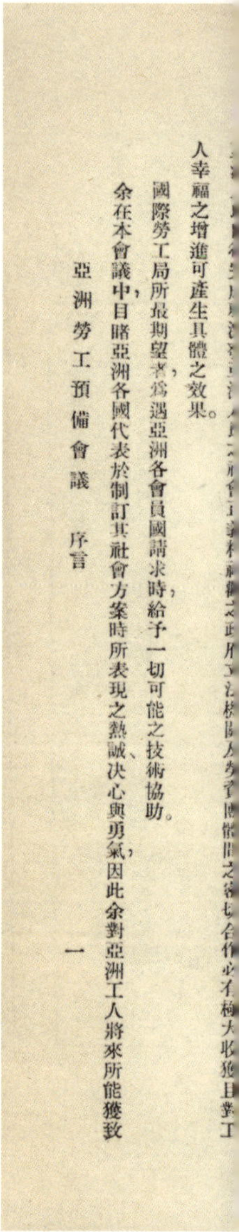
人幸福之增進可產生具體之效果。
國際勞工局所最期望者，爲遇亞洲各會員國請求時，給予一切可能之技術協助。
余在本會議中，目睹亞洲各國代表於制訂其社會方案時所表現之熱誠、決心與勇氣，因此余對亞洲工人將來所能獲致
亞洲勞工預備會議　序言　一

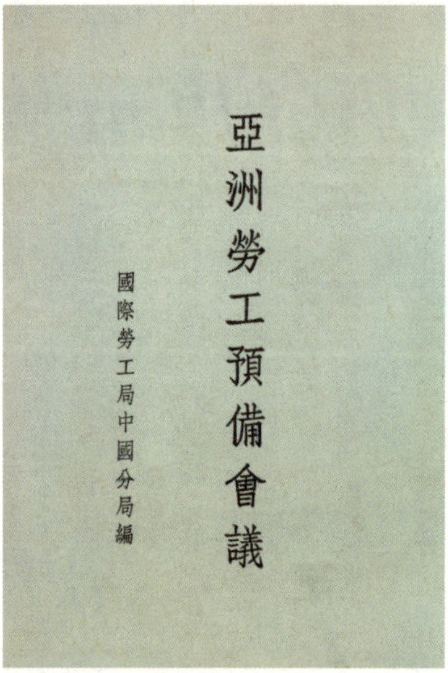

亞洲勞工預備會議

目次

序言（譯文）

一九四七年十月假印度新德里召開之亞洲勞工預備會議，在亞洲民族及國際勞工組織之歷史上，均爲一椿重要之事。誠如中國政府代表包華國先生所云，出席本會議之各國共有人民十億，達世界人口半數以上，其領土佔地球面積亦不下三分之一。

亞洲民族自獲致政治解放以來，已沿經濟、社會及文化進步之路向前邁進。

新德里會議爲亞洲民族決心爲其工農大衆建立眞正合乎人道之生活及工作狀况之有力例證。

281.0/248.　华盛顿会议小史

周守一著。

上海：中华书局，1926年3月五版。一册，32开。

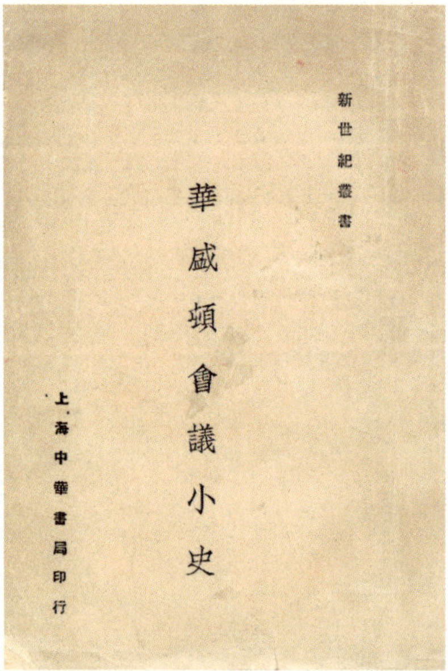

周守一，毕业于北京大学，曾留美获硕士学位，归国后任国民政府官员。本书叙述了华盛顿会议的缘起、开幕及组织，会议的内幕与各国的态度，英日同盟与四国协约等问题，着重介绍了有关中国的问题，并对中国外交失败的原因作了评析。此书为《新世纪丛书》之一。

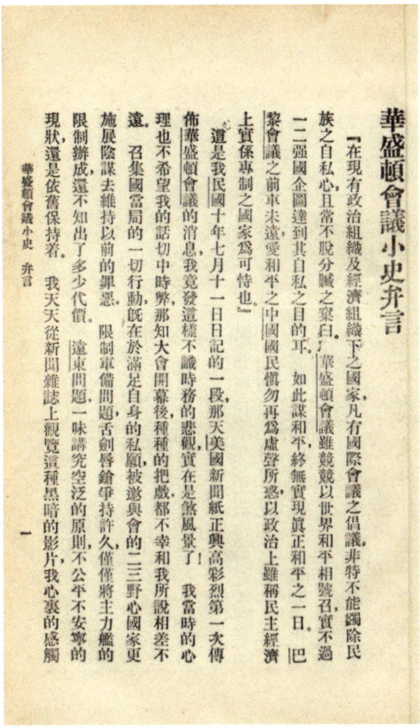

華盛頓會議小史弁言

『在現有政治組織及經濟組織下之國家，凡有國際會議之倡議，非特不能蠲除民族之自私心，且常不脫分贓之窠臼。』「華盛頓會議雖競競以世界和平相號召，實不過一二强國企圖達到其自私之目的耳。如此謀和平，終無實現眞正和平之一日。巴黎會議之前車未遠，愛和平之中國國民愼勿再爲虛聲所惑，以政治上雖稱民主經濟上實係專制之國家爲可恃也。』

這是我民國十年七月十一日日記的一段，那天美國新聞紙正興高彩烈第一次傳佈華盛頓會議的消息，我竟發這樣不識時務的悲觀，實在是煞風景了！我當時的心理也不希望我的話切中時弊，那知大會開幕後，種種的把戲，都不幸和我所說相差不遠。召集國當局的一切行動，既在於滿足自身的私願，被邀與會的二三野心國家更施展陰謀去維持以前的罪惡。限制軍備問題，舌劍唇鎗爭持許久，僅僅將主力艦的限制辦成，還不知出了多少代價。遠東問題，一味講究空泛的原則，不公平不安寧的現狀，還是依舊保持着。我天天從新聞雜誌上觀覽這種黑暗的影片，我心裏的感觸

華盛頓會議小史　弁言　一

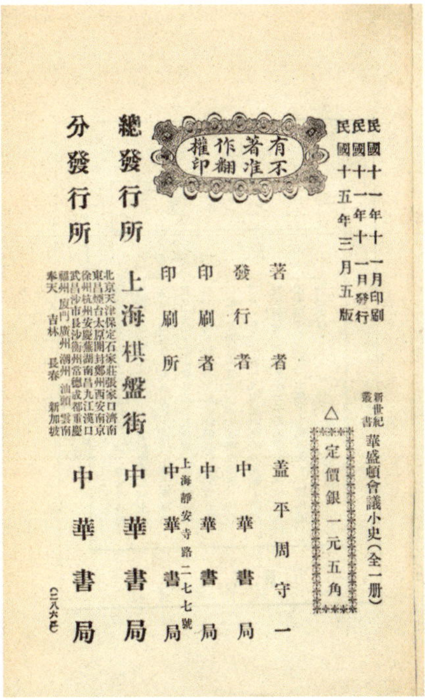

民國十一年十一月印刷
民國十一年十一月發行
民國十五年三月五版

有著作權　不准翻印

新世紀叢書　華盛頓會議小史（全一册）
定價銀一元五角

著者　蓋平周守一
發行者　中華書局
印刷者　中華書局
印刷所　上海靜安寺路二七七號　中華書局
總發行所　上海棋盤街　中華書局
分發行所　北京　天津　保定　石家莊　張家口　濟南　東昌　煙台　太原　開封　鄭州　西安　南京　徐州　杭州　安慶　蕪湖　南昌　九江　漢口　武昌　沙市　長沙　衡州　常德　成都　重慶　福州　廈門　廣州　潮州　汕頭　雲南　奉天　吉林　長春　新加坡　中華書局

（二八六七）

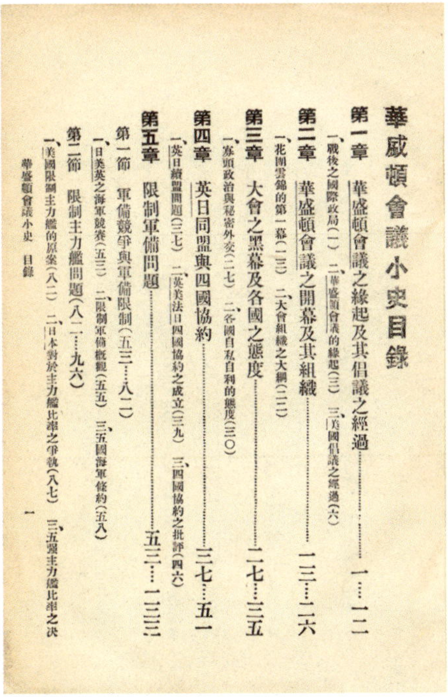

華威頓會議小史目錄

華盛頓會議小史　目錄　一

法律

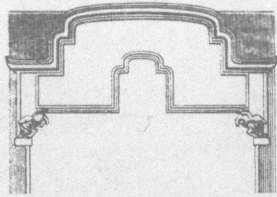

279.08/135　法律大辞典

汪翰章主编。

上海：大东书局，1934年3月版。一册，32开。

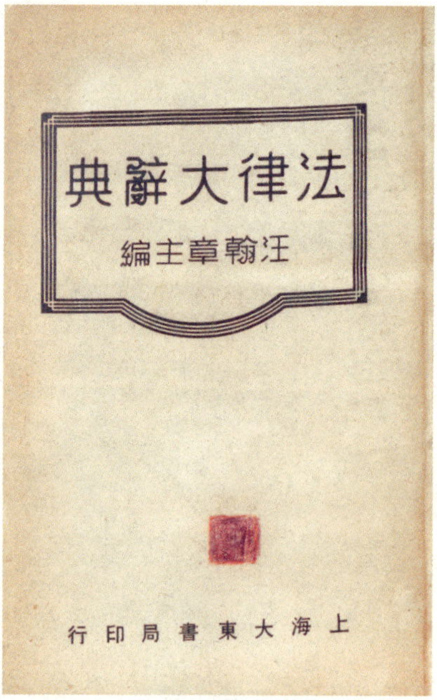

全书由罗文干、戴修瓒、郑天锡、张映南、张志让、陈瑾昆、翁敬棠等数十位法学家参修，收有七千八百余条术语，一百三十余万字。全书按笔画排列。所收词语除中国所固有者外，凡为各国通用者，均附有各国语言对照（如英、德、法、意、日等）。篇末还附有供检索的索引，包括148页的“法律大辞典总目”，9页的拉丁文名词索引，28页的意大利文名词索引等。

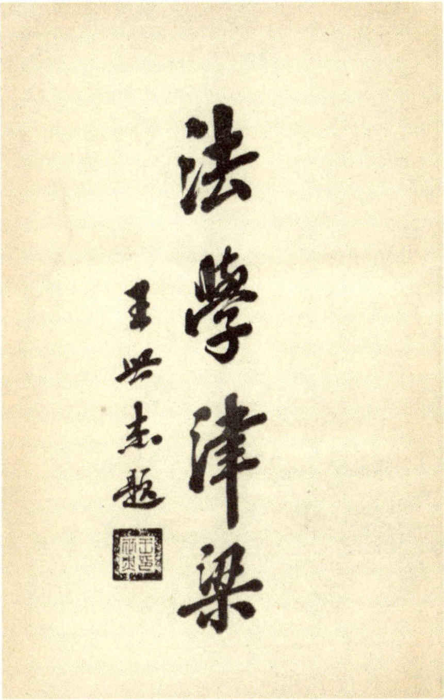
法學津梁
王世杰題

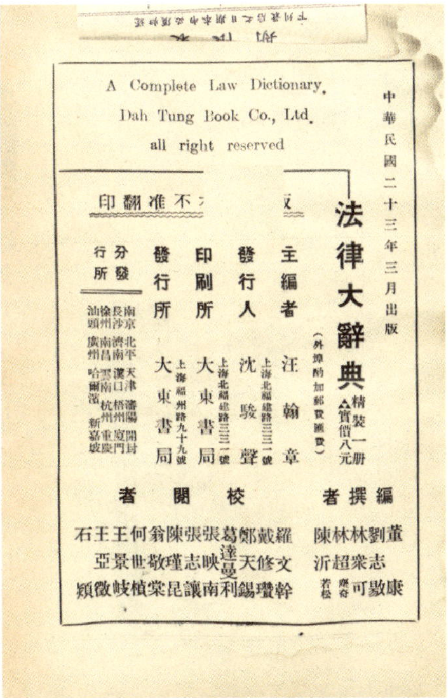

A Complete Law Dictionary.
Dah Tung Book Co., Ltd.
all right reserved

中華民國二十三年三月出版

法律大辭典 精裝一冊 實價八元（外埠酌加郵費匯費）

有□□□不准翻印

主編者 汪翰章
發行人 沈駿聲 上海北福建路三三二號
印刷所 大東書局 上海北福建路三三二號
發行所 大東書局 上海福州路九十九號
分發行所 南京 北平 天津 瀋陽 開封 長沙 濟南 漢口 梧州 廈門 徐州 南昌 雲南 杭州 重慶 汕頭 廣州 哈爾濱 新嘉坡

編撰者
董康 劉志敭 林衆可 林超 麼奇 陳沂 若松

校閱者
羅文幹 戴修瓚 鄭天錫 葛達曼利 張映南 張志讓 陳瑾昆 翁敬棠 何世楨 王景岐 王亞徵 石頫

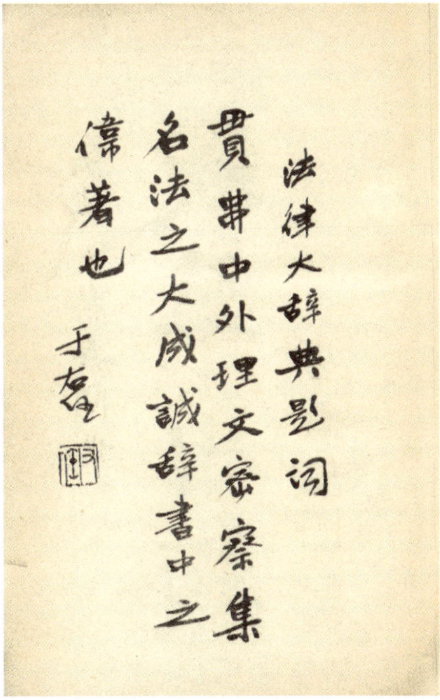
法律大辭典題詞
貫串中外理文密察集
名法之大成誠辭書中之
偉著也
于右任

279.08/428 （华英双解）法政辞典

张崇恩编辑。

天津：百城书局，1936 年 3 月初版。二册（存上册），32 开。

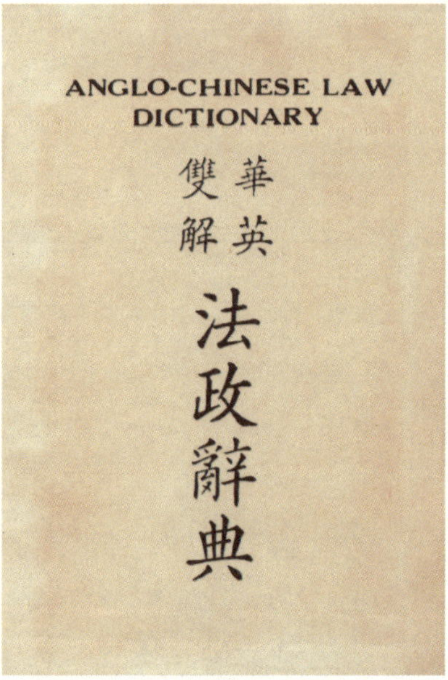

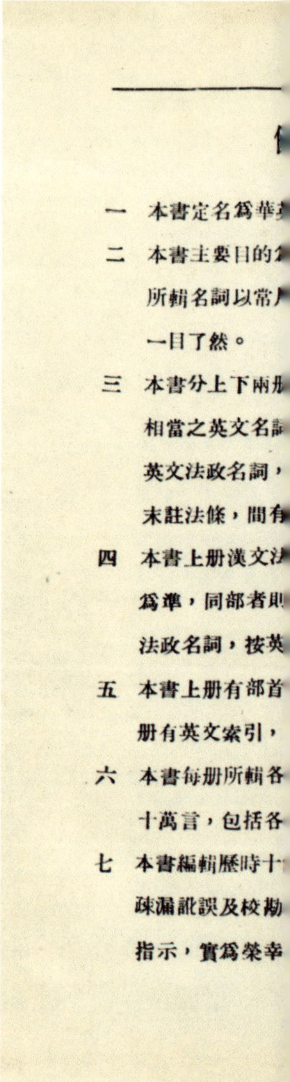
一　本書定名爲華
二　本書主要目的
所輯名詞以常
一目了然。
三　本書分上下兩
相當之英文名
英文法政名詞，
末註法條，間有
四　本書上册漢文
爲準，同部者則
法政名詞，按英
五　本書上册有部首
册有英文索引，
六　本書每册所輯各
十萬言，包括各
七　本書編輯歷時十
疏漏訛誤及校勘
指示，實爲榮幸

本书是一部汇集法律政治名词术语的参考工具书。全书分上、下两册，收名词二万余条，上册为汉文法政名词及法谚，下册为英文法政名词。每个名词之下，附有罗马拼音或汉译，加注英文定义。本书是查检二十世纪三十年代法律政治名词术语的参考。

言

典。

士從事研究法政之用，故
註釋務求簡明，以期閱者

文法政名詞及法諺，各附
解釋，末引法條。下册爲
羅馬拼音，並加英文定義，
以資參考。

照康熙字典所排列之次序
畫多寡爲先後。下册英文
排列之。

表及引用法規略語表。下
者易於檢查。

約計一萬條，全書約七
。

參考書籍不下數百種，惟
所難免，倘希閱者不吝

編輯者識

華英雙解

法政辭典

上卷

一部

【一七五六年規則】(Rule of 1756)國際法規，初成立於西元一七五六年，規定中立國人民，不得於他國戰爭時，與交戰之任一方，爲於平時所未開放之貿易。(國際法)

【一人不得同時任二職】(Nemo duolius utatur officiis.)(no one should hold two offices at the same time.)

【一日】(Nycthemeron,)廿四小時，卽一晝一夜之謂也。

【一日之部分】(Fraction of a day.)全日之一部分也。

【一分判決】(partial judgment.)裁判事件，有同時不能判決其全部，祇判決一部分者之謂。亦名一部判決。(民訴例509條)

【一方】(One of the parties.)當事人之一造也。(民法債二百四十八條，七百三十八條)

【一方行爲】(One sided juristic act; Unilateral act.)由一人之意思而成立之法律行爲之謂，一名單獨行爲。因單獨之意思表示，而成立之法律行爲也。如催告，承認，取消遺言等皆是。依一人之意思表示，而成立之法律行爲，例如免除債務，則無須債務人之承諾。對於雙方行爲而言。

【一方的】(Ex parte; one sided.)代表當事人一方之謂。

279/98　法律学 ABC

朱采真著。

上海：ABC 丛书社，1929 年 12 月再版。一册，32 开。

朱采真，民国时期著名的法学家。本书针对法律的诸多现象研求共通原理，文字浅显易懂，引导初学者进行系统的法律学习。全书共十章，从第一章到第七章围绕法律基本理论，论述法学和法律、法律的渊源系统、法律的分类等方面；第八章到第十章，围绕权利义务进行论述。此书为世界书局《ABC 丛书》之一种。

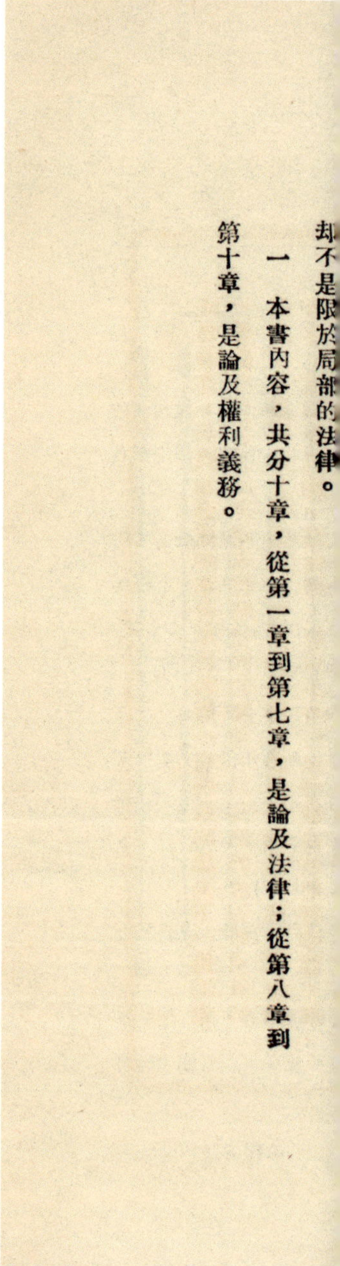

却不是限於局部的法律。

一　本書內容，共分十章，從第一章到第七章，是論及法律；從第八章到第十章，是論及權利義務。

目次

例言

一　本書是對於法律的多方現象，研求其共通原理上的綱要；性質却和法學通論差不多，不過越發是富有通俗性而便於初學的研究。

一　本書以極淺顯的文字，極簡單的語句，表現一般的，必要的法學上的

279.01/449　法律哲学 ABC

［美］福尔克著，施宪民译。

上海：ABC 丛书社，1929 年 8 月版。一册，32 开。

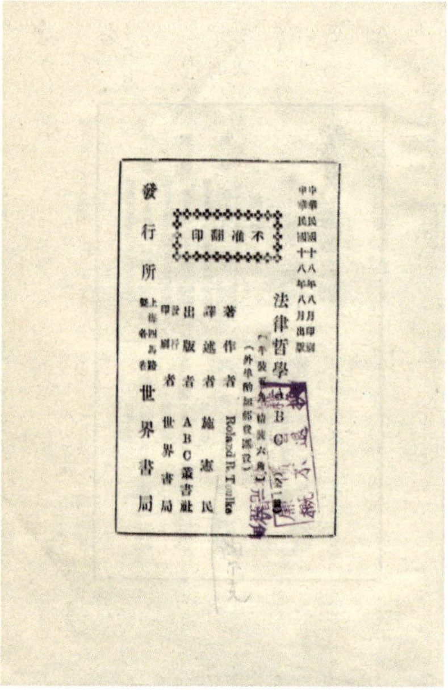
中華民國十八年八月印刷
中華民國十八年八月出版

法律哲學ABC（全一冊）
（外埠酌加郵費匯費）

不准翻印

著作者 Roland R. Foulke
譯述者 施憲民
出版者 ABC叢書社
發行者 印刷者 世界書局
發行所 上海四馬路各省 世界書局

本书论述了不同民族、不同时代法律的普遍性质。全书共有六章，分别为绪论、行为和支配行为的原因、法律哲学、几个现在的意义之检查、政权、法律学。此书为世界书局《ABC 丛书》之一种。

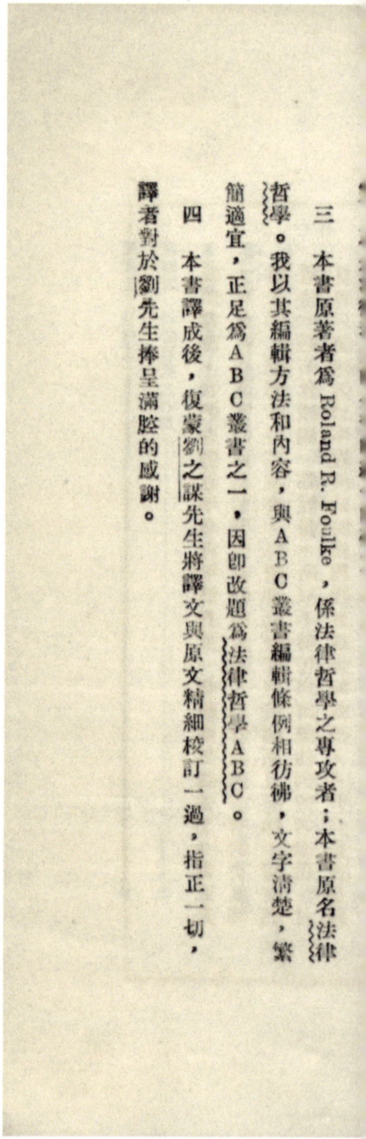
三 本書原著者爲Roland R. Foulke，係法律哲學之專攻者；本書原名法律哲學。我以其編輯方法和內容，與ABC叢書編輯條例相彷彿，文字清楚，繁簡適宜，正足爲ABC叢書之一，因卽改題爲法律哲學ABC。

四 本書譯成後，復蒙劉之謀先生將譯文與原文精細校訂一過，指正一切，譯者對於劉先生捧呈滿腔的感謝。

目次

例言

一　哲學是研究事物的普遍性的東西。法律哲學是攻究一切民族，一切時代

279/795　比较法学概要

龚钺著。

上海：商务印书馆，1947 年 5 月初版。一册，32 开。

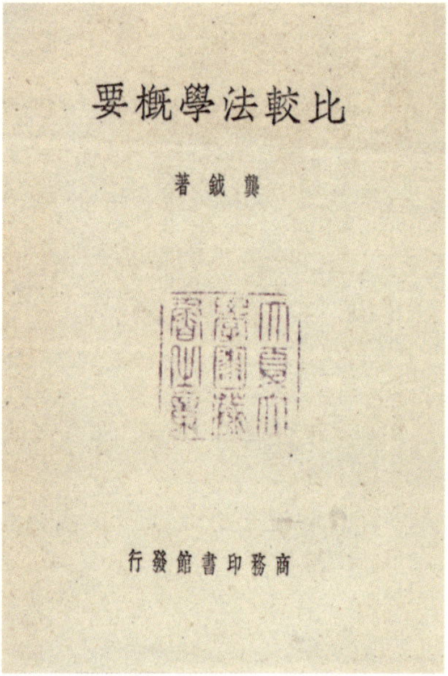

龚钺为中国近代著名国际法学家，曾留学法国，获格勒诺布尔大学法学博士学位。该书为民国时期唯一一本以“比较法学”命名的论著。全书分八篇，以中国法律比较世界各国法律。第一篇叙述法学概念、范围和研究方法，比较各种学派和学说；第二篇从法律的概念、形式与实质、分类等方面作比较；第三、四篇从立法程序上及人的行为能力方面进行比较；第五、六篇比较权利和义务、道德与法律标准及法律制裁等；余两篇比较司法组织、国际法律冲突问题。

目次

279.109/2F　法律思想史

丁元普著。

上海：法学编译社，1932 年 9 月初版。一册，32 开。

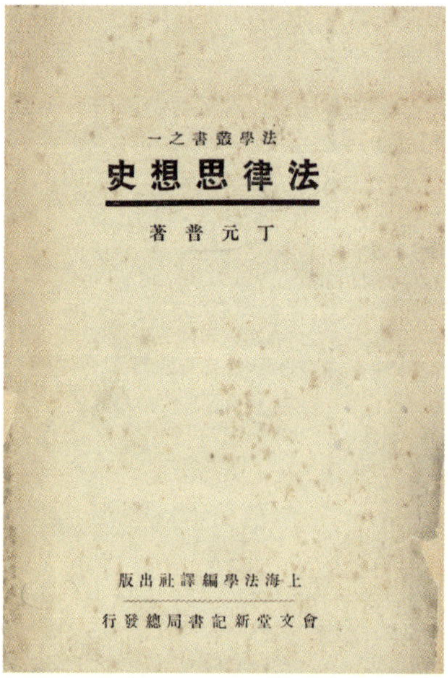

丁元普曾留学日本，归国后先后任职于江苏、浙江、上海等地的地方法院，后于中国公学、上海法政学院、复旦大学、大夏大学任教，主张“复兴中华法系精神”。本书从个人思想和时代思想两方面论述法律思想的变化与发展。全书分为绪论和本论两部分，绪论分两章阐述法律的基本观念和研究对象；本论分三编，分别阐述法律原始时期、法律成立时期、法律进化时期的法律思想的特点与变化。此书为《法学丛书》之一。

法律思想史目錄

緒論

279.109/423　古代法

［英］梅因著，方孝岳、钟建闳译。

上海：商务印书馆，1930 年初版。由万有文库版本四册合订一册，32 开。

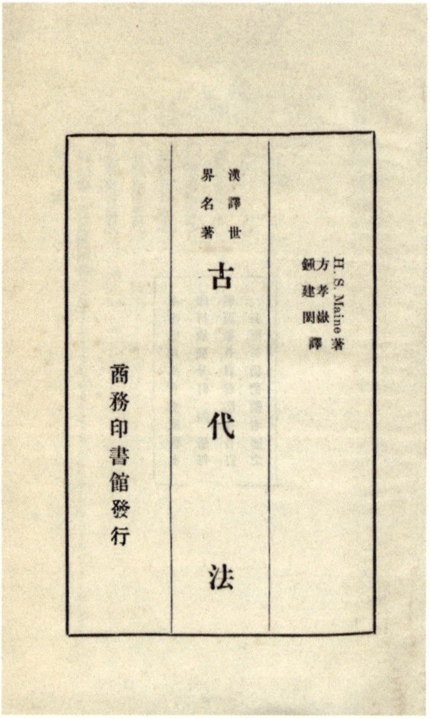

亨利·詹姆斯·梅因是十九世纪英国法制史学家，历史法学派在英国的主要代表，曾任教于牛津大学、剑桥大学。《古代法》被认为是梅因毕生研究工作的一个宣言书，凝集了他一生主要的法律思想。全书共有十章，主要涉及四方面内容，包括法学的历史研究方法、古代法的起源与发展、对自然法理论的批判、一些重要法律制度的早期史。光华大学旧藏。

古代法目錄

第一册

279/700　世界各国宪法汇编

卢蕙君编。

泰和：知行出版社，1944 年 3 月初版。一册，32 开。

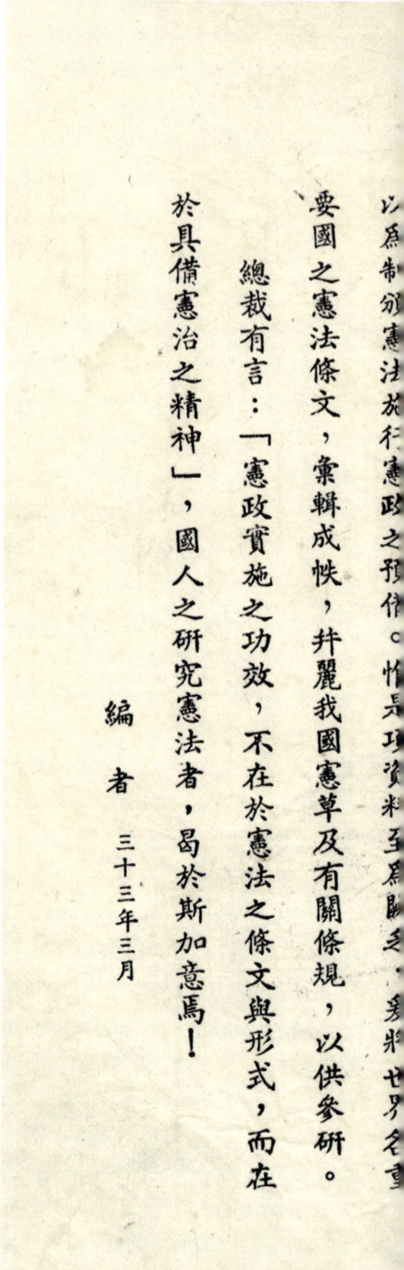

以為制頒憲法施行憲政之預備。惟是項資料至為繁多，爰將世界各重

要國之憲法條文，彙輯成帙，幷麗我國憲草及有關條規，以供參研。

總裁有言：「憲政實施之功效，不在於憲法之條文與形式，而在

於具備憲治之精神」，國人之研究憲法者，曷於斯加意焉！

編　者

三十三年三月

本书汇集了当时世界主要国家的宪法，包括英吉利帝国宪法、美利坚合众国宪法、意大利帝国宪法、瑞士联邦宪法、法兰西共和国宪法、日本帝国宪法、德意志联邦宪法、苏维埃联邦宪法、中华民国宪法草案。

世界各國憲法彙編目次

弁言

自客歲十一中全會決議於戰後一年內實施憲政以還，國人期望憲

243.16025/39　各国古物保管法规汇编

中央古物保管委员会编译。

南京：中央古物保管委员会，1935年6月初版。一册，24开。

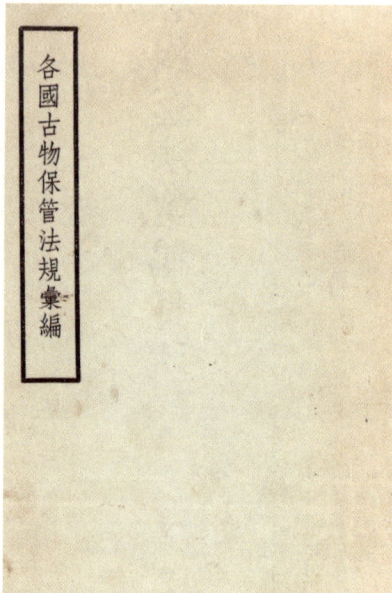

本书分前编、正编两部分。前编为“各国保护古物立法概论”，收意、法、比、英四国保护历史建筑物的立法；正编为“各国古物保管法规”，收法、瑞士、埃及、日、苏古物保管法律和菲律宾古物出境条例各一部。圣约翰大学旧藏。

各國古物保管法規彙編

中央古物保管委員會編譯

各國古物保管法規彙編目錄

279.2/556　中国法律在东亚诸国之影响

杨鸿烈著。

上海：商务印书馆，1937 年 2 月初版。一册，32 开。

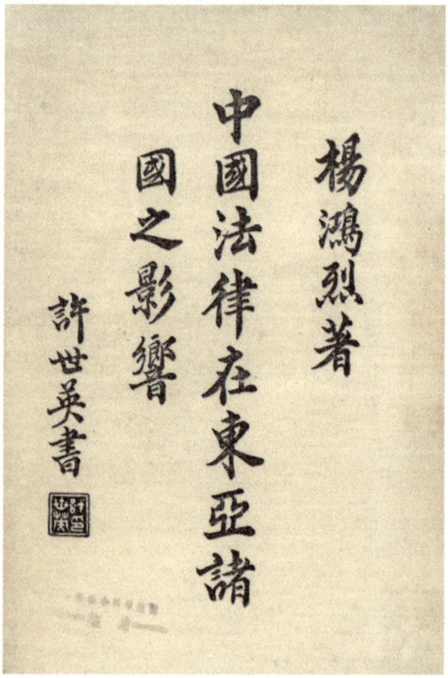

本书作者杨鸿烈是著名法学家。全书共六章，讲述了中国法系在世界法系中的位置、中国法系的内容和范围以及中国法律在东亚诸国的影响。本书是了解中国法律影响的参考资料。

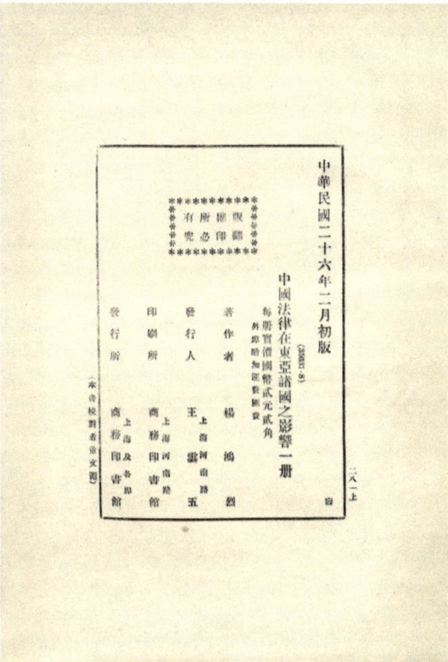
中華民國二十六年二月初版

中國法律在東亞諸國之影響一冊
(35081·8)
每冊實價國幣貳元貳角
外埠酌加運費匯費

版權所有 翻印必究

著作者 楊鴻烈
發行人 王雲五 上海河南路
印刷所 商務印書館 上海河南路
發行所 商務印書館 上海及各埠

(本書校對者章文澗)

二八一上

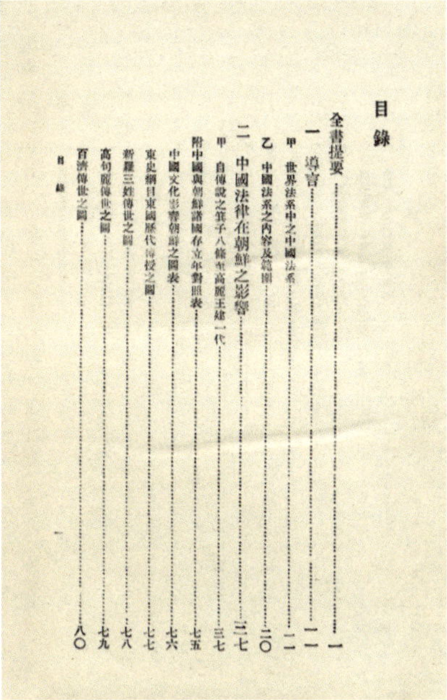
目錄

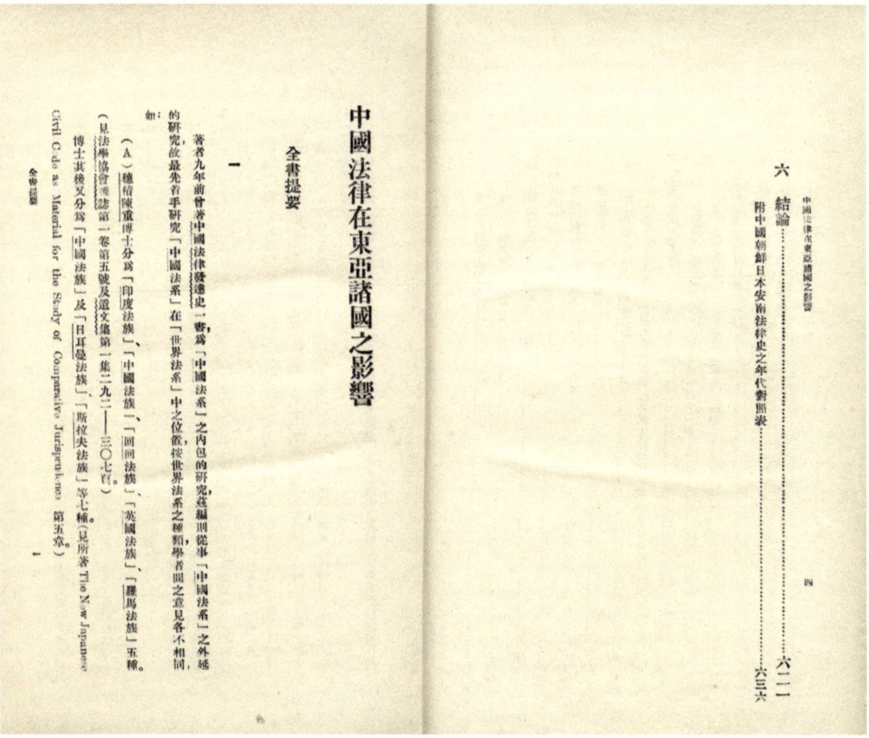

中國法律在東亞諸國之影響

全書提要

一

著者九年前曾著中國法律發達史一書，爲「中國法系」之內包的研究，茲編則從事「中國法系」之外延的研究，故最先着手研究「中國法系」在「世界法系」中之位置，按世界法系之種類學者間之意見各不相同，如：

（A）穗積陳重博士分爲「印度法族」、「中國法族」、「回回法族」、「英國法族」、「羅馬法族」五種。（見法學協會雜誌第一卷第五號及遺文集第一集二九二——三〇七頁。）博士其後又分爲「中國法族」及「日耳曼法族」、「斯拉夫法族」等七種。（見所著 The New Japanese Civil Code as Material for the Study of Comparative Jurisprudence 第五章。）

262.09/428　中华民国民主宪法十讲

张君劢著。

上海：商务印书馆，1947年5月初版。一册，32开。

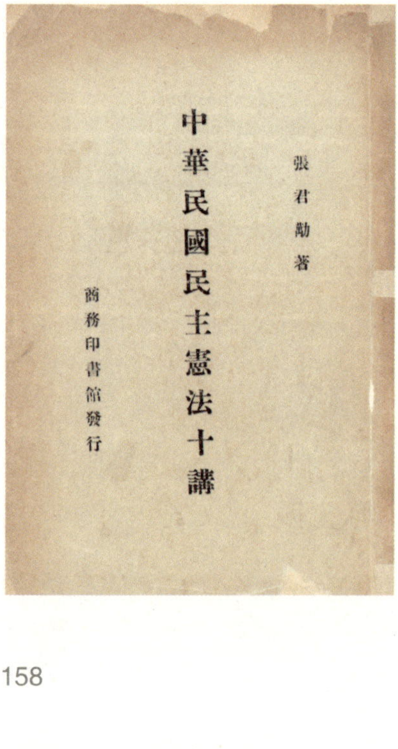

本书作者张君劢为民国时期著名的思想家，近代中国宪政运动领导人物。全书共十讲，主要涉及中国宪法的十大基本问题：国家为什么要有宪法，吾国宪法何以至今没有确立，人权为宪法基本，国民大会问题，行政权（总统与行政院），立法权（立法院等），司法独立，民主国政党，立宪国家财政，朝野上下之大责任等。书前有作者序言两篇。本书是了解民国学人宪政思想的重要史料。

目次

採用蘇聯式民主的勇氣？（三）假定認爲蘇聯式的民主不適用於中國環境，是不是我們有勇氣將英、美式蘇聯式的民主綜合起來，求出一個辦法。假定我們採這個辦法，我們內治上的準備如何；外交上的準備如何；外交大勢是不是容許我們有選擇的自由。就是說我們介於美蘇之間，自己能不能毅然拿出一種不偏不倚的態度。一方面不容許兩國之中有一國的勢力來壓制我們，他方面自己內在的心理是不是有一種殉道精神與周詳智慮來抉擇我們綜合民主的方針與實施的方策。惟有如此，才能表現中華民族還有立國之朝氣。對於英、美與蘇聯兩種民主方式之外，提出第三種方式。我看來能有這個大決心，這次的民主憲法庶幾有一點基礎，內可消弭國共之爭，外可緩衝蘇俄，威令內外兩方，不能一一如自己願望進行，然四千年的古國，能以一種朝氣與天下人共見，自不失爲一個轟轟烈烈大丈夫式的民族。如其各存偏私之見，內爭不息，那麼黨爭之禍，耗盡元氣，內不能安民，外不能立國，中華民國長陷混亂，將來終被淘汰於國際之林而已。

中華民國三十六年五月初版

中華民國民主憲法十講一冊
◎（35474·1）
定價國幣伍元
印刷地點外另加運費

著作者　張君勱
發行人　朱經農　上海河南中路
印刷所　商務印書館印刷廠
發行所　各地商務印書館

乙 279.1/375　法律教育

孙晓楼著。

上海：商务印书馆，1935 年 3 月初版。一册，32 开。

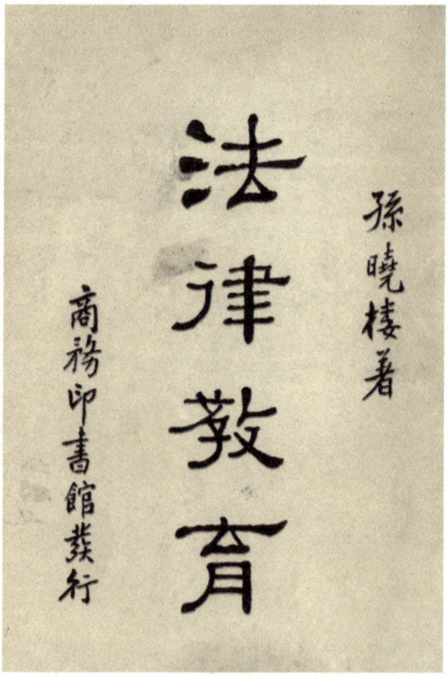

孙晓楼是中国近现代著名的法学家和法学教育家，获美国西北大学法学博士学位。本书根据作者的授课经验及研究所得编写而成，是民国时期有关法律教育的重要专著。书首有蔡元培序、吴经熊序和自序，蔡元培对本书价值评价甚高，吴经熊称赞该书为“研究法律教育的开路先锋”。全书共十五章，既讨论了法律教育的一般性问题，也包含了对东吴法学院自身办学经验和办学特色的总结。

目錄

蔡序

晚近歐美各國，文化孟晉，大有一日千里之概，推原溯因，收效於普通教育者固多；而法律教育之隆替，關係尤爲密切。回顧我國自遜清興辦新學以來，非盡襲東制，即移植歐法，草草從事，未見有何實效，而法律教育更無論矣。無錫孫曉樓博士曩歲負笈海外，精究耶林龐德之學，旁及杜威羅素之說，歸國後司法曹有年，暇則掌教蘇滬各大學；近復於其主教東吳法律學院之餘，本教授經驗及研究所得，成斯巨著，縱論英美大陸之制，詳闡應興應革諸端，參以新舊學說，採東西各制之長，鎔經驗理論於一爐，非特使後來之教育家有所遵循，且足爲法律學者研究法學之南針，有裨社會者非鮮。爰爲之序。

中華民國二十四年二月　蔡元培

279.23/661　中国比较宪法论

郑毓秀著。

上海：世界书局，1927年7月初版。一册，32开。

郑毓秀曾留学法国，获巴黎大学法学博士学位，是中国第一位法学女博士和民国时期第一位省级女性政务官。本书由其博士论文而来，作者在上海法政学院任教期间，此书被用作学生的教科书，影响了无数学生和法律研习者，对民国时期的法治建设具有深远影响。光华大学旧藏。

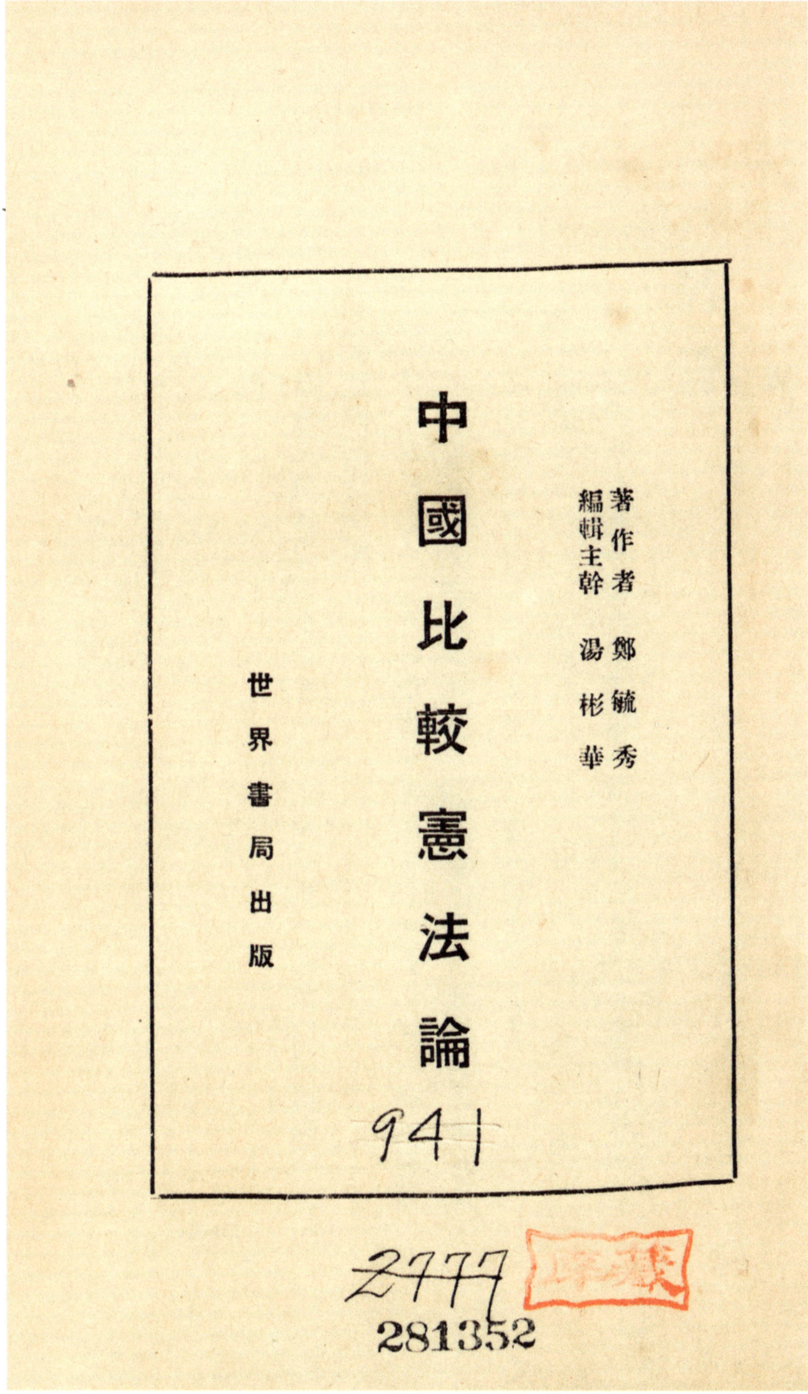
著作者　鄭毓秀
編輯主幹　湯彬華

中國比較憲法論

941

世界書局出版

279.23/441　增订中国宪法史

陈茹玄著。

上海：世界书局，1947年7月增订版。一册，32开。

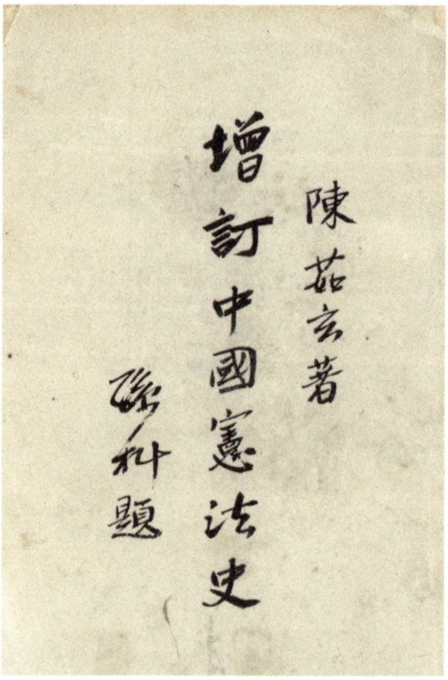

陈茹玄，近现代法学家，曾留美，获法学硕士学位。回国后历任北京师范大学、北京政法大学、南京大学、上海光华大学教授。本书叙述中国自清末至1946年国民大会的宪法制定历史，大致分为六个时期，尤其注重对根本法、宪法草案的制定经过和各种政治背景的分析。

目次

279.115/98　行政法新论

朱采真著，朱鸿达校阅。

上海：世界书局，1929 年 9 月初版。一册，32 开。

朱采真，民国时期著名的法学家。本书为上编，包括绪论和总论两部分。绪论分为六章，主要介绍行政法的意义及其与其他学科的关系等；总论为十一章，主要介绍行政法的一般理论和制度，分为公法关系上的权利观、国家的公权和个人的公权、行政组织概论、行政合议制等章节。

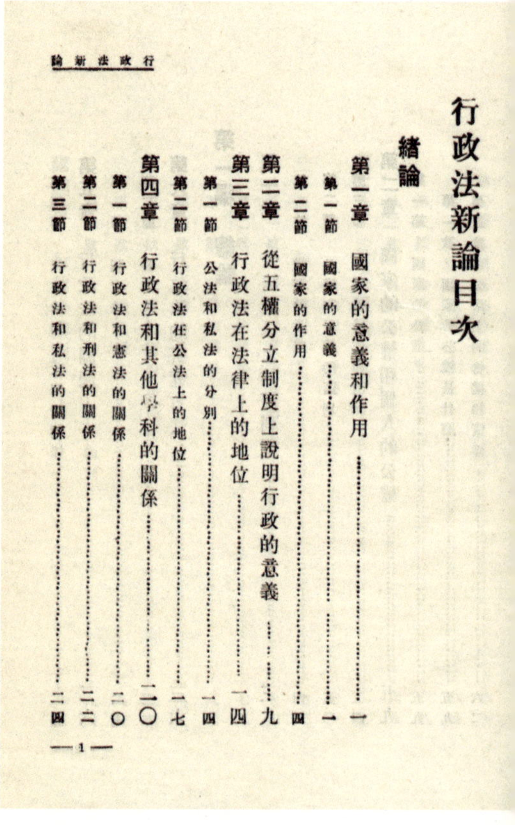

行政法新論目次

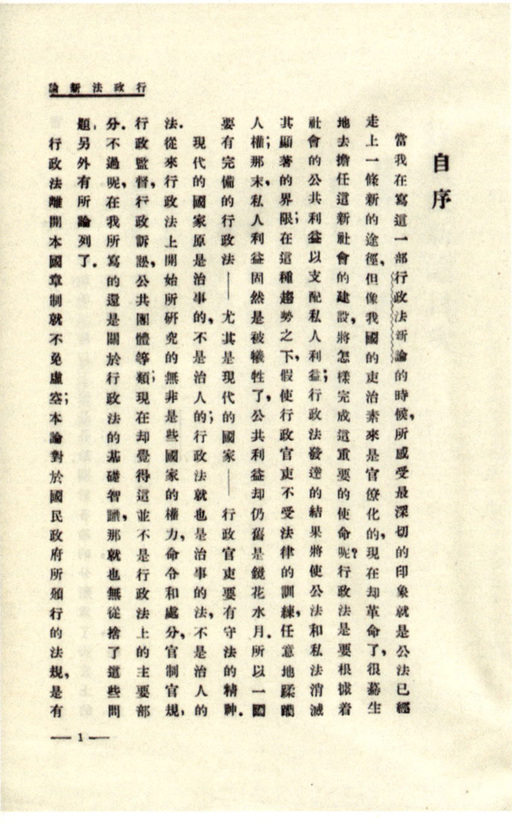

自序

當我在寫這一部行政法新論的時候，所感受最深切的印象就是公法已經走上一條新的途徑，但像我國的吏治素來是官僚化的，現在却革命了，很藹生地去擔任這新社會的建設，將怎樣完成這重要的使命呢？行政法是要根據着社會的公共利益以支配私人利益；行政法發達的結果將使公法和私法消滅其顯著的界限；在這種趨勢之下，假使行政官吏不受法律的訓練，任意地蹂躪人權；那末，私人利益固然是被犧牲了，公共利益却仍舊是鏡花水月．所以一國要有完備的行政法——尤其是現代的國家——行政官吏要有守法的精神．

現代的國家原是治事的，不是治人的；行政法就也是治事的法，不是治人的法．從來行政法上開始所研究的無非是些國家的權力，命令和處分，官制官規，行政監督，行政訴訟，公共團體等類；現在却覺得這並不是行政法上的主要部分．不過呢，在我所寫的還是關於行政法的基礎智識，那就也無從捨了這些問題，另外有所論列了．

行政法離開本國章制就不免虛空；本論對於國民政府所頒行的法規，是有

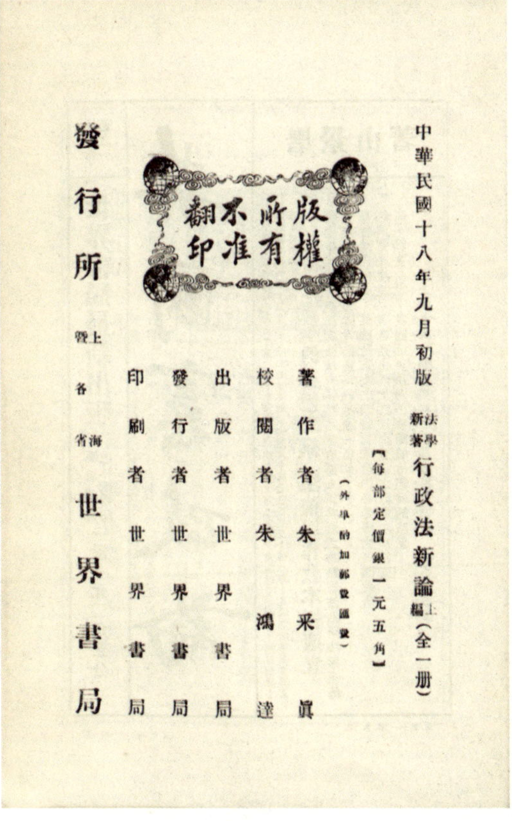

中華民國十八年九月初版

法學新著 行政法新論 上編（全一冊）

【每部定價銀一元五角】

（外埠酌加郵費匯費）

著作者 朱采眞

校閱者 朱鴻達

出版者 世界書局

發行者 世界書局

印刷者 世界書局

發行所 上海暨各省 世界書局

279.145/441　保险法概论

陈顾远编著。

上海：正中书局，1946 年 4 月版。一册，32 开。

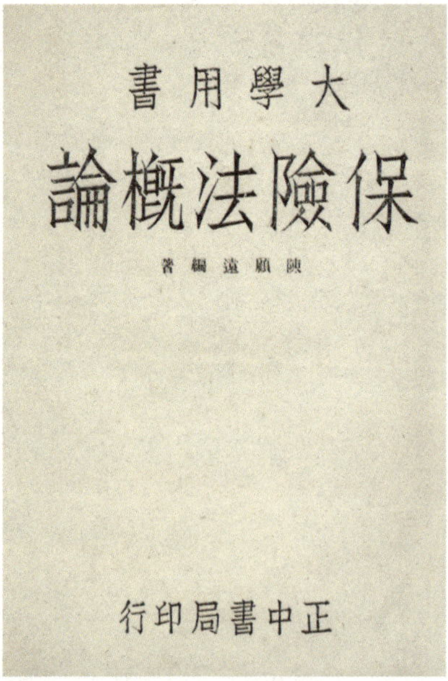

陈顾远，毕业于北京大学，曾任国民政府委员。本书据 1929 年 12 月 30 日公布的保险法和 1937 年 1 月 11 日修正公布的保险法展开论述。共分三编，第一编绪论，概述保险规则、保险概念、保险主体、保险利益等；第二编本论，介绍保险契约的效力、类别、时效等；第三编各论，介绍损失保险、人身保险等各种保险。此书为《大学用书》丛书之一种。

目次

279.13/271　中国民法总论

胡长清著。

上海：商务印书馆，1933 年 5 月初版。一册，32 开。

本书作者胡长清为民国法学家。全书分为绪论和本论两部分。绪论包括现代民法之趋势、民法泛论、新民法泛论、私权泛论，共计四章；本论包括法例、人、物、法律行为、期日与期间、消灭时效、权力之行使，共计七章。后附附录。本书开中国民法学著作的先河，是研究民法典理论基础的资料。此书为《大学丛书》之一种。

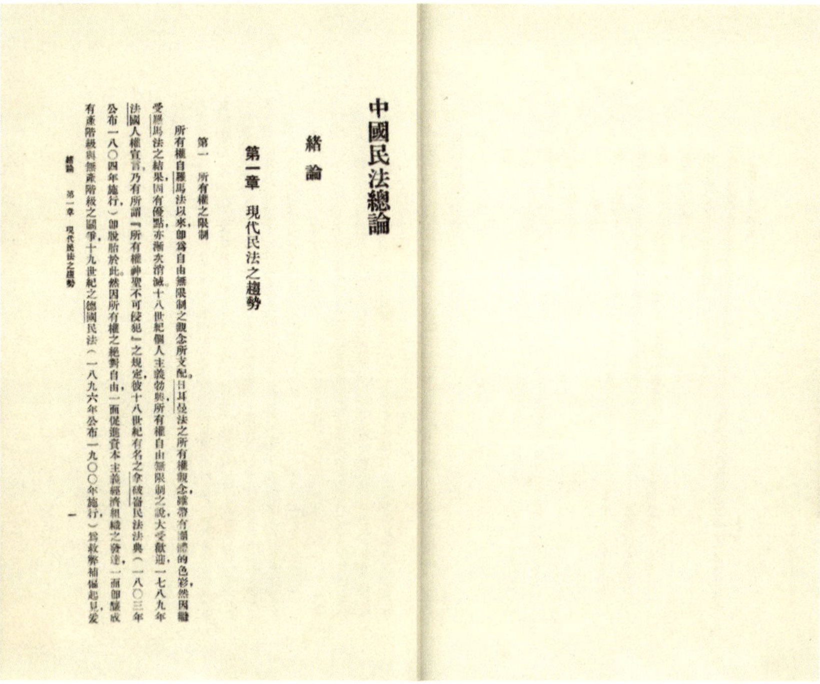

中國民法總論

緒論

第一章　現代民法之趨勢

第一　所有權之限制

所有權自羅馬法以來，即爲自由無限制之觀念所支配。日耳曼法之所有權觀念，雖帶有團體的色彩，然因繼受羅馬法之結果，固有優點，亦漸次消滅。十八世紀個人主義勃興，所有權自由無限制之說，大受歡迎。一七八九年法國人權宣言，乃有所謂『所有權神聖不可侵犯』之規定。彼十八世紀有名之拿破崙民法法典（一八〇三年公布一八〇四年施行，）即脫胎於此。然因所有權之絕對自由，一面促進資本主義經濟組織之發達，一面即釀成有產階級與無產階級之鬬爭。十九世紀之德國民法（一八九六年公布一九〇〇年施行，）爲救弊補偏起見，爰

緒論　第一章　現代民法之趨勢　一

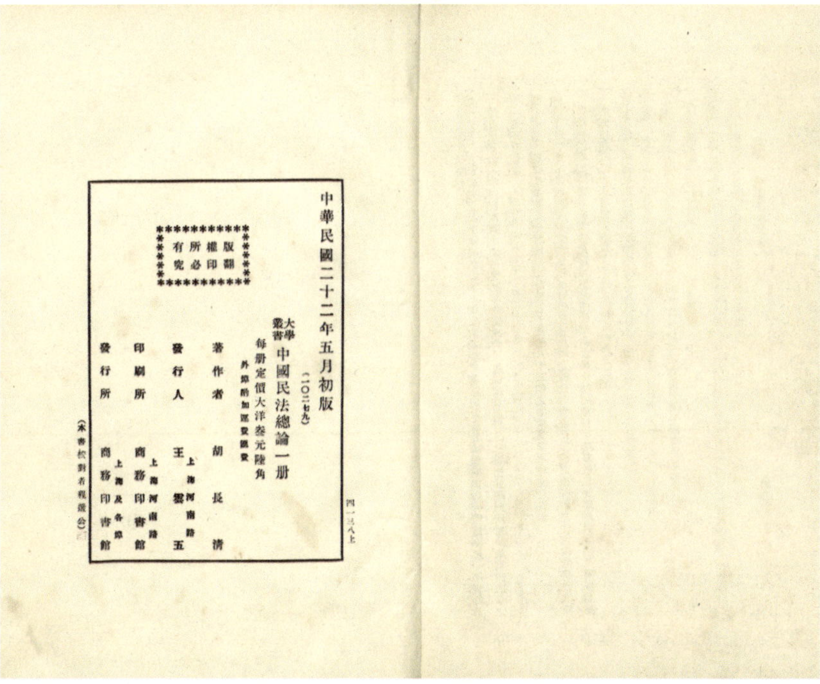

中華民國二十二年五月初版

（一〇二七九）

大學叢書　中國民法總論一冊

每冊定價大洋叁元陸角

外埠酌加運費匯費

著作者　胡長清

發行人　王雲五　上海河南路

印刷所　商務印書館　上海河南路

發行所　商務印書館　上海及各埠

（本書校對者程遐公）

四一三八上

279.143/242 契据讲话

金公亮编著。

上海：商务印书馆，1935 年版。一册，小 32 开。

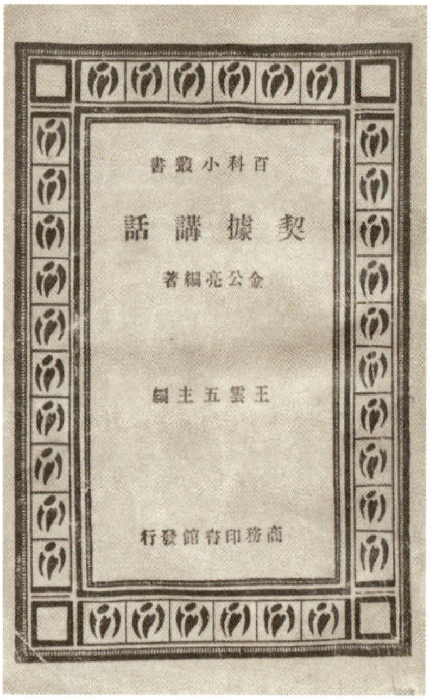

金公亮，浙江绍兴人，曾执教于浙江大学。本书为作者在浙大任教期间，为其兼职教授浙江省立高级农科中学应用文课程的教学讲稿。全书共八章，讲述契据的定义、沿革、类别、要件、结构与用语、作法、实例，以及关于契据的法规等。此书为《百科小丛书》之一种。圣约翰大学旧藏。

序

民國二十一年的夏天，我在浙江大學教書，同時在浙大代辦浙江省立高級農科中學亦兼着功課。校中規定，高中三年級必須教應用文。應用文在職業學校原亦重要；但講起來太枯燥，不容易引起學生的興趣；而且鐘點又太少，亦教不完。於是我編了一份講義，叫學生自己去看，以期節省時間，本書便是當時講稿的一種。

我教的時候，除了重要部分，諸如結構法令等，必須詳細說明外，其餘因爲已有講義，祇是大概一說就算了。一方面我教學生提出問題來討論，我另外又擬了些題目，教他們去習作：結果尙稱圓滿。

講稿原文是用文言寫的，因爲通俗起見，現在改用語體文；其中法令與實例部分，亦都就現在適用的分別加以增訂與修改了。

经济

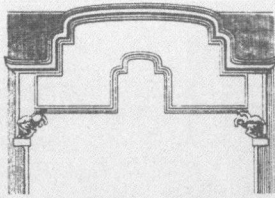

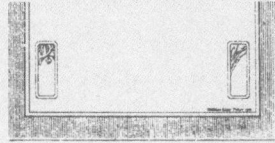

200/200.5　社会组织与社会革命

［日］河上肇著，郭沫若译。

上海：商务印书馆，1925 年 5 月初版。一册，32 开。

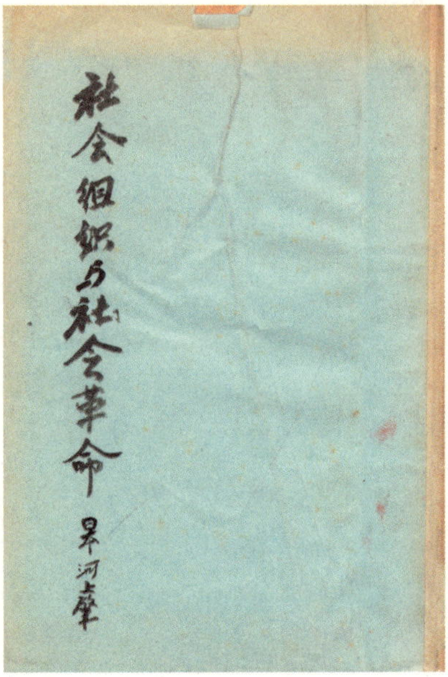

河上肇是日本经济学家、日本马克思主义研究的先驱者。本书是他的学术代表作。郭沫若在日本花了两个月时间完成了此书的翻译。此书对于郭沫若的思想转换具有重要意义。郭沫若曾自述“这书的译出在我一生中形成了一个转换时期”“我现在成了个彻底的马克思主义的信徒了！马克思主义在我们所处的这个时代是唯一的宝筏”。

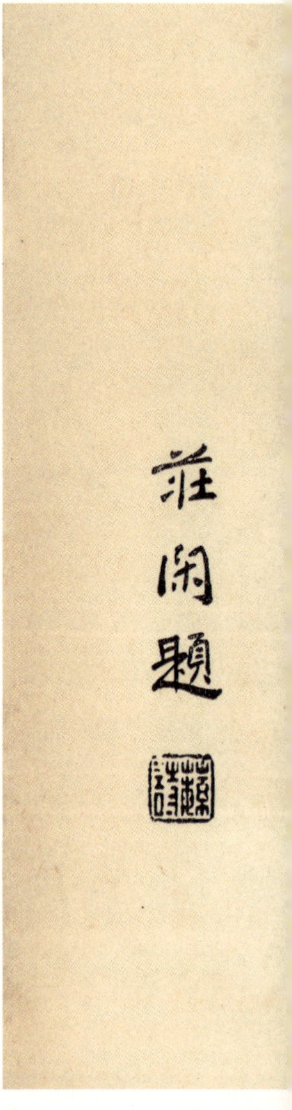

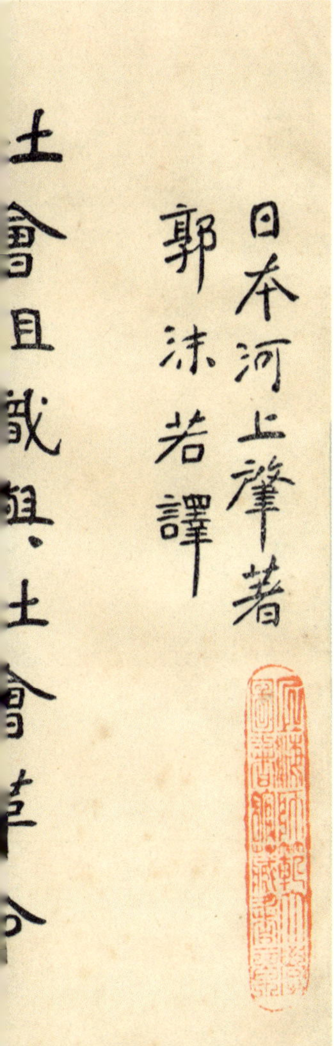

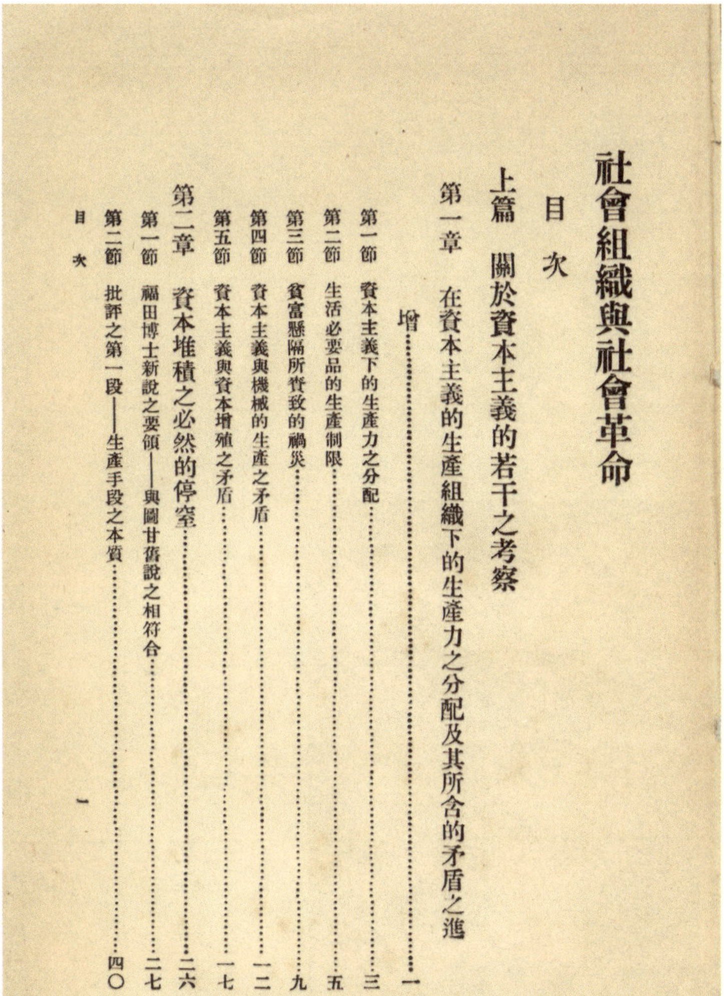

社會組織與社會革命

目次

上篇 關於資本主義的若干之考察

目次 一

250.1092/337　中国经济思想史(上卷)

唐庆增著。

上海：商务印书馆，1936年7月三版。一册，32开。

本书作者唐庆增是中国经济思想史教学和研究的著名学者。该书共十编，主要讲述了老孔之前的经济思想，儒家、道家、墨家、法家、农家及其他各家的经济思想，政治家与商人的经济思想，史书中的经济思想等。末有附录。此书被公认为1949年之前中国经济思想史研究的代表作。收入《大学丛书》。

大學叢書

中國經濟思想史

上卷

唐慶增著

商務印書館發行

大學叢書委員會

委員

丁燮林君 李聖五君 竺可楨君 唐鉞君 傅斯年君
王世杰君 李權時君 胡適君 郭任遠君 傅運森君
王雲五君 余青松君 胡庶華君 陶孟和君 鄒魯君
任鴻雋君 何炳松君 姜立夫君 陳裕光君 鄭貞文君 顏任光君
朱經農君 辛樹幟君 翁之龍君 曹惠羣君 鄭振鐸君 顏福慶君
朱家驊君 吳澤霖君 翁文灝君 張伯苓君 劉秉麟君 羅家倫君
李四光君 吳經熊君 馬君武君 梅貽琦君 劉湛恩君 顧頡剛君
李建勛君 周仁君 馬寅初君 程天放君 黎照寰君
李書華君 周昌壽君 孫貴定君 程演生君 蔡元培君
李書田君 秉志君 徐誦明君 馮友蘭君 蔣夢麟君

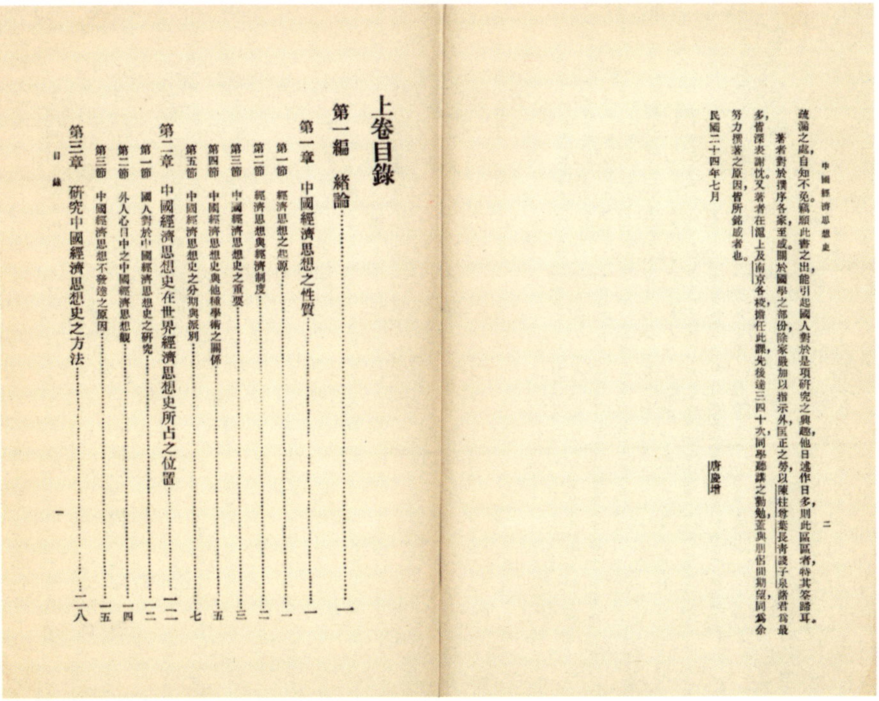
中國經濟思想史 二

疏漏之處，自知不免。竊願此書之出，能引起國人對於是項研究之興趣，他日述作日多，則此區區者，特其笨踏耳。

著者對於撰序各家，至感。關於國學之部份，除家嚴加以指示外，匡正之勞，以陳柱尊葉長青談子泉諸君爲最多，皆深表謝忱。又著者在滬上及南京各校擔任此課，先後達三四十次，同學聽講之勤勉，蓋與朋侶期望，同爲余努力撰著之原因，皆所銘感者也。

民國二十四年七月 唐慶增

上卷目錄

目錄 一

257.09/98　中国经济史纲

朱伯康、祝慈寿著。
上海：商务印书馆，1946年11月初版。一册，32开。

本书作者朱伯康为近现代经济史学家、经济史学科的创建人之一，祝慈寿为经济学研究者。全书正文共四编，主要论述了上古经济、中古经济、近代经济的发展历程和面貌。此书收入《国立中央大学经济学会丛书》。

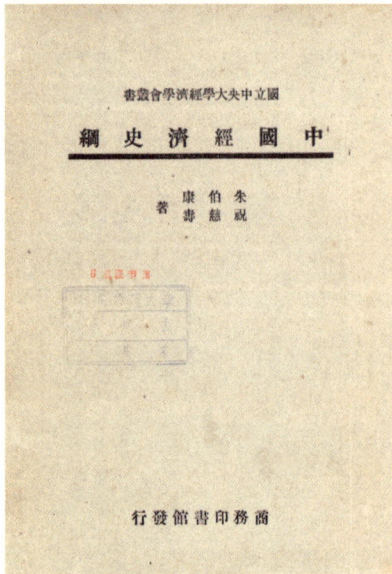

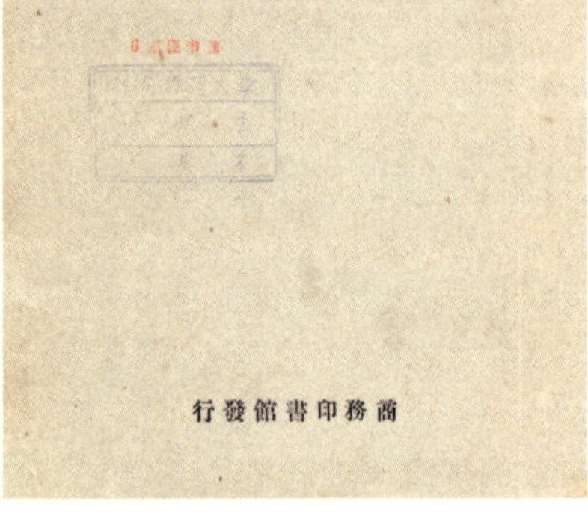

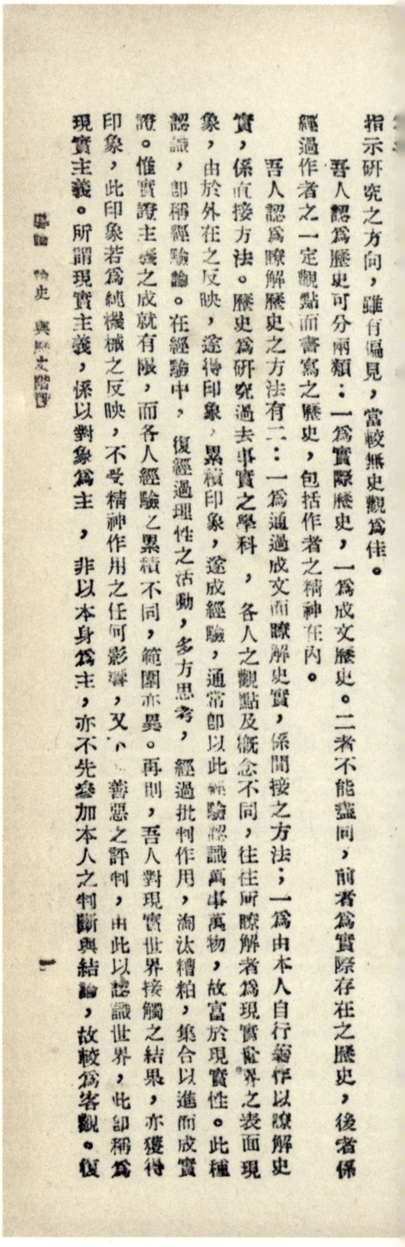
指示研究之方向，雖有偏見，當較無史觀爲佳。

吾人認爲歷史可分兩類：一爲實際歷史，一爲成文歷史。二者不能盡同，前者爲實際存在之歷史，後者係經過作者之一定觀點而書寫之歷史，包括作者之精神在內。

吾人認爲瞭解歷史之方法有二：一爲通過成文而瞭解史實，係間接之方法；一爲由本人自行著作以瞭解史實，係直接方法。歷史爲研究過去事實之學科，各人之觀點及概念不同，往往所瞭解者爲現實世界之表面現象，由於外在之反映，遂得印象，累積印象，遂成經驗，通常卽以此經驗認識萬事萬物，故富於現實性。此種認識，卽稱經驗論。在經驗中，復經過理性之活動，多方思考，經過批判作用，淘汰糟粕，集合以進而成實證。惟實證主義之成就有限，而各人經驗之累積不同，範圍亦異。再則，吾人對現實世界接觸之結果，亦獲得印象，此印象若爲純機械之反映，不受精神作用之任何影響，又，善惡之評判，由此以認識世界，此卽稱爲現實主義。所謂現實主義，係以對象爲主，非以本身爲主，亦不先參加本人之判斷與結論，故較爲客觀。復

導論　歷史與歷史哲學

一

中國經濟史綱

導論　論史觀與歷史階段

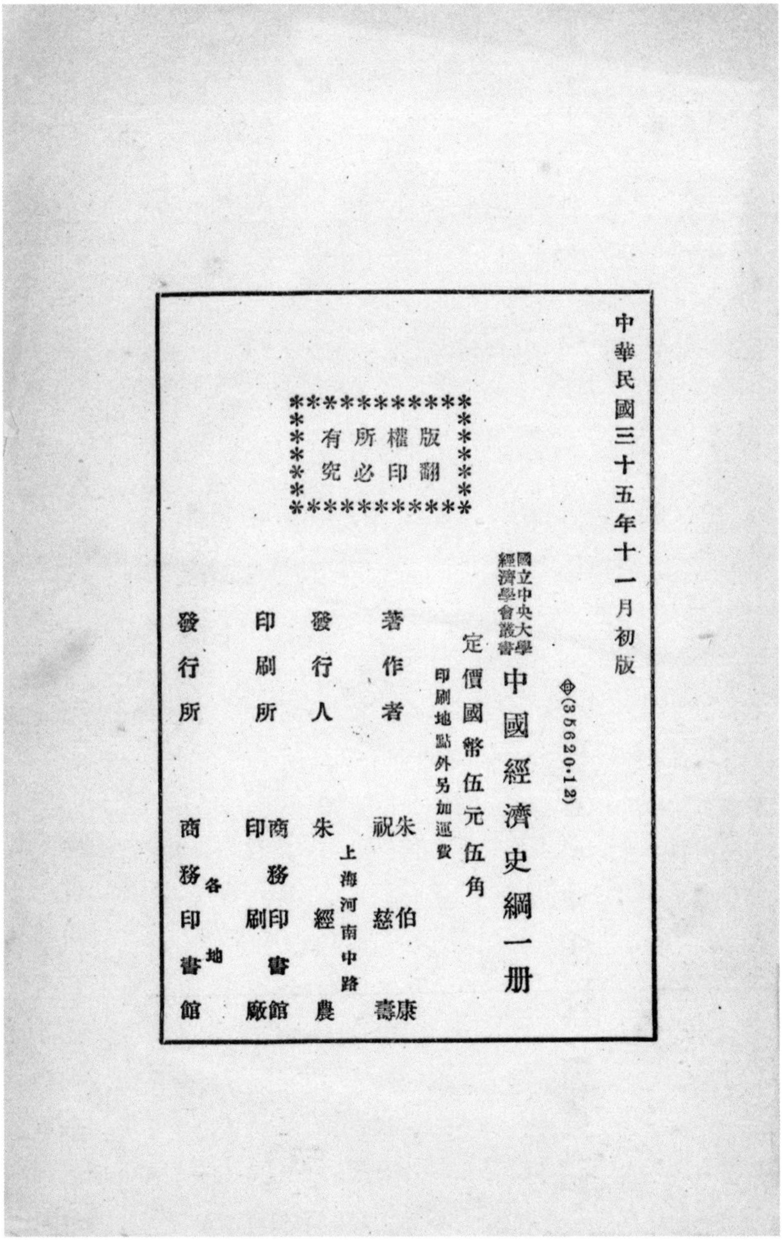

中華民國三十五年十一月初版

㊥(35620·12)

國立中央大學經濟學會叢書　中國經濟史綱一冊

定價國幣伍元伍角

印刷地點外另加運費

版權所有　翻印必究

著作者　朱伯康　祝慈壽

發行人　朱經農

印刷所　商務印書館印刷廠　上海河南中路

發行所　商務印書館　各地

257.098/39.1　十年来之中国经济建设

中央党部国民经济计划委员会主编。

南京：南京扶轮日报社，1937 年 2 月初版。一册，8 开。

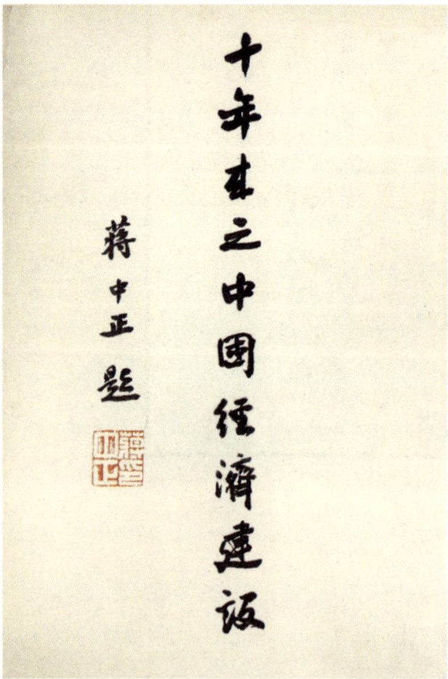

本书为十年（1927—1936）经济建设成就之汇总，上篇六章，包括铁道、实业、交通、财政、水利、公路、蚕棉、电力、煤矿等内容；下篇二十二章，分省、市（南京、上海）辑录经济建设情况。书前有孙中山遗像、蒋介石像，并有林森、孙科、蒋中正、于右任、孔祥熙、蔡元培、陈果夫等十五人题词。大夏大学图书馆旧藏。

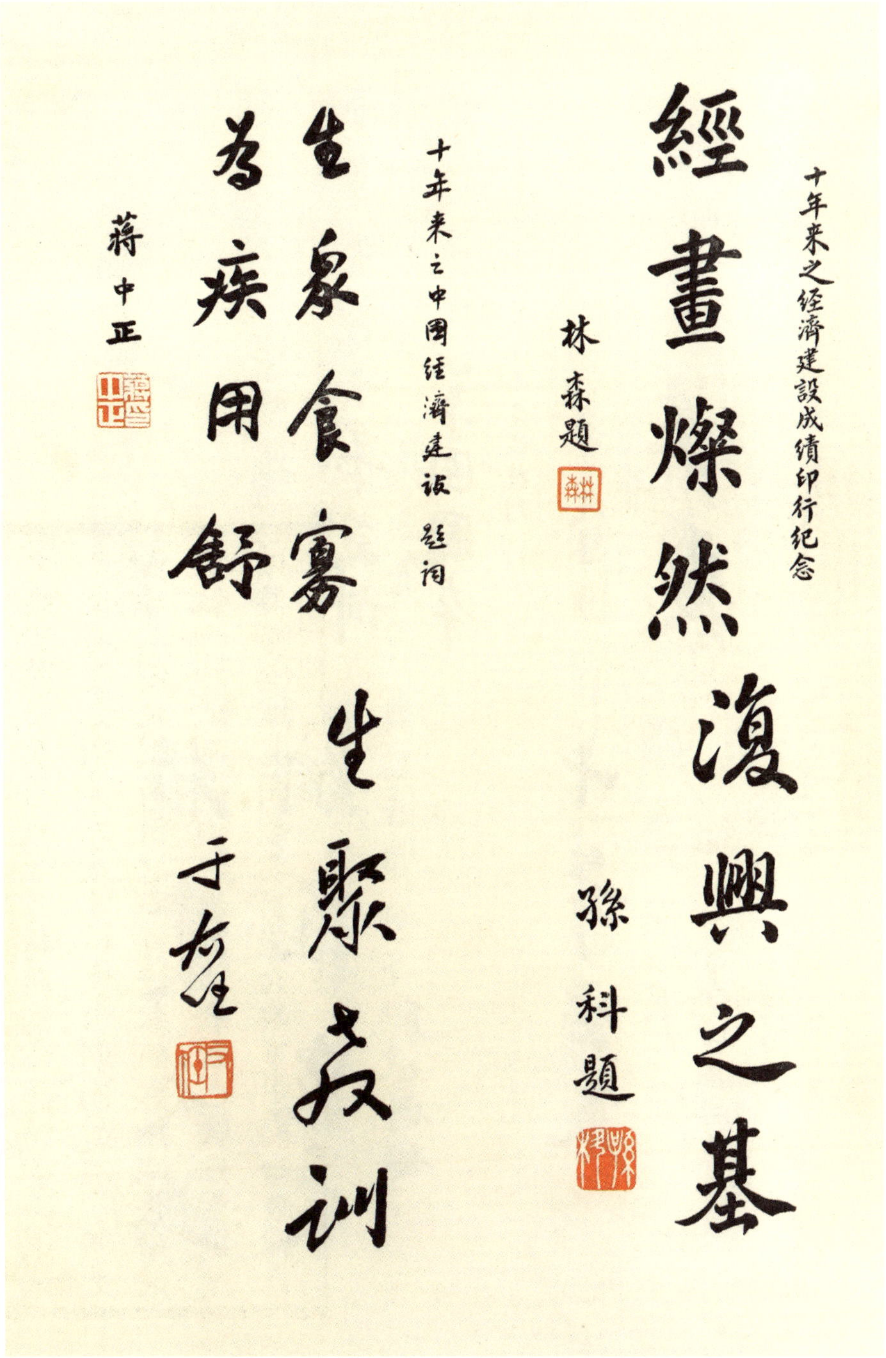

十年来之经济建设成绩印行纪念

經畫燦然

林森題

復興之基

孫科題

十年来之中国经济建设 题词

生衆食寡

為疾用舒

蔣中正

生聚教訓

于右任

K87.58–11/8.831　清盐法志 三百卷

盐务署纂。

1920 年北京盐务署铅印本。黑口，四周单边。线装六十五册。

开本 28.0cm × 16.3cm，版框 18.7cm × 13.5cm。

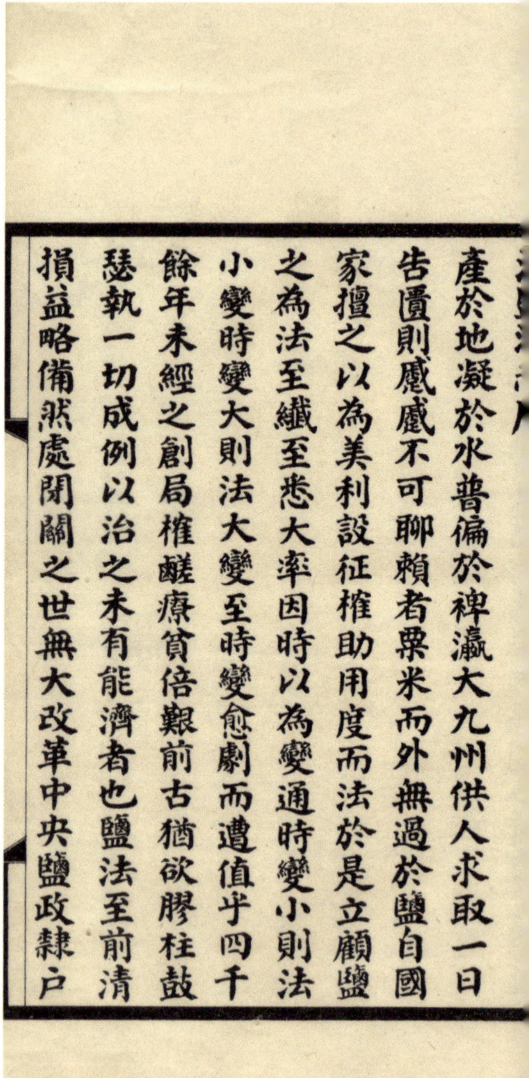
產於地凝於水普徧於裨瀛大九州供人求取一日告匱則慼慼不可聊賴者粟米而外無過於鹽自國家擅之以為美利設征榷助用度而法於是立顧鹽之為法至纖至悉大率因時以為變通時變小則法小變時變大則法大變至時變愈劇而遭值半四千餘年未經之創局榷鹺療貧倍艱前古猶欲膠柱鼓瑟執一切成例以治之未有能濟者也鹽法至前清損益略備然處閉關之世無大改革中央鹽政隸户

内容分通例、长芦、东三省、山东、河东、陕甘、两淮、两浙、福建、两广、四川、云南、援证十三编。其中通例编分场产、运销、征榷、缉私、职官、经费、建置、杂记共八门。分省则以编年纪事，上起顺治，下讫宣统，有清三百年盐法之兴革损益汇于一书，可谓卷帙浩繁，为后世研究清代盐业经济状况提供了丰富的资料。

中華民國九年
鹽務署印行

清鹽法志卷一　　通例一

場產門

場竈

洪範有言水曰潤下潤下作鹹中國東瀕大海斥鹵甚廣袤海之利溥矣黃河之曲瀦爲鹽澤江流濫觴亦有鹵源於是有池鹽有井鹽誠哉地不愛寶也治鹽之區瀕海皆曰場池鹽亦有以場名者獨滇蜀則以井著其治鹽或以煎或以曬而煎曬丁戶統稱爲竈從其朔也志場竈

凡直省沿海及有池井之地聽民闢地爲場置竈開畦爲鹽而授之商或官出帑收鹽授之商而行之以鹽課大使掌其場之政令與場地之徵收治其交易審其權衡而平準之日稽

749/332　中国手工业概论

高叔康著。

上海：商务印书馆，1946年12月版。一册，32开。

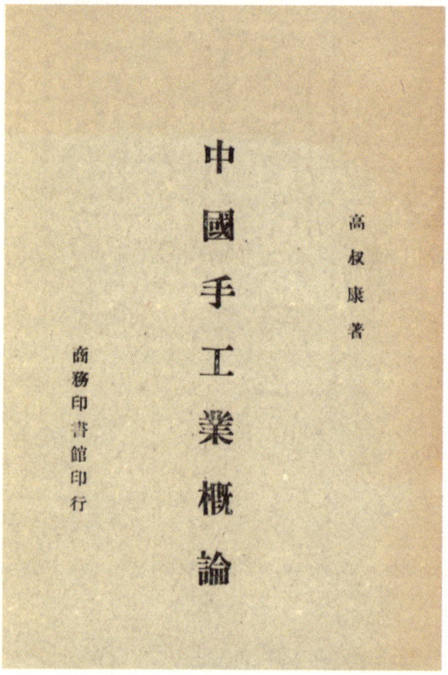

高叔康，曾留学日本，后任民国政府经济部参事、工商部参事。本书是对近代手工业的初步综合性考察。全书共十章，分别从什么是手工业、中国各地特种手工业概况、手工业在国民经济上的地位、改良手工业的方法等方面入手，探讨手工业改良与中国工业化问题的解决途径。

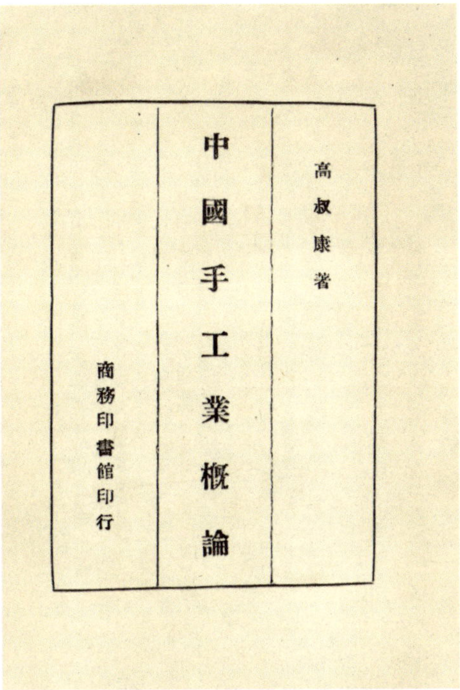

高叔康 著

中國手工業概論

商務印書館印行

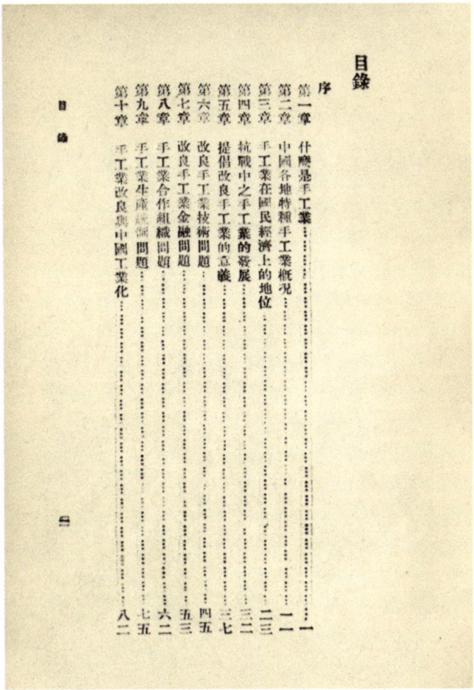

目錄

目錄

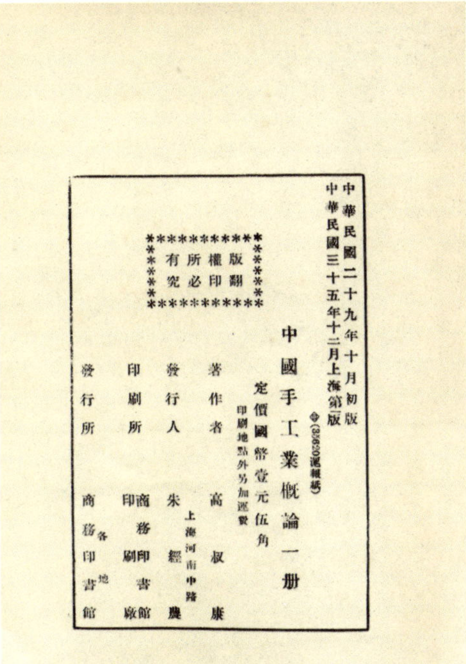

中華民國二十九年十月初版

中華民國三十五年十二月上海第二版

(35620滬輔紙)

中國手工業概論一冊

定價國幣壹元伍角

印刷地點外另加運費

著作者 高叔康

發行人 朱經農 上海河南中路

印刷所 商務印書館印刷廠

發行所 商務印書館 各地

255.2221/12.1　上海之工业

上海特别市社会局编。

上海：中华书局，1930 年初版。一册，大 32 开。

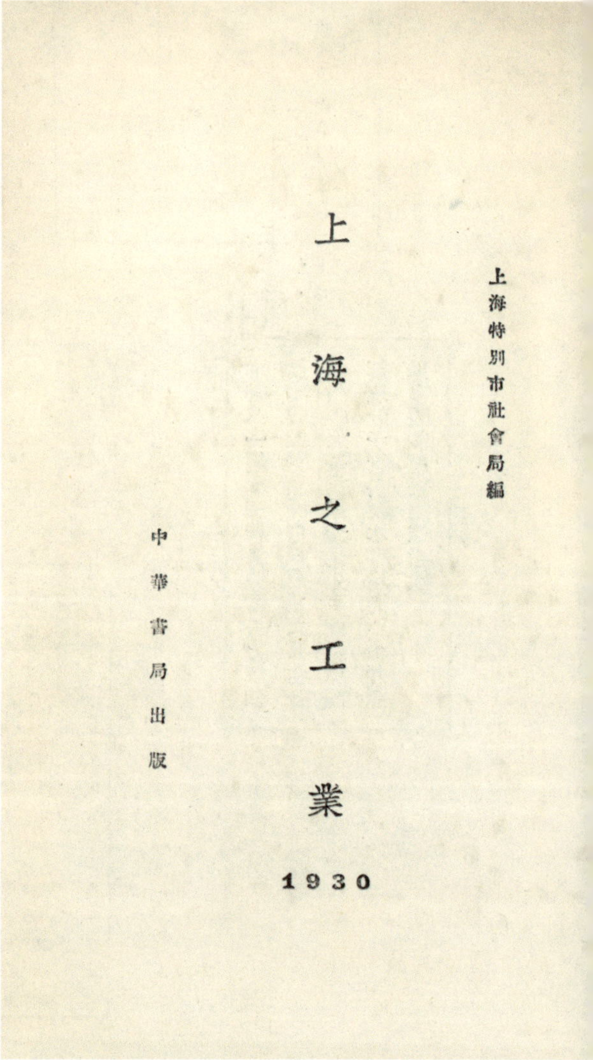

上海是东方枢纽，中国第一巨埠，社会局将上海工业的调查状况编印成册，为全国民族工业经济的发展作参照。书分两编：各业之历史与现状、各业之发展计划，前有孔祥熙、薛笃弼、张定璠、张群、荣宗敬、潘公展、吴桓如序，有大量图表。收入《民国史料丛刊续编》。

本書第一編承王桂林顧馨一方液仙周琦繆鍾秀蔡聲白郁厚培黃裕生王叔愚張天榮胡國光諸先生或嘉惠鴻篇或分予資料使本書增光不少拜惠殊多爰綴數語用誌謝忱

張序

自機械發明，而後有工業革命；自工業革命，而後有萬國通商，迄乎今日，先進國工業進步，已有一日千里之勢。政治家窺人國運之隆替，恆以工業之盛衰爲衡，未有工業振興而商業萎靡者也，亦未有商業萎靡而國家富强者也。上海特別市居民達二百七十餘萬，爲我國商業最盛之地，亦爲世界六大都市之一，工商事業宜其蒸蒸日上。顧往昔軍閥時代，國家設官行政，對於根本事業之工商，若越人視秦人之肥瘠，漠然不加痛癢於其心，以故上海工廠之分佈何若，分類何若，其過去及現在狀況又何若，從未聞有規劃研究，調查統計，編纂成帙，以資檢討。私家論著，間或及此，則又往往語焉而不詳，述焉而不精，無足取焉。是以上海工業之狀況，其幽邃昏秘，猶如地球之有南北兩極，非經探發，末由表襮。縱有企業家於此挾雄厚之資本，抱遠大之計劃，志在提倡國貨，創設公司，而以不審上海工業之底蘊，惟有望洋興嘆，知難而退之耳。謂非國貨發展之絕大障礙歟？自國民革命軍收復上海，施行市政，與民更始。潘公展同志先後長農工商社會兩局，銳意圖治，革故舉廢，而尤注意於工商業，舉行工業調查，既竣，整理資料，編製統計圖表，並附發展計畫，成上海之工業一書，俾上海之實業家，得所借鏡，益致力於企業之增進。書成，適余奉命來滬，社會局請序於余，揆其獎掖工商，鼓勵實業之意，未始非中華國貨事業之一助。上海綰轂江海，輪軌輻輳，人才薈萃，資金集中，誠得上下一致

255.207/538.5　顺昌机制石粉厂十周纪念刊

顺昌机制石粉厂编。

上海：顺昌机制石粉厂，1935 年 10 月初版。一册，32 开。

上海顺昌机制石粉厂建于 1924 年，十年间进步巨大，发展迅速，该纪念刊前有林森、蒋介石、汪精卫、孙科、于右任、孔祥熙、蔡元培、陈公博、邵力子等人题词，主要内容为该厂影像、交通、出品说明，以及石粉制造法等。卷末附录：邮资简表、印花税率简表、权度比较表和电报速译表等。封面由蔡元培题签。

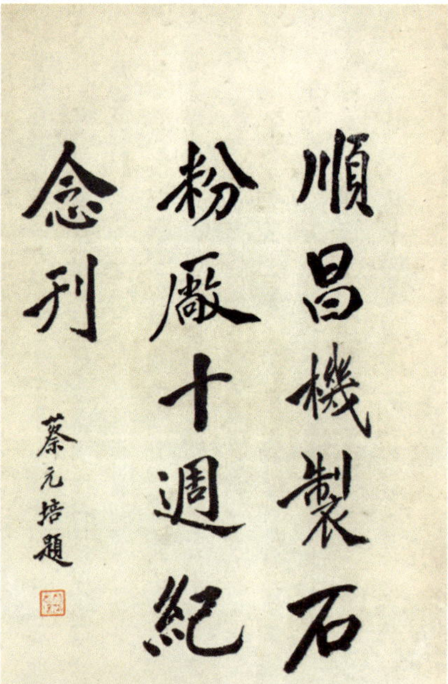

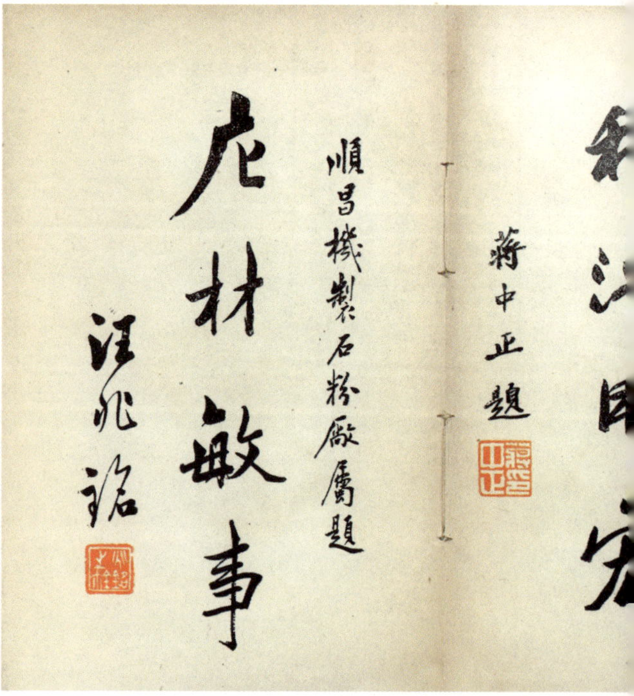

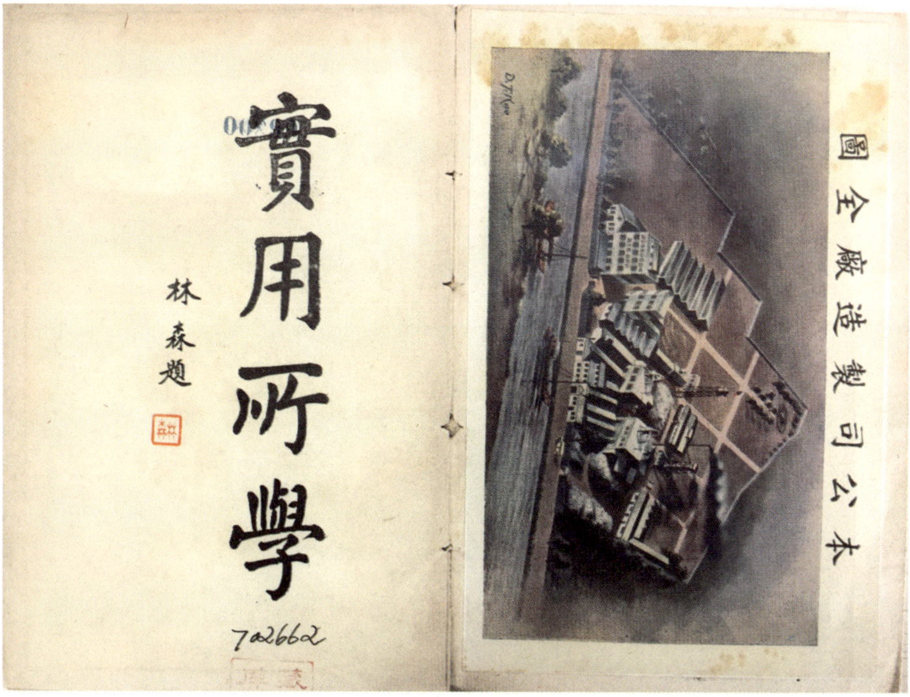

實用所學
林森題
702662
本公司製造廠全圖

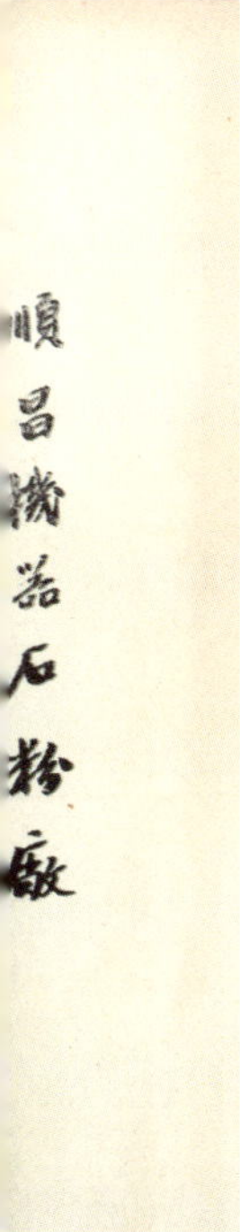

順昌機器石粉廠

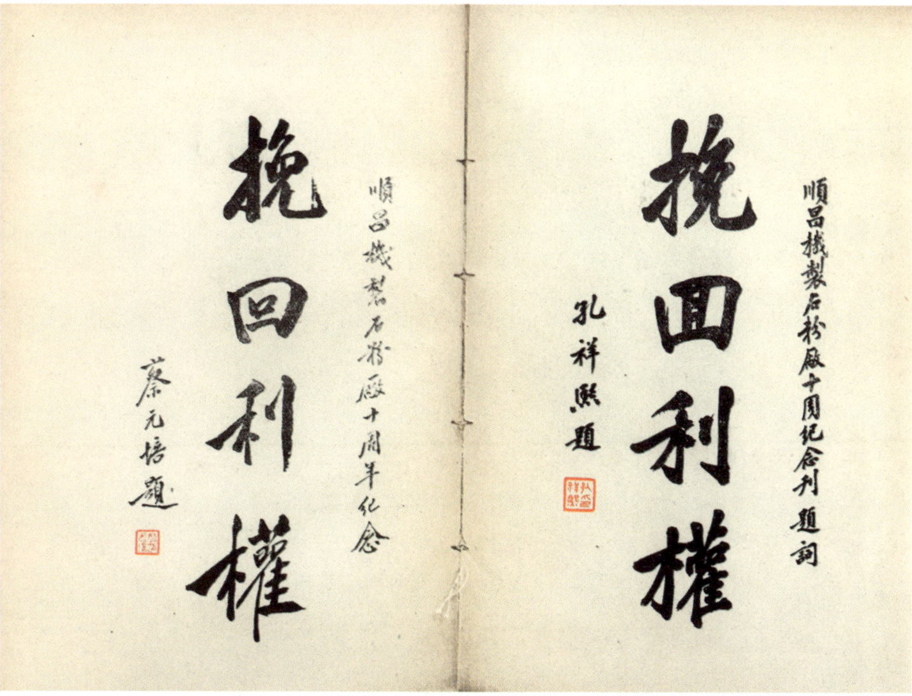

順昌機製石粉廠十周紀念刊題詞
挽回利權
孔祥熙題
順昌機製石粉廠十周年紀念
挽回利權
蔡元培題

251.35/705　中国物价发展史

钱健夫著。

上海：名山书局，1949 年 1 月初版。一册，32 开。

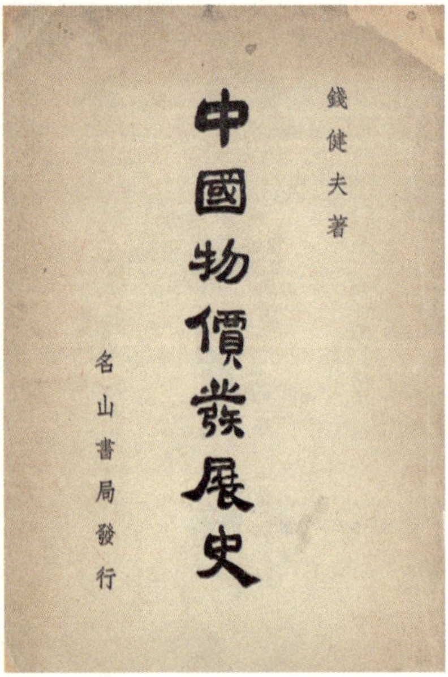

本书作者钱健夫为民国经济学界学人。全书共六篇，总计二十二章，论述了先秦、两汉、三国、南北朝、隋唐、五季等历史时段的物价发展历史。此书是中国物价研究史的开山之作。

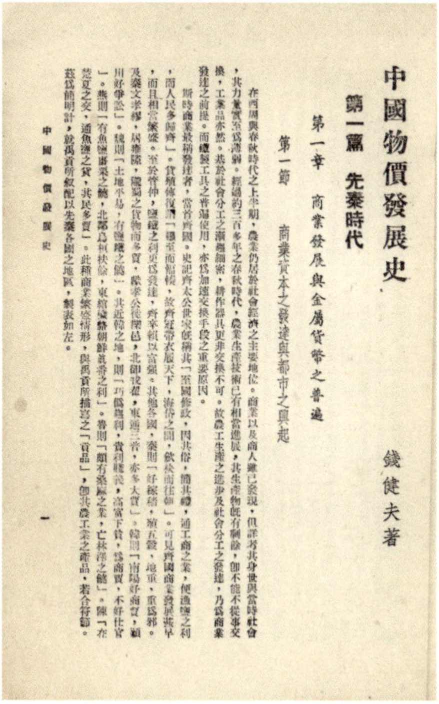

中國物價發展史

錢健夫著

第一篇　先秦時代

第一章　商業發展與金屬貨幣之普遍

第一節　商業資本之發達與都市之興起

在西周與春秋時代之上半期，農業仍居於社會經濟之主要地位。商業以及商人雖已發現，但詳考其身世與當時社會，其力量實至爲薄弱。經過約三百多年之春秋時代，農業生產技術已有相當進展，其生產物既有剩餘，卽不能不從事交換，工業品亦然。其於社會分工之漸趨細密，耕作器具更非交換不可。故農工生產之進步及社會分工之發達，乃爲商業發達之前提。而鐵製工具之普遍使用，亦爲加速交換手段之重要原因。

斯時商業最稱發達者，當首齊國。史記齊太公世家旣稱其「至國修政，因其俗，簡其禮，通工商之業，便魚鹽之利，而人民多歸齊」。貨殖傳復謂「繈至而輻輳，故齊冠帶衣履天下，海岱之間，斂袂而往朝」。可見齊國商業發展甚早，而且相當繁盛。至於管仲，鹽鐵之利更爲發達，齊卒賴以富强。其他各國，秦則「好稼穡，殖五穀，地重，重爲邪。及秦文孝繆，居雍隙，隴蜀之貨物而多賈，獻孝公徙櫟邑，北卻戎翟，東通三晉，亦多大賈」。韓則「南陽好商賈，潁川好爭訟」。魏則「土地平易，有鹽鐵之饒」。其近韓之地，則「巧僞趨利，貴利賤義，高富下貧，爲商賈，不好仕宦」。燕則「有魚鹽棗栗之饒，北鄰烏桓扶餘，東綰穢貉朝鮮眞番之利」。魯則「頗有桑麻之業，亡林澤之饒」。陳「在楚夏之交，通魚鹽之貨，其民多賈」。此種商業繁盛情形，與禹貢所描寫之「貢品」，卽其農工業之產品，若合符節。茲爲簡明計，就禹貢所叙配以先秦各國之地區，製表如左。

中國物價發展史　一

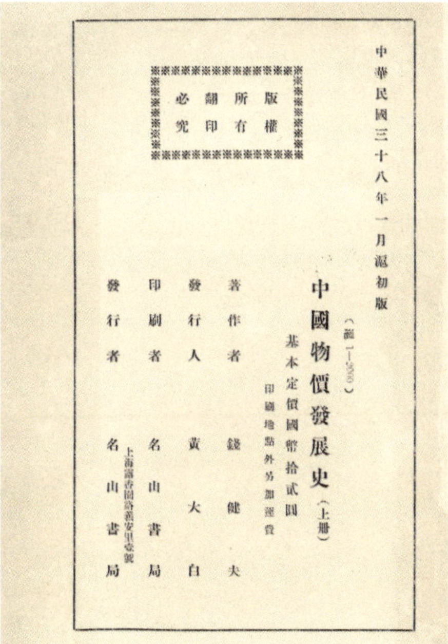

中華民國三十八年一月滬初版

版權所有　翻印必究

中國物價發展史（上冊）

（滬1—2000）

基本定價國幣拾貳圓

印刷地點外另加運費

著作者　錢健夫

發行人　黃大白

印刷者　名山書局

發行者　名山書局

上海壽春園路義安里壹號

256.9/764.5　国际贸易

［英］卫尔著，张伯箴译。

上海：商务印书馆，1947 年 3 月再版。一册，32 开。

本书作者卫尔为英国经济学家。译者张伯箴为教育家、经济学学者。全书共八章，概述国际贸易的基本原理，着重分析国际贸易中的特殊问题，如国际支付、国际分工、国际间通商的政策、关税壁垒及国际贸易的前途等。该书为民国年间经济学汉译的重要作品。收入《社会科学小丛书》。

譯者引言

此書爲英國國際貿易專門學者 Barrett Whale 的近著，初版係於一九三二年出世，內容非一般僅述國際貿易初步原理的著作可比，該書除扼要的敍述基本原理外，特別注重目前國際貿易中許多特殊問題，如：關稅戰爭與關稅壁壘的形成，保護政策的作用與弊害，金本位國家對外貿易的統制法，非金本位國家對外貿易的統制法，不利均衡的補救，外國傾銷政策的防止，通貨貶價對國外貿易的影響，通商條約中最惠國條款的利弊，以及落後農業國家對外貿易的弱點與補救等，無不剖析精當。最後則殿以對此大恐慌時期國際貿易的預測。當此中國國外貿易問題正爲人們所深切注意時，譯者於課餘之暇譯成此書，或者不無多少貢獻罷。

一九三四年八月於上海

譯者引言　一

國際貿易

緒論

最近一世紀中，運輸與交通的進步，大規模生產技術的改良，和投資與管理劃分的股份公司的發達，已使國際貿易與國際投資愈形重要，而世界各地的經濟關係，亦因之更加密切。經濟學者常歡迎這樣的世界經濟發展，以爲這個現象，是都市經濟或地方經濟取獨立家庭經濟而代與，和國家經濟又取都市經濟或地方經濟而代與的歷程中一個當然成果。他們常重視國際貿易的利益，與那一班贊成國家自給的人們的主張相對抗。但同時，從經濟的觀點看來，各國疆界的劃分，多少總難免出於武斷，所以在某些交易與關係的國際性質中，這種界線對於經濟學說，是不能提供一種特殊意義的。然則，有什麼必要，使我們撇開一般的貿易而來研究國際貿易呢？

緒論　一

252.234/535 烟酒税史

程叔度、秦景阜编纂。

上海：大东书局，1929 年 11—12 月版。两册，16 开。

本书共十章，包括沿革、区域、税制、公卖费、烟酒税、牌照税、卷烟税、洋酒类税、收支概况、整理概况，详细叙述了烟酒费税历史及其现行征收状况，对章制变迁、税率增减、收支盈绌详述原委，对了解民国时期烟酒税史大有裨益。

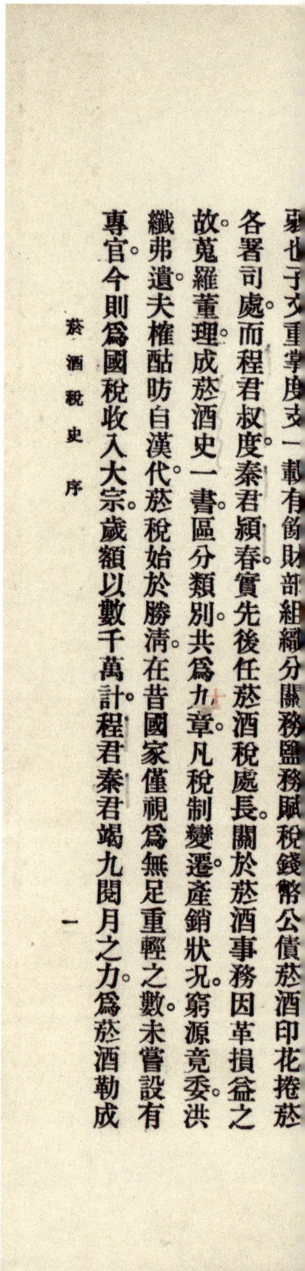

也子文重掌度支一載有餘財部組織分關務鹽務賦稅錢幣公債菸酒印花捲菸各署司處。而程君叔度。秦君潁春。實先後任菸酒稅處長。關於菸酒事務因革損益之故。蒐羅董理。成菸酒史一書。區分類別。共為九章。凡稅制變遷。產銷狀況。窮源竟委。洪纖弗遺。夫榷酤昉自漢代。菸稅始於勝清。在昔國家僅視為無足重輕之數。未嘗設有專官。今則為國稅收入大宗。歲額以數千萬計。程君秦君竭九閱月之力。為菸酒勒成

菸酒稅史　序　一

菸酒稅史 卷一

第一章 沿革

第一節 菸酒稅之緣起

菸酒。奢侈品也。東西各國。有專賣者。有徵稅者。徵稅之國。稅率有重至百分之四百八十及百分之三百三十五者。有照原價徵至三倍者。專賣之國。則價由政府裁定。視經濟之盈虛。時爲高下。制度不同。特爲收入大宗則無或差異。蓋物質文明。庶政畢舉。國用增高。繼長不能不取給於民。任理財者。權衡輕重。與其於日用必需之物。錙銖相較。不如於無關生活之嗜好所需。重其義務。爲得均貧富之擔負也。

我國酒稅。自漢榷酤。代有因革。徵之通攷。編志綦詳。菸草發明較晚。淡巴菰之名。雖著載籍。而菸稅始於清初。並志菸酒。斷自清始。

順治康熙年間。頗重民食。製酒營業。禁例極嚴。商人奸利。往往假借養票。託名腐朽。納幾徵之票課。爲無限制之私燒。

燒鍋部課。缸房部課。起於乾隆年間。由商人赴部領照。下之州縣。歲徵其課。上之藩司。彙於戶部。課額關外小燒。歲徵庫平四百兩。等而上之。以二百兩爲一級。大燒有徵至千兩者。關內小燒。歲徵三十六兩。等而上之。爲四十二兩。缸房發酵以缸。出酒之多寡。以缸計之。燒鍋以池發酵。計課之法。則舍缸舍

菸酒稅史 卷首

菸酒稅史序

古者分土治民。必周知其夫家田畝六畜器械之數。蓋未有不知其數。而能制其貧富者也。是以漢高入關。蕭何收秦圖籍。周知四方盈虛強弱之實。漢祖賴之以定天下。唐代簿錄。元和國計。巨細無所不具。宋因之爲景德皇祐治平熙甯四書。網羅一時出內之計。其後有元祐會計錄。大綱凡五。曰收支民賦課入儲運經費。視昔人所作。又加詳

[illegible]

新闻传播

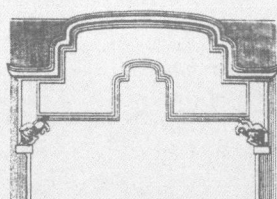

244/34B 新闻学撮要

戈公振编。

上海：商务印书馆，1929 年 2 月再版。一册，32 开。

戈公振，中国近现代新闻学家。他活跃于新闻界，曾任《时报》编辑，在国民大学讲授新闻学，组织上海报学社编著《中国报学史》。《新闻学撮要》图文并茂，有梁启超作序。

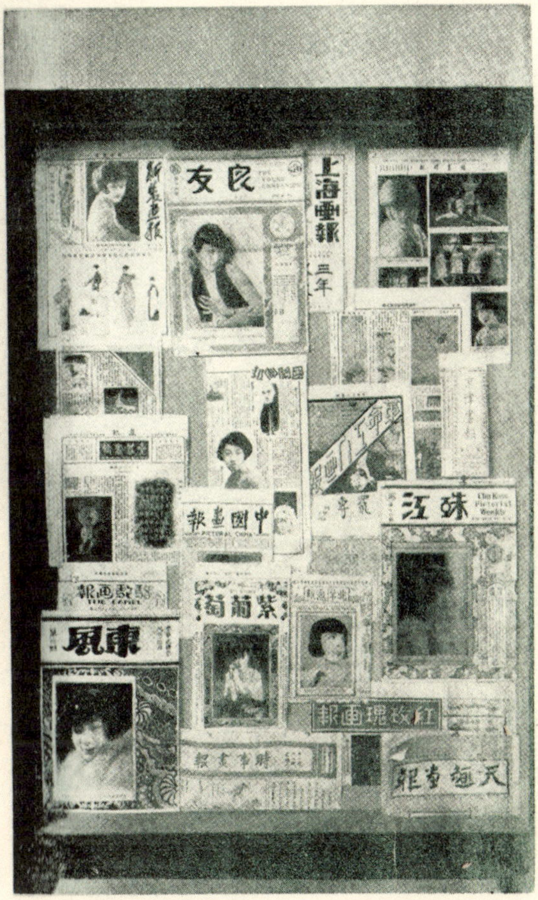

科恩世界報紙博覽會中之中國各種畫報

244.52/598　中国近代之报业

赵君豪著。

瞿绍伊发行，1938 年 9 月初版。一册，32 开。

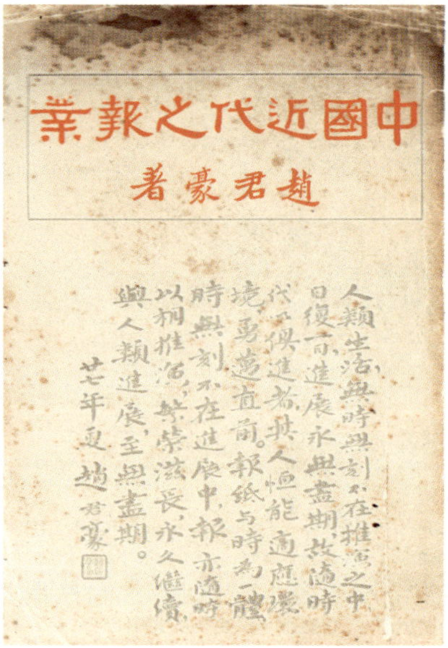

赵君豪，新闻学家，《申报》副总编辑。此书记述近代报纸的概况、内容，以及编辑改进、新闻采访、战时采访、通讯社发展、新闻广播等内容，文字翔实，配图精美。

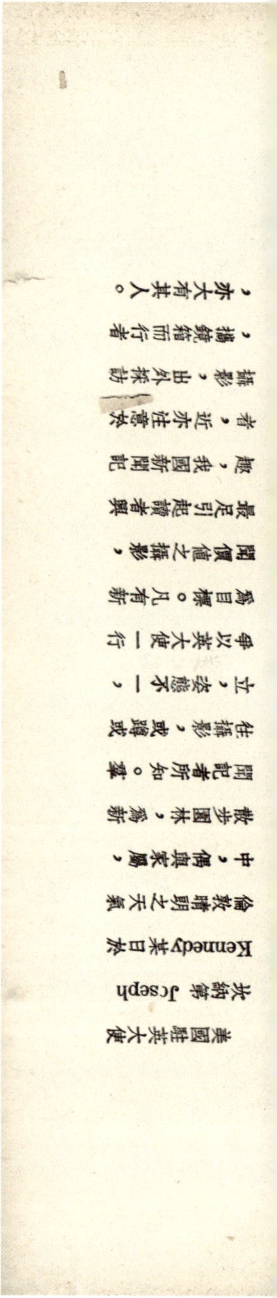

美國駐英大使坎納第 Joseph Kennedy某日於倫敦晴朗之天氣中，偶與家屬，散步園林，爲新聞記者所知。羣往攝影，或蹲或立，姿態不一，爭以英大使一行爲目標。凡有新聞價值之攝影，最足引起讀者興趣，我國新聞記者，近亦注意於攝影，出外採訪，攜鏡箱而行者，亦大有其人。

新聞記者之攝影熱.

從容不迫
行李託中國旅行社代運可免一切麻煩
大批行李束手無策悔不委託中國旅行社代辦.
中國旅行社
分支社所遍設全國

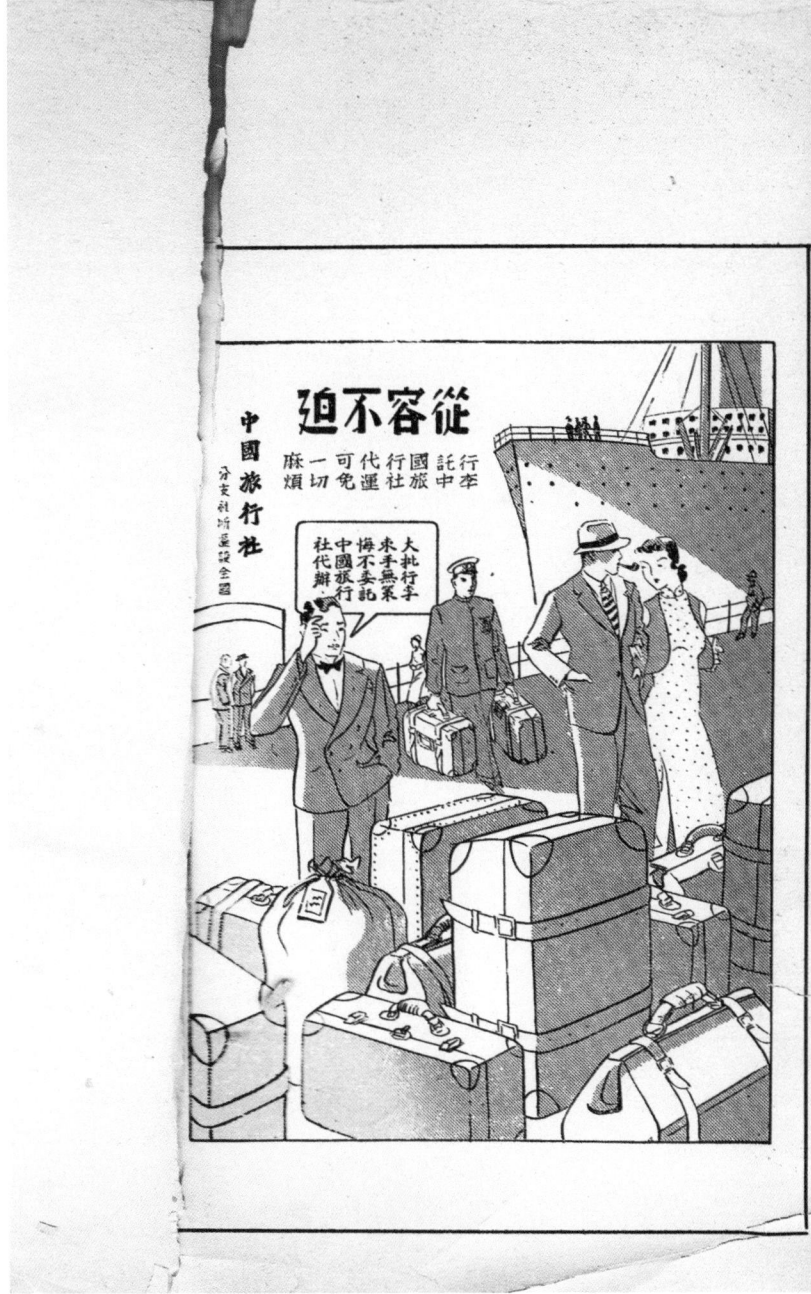

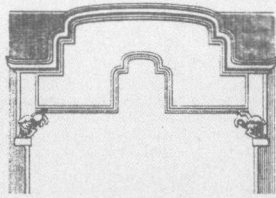

图书馆、文献学及博物馆

242/148A　图书馆

杜定友著。

上海：商务印书馆，1940 年 2 月初版。一册，小 32 开。

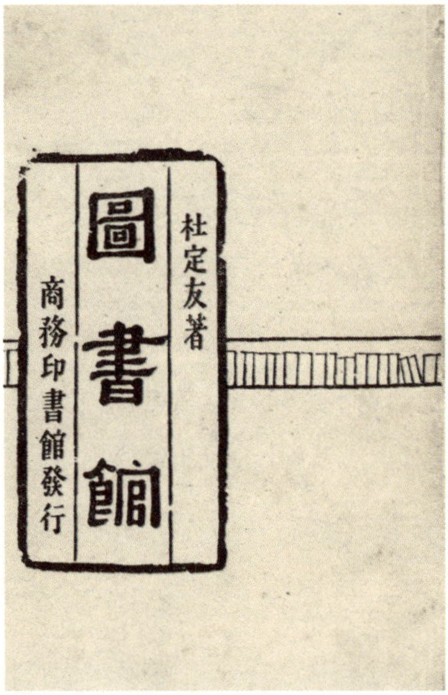

杜定友，中国近现代图书馆事业和近现代图书馆学的奠基人之一。本书为开办小型图书馆的指导用书，提倡通过开办小规模图书馆发挥图书馆普及社会教育的功能。全书共八章，图文并茂，介绍了图书馆的组织、图书、分类、编目、典藏、阅览、流通等知识。

中華民國二十九年二月初版

(06584·3)

㊉圖書館一册

每册實價國幣貳角

外埠酌加運費匯費

著作者 杜定友

發行人 王雲五 長沙南正路

印刷所 商務印書館

發行所 商務印書館 各埠

(本書校對者潘同曾)

✤H五一六

嘉

242/148C　图书馆学概论

杜定友著。

上海：商务印书馆，1927年10月初版。一册，40开。

杜定友，中国近现代图书馆事业和近现代图书馆学的奠基人之一。全书共四十章，主要介绍图书馆的各项具体工作和各类型图书馆事业。书中明确提出图书馆有积极保存、科学处理和活用益人等功能，并创造性地将图书馆的发展划分为保守、被动、自动三个时期。此书为《百科小丛书》第十三辑第一百五十四种。

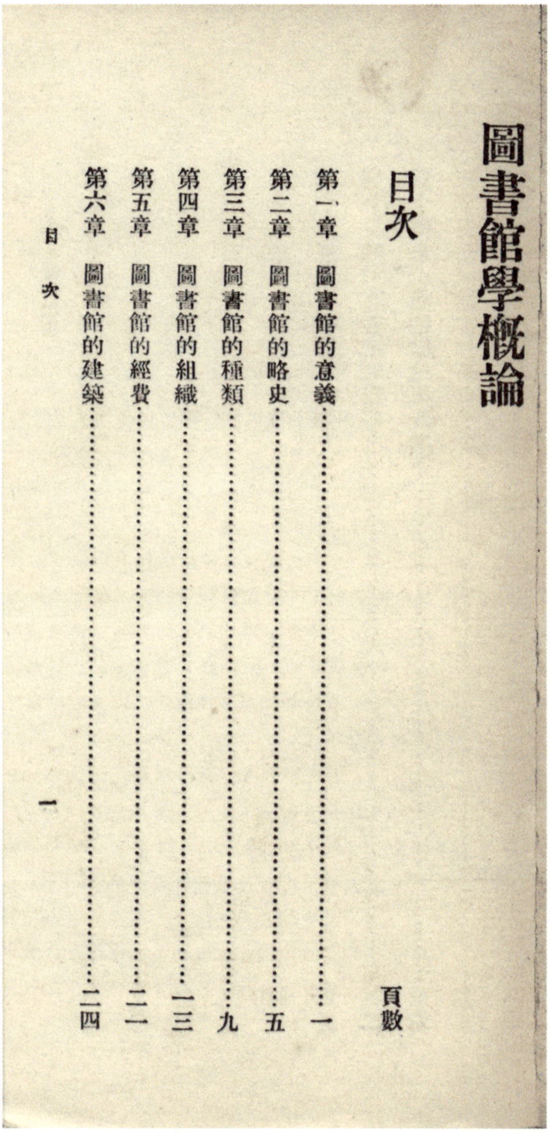

圖書館學概論

目次

目次　一

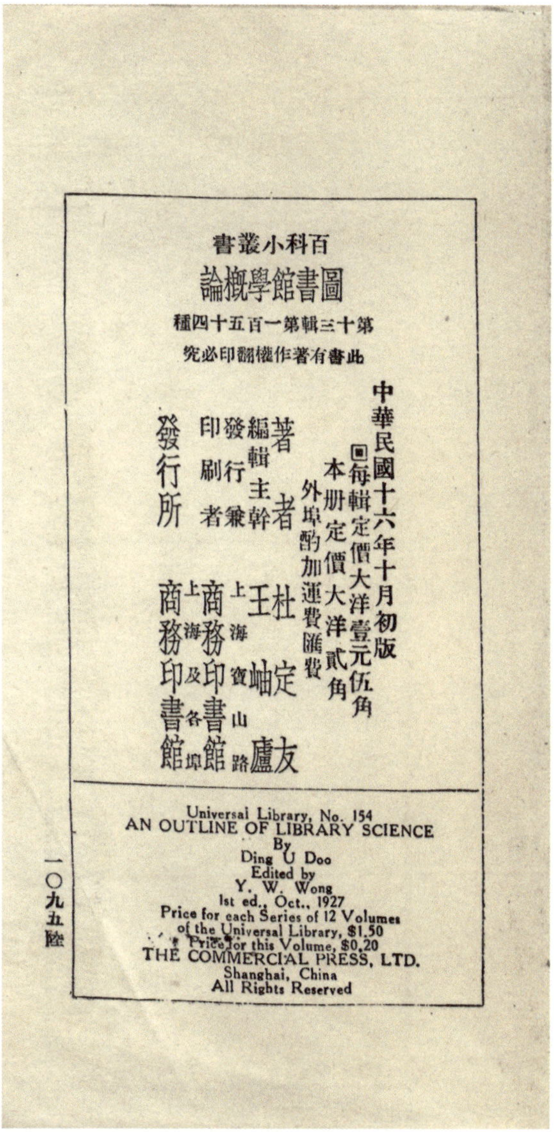

百科小叢書
圖書館學概論
第十三輯第一百五十四種

中華民國十六年十月初版
每輯定價大洋壹元伍角
本册定價大洋貳角
外埠酌加運費匯費

著　者　杜定友
編輯主幹　王岫廬
發行兼印刷者　上海寶山路 商務印書館
發行所　上海及各埠 商務印書館

Universal Library, No. 154
AN OUTLINE OF LIBRARY SCIENCE
By
Ding U Doo
Edited by
Y. W. Wong
1st ed., Oct., 1927
Price for each Series of 12 Volumes of the Universal Library, $1.50
Price for this Volume, $0.20
THE COMMERCIAL PRESS, LTD.
Shanghai, China

一〇九五陸

242.1/352　现代图书馆经营论

马宗荣著。

上海：中华学艺社，1933 年 2 月版。一册，32 开。

马宗荣为著名的图书馆学家、出版学家和社会教育学家。全书共八章，论述图书馆的创立、经费、组织、设备、用具及用品、规章的编制等。本书较早地提出“现代图书馆经营管理”概念，并进行了较为系统、详尽的论述，在图书馆管理学的历史上有开拓之功。本书为《学艺汇刊》丛书之一种。

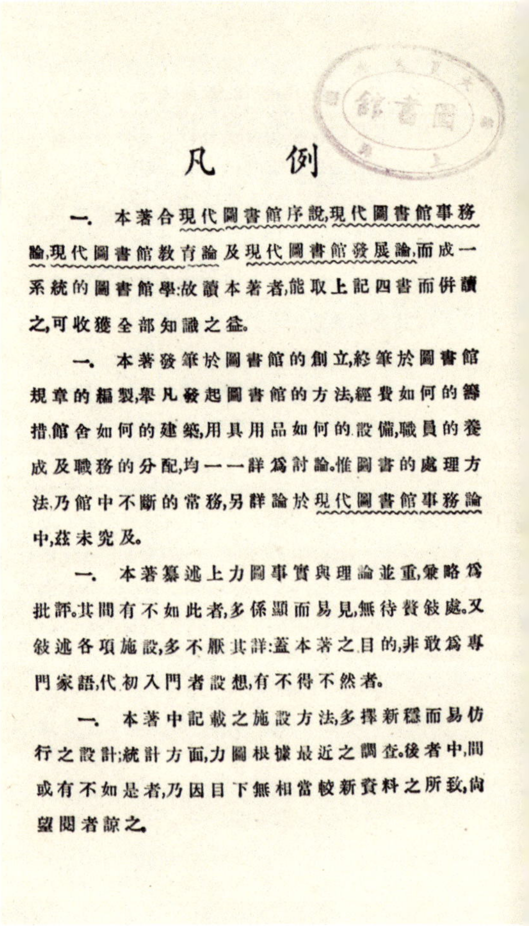

凡　例

一. 本著合現代圖書館序說,現代圖書館事務論,現代圖書館教育論及現代圖書館發展論,而成一系統的圖書館學:故讀本著者,能取上記四書而併讀之,可收獲全部知識之益。

一. 本著發筆於圖書館的創立,終筆於圖書館規章的編製,舉凡發起圖書館的方法,經費如何的籌措,館舍如何的建築,用具用品如何的設備,職員的養成及職務的分配,均一一詳爲討論。惟圖書的處理方法,乃館中不斷的常務,另詳論於現代圖書館事務論中,茲未究及。

一. 本著纂述上力圖事實與理論並重,兼略爲批評。其間有不如此者,多係顯而易見,無待贅敍處。又敍述各項施設,多不厭其詳:蓋本著之目的,非敢爲專門家語,代初入門者設想,有不得不然者。

一. 本著中記載之施設方法,多擇新穩而易仿行之設計;統計方面,力圖根據最近之調查。後者中,間或有不如是者,乃因目下無相當較新資料之所致,尙望閱者諒之。

目次

插以雜誌名目紙片。架之用材以鐵爲上,堅木類次之

(九) 報紙架　報紙因可供作史時的材料及種種歷史的參考之用,故各地的圖書館中多擇有一二種代表報紙彙訂成册以永久保存。此地之所謂報紙架者,卽備收藏此種彙訂本之用者。其形如附圖:總高六尺五寸,深一尺九寸五分,長九尺六寸。縱分爲三部,每部如圖橫分爲三大段。上段用一長二尺九寸五分,廣一尺八寸之板三塊隔之爲四小段。下段及中段,共總高四尺三寸,用一高二尺,廣一尺七寸五分之板五塊縱隔之爲六區分。其板均可以自由抽動,以便增加其容積。用材以鐵爲佳。

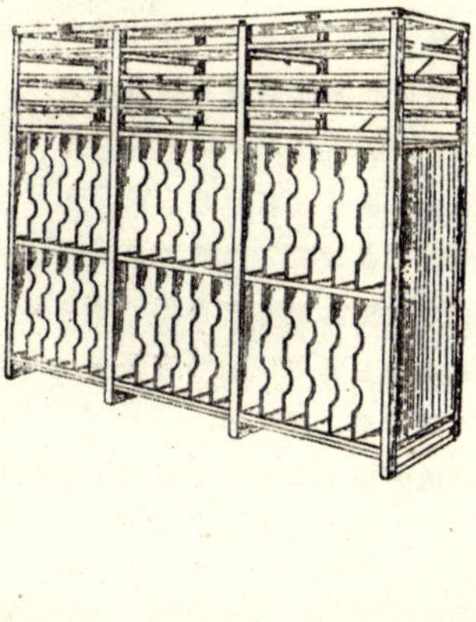

242.1/148A　图书管理学

杜定友著。

上海：新国民图书社，1932 年 8 月初版。一册，32 开。

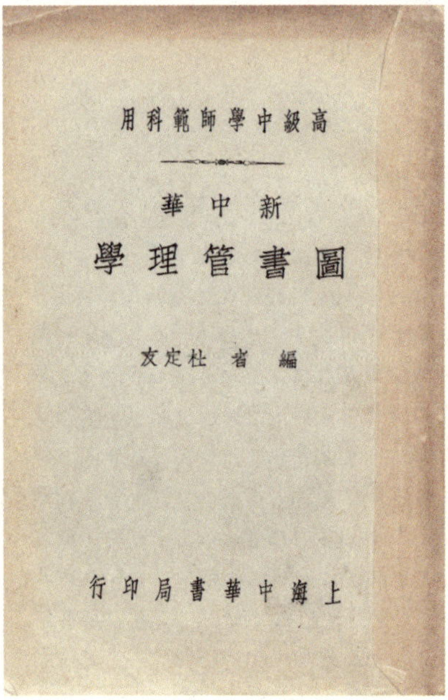

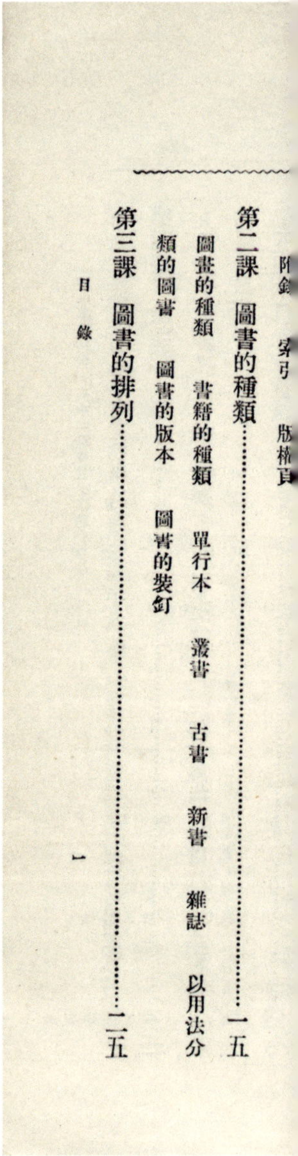

目錄　一

杜定友，中国近现代图书馆事业和近现代图书馆学的奠基人之一。此书遵照教育部颁行的高级中学师范科暂行课程标准编制，供高中师范选科之用。全书共三十八课，一至十四课论图书馆及参考书的用法，十五课至三十八课论图书馆的各种管理方法。

民國二十一年八月發行
民國二十一年八月初版

有不
著准
作翻
權印

高級中學師範科用
新中華圖書管理學（全一冊）
◎【定價銀一元四角】

編 者 杜定友
出 版 者 新國民圖書社
印 刷 者 中華書局 上海靜安寺路一四八六號
發 行 者 中華書局 上海棋盤街
發 行 所 中華書局 北平 天津 張家口 石家莊 邢台 保定 濟南 青島 太原 開封 鄭州 西安 蘭州 成都 重慶 長沙 常德 衡州 漢口 南昌 九江 安慶 蕪湖 南京 徐州 杭州 溫州 福州 廈門 廣州 汕頭 潮州 梧州 雲南 遼寧 吉林 長春 香港 新加坡

（六六三〇）

高級中學師範科用
圖書管理學

目錄

頁數

242.12/186.5　图书馆员之训练

［美］佛里特尔著，杨昭悊、李燕亭译。

上海：商务印书馆，1929年6月初版。一册，32开。

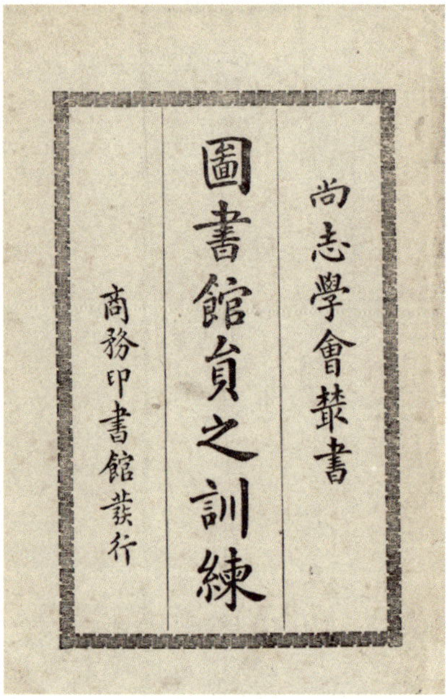

书名原文:*Training for librarianship*。共二十一章，论述图书馆员的职业、图书馆的技术和管理、各种图书馆的区别等。此书为民国时期对图书馆员培养较有价值的译著之一，《尚志学会丛书》之一种。圣约翰大学图书馆旧藏。

尚志學會叢書

圖書館員之訓練

佛里特爾著
楊昭悊
李燕亭 譯

圖書館員之訓練目錄

242.08/700　图书学大辞典

卢震京著。

长沙：商务印书馆，1940 年 9 月初版。二册合订本，32 开。

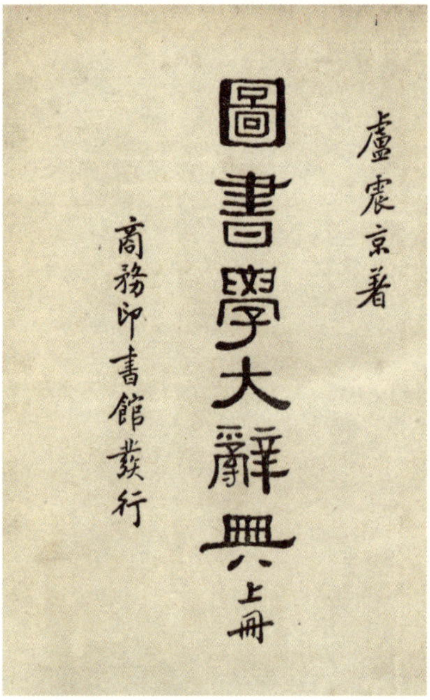

卢震京，中国早期图书馆学家。该书为中国第一部图书学辞典。全书分两册，上册是词典，下册是附录。词典部分收图书馆学、目录学、版本学、校勘学、印刷、装订等方面的名词术语以及著名藏书家、图书馆等。其中有关图书的专门名词，如分类法、目录学、四库全书等都详为说明，成为专篇，并附有参考篇目。附录部分，列 24 种附表：中文重要图书馆学书目、中文图书馆期刊目录、宋辽金元明清年号名讳索引表、历代藏书家室名索引、世界大图书馆简表等。书前附有依笔画排列的总目录，书后附有四角号码索引。圣约翰大学旧藏。

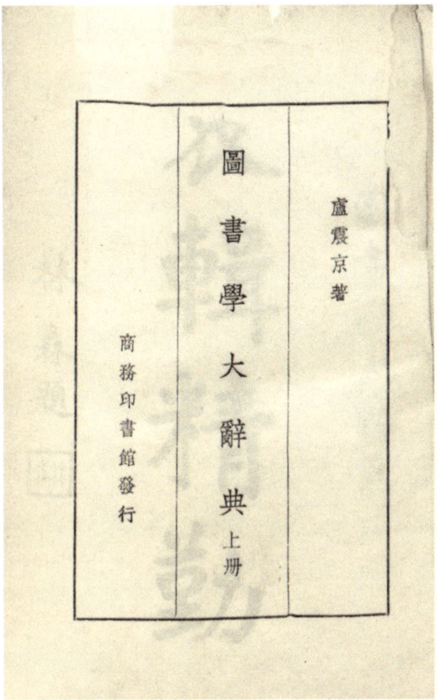
圖書學大辭典 上册

盧震京著

商務印書館發行

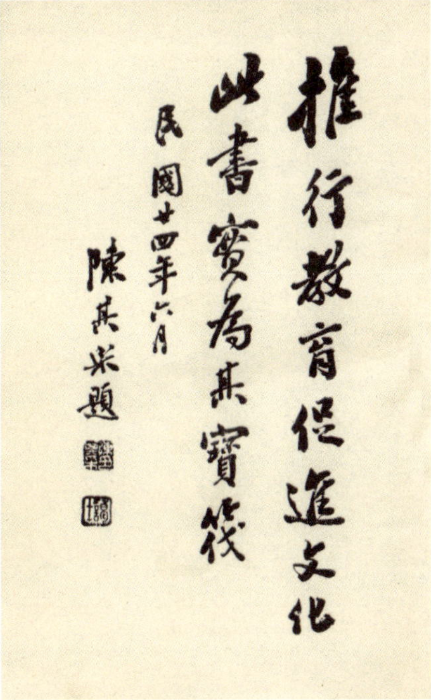
推行教育促進文化

此書實為其寶筏

民國廿四年六月

陳其采題

金碧本 十三世紀

聖經圖說

此圖爲十三世紀法國基督教僧人所繪之聖經圖說。描寫新約全書啓示錄中所敘十角七頭獸之出現及毀滅情況。在當時種種嚴厲限制之下，而有此種自由生動之作風，極足表示當時僧人思想前進之一斑。此圖原稿爲美國大銀行家摩爾根(Pierpont Morgan)私人圖書館所藏。景印本採自Fortune, December, 1934.

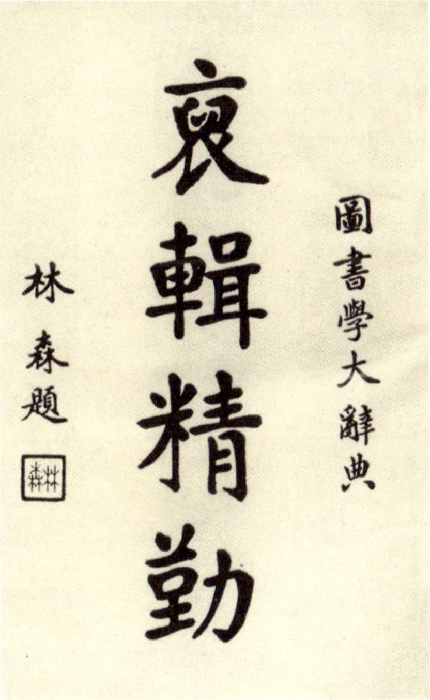
圖書學大辭典

裒輯精勤

林森題

242.2/441　古今典籍聚散考

陈登原著。

上海：商务印书馆，1936 年 1 月初版。一册，32 开。

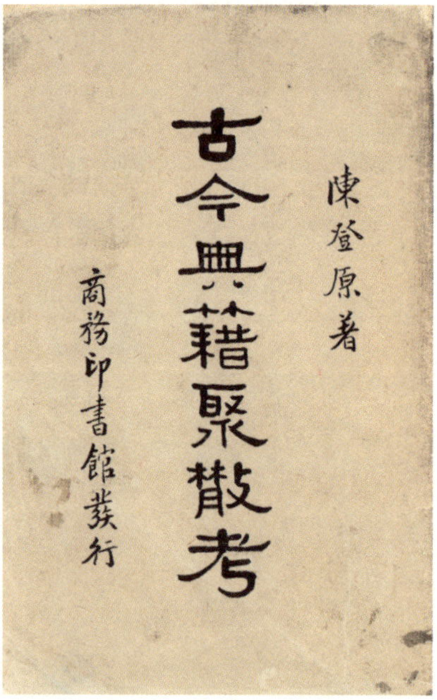

陈登原，历史学家，曾任教于金陵大学、武汉大学、西北大学等多所高校。此书是二十世纪初主要的文献史研究著作之一，开图书聚散研究的先声，被认为是“中国藏书史上第一部史论结合的专著”。全书分为政治卷、兵燹卷、藏弃卷、人事卷四部分，以事为经、以时为纬，以史料为主，分析史事、人物、文化现象等，泾渭分明，系统翔实。圣约翰大学旧藏。

凡例

一　本書敍述古今典籍聚散之由，而以各事分隸四厄，一曰政治，二曰兵燹，三曰藏弆，四曰人事。

二　史實之編排，以事爲經，以時爲緯，如人事卷中以火厄爲聚散之大故，因另辟一類。其歷來火厄之災及典籍，則依照時代之先後編入。

三　本書所重，一曰貴因：如清之修四庫全書，原有政治作用。故凡關於四庫全書之經過，具詳政治卷中。

四　二曰貴果：聚書之因，今無可考，而其散書之果，則確有可徵者，則從其果收入。如永樂大典，確以庚子拳亂而全散，故以大典始末，具詳兵燹卷中。

五　三曰貴近：史家所記，往往樂於道古而忽於述今，非所以致用意也。本書爰反其例，如浙江之修復文瀾，山東海源閣之遭劫，上海東方圖書館之遭毁，事在近世，均寫記之。

凡例　一

中華民國二十五年一月初版

古今典籍聚散考一冊
(04857)
每冊定價國幣玖角
外埠酌加運費匯費

著作者　陳登原
發行人　王雲五　上海河南路
印刷所　商務印書館　上海河南路
發行所　商務印書館　上海及各埠

（本書校對者　周繇侯　陳聚全）

二五三上

目次

目次　一

409.2/441　中国书史

陈彬龢、查猛济编。

上海：商务印书馆，1931 年 9 月初版。一册，32 开。

本书是中国第一部以“书史”命名的著作，被当代一些学者认为是“书史研究的成长期”的代表性著作。本书核心部分阐述了中国雕版印刷历史的内容，主要来源于清代叶德辉的《书林清话》。收入商务印书馆《国学小丛书》。圣约翰大学旧藏。

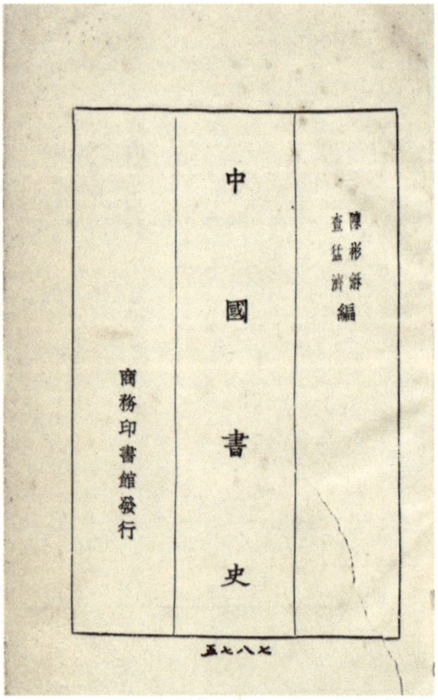

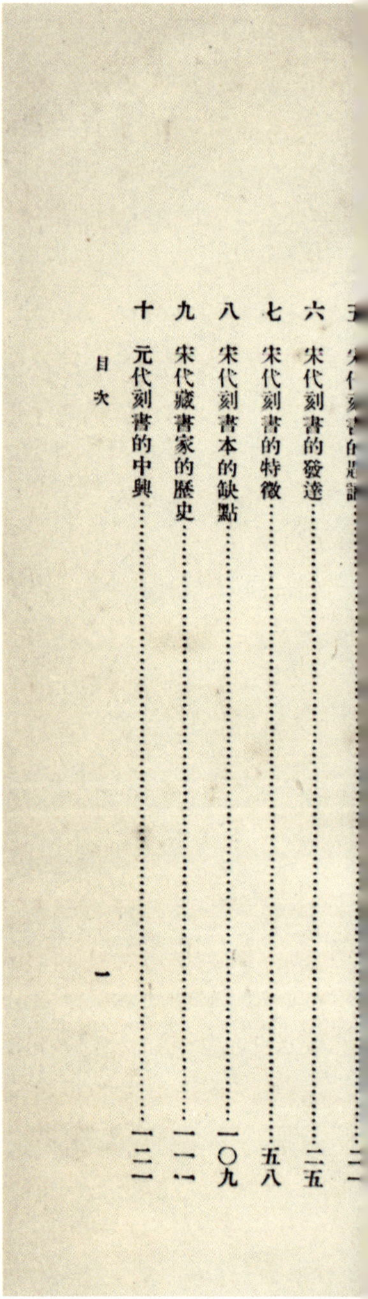

目次
一

中國書史

目次

中國書史

一　導言

凡是一種成爲『史』的東西，必須具有兩個條件：在橫的方面，至少應該和其他的別種事實有多少聯帶的關係；在縱的方面至少也應該爲前事實一部份的結果，或爲從事實一部份的原因，所以凡是某種偶發的，孤立的，斷滅的事實，決不能屬於『史』的範圍以內。根據了這種的原則來論『史』，那沒在今日要編一部中國的『書史』，確乎是不但『任重而道遠』，并且覺得很難於着手。因爲在發見書册以前的史料，已無從搜集起來；雕版盛行以後的史料，更煩瑣得不堪整理。我們一方面雖然感到這部份工作的困難；一方面又感到學術界需要這部『書史』的迫切。於是把許多關於『書』的片斷事實，勉强聯貫起來，使讀者從事實和事實的中間得到一些『歷史』的趣味。

二　文字的創造

要追尋『書』的起原，不得不先從文字的創造說起，可是這個題目，談何容易！無論那一樁事，一追尋

746.8092/375　中国雕板源流考

孙毓修著。

上海：商务印书馆，1933 年 4 月版。一册，32 开。

孙毓修，师从缪荃孙，精于版本学。此书是民国时期版本学的重要著作之一，阐述了中国雕版印书的源流，介绍了历代官本、家塾本、坊刻本、巾箱本、朱墨本，以及纸张、墨色、装订等情况，并谈及刻印书籍的工价。收入《国学小丛书》。圣约翰大学旧藏。

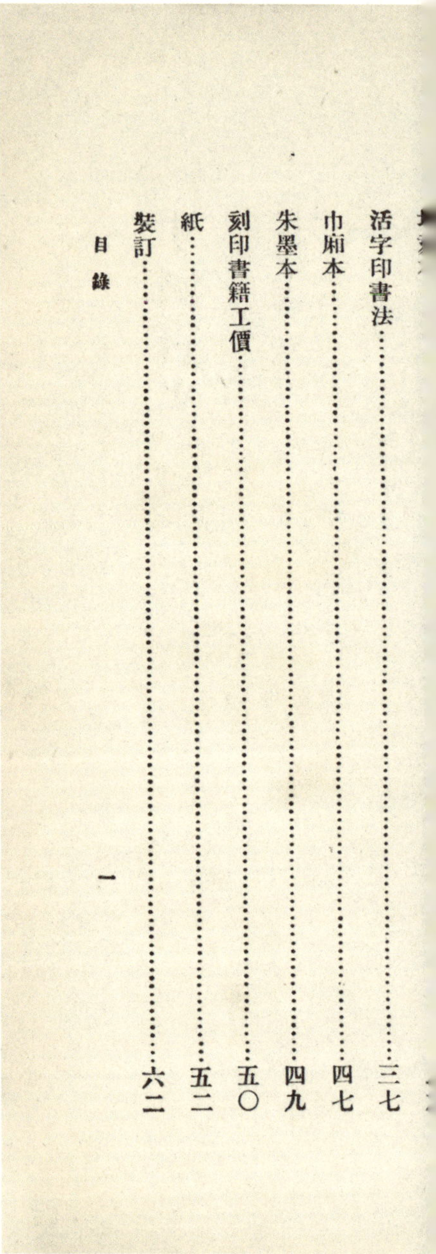

目錄　一

民國二十一年一月二十九日敝公司突遭國難總務處印刷所編譯所書棧房均被炸燬附設之涵芬樓東方圖書館尚公小學亦遭殃及盡付焚如三十五載之經營隳於一旦迭蒙各界慰問督望速圖恢復詞意懇摯銜感何窮敝館雖處境艱困不敢不勉為其難因將需用較切各書先行覆印其他各書亦將次第出版惟是圖版裝製不能盡如原式事勢所限想荷鑒原謹布下忱統祈垂詧

上海商務印書館謹啓

中華民國七年五月初版
民國廿二年四月印行 國難後第一版

國學小叢書 中國雕板源流考一冊（九二二）
每冊定價大洋貳角伍分
外埠酌加運費匯費

著作者 孫毓修
主編者 王雲五
發行人兼印刷者 商務印書館 上海河南路
發行所 商務印書館 上海及各埠

四三三〇上

中國雕板源流考目錄

042.28/441　古书读校法

陈钟凡著。

上海：商务印书馆，1923 年 11 月初版。一册，大 32 开。

作者为著名文史学者，其《中国文学批评史》通过借鉴西方学术建构起文学批评史的学理逻辑，并以此来统摄传统“诗文评”材料，初步搭建起了中国文学批评史的框架，影响较大。《古书读校法》一书为其文献学著作，有吴孟复同名著作行世，陈氏此作内容包括古书之体制、类别，读、校古书之方法等。此书为《东南大学丛书》之一种。

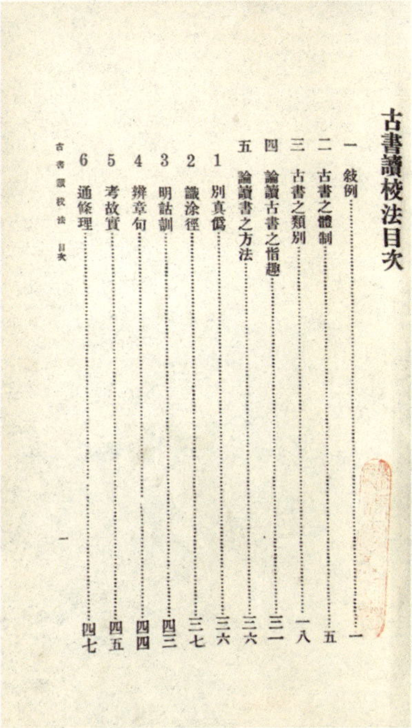

古書讀校法目次

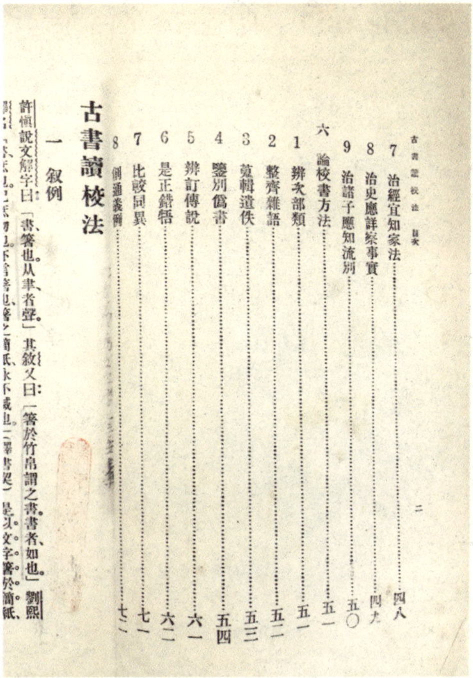

古書讀校法

一 敍例

許慎說文解字曰：「書、箸也。从聿、者聲。」其敘又曰：「箸於竹帛謂之書。書者、如也。」劉熙

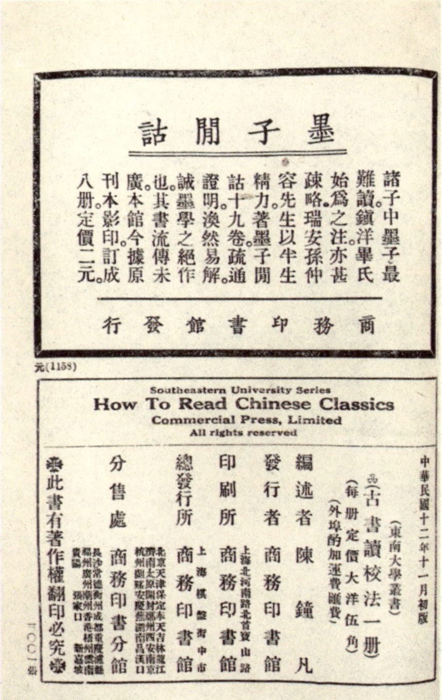

元(1158)

Southeastern University Series
How To Read Chinese Classics
Commercial Press, Limited

中華民國十二年十一月初版

(東南大學叢書)
(古書讀校法一冊)
(每冊定價大洋伍角)
(外埠酌加運費匯費)

編述者 陳鍾凡
發行者 商務印書館
印刷所 上海北河南路北首寶山路 商務印書館
總發行所 上海棋盤街中市 商務印書館
分售處 北京 天津 保定 奉天 吉林 龍江 濟南 太原 開封 鄭州 西安 南京 杭州 蘭谿 安慶 蕪湖 南昌 漢口 長沙 常德 衡州 成都 重慶 瀘縣 福州 廣州 潮州 香港 梧州 雲南 貴陽 張家口 新嘉坡 商務印書分館

072.32/661　中国史部目录学

郑鹤声编。

上海：商务印书馆，1930年12月初版。一册，大32开。

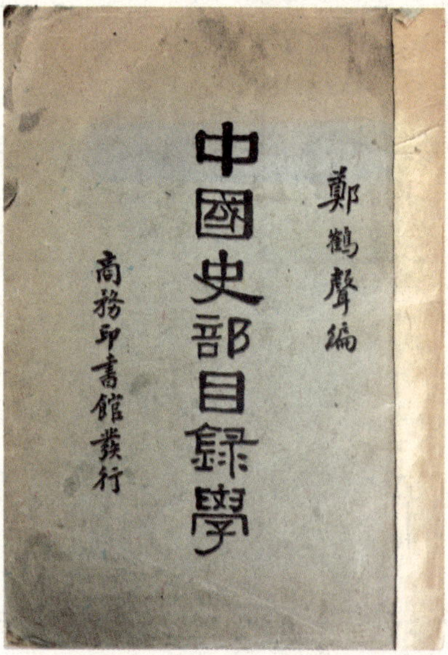

中国历史文献目录学的发展与研究，旧称史部目录学。1928年，历史学家、文献学家郑鹤声在南京中央大学讲授《中国史部目录学》，本书即以此整理而成，凡十章，内容包括古史渊源、史部位置、史部源流、史目正录、史目别录、史目今录、史部分类说和史体论，末有“结论”一章。华东师范大学历史系资料室旧藏。

自序

爲學之道，首在得門徑，未獲門徑，而能升堂入室，登峯造極者，非所聞焉。目錄學者，讀書之門徑，而史部目錄學，則又讀史之門徑也。本書以中國爲主，而兼採西說，用資參證。「中國古代史外無學，舉凡人類智識之記錄，無不叢納之於史。」（梁著中國歷史研究法）至劉歆七略，始倂入春秋之屬，各科獨立，而史學範圍意誼，隱然可見。此史目之一變也。晉荀勗撰中經簿，始分甲乙丙丁四部，而子猶先於史，此史目之二變也。至李充重分四部，五經爲甲部，史記爲乙部，諸子爲丙部，詩賦爲丁部，而經史子集之次始定，此史目之三變也。然其史部分類不可詳考，現見存者，惟阮孝緒七錄，分史部爲十二類。此史目之四變也。至隋書經籍志，遠紹馬班，近規荀阮，分爲十三類。此史目之五變也。此隋唐以前史部分目之大概焉。

隋唐而後，下迄今日，或依隋志，或參己見，或取法歐西，全改舊貫。於是史目分類，紛然雜陳，約而舉之，可得三項。一曰正錄，二曰別錄，三曰今錄，是也。正錄者，以隋志爲依據，上自唐宋諸史經籍藝文志，下逮四庫書目，書目答問，皆屬之。其分類少不過十，多不逾十六。別錄者，頗改前例，出自胸臆，自宋尤袤遂初堂書目，迄清顧櫰三補五代史藝文志，皆屬之。其分類少則爲三，多至三十有七。今錄者，或根據前錄，加以釐訂，以合時宜，或參取新說，自立條例，俱詳後文，可覽觀焉。

243/502 博物馆学概论

费畊雨、费鸿年著。
上海：中华书局，1948年7月再版。一册，32开。

费畊雨、费鸿年为兄弟，费畊雨为农业病虫害专家，费鸿年为生物学家。全书共十三章，偏重于博物馆发展史略与博物馆工作概况的介绍。各章论述简约，对于了解当时外国博物馆的发展有一定参考价值。收入《中华文库》。

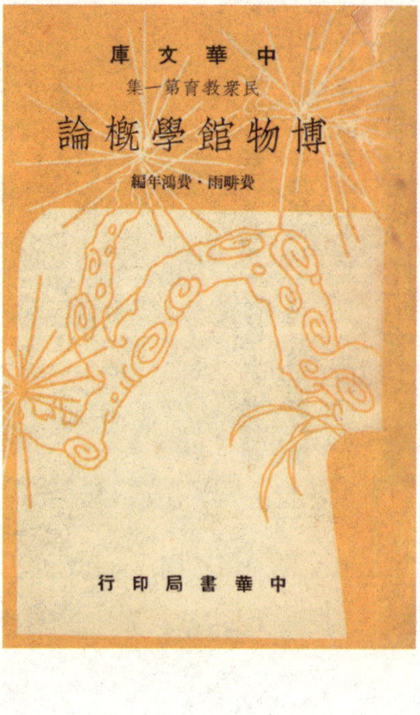

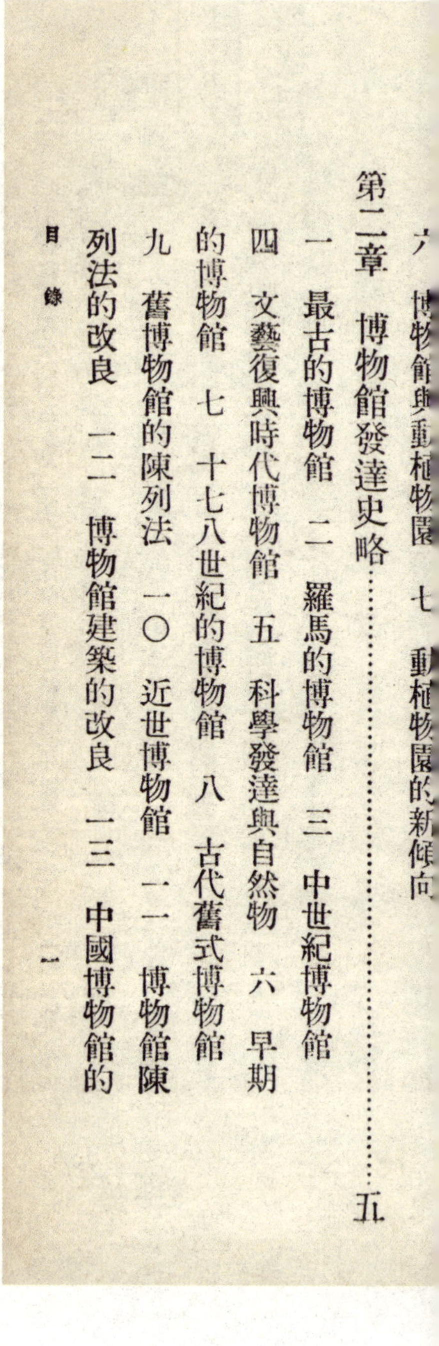

目錄 一

品等。這種陳列法，自歐洲十九世紀中葉，至最近尚多用之，倫敦的亞爾培爾脫紀念博物館，至今仍襲用之。其利益在於可節省陳列的面積，而便於專家的研究，但其缺點，對於民衆則大多不能引起興趣。

第二方法爲依開化史而陳列的方法。即將各時代的工藝品，依當時的情況之下，而作有關連的陳列，以示各時代的特色。用此種陳列法的，例如於博物館內，設一古代的教堂或僧院、住宅等，而以該時代的實在板壁及其他裝飾工藝品等列入其內，可以喚起當時的情況於眼前，卽爲配合陳列法的一種。但因多數材料，不易入手，所以不免有用模擬品代用的傾向，而發生不良的印象。

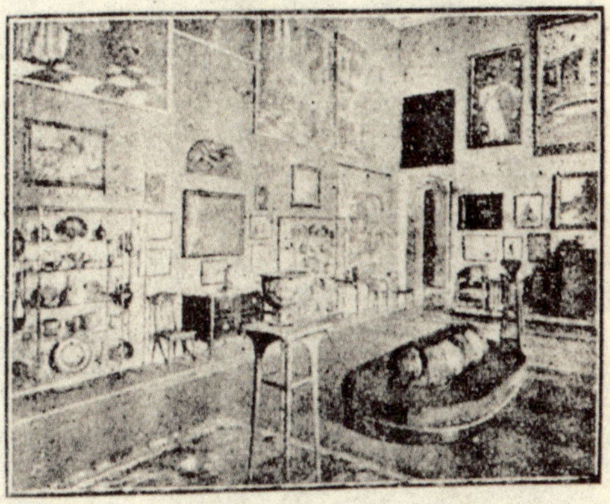

第十二圖　巴黎美術工藝博物館依時代陳列的一室

第三種方法，則爲補第二法的缺點，不設該時代的房屋，而祇以普通採光完

博物館學概論

目錄

243/441 博物馆学通论

陈端志著。

上海：上海市博物馆，1936 年 7 月版。一册，32 开。

陈端志，中国近代博物馆学家。本书是中国早期博物馆学代表性论著。全书共分十八章，采用三十一种欧美、日本博物馆书刊资料和有关八个国家博物馆的插图三十四幅，对中外博物馆的历史及现状进行了简略描述，对中国早期博物馆的发展有一定推动作用。本书为《上海市博物馆丛书》之一种。

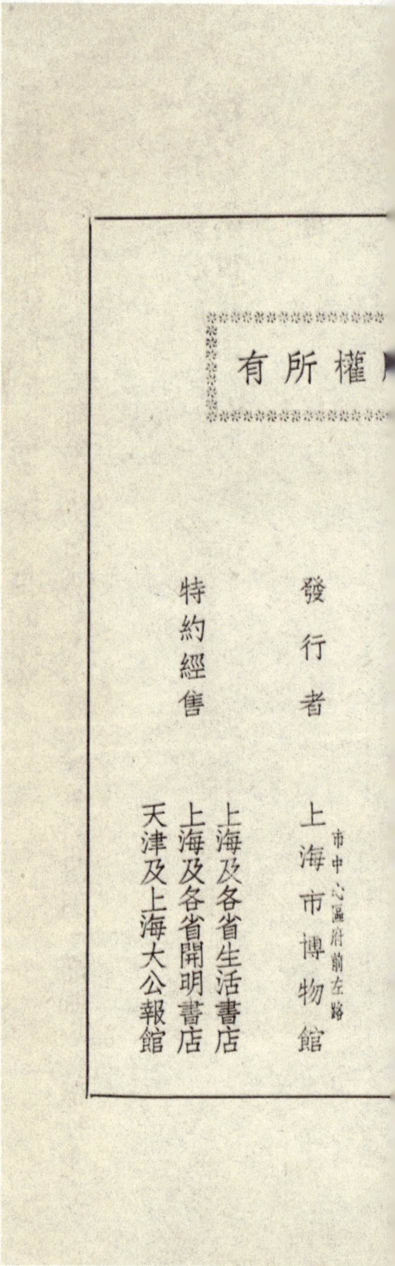
有所權
發行者 上海市博物館 市中心區府前左路
特約經售 上海及各省生活書店
上海及各省開明書店
天津及上海大公報館

中華民國二十五年六月付印
中華民國二十五年七月出版

定價國幣壹元貳角

序

胡肇椿

博物館事業在歐美自發軔以來，於玆不過百餘年，其間改進之亟銳，邁往之可驚，稍涉足於柏林倫敦巴黎紐約各大都市以迄窮鄉僻壤間，其博物館無問規模之宏陋，靡不活躍於民衆智識之普遍與高深研究之策進；其影響於國家之隆替民族之興靡，夫豈偶然！建國以來，內患外侮曾無甯歲，於國家百年之計，遂多疏略，而博物館事業之運動亦感蹉後。比歲之間，當軸諸公奮鬥於國家興亡憂患之間，益事於生聚敎訓爲民族復興之算而博物館事業爲普及敎育、提高民族意識、增進研究精神之要途，提倡之責要不容懈。肇椿既受命於 市長吳公，爲是途之努力，因感提倡研究，以誘發高深興趣，亦爲博物館事業之要着，乃有上海市博物館叢刊之輯，內容性質暫

序　一

教育

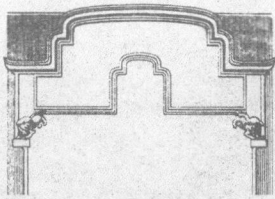

230/98.1 教育思想

朱经农著。

上海：商务印书馆，1947年2月再版。一册，32开。

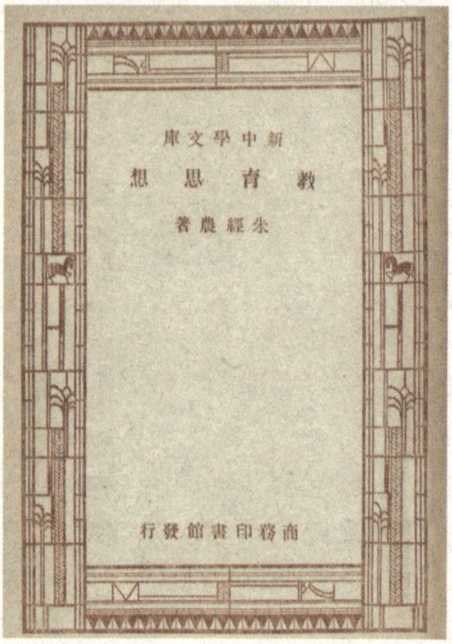

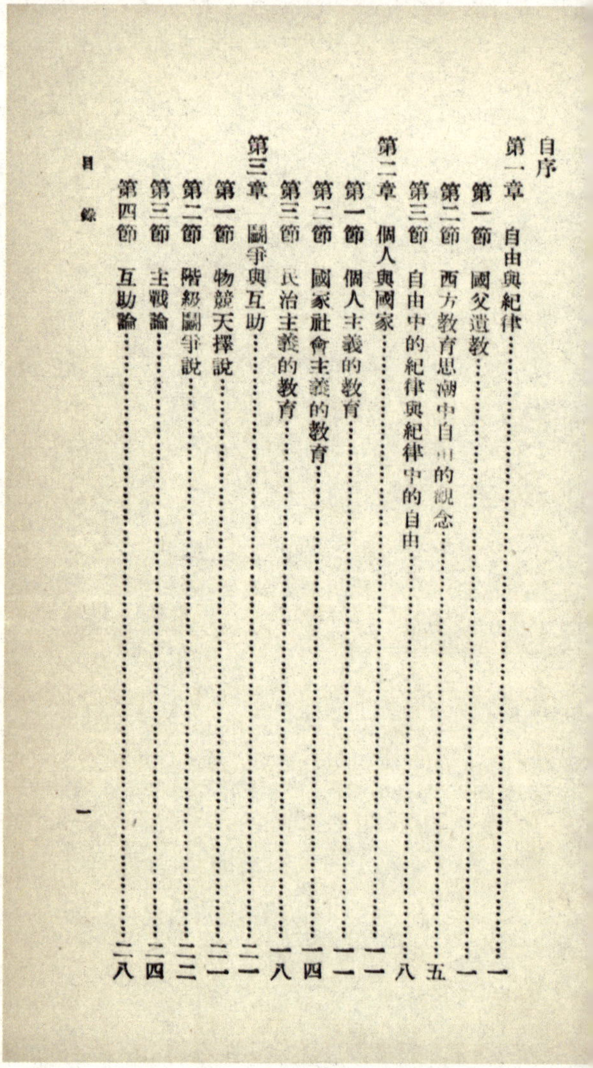
自序

目錄 一

本书作者朱经农为中国教育家、学者。全书分八章，主要探讨了自由与纪律、个人与国家、斗争与互助、学校与社会、知识与道德、艺术与职业、科学与宗教等内容。书末还有附录。该书是民国教育研究的重要史料。收入《复兴丛书》。

中有引用楊耿光，朱孟實，吳士選諸先生著作處，合併申謝。

朱經農　民國三十二年十月於重慶中央大學

教育思想

第一章　自由與紀律

第一節　國父遺教

中華民國既決定以三民主義爲教育政策的最高原則，引用　國父遺教以爲本書的開端，卽所以表示教育思想重心之所在。在民權主義第二講裏面，　國父告訴我們，歐洲人民從前受專制的痛苦太深，思想不自由，言論不自由，行動不自由，乃至營業，工作和信仰種種都不自由。所以一經提倡自由，便萬衆一心，爲自由去奮鬬，爲自由去犧牲，甚至提出『不自由毋寧死』的口號，來鼓吹自由主義。歐洲革命思潮的起源，是要爭自由。人民爲爭自由，流了無數的碧血，犧牲了無數的身家性命，所以爭得之後，大家便奉爲神聖。

國父又說，從前歐洲在民權初萌芽的時代，便主張爭自由，到了目的已達，各人都擴充自己的自由，於是自由太過，便發生了許多流弊。所以英國有一個學者約翰彌勒便說，一個人的自由，以不侵犯他人的自由爲範圍，才是眞自由。如果侵犯他人的範圍，便不是自由。歐美人民

230/428.3 大教育学

张子和编纂，蒋维乔校订。

上海：商务印书馆，1916 年 12 月三版。一册，32 开。

本书是较早的国人独立编写的教育学科教材，内容包括绪论、教育者论、被教育者论、目的论、教授论、训育论和学校论七编，共三十九章。编者曾游学日本，回国后任职于南京两江师范学校，后又于安徽省立师范学校任教育讲席。圣约翰大学图书馆旧藏。

教育部審定批語

大教育學

此書學說平正材料豐富文辭亦通達明暢可作為師範學校考參書

部(127)

A Complete Treatise on Pedagogy

COMMERCIAL PRESS, LTD.

中華民國三年十一月初版
中華民國五年十二月三版

（大教育學一册）
（每册定價大洋壹元）
（外埠酌加運費匯費）

編纂者　溧水張子和
校訂者　武進蔣維喬
發行者　商務印書館
上海北河南路北首寶山路
印刷所　商務印書館
上海棋盤街中市
總發行所　商務印書館
北京天津保定奉天吉林長春龍江濟南東昌太原開封洛陽西安南京杭州蘭谿吳興安慶蕪湖南昌饒州九江漢口武昌長沙寶慶常德衡州成都重慶福州廈門廣州潮州韶州汕頭澳門香港桂林梧州雲南貴陽石家莊哈爾濱新嘉坡
分售處　商務印書分館

民國三年十一月廿七日稟部註冊十二月十二日領到文字第二百九十三號執照

一五五

余初游學日本習普通學於一切主要學科皆得稍稍窺其門徑而惟敎育一科非普通級所應有不惟不好且並未嘗一寓目焉乙巳年冬歸國就職南京兩江師範學校東文敎習兼繙譯翊年春適有日本敎習松本孝次郎氏應聘來華主講本校敎育校長李梅庵先生命余爲之譯先後同事六七年余因得於敎育一門耳聞目染口傳心誦者數十徧洎後本校增加學級擴充員額每週應有之敎育時間溢出日本敎習原訂應授時間之數校長因委余分擔十小時余於編纂日文講義外故有大敎育學之箸但其原本實草創自日本敎習松本松浦二氏之手余爲中國產思欲討論修飾以適合於中國敎育界之理想實際遂不憚搜集近今東西

人之名箸參合而折衷之思想之嶄新資料之弘富蓋皆餘事也本年在安徽省立師範學校復任敎育講席課餘之暇以經驗所得量加修整俾成一册完好敎科書不獨冀其可備高等師範生之研摩亦且足供我同志諸君擔任是科者之採擷文字之譾陋所不遑恤耳日來師範林立友人從事其中而知余有是帙者每來函索稿抄錄不遑遂畀印刷並述其事於弁端時民國二年癸丑秋九月也

箸者自識於邗上憶舊草堂

230/441.3　活教育的教学原则

陈鹤琴著。

南昌：江西省国民教育师资辅导委员会，1941 年 11 月版。一册，32 开。

本书作者陈鹤琴为中国著名儿童教育家、儿童心理学家。全书对“活教育”的原则进行了阐释和总结，主要理念为：凡儿童自己能够做的应当让他自己做，凡儿童自己能够想的应当让他自己想，你要儿童怎样做你应当教儿童怎样学，鼓励儿童去发现他自己的世界，积极的鼓励胜于消极的制裁，大自然大社会是我们的活教材，运用比较教学法、比赛的方法来增进学习的效率，积极的暗示胜于消极的命令，替代教学法等。末附《活教育与死教育》。该书是民国儿童教育的重要研究资料。收入《江西国民教育丛书》。

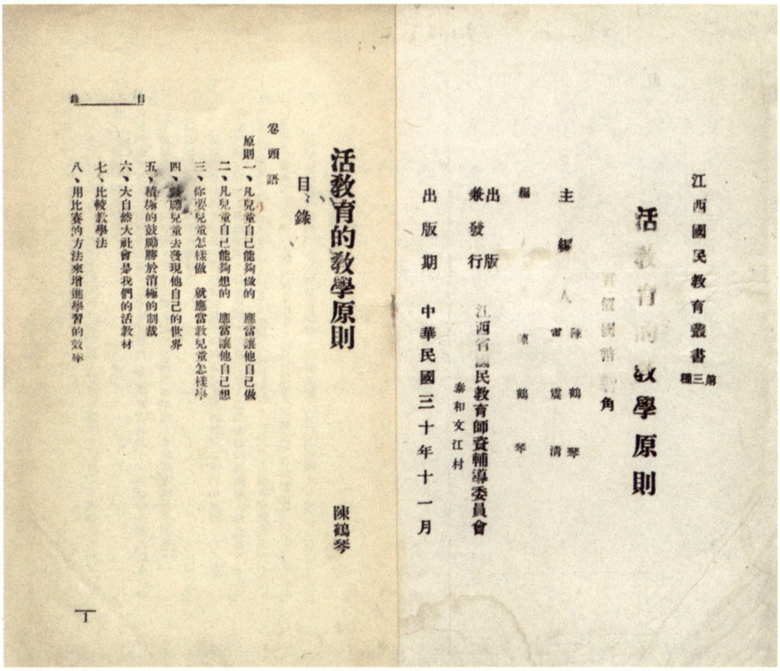

江西國民教育叢書 第三種

活教育的教學原則

（書假國幣　角）

主編人　陳鶴琴　雷覺清

編者　陳鶴琴

出版兼發行　江西省國民教育師資輔導委員會　泰和文江村

出版期　中華民國三十年十一月

活教育的教學原則

陳鶴琴

目錄

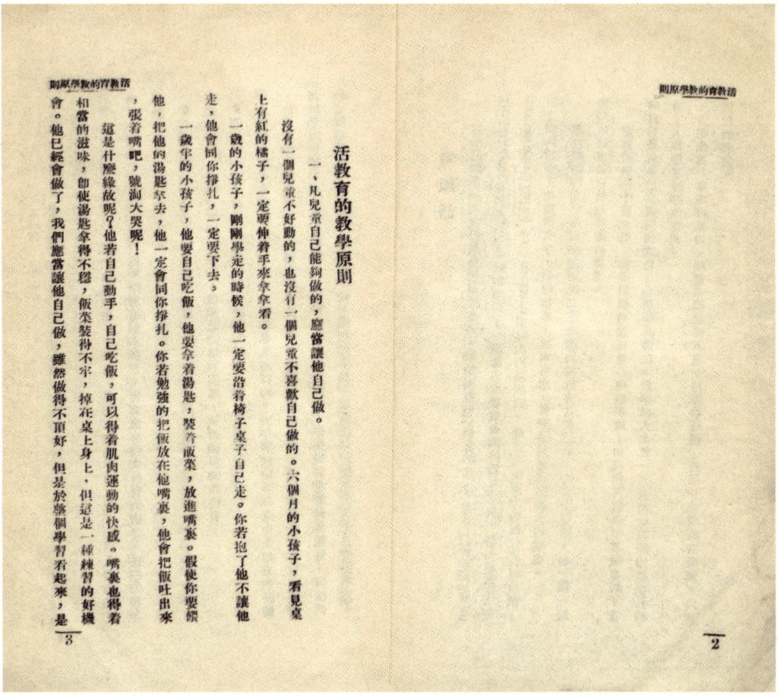

活教育的教學原則

一、凡兒童自己能夠做的，應當讓他自己做。

沒有一個兒童不好動的，也沒有一個兒童不喜歡自己做的。六個月的小孩子，看見桌上有紅的橘子，一定要伸着手來拿拿看。

一歲的小孩子，剛剛學走的時候，他一定要沿着椅子桌子自己走。你若抱了他不讓他走，他會同你掙扎，一定要下去。

一歲半的小孩子，他要自己吃飯，他要拿着湯匙，裝着飯菜，放進嘴裏。假使你要餵他，把他的湯匙拿去，他一定會同你掙扎。你若勉強的把飯放在他嘴裏，他會把飯吐出來，張着嘴吧，號淘大哭呢！

這是什麼緣故呢？他若自己動手，自己吃飯，可以得着肌肉運動的快感。嘴裏也得着相當的滋味，即使湯匙拿得不穩，飯菜裝得不牢，掉在桌上身上，但這是一種練習的好機會。他已經會做了，我們應當讓他自己做，雖然做得不頂好，但是於整個學習看起來，是

247/252　中国普及教育问题

邰爽秋、黄振祺等编。

长沙：商务印书馆，1938 年 7 月初版。一册，32 开。

本书编者邰爽秋为中国近现代著名教育家，黄振祺为民国时期教育工作者。全书共七章，论述了普及教育的意义、历史、内容问题、师资问题、经费问题、实施等。此书为《现代问题丛书》之一。

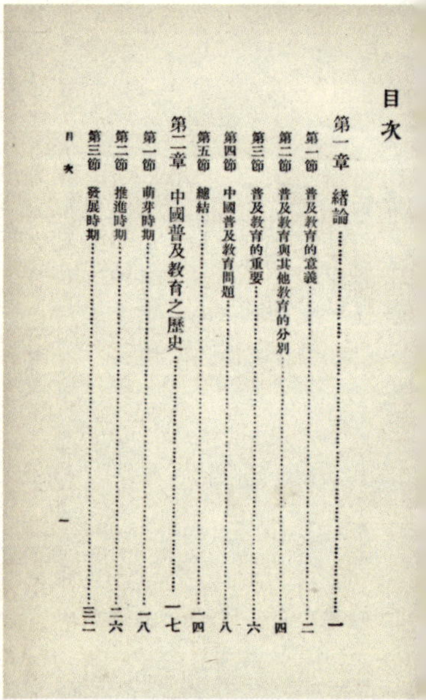

目次

目次　一

中華民國二十七年七月初版
(35882·1)
現代問題叢書 中國普及教育問題一冊
每冊實價國幣壹元貳角
外埠酌加運費匯費

編纂者 邰爽秋 黃振祺 等
發行人 王雲五 長沙南正路
印刷所 商務印書館 長沙南正路
發行所 商務印書館 各埠
(本書校對者龍旭光)

本書取材廣泛，鄙人又以事冗不暇細閱，疏漏之處，定知難免，高明亮之。

邰爽秋 二十六年三月

中國普及教育問題

第一章 緒論

教育是民生要素，立國基礎。惟教育始可以開發民智；惟教育始可以推進社會；亦惟教育始可以增厚國力振興民族。教育是全社會全人類的共有物，無論何人，均應有享受的權利，這是吾人所共認的。在上古之時，各國大都視教育為貴族所專有，以為惟有上級社會分子，纔需要教育。至於一般低級平民，則無受教育的必要。此種謬見，流行極廣，即在民主先進的北美，其守舊分子從十六世紀歷十七十八兩世紀，始終以為『必須大衆既愚且貧，乃能保持社會安樂。』由是可知往古的教育，大抵偏於少數貴族子弟，而忽於一般國民。殆後民族主義，風靡全歐，言語風俗習慣等等，素不相同的民族，建立而成一國。欲其感情融洽無間，惟有使之受同一教育，以期其熔化於一爐。加以十八

G92.1-9/829　中学修身教科书 两卷

蔡元培著。

铅印本。白口，四周双边。线装一册。开本 24.0cm × 13.6cm，版框 17.0cm × 11.0cm。

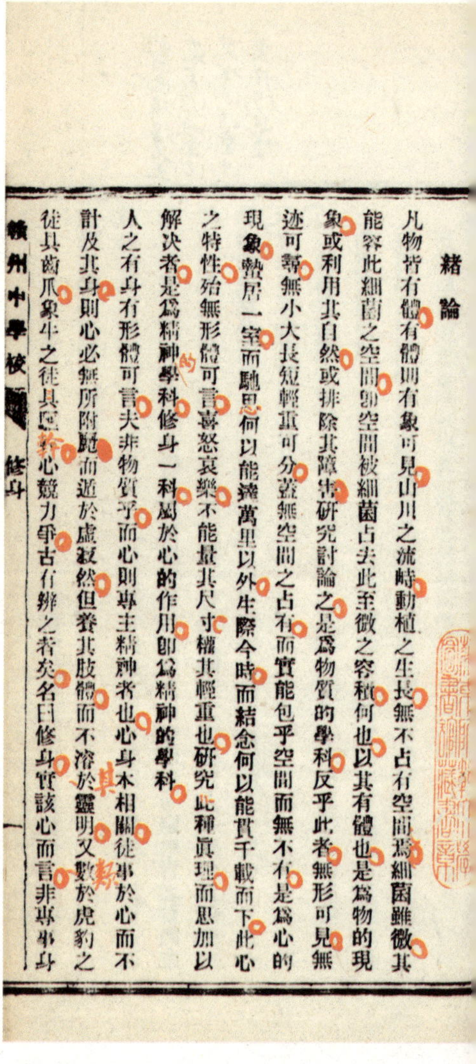
緒論
凡物皆有體有體則有象可見山川之流峙動植之生長無不占有空間爲細菌雖微其能容此細菌之空間卽空間被細菌占去此至微之容積何也以其有體也是爲物的現象或利用其自然或排除其障害研究討論之是爲物質的學科反乎此者無形可見無迹可尋無小大長短輕重可分並無空間之占有而實能包乎空間而無不在是爲心的現象蟄居一室而馳思何以能達萬里以外生際今時而結念何以能貫千載而下此心之特性殆無形體可言喜怒哀樂不能量其尺寸權其輕重也研究此種眞理而思加以解決者是爲精神學科修身一科屬於心的作用卽爲精神的學科
人之有身有形體可言夫非物質乎而心則專主精神者也心身本相關徒事於心而不計及其身則心必無所附麗而逝於虛寂然但養其肢體而不溶於靈明又數於虎豹之徒具齒爪象牛之徒具軀幹心競力爭古有辨之者矣名曰修身實該心而言非專事身
贛州中學校[illegible]　修身　一

蔡元培，著名革命家、教育家、思想家，民国时期曾担任南京临时政府教育总长、北京大学校长、中央研究院院长。本书是蔡元培最重要的伦理学著作之一，由赣州中学堂出版发行，封面题“赣州中学讲义”。

中學修身教科書　第一册

第一章　釋學

學之興也其始於人心啓蒙之機乎廣雅釋詁學之爲言覺也以覺悟所未知也凡人之有所未知而求進於知則有向明之機久而通於神明形諸夢寐所學乃始有成

學之興也其又昉於模仿性乎廣雅釋詁學效也朱子注亦云學之爲言效也又論語皇疏學教也歐人言教育者謂有引導之義又謂以成熟者扶助未成熟之人使能得自立之力者也學之所用利用人之模仿性而成其效果又如此

學必有地因設校以教之教必有人因設師以導之學校與教師實啓明之先驅而作其模範者也

就廣義言之世界一大學校也隨處有學卽隨處有師蘋果墜地而悟得吸力木柹浮海而知有新地何處不可得學然必先有機以迎之乃能通其微合其漠而得其眞詮故學者當先造其基淺言之欲明理化不先致力算不得也學校者聚世界已得之知識而進

徽州中學校　修身　一

其蔽也至於斷絕親親尊尊之恩太史公所云嚴而少恩是也而肆法家言者必曰舍此不足爲道德也名家控名責實參伍不失然其蔽也苛察繳繞使人不得反其意專決於名而失人情而名家者流則以爲詭辯是不爲道德也

(二)道德與自然之關係　自然之勢力足以左右人心氣候之良否山河之開塞土地之瘠饒天災之有無均與吾人之心性品格有直接之關係例如王延萬里尋親古以爲孝今則蒸汽機關發明交通大易古之所難今非所貴矣山河形勢既殊斯道德判決自別設法以濟道德之窮必科學日有所進化庶足減殺一二耳

(三)道德與歷史之關係　我國人最富於歷史觀念議一事建一策必比附古人以爲快其利在前有所師無自是之見而失在思想束縛泥古而不化故道德之被制於歷史者時有之

(四)道德與習慣之關係　非常之原黎民所懼制於習慣也士食舊德之名氏農服先疇之畎畝商修族世之所鬻工用高曾之規矩安之若素無更新進取之心耳目所濡

237/312　一个乡村小学教员的日记

俞子夷著，徐养秋、郑晓沧校。

上海：商务印书馆，1929 年 6 月三版。二册，32 开。

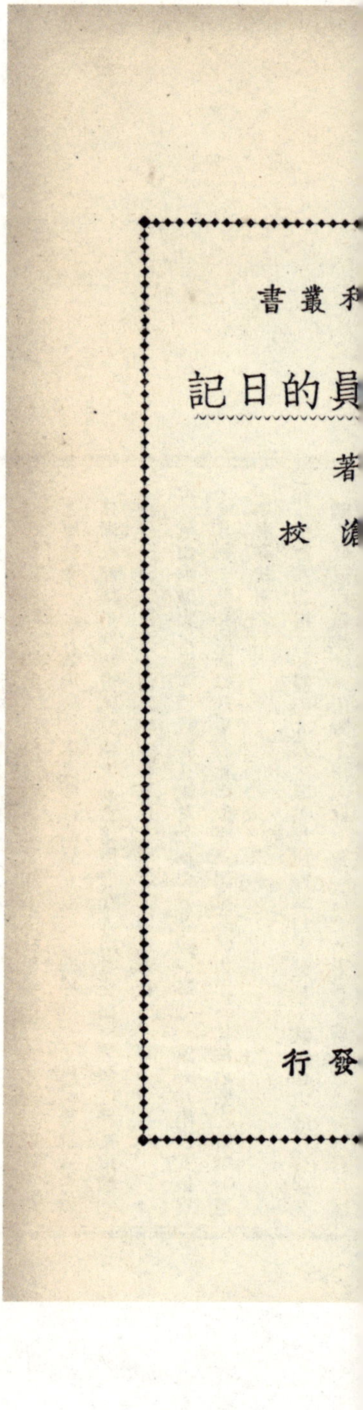

俞子夷，近现代教育家，致力于教学实验和研究。此书书名虽为“日记”，但并非日常生活、工作的实录，而是作者参观江苏等地的乡村小学之后，“很觉得师范生学教育时有一种‘混合教育’的需要，所以决定用日记体试编，事实是设想的，但是大多数有根据，人物当然是假造的”。形式新颖，巧妙地融入作者的教育理念，饶有趣味。此书为《东南大学教育科丛书》之一。

東南大

一個鄉村

俞

徐養秋

商務

一個鄉村小學教員的日記上冊

別開生面的暑期學校

眞正的討論

八月二十一日（星期日）

從昨天起，暑期學校結束了。距離開學，只有整整的一個星期。今天，充分的休息一日。雖是休息，那暑期學校的影像，實在使我拋不開。從前，我也到過什麼講習會，演講會，討論會，千篇一律的，一二位享鼎鼎大名的人，滔滔不絕的講述他的種種意見；有時還要奚落別人。惟有這一回的暑期學校，却別開生面。第一，是完全沒有人講。第二，完全要我們自己研究，共同討論。第三，並且還要我們做。第四，要我們負了完全責任做。第五，還要不守成規，日日革新的做。

討論會，我也到過。不過，總是在演講以後，多餘十分或十五分鐘。有過一次，是在縣城裏。那時到了一位小學教育的老經驗家，教育局特地請他開一個討論會。那一次的時間，却連續有三點鐘。但是討論的方式，

237.8/7.8 入学试题汇辑

一册，小 32 开。

收录复旦大学、国立暨南大学、上海美术专科学校、江苏省立松江女子中学等四十九所学校的入学试题，涉及国文、英文、生物学、世界地理、中外历史等各个学科。

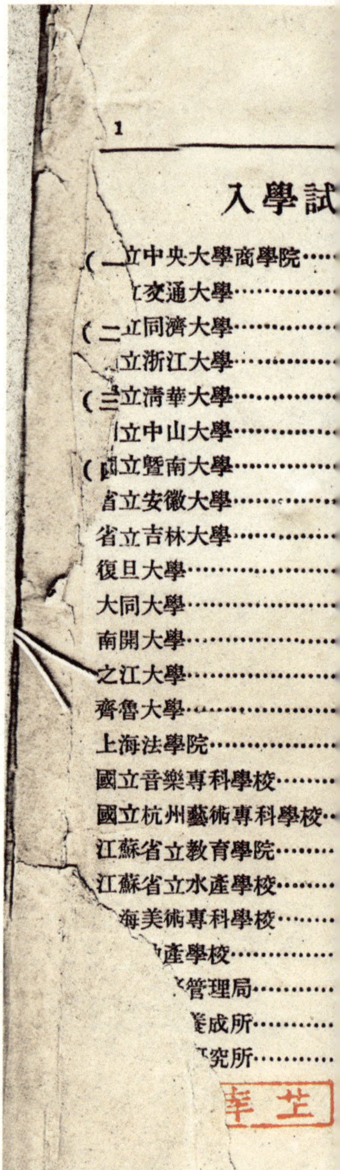
1

入學試

立中央大學商學院
交通大學
立同濟大學
立浙江大學
立清華大學
立中山大學
國立暨南大學
省立安徽大學
省立吉林大學
復旦大學
大同大學
南開大學
之江大學
齊魯大學
上海法學院
國立音樂專科學校
國立杭州藝術專科學校
江蘇省立教育學院
江蘇省立水產學校
海美術專科學校
產學校
管理局
養成所
究所

目錄

光華大學附屬中學

國文試題（初一二）

測驗一 （填字）

一 汝旣愛之，何爲（ ）之？

二 前日大雨如（ ）。

三 男兒做事，當（ ）（ ）磊落。

四 夏天白雲多（ ）。黑雲多（ ）。

五 可學而（ ）（ ）。則坐失良時矣！

測驗二 （別句讀。分段落。述大意）

鄰僅老夫婦二人灌園爲業知余夫婦避暑於此先來通慇懃并釣池魚摘園蔬爲饋償其値不受芸作鞋報之始謝而受時方七月綠樹陰濃水面風來蟬鳴聒耳鄰老又爲製魚竿與芸垂釣於柳陰深處

測驗三 （作文）任作一題

你在家怎樣消夏

夏夜納涼紀事

算學試題（初中一年級）

一	$19.125+0.875=$？	答（ ）
二	$19650\div25=$？	答（ ）
三	$1-0.000647=$？	答（ ）
四	$16+8\div4-2\times9=$？	答（ ）
五	化5小時16分35秒爲秒數	答（ ）
六	$\frac{5}{7}$與$\frac{7}{9}$孰大	答（ ）

310.7/319.5　历史教学法

［美］约翰生·亨利著，何炳松译。

上海：商务印书馆，1932 年 10 月版。一册，大 32 开。

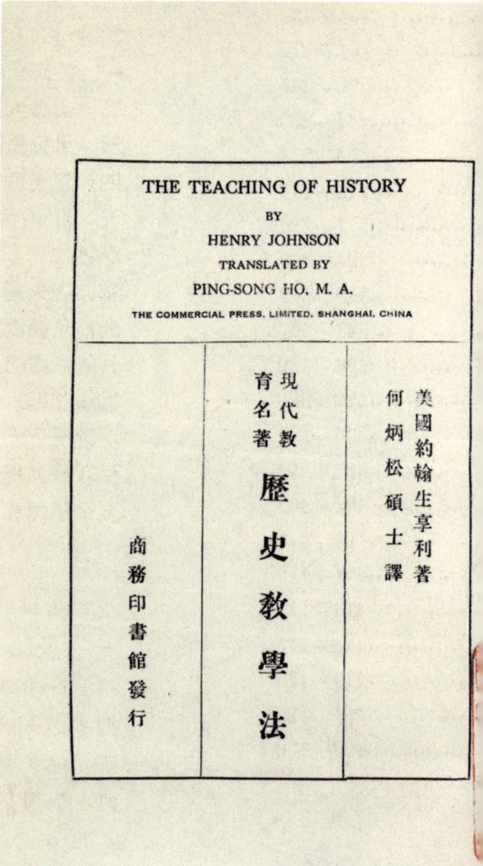
THE TEACHING OF HISTORY
BY
HENRY JOHNSON
TRANSLATED BY
PING-SONG HO, M. A.
THE COMMERCIAL PRESS, LIMITED, SHANGHAI, CHINA

美國約翰生亨利著
何炳松碩士譯
現代教育名著
歷史教學法
商務印書館發行

约翰生·亨利，曾任美国哥伦比亚大学师范院历史教授；译者何炳松，近现代著名史学家和教育家。《历史教学法》是二十世纪初世界教育领域的经典之作。本书前有译者序、编辑导言和著者原序。内容共分十六章，以“何谓历史”开篇，详述各年级课程的分配、欧美各国的历史课程、地图及教科书等的使用、历史与其他学科的关系等，附“历史教授法书目”“历史名著的指南”“参考书选要”等内容。本书初版于 1926 年 1 月，为《现代教育名著》丛书之一。上海市中等学校师资训练班旧藏。

民國二十一年一月二十九日敝公司突遭國難總務處印刷所編譯所書棧房均被炸燬附設之涵芬樓東方圖書館尚公小學亦遭殃及盡付焚如三十五載之經營隳於一旦迭蒙各界慰問督望速圖恢復詞意懇摯銜感何窮敝館雖處境艱困不敢不勉為其難因將需用較切各書先行覆印其他各書亦將次第出版惟是圖版裝製不能盡如原式事勢所限想荷鑒原謹布下忱統祈垂詧

上海商務印書館謹啓

中華民國十五年一月初版
民國廿一年十月印行 國難後第一版

（三一七八）

現代教育名著 歷史教學法一冊
THE TEACHING OF HISTORY

每冊定價大洋叁元貳角
外埠酌加運費匯費

原著者 美國 Henry Johnson
譯述者 何炳松
發行兼印刷者 商務印書館 上海河南路
發行所 商務印書館 上海及各埠

譯者贅言

這本小學中的歷史教學法，為美國哥倫比亞大學師範院歷史教授約翰生亨利（Henry Johnson）所著，係專門教育叢書（Teachers' Professional Library）的一種。這部叢書主編的人為哥倫比亞大學校長白脫拉博士，所以這本書的前面有一篇編輯者的導言。

這本書最初在一九一五年出版，最新的是一九二二年的版，但是內容並沒有什麼增訂。譯者受王雲五、朱經農兩先生的委託翻譯這本書，是在民國十一年的夏天。後來人事匆匆，由北京而杭州而上海，轉瞬兩年有餘方告完竣，未免有負委任。至於譯文自信尚還忠實，不過他能否副委託者的盛意，那祇好請讀者去下判決書了。

譯者原擬於譯完後做一篇導言，但是後來覺得他沒有必要。第一，因為本書的目錄很能提綱挈領，不必再費譯者去做一番總結的功夫；第二，書中條理極明，而且詳盡周密，讀者可以一目了然；第三，譯者很怕做導言的時候，容易將個人的成見參雜進去，反使真相不明，貽誤讀者。譯者個人的私見，覺得這本書的著者顯然屬於美

中华民国二十二年度全国中等教育统计

教育部统计室编。

上海：商务印书馆，1936年版。一册，32开。

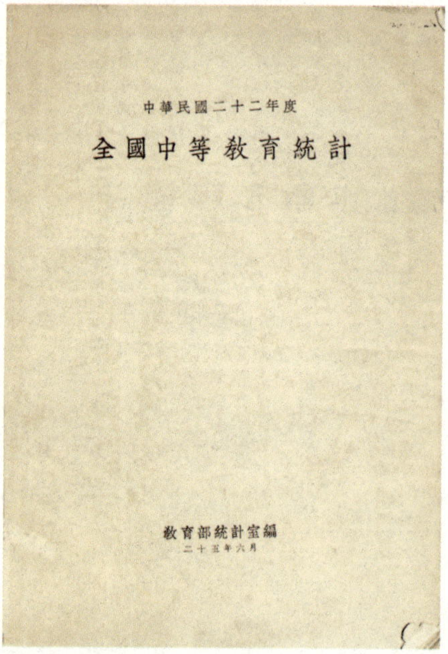

本书根据各省市呈报民国二十二年度中等教育统计表及教育部案卷编制而成。全书分为中等教育概况、中学概况、师范学校概况、职业学校概况、各省市中等教育概况五部分。其中中学分为高级初级合设、高级中学、初级中学三类，师范学校分为师范、乡村师范、简易师范、简易乡村师范四类，职业学校分为农业、工业、商业、家事、其他五类。

例　　言

1. 本編係根據各省市呈報二十二年度中等教育統計表及本部案卷編製而成。

2. 本編分中等教育概況，中學概況，師範學校概況，職業學校概況，及各省市中等教育概況五部。

3. 學校類別係根據中等學校法規分中學，師範學校，職業學校三類。中學包括中學(高初級合設)高級中學，初級中學；師範學校類包括師範學校，鄉村師範學校，簡易師範學校，簡易鄉村師範學校；職業學校類包括職業學校（高初級合設）高級職業學校，初級職業學校；職業學校高級職業學校及初級職業學校內各再包括農，工，商，家事，其他等科。凡招收高小畢業生之舊制短期師範或初級師範均計入簡易師範，其設在鄉村者歸入簡易鄉村師範內計算。職業學校設立兩科以上者，計算校數時就其校名名稱在前之某科計入某科內，其校名未標明所設各科者則就設級數較多之某科計入某科內。

4. 學校經辦主體分爲國立，省立或市立，縣立或市立，已備案私立，未備案私立五種。凡國立大學附設之中等學校，均列入國立項。數縣聯立或共立之中等學校均列入縣市立項下。私立中等學校截至二十二年度終了止(卽二十三年七月底止)，已完成備案手續者計入已備案私立項下，否則計入未備案私立項下。

5. 學校數在計算中學，師範學校，職業學校各類校數均先依照學校標名屬於本類者計算，然後再將由他類學校附設者計入後方括弧內。在綜計全省及全國中等學校校數時，則因有相互附設之關係(如中學類之被附設者卽係在師範學校或職業學校校數數目以內，反之亦然。)凡附設數字概不列入，以期簡明。學級數，學生數，畢業生數均依高初級別及科別詳細分析，惟教職員數，經費數，資產數等項因一時不能依照級別科別分析，祇得以校別計算。

6. 經費數資產價值均以國幣銀元爲單位。

7. 凡實際上缺乏事實或有事實而缺乏數字者，在表格內用橫線表明之如(——)。若具事實並有數字而未塡報者，則在表格內用點表明之如(…)。

8. 遼寧，吉林，黑龍江，熱河四省及東省特別區均沿用十九年度材料，惟資產價值因十九年度未報故闕。四川，西康兩省本年度統計表未據送到，四川仍沿用二十年度材料。西康仍沿用二十一年度材料。貴州省呈報材料未全，所有未報各校仍沿用十九，二十，二十一三年度數字。蒙古，西藏兩地方無中等學校，從闕。

233.2028/417.3　二十二年度全国高等教育统计

教育部统计室编。

上海：商务印书馆，1936 年 2 月初版。一册，32 开。

二十二年度
全國高等教育統計
教育部統計室編
民國二十五年二月

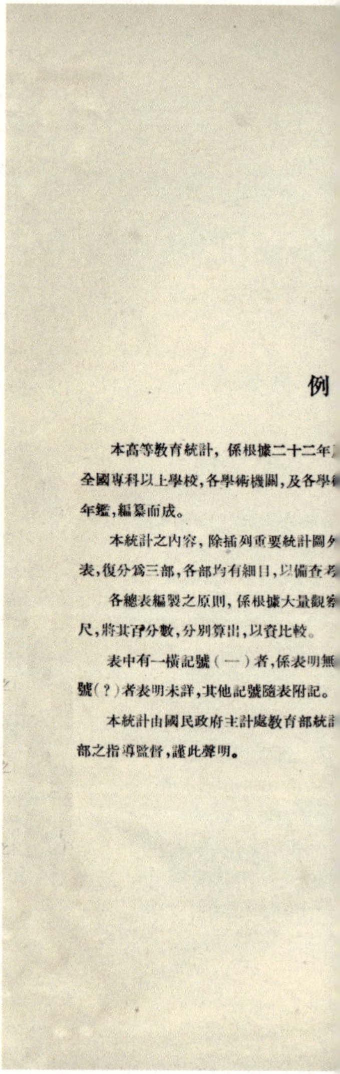
例

本高等教育統計，係根據二十二年

全國專科以上學校，各學術機關，及各學

年鑑，編纂而成。

本統計之内容，除插列重要統計圖外

表，復分爲三部，各部均有細目，以備查考

各總表編製之原則，係根據大量觀察

尺，將其百分數，分別算出，以資比較。

表中有一橫記號（一）者，係表明無

號（?）者表明未詳，其他記號隨表附記。

本統計由國民政府主計處教育部統計

部之指導監督，謹此聲明。

本书根据民国二十二年度（民国二十二年八月一日起至二十三年七月底止）全国专科以上学校、各学术机关，及各学术团体之填报材料，并参考教育部案卷，历年统计及外国年鉴编纂而成。全书共有两编，第一编为说明；第二编为统计表，分为国内高等教育概况及其比较、留学概况、学术机关及团体概况三部分。

月一日起至二十三年七月底止）

並參考本部案卷，歷年統計及外國

編，第一編爲說明，第二編爲統計

除列實數外，並以計算機或計算

號（…）者，表明未據填報，有間

任，關於材料徵集事項，則受教育

二十二年度

全國高等教育統計目錄概覽

（各部另有細目）

插圖

233.2/402　今日各大学的介绍及一九四零年各校入学试题

梁世熙编辑。

北京：强群印刷局，1941 年 4 月初版。一册，32 开。

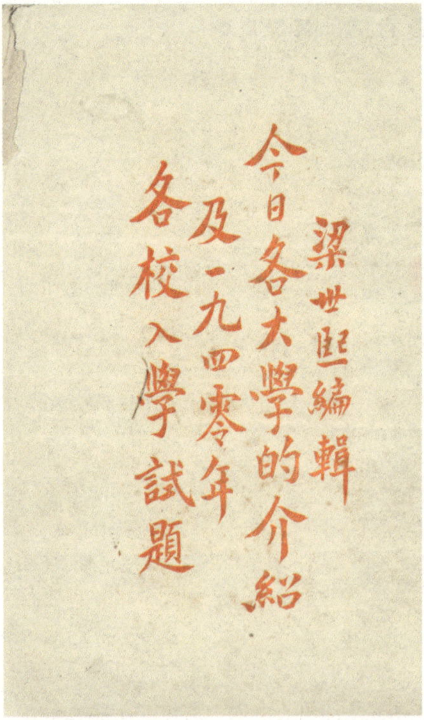

本书为面向投考大学的学生整理各个学校、院系情况的介绍，成书过程中采访了四十余位在校学生，获得了一手资料。全书分为两部分，第一部分为各大学的介绍，涵盖了辅仁大学、北京大学、燕京大学等当时的著名学府，针对每一学校的院系概要、生活情况、考试前准备进行了较为详细的介绍。第二部分为一九四零年各校入学试题集锦，供学生参考。

今日各大學的介紹

目錄

引言

梁世熙

大學教育是人生最重要的一階段，不但直接影響到畢業後的任職就事，就是整個未來在社會上的發展，也大部借重過去在校中受到的教育和學得的課業內容；所以就個人不同的情況，選擇妥善的校系，並不是一件容易的事。事變後，各大學發生顯著的改變，使升學青年又感受一重選擇的不易；同時市面上也不曾見到各校新景況的公開介紹；對某校某系沒有適當認識，便貿然與試入學，過後體會出不相宜時，就不免流露不滿和消極的意態，這樣的情形不僅是個人的不幸，也是社會的損失，所以作者不揣棉薄，輯成這部介紹文字，願做投考同學的補助。

這裡應該感謝范翼熊，董行佺，姜沛長，唐振紀，孫良瑋，胡國樑，王安碩，李偉林，徐純扮，褚會恩，楊辛民，張君孚，王培忠，譚硯平，汪景，龐何偕，白嶼雲，劉伯暹，唐貫織，孔建德，秦逸臣，奚適青，SC，MC，等四十餘位熱心的友朋；他們都是各校的學士和高材生，在課務繁忙中給予文稿與搜集上重大的幫忙。

這本書的材料是很豐富的，若照原稿完全付印時，將是現在的七倍有餘，但為讀者時間和經濟上的便利，不得不極力簡約，於是各友朋詳盡的內容，便不得直接與讀者相見，而代以世熙簡略的記述

234.7/622　职业教育 ABC

潘文安著。

上海：ABC 丛书社，1929 年 1 月版。一册，32 开。

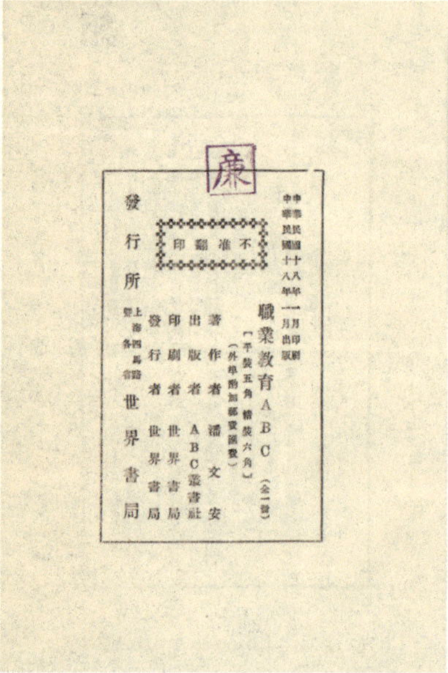
康

中華民國十八年一月印刷
中華民國十八年一月出版

職業教育ＡＢＣ（全一冊）
【平裝五角 精裝六角】
（外埠酌加郵費匯費）

不准翻印

著作者 潘文安
出版者 ＡＢＣ叢書社
印刷者 世界書局
發行者 世界書局

發行所 上海四馬路 各省 世界書局

潘文安，嘉定人，曾任上海职业指导所董事。此书论述了职业教育的理论和设施，包括其起源、目的、演进、分类等内容，是一部全面的职业教育读本。书中注重图表的应用。此书为《ABC 丛书》之一种。

有六處；總共一千六百六十六個。這個兩年裏頭，雖然沒有調查，沒有調查報告，但是我想一定又增加了不少，現在姑且把十四十五年所製的統計表，排在下面，供注意職業教育的人的

參考：

十四年度全國職業教育機關統計表 十五年五月製

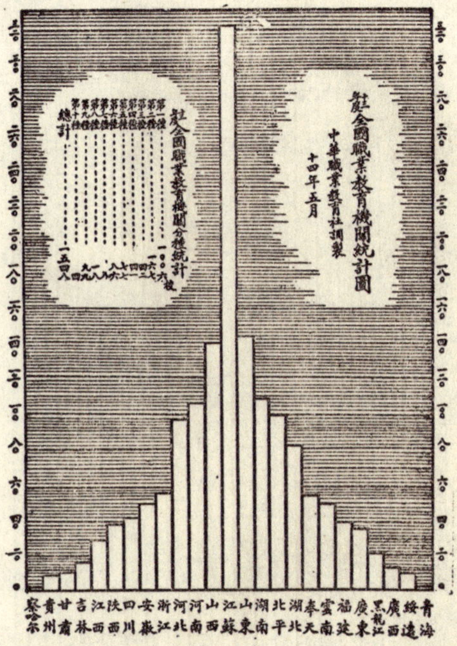

234.7/622A　女子职业指导

潘文安、孙祖城编。

上海：商务印书馆，1930年11月初版。一册，32开。

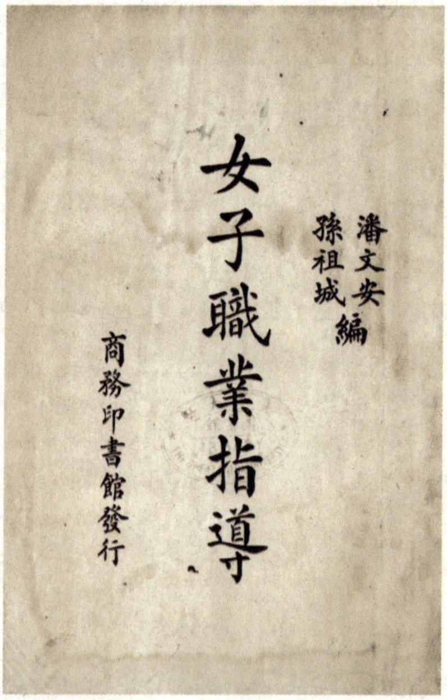

潘文安，上海职业指导所董事。孙祖城曾任私立清华中学校长。妇女解放运动促进了民国时期女子职业教育的兴起。该书序言提到女子职业对其社会地位的提高有着关键性作用。书中论及女子职业指导的理论、基础、特殊问题和实施等方面，架构完整，较多地吸收了欧美女子教育的成果。

第一編　女子職業指導之理論

第一章　女子職業指導之意義

女子職業指導一名詞，以演繹法解釋之先有職業，而後有指導，有了職業指導，從共同普遍處，再進而有男女之分。女子職業指導整個的意義乃從『職業』『指導』和『女子的』三方面歸納成功。能確定這三方面的立說，就不難明白了。

經濟學見解釋職業的眞義爲：『在一定方式下，獲得生活資料所發生的行爲。』牠的對象是經濟，所以偏重個人的衣食住行。我們如以名詞表形的含意推測起來，覺得獲到大量財資僅爲功利的傾向，不足包括職業全部的意味。

查英文字典，找職業兩字怎樣講？牠的註解是：『任何人費一部分時或終身之歲月，去經營生

234.704/590　中国职业教育问题

廖世承编。

上海：商务印书馆，1929 年 5 月初版。一册，32 开。

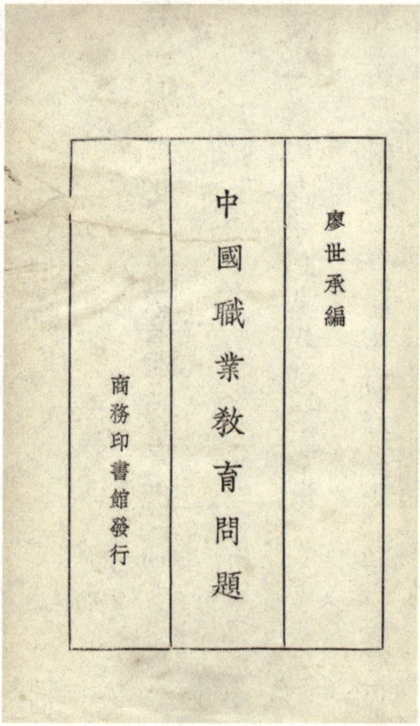
中國職業教育問題

廖世承編

商務印書館發行

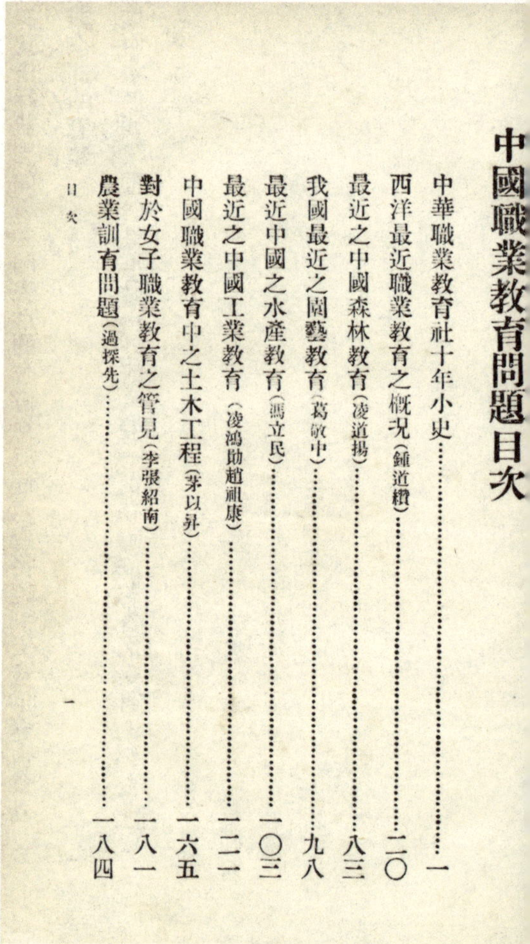
中國職業教育問題目次

目次　一

本书作者廖世承为中国近现代著名的心理学家和教育家。该书由十六篇论文组成。主要涉及的问题有中华职业教育社的历史，西方职业教育的现状，中国在森林、园艺、水产、土木工程、农业、商业领域的职业教育问题，中小学职业教育纲要，等等，是研究廖世承职业教育思想的重要资料。

中國職業教育問題

中華職業教育社十年小史

本社之立，揭櫫職業教育三大目的：一曰爲個人謀生之準備；（使無業者有業，有業者樂業。）二曰爲個人服務社會之準備；三曰爲國家及世界增進生產力之準備。於其事業亦標舉三大目的：一曰推廣及改良職業教育；二曰改良普通教育，俾爲適於生活之準備；三曰輔導職業之改進。綜合言之，後者之三大目的，即所以實現前者之三大目的。先是，當民國二三年間，教育界同人覺各地

234.3/700　乡村教育概论

卢绍稷编著。

上海：大东书局，1932 年 7 月初版。一册，32 开。

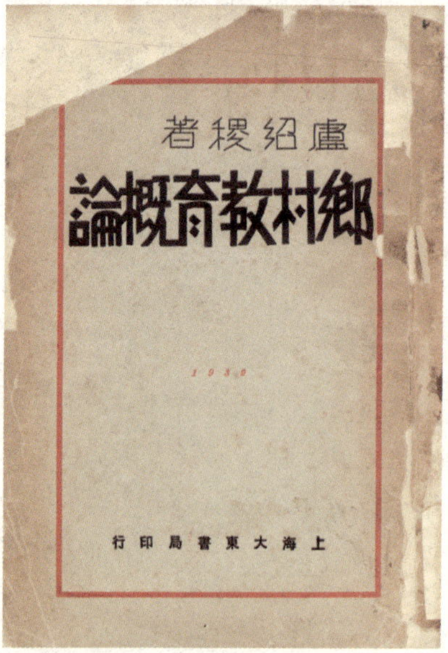

本书作者卢绍稷为民国教育家。全书共七章，分别为绪论、乡村学校教育、乡村社会教育、乡村教育经费、乡村教育调查、乡村教育之新趋势、结论。末有附录。

鄉村教育概論

盧紹稷編著
江恒源校閱

1932

上海大東書局印行

鄉村教育概論 目次

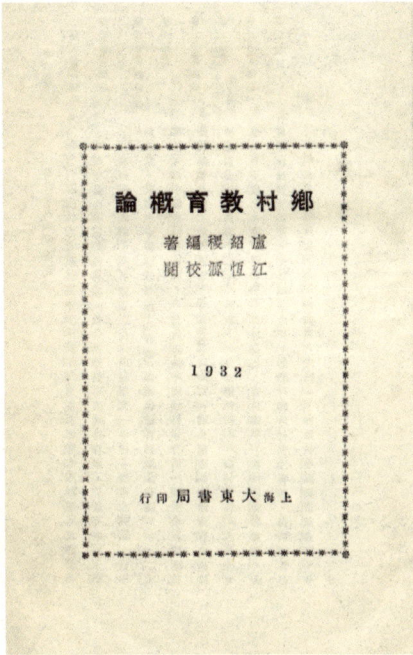

鄉村教育概論

第一章 緒論

第一節 鄉村教育之重要

鄉村教育者，蓋在鄉村舉辦之教育事業也。總其要點，可分四項述之：

（一）國民教育機會必須均等 （a）我國學齡兒童，據民國十二年，中華教育改進社之調查，數有八〇、〇〇〇、〇〇〇人，已在學校者，祇有七、〇〇〇、〇〇〇人，尙餘七三、〇〇〇、〇〇〇學齡兒童。以鄉村人民佔全人口三分之二推之（民國十一年農商部刊行之農商統計表，載中國全國農戶爲數四六、七七六、二五六家，今假定每家五口

234.3/428　乡村教育经验谈

张宗麟编著。

上海：世界书局，1932年9月初版。一册，32开。

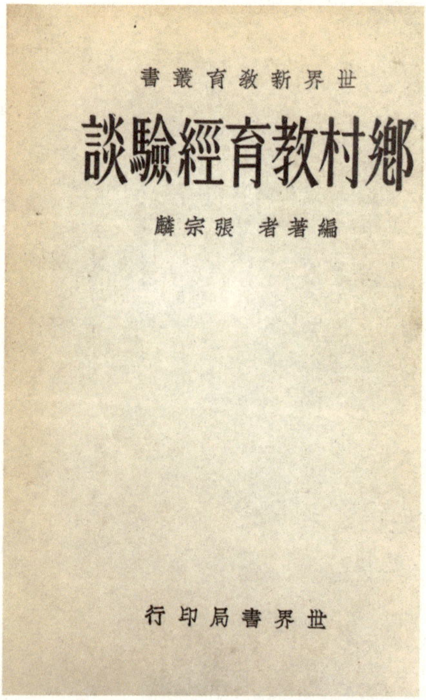

张宗麟，浙江绍兴人，出生于江苏宿迁，中国著名的幼儿教育家。该书分三十章，是作者与志同道合者实践乡村教育的经验总结，前有自序一篇，交代主要内容和付梓缘起，扉页题“纪念为乡村教育而死的师友们”。本书为《世界新教育丛书》之一种。光华大学图书馆旧藏。

自序

照例一本書寫完作者應該要寫一篇序文，有的加一篇凡例，這些文字的用意，就是作者與讀者先打一個招呼。我現在也來和鄉教同志或喜歡鄉村教育的讀者，打一個招呼，然後再請逐章指教！

第一，這本書是我本人以及我的師友們，實地幹鄉村教育的經過情形。書中轟轟烈烈的聯村運動會，滑稽的新年遊行，辯論鋒利的研究會……等都是事實；還有捉蛇的石先生夫妻學校的陸先生以及沒有官氣的教育局長，肯虛心研究的指導員，也都是實有其人，此書出版以後，倘若諸位舊同志看到自己諧音的姓名，回想當年我們共同赤脚挑糞，與兒童們在山上樹林下翻觔斗，與農友們在中心茶園圍爐談心等情形，大家都會笑起來。但是想到短命而死的同志，也大家都會難過吧！我沒有別的東西可以獻給已死的同志，——有幾位實在配稱鄉教先烈——謹以此書作爲紀念。

第二，我的計劃本來想把經過的整個事實都寫出來，如鄉村師範，鄉村幼稚教育，鄉村教育的行政，以及許多曾經着手的生產教育等，爲着我近來生活的不安定，在時間上與精力上，只允許我先把關於小學的一部分

234.3/550.2　中国新乡村教育

雷通群著。

上海：新亚书店，1932年12月初版。一册，32开。

雷通群，教育社会学家、教育史专家。全书十六章，涉及中国乡村教育的背景，乡村教育行政、经费、教师以及班级的编制，课程与教学等诸多问题，核心内容是主张社会化的中国新乡村教育。本书为章益、郭人全主编《黎明乡村教育丛书》之一。

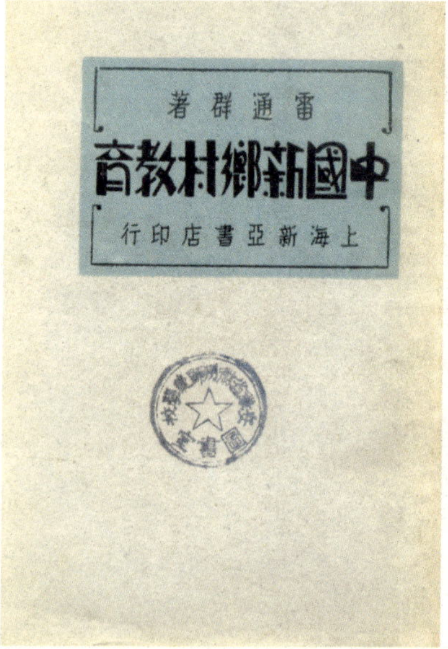

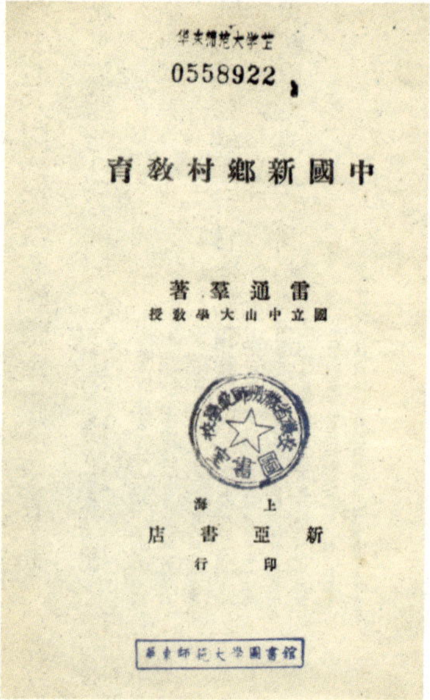

第一章　中國鄉村教育的背景

第一節　農業立國的淵源

距今約五千年前，中國本部早有人類棲息，黃河與揚子江的流域，其先是被苗族佔據，我漢族自中央亞細亞高原出發，道經東北，以遊牧爲事，逐水草而遷徙，厥後南下，抵黃河之沃野，始算定居。漢族既以黃河流域爲發達之基礎，故極早脫漁獵遊牧之習，而從事於耕稼，亦猶埃及藉尼羅河之天惠，早已進於文明。揚子江一流域，雖自東晉歷南北朝隋唐以後，始逐漸發展，然與黃河分化後先爲中國文明之兩大中心，數千年之以農立國，實植基於此。揚子江之較於黃河，雖有舟楫之利，略便於國內通商，然其懋遷有無，始終不離農產品之漕運，未曾利用何種原料以成工業製造品，所以未進於貨幣

234.3/412p　乡村民众教育

郭人全编。

上海：黎明书局，1934 年 6 月初版。一册，32 开。

郭人全，著名乡村教育家。全书八章，主要讲述了乡村民众教育的意义、发展、实施与实验。附录六篇。本书作为乡村教育的普及性读物，是研究这一时期乡村教育的重要史料。此书为《黎明乡村教育丛书》之一。

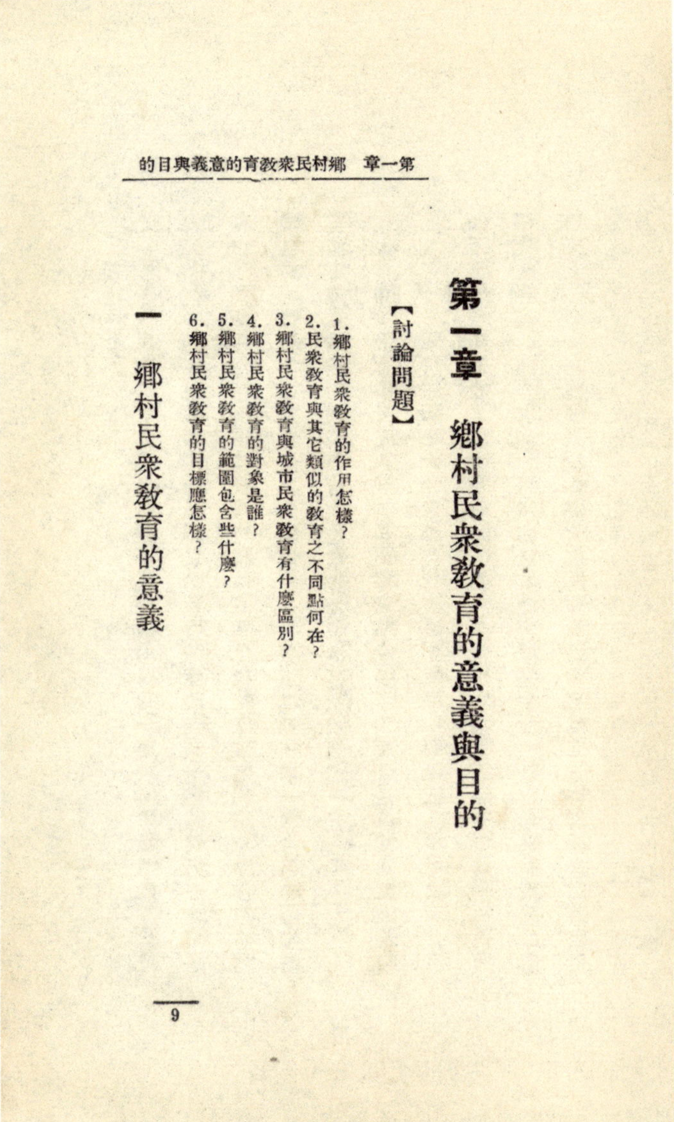

第一章 鄉村民衆教育的意義與目的

【討論問題】

1. 鄉村民衆教育的作用怎樣？
2. 民衆教育與其它類似的教育之不同點何在？
3. 鄉村民衆教育與城市民衆教育有什麽區別？
4. 鄉村民衆教育的對象是誰？
5. 鄉村民衆教育的範圍包含些什麽？
6. 鄉村民衆教育的目標應怎樣？

一 鄉村民衆教育的意義

240/352C　大时代社会教育新论

马宗荣著。

贵阳：文通书局，1941 年 10 月初版。一册，32 开。

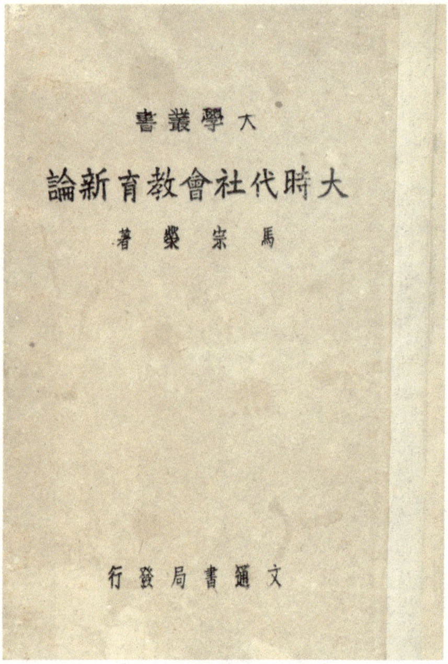

本书作者马宗荣是中国著名的社会教育学家。全书分七讲，内容包括社会教育认识论、成立论、目的论及课程论、方法论、机关论、战时社会教育论、学校兼办社会教育论七个方面。末附附录。该书系统地阐述了教育家马宗荣的社会教育思想。

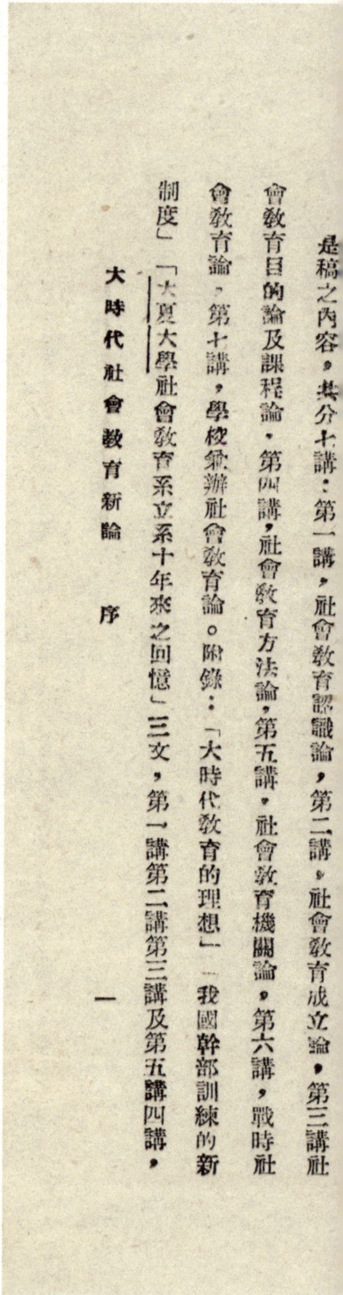

是稿之內容，共分七講：第一講，社會教育認識論，第二講，社會教育成立論，第三講社會教育目的論及課程論，第四講，社會教育方法論，第五講，社會教育機關論，第六講，戰時社會教育論，第七講，學校兼辦社會教育論。附錄：「大時代教育的理想」「我國幹部訓練的新制度」「大夏大學社會教育系立系十年來之回憶」三文，第一講第二講第三講及第五講四講，

大時代社會教育新論　序　一

序

我國對日抗戰發生以後，國內人士，風起雲湧地提倡教育的改造：有主張將平時的教育中止，而另實施一種戰時教育的；又有主張教育爲百年大業，不應分平時與戰時的。余認爲一國的教育，必有其歷史性及時代性：在平時然，在戰時亦然。故余於民國二十八年夏曾著有大時代的教育一書（商務印書館印行）提倡民族國家教育，於繼續努力恆常課題的民族國家教育之下，更努力於非常時課題的民族國家教育，以期抗戰必勝，建國必成。

當時，貴陽各大學，訓練所，講習會先後約主講「抗戰時期的社會教育」來商，余因本乎
討，以求能確實了解，而資應用。

（六）本著各講之末，均有多數研究問題，共計達三百餘問，以備讀者一一智發而資體驗。

大時代社會教育新論目次

中華民國三十年十月初版

大學叢書　大時代社會教育新論一冊

每部戰時售價國幣一十六元

版權所有　翻印必究

著作者　馬宗榮
本叢書主編者　馬宗榮　謝六逸
發行人　華問渠
印刷所　文通書局　貴陽西郊東家山七號
發行所　文通書局　貴陽中華北路五七號

本書係在貴陽印刷一切材料均由省外運來所需運費甚鉅而貴陽生活又復高漲成本因以增加現售價目包括運匯各費在內本埠售價照不加成外埠函購照郵局所需寄費實數另收

頁	行	字	誤	正
三五四	七	八	中道。	中說道：
三五四	八	一七	的心	的中心
三五四	八	三三	主張	主張
三五四	九	一	體	體
三五四	一〇	二五	體	體
三五五	七	一四	攻	放
三五五	九	四〇	了	（刪去）
三五六	六	一六	文，渦	文人渦
三五六	九	三八	白	百
三五六	一一	一〇	家教育思想	教育思想家
三五八	四	三七	唾棄	唾棄
三五九	七	三	徒彰	徒驚
三六〇	二	四	然才	然後才
三六〇	二	三五	，化	化，
三六〇	五	一三	則原	原則
三六一	一〇	二三	急略	忽略
三六三	三	四〇	抗述	抗戰述
三六三	一一	二七	悉	（刪去）
三六五	三	二七	困	因、
三六八	一一	三	的	（刪去）
三六九	八	一二	部，訓	部訓
三六九	八	二六	中央訓練	中央訓練團
三七一	一二	一二	。	，
三七八	五	二	個	個
三八〇	七	一	內	的

231.8/441A　家庭教育

陈鹤琴著。

上海：商务印书馆，1933 年 2 月版。一册，32 开。

本书作者陈鹤琴为中国著名儿童教育家、儿童心理学家。全书共十二章，阐明了家庭教育所需的知识、技能、方法、原则等，并对儿童的心理、卫生习惯、娱乐、情绪、待人接物、奖惩、智育等论题进行了深入探讨。本书收入《东南大学教育科丛书》。

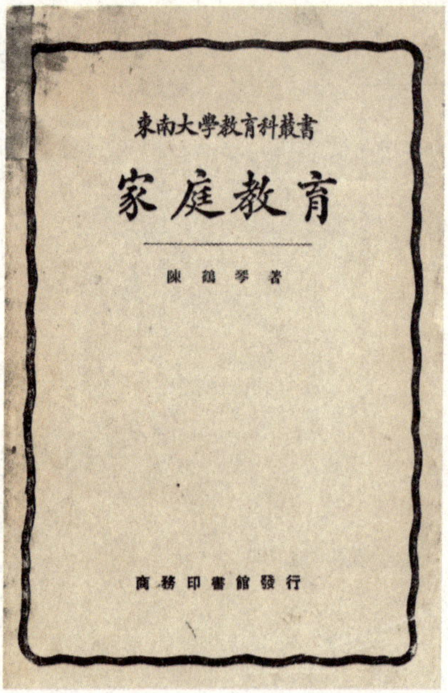

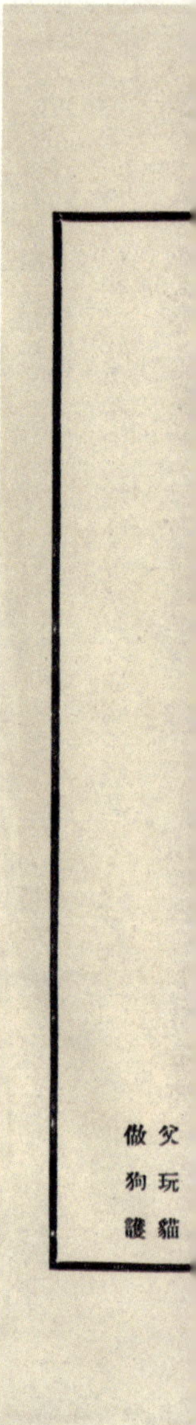

小朋友

小孩子拿
貓的脚爪
你好嗎?」

同貓狗作伴侶;
須要清潔的,馴
從小豢養的。
當使小孩子得着與貓
應當使小孩子得着愛
發展他同情的美德。

民國二十一年一月二十九日敝公司突遭國難總務處印刷所編譯所書棧房均被炸燬附設之涵芬樓東方圖書館尚公小學亦遭殃及盡付焚如三十五載之經營隳於一旦迭蒙各界慰問督望速圖恢復詞意懇摯銜感何窮敝館雖處境艱困不敢不勉爲其難因將需用較切各書先行覆印其他各書亦將次第出版惟是圖版裝製不能盡如原式事勢所限想荷鑒原謹布下忱統祈垂鑒

上海商務印書館謹啓

版權所有翻印必究

中華民國十四年七月初版
民國廿二年二月印行 國難後第一版

東南大學教育科叢書 家庭教育一冊

每冊定價大洋捌角
外埠酌加運費匯費

著作者 陳鶴琴
發行兼印刷者 上海河南路 商務印書館
發行所 上海及各埠 商務印書館

231.8/491　家庭教育之理论与实际

黄觉民编。

长沙：商务印书馆，1939 年 8 月再版。一册，32 开。

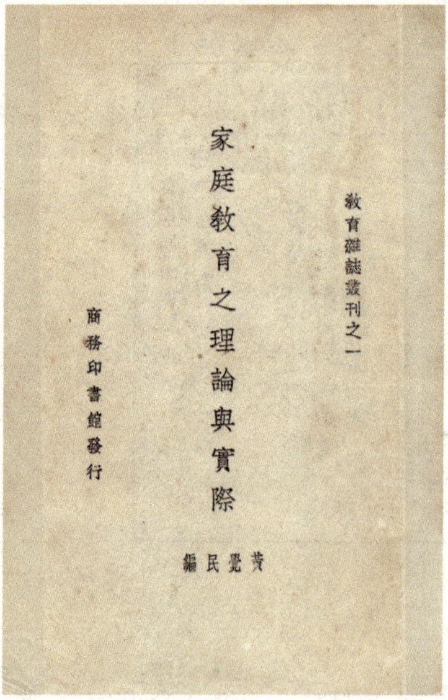

本书作者黄觉民为中国近现代教育家，在心理学领域贡献尤大。全书由陈碧云、萧孝嵘、陈鹤琴、盛朗西、高君珊、冯邦彦、陈意、吴叔班、吴南轩、赖斗岩、龙澜真、方万邦、何静安、李啸云等人撰写的探讨家庭教育的十九篇论文构成。这是民国期间儿童家庭教育理论研究重要成果的集合，为《教育杂志丛刊》之一。

所負責教育，夜間歸父母教養，所中專家要與家庭取得極爲密切的聯絡，家中父母要勇於接納專家的指導，與專家合作實施家庭的教育。這樣則兒童既可受到專家的正當教育，復能得到父母的偉大親愛。似乎是比較完善的辦法，未知讀者以爲何如？

黃覺民二十六年二月十日

目次

家庭教育的理論與實際

陳碧雲

兒童是人類之花，是社會的繼承者，這是大家所公認的，但怎樣纔能使我們的兒童，我們的「花」不致中途衰萎夭折，而能繁榮滋長，結成碩大無朋之果呢？顯然地，這除了像花匠精心栽培花一樣來培植我們的兒童而外，是沒有別的方法的。

一 家庭教育之重要

在目前，家庭還是社會組織中最基本的單位，我們人類從非洲最落後的土人到最先進的資本主義國家，絕大多數的人民，差不多百分之九十九的人民還依然站在這個基本的單位（家庭）過着這種傳統式的家庭生活的時候，不待說兒童們唯一的教養場所也是家庭。雖然現時的家庭是在日益衰頹殁落，但兒童除了它以外，還沒有其他可依歸的地方，這是非常明顯的。

234.74/21　小学农事指导法

王琳编著。

上海：世界书局，1939年10月初版。一册，32开。

此书主体内容为作者指导小朋友农事实践的经验和札记文字，对于农事活动在小学的推广，相关材料的准备，以及设备、管理、考查等工作都有论及。其中还提到了种蚕豆、捉蝗虫等具体实例，细致有趣，富有启发性。

第一章 小學與農事

第一節 小學與農事推廣

農業生產對於人生有兩種關係：一、個人生活所仰給；二、構成社會經濟的工商業原料所從出。中國以農立國著稱於世，農業生產應該非常發達，國家對於農業的扶助也應該有極嚴密的組織。可是事實不是這樣，自從資本主義侵入後，中國的農業，已經到破產的地步了。

查十八年海關報告，米輸入價達五千八百九十餘萬兩，小麥輸入價達二千一百四十餘萬兩，麵粉輸入價達六千二百九十餘萬兩，眞令人不寒而慄。農事不修，產量因之日絀，農智未啓，生活無由改良。以號稱農業國之中國，而糧食的供給，尚仰給於外國，這不是農業破產的現象嗎？

以農業立國而農業衰落到這樣，這是最危險沒有的，我們將如何去挽救呢？美國中部阿薩斯省，現在農業頗發達。幾十年前，有一農事顧問常勸農民施行新法，農民終置之不理。他就用事實來引導：把玉蜀黍種子分給小學兒童，叫他們商借一方地來施種，隨時指導種法，到收穫時候，開一個玉蜀黍比賽會，請學生

245.33/143.3　足球成功术

［英］亨脱著，吴福同译。

上海：勤奋书局，1933 年 3 月初版。一册，32 开。

亨脱是著名足球家，曾任牛津大学足球队代表。该书讲述足球的基本练习，以及作战攻守策略，强调整体与个体的协同关系，简洁明了。此书收入《体育丛书》。

（第五圖）

（第七圖）本圖乃繼續第六圖之動作，爲球正着地之一刹那間。

（第八圖）本圖係第七圖之完成，右腳已移向左腳之前，正在盤球前進。

（第六圖）

此點當然由於越位新規則所致，因在新規則下，前鋒可以更爲深入，結果五前鋒並不全線一致，以盤球傳球之法運球前進，而大抵由內鋒遠傳於三前鋒中之一。我人若果欲評定此陣式改變之價值，祇須一查勝負記數球表。今日兩翼勝球之多，遠過於內鋒，幾可與中鋒並駕齊驅。其原因則以內鋒之工作，現與進攻時之前衛相爭，而其進攻之勝利，蓋不恃乎全線行動之準確，而恃乎突然進僕，出其不意，攻其無備。

第二節　W陣之危險

此種進攻式，若在球藝專精之人，極有成效，因可使球工作，即將盤球與奔跑兩者，減其最低限度，而藉兩內鋒遠傳與中鋒及兩翼之法前進。故其進攻異常迅疾，因球在空中飛行，（或沿地面而行更佳）自較人之盤帶爲速也。結果使敵之守衛方面，不能確知第二危險之所在。然如

圖解三　左翼已擺好姿勢，行將傳中，注意兩內鋒在後面。敵之右前衛已失敗，右後衛出而搶奪。

上文所述，必須有極優之前衛線，方能充量，則用此法，第一因實際進攻之前鋒，已減至三人，而並非五人，故此進攻之三人，顯然須與三人不同，因除守門而外，須以三人之力，與正個守衛爲敵，而破其防禦也。

第一，此三人必須有良好之射門工夫，左右足皆能發射，因汝雖可希望內鋒或前衛隨時攻進一球，然而汝所倚賴以勝球者，將以此三人爲主。第二，三人必須有絕對之管球

245.69/164F　太极正宗

吴志青编，陈微明、胡朴安评定。
上海：大东书局，1936 年 9 月初版。一册，32 开。

吴志青，徽州人，近现代武术思想家。他参加过国民革命军，提倡武术的教育性、科学化及实用性，积极投身武术教育实践。此书收入《尚武楼丛书》第三编。

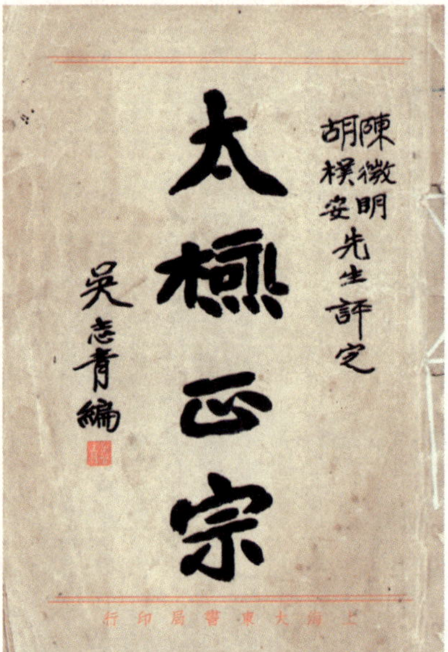

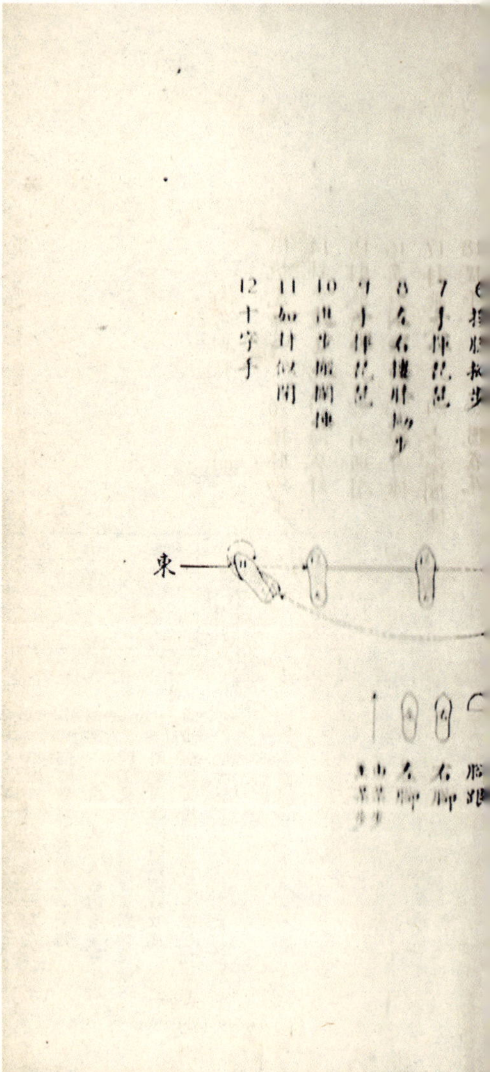

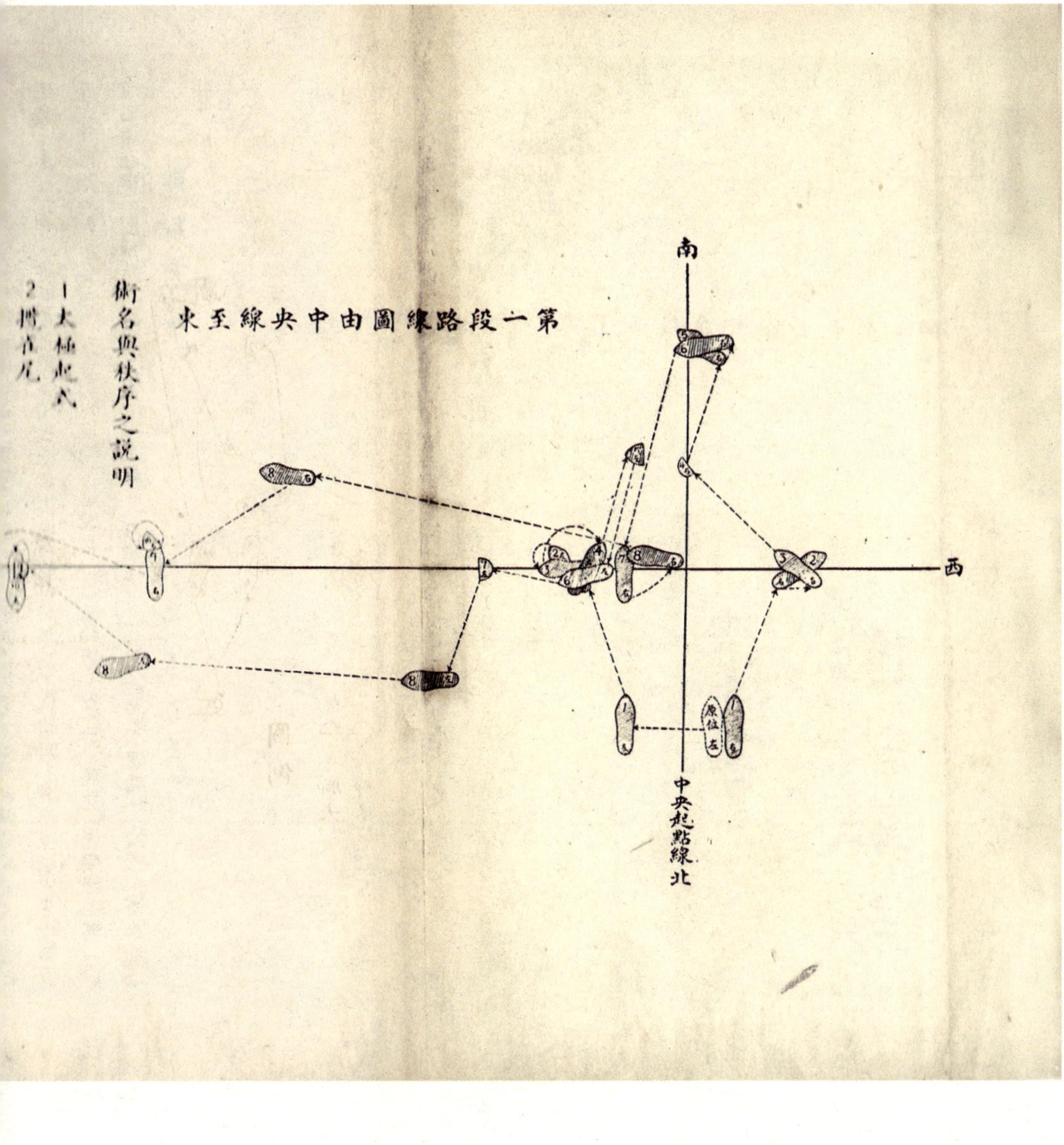
第一段路線圖由中央線至東
南
西
中央起點線
北
術名與秩序之說明
1 太極起式

245.69/72.1　国术战迹

田弘毅等编辑。

济南：求是月刊社，1936 年 3 月版。一册，32 开。

国术，是民国时期对武术的称谓。该书是青岛、济南两地一次笔战的文章汇编，围绕栾秀云在山东第三届国术省考上表演的优劣展开。篇幅大多短小，文辞尖利。

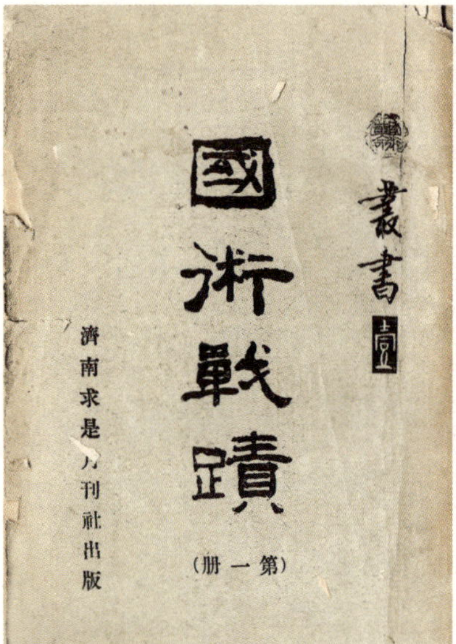

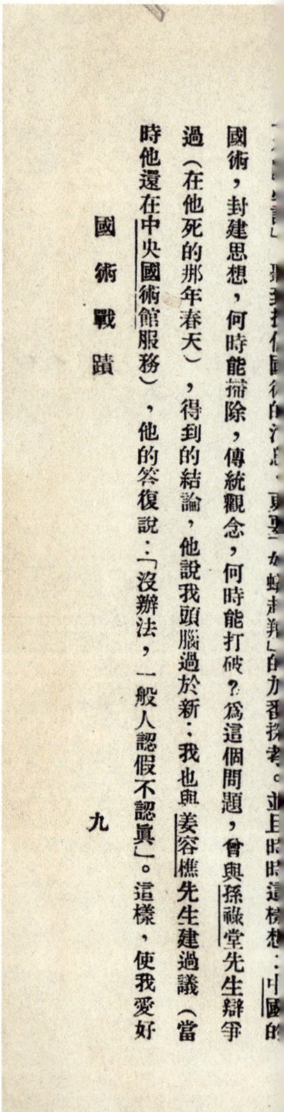

國術，封建思想，何時能剷除，傳統觀念，何時能打破？為這個問題，曾與孫祿堂先生辯爭過（在他死的那年春天），得到的結論，他說我頭腦過於新：我也與姜容樵先生建過議（當時他還在中央國術館服務），他的答復說：「沒辦法，一般人認假不認真」。這樣，使我愛好

國術戰蹟　　九

幼稚低陋，實覺可憐！亦復可笑。曾函知該刊發行人田鎮峯提出責問，並函陳令師寶老前輩力主正義，（附抄致田原函）又函民國日報台察評述，請吾　友至令師處查閱致田原函，再懇向民國日報主腦者接洽，最好將妹之原函全文登出，使田知所警惕，素稔吾友熱忱異常，幸希鼎力幫助至感！並望迅賜　教示，敬請

冬安。

妹欒秀雲謹上十一月二十一日

＊　＊　＊　＊　＊

答欒秀雲

志然

秀雲女士：

妳給田主幹（田鎮峯先生是健康實驗學社的主幹）的信，在他的意思，本不欲答覆妳，然我既是本社的幹事之一，同時又覺得妳幼稚的可憐，故此才不惜光陰的來向妳作一簡短的談話，實在說來，是爲國術前途。

不過當眞田主幹不復妳，我也不復妳，那不把妳悶壞嗎？如此說來，旁人定以爲我是顧憐妳，其實不是，還爲的是國術前途。研究欄既是我主編，若不答覆的話，或有人疑爲我「見小敵怯」（漢書劉秀平生見大敵勇，見小敵怯）！問到良心和責任上，也實在不許可；尤其是我素所景仰的欒女士，既走到「瞎馬深池」地險境，那能說袖手旁觀呢？

我對女士的認識，並不是在運動場上，是在國術省考特刊，與金警鐘主編的國術週刊上

语言文字

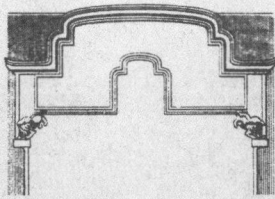

412.3/21.3　中国现代语法

王力著。

上海：商务印书馆，1947 年 2 月版。二册，32 开。

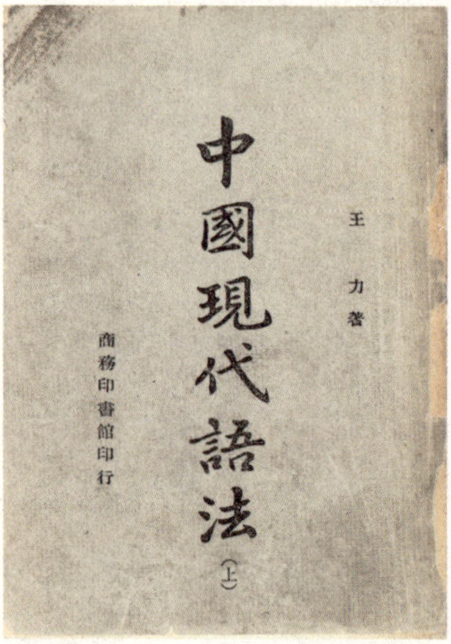

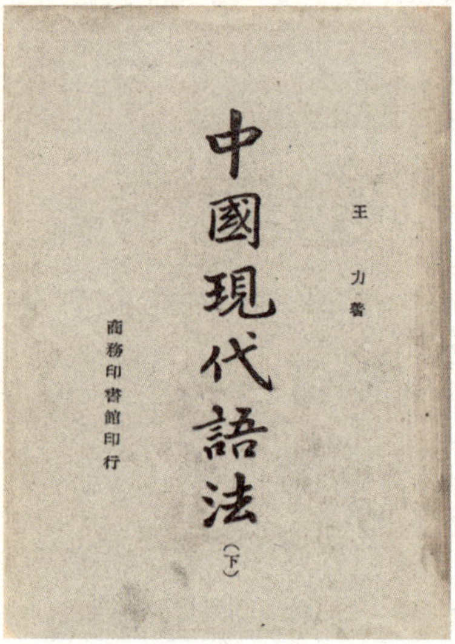

本书作者王力是中国语言学家、教育家、翻译家，为中国现代语言学奠基人之一。全书共六章，主要研究造句法、语法成分、替代法和称数法、特殊形式、欧化的语法等论题。书前有朱自清序和作者自序，末有附录。该书是民国汉语语法研究的重要成果。

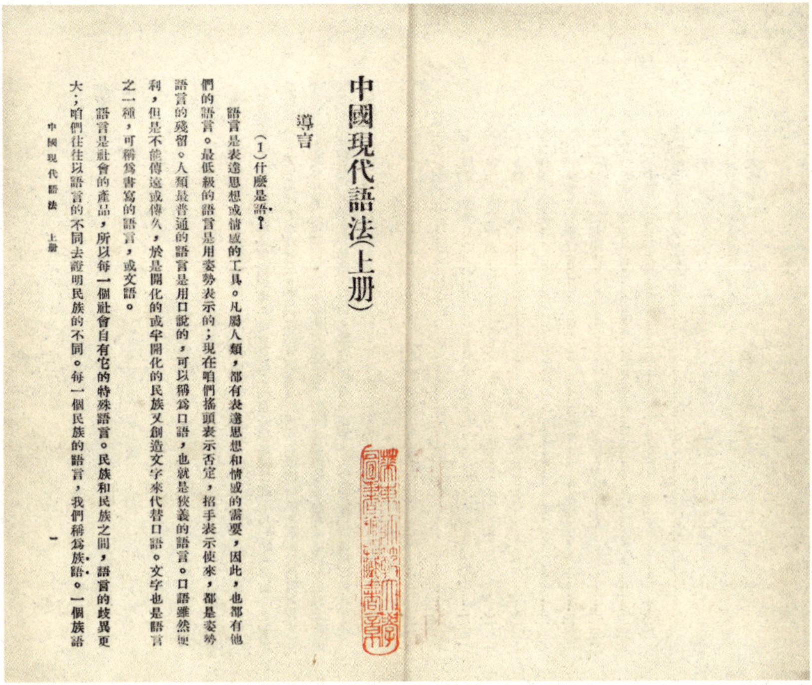

中國現代語法（上册）

導言

（1）什麼是語？

語言是表達思想或情感的工具。凡屬人類，都有表達思想和情感的需要，因此，也都有他們的語言。最低級的語言是用姿勢表示的；現在咱們搖頭表示否定，招手表示使來，都是姿勢語言的殘留。人類最普通的語言是用口說的，可以稱爲口語，也就是狹義的語言。口語雖然便利，但是不能傳遠或傳久，於是開化的或半開化的民族又創造文字來代替口語。文字也是語言之一種，可稱爲書寫的語言，或文語。

語言是社會的產品，所以每一個社會自有它的特殊語言。民族和民族之間，語言的歧異更大；咱們往往以語言的不同去證明民族的不同。每一個民族的語言，我們稱爲族語。一個族語

中國現代語法　上册　一

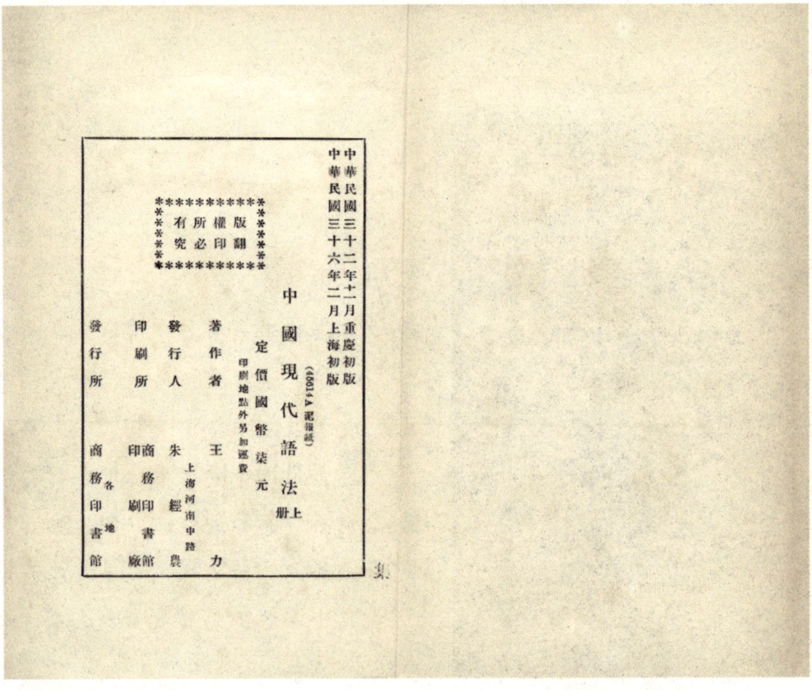

中華民國三十二年十一月重慶初版
中華民國三十六年二月上海初版

中國現代語法　上册
（46614A 記報紙）

定價國幣柒元
印刷地點外另加運費

著作者　王力
發行人　朱經農
上海河南中路
印刷所　商務印書館印刷廠
發行所　商務印書館
各地

412.1/21　中国音韵学

王力著。

上海：商务印书馆，1937 年 8 月初版。二册，32 开。

本书作者王力是中国语言学家、教育家、翻译家，为中国现代语言学奠基人之一。全书共四编七章，内容包括语音学常识、中国音韵学名词略释、等韵学、广韵、古音、广韵后的韵书、现代音等。该书是研究中国音韵的重要资料，属于《大学丛书》。

中華民國二十六年八月初版
◆(45064B裝)
大學叢書(教本) 中國音韻學二冊
下冊實價國幣叁元五角
外埠酌加運費匯費
著作者 王力
發行人 王雲五 上海河南路
印刷所 商務印書館 上海河南路
發行所 商務印書館 上海及各埠

◆E一〇四三

貫；雖多採自他人，然既經著者剪裁，亦卽代表著者本人之意見。 初學者先從此尋求，基礎旣立，然後以本書之學說衡量諸家，庶免無所適從之病。 至於已精此道者，將以其卓識衡量是書，又當別論。

目 錄

第一編 前論

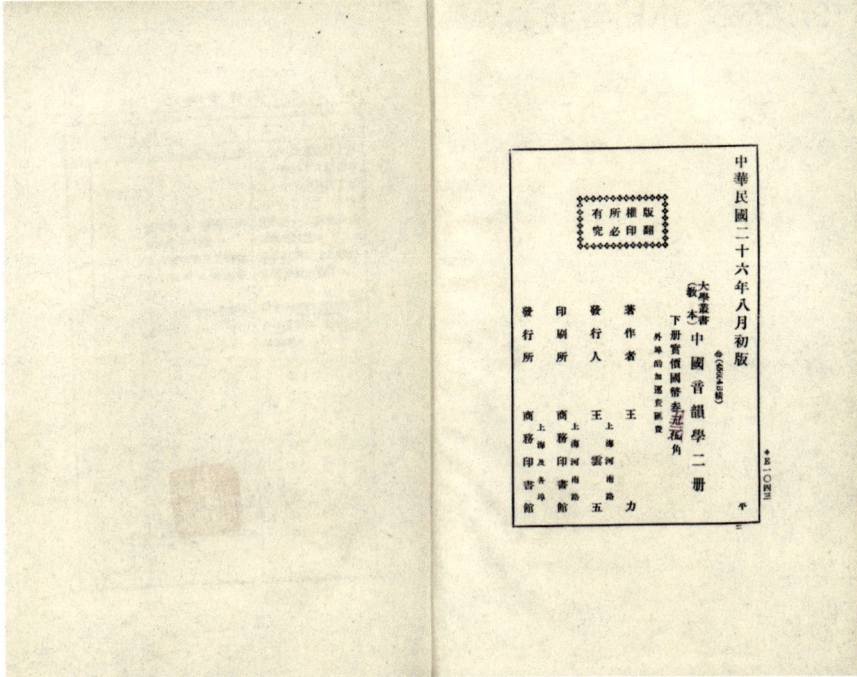

412.1/332　中国音韵学研究

［瑞典］高本汉著，赵元任、罗常培、李方桂合译。
长沙：商务印书馆，1940年9月初版。一册，16开。

本书作者高本汉是瑞典著名的汉学家。译者赵元任、罗常培、李方桂，都是富有成就的语言学家。全书共四卷：第一卷古代汉语，第二卷现代方言的描写语音学，第三卷历史上的研究，第四卷方言字汇。此书作为中国近现代音韵学史的开端，是音韵学领域重要的资料。属于丛编《中华教育文化基金董事会编译委员会特刊》之一。

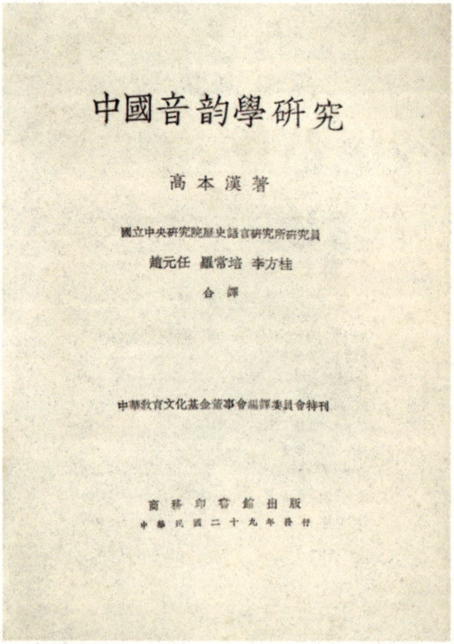
中國音韻學研究

高本漢著

國立中央研究院歷史語言研究所研究員

趙元任　羅常培　李方桂

合譯

中華教育文化基金董事會編譯委員會特刊

商務印書館出版

中華民國二十九年發行

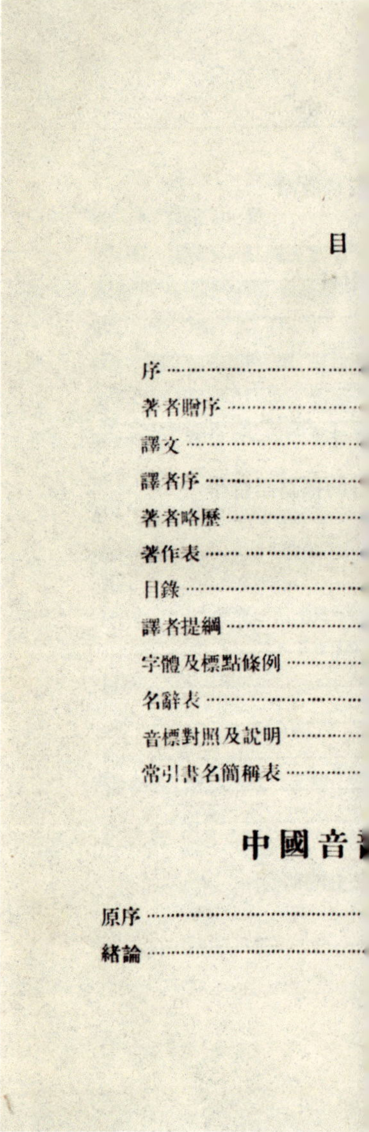
目

中國音

中華民國二十九年九月初版

版權所有
翻印必究

(45602.3)
中華教育文化基金董事會編譯委員會特刊 中國音韻學研究一册
本書實價國幣貳[illegible]拾元
外埠酌加運費匯費

原著者 Bernhard Karlgren
譯述者 羅常培 趙元任 李方桂
編輯者 中華教育文化基金董事會編譯委員會
發行人 王雲五 長沙南正路
印刷所 商務印書館
發行所 商務印書館 各埠

G四一八三上

412.4/556（21） 中国修辞学

杨树达著。

上海：世界书局，1933 年 3 月初版。一册，32 开。

本书作者杨树达为中国语言文字学家。全书共十八章，主要讲述了中国修辞学的概念和知识，附录《文病若干事》。此书为中国特色修辞学的奠基之作，在民国时期汉语语言研究中具有重要地位。

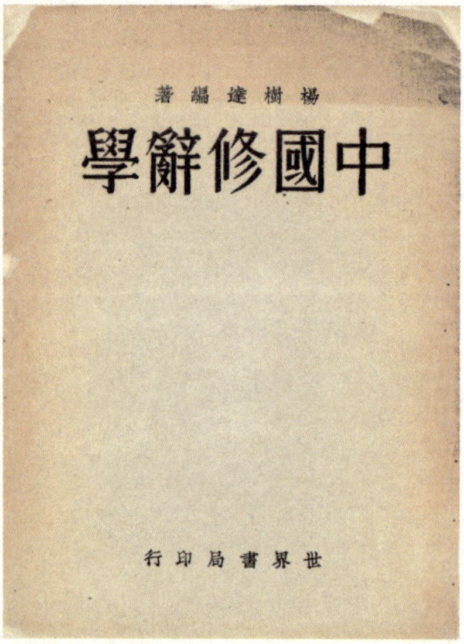

第一章　釋名

一　修辭

易乾文言云：子曰：『君子進德修業。忠信，所以進德也；修辭立其誠，所以居業也。』

二　修

說文解字九篇上彡部云：修，飾也。從彡，攸聲。段玉裁注云：修之從彡者，洒刷之也，藻繪之也。

論語十四憲問篇云：子曰：『爲命，裨諶草創之，世叔討論之，行人子羽修飾之，東里子產潤色之。』

中國修辭學　第一章　一

中國修辭學　附錄　二一八

又云：隋地理志不敘四十二州刺史所部，而強分禹貢九州，乃文章之紕繆。

【按】此模古之病也。

二十四

又云：南史后妃傳：『梁元帝徐妃淫通多人。及死，以屍還徐氏。帝製金樓子，述其淫行。』今金樓子不及徐妃事，蓋書有缺也。第金樓子文多依理，中有后妃三篇亦載古今后妃內行可鑒戒者，或有述徐妃事爲戒者耳。如南史傳文，似金樓子一書專爲述徐妃淫事而作，文法未分明也。

【按】樹達按：『述』上增一『嘗』字，則無此病矣。

二十五

又云：元人魏初爲其父墓碣，書其祖父不以文顯，乃云『虞夏文不勝質』，自擬文語以代敘事，大乖淸眞之體。

中華民國二十二年三月印刷
中華民國二十二年三月出版

中國修辭學（全一冊）
（每冊定價銀一元一角）
（外埠酌加郵費匯費）

不准翻印

編著者　楊樹達
出版者　世界書局
印刷者　世界書局

發行所　上海暨各省　世界書局
（本書負責校對者王魁三）

412/337 中国文字学

唐兰著。

上海：开明书店，1949 年 3 月初版。一册，32 开。

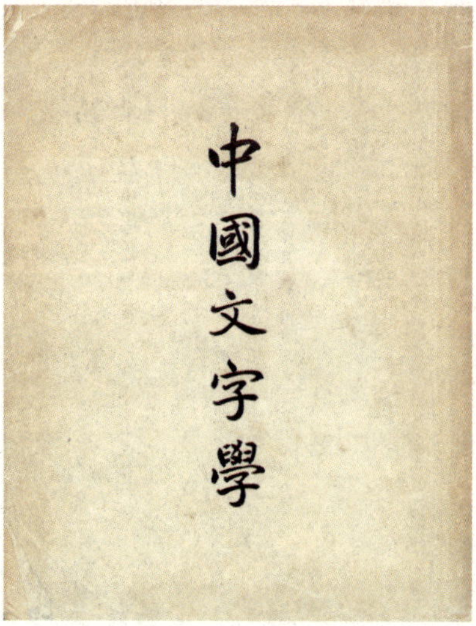

本书作者唐兰为中国近现代颇有成就的文字学家、金石学家。全书共五个部分，分别为前论、文字的发生、文字的构成、文字的演化、文字的变革。该书是以新观点系统研究汉字字形的理论性专著，在民国时期中国文字学研究中堪称经典之作。

目錄

中國文字學
民國三十八年三月初版
每冊定價〇・八〇
著作者 唐蘭
發行者 開明書店 代表人范洗人 上海福州路
印刷者 開明書店

(99 P.) K 字

前論

一 中國文字學是什麼

中國人對文字的研究，遠在紀元前幾個世紀已經開始，現在所知道的最早的字書，應該是爾雅和史籀篇。此外，在左傳周禮等書裏，已經有討論文字的風氣了。後來，為了戰國時各地文字的雜亂，有些學者曾提出過「書同文」的理想，到了秦始皇帝二十八年（紀元前二一九年）在琅邪臺刻石時，敍說「皇帝之功」，就有一條是「同書文字」，這一個學者們的理想，總算是達到了。那時，李斯作倉頡篇，趙高作爰歷篇，胡母敬作博學篇，和這種整齊文字的運動當然是有關的。到了漢代，由於研究倉頡篇，便發生了所謂「小學」，劉歆七略把小學放在六藝略裏面，一直到近代，研究小學和研究經學的地位，幾乎是相等的。

[illegible]把文字學叫做「小學」，這個名稱是西漢人定的。據禮記內則說：「六年敎之數與方名，……九年敎之數日，十年出就外傅，居宿於外，學書計。」可見古代人小學是兼學書數兩科的，單把文字叫做「小學」，實在不很恰當。但是，我們知道古代沒有「文字」的名稱，孔子說：「必也正名乎？」本可

文学

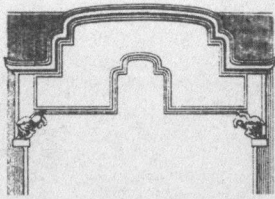

450.96/717　西洋小说发达史

谢六逸编。

上海：商务印书馆，1923年5月初版。一册，32开。

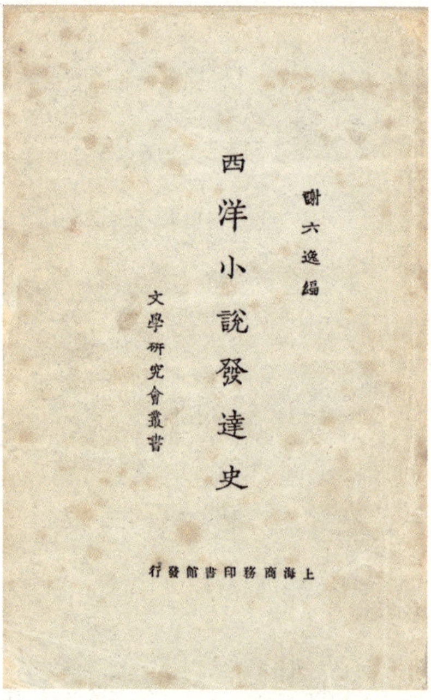

本书作者谢六逸是中国近现代新闻教育事业的奠基者之一，作家、翻译家。全书分为八个部分，主要讲述了小说发达之经过，罗曼主义、自然主义、新罗曼主义小说等在欧洲诸国的发展与成就，是中国第一部外国小说专史。该书收入《文学研究会丛书》。

西洋小說發達史

謝六逸編

一　緒言

我們研究西洋小說的發達，必得先清理他的脈絡；正如探尋一瀏流水，先要知道來源，然後能了解去路．　加之西洋小說的潮流，有一貫的脈絡，隨着時代思想的變遷而遞演的，不知「因」便不能明「變」，但是西洋小說發達的因緣在那里呢？——這就是此節裏所述的事．

試一披閱歐洲文明史，則見歐洲十五世紀時代精神所產生的文藝復興運動大放光芒，這個大革新運動就是西洋近代文明的大泉源，是對於中古黑暗時代的反動，對於古代文明的反動．　這黑暗時代的來源是怎樣呢？　原來歐洲古代文明有二大思潮：一爲萌芽於古代希臘結實并凋謝於羅馬的文明要素——希臘

比利時的梅特林克(M. Maeterlink 1822-)，所著的戲曲青鳥和婚約，已爲我們熟悉的了．　他是神祕主義的巨擘．　可惜他盡一生之力於戲劇，於小說沒有什麼貢獻，現在略去不提．

八　結論

以上所述，僅僅是西洋小說發達經過的一個概略，至於詳舉不遺，決非區區紙數與短期時間所許．　不過借鑑過去種種的變遷，我們便可以窺查現代小說界．以目前論，法國的理想主義，方佔優勢，如羅曼．羅蘭，毛利期．巴勒等，都是熱烈的理想主義家，唯美派的消極與懷疑，似漸消頹．　最今德國的表現主義，便是反抗自然主義新羅曼主義而起的，至於北歐的哈姆生，包以爾等，亦抱有自然派作家所無的理想與熱情，所以今後小說界的趨勢，似乎是傾向於理想主義了．

——完——

The Development of the Novel
Commercial Press, Limited

中華民國十二年五月初版
(文學研究會叢書)西洋小說發達史一册
(每册定價大洋伍角)
(外埠酌加運費匯費)
印證

編者　謝六逸
發行者　商務印書館
印刷所　上海北河南路北首寶山路　商務印書館
總發行所　上海棋盤街中市　商務印書館
分售處　北京 天津 保定 奉天 吉林 龍江 濟南 太原 開封 西安 南京 杭州 蘭谿 安慶 蕪湖 南昌 漢口 長沙 常德 衡州 成都 重慶 瀘縣 福州 廣州 潮州 香港 梧州 雲南 貴陽 張家口 新嘉坡　商務印書分館

一二五五街

I16/S466　域外文人日记抄

施蛰存编译。

上海：天马书店，1934年10月初版。一册，32开。

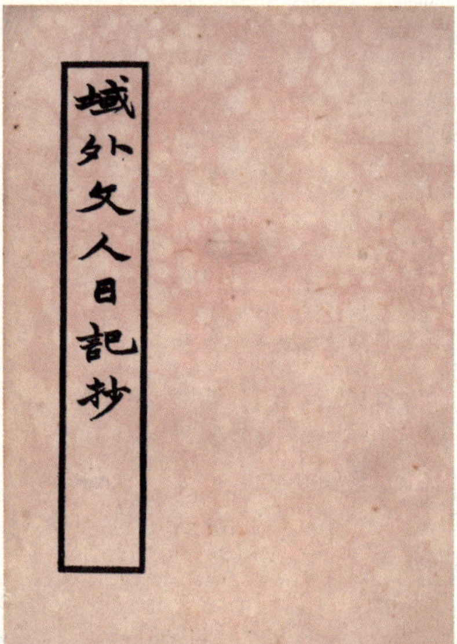

施蛰存，中国近现代著名作家、翻译家，曾任职华东师范大学中文系教授。编者主张新文学除新诗、戏剧、小说之外，美文亦应受到重视。日记是美文的一支。书中收录曼殊斐儿、倍耐脱、托尔斯泰、乔治·桑、果庚、洛克威尔·肯脱、有岛武郎七人日记。后曾以“外国文人日记抄”的书名重新印行。

曼殊斐兒日記
作者小影

422/98　中国文艺思潮史略

朱维之著。

上海：合作出版社，1939 年 8 月再版。一册，32 开。

朱维之，浙江苍南人，著名学者。书首为《自序》和《再版自序》，内容分十一章。该书采用西方文艺思潮理论，叙述了中国自西周至民国三千多年间文艺思潮的发展历史。

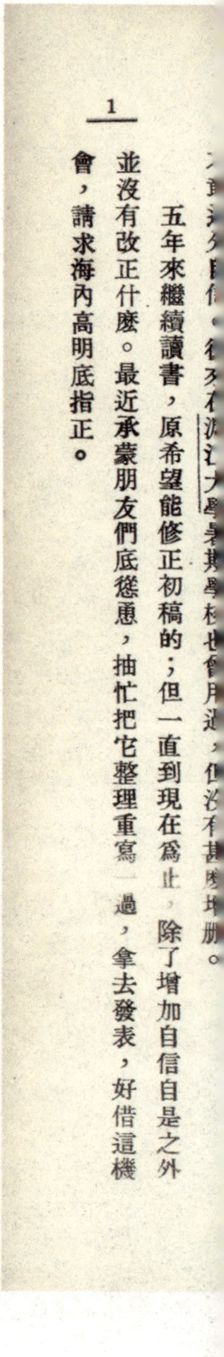

五年來繼續讀書，原希望能修正初稿的；但一直到現在爲止，除了增加自信自是之外並沒有改正什麼。最近承蒙朋友們底慫恿，抽忙把它整理重寫一過，拿去發表，好借這機會，請求海內高明底指正。

1

自序

我寫這書的最初動機，起於十多年之前。那時因爲羨慕西洋文藝思潮底眉目清楚，有條有理，使讀者容易把握歷代文藝底精神；很想編寫一部中國文藝思潮史，使我們頭緒紛繁，枯燥無味的文學史，也能成爲眉目清楚，又簡要又不枯燥的東西。可是這工作談何容易！要從浩如煙海的作品和零星的論文中找出一條綫索來，決不是短時間內所能辦到的。望洋興歎之餘，只是努力多讀些書，多關心這個問題，希望有一天會豁然貫通而已。

九年前，受了前早稻田大學敎授山口剛氏底暗示，使我心中的混沌，形成了模糊的輪

中國文藝思潮史略

第一章　序論

一　文藝思潮史底意義

所謂文藝思潮史者，有兩種意義：

第一，就是把各時代文藝上所表現的思潮，串在一條線索上，這也可說是「以思潮爲中心的文藝史」。我國幅員廣大，民族複雜，上下三千年的文藝遺產，眞可以說是浩如煙海，大有一部二十四史，無從說起之概；若單把作家作品依着朝代次序，臚列敍述，便覺散漫瑣碎，茫無際涯；若單依各文體底變化而敍述，那末，我們底目光便只着重在文藝底軀殼了，這也不能使我們滿意。現在要從內容方面去找出一條線索，就是奔流於文藝根底的思潮，溯其源，而觀其流，那纔是眞正的文藝史底綱領。

第二，就是各時代文藝的意識，包含創作的意識和批評的意識。從這方面看起來，好像是文藝批評史；實際上不是的。文藝批評是理智的批判，是枯淡的，外鑠的理論。文藝

392.8/674　八路军七将领

刘白羽、王余杞著。

上海：上海杂志公司，1938 年 3 月初版。一册，32 开。

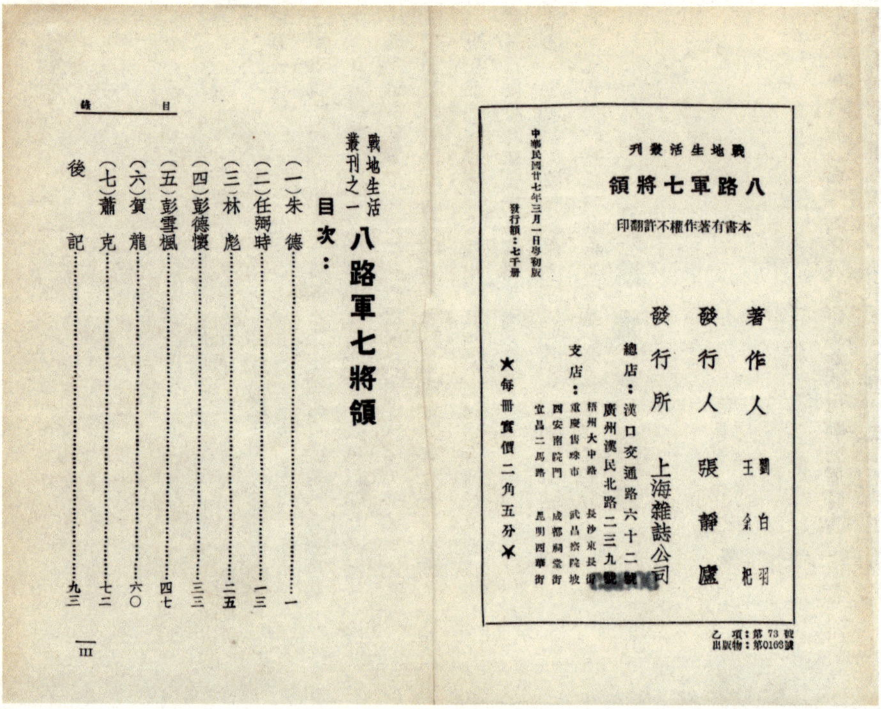

目錄

戰地生活叢刊之一

八路軍七將領

目次：

III

戰地生活叢刊
八路軍七將領
本書有著作權不許翻印
中華民國廿七年三月一日粵初版
發行額：七千册
著作人　劉白羽　王余杞
發行人　張靜廬
發行所　上海雜誌公司
總店：漢口交通路六十二號
　　　廣州漢民北路二三九號
支店：重慶售珠市　梧州大中路　西安南院門　宜昌二馬路　長沙東長街　武昌察院坡　成都祠堂街　昆明西華街
★每册實價二角五分★
乙　項：第73號
出版物：第0163號

本书作者刘白羽、王余杞都是中国共产党早期的宣传家。本书共介绍了朱德、任弼时、林彪、彭德怀、彭雪枫、贺龙、萧克七位八路军将领的事迹，是抗战领域的珍贵文献。本书收入《战地生活丛刊》。

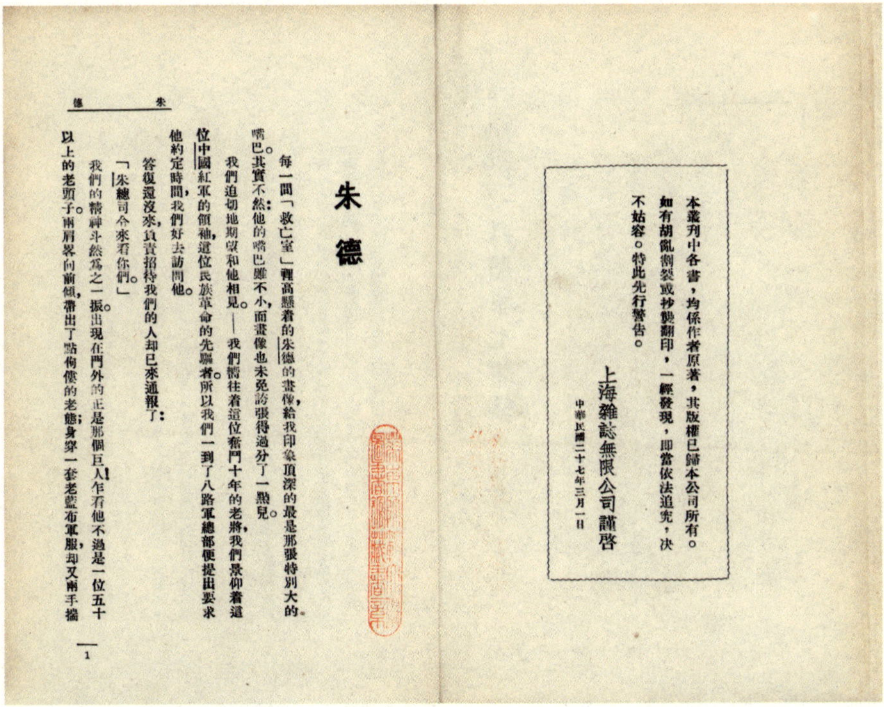

本叢刊中各書，均係作者原著，其版權已歸本公司所有。如有胡亂剿襲或抄襲翻印，一經發現，即當依法追究，決不姑容。特此先行警告。

上海雜誌無限公司謹啓

中華民國二十七年三月一日

朱德

每一間「救亡室」裡高懸着的朱德的畫像，給我印象頂深的最是那張特別大的嘴巴。其實不然：他的嘴巴雖不小，而畫像也未免誇張得過分了一點兒。

我們迫切地期望和他相見。——我們嚮往着這位奮鬥十年的老將，我們景仰着這位中國紅軍的領袖，這位民族革命的先驅者。所以我們一到了八路軍總部便提出要求他約定時間，我們好去訪問他。

答復還沒來，負責招待我們的人卻已來通報了：

「朱總司令來看你們。」

我們的精神斗然爲之一振。出現在門外的正是那個巨人！乍看他不過是一位五十以上的老頭子。兩肩略向前傾，帶出了點佝僂的老態；身穿一套老藍布軍服，卻又兩手搖

422/717E　中国妇女文学史

谢无量编。

上海：中华书局，1916 年 10 月发行。一册，大 32 开。

谢无量，四川乐至人，著名学者。书首为绪言，内容分上古、中古、近世三编，概述上古至明代妇女文学变迁史，肯定了妇女文学在中国文学史上的重要地位。该书为中国女性文学史的开山之作，标志着从性别视角研究文学史的确立。

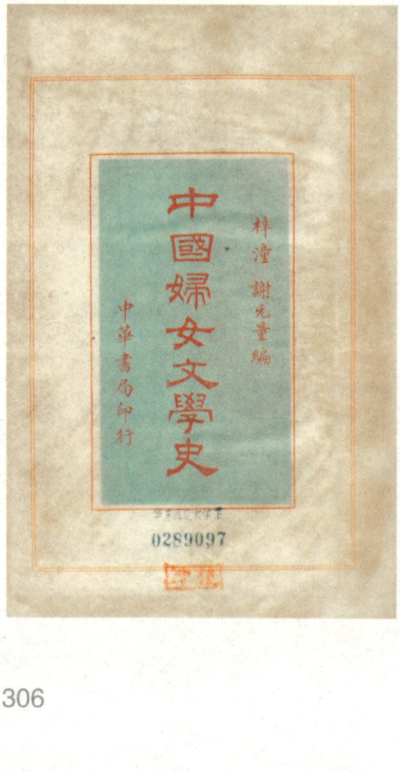

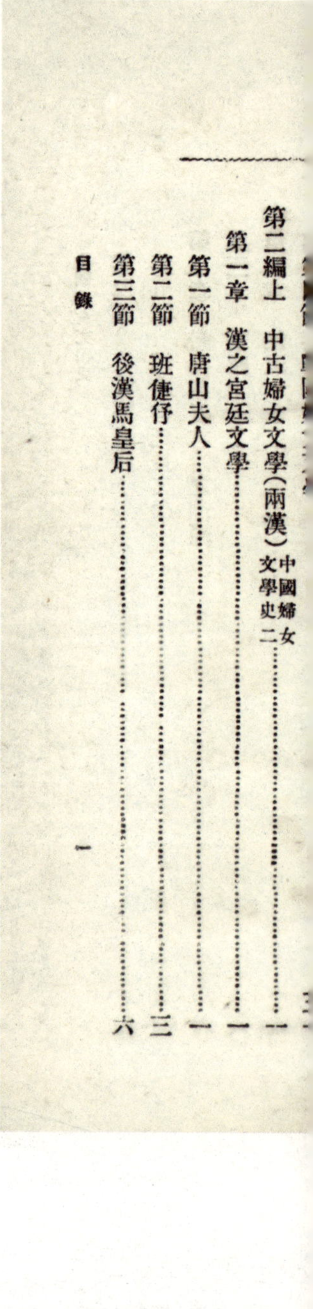
中國婦女文學史 二

目錄　一

中國婦女文學史

緒言

天地之間一陰一陽生人之道一男一女上世男女同等中世貴男賤女近世又倡男女平權上世之男女同等者自然之法也中世貴男賤女者勢力之所致也近世復倡男女平權者公理之日明也古所謂夫妻本有匹敵之義故記曰妻者齊也營蕩爲齊司寇太公問以治國之要對曰任仁義而已仁義奈何曰愛人尊老而已愛人尊老奈何曰愛人者有子不食其力尊老者妻長而夫拜之太公以爲亂齊而誅營蕩營蕩猶沿上世仁義自然之法則尊老一也夫可以拜妻太公已開中世法術勢力之治是以不然營蕩之言自是以來男日益尊女日益卑夫男女之天性其始豈有異哉近世生物學家以婦人之能力所以終弱於男子者蓋由數千年以來之境遇習慣遺傳有以致之純出於後天之人事而非其先天之本質卽有異也上世游獵時代男子恆掠妻於外羣又日馳逐山林淸曠之地以奮鬬爲業其身體益強而婦人每居家內主飲食衣服之事身體漸弱加之多妻之習尤使女子不得與男子同等久而久之男尊女卑幾成定義要決非生物本原便有此區別也生物原始大法男女無二人類與禽獸同爲生物禽獸之中一雄一雌相匹者雌雄之力常相若鳩鴿之

中國婦女文學史目錄

472.8/665LA　鲁迅书简

许广平编。

上海：三闲书屋，1937 年 6 月初版。一册，16 开。

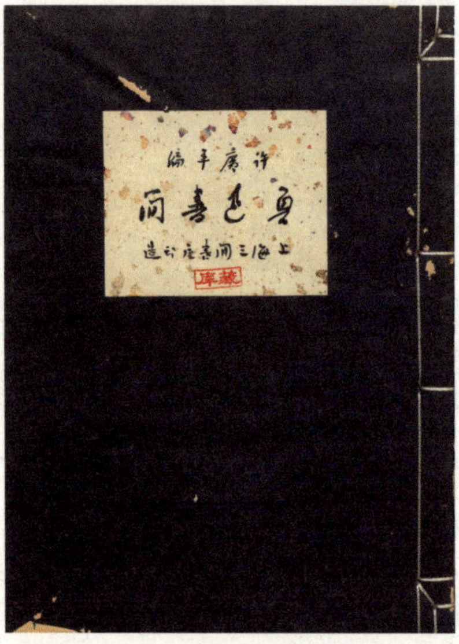

本书编者许广平为文学巨匠鲁迅先生的妻子。该书影印了鲁迅先生亲笔书信共六十九封，是鲁迅思想、交友、书法艺术研究的重要史料。

目次

庸倩兄：

回寓後看見來信。給紹原先生的信，已經寄出了，我現在也難料結果如何，但好在這並非生死問題的事，何妨隨便，暫且聽其自然。

關于我這一方面的推測，並不算對。我誠然總算幫過幾回忙，但若是一個有力者，這些便都是些微的小事，或者簡直不算是小事，現在之所以看去很像幫忙者，其原因即在我之無力，所以這是無效的回數多。即使有效，也算什麽，都可以毫不放在心裏。

我恐怕是以不好見客出名的。但也不盡然，我所怕見的是談不來的生客，熟識的不在內，因為我可以不必裝出陪客

392.8/665X　鲁迅新论

王明、毛泽东等著。

上海：新文出版社，1938 年 8 月初版。一册，32 开。

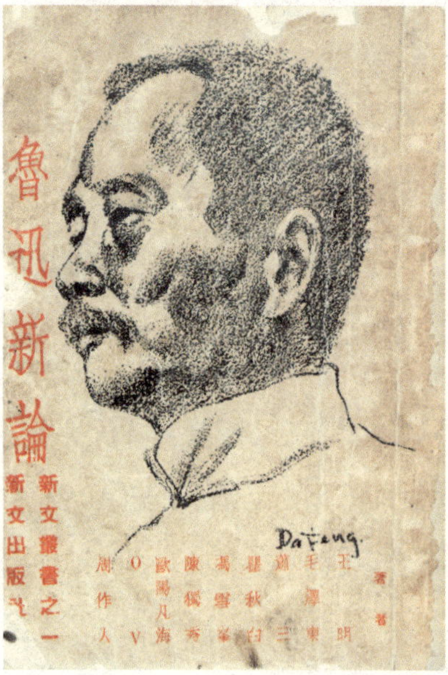

此书是研究纪念鲁迅先生文章的合集。作者是共产党早期的领导人和理论家以及鲁迅先生的亲友。全书共九篇文章，分别为王明《中国人民之重大损失》、毛泽东《论鲁迅》、萧三《纪念鲁迅》、瞿秋白《论鲁迅杂感》、冯雪峰《一种误会》、陈独秀《我对于鲁迅之认识》、欧阳凡海《关于研究鲁迅先生的几个基本认识的商榷》、O.V.《鲁迅先生计划而未成的著作》、周作人《关于鲁迅二章》。

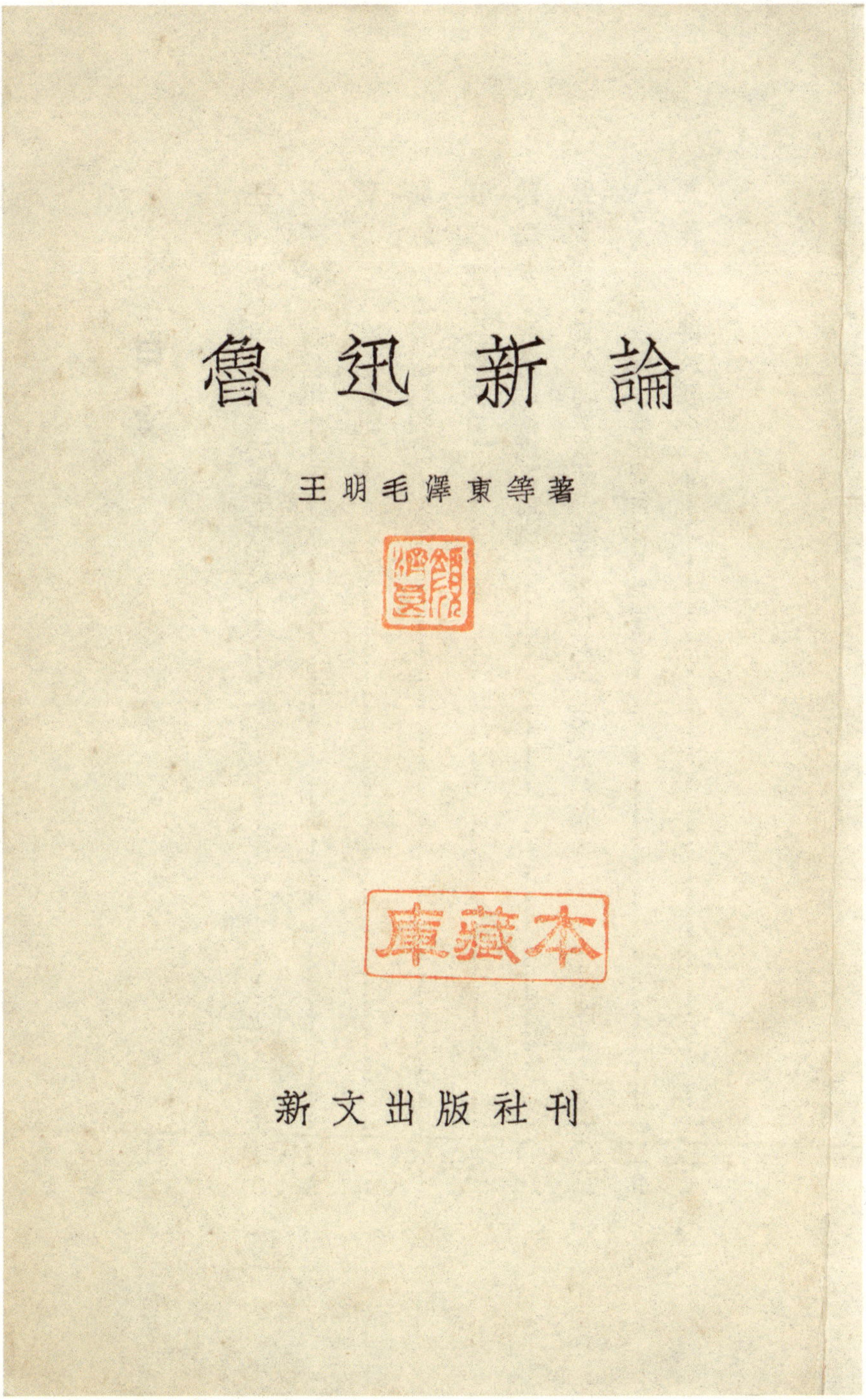

魯迅新論

王明毛澤東等著

新文出版社刊

目次

1

論魯迅

毛澤東講
大漠筆錄

這是魯迅周年祭日，毛澤東先生在『陝公』的紀念大會上的演講，當時由我記錄下來的。記錄稿一直擱到現在，沒有把它整理出來在刊物上發表過。毛先生對魯迅是頗有研究的人，他讀過魯迅不少的著作。這篇演講是非常精闢獨到的作家論，而且對於每個正在艱苦鬥爭着的民族解放戰士，都是具有特殊的意義的。因此，在現在發表也許並不過時，在延安時沒有把這記錄稿交給毛先生看過，如果有遺漏或出入的地方，當然由記錄者負責。

同志們：

今天我們主要的任務是先鋒隊的任務，當着這偉大的民族自衞戰爭迅速地向前發展的時候，我們需要大批的積極份子來領導，需要大批的精練的先鋒隊來開闢道路。這種

I211/J356　民权素粹编

蒋箸超编辑。

上海：上海申报馆民权出版部，1926 年 4 月初版。一册，32 开。

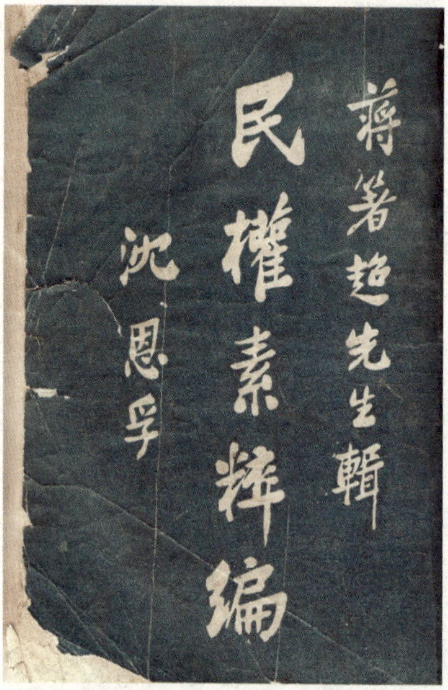

蒋箸超，绍兴人，曾任《民权报》编辑、《民权素》主编。这是《民权素》月刊的精选，内容分文、歌诗、小说、杂著等类，下再细分。如小说类下有记事、社会、言情、历史、侠义、玄理等，收录徐枕亚、郑逸梅等人的作品。

民權素粹編第三卷

第四集一

小說類都八種 本卷載甲乙丙丁四種

甲種記事 共五篇

一飯難

君木 原第八集

天凝地凍斜陽半死老烏尾畢逋伏木末噤不得發吻小烏銜枯魚口以哺鏖寒啼嗚嗚其聲淒斷

道周冰沙沙一老叟龍鍾踏冰行破衣決踵脚瑟縮且凍脚凍猶可腹空奈何

無何抵一家門牆堊粉皎若雪銅鋪半掩老叟側身入既入不升堂不由房足趦趄徑向竈屋趨

竈門火般然竈觚飯香蓊然竈右椽柱間火餒魚臘林林然竈後複室中有少婦衣重裘袖手擁爐坐口蚩蚩猶呼冷回面見叟面面立沈

嘻汝又來汝奈何又來來此無益汝汝不如早去休

叟拄杖傴僂立兜其頷皺皺顫瞪目注少婦欲語氣先咽

唉我亦知無益顧天寒腹中空不凍死亦餓死匪汝求將求誰

I214.92/Z545 板桥集

(清)郑燮著，何铭标点。

上海：新文化书社，1931年2月再版。一册，32开。

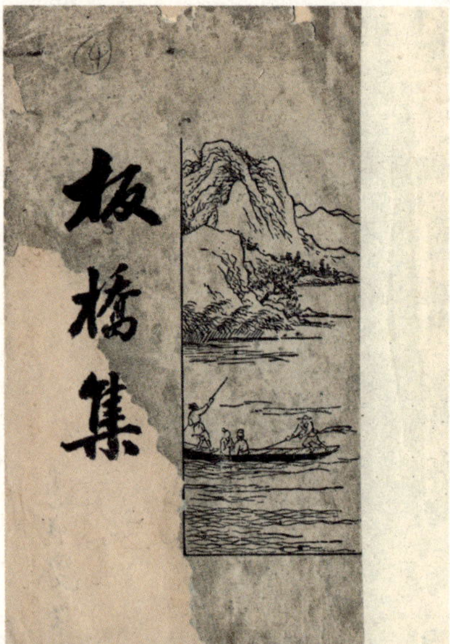

郑燮是清代画家，以写竹最为著名。诗书亦妙，其诗往往直抒胸臆，个性鲜明。此书收录其诗词、道情、题画、家书等内容。

宿雨新晴江氣涼，濕烟初破柳絲黃。纔上巳，又清明，桃花郵店酒餅香。

漠漠海雲徵漏日，茫了春水潮盈塘。波澹蕩，燕低昂，小舟絲網曬魚梁。

浪淘沙

莫春

春氣晚來晴，天澹雲輕；小樓忽洒夜窗聲，臥聽瀟瀟還淅淅，濕了清明。

節序太無情，不肯留停！留春不住送春行，忘却羅衣都濕透，花下吹笙。

和洪覺範瀟湘八景

一 瀟湘夜雨

風雨夜江寒，蓬背聲喧。漁人穩臥客人歎，明日不知晴也未？紅蓼花殘。

晨起望沙灘，一片波瀾；亂流飛瀑洞庭寬。何處雨晴還是舊，只有君山。

二 山市晴嵐

雨淨又風恬，山翠新添；薰蒸上接蔚藍天；惹得王孫芳草色，醞釀春田。

朝景尚拖烟，日午澄鮮，小橋山店倍增妍；近到略無些色相，遠望依然。

三 漁村夕照

山勢暮雲遮，風緊寒鴉；漁舟箇箇泊江沙。江上酒旗飄不定，旗外烟霞。

爛醉作生涯，醉夢清佳。船頭鷄犬自成家。夜火秋星渾一片，隱躍蘆花。

四 煙寺晚鐘

日落萬山巔，一片雲烟，望中樓閣有無邊。惟有鐘聲攔不止，飛滿江天。

秋水落秋泉，晝夜潺湲。梵王鐘好不多傳，除却晨昏三兩擊，悄悄無言。

五 遠浦歸帆

遠水淨無波，蘆荻花多；暮帆千疊傍山坡。望裏欲行還不動，紅日西矬。

名利竟如何，歲月蹉跎！幾番風浪幾晴和。愁水愁風愁不盡，總是南柯。

六 平沙落雁

秋水平漾沙，天末澄霞。雁行栖定又喧譁：怕見洲邊燈火焰，怕近蘆花。

是處網羅賒，何苦天涯？勸伊早早北還家。江上風光留不得，請問飛鴉。

七 洞庭秋月

誰買洞庭秋，黃鶴樓頭，槐花半老桂花稠。纔送斜陽西嶺去，月上簾鉤。

漭漭大荒派，烟淨雲收；萬條銀綫接天浮。不用畫船沽酒去，我自神遊。

八 江天暮雪

　古树的花朵

臧克家著。

上海：东方书社，1947年3月再版。一册，32开。

臧克家，山东诸城人，著名诗人。该诗五千余行，是臧克家所撰长篇叙事诗。作品叙述了抗战老人范筑先的英勇事迹，谱写了一曲史诗般的英雄赞歌。

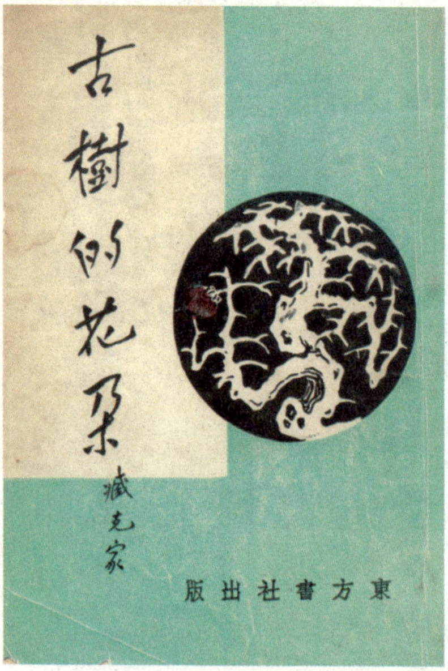

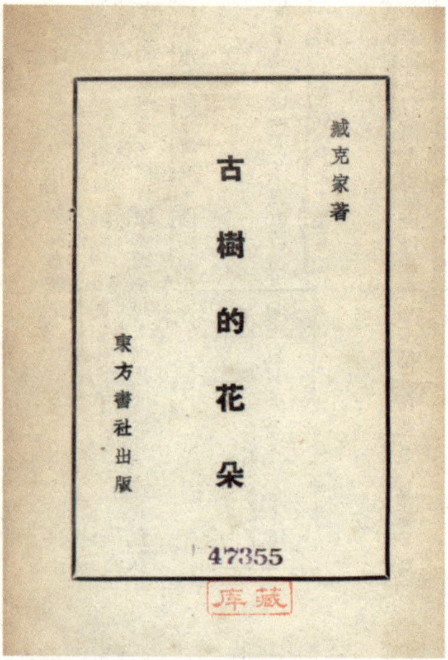

小引

生命是脆弱的，
死，並不是難事；
但，誰能死得像他這樣，
有聲，有響，
有彩光？
誰有他這樣
一副肝胆，義氣，
更叫人激動？
一家的紅血
化一道長虹，
耀眼放亮的
掛在歷史的天空。

1 水刷洗着大地

水龍頭開着嘴，
雨神偷懶的在打盹，
天上時間的秒針
也許剛轉了一個圈，
而人間，
唏溜嘩啦直灑了一個六月天。
「太陽還在頭頂上」？
恨他又盼他的心
這麼想。
而他，却是在
重圍中戰鬥，
揮起金戈千萬條，
無奈雲幕的盾牌太堅厚。
「老天積壓的悶氣
可出了個够！」
土地癱瘓的
鼓脹着大肚皮，
像一隻淹死的狗。
水，
擺出征服者的姿勢
到處喧鬧橫行，

432.8/616H 淮上吟

臧克家著。

上海：上海杂志公司，1940年5月版。一册，32开。

该书前有郑伯奇《每月文库总序》《二辑弁言》及臧克家《前记》，收录报告长诗《走向火线》和《淮上吟》二首。两首长诗展示了人民群众的抗日热情和坚强力量，叙事与抒情相结合，不拘音韵，语言流畅，富有感染力。本书为郑伯奇主编《每月文库》二辑之二。

每月文庫二輯之二
鄭伯奇主編

淮上吟
（報告長詩）

臧克家著

256319

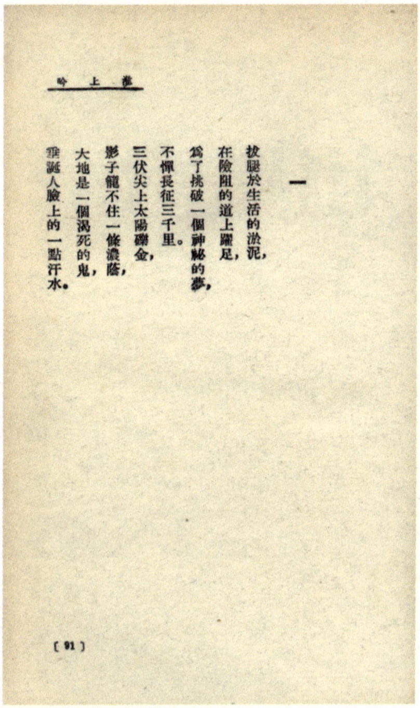

淮上吟

一

拔腿於生活的淤泥，
在險阻的道上躍足，
爲了挑破一個神祕的夢，
不憚長征三千里。
三伏尖上太陽礫金，
影子籠不住一條濃蔭，
大地是一個渴死的鬼，
垂涎人臉上的一點汗水。

〔91〕

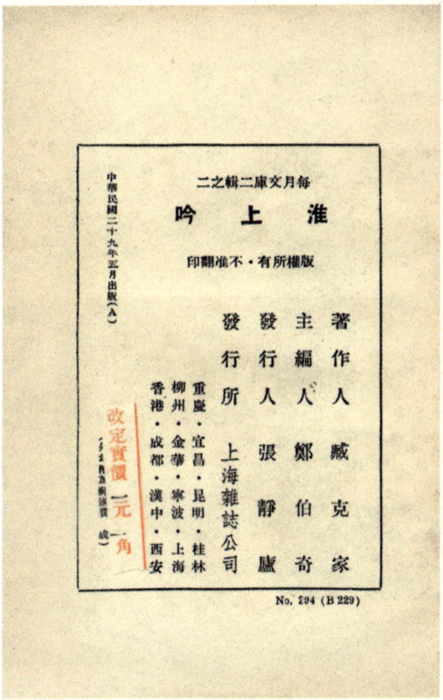

中華民國二十九年五月出版（A）

每月文庫二輯之二
淮上吟
版權所有・不准翻印

著作人　臧克家
主編人　鄭伯奇
發行人　張靜廬
發行所　上海雜誌公司
重慶・宜昌・昆明・桂林
柳州・金華・寧波・上海
香港・成都・漢中・西安

改定實價一元一角

No. 294 (B 229)

432.8/72G　给战斗者

田间著。

上海：希望社，1947 年 1 月沪再版。一册，32 开。

田间，安徽无为人，著名诗人。该书有六辑：第一辑六首，第二辑一首，第三辑五首，第四辑二首，第五辑十四首，第六辑十首。前有代序《论我们时代底歌颂》，尾有胡风《后记》。诗集主旨是为抗战呐喊，形式丰富多彩。代表作《给战斗者》音节铿锵，富有召唤力。本书为胡风主编《七月诗丛》之一。

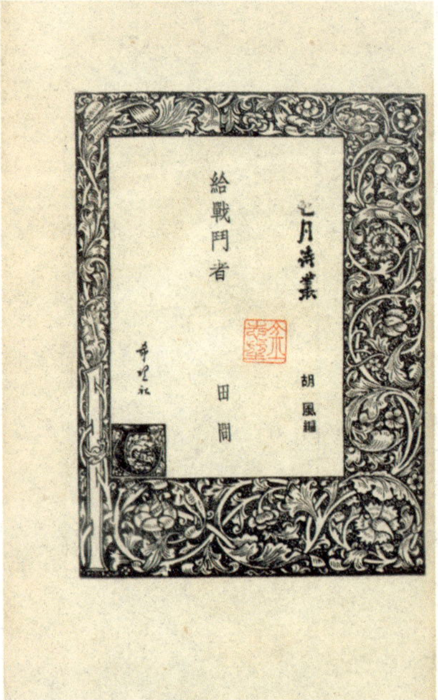

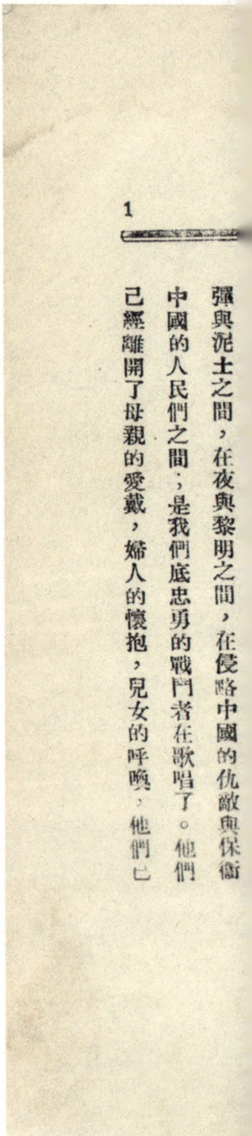

1

彈與泥土之間，在夜與黎明之間，在侵略中國的仇敵與保衛
中國的人民們之間；是我們底忠勇的戰鬥者在歌唱了。他們
已經離開了母親的愛戴，婦人的懷抱，兒女的呼喚，他們已

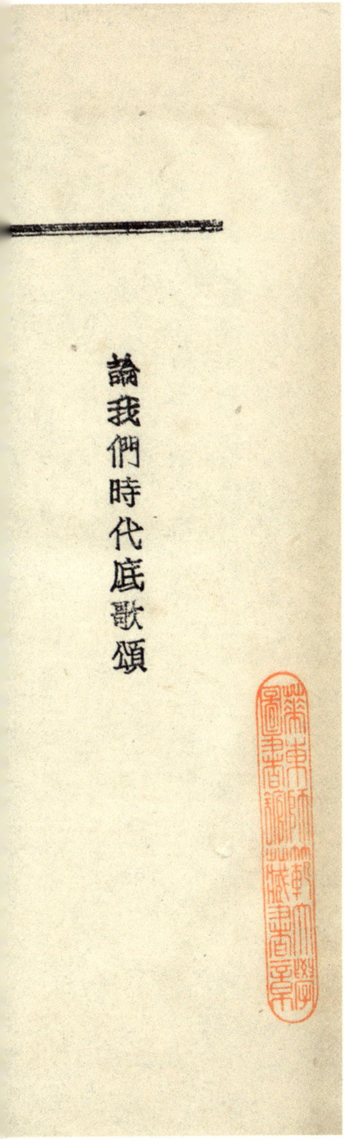
論我們時代底歌頌

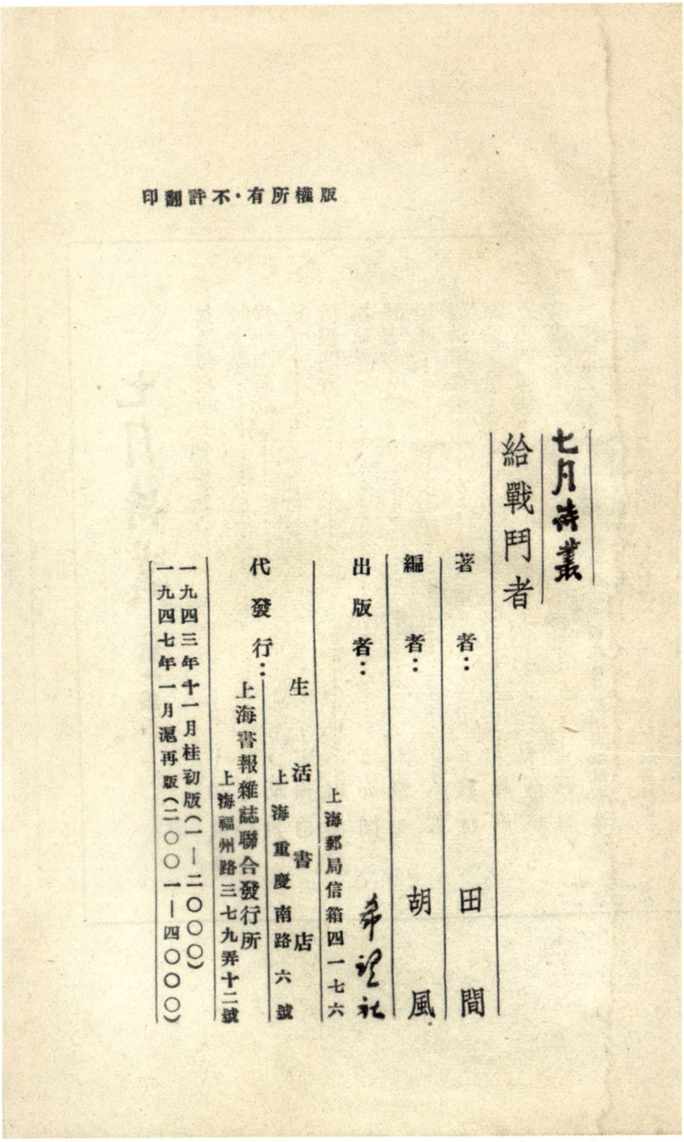
版權所有·不許翻印

七月詩叢

給戰鬥者

著者：田間

編者：胡風

出版者：希望社　上海郵局信箱四一七六

生活書店　上海重慶南路六號

代發行：上海書報雜誌聯合發行所　上海福州路三七九弄十二號

一九四三年十一月桂初版（一—二〇〇〇）

一九四七年一月滬再版（二〇〇一—四〇〇〇）

X10.17–15/7.320 C6　阅微草堂笔记 二十四卷

（清）纪昀撰，平等阁主批点。

上海：有正书局，1932 年铅印本。黑口，四周单边。线装六册。

开本 20.0cm × 13.1cm，版框 15.0cm × 10.6cm。

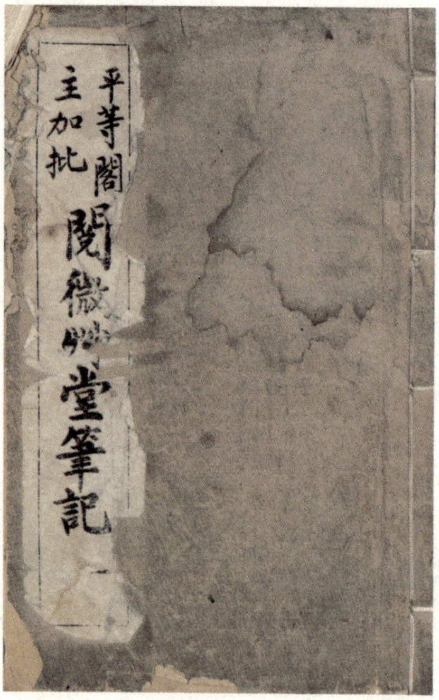

本书作者为清乾隆间文学家纪昀，批注者为清末民初年间作家、评论家狄葆贤。卷端署观弈道人撰，平等阁主加批。该书共二十四卷，分别为《滦阳消夏录》六卷,《如是我闻》四卷,《槐西杂志》四卷,《姑妄听之》四卷,《滦阳续录》六卷。批点附于篇末,或评点人物,或评价文风,或借题抒发议论，不一而足。自《阅微草堂笔记》问世以来,其版本累出,评点不绝，此有正书局版平等阁主人加批本不仅在民国年间地位重要,在整个《阅微草堂笔记》传播接受史上亦为不可缺少之一环。

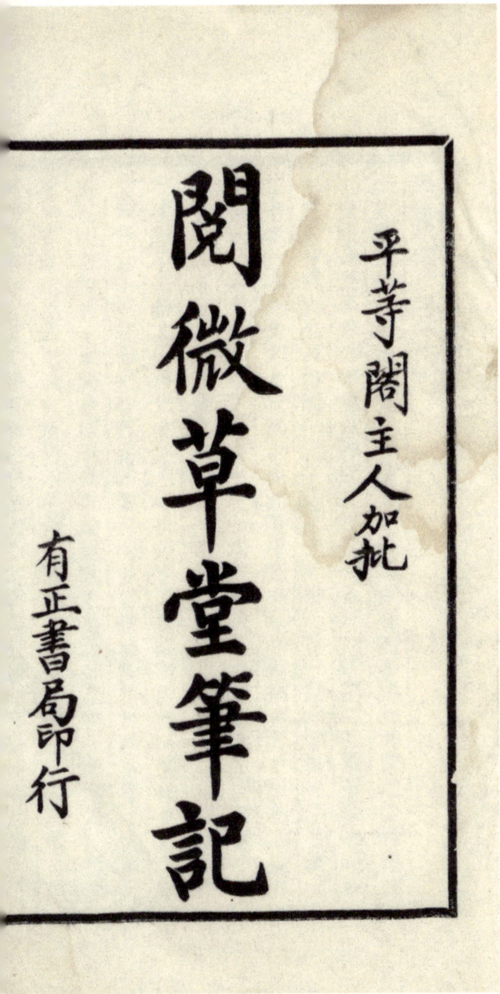

平等閣主人加批

閱微草堂筆記

有正書局印行

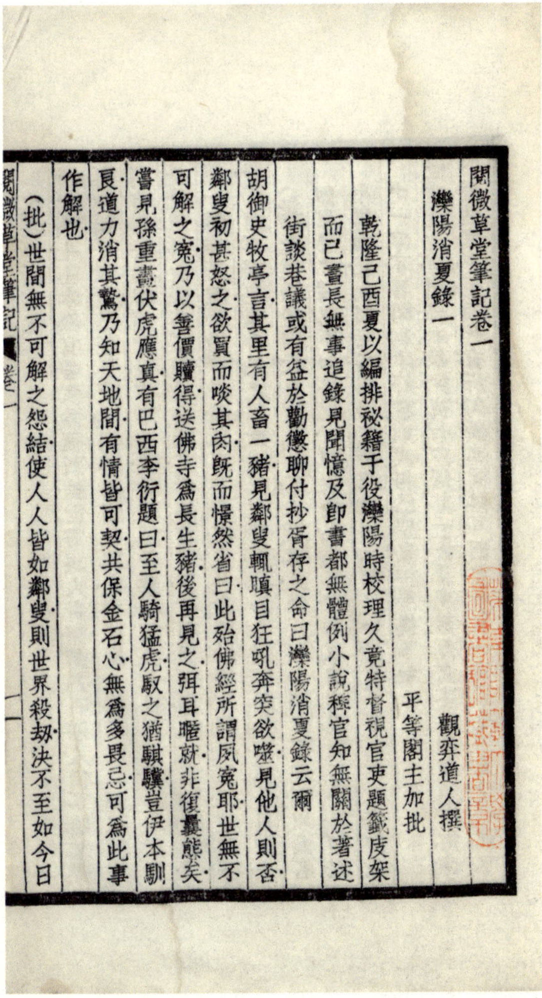

閱微草堂筆記卷一

灤陽消夏錄一　觀弈道人撰

平等閣主加批

乾隆己酉夏以編排祕籍于役灤陽時校理久竟特督視官吏題籤庋架而已晝長無事追錄見聞憶及即書都無體例小說稗官知無關於著述街談巷議或有益於勸懲聊付抄胥存之命曰灤陽消夏錄云爾

胡御史牧亭言其里有人畜一豬見鄰叟輒瞋目狂吼奔突欲噬見他人則否鄰叟初甚怒之欲買而啖其肉既而憬然省曰此殆佛經所謂夙冤耶世無不可解之冤乃以善價贖得送佛寺為長生豬後再見之弭耳暱就非復曩態矣嘗見孫重畫伏虎應真有巴西李衍題曰至人騎猛虎馭之猶騏驥豈伊本馴良道力消其鷙乃知天地間有情皆可契共保金石心無為多畏忌可為此事作解也

(批)世間無不可解之怨結使人人皆如鄰叟則世界殺劫決不至如今日

閱微草堂筆記　卷一

X10.2-3/8.551 女聊斋志异 四卷

贾茗辑。

上海：中华图书馆，1913 年石印本。黑口，四周双边。

线装一册。开本 20.0cm × 13.1cm，版框 17.4cm × 12.2cm。

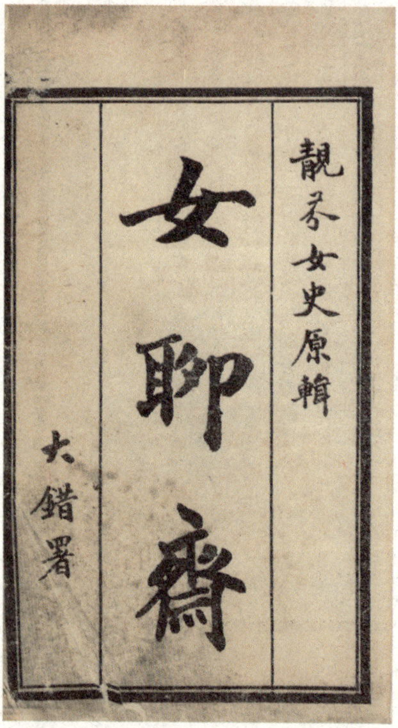

本书编辑者贾茗，生平事迹不详，原署古吴靓芬女史贾茗。本书又题《女聊斋》，共四卷，八十九篇，仿《聊斋志异》采辑历代贞女、才女、侠女、情女等中华奇女子故事。是书流传不广，除上海中华图书馆石印初版外，民国年间尚有上海春明书店 1935 年铅印本。

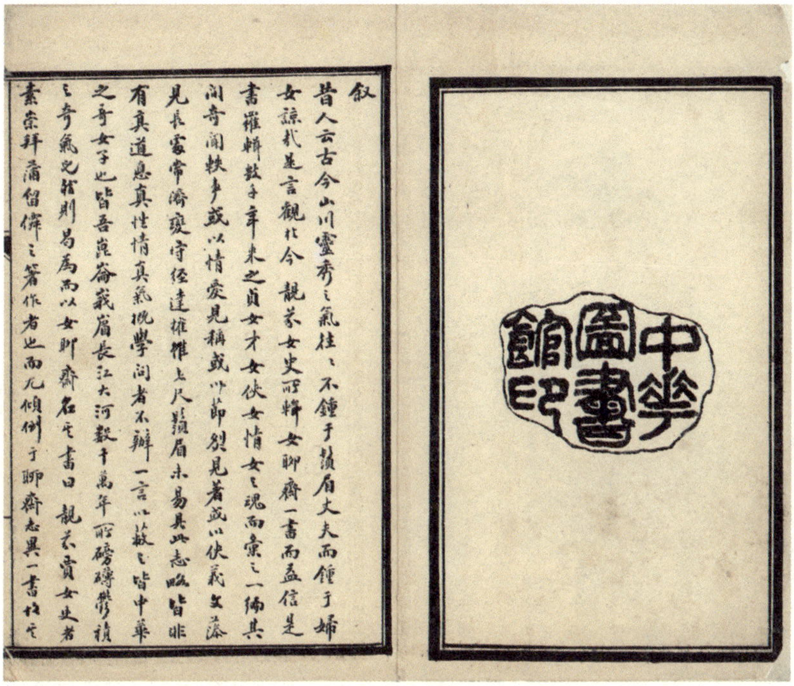

中華圖書館印

叙

昔人云古今山川靈秀之氣往往不鍾于須眉丈夫而鍾于婦女諒哉是言觀於今 靚芬女史所輯女聊齋一書而益信是書羅輯數千年來之貞女才女俠女情女之魂而彙之一編其間奇聞軼事或以情愛見稱或以節烈見著或以俠義文藻見長蓋常濟變守經達權雖七尺鬚眉未易與此志略皆非有真道德真性情真氣概學問者不辦一言以蔽之皆中華之奇女子也皆吾崑崙峩眉長江大河數千萬年所磅礴鬱積之奇氣先發則易為而以女聊齋名之書曰 靚芬賈女史者素崇拜蒲留仙之箸作者也而尤傾倒于聊齋志異一書故之

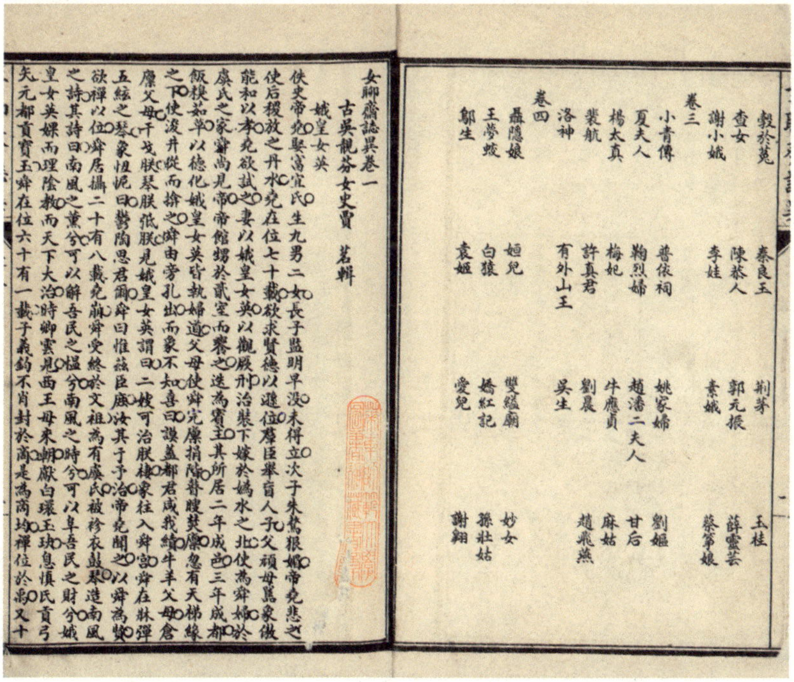

女聊齋誌異卷一

古吳靚芬女史賈　茗輯

娥皇女英

佚史帝堯娶富宜氏生九男二女長子監明早沒未得立次子朱驁很媢帝堯悲之使后稷放之丹水堯在位七十載欲求賢德以遜位群臣舉盲人子父頑母嚚象傲能和以孝堯欲試之妻以娥皇女英以觀厥刑治裝下嫁於嬀水之北使為舜婦於虞氏之家舜尚見帝帝館甥於貳室而饗之迭為賓主其所居二年成邑三年成都飯糗茹草以德化娥皇女英皆執婦道父母使舜完廩捐階瞽瞍焚廩忽有天梯緣之下使浚井從而揜之舜由旁孔出而象不知喜曰謨蓋都君咸我績牛羊父母倉廩父母干戈朕琴朕弤朕見娥皇女英謂曰二嫂可治朕棲象往入舜宮舜在牀彈五絃之琴象忸怩曰鬱陶思君爾舜曰惟茲臣庶汝其于予治帝堯聞之以舜為賢欲禪以位舜居攝二十有八載堯崩舜受終於文祖為有虞氏被袗衣鼓琴造南風之詩其詩曰南風之薰兮可以解吾民之慍兮南風之時兮可以阜吾民之財兮娥皇女英媒而理陰教而天下大治時卿雲見西王母來朝獻白環玉玦息慎氏貢弓矢元都貢寶玉舜在位六十有一載子義鈞不肖封於商是為商均禪位於禹又十

X10-9/284 C2　南社小说集 不分卷

南社社员著。

上海：文明书局，1917 年 4 月铅印本。黑口，四周双边。

线装一册。开本 20.2cm × 13.4cm，版框 15.2cm × 11.4cm。

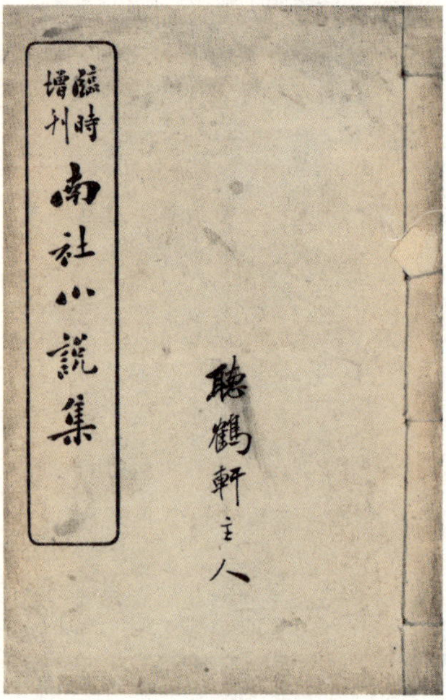

本书为中国近代进步文学团体南社部分成员之作品合集，也是《南社丛刻》的临时增刊，收录南社著名成员周瘦鹃、程善之、叶小凤、王钝根等人创作、翻译的短篇小说，共计十三篇，作品带有浓郁的鸳鸯蝴蝶派特征。该书是了解民国初年南社小说成就的珍贵史料。

南社小說集目錄

南社小說集　目錄　一　南社叢刻

南社小說集跋

南社始於清季而大於民國先後著籍者越滄溟賢人數而上他社無此盛也中有哲學家、政學家、法學家、軍學家、而以文學家占其多數詩文歌詞歲出二三冊萬流鏡仰脣貴洛陽矣往歲同人協議僉謂椎通風氣棒喝社會文字之最有力者莫如稗官家言社中頗多工於此道者商於社長通函徵集不數月裒然成帙莊諧參半撰譯相兼衆腋之集成千金之裘一臠之嘗勝五鼎之味以不佞之忝於社者有年而以版權讓諸本局任刊行之責焉不佞幼而孤露興嗟失學自壯而艾人役之日多自爲之日少一藝無成溝猶自玷不獲與諸君分著述之一席而編輯餘暇不改東涂西抹之故習逞其一知半解作鑿空之小言指補白而言綴列諸君之末謬叨附驥之名幸孰甚焉因跋數語於後

民國六年三月吳興王文濡跋

南社小說集　跋　一　南社叢刻

中華民國六年四月初版

（南社小說集）全一冊

每部定價洋六角

此書有著作權翻印必究

編輯者　南社社員

發行兼印刷者　文明書局

發行所　上海棋盤街文明書局

分售處　北京　天津　奉天　廣州　長沙　開封　溫州　長春　漢口　南昌　南京　杭州　濟南　保定　武昌　太原　常德　福州　成都　重慶　雲南　徐州　西安　汕頭　香港　蘭州　衡陽　貴陽　吉林　潮州　安慶　桂林　東昌　廈門　蘭谿　石家莊　黑龍江　張家口　哈爾濱　新加坡　中華書局

自由

吳門周國賢瘦鵑

一抹粉霞色的朝陽映在那大學休息室的玻璃窗中扶着當窗一盆美人蕉的影兒搖上那雪白的墻壁這影兒微微晃動着彷彿是一件活繡那時中間一隻長桌子旁邊却坐着一個眉目挺秀神采英爽的少年手中執着一卷紙兒呆着不動兩個眼兒恰正注在那一墻美人蕉的影兒上不知道在那裏想些甚麼這當兒大學中已行過了畢業式大家得了文憑都興興頭頭回家去了所以四下裏都寂靜無聲但有窗外園子裏蟲吟鳥叫的聲音隨着薄飂時時逗將進來這位少年名兒喚做張俊才也是畢業生中的一人這回畢業大考且還高高的中了第一但他出身却是個孤兒院裏的孤兒老子娘一個都沒有了從小兒就在善堂中撫育起來仗着生性聰明讀書又勤謹二十年來年年長進從孤兒院升到高等小學從高等小學升到中學從中學直升到大

南社小說集　自由　一　南社叢刻

452.8/36Y　憩园

巴金著。

上海：文化生活出版社，1947 年 5 月沪四版。一册，32 开。

巴金，四川成都人，著名作家、翻译家。作品展示了一所大公馆新旧两代主人共同的悲剧命运。文学批评家李广田说：“巴金的《憩园》是一本好书，在我所读过的巴金作品中，我以为这是最好的一本。”此书为巴金主编《现代长篇小说丛书》之九。

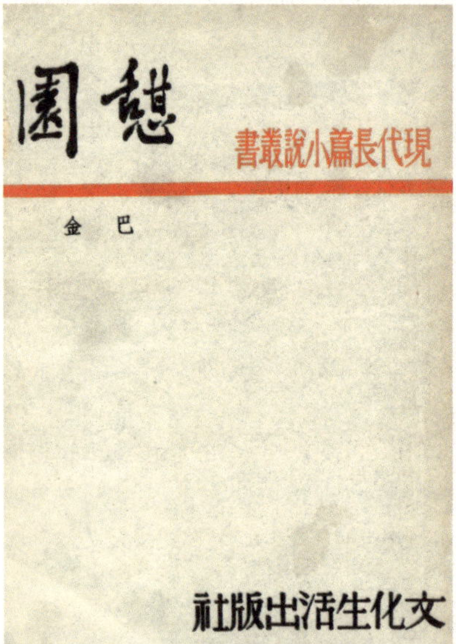

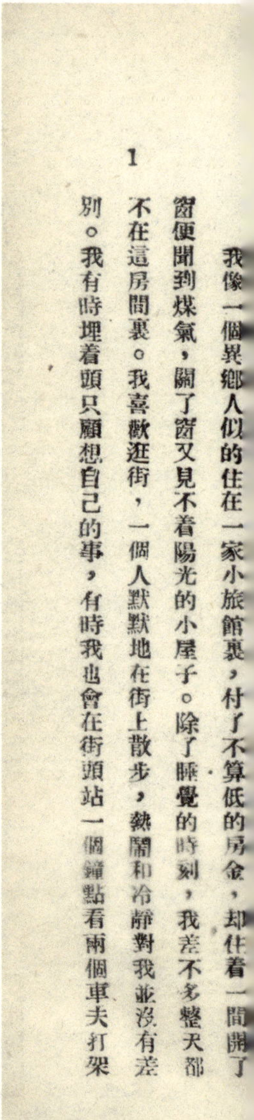

1

我像一個異鄉人似的住在一家小旅館裏，付了不算低的房金，却住着一間開了窗便聞到煤氣，關了窗又見不着陽光的小屋子。除了睡覺的時刻，我差不多整天都不在這房間裏。我喜歡逛街，一個人默默地在街上散步，熱鬧和冷靜對我並沒有差別。我有時埋着頭只顧想自己的事，有時我也會在街頭站一個鐘點看兩個車夫打架

一

我在外面混了十五年，最近纔回到家鄉來。雖說這是我生長的地方，可是這里的一切都帶着不歡迎我的樣子。在街上我看不見一個相熟的臉龐，其實連那些窄小光滑的石板道自己也改變了，代替牠們的全是些黃土飛揚的寬馬路。便是僻靜的街巷現在也顯得熱鬧起來。公館門口包着鐵皮的黑漆門檻全給鋸光了，讓嶄新的私家包車傲慢地從那里進出。商店的豪華門面幾乎叫我睜不開眼睛，有一次我大胆跨進

中華民國三十三年十月渝初版
中華民國三十六年五月滬四版

定價六元九角

巴金主編

現代長篇小說叢書

憩園

有著作權

著者　巴金
發行人　吳文林
發行所　文化生活出版社
上海鉅鹿路一弄八號
重慶民國路一四五號
漢口交通路二十四號
成都祠堂街八十四號
印刷所　文化生活印刷所

452.8/89.4A　老张的哲学

老舍著。

上海：晨光出版公司，1948年1月初版。一册，32开。

老舍，北京人，著名作家。作品描写了二十世纪二十年代前后北京各阶层市民的生活及思想感悟，文笔轻松幽默。本书为赵家璧主编《晨光文学丛书》第十七种。

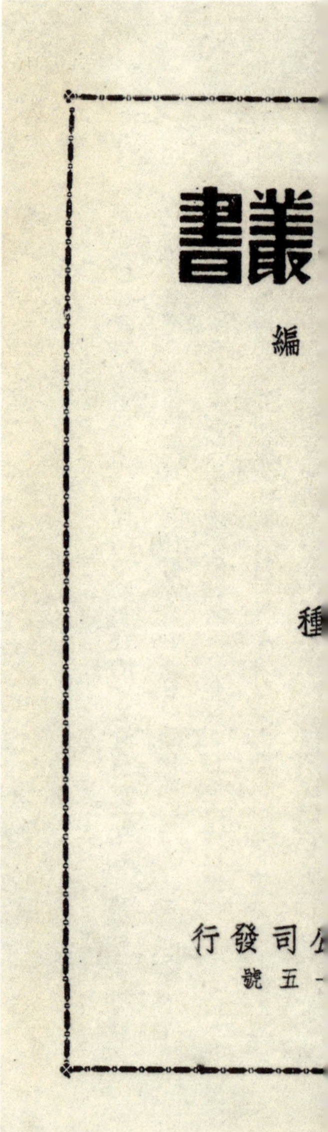

晨光

趙

第

上海晨光

四川

老張的哲學

第一

老張的哲學是『錢本位而三位一體』的。他的宗教是三種：回，耶，佛；職業是三種：兵，學，商；言語是三種：官話，奉天話，山東話；他的……三種；他的……三種；甚至於洗澡平生也只有三次。洗澡固然是件小事，可是爲了解老張的行爲與思想，倒有說明的必要。

老張平生只洗三次澡：兩次業經執行，其餘一次至今還沒有人敢斷定是否實現，雖然他生在人人是『預言家』的中國。第一次是他生下來的第三天，由收生婆把那時候無知無識的他，像小老鼠似的在銅盆裏洗的。第二次是他結婚的前一夕，自動的到清水池塘洗的。這次兩個銅圓的花費，至今還在賬本上寫着。這在老張的歷史上是毫無可疑的事實。至於將來的一次呢，按着多數預言家的推測：設若執行，一定是被動的。簡言之，就是『洗屍』。

洗屍是回教的風俗，老張是否崇信默哈莫德呢？要回答這個問題，似乎應當側重經濟方面，較近於確實。設若老張『嗚乎哀哉尙饗』之日，正是羊肉價錢低落之時，那就不難斷定他的遺囑有『按照回教喪儀，預備六小件一海盌的清眞教席』之傾向。（自然慣於吃酒弔喪的親

第一

432.8/393F　翡冷翠的一夜

徐志摩著。

上海：新月书店，1928 年 5 月再版。一册，32 开。

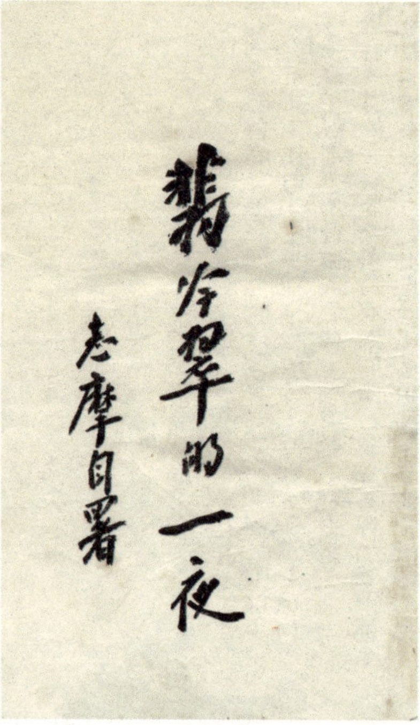

徐志摩，浙江海宁人，著名诗人、散文家。徐志摩是新月派代表诗人，《翡冷翠的一夜》是其第二个诗集，收录的是 1925—1927 年的作品。该诗集分二辑，第一辑收诗《翡冷翠的一夜》《呻吟语》等十九首，第二辑收诗《再不见雷峰》《大帅》等二十三首。其中《翡冷翠的一夜》1925 年创作于意大利，是徐志摩代表作品之一，笔调细腻，具有强烈的感染力。圣约翰大学图书馆旧藏。

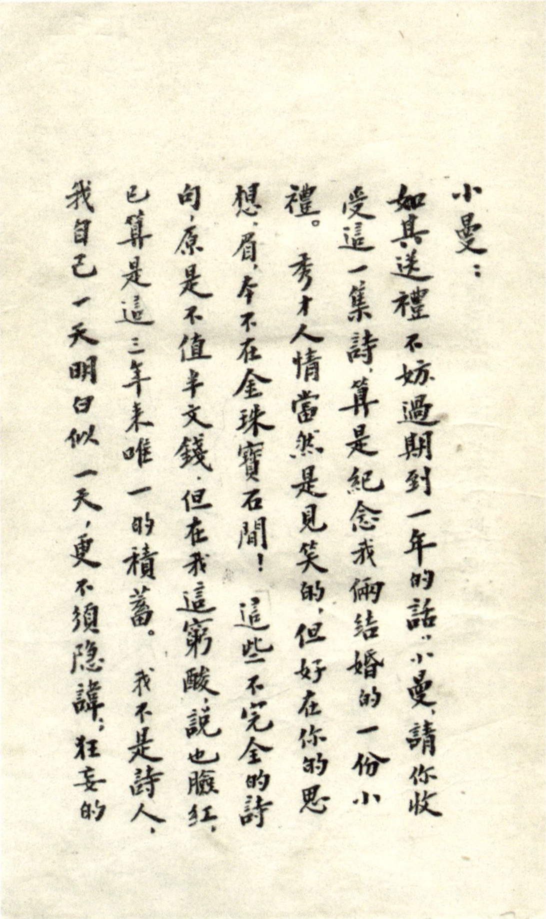

小曼：

如其送禮不妨過期到一年的話，小曼，請你收受這一集詩，算是紀念我倆結婚的一份小禮。 秀才人情當然是見笑的，但好在你的思想，眉，本不在金珠寶石間！ 這些不完全的詩句，原是不值半文錢，但在我這窮酸，說也臉紅，已算是這三年來唯一的積蓄。 我不是詩人，我自己一天明白似一天，更不須隱諱；狂妄的

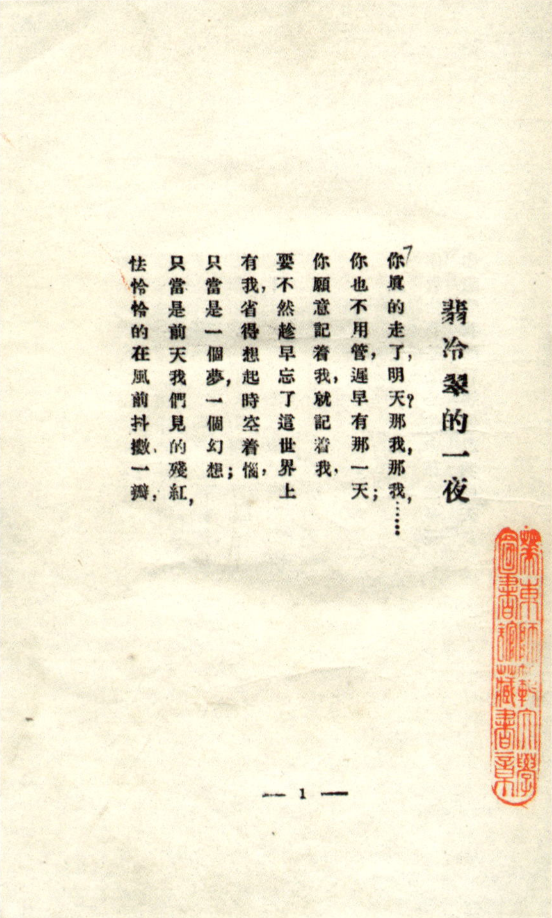

翡冷翠的一夜

你真的走了，明天？那我，那我，……
你也不用管，遲早有那一天；
你願意記着我，就記着我，
要不然趁早忘了這世界上
有我，省得想起時空着惱，
只當是一個夢，一個幻想；
只當是前天我們見的殘紅，
怯憐憐的在風前抖擻，一瓣，

— 1 —

432.8/606C 死水

闻一多著。

上海：新月书店，1933 年 4 月四版。一册，32 开。

闻一多，著名诗人、学者。该书收录《口供》《收回》《死水》《洗衣歌》等二十八首诗篇。其中《死水》是其代表作品之一，揭露和讽刺了旧社会的腐败不堪，表达了深沉的爱国主义感情。

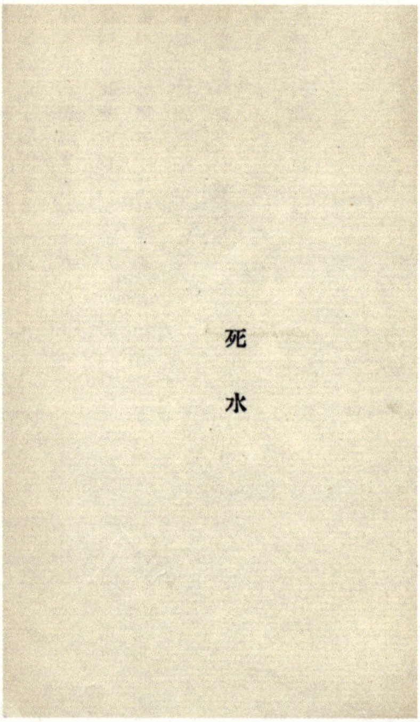

死水

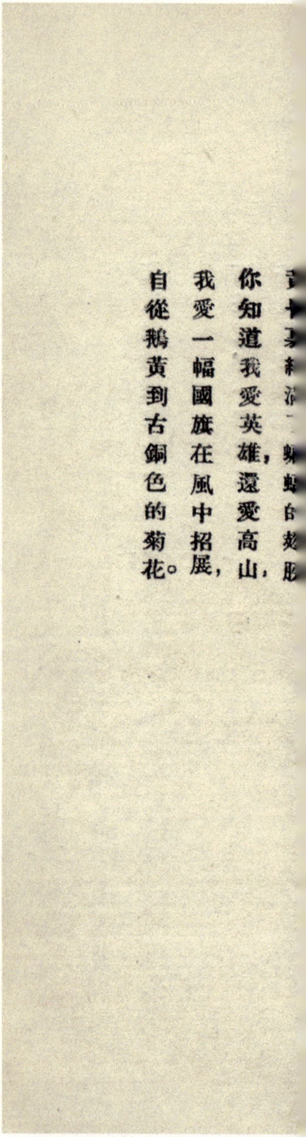

你知道我愛英雄，還愛高山，
我愛一幅國旗在風中招展，
自從鵝黃到古銅色的菊花。

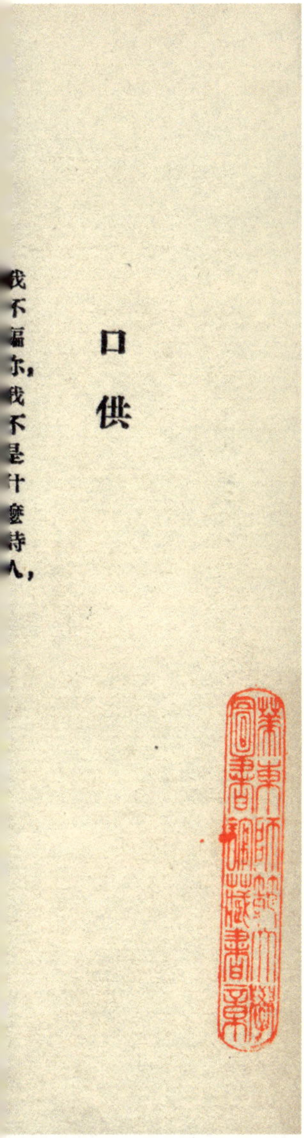

口供

我不騙你，我不是什麼詩人，

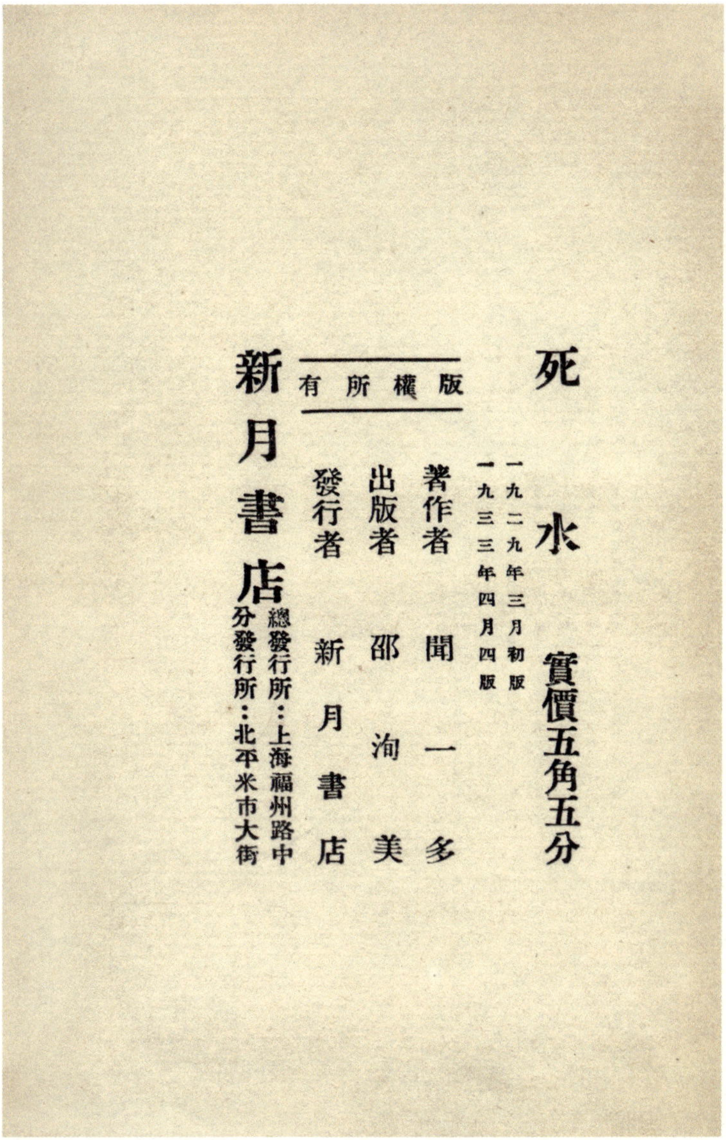

死水　實價五角五分

一九二九年三月初版
一九三三年四月四版

著作者　聞一多
出版者　邵洵美
發行者　新月書店

版權所有

新月書店
總發行所：上海福州路中
分發行所：北平米市大街

472.8/98　背影

朱自清著。

上海：开明书店，1933 年 5 月四版。一册，32 开。

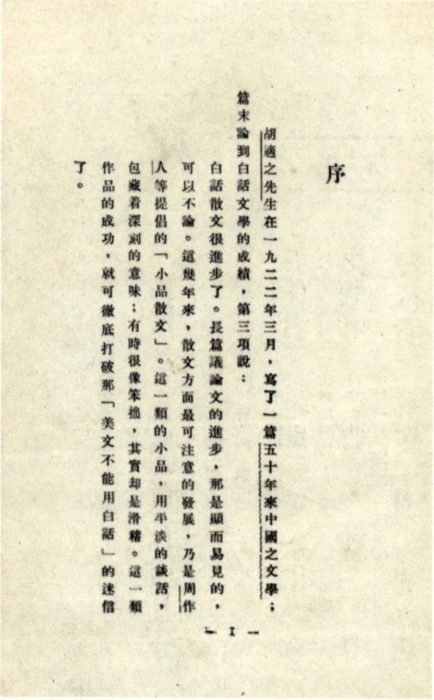

序

胡適之先生在一九二二年三月，寫了一篇五十年來中國之文學；篇末論到白話文學的成績，第三項說：

白話散文很進步了。長篇議論文的進步，那是顯而易見的，可以不論。這幾年來，散文方面最可注意的發展，乃是周作人等提倡的「小品散文」。這一類的小品，用平淡的談話，包藏着深刻的意味；有時很像笨拙，其實却是滑稽。這一類作品的成功，就可徹底打破那「美文不能用白話」的迷信了。

— I —

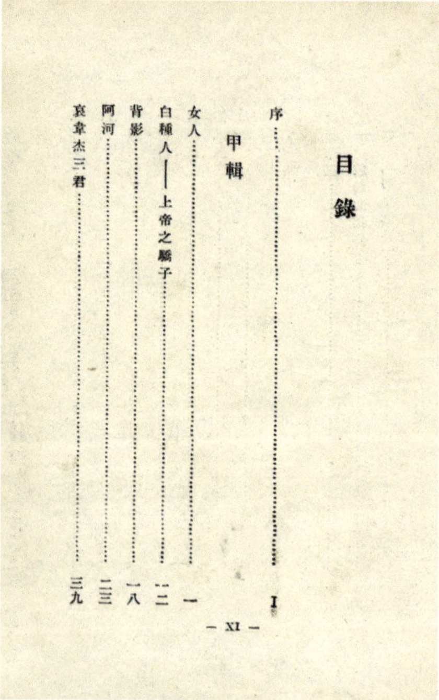

目錄

— XI —

朱自清，著名散文家、诗人、学者。书首为作者自作之《序》，分甲乙两辑。甲辑收《女人》《背影》《荷塘月色》等十二篇，乙辑收《旅行杂记》《说梦》《海行杂记》三篇。其中《背影》文字朴实无华，《荷塘月色》文情并茂，皆为不可多得的散文佳作。

女人

白水是個老實人，又是個有趣的人。他能在談天的時候，滔滔不絕地發出長篇大論。這回聽勉子說，日本某雜誌上有「女？」一文，是幾個文人以「女」爲題的桌話的紀錄。他說，「這倒有趣，我們何不也來一下？」我們說，「你先來！」他搔了搔頭髮道：「好！就是我先來；你們可別臨陣脫逃才好。」我們知道他照例是開口不能自休的。果然，一番話費了這多時候，以致別人只有補充的工夫，沒有自敍的餘裕。那時我被指定爲臨時書記，曾將桌上所說，拉雜寫下。現在整理出來，便是以下一文。因爲十之八是白水的意見，便用了第一人稱，

452.8/36.3P　皮包和烟斗

巴人著。

上海：光明书局，1946 年 4 月版。一册，32 开。

巴人，浙江奉化人，作家。该书内收《皮包和烟斗》《老石工》等十四篇短篇小说。作品大都以抗战时期为背景，描写民众的不同生活和心态。据篇前《前记》所言，本集作品“类多寄一时感慨”而作，以期“造福于抗战建国”。此为《光明文艺丛书》之一。

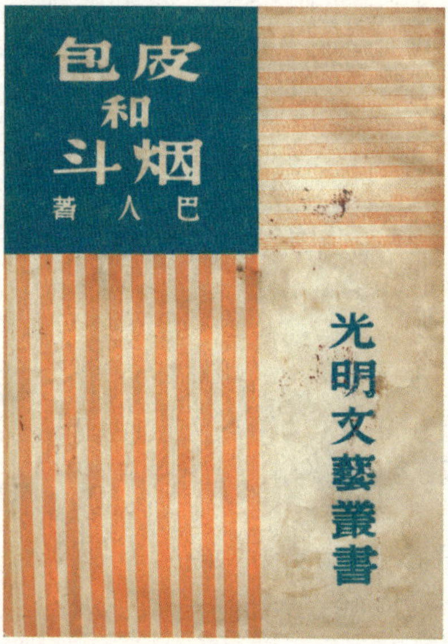

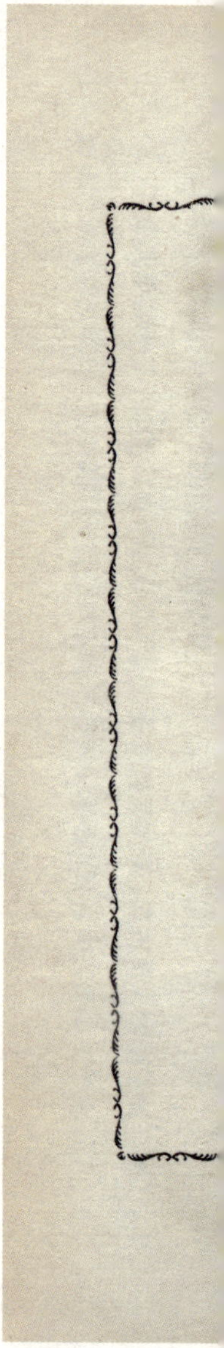

光明文藝

皮包和

巴人

上海光明書

皮包和烟斗

吃過了早餐，黃劍影先生就把皮包挾在腋下，一邊慢慢兒裝着烟斗，點着，啣上；於是斜欹身子在籐椅上，細着眼睛看報。

這習慣，黃劍影先生是十餘年來如一日。

黃劍影先生和皮包，烟斗，這已成了三位一體。天地之間，有了黃劍影先生，就少不了皮包和烟斗；有烟斗和皮包出現之處，錯不了總是我們黃劍影先生。十多年前，這小小的商埠裏各條泥濘而又灰暗的街道上，就算黃劍影先生底皮包頂發亮，就算黃劍影先生底烟斗最別緻。你要是是個黃魚小販，站在江橋上震天價對着螞蟻一般爬過江橋的人們叫賣，你祇要聽到『叮噹』『地兩聲包車鈴聲，就立刻會停下叫喊來。順眼看去，你準會瞧到一枝烟斗橫在一張清瘦淨白的臉上，燿着火，噴着烟，像一支小火輪烟囱。接着你還可瞧到一隻又黑又大的皮包，橫擱在膝頭上；宅那上鎖地方一塊銅，白銀似的擦得雪亮雪亮，準叫你連眼也開不開來。可是正當你眼睛給這

〔 1 〕

432.8/749B　望舒草

戴望舒著。
上海：现代书局，1934 年 3 月再版。一册，32 开。

戴望舒，浙江杭州人，著名诗人、翻译家。集首为杜衡所作之《序》，收诗《我的记忆》《路上的小语》《林下的小语》等四十一首。后附《诗论零札》十七段。集中大多抒发忧郁、伤感的情绪和落寞的心境。此为《现代创作丛刊》之一。

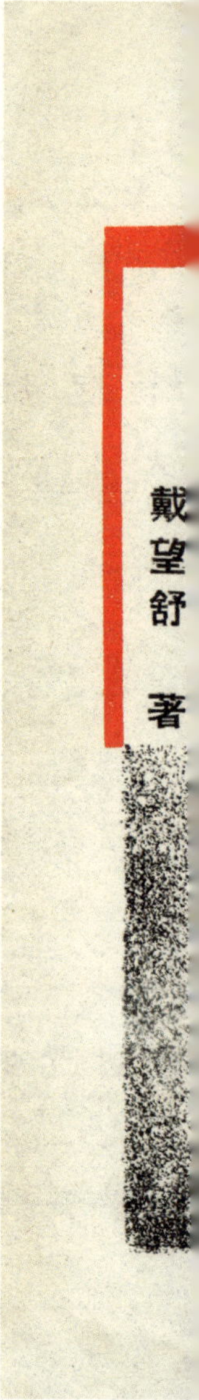

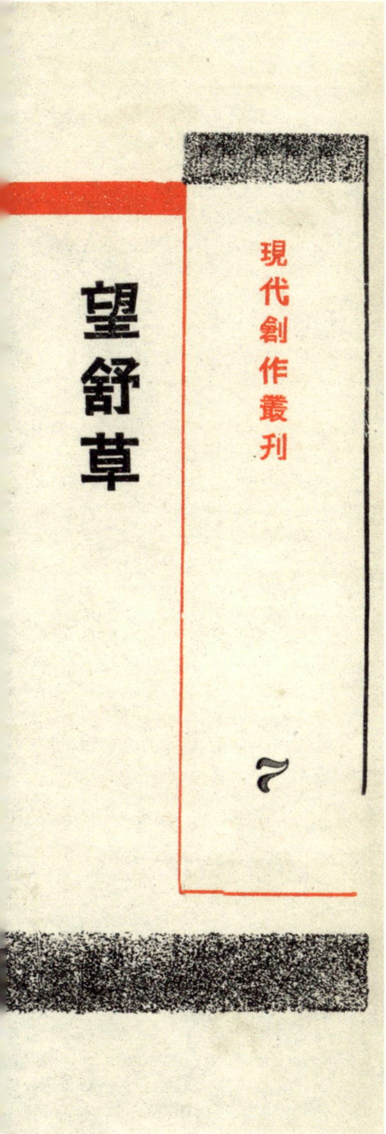

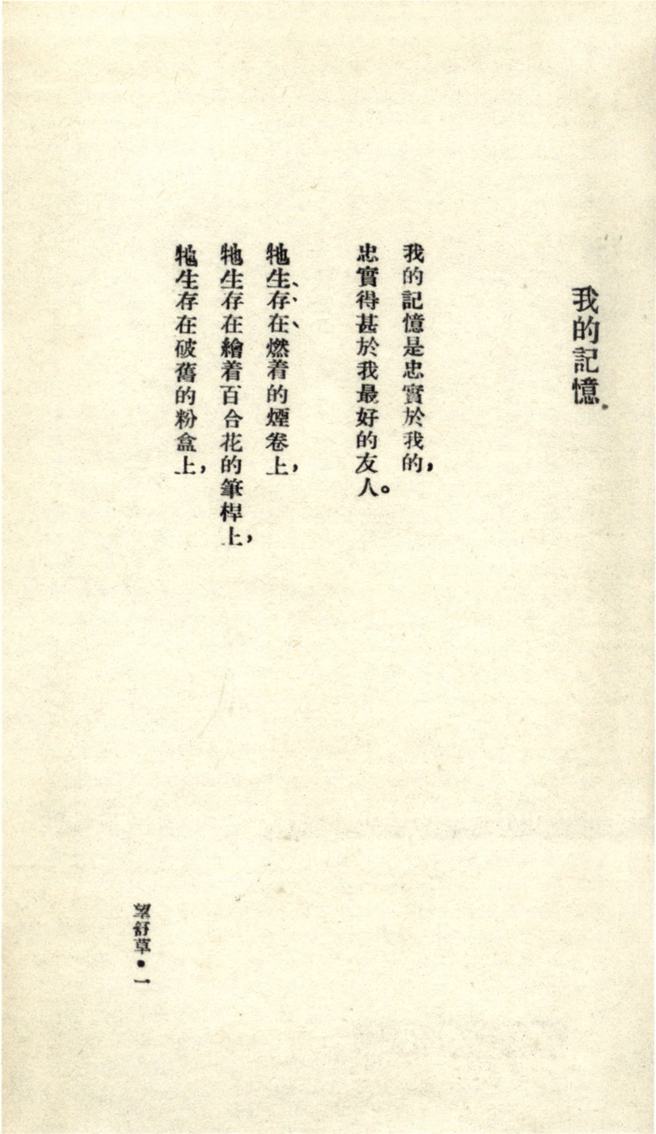

我的記憶

我的記憶是忠實於我的，
忠實得甚於我最好的友人。

牠生存在燃着的煙卷上，
牠生存在繪着百合花的筆桿上，
牠生存在破舊的粉盒上，

望舒草•一

472.8/787C　山寺暮

严文井著。

上海：良友图书印刷公司，1937年6月初版。一册，32开。

严文井，湖北武昌人，作家。该书收录《山寺暮》《黑色鸟》《长城旅客梦》等十篇散文，皆为严文井早期作品，集中展示了他早期的文学创作才华。本书为靳以主编《现代散文新集》之一。

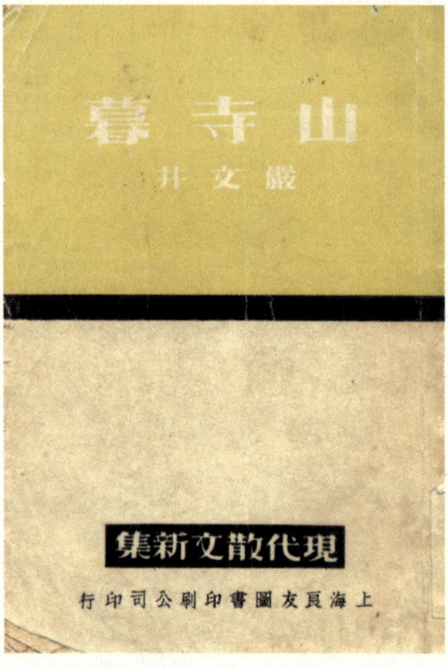

山

巖

上海良友

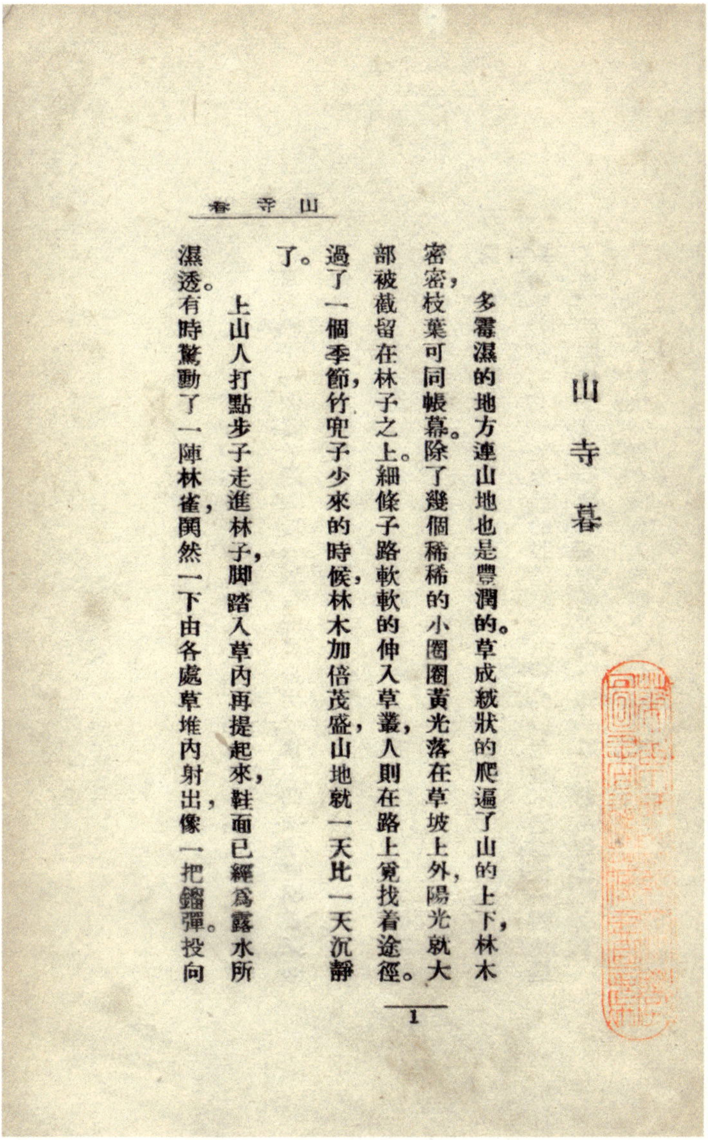

山寺暮

多霉濕的地方連山地也是豐潤的。草成絨狀的爬遍了山的上下，林木密密，枝葉可同帳幕。除了幾個稀稀的小圈圈黃光落在草坡上外，陽光就大部被藏留在林子之上。細條子路軟軟的伸入草叢，人則在路上覓找着途徑。過了一個季節，竹兜子少來的時候，林木加倍茂盛，山地就一天比一天沉靜了。

上山人打點步子走進林子，脚踏入草內再提起來，鞋面已經為露水所濕透。有時驚動了一陣林雀，鬨然一下由各處草堆內射出，像一把鎗彈。投向

472.8/392G 江湖集

师陀著。

上海：开明书店，1949 年 1 月五版。一册，32 开。

师陀，河南杞县人，作家。该书收录《病》《虹庙行》《山行杂记》等九篇散文。在内容方面，作者于《编后记》中言：“《病》《死》《河》《程耀先》《虹庙行》《山行杂记》是回忆同记事，《鼠》《谷之夜》是记事和杂感。”作者通过所记述的种种事件，反映了那个年代乡村的动荡与凋敝。本书为徐调孚主编《开明文学新刊》之一。

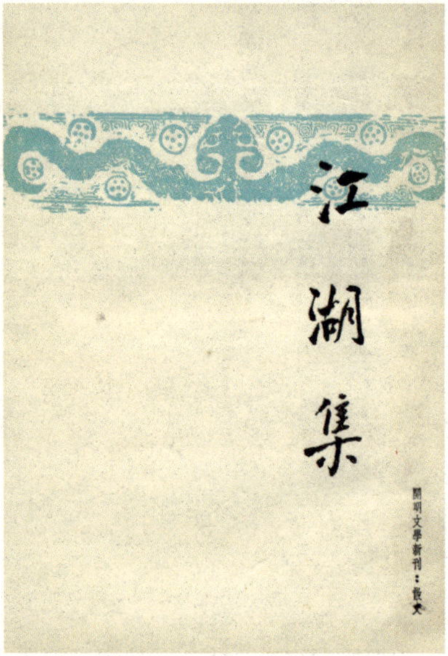

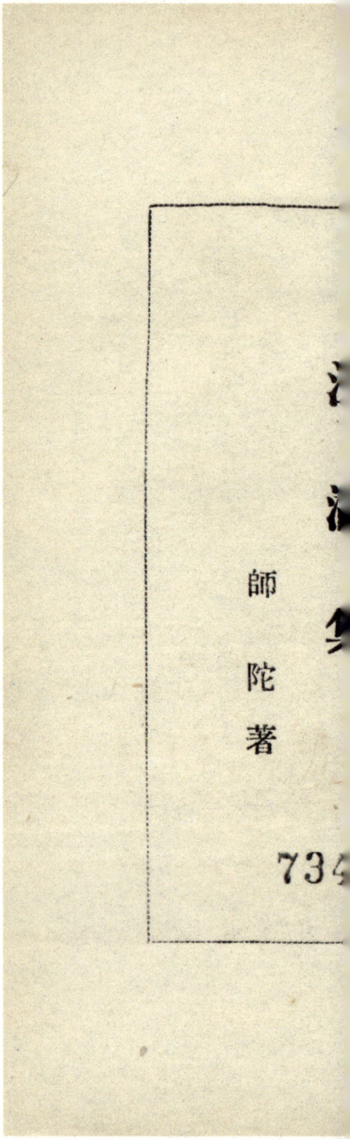

病

童年

關於病的事我從來不大經心，卽使病倒，也總是聽其自然，結果是馬虎好了的。雖然體質遠算不得壯，但有致命危險的症候也的確很少碰上。記得在時疫最流行的時候，在鄉下，有錢的人家是吃鴉片，沒錢的就只好等着挨大廣針，或者死；城市里比較文明了些，是注射防疫劑，自然也依舊有人吃鴉片。這樣鬧得烏烟瘴氣，我卻安然靜坐在家里。然而這不就是表示輕生；細想起來，和我們的「精神文明」恐怕是有着大的關係的。

我的母親常常害病，也很怕死；所以怕死，自然是因爲多病的緣故。我的父親健康雖不如祖父，卻秉承了祖父的觀念，那就是對於死看的很淡，對於疾病也不甚在意。大約是

開明文學新刊

409/248　蠹鱼篇

周越然等著。

上海：古今出版社，1944 年 4 月再版。一册，32 开。

此书为旧书话集，收录了八篇上海二十世纪四十年代“孤岛”时期的文艺闲刊《古今》中有关旧书访藏的作品。作者中周作人、周越然、陈乃乾、纪果庵等都精于收藏，书林掌故信手拈来，是难得的佳作汇编。此书更有吴湖帆先生题签，增色不少。本书为《古今丛书》之二。

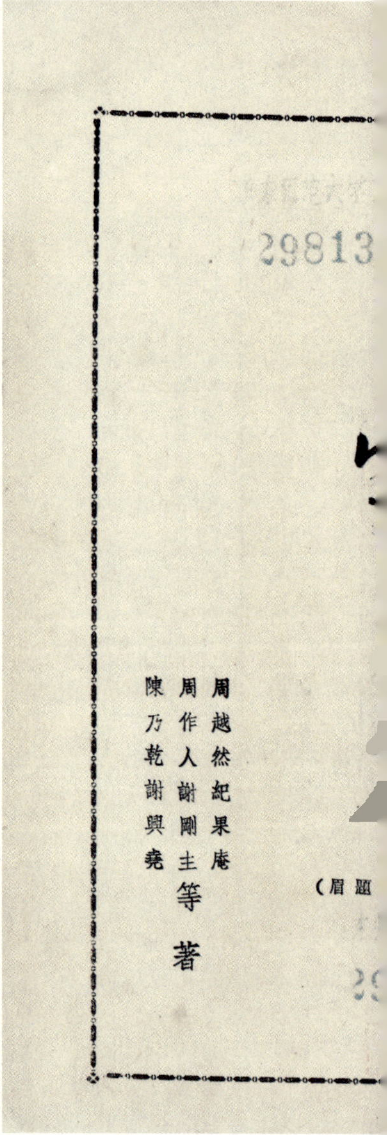

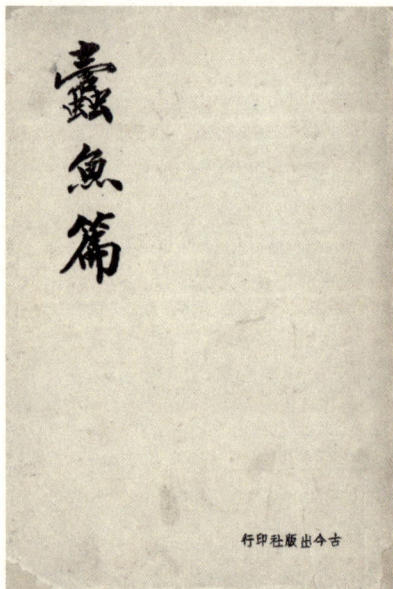

古今叢書之二

目次

472.8/152D　画廊集

李广田著。

上海：商务印书馆，1936年8月再版。一册，袖珍本。

李广田，山东邹平人，散文家。本书前有周作人《序》，收录《画廊》《种菜将军》《秋雨》《记问渠君》等二十三篇散文，末篇《画廊集题记》自述集名由来及内容。集中作品多描写乡野故事及自然环境，具有浓郁的生活气息。本书为《文学研究会创作丛书》之一。

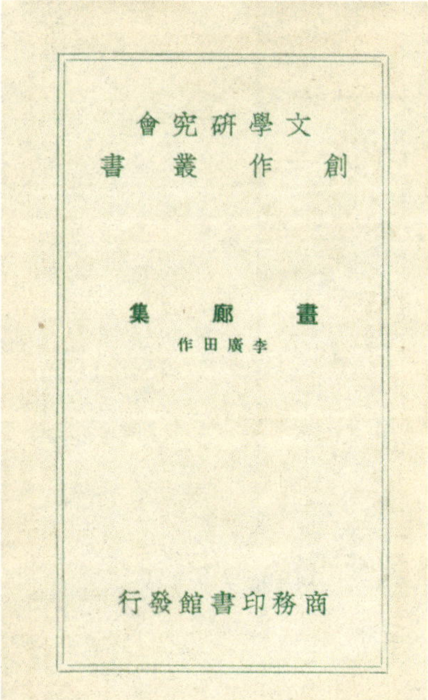

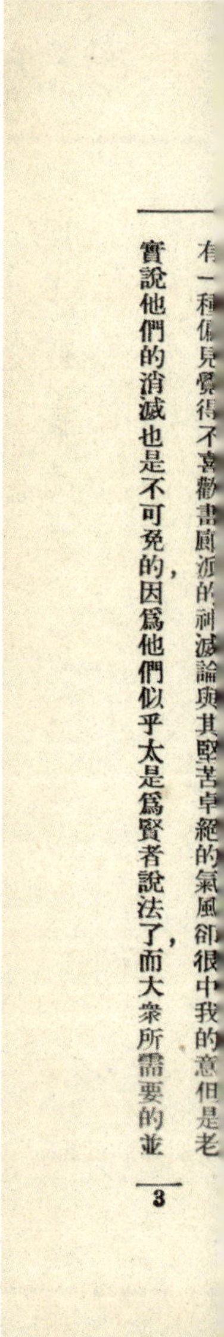

有一種偏見覺得不喜歡書廊派的剎滅論與其堅苦卓絕的氣風卻很中我的意但是老

實說他們的消滅也是不可免的，因爲他們似乎太是爲賢者說法了，而大衆所需要的並

3

畫廊

「買畫去麽？」

「買畫去。」

「看畫去，去麽？」

「去看畫去。」

在這樣簡單的對話裏，是交換着多少歡喜的。誰個能不歡喜呢，除非那些終天忙着招待債主的人？年梢歲末，再過幾天就是除日了，大小戶人家都按了當地的習慣把家裏掃除一過，屋裏的蜘蛛網，爛草芥，門後邊積了一年的掃地土，都運到各自門口的街道上去了。——如果這幾天內你走過這個村子，你一定可以看見家家門口都有一堆黑垃圾。有些懂事人家便把這堆髒東西傾到肥料坑裏去，免得叫行路人踢一脚灰，但大多數人

序

說到畫廊，第一令人想起希臘哲人中間的那畫廊派，即所謂斯多噶派（Stoikoi）是也。他們的師父是從吉地恩來的什農(Zenōn)，因爲在亞坡隆廟的畫廊（Stoa Poikilē）間講學，故得此名。吉地恩屬於拘布洛斯，也是愛神亞孚洛迭德的治下，這位老師卻跑到多貓頭鷹的雅典去侍奉智慧，實在是很可佩服的。這派主張順應自然的生活，而人有理性，其自然的幸福的生活即在具備合理的德性，由聰明以及勇敢中庸公平，達到

472.8/128H　湘行散记

沈从文著。

长沙：商务印书馆，1938 年 5 月三版。一册，袖珍本。

沈从文，湖南凤凰人，著名作家。该书收录《一个戴水獭皮帽子的朋友》《桃源与沅州》《鸭窠围的夜》等十一篇散文。作品描绘了独特的湘西风情，具有浓厚的乡土色彩。本书为《文学研究会创作丛书》之一。

目錄

一個戴水獺皮帽子的朋友

我由武陵（常德）過桃源時，坐在一輛新式黃色公共汽車上，車從很平坦的大堤公路上奔馳而去，我身邊還坐定了一個懂人情有趣味的老朋友，這老友正特意從武陵縣伴我過桃源縣。他也可以說是一個「漁人」，因爲他的頭上戴得是一頂價値四十八元的水獺皮帽子，這頂帽子經過沿路地方時，卻很能引起一些年青娘兒們注意的。這老友是武陵地方某大旅館的主人。常德、河洑、周溪、桃源，數十里路以內吃四方飯的標緻娘兒們，他皆特別熟習；許多娘兒們也就特別熟習他那頂水獺皮帽子。但他自己說，使他迷路的那點年齡業已過去了，如今一切皆滿不在乎，白臉長眉毛的女孩子再不使他心跳，水獺皮帽子，也並不需要娘兒們眼睛放光了。他今年還只三十五歲，十年前，在這一帶地方凡有他撒野機會時，他從不放過那點機會。現在既已規規矩矩作了一個大旅館的大老闆，

472.8/393.3A　爱眉小札

徐志摩著。

上海：良友图书公司，1945 年 6 月再版。一册，32 开。

徐志摩，浙江海宁人，著名诗人、散文家。该书书首为陆小曼序。收录徐志摩 1925 年 8 月 9 日至 9 月 17 日和陆小曼 1925 年 3 月 11 日至 7 月 1 日的日记。此书是陆小曼为纪念徐志摩诞辰 40 周年整理出版。此为《良友文学丛书》之一。

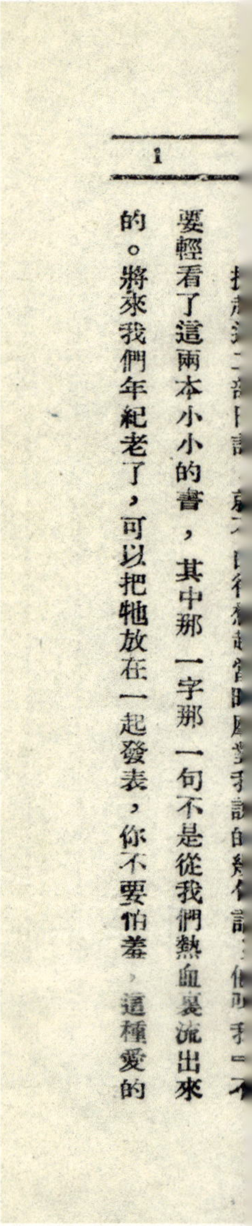

1

要輕看了這兩本小小的書，其中那一字那一句不是從我們熱血裏流出來的。將來我們年紀老了，可以把牠放在一起發表，你不要怕羞，這種愛的

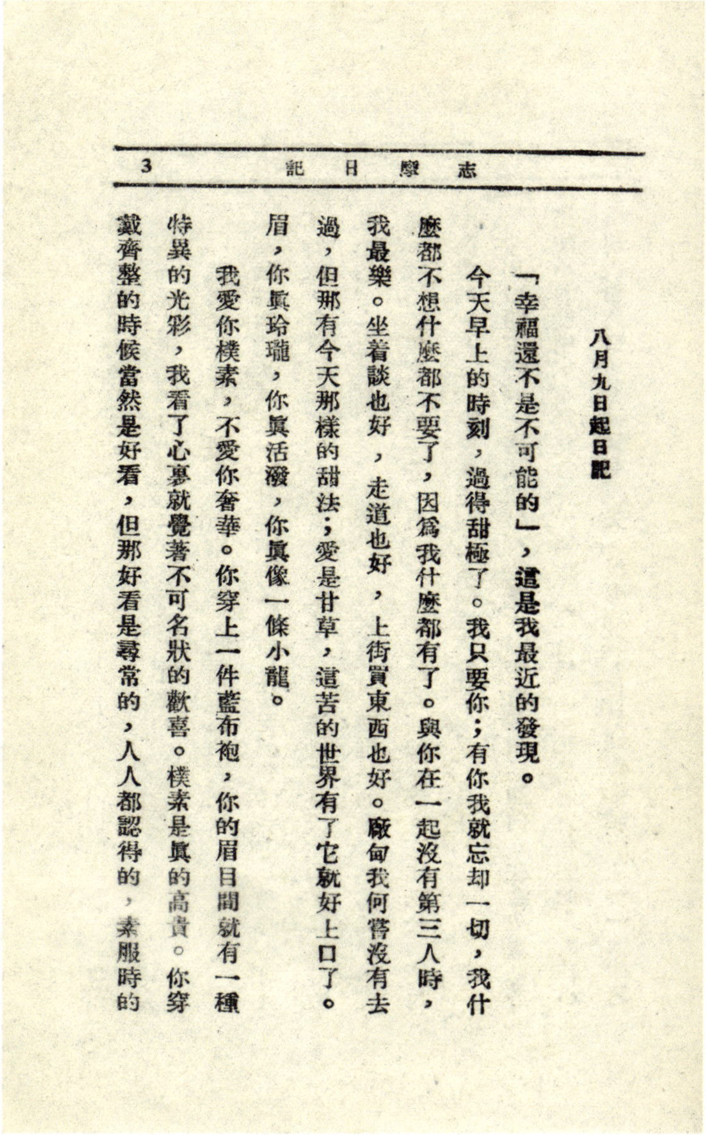

八月九日起日記

「幸福還不是不可能的」，這是我最近的發現。

今天早上的時刻，過得甜極了。我只要你；有你我就忘却一切，我什麽都不想什麽都不要了，因爲我什麽都有了。與你在一起沒有第三人時，我最樂。坐着談也好，走道也好，上街買東西也好。厰甸我何嘗沒有去過，但那有今天那樣的甜法；愛是甘草，這苦的世界有了它就好上口了。眉，你眞玲瓏，你眞活潑，你眞像一條小龍。

我愛你樸素，不愛你奢華。你穿上一件藍布袍，你的眉目間就有一種特異的光彩，我看了心裏就覺著不可名狀的歡喜。樸素是眞的高貴。你穿戴齊整的時候當然是好看，但那好看是尋常的，人人都認得的，素服時的

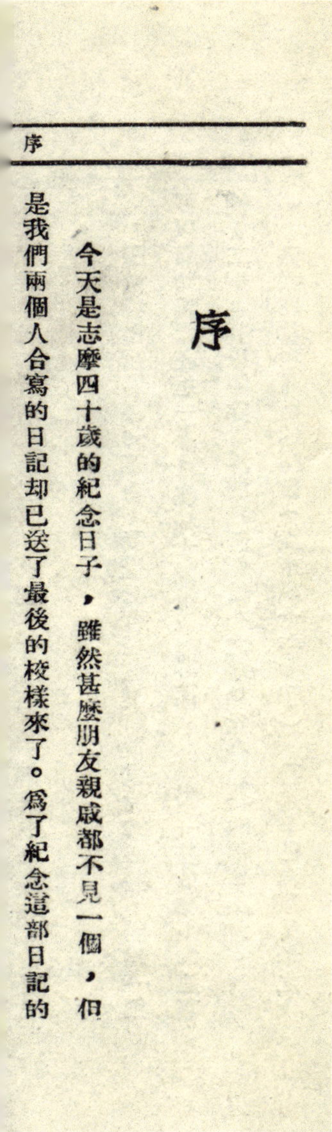

序

今天是志摩四十歲的紀念日子，雖然甚麽朋友親戚都不見一個，但是我們兩個人合寫的日記却已送了最後的校樣來了。爲了紀念這部日記的

472.8/248R　雨天的书

周作人著。

上海：北新书局，1935 年 11 月四版。一册，32 开。

周作人，浙江绍兴人，著名散文家、翻译家。该书是周作人自编集中最著名、最有代表性的一本，收录《苦雨》《乌声》《日记与尺牍》等五十二篇散文，后附录汪仲贤《十五年前的回忆》一篇。其中《故乡的野菜》《北京的茶食》《喝茶》等都是脍炙人口的名篇。

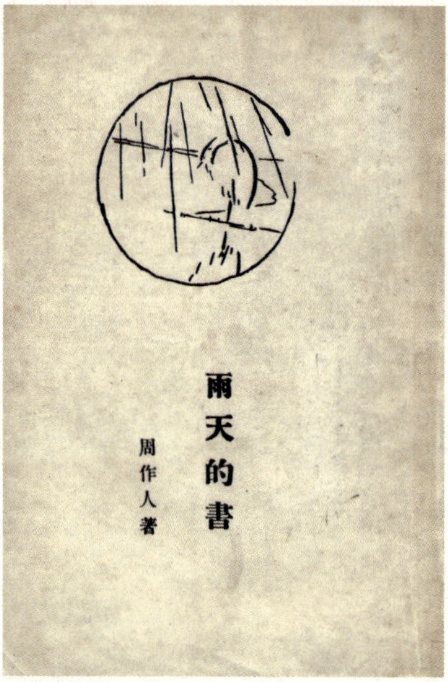

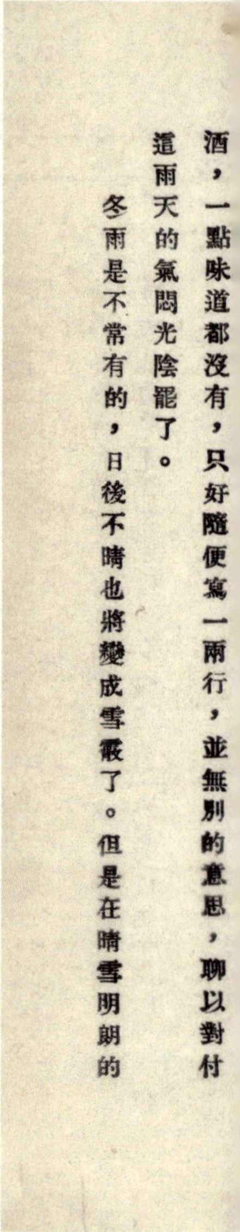
酒，一點味道都沒有，只好隨便寫一兩行，並無別的意思，聊以對付
這雨天的氣悶光陰罷了。
冬雨是不常有的，日後不晴也將變成雪霰了。但是在晴雪明朗的

苦雨

伏園兄：

北京近日多雨，你在長安道上不知也遇到否，想必能增你旅行的許多佳趣。雨中旅行不一定是很愉快的，我以前在杭滬車上時常遇雨，每感困難，所以我于火車的雨不能感到什麽興味，但臥在烏篷船裏，靜聽打篷的雨聲，加上欸乃的櫓聲以及「靠塘來，靠下去」的呼聲，却是一種夢似的詩境。倘若更大膽一點，仰臥在脚划小船內，冒雨夜行，更顯出水鄉住民的風趣，雖然較爲危險，一不小心，拙劣地轉一個身，便要使船底朝天。二十多年前往東浦弔先父的保姆之喪，歸途遇暴風雨，一葉扁舟在白鵝似的波浪中間滾過大樹港，危險極也

—1—

自序一

今年冬天特別的多雨，因爲是冬天了，究竟不好意思傾盆的下，只是蜘蛛絲似的一縷縷的洒下來。雨雖然細得望去都看不見，天色却非常陰沈，使人十分氣悶。在這樣的時候，常引起一種空想，覺得如在江村小屋裏，靠玻璃窗，烘着白炭火鉢，喝清茶，同友人談閒話，

—1—

472.8/754D　缘缘堂再笔

丰子恺著。

上海：开明书店，1946 年 4 月七版。一册，32 开。

丰子恺，浙江嘉兴人，著名漫画家、作家、书法家、翻译家。该书收录《物语》《午夜高楼》《梧桐树》《山中避雨》等二十篇散文。作品多取材于日常细微事物，抒写对于生活经历的一些随感。

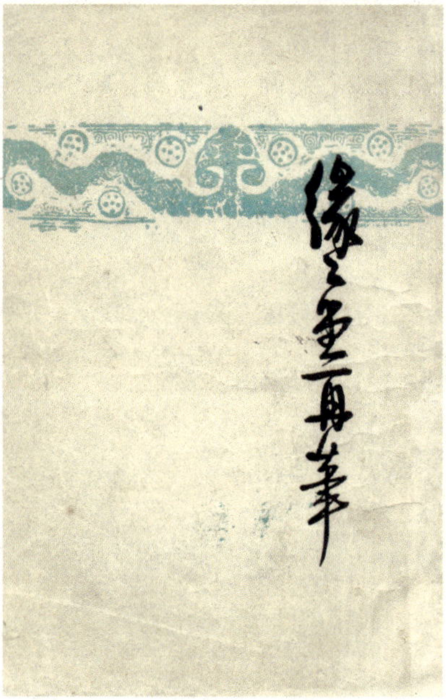

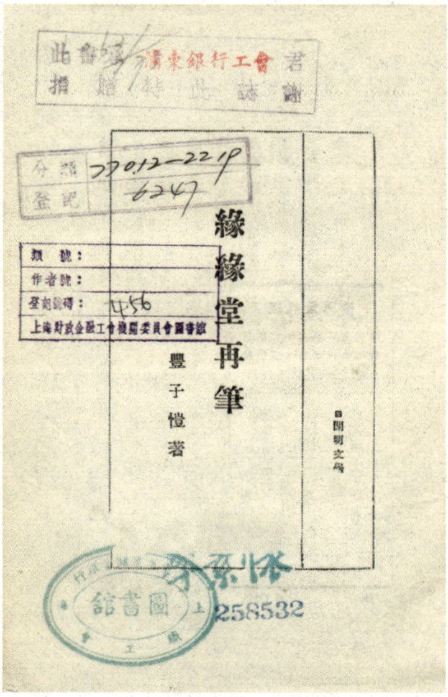

物語

晴爽的五月的淸晨，綠綠堂主人早起，以楊柳枝嗽口，飲淸水一大杯，燃土耳其捲煙一支，走近堂樓窗際，憑欄閒眺庭中的景物，作如是想：

「葡萄也貪肥。用了半張豆餅，這幾天就青青滿棚。且有許多藤蔓長出棚外，顫裊空中，在那裏要求延長棚架了。那嫩葉和卷鬚中間，已有無數綠色的小珠，這些將來都是結葡萄的。預想今年新秋，棚下果實纍纍，色如琥珀，大如鳥卵，味甘可口，專供我隨意摘食。半張豆餅的飼養，換得牠這許多的報效，這植物眞可謂有益於人生，而盡忠於主人的了。去年夏秋，主人客居他方，聽說牠生的很少而小而無味。今年主人將在此過夏秋，牠頗能體貼人意，特地多抽條枝，將以博主人之歡。你看：那嫩葉兒在朝陽中向我微笑，那藤蔓兒在晨風中向我點頭，彷彿在說：『我們都是爲你生的呀！』

472.8/285.2C　屐痕处处

郁达夫著。

上海：现代书局，1934年6月初版。一册，32开。

郁达夫，浙江富阳人，著名作家。书首为自序，收录《杭江小历纪程》《浙东景物纪略》《钓台的春昼》《临平登山记》等十一篇散文，附录黄肇敏《黄山纪游》一篇。这些游记散文描写山川景物，表达了对人世的感悟。本书为《现代创作丛刊》之一。

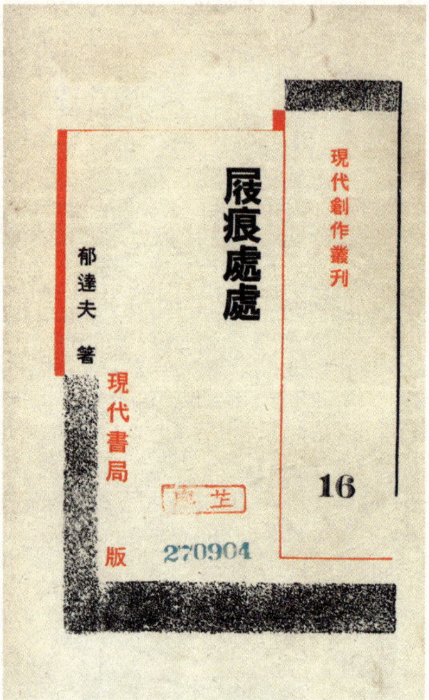

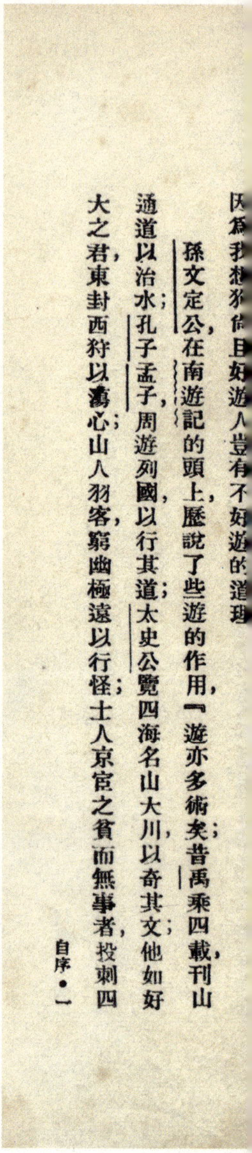

孫文定公，在南遊記的頭上，歷說了些遊的作用，『遊亦多術矣；昔禹乘四載，刊山通道以治水；孔子孟子，周遊列國，以行其道；太史公覽四海名山大川，以奇其文，他如好大之君，東封西狩以蕩心；山人羽客，窮幽極遠以行怪；士人京官之貧而無事者，投刺四

自序・一

杭江小歷紀程

一九三三年十一月九日，星期四，晴爽。

前數日，杭江鐵路車務主任曾蔭千氏，介友人來談；意欲邀我去浙東遍遊一次，將耳聞目見的景物，詳告中外之來浙行旅者，並且通至玉山之路軌，已完全接就，將於十二月底通車，同時路局刊行旅行指掌之類的書時，亦可將遊記收入，以資救濟Baedeker式的旅行指南之乾燥。我因來杭枯住日久，正想乘這秋高氣爽的暇時，出去轉換轉換空氣，有此良機，自然不肯輕易放過，所以就與約定於十一月九日渡江，坐夜車起

自序

472.8/178B　还乡日记

何其芳著。

上海：良友复兴图书印刷公司，1940 年 4 月再版。一册，32 开。

何其芳，著名诗人、散文家、文学评论家。该书收录代序《我和散文》及《呜咽的扬子江》《街》《县城风光》《乡下》《我们的城堡》五篇散文。作品描写了故乡的现实与童年的记忆，抒发了对乡土现状的感伤情绪，是作者思想道路与艺术表现处于过渡时期的产物。本书为靳以主编《现代散文新集》之一。

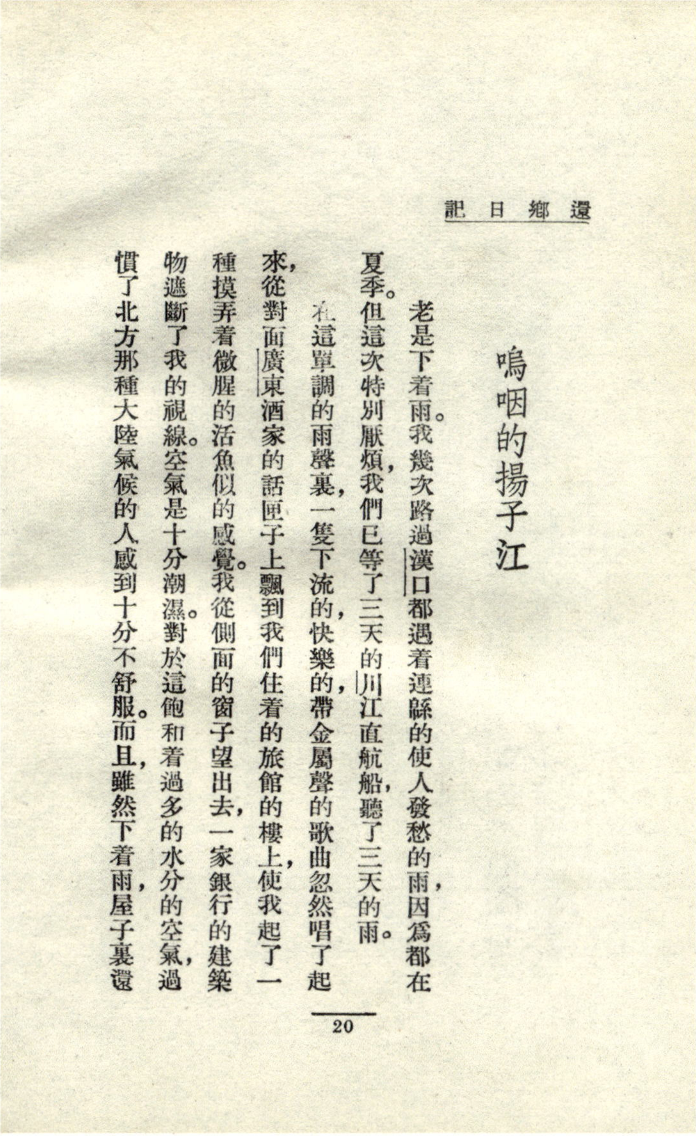

嗚咽的揚子江

老是下着雨。我幾次路過漢口都遇着連綿的使人發愁的雨，因爲都在夏季。但這次特別厭煩，我們已等了三天的川江直航船，聽了三天的雨。

在這單調的雨聲裏，一隻下流的快樂的，帶金屬聲的歌曲忽然唱了起來，從對面廣東酒家的話匣子上飄到我們住着的旅館的樓上，使我起了一種摸弄着微腥的活魚似的感覺。我從側面的窗子望出去，一家銀行的建築物遮斷了我的視線。空氣是十分潮濕。對於這飽和着過多的水分的空氣，過慣了北方那種大陸氣候的人感到十分不舒服。而且，雖然下着雨屋子裏還

472.8/705.4　写在人生边上

钱锺书著。

上海：开明书店，1946 年 10 月再版。一册，32 开。

钱锺书，江苏无锡人，著名作家、文学研究家。该书收录《魔鬼夜访钱锺书先生》《窗》《论快乐》等十一篇散文。文章语言幽默，富有哲理。本书为《开明文学新刊》之一。

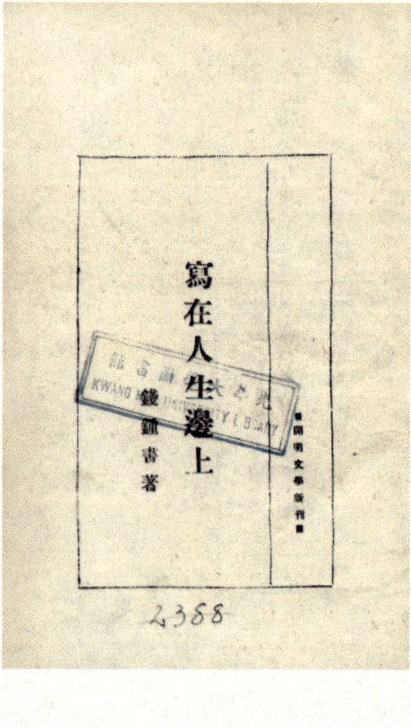

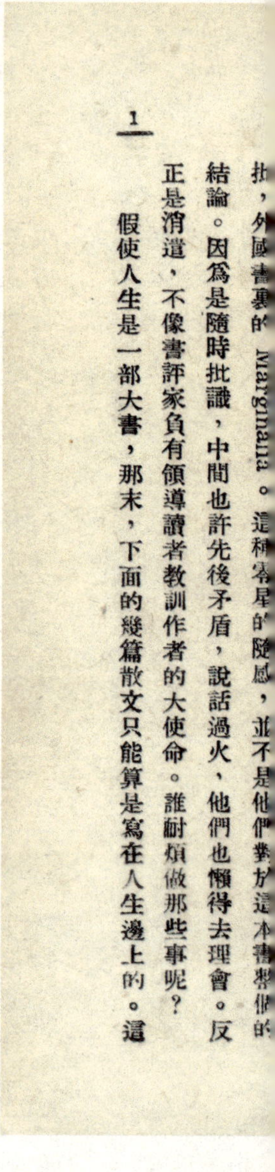
批，外國書裏的 Marginalia。這種零星的隨感，並不是他們對於這本書整個的
結論。因爲是隨時批識，中間也許先後矛盾，說話過火、他們也懶得去理會。反
正是消遣，不像書評家負有領導讀者教訓作者的大使命。誰耐煩做那些事呢？
假使人生是一部大書，那末，下面的幾篇散文只能算是寫在人生邊上的。這
1

魔鬼夜訪錢鍾書先生

「論理你跟我該彼此早認識了，」他說，揀了最近火盆的凳子坐下：「我就是魔鬼；你曾經受我的引誘和試探。

「不過，你是個實心眼兒的好人！」他說時泛出同情的微笑，「你不會認識我，雖然你上過我的當。你受我引誘時，你只知道我是可愛的女人，可親信的朋友，甚至是可追求的理想，你沒有看出是我。只有拒絕我引誘的人，像耶穌基督，纔知道我是誰。今天呢，我們也算有緣。有人家做齋事，打醮祭鬼，請我去坐首席，應酬了半個晚上，多喝了幾杯酒，醉眼迷離，想回到我的黑暗的寓處，不料錯走進了你的房間。內地的電燈實在太糟了！你房間竟暗得跟敝處地獄一樣！不過還比我那兒冷；我那兒一天到晚生着硫磺火，你此地當然做不到——聽說炭價又漲了。」

1

序

人生據說是一部大書。

假使人生眞是這樣，那末，我們一大半的作者只能算是書評家，具有書評家的本領，無須看得幾頁書，議論早已發了一大堆，書評一篇可以寫完繳卷。

但是，世界上還有一種人。他們覺得看書的目的，並不是爲了寫批評或介

X11.9-14/8.271A　沪谚外编 二卷

胡云翘编。

上海：国光印书局，1936年铅印本。白口，四周双边。线装二册。

开本19.9cm×13.1cm，版框15.4cm×11.3cm。

本书编者胡云翘为清末民国间上海乡贤，其自署问俗闲翁、六桥老人。该书分上下二卷。除收录上海地区之谚语外，还收有歌谣、谜语等，内容涉及当时社会生活诸多方面，富有地方情趣。是书初版于1923年。馆藏此本为三版，翻印时添采新小说杂志之资料，遂更为完备周详。

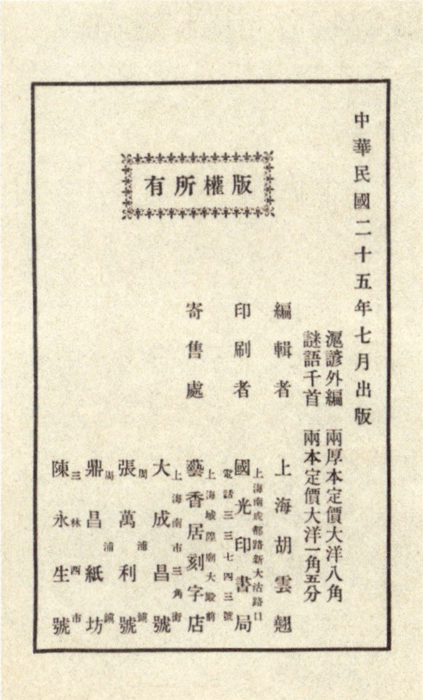

中華民國二十五年七月出版

滬諺外編 謎語千首 兩厚本定價大洋八角 兩本定價大洋一角五分

版權所有

編輯者 上海胡雲翹

印刷者 國光印書局（上海南成都路新大沽路口 電話三三七四三號）

寄售處 藝香居刻字店（上海城隍廟大殿前） 大成昌號（上海南市三角街） 張萬利號（閔浦鎮） 鼎昌紙坊（周浦鎮） 陳永生號（三林西市）

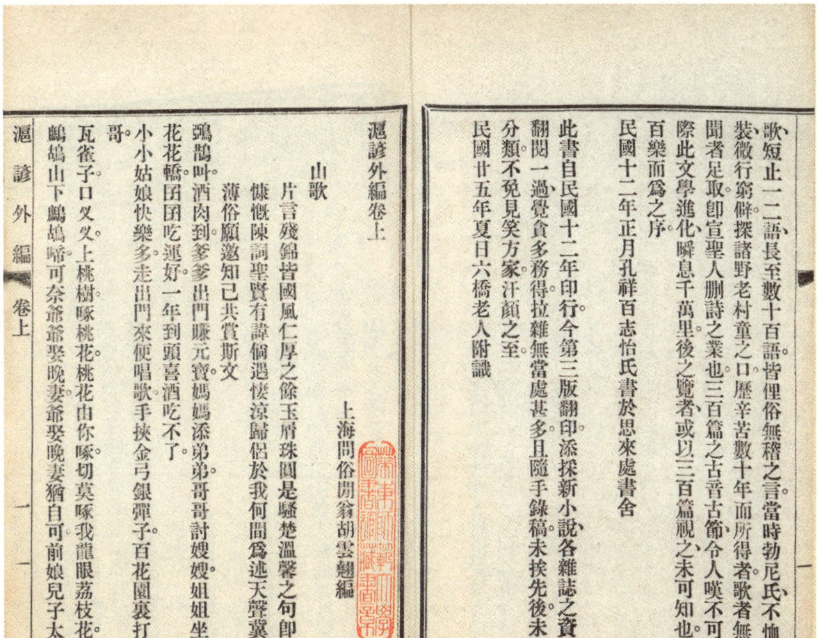

歌短止一二語長至數十百語皆俚俗無稽之言當時勃尼氏不恤化裝微行窮僻探諸野老村童之口歷辛苦數十年而所得者歌者無心聞者足取即宣聖人删詩之業也三百篇之古音古節令人嘆不可及際此文學進化瞬息千萬里後之覽者或以三百篇視之未可知也祥百樂而爲之序

民國十二年正月孔祥百志怡氏書於思來處書舍

此書自民國十二年印行今第三版翻印添採新小說各雜誌之資料翻閱一過覺貪多務得拉雜無當處甚多且隨手錄稿未按先後未及分類不免見笑方家汗顏之至

民國廿五年夏日六橋老人附識

滬諺外編卷上

上海問俗閒翁胡雲翹編

山歌

片言殘錦皆國風仁厚之餘玉屑珠圓是騷楚溫馨之句即令慷慨陳詞聖賢有諱倘遇悽涼歸侶於我何關爲述天聲冀針薄俗願邀知己共賞斯文

鴉鵲叫。酒肉到。爹爹出門賺元寶。媽媽添弟弟。哥哥討嫂嫂。姐姐坐了花花轎。囝囝吃運好。一年到頭喜酒吃不了。

小小姑娘快樂多。走出門來便唱歌。手挾金弓銀彈子。百花園裏打鸚哥。

瓦雀子。口叉叉。上桃樹。啄桃花。桃花由你啄。切莫啄我龍眼荔枝花。

鵓鴣山下鵓鴣啼。可奈爺爺娶晚妻。爺娶晚妻猶自可。前娘兒子太孤

滬諺外編 卷上 一

199.2/491　中国的水神

黄芝岗著。

上海：生活书店，1934 年 2 月初版。一册，32 开。

黄芝岗，民俗学学者。本书是研究中国水神神话传说的专著，共十六章，辑录了历代小说、笔记、地方志以及民间传说中关于水神的资料，对流行于各地的水神传说之产生、流传及演变进行了梳理，堪称中国现代民间文艺学研究领域内具有开创意义的作品。

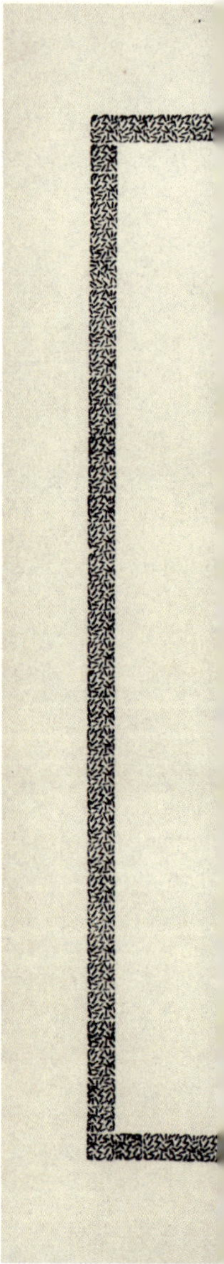

中國的

黃芝崗

上海 生活書

中華民國二十三

目次

472.8/717.2G　寄小读者

冰心著。

上海：北新书局，1941 年 6 月三十六版。一册，32 开。

冰心，福建长乐人，著名诗人、作家。书首为《四版自序》。书中收录了通讯二十九篇和《山中杂记》十篇。文章以小读者为对象，用通讯的形式，记述了海外风光和奇闻异事，抒发了她对母爱、童心、祖国和大自然的赞美。

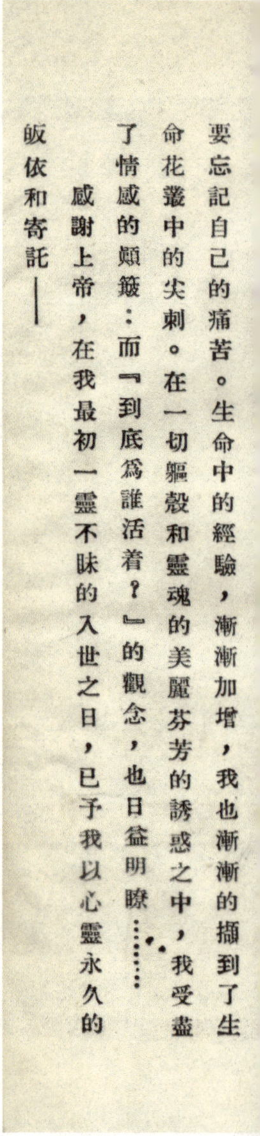

要忘記自己的痛苦。生命中的經驗，漸漸加增，我也漸漸的擷到了生命花叢中的尖刺。在一切軀殼和靈魂的美麗芬芳的誘惑之中，我受盡了情感的顛簸：而『到底爲誰活着？』的觀念，也日益明瞭……

感謝上帝，在我最初一靈不昧的入世之日，已予我以心靈永久的皈依和寄託——

通訊一

似曾相識的小朋友們：

我以抱病又將遠行之身，此三兩月內，自分已和文字絕緣；因爲昨天看見「晨報副刊」上已特闢了「兒童世界」一欄，欣喜之下，便藉着軟弱的手腕，生疏的筆墨，來和可愛的小朋友，作第一次的通訊。

在這開宗明義的第一信裏，請你們容我在你們面前介紹我自己。我是你們天眞隊裏的一個落伍者——然而有一件事，是我常常用以自傲的：就是我從前也曾是一個小孩子，現在還有時仍是一個小孩子。爲着要保守這一點天眞直到我轉入另一世界時爲止，我懇切的希望你

—1—

四版自序

假如文學的創作，是由於不可遏抑的靈感，則我的作品之中，只有這一本是最自由，最不思索的了。

421/7661L　致文学青年

郑振铎著。

上海：博文书店，1947 年 12 月版。一册，32 开。

郑振铎，浙江永嘉人，著名作家、学者、文学评论家。本书收录《抒情诗》《史诗》《太戈尔传》等十五篇文章。末篇《致文学青年》告诫文学青年作品要有生命、内容和情绪，文学创作要有天分和好的艺术修养，选择文学职业要谨慎。

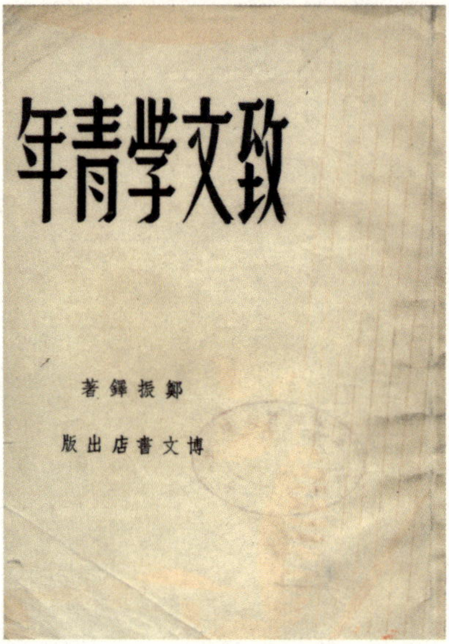

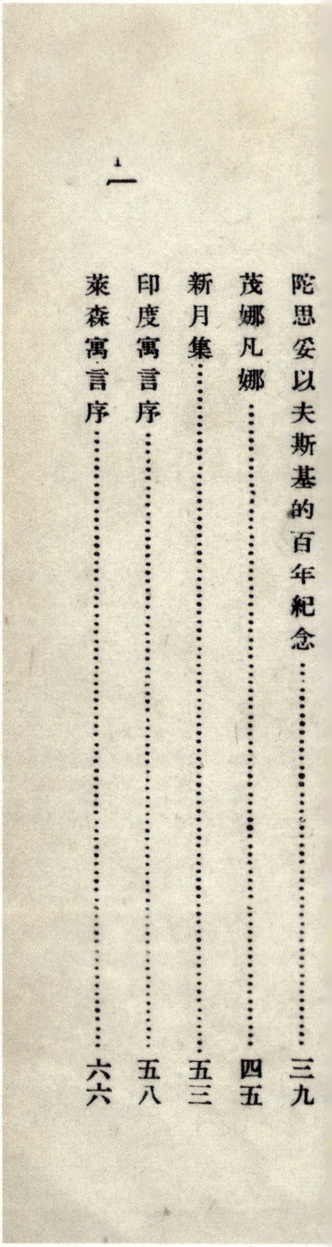
二

目錄

抒情詩

抒情詩(Lyric Poetry)是詩歌中的優美者。牠是完全從人的情緒中寫出來的。當人愉樂時，牠便奏着如山泉流下溪石間淙淙的情調，當人微思時，牠便奏着如輕風拂過松林之低而靜和的聲音，當人笑時，牠便也格格的如帶笑聲，當人低泣時，牠便也嗚咽的如帶着哭聲，當人做着他童年之夢時，牠便能把讀者導入蔚藍色的天眞的兒童國裏去，當人默默的坐對着湖光山色心與自然俱化時，牠便也如現出重疊的青山，鏡也似的平的碧湖在我們的眼前，當人戀愛時，牠便如山泉之映照愛者，爲他們低唱着春之歌。當人憂抑悲悶時，牠便也如雨中的山峯，緊蹙着雙眉，當

452.8/562K　稻草人

叶圣陶著。

上海：开明书店，1933年12月三版。一册，32开。

叶圣陶，江苏苏州人，著名作家、教育家。书首为郑振铎《序》，书中收录了《小白船》《傻子》《燕子》等二十三篇童话。末篇《稻草人》通过稻草人的所见所思，反映了二十世纪二十年代中国农村的人间百态。该书是叶圣陶第一本童话集，被认为是中国儿童文学的起点、标志和典范。本书为《世界少年文学丛刊》之一。

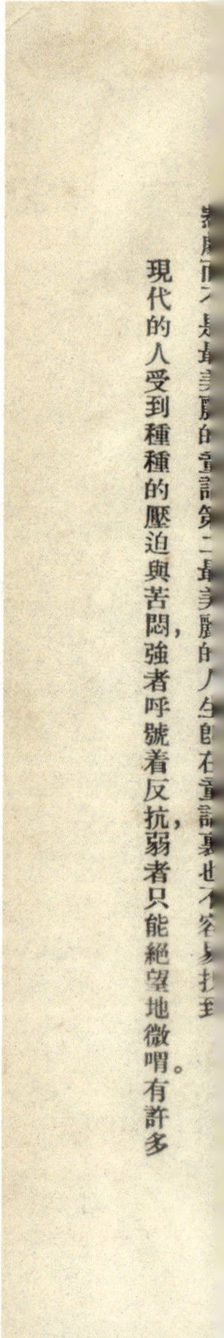
現代的人受到種種的壓迫與苦悶，強者呼號着反抗，弱者只能絕望地微喟。有許多

小白船

一條小溪是各種可愛東西的家。小紅花站在那里，只是微笑，有時做很好看的舞蹈。綠草上滴了露珠，好像仙人的衣服，耀人眼睛。溪面鋪着萍葉，矗起些桂黃的萍花，彷彿熱帶地方的睡蓮——可以說是小人國裏的睡蓮。小魚兒成羣來往，針一般地微細；獨有兩顆眼珠大而發光。青蛙兒老是睁着兩眼，像在那里看守的樣子，大約等待他的好伴。

溪面有極輕的聲音——水泡破碎的聲音。這是魚兒做出來的。他們能夠用他們的特別方法奏這奇異的音樂。「潑刺……潑刺」他們覺得好聽極了。

序

聖陶集他最近二年來所作的童話編成一集，把末後一篇的篇名稻草人作爲全集的名稱。他要我作一首序文。我是很喜歡讀聖陶的童話的，而且對於他的童話久已想說幾句話，現在就乘這機會在此寫幾個字；不能算是稻草人的介紹，不過略述自己的感想而已。

丹麥的童話作家安徒生(Hans Andersen)曾說，「人生是最美麗的童話。」("Life

072.42/305　汉译西洋文学名著

茅盾著。

上海：中国文化服务社，1936 年 4 月再版。一册，32 开。

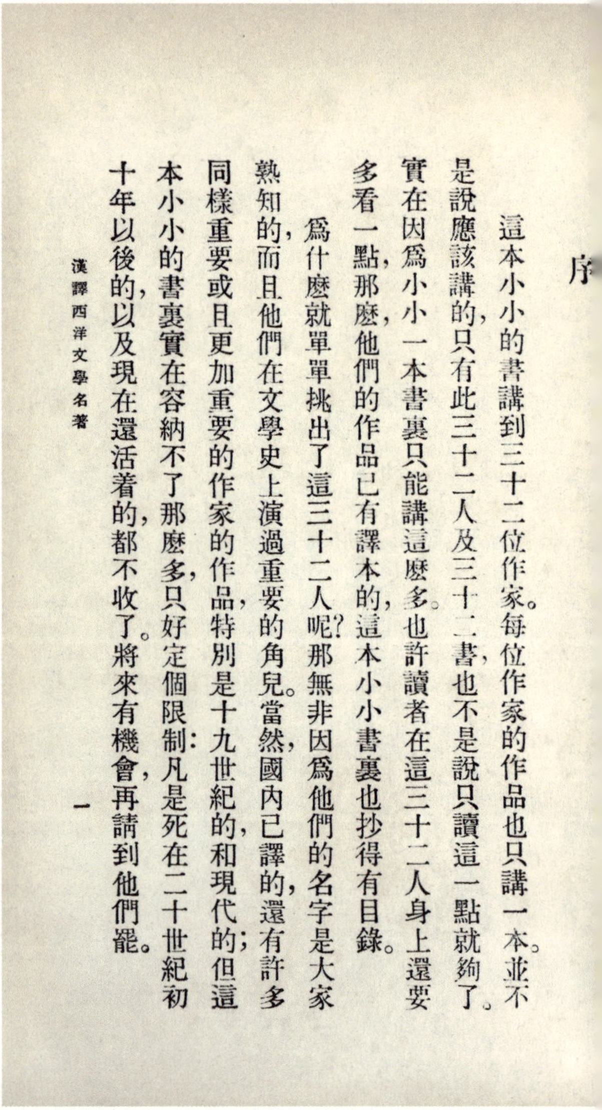

序

這本小小的書講到三十二位作家。每位作家的作品也只講一本。並不是說應該講的只有此三十二人及三十二書也不是說只讀這一點就夠了。實在因爲小小一本書裏只能講這麼多。也許讀者在這三十二人身上還要多看一點，那麼，他們的作品已有譯本的，這本小小書裏也抄得有目錄。

爲什麼就單單挑出了這三十二人呢？那無非因爲他們的名字是大家熟知的，而且他們在文學史上演過重要的角兒。當然，國內已譯的，還有許多同樣重要或且更加重要的作家的作品，特別是十九世紀的和現代的；但這本小小的書裏實在容納不了那麼多，只好定個限制：凡是死在二十世紀初十年以後的，以及現在還活着的都不收了。將來有機會，再請到他們罷。

漢譯西洋文學名著　一

二十世纪三十年代的上海出版界，曾一度竞相出版外国古典文学名著，为适应读者需求，茅盾选择了三十二位作家每人一部代表作，给予通俗性的介绍，即《汉译西洋文学名著》，此书由中国文化服务社于 1935 年初次出版。次年，开明书店收辑作者于 1934 年 9 月至次年 11 月发表在《中学生》杂志上的七篇文章，出版了《世界文学名著讲话》。

另一方面，我誠心誠意要請到的，卻不一定有適當的譯本；例如但丁的神曲還沒有譯本，只好用了新生，塞萬提司的吉訶德先生雖有人已譯出第一部登在廣州一個日報上，但既無單行本而此日報亦不容易看到，便只得缺了牠；又如盧梭的新哀綠綺思情書只有供人研究英文用的刪節的英、漢對照本，司各德的書，迭更司的書，乃至大仲馬和薩克萊等，或者只有文言譯本或者只有節譯本，現在也都因為無法替代，就亂來一下了。這是要帶便說明的。

儘可能的範圍內，我想在這本小小的書裏講到歐洲文學發展過程的一點粗枝大葉。這本書各篇的次序就按照了這個目標編排。

本想揀譯文又忠實又流利的來介紹。但後來覺得沒有辦法這樣嚴格，只好不拘。一書有兩種以上譯本的，也附記着。因為既然不是比較譯文的，就應當一併登記了。

我的見聞不廣，也許有好譯本被我漏掉，這只好請原諒。如果有機會給我補過，自然更是求之不得呵。

廿四年三月　茅盾。

I512.44/Q1694　俄国短篇小说译丛

郑振铎选译。

上海：商务印书馆，1936 年 3 月初版。一册，32 开。

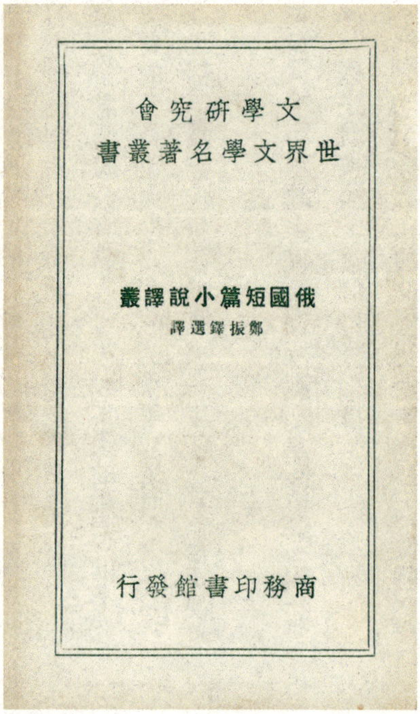

郑振铎，文学研究会发起人之一，中国现代文化史、文学史上一位“百科全书”式人物，在文艺理论、外国文学、民间文学等诸多领域皆有突出成就。本书收录了俄国具有代表性的三位短篇小说家的六篇作品，包括契利加夫的《浮士德》《严加管束》《在狱中》，克洛林科的《林语》，梭罗古勃的《你是谁》，高尔基的《木筏之上》。其中，除《在狱中》一篇是鲁彦翻译之外，其余皆为郑译。该书收入《文学研究会世界文学名著丛书》。

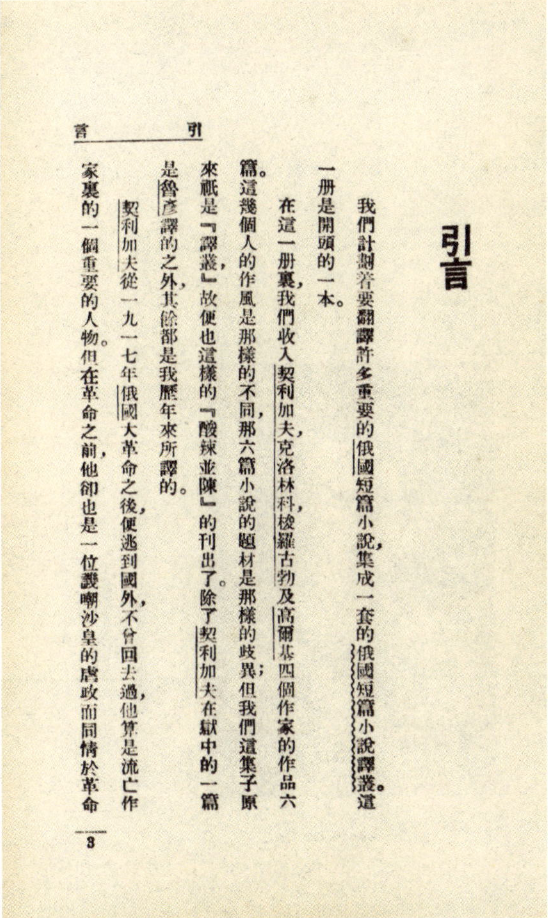

引言

引言

我們計劃着要翻譯許多重要的俄國短篇小說，集成一套的俄國短篇小說譯叢。這一冊是開頭的一本。

在這一冊裏，我們收入契利加夫，克洛林科，梭羅古勃及高爾基四個作家的作品六篇。這幾個人的作風是那樣的不同，那六篇小說的題材是那樣的歧異；但我們這集子原來祇是『譯叢』，故便也這樣的『酸辣並陳』的刊出了。除了契利加夫在獄中的一篇是魯彥譯的之外，其餘都是我歷年來所譯的。

契利加夫從一九一七年俄國大革命之後，便逃到國外，不曾回去過，他算是流亡作家裏的一個重要的人物。但在革命之前，他卻也是一位譏嘲沙皇的虐政而同情於革命

3

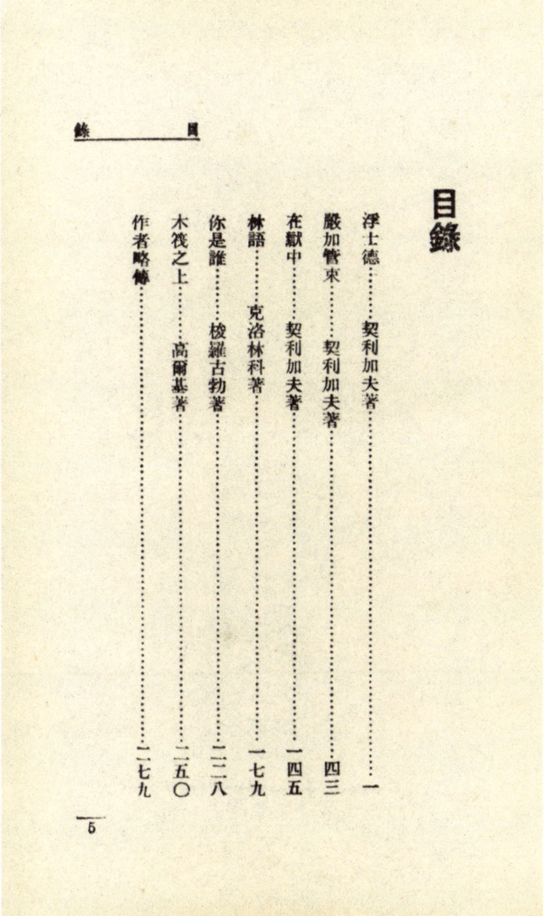

目錄

目錄

5

I512.44/S747C　铁流

［苏］绥拉菲摩维支著，曹靖华译。
上海：三闲书屋，1931 年 11 月版。一册，32 开。

绥拉菲摩维支是苏联著名作家，曹靖华是中国近现代文学翻译家、散文家、教育家。《铁流》是由苏联作家绥拉菲摩维支创作的一部著名革命题材小说，以十月革命后的 1918 年内战为题材。此书也因为鲁迅先生的积极引进推广，在中国产生了极大的影响。前有作者序，后有鲁迅编校后记。

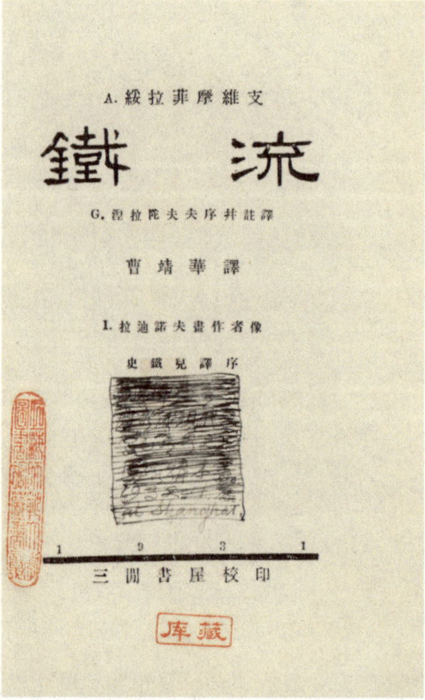
A.綏拉菲摩維支

鐵　流

G.涅拉陀夫夫序并註譯

曹靖華譯

I.拉迪諾夫畫作者像

史鐵兒譯序

[redacted]

1　9　3　1

三閒書屋校印

序　　言

G. 涅拉陀夫 作

史鐵兒譯

綏拉非摩維支要能夠創造他這一部詩史，必須要先有一百年來的文學的文化。“鐵流”這一部藝術的著作，裏面包含了自己時代的人的磨難和懷疑，鬥爭和痛苦。看綏拉非摩維支的詩史，就可以知道：比較起我們文學典籍裏所反映的生活，現代的生活是已經走得多麽遠了，十月革命在人的智識和心靈上，已經給了什麽樣的根本轉變和震動。謌謌爾在“Via”和“Tarasa Bulba”裏面所描寫的哥薩克，比起綏拉非摩維支的哥薩克來，眞是久遠的混沌的過去時代的原始狀態的人兒；綏拉非摩維支的哥薩克，結算起來，却已經是在社會主義的道路上鬭爭，——就算離着社會主義還遠罷。普希金所寫的普加赤夫動運(註)(“甲必丹的女兒”)，比起十月革命來，眞只算得小小的爆發；而十月革命的巨大的火燄，却用牠的輝煌的光芒來照耀“鐵流”裏面的活的人和死的巖石了。安得列葉夫(“紅笑”)和迦爾洵(“四天”)的

328.4/591　中国解放区见闻

［美］福尔曼著，朱进译。

重庆：重庆学术社，1946 年 2 月初版。一册，32 开。

本书作者福尔曼为美国记者。译者朱进，其生平事迹待考。本书以一个美国记者的视角，记述了其在中国解放区的见闻，展现了中国共产党领导下抗日根据地的政治、军事、经济和教育等真实情况。末附《和平建国纲领草案》。该书是抗日战争史重要的参考资料。

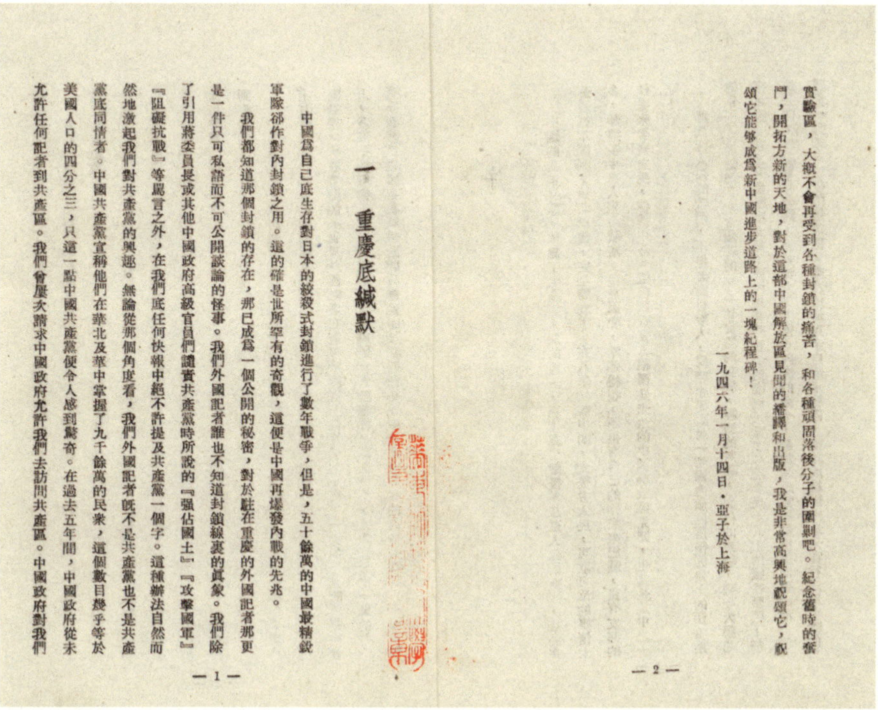

實驗區，大概不會再受到各種封鎖的痛苦，和各種頑固落後分子的圍剿吧。紀念舊時的奮鬥，開拓方新的天地，對於這部中國解放區見聞的翻譯和出版，我是非常高興地祝頌它，祝頌它能够成爲新中國進步道路上的一塊紀程碑！

一九四六年一月十四日・亞子於上海

—2—

一 重慶底緘默

中國爲自己底生存對日本的絞殺式封鎖進行了數年戰爭，但是，五十餘萬的中國最精銳軍隊卻作對內封鎖之用。這的確是世所罕有的奇觀，這便是中國再爆發內戰的先兆。

我們都知道那個封鎖的存在，那已成爲一個公開的秘密，對於駐在重慶的外國記者那更是一件只可私語而不可公開談論的怪事。我們外國記者誰也不知道封鎖線裏的眞象。我們除了引用蔣委員長或其他中國政府高級官員們譴責共產黨時所說的『强佔國土』『攻擊國軍』『阻礙抗戰』等罵言之外，在我們底任何快報中絕不許提及共產黨一個字。這種辦法自然而然地激起我們對共產黨的興趣。無論從那個角度看，我們外國記者既不是共產黨也不是共產黨底同情者。中國共產黨宣稱他們在華北及華中掌握了九千餘萬的民衆，這個數目幾乎等於美國人口的四分之三，只這一點中國共產黨便令人感到驚奇。在過去五年間，中國政府從未允許任何記者到共產區。我們曾屢次請求中國政府允許我們去訪問共產區。中國政府對我們

—1—

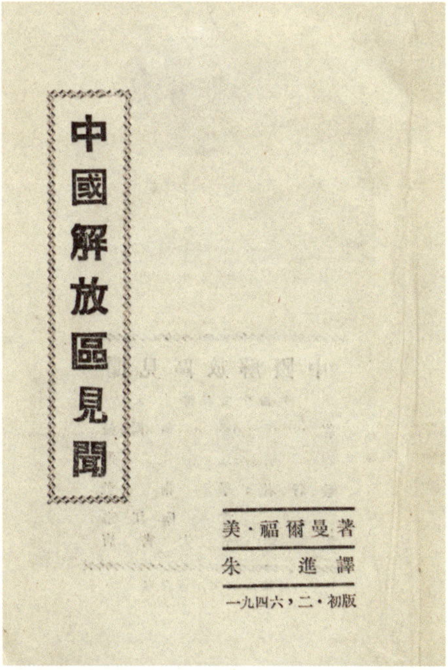

中國解放區見聞

美・福爾曼著

朱　進譯

一九四六，二・初版

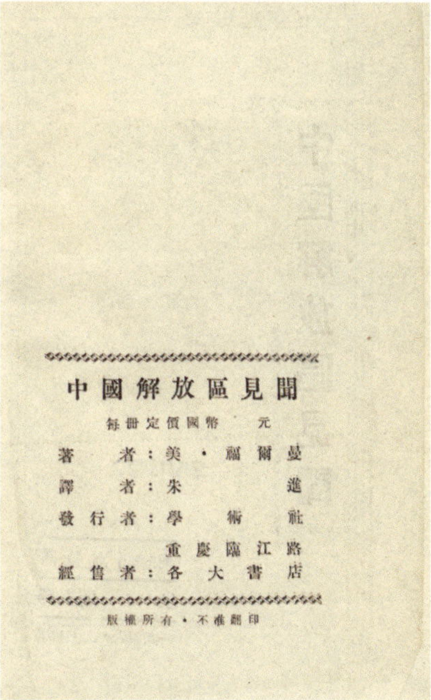

中國解放區見聞

每冊定價國幣　元

著　者：美・福爾曼

譯　者：朱　進

發行者：學術社

重慶臨江路

經售者：各大書店

版權所有・不准翻印

K152/W273　天下一家

［美］威尔基著，刘尊棋译。

上海：中外出版社，1945 年 9 月五版。一册，32 开。

威尔基曾任美国总统特使，推动宋美龄访美。本书是报告文学，介绍了世界各国包括中国抗日战争在内的反对帝国主义的正义战争。本书收入《近代中国史料丛刊续编》。

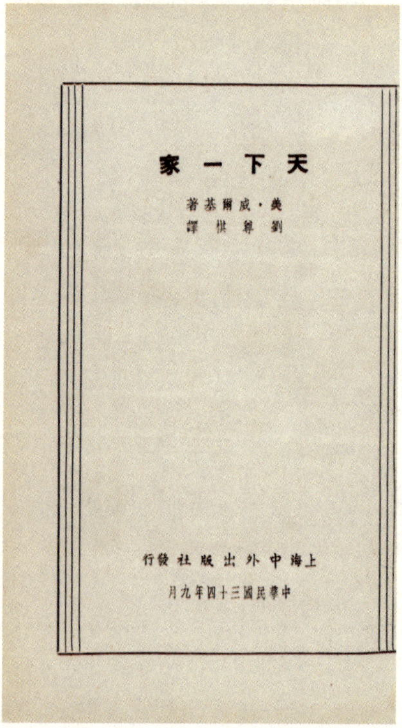
天下一家

美・威爾基著
劉尊棋譯

上海中外出版社發行
中華民國三十四年九月

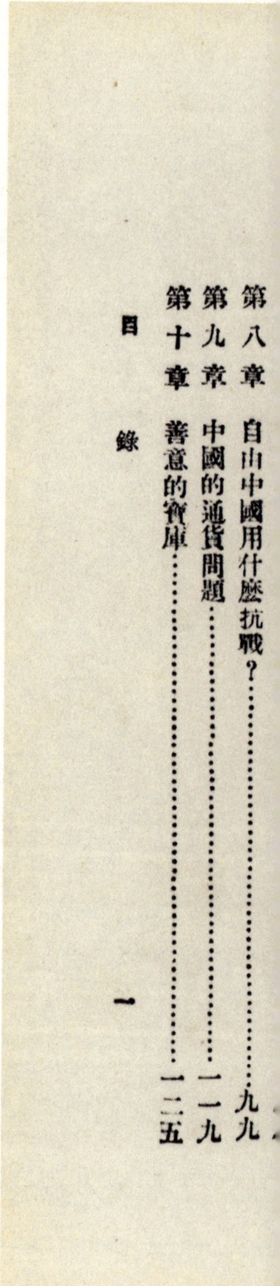

目錄　一

目次

第一章　艾爾阿拉敏（北非前線）

八月底我們往開羅途中，不好的消息接踵而來。在尼及利亞的加諾（Kano, Nigeria），人們公開估量著還有多少天隆美爾將軍便要將他的前頭部隊推進幾英里而攻佔亞歷山大城。當我們到達哈爾屯（Khartoum）時，這種估量已經成爲言之鑿鑿的報告，說埃及已陷入一種恐慌狀態。開羅的一些歐洲人正在摒擋行裝，準備向南或向東逃難。我回想起羅斯福總統當我快要從華盛頓動身時給我的警告，就是我沒有到開羅，也許它已被德國人拿去了。我聽見一些傳說，德國的傘兵曾降落在尼羅河兩岸，破壞它的最後的防禦工事。大家都相信英國的第八軍正在準備完全放棄埃及，退入巴力斯坦或向南退入蘇丹或怯尼亞。

自然，我要證實一下這些報告。可是開羅是世界上最不容易證實任何事情的地方。那裏有好人。美國駐埃及公使克爾刻（A. Kirk）對於時局已無希望，但我與他幾度長談之後，知道他原來是利用他的尖刻的悲觀態度作爲一種面具，來掩護他對當地實際情形的眞正淵博的知識和他努力維護當時脆弱局勢的手法。開羅還有另外一些消息靈通的人士，而其中最不可忽視的便是埃及總理那哈斯，他的興緻眞好，又富有雅趣，因此我告訴他，如果他會到美國參加競選，他會成爲一個可怕的候選人，是毫

艺术

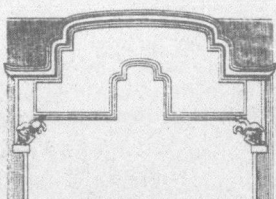

503/491.1　美术丛书

黄宾虹、邓实编。

上海：神州国光社，1947 年四版。二十册，32 开。

黄宾虹、邓实均为民国著名的画家、美术史家、美术文献出版家。《美术丛书》从保存国粹的角度出发，汇辑历代艺术文献，深受欢迎，嘉惠学林。

書筏

句容笪重光君宣著

筆之執使在橫畫字之立體在竪畫氣之舒展在撇捺筋之融結在紐轉脈絡之不斷在絲牽骨肉之調停在飽滿趣之呈露在勾點光之通明在分布行間之茂密在流貫形勢之錯落在奇正

橫畫之發筆仰竪畫之發筆俯撇之發筆重捺之發筆輕折之發筆頓裹之發筆圓點之發筆挫鈎之發筆利一呼之發筆露一應之發筆藏分布之發筆寬結構之發筆緊

數畫之轉接欲折一畫之自轉貴圓同一轉也若誤用之必有病分別行之則合法耳

509/174　史前艺术史

岑家梧著。

长沙：商务印书馆，1938 年 3 月初版。一册，32 开。

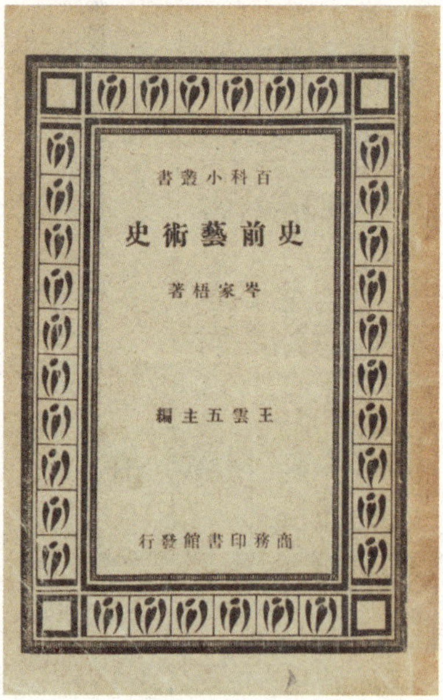

岑家梧，曾留学日本，归国后先后任职于岭南大学、云南大学、南开大学，潜心研究史前艺术学。全书共五章，通过梳理总结史前时代、旧石器时代、新石器时代、铜器时代的艺术，探讨史前艺术样式的演变和社会意义。此为《百科小丛书》之一种。

目次

510.4/754B　绘画与文学

丰子恺著。

上海：开明书店，1934 年 5 月初版。一册，32 开。

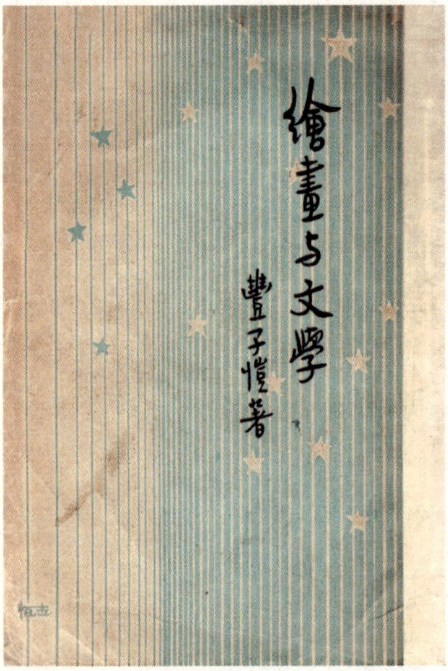

书中收录丰子恺文章五篇，包括论文学与绘画中的远近法，中国、日本和欧美绘画与文学的关系等，作者提出“纯粹的绘画”“文学的绘画”等概念，阐理清晰，文字优美。此为《开明青年丛书》之一种。

通崔相府，在路的中央站着張生與法聰，這邊鶯鶯帶着紅娘正要回進府門中去，卻在回顧張生。這裏所描寫的大約是「臨去秋波那一轉」的瞬間的光景。——但我們現在不管這些勾當，只講這幅畫的形象。首先，我們要探究人站在甚麼地方才可看見

515.2/428　艺用人体解剖图

张宗禹译绘。

上海：商务印书馆，1934 年 11 月初版。一册，8 开。

张宗禹曾任国立艺术专科学校副教授、西南师范学院美工系教授，讲授素描、艺用人体解剖课程。书前有译者序，称是选集译绘法国、意大利解剖图而成。此图集开本阔大，印制精美，堪称西画教材中的翘楚。

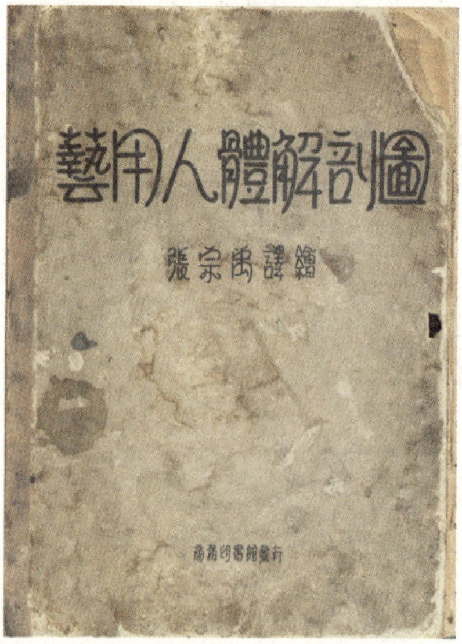

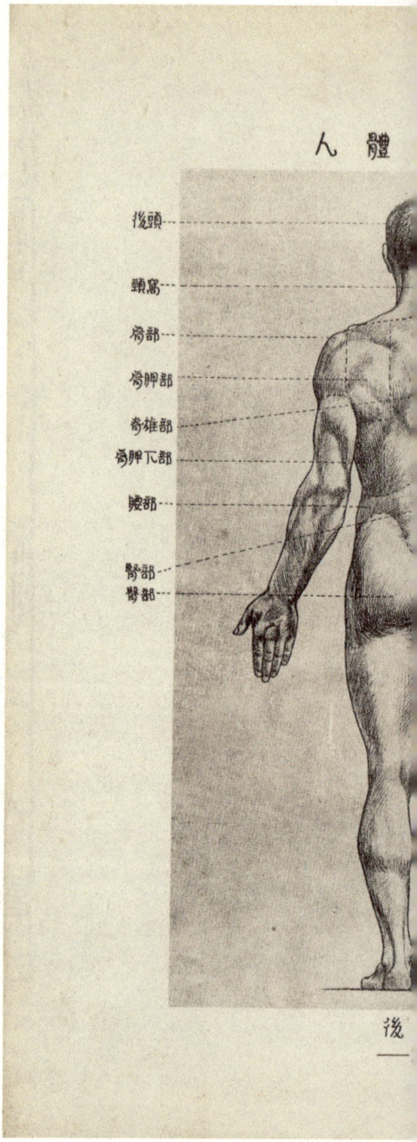

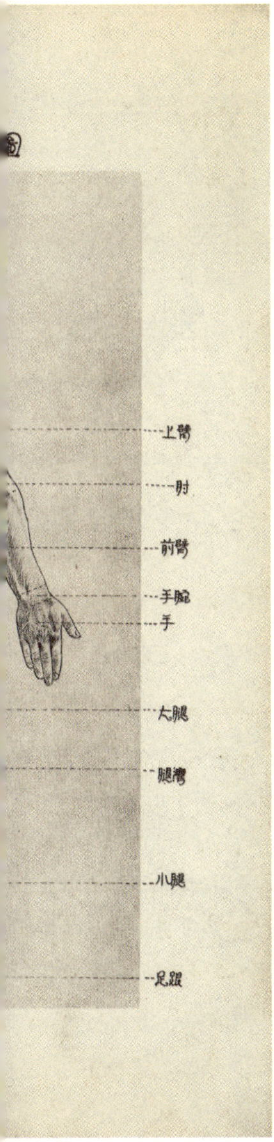
上臂
肘
前臂
手腕
手
大腿
腿灣
小腿
足跟

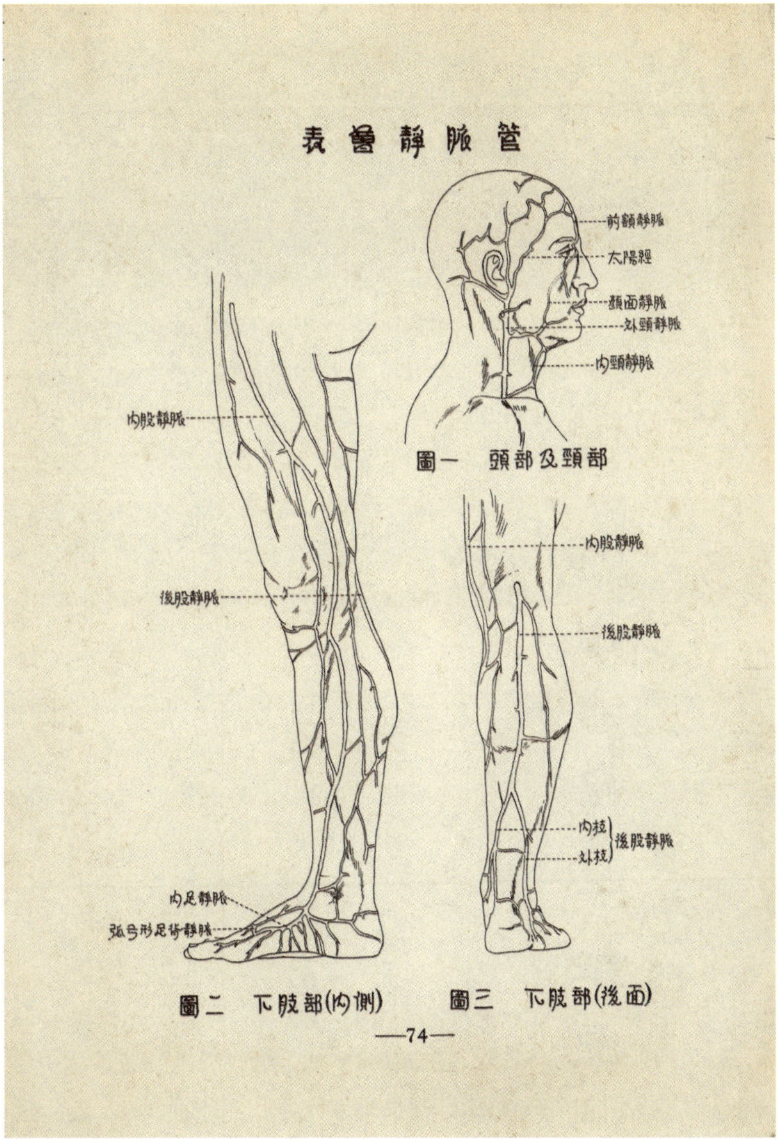
管脈靜圖表
前額靜脈
太陽經
顏面靜脈
外頸靜脈
內頸靜脈
圖一　頭部及頸部
內股靜脈
後股靜脈
內足靜脈
弧弓形足背靜脈
內股靜脈
後股靜脈
內枝
外枝
後股靜脈
圖二　下肢部(內側)
圖三　下肢部(後面)
—74—

511/352　中西画学纲要

马振麟编著。

上海：新亚书店，1933 年 4 月初版。一册，32 开。

马振麟学画师从胡汀鹭，曾任图画教授。该书分门别类地讨论中西古今画学学说，以广博、全面为追求，涉及画理、画法、画史等各方面的知识，亦对中西绘画加以比较。

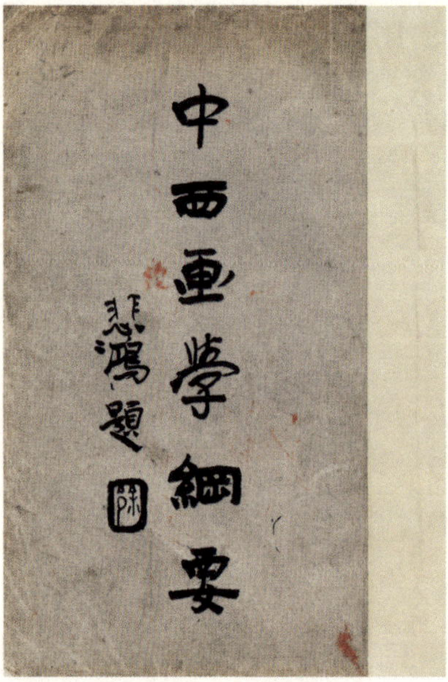

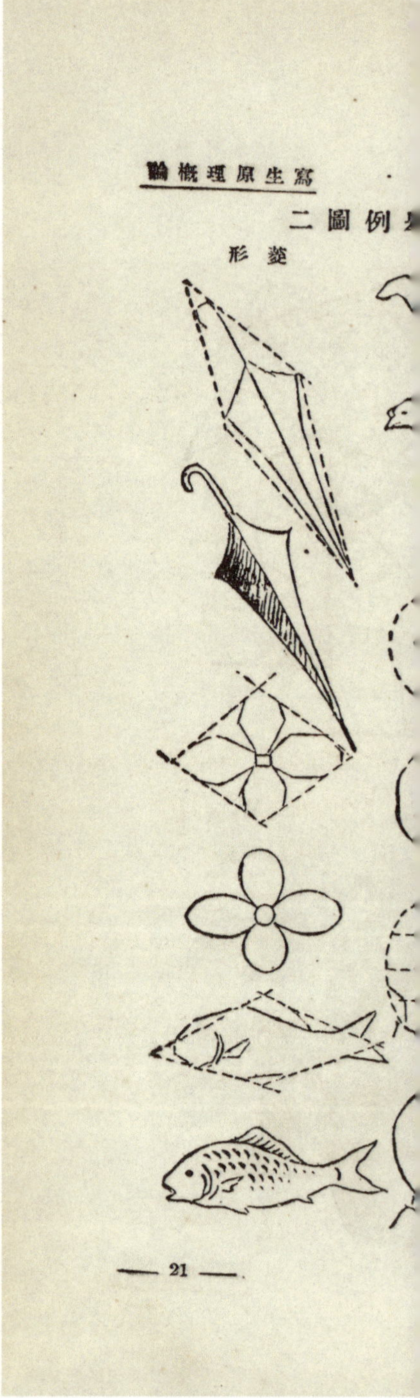

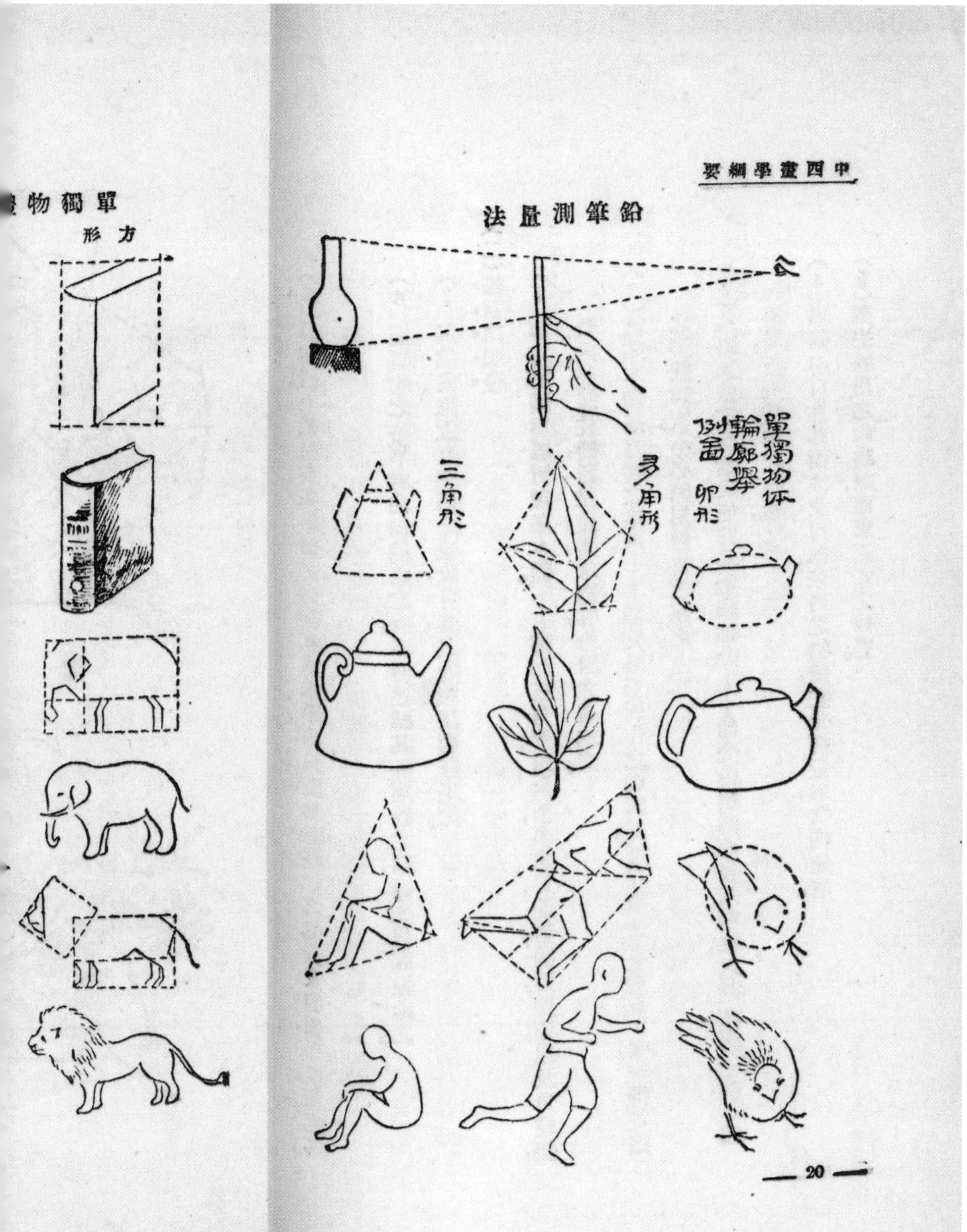
單獨物
方形
中西畫學綱要
鉛筆測量法
單獨物体輪廓舉例画
三角形
多角形
卵形
— 20 —

512.092/242　唐宋之绘画

［日］金原省吾著，傅抱石译。

上海：商务印书馆，1935 年 7 月再版。一册，32 开。

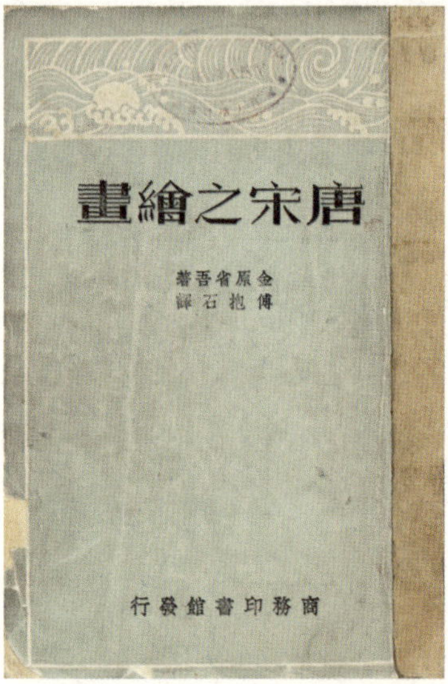

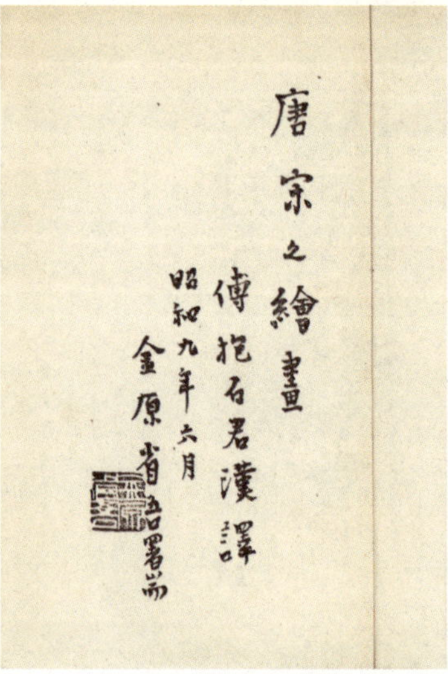

金原省吾是日本美术史家，傅抱石为中国画家、艺术理论家，两人有师徒之谊。书前有金原省吾序、傅抱石序。唐宋时期的绘画对日本画坛影响颇深。此书从两朝绘画传统入手，选取著名画家为坐标，系统梳理唐宋绘画的特质。傅抱石指出该书主旨在于“研究唐宋代表作家之基因及发生”。

宋徽宗　桃鳩圖　（日本井上勝之助藏）

520/754　木刻版画概论

酆中铁著。

重庆：商务印书馆，1941年1月初版。一册，32开。

酆中铁，中国早期木刻家之一。二十世纪三十年代由于鲁迅先生等人的大力倡导，新兴版画兴起，形成了一股革命美术的热潮。抗战全面爆发后，中国木刻版画艺术以重庆为中心，在抗敌舆论前线发挥了突出的作用，此书作者酆中铁正是其中的代表人物。该书较为全面地介绍了木刻版画的发展、中外交流等方面的内容。大夏大学旧藏。

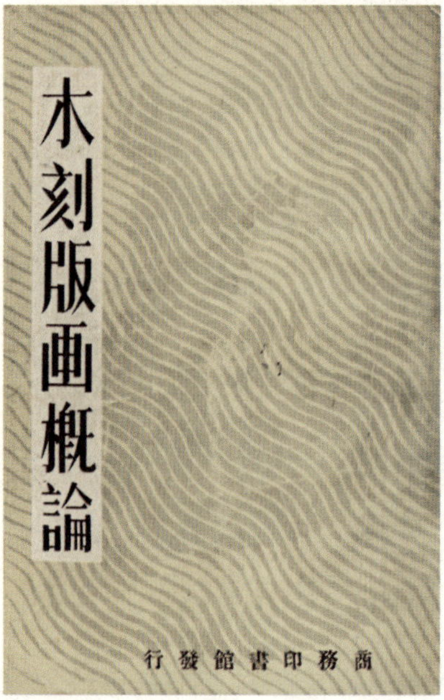

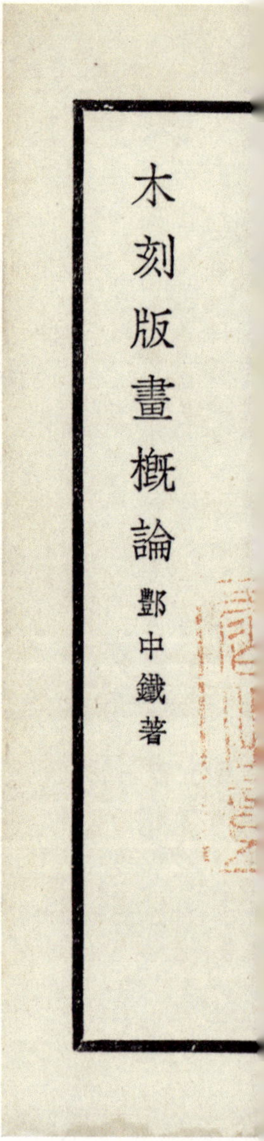

商務印書館發行

序

關於木刻理論的書，現在是少到不必用屈指去數，因爲根本沒有。倘有，大半只限於作法一部份的。而需要卻天天的增加，這本書就是爲了這需要，在很匆促的時間中寫成的。

書中所分章節似較詳盡，除木刻作法以外，凡關木刻之種種問題，大都包含在內。但爲了印刷便捷，篇幅盡量縮短，多直截的述明，少具體的實例，文句也用得特別簡短。至於關於一般美術上的基本問題，因與其他美術部門有相同之處，這裏都省略了，例如構圖法，透視學等等。

第一二兩章的文字，大部份曾作中國木刻供應社函授木刻的講義，現在已加修正和加上圖畫說明。

第三章第四節，『蘇聯木刻與中國』一文中，關於蘇聯木刻最早進入中國的一圖『窗內的人』，在朝華社出版的藝苑朝華的三輯中所記的作者是：俄國陀蒲晉司基 (M. Dobuzinski)。這幅作品，是否蘇聯的作品及是否最早進入中國，還不能肯定。我曾問過不少的木刻朋友，也沒有人曾看見比這一幅更早的蘇聯木刻到中國來。自這一幅作品刊於藝苑朝華的近代木刻選集以後，直到現在，在國內尚未發現他的第二幅作品。揣測也許是舊俄時代或內戰期中的畫家。

522/117　新中国版画集

全国美术协会编选。

上海：晨光出版公司，1949 年 9 月初版。一册，24 开。

上海晨光出版公司由作家老舍和出版家赵家璧于二十世纪四十年代末出资筹办，积极参与抗战后的文艺复兴运动。此书分为彩色版、上卷、下卷三部分。上卷作品三十七幅，下卷作品三十六幅，彩色版以铜版纸印制作品，粘于纸页之上。

送馬

四色木刻 6″×8½″

1

目次

彩色版

上卷

516.2/754CH　子恺漫画全集

丰子恺著。

上海：开明书店，1946 年 7 月再版。五册，32 开。

丰子恺，著名漫画家。《子恺漫画全集》于 1945 年初版，此为再版。全书分《古诗新画》《儿童相》《学生相》《民间相》《都市相》《战时相》六部分。画有古风，寥寥数笔，具无穷意味。

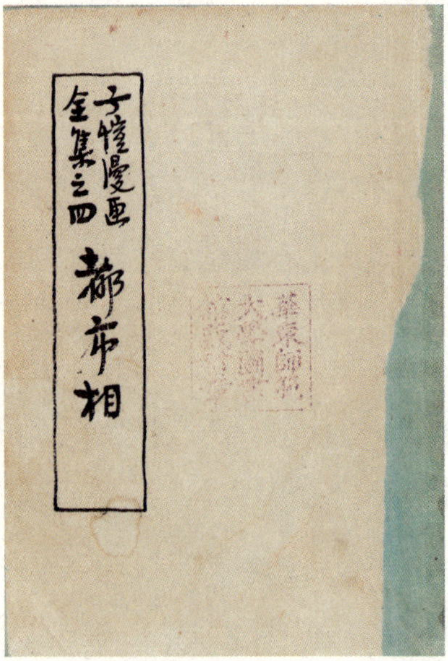

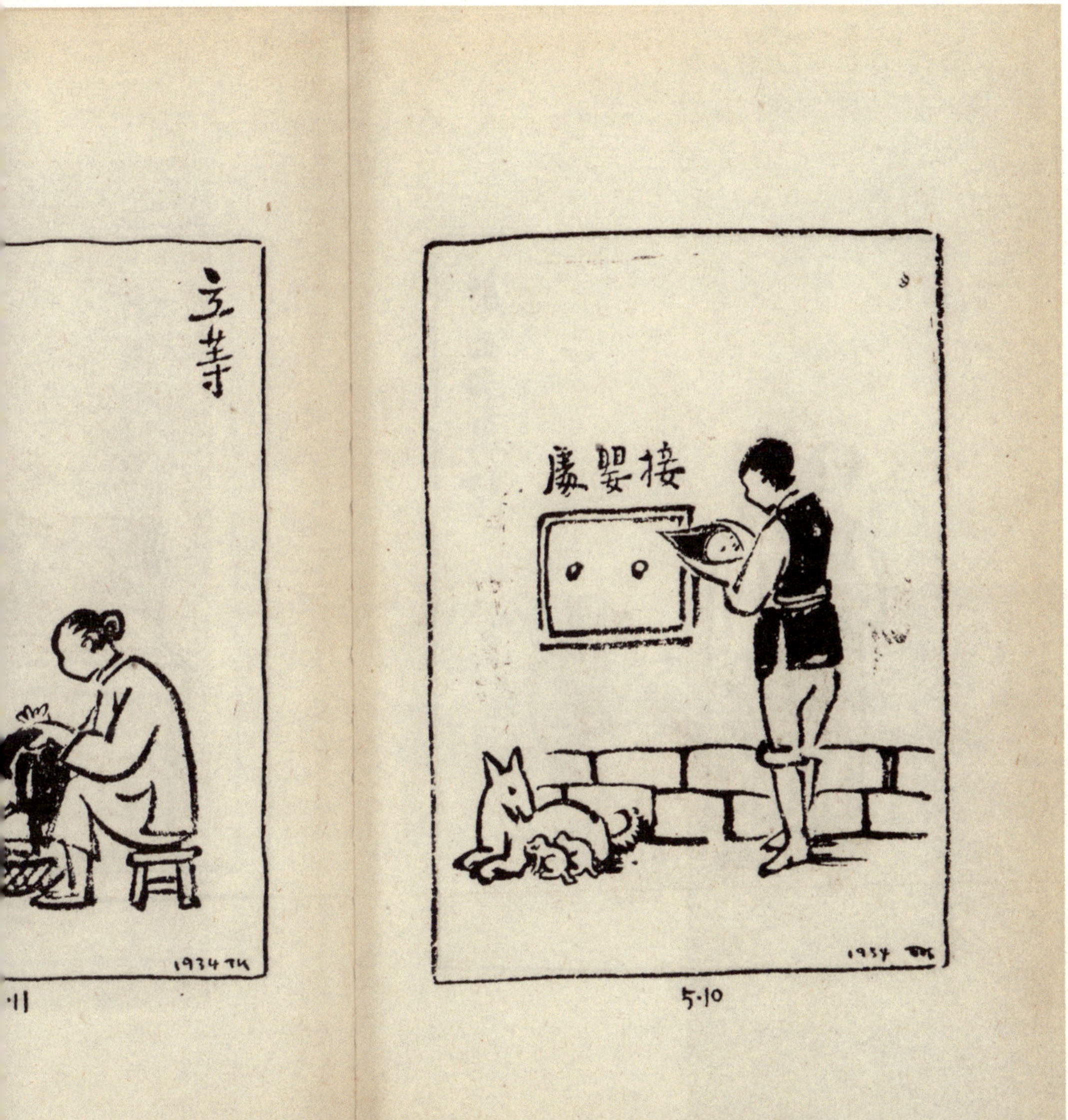
立等
1934 TK
接婴處
1934 TK
5·10

J237/L813-1　凯绥·珂勒惠支版画选集

鲁迅编。

上海：文化生活出版社，1936 年版。一册，16 开。

鲁迅，文学家、思想家，新兴版画运动的倡导者。版权页题“新艺术丛刊第一种”。本书由鲁迅选画并作序目，亚格纳斯·史沫德黎序。鲁迅择选德国女版画家凯绥·珂勒惠支（1867—1945）的二十一幅版画编成此集，影响很大。

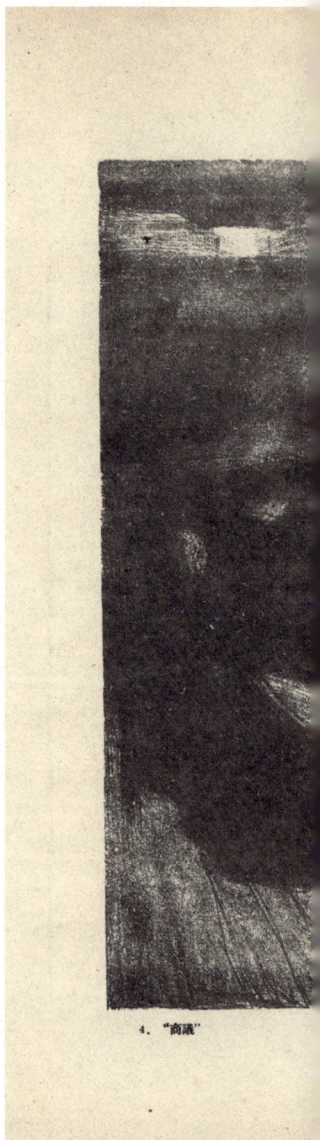

BERATUNG

19. "母與子" MUTTER UND KIND

512.5/77　艺舟双楫

（清）包世臣著。

上海：国学整理社，1936 年 1 月再版。一册，32 开。

包世臣为清朝学者、书法家。书名“双楫”，分论文、论书两个部分。此书为《艺林名著丛刊》第一种，崇碑抑帖，是清代碑学大盛时期典范性的理论著作。

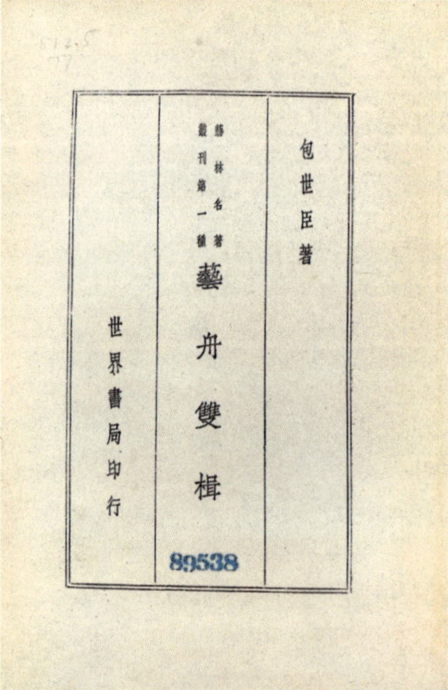

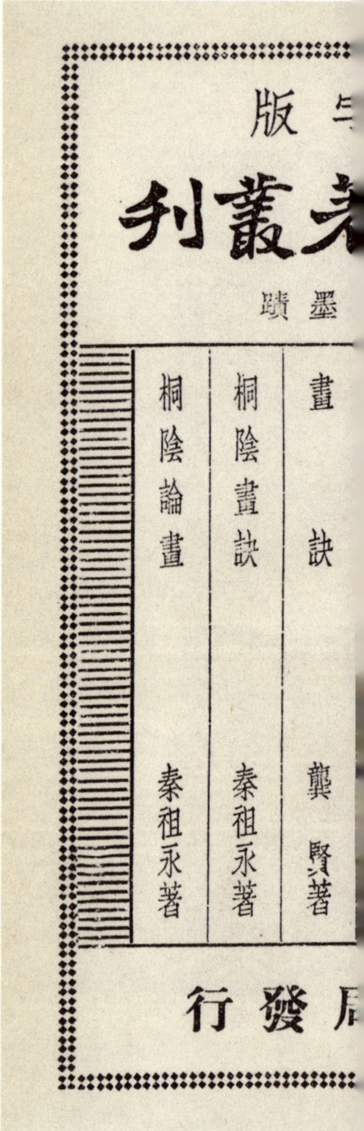

仿

藝林

附有

藝舟雙楫　包世臣著

廣藝舟雙楫　康有爲著

畫禪室隨筆　董其昌著

世界

藝舟雙楫

論文

文譜

道光己丑八月養痾寓園日與族子孟開論古文節目因次爲篇

余嘗以隱顯回互激射說古文然行文之法又有奇偶疾徐墊拽繁複順逆集散不明此六者則於古人之文無以測其意之所至而第其詣之所極墊拽繁複者回互之事順逆集散者激射之事奇偶疾徐則行於墊拽繁複順逆集散之中而所以為回互激射者也回互激射之法備而後隱顯之義見矣是故討論體勢奇偶為先凝重多出於偶流美多出於奇體雖駢必有奇以振其氣勢雖散必有偶以植其骨儀厥錯綜致為微妙尚書欽明文思一字爲偶安安一字爲偶允恭克讓二字爲偶偶勢變而生三奇意行而若一光被四表格於上下語奇也而意偶克明峻德四字一句奇以親九族十六字四句偶協和萬邦十字三句奇而萬邦與九族百姓語偶時雍與黎民於變意偶是奇也而偶寓焉乃命羲和節奇若天授時隔句爲偶中六字綱目爲偶分命申命四節體全偶而詞悉奇帝曰咨節奇期三百十七字參差爲偶允釐八字顛倒爲偶而意皆奇故雙意必偶欽明允恭等句是也單意可奇可偶光被允釐等句是也雖文字之始基實奇偶之極軌批根爲說而其類從慧業所存斯為隅舉次論氣格莫如疾徐文之盛在沈鬱文之妙在頓宕而沈鬱頓宕之機操於疾徐此之不可不察也論語觚不觚句疾也觚哉觚哉句徐也其然句徐也豈其然乎句疾也此兩句為疾徐也大學一家仁一國興仁節疾也堯舜帥天下以仁節徐也孟子王曰何以利吾國節徐也未有仁而遺其親節疾也此兩節爲疾徐也天子適諸侯曰巡守一百四十九字徐先王無流連之樂十六字疾國[illegible]進賢一百二十二字徐故曰國人殺之十七字疾尊賢使能俊傑在位五節徐信能行此五者一節疾此[illegible]為疾徐也有徐而疾不爲激有疾而徐不為紆夫是以峻緩交得而調和奏膚也墊拽者爲其立說之不足聳聽也故墊之使高為其抒議之未能折服也故拽之使滿

論文　一

512.5/415　广艺舟双楫

康有为著。

上海：广艺书局，1916年版。一册，32开。

康有为是晚清政治家。书前是康有为自序，言作书缘起，郁郁累累，实借书法变革而倡言政治革新。书中则进一步阐扬包世臣《艺舟双楫》崇碑抑帖的观点。

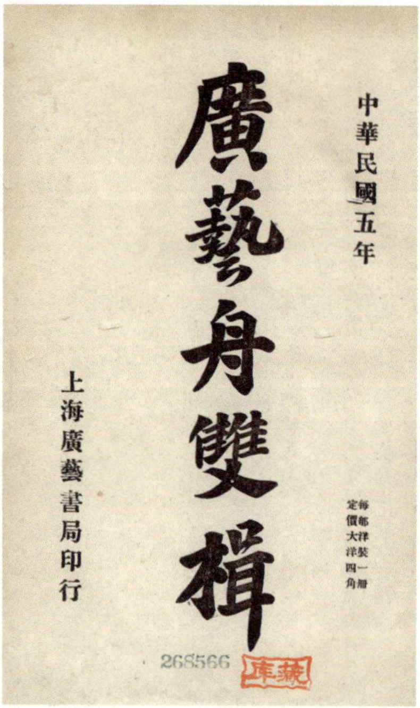

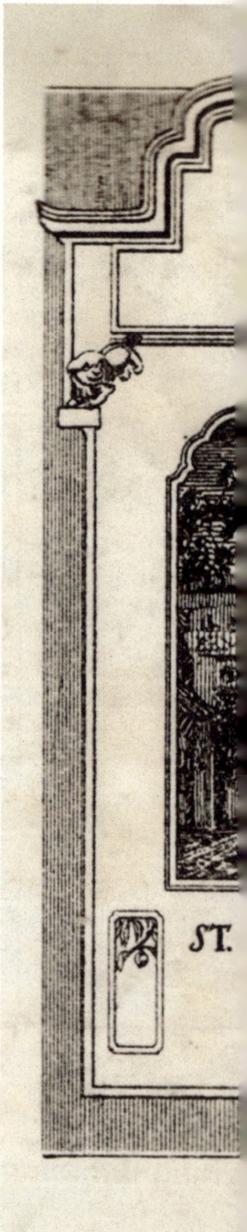

廣藝舟雙楫卷首

敘目

可著聖道。可發王制。可洞人理。可窮物變。則刻鏤其精。冥縩其形爲之也。不劬於聖道王制人理物變。魁儒勿道也。康子戊巳之際。旅京師。淵淵然憂。悁悁然思。俛攬萬極。塞鈍勿施。格細於時。握髮懃然。似人而非。厥友告之曰。大道藏於房。小技鳴於堂。高義伏於牀。巧㬥顯於鄉。標枝高則隕風。累石危則墜牆。東海之鼇。不可入於井。龍伯之人。不可釣於塘。汝負畏壘之材。取桀杙。取欄櫨。安器汝。汝不自克以程於窮。固宜哉。且汝爲人太多。而爲已太少。徇於外有。而不反於內虛。其亦闇於大道哉。夫道無小無大。無有無無。大者小之殷也。小者大之精也。蟭螟之巢蚊睫。蟭螟之睫。又有巢者。視虱如輪。輪之中。虱復傳緣焉。三尺之晝。七日遊不能盡其蹊徑也。拳石之山。丘壑巖巒。窈深窅曲。蠛蠓蚋生。蛙蠙之衣。蒙茸茂焉。一滴之水。容四大海。洲島煙立。魚龍波譎。出日沒月。方丈之室。有百千億獅子廣座。神鬼神帝。生天生地。反汝虛室。遊心微密。甚多國土。人民

廣藝舟雙楫　敘目　一

530.0/731　西洋雕刻简史

［美］薛汉著，朱无挂译。
上海：商务印书馆，1934 年 10 月初版。一册，32 开。

全书共三十章，介绍了西方不同时期和不同地区雕刻的发展特点。原书作者为美国艺术家，书籍内容较为精简，适合艺术学校作为课本使用。译者认为雕刻为国家民族精神之反映，期望以此书加强国人对西方雕刻的了解。圣约翰大学旧藏。

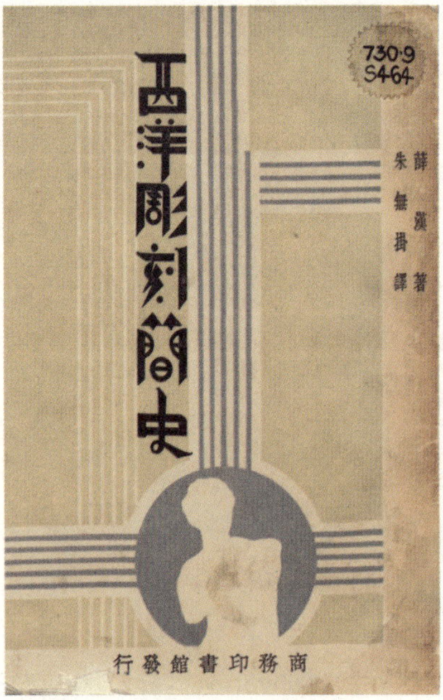

怪

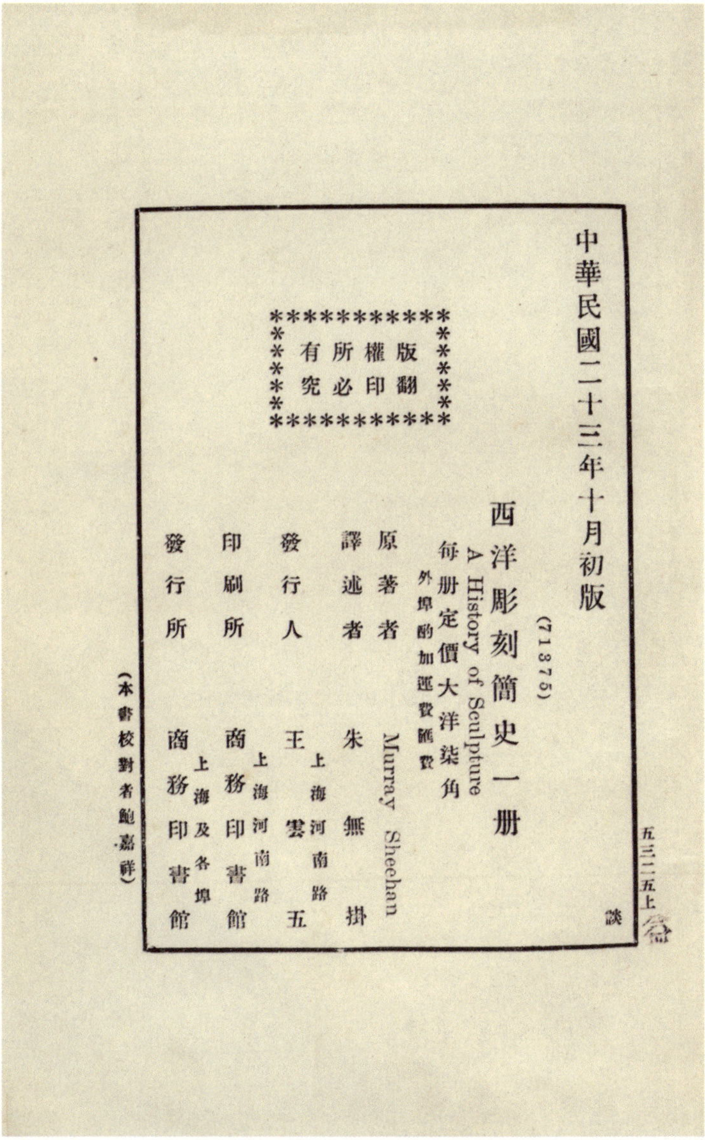

中華民國二十三年十月初版

版權所有
翻印必究

(71375)

西洋彫刻簡史一冊

A History of Sculpture

每冊定價大洋柒角

外埠酌加運費匯費

原著者 Murray Sheehan

譯述者 朱無掛

發行人 王雲五 上海河南路

印刷所 商務印書館 上海河南路

發行所 商務印書館 上海及各埠

(本書校對者鮑嘉祥)

五三二五上 談

J51 L291X 1947　新图案学

雷圭元著。
上海：国立编译馆，1949 年 1 月再版。一册，32 开。

雷圭元是工艺美术教育家、设计家，中央工艺美术学院主要创建人。作为中国图案学奠基人，他在开创图案教学和图案学理论研究方面有着卓越的贡献，此书即为其代表作之一。本书收入《部定大学用书》。圣约翰大学旧藏。

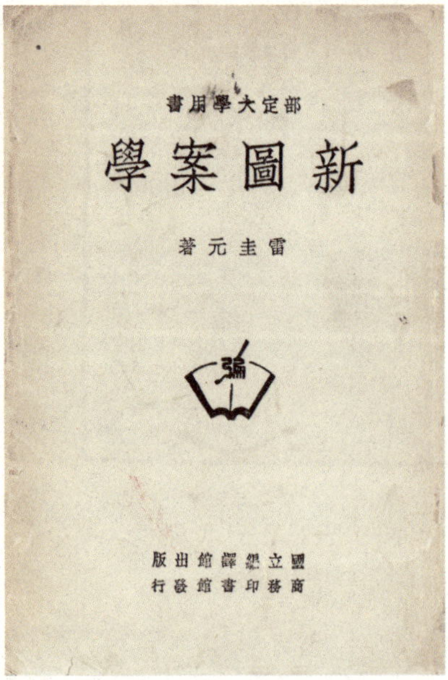

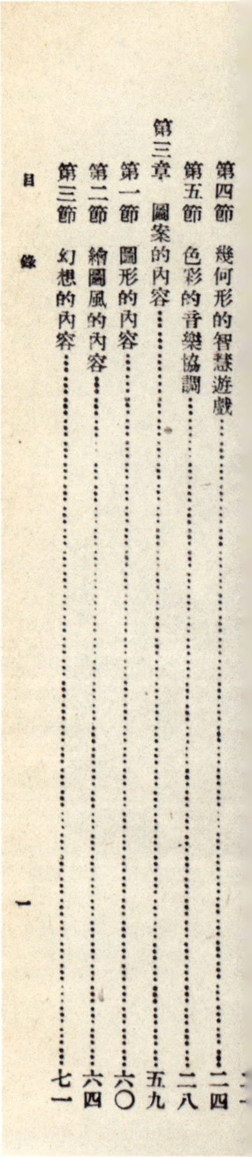

目錄　一

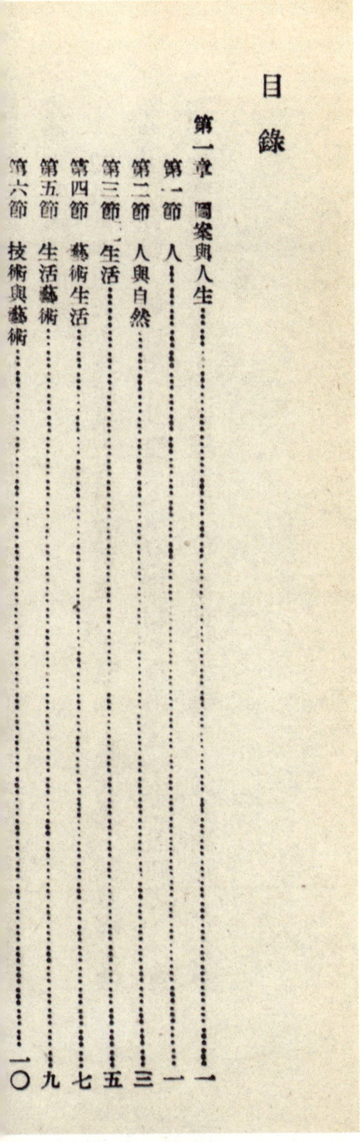

目錄

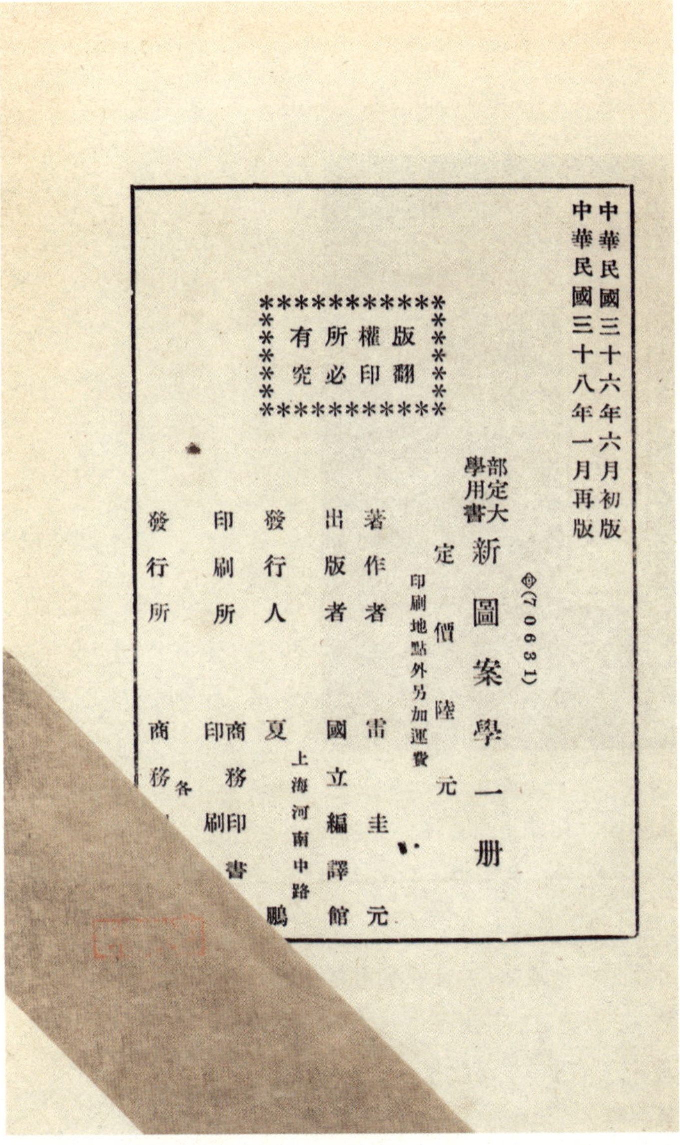

中華民國三十六年六月初版
中華民國三十八年一月再版

㊀(70631)

部定大學用書 新圖案學 一冊

定價陸元
印刷地點外另加運費

版權所有 翻印必究

著作者 雷圭元
出版者 國立編譯館
發行人 夏鵬 上海河南中路
印刷所 商務印書館印刷
發行所 商務 各

519.5/393　顾绣考

徐蔚南著。

上海：中华书局，1936 年 11 月出版。一册，32 开。

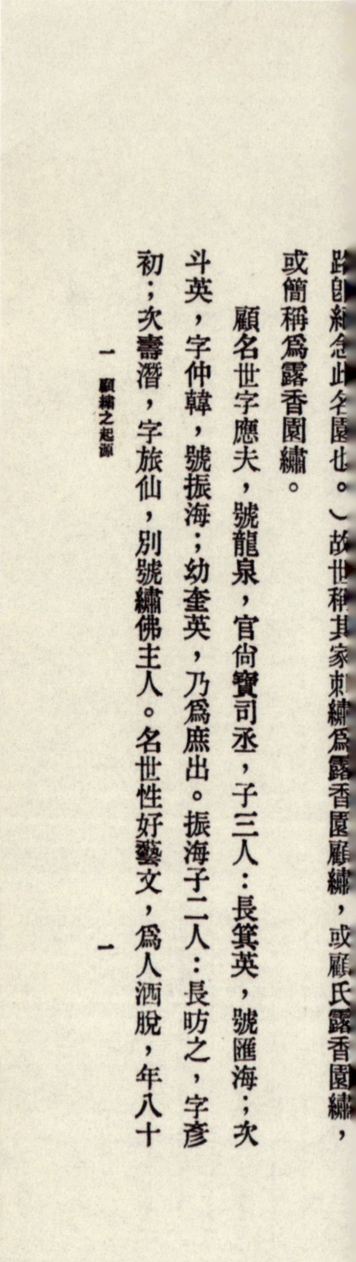

跗郎紀念此名園也。）故世稱其家刺繡爲露香園顧繡，或顧氏露香園繡，或簡稱爲露香園繡。

顧名世字應夫，號龍泉，官尙寶司丞，子三人：長箕英，號匯海；次斗英，字仲韓，號振海；幼奎英，乃爲庶出。振海子二人：長昉之，字彥初；次壽潛，字旅仙，別號繡佛主人。名世性好藝文，爲人洒脫，年八十

一　顧繡之起源　一

徐蔚南，江苏吴江盛泽人，新南社成员，文学家，曾主编《ABC 丛书》。《顾绣考》以上海市博物馆的顾绣藏品为研究对象，考论顾绣的起源、传布、技能，末录现存顾绣的名作。此书为《上海市博物馆丛书》乙类第一种。

上海市博物館所藏顧繡畫幅之三

上海市博物館所藏顧繡畫幅之四

顧繡考

一　顧繡之起源

今天下稱刺繡爲顧繡者，以明代上海顧氏刺繡之名，震溢海內故也。

440.92/568　中国戏剧简史

董每戡著。

上海：商务印书馆，1949 年 7 月初版。一册，32 开。

本书作者董每戡为戏曲史研究专家。本书首有前言，末有后语。正文共七章，分别题为考原（史前时期）、巫舞（先秦时期）、百戏（汉魏六朝时期）、杂剧（宋元时期）、剧曲（元明时期）、花部（满清时期）、话剧（民国时期）。此书是第一部具有完整意义的中国戏剧通史。

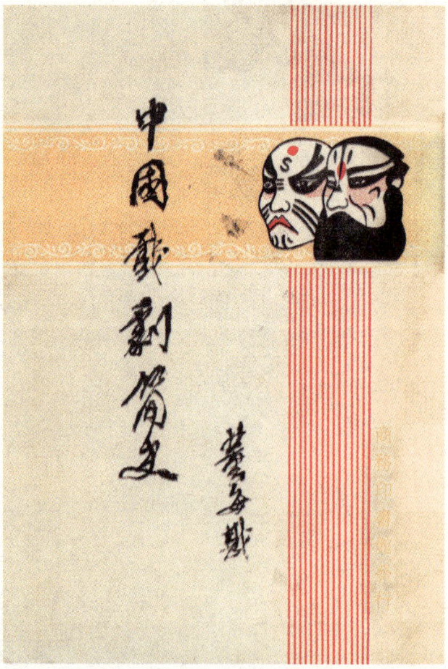

目次　一

中國戲劇簡史

第一章　考原（史前時期）

以往曾有不少人論述過戲劇的起源，所論的差不多都認由於歌舞；但論及歌舞之興，便各有其說了，自然，其間仍不無共同之點在。例如王國維在其戲曲考原中說：「歌舞之興，其始於古之巫乎？」這話的含義似乎是說有巫，始有歌舞。所以盧前在中國戲劇概論中說：「王氏主戲曲出於宗教的巫。」其實，王氏之說未盡精，人類原先有了表情意的歌舞，後方發展到巫歌巫舞；要是說有了巫，歌舞始致其用，而用之於祭祀則可；直指有巫始有歌舞恐未可。許之衡在戲曲史中說：「上古之時，即有歌舞。」這話很對；不過，許氏接下說：「帝王世紀云：黃帝使伶倫爲渡漳之歌，伶倫氏乃司樂之官。」似乎也有問題，姑無論帝王世紀所云是否有此事實，僅就歌出於樂官一點，大不可靠！我以爲歌舞之生自生民始，因人類原有一種普遍的特性——模倣慾，現在我們在兒童身上就可發現

目次

442/164　中国戏曲概论

吴梅著。

上海：大东书局，1926年10月初版。一册，32开。

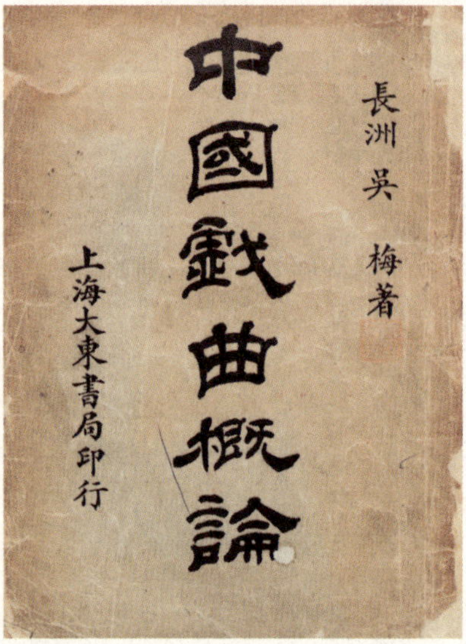

本书作者吴梅为近代曲学大师，他在戏曲创作、研究与教学方面的成就尤为突出。该书分三卷，记述了金元至明清时期中国戏曲的孕育、发展、演变的历程和成就。该书是吴梅戏曲研究最具代表性的作品，在戏曲研究史上具有不可逾越的地位。

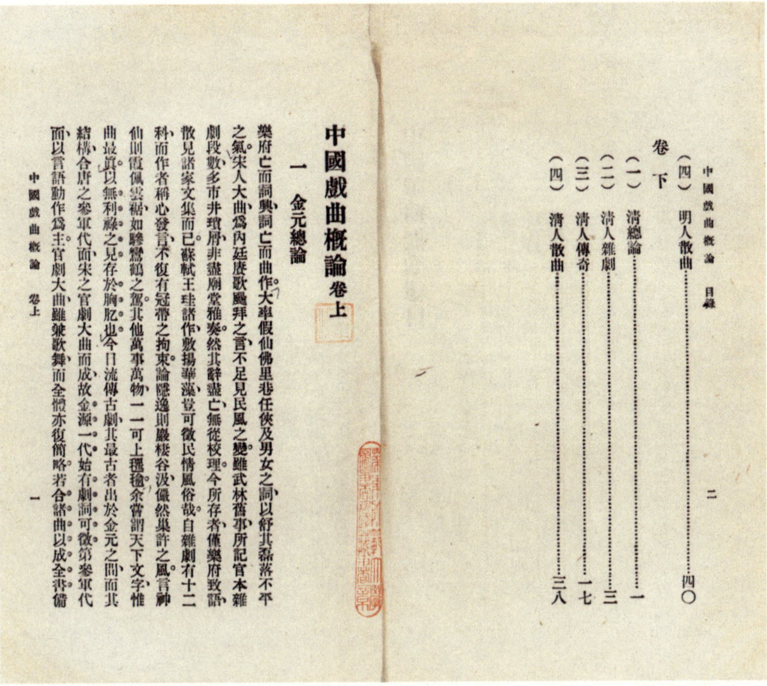

中國戲曲概論卷上

一　金元總論

樂府亡而詞興、詞亡而曲作。大率假仙佛里巷任俠及男女之詞、以舒其磊落不平之氣。宋人大曲、爲內廷賡歌颺拜之言、不足見民風之變。雖武林舊事所記官本雜劇段數、多市井瑣屑、非盡廟堂雅奏。然其辭盡亡、無從校理。今所存者、僅樂府致語、散見諸家文集而已。蘇軾王珪諸作、敷揚華藻、豈可徵民情風俗哉。自雜劇有十二科、而作者稱心發言、不復有冠帶之拘束。論隱逸則巖棲谷汲、儼然巢許之風。言神仙則霞佩雲裾、如驂鸞鶴之駕。其他萬事萬物、一一可上氍毹。余嘗謂天下文字、惟曲最眞。以無利祿之見存於胸臆也。今日流傳古劇、其最古者出於金元之間、而其結構、合唐之參軍代面、宋之官劇大曲而成。故金源一代、始有劇詞可徵。第參軍代面、以言語動作爲主。官劇大曲、雖兼歌舞、而全體亦復簡略。若合諸曲以成全書、備

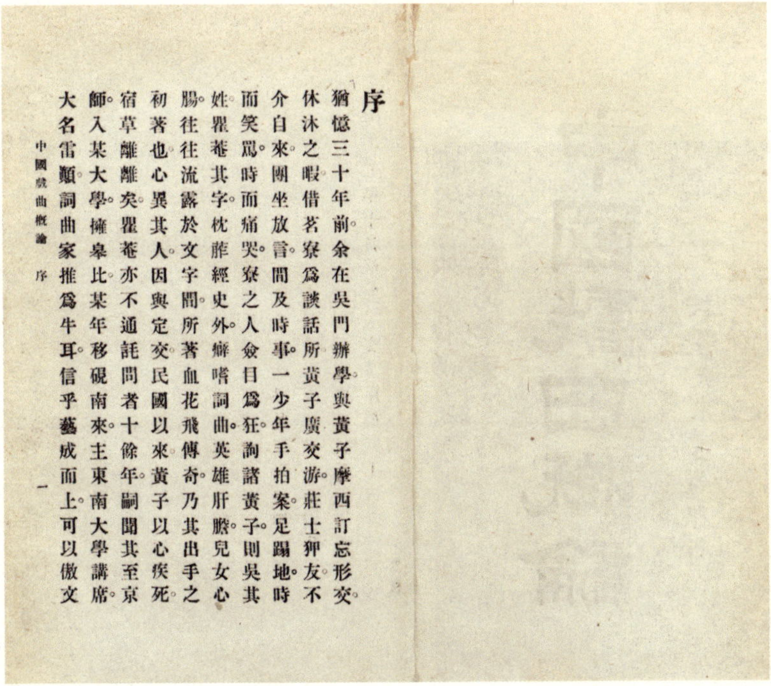

序

猶憶三十年前。余在吳門辦學。與黃子摩西訂忘形交。休沐之暇。借茗寮爲談話所。黃子廣交游。莊士狎友不介自來。圍坐放言。間及時事。一少年手拍案。足蹋地。時而笑罵。時而痛哭。寮之人僉目爲狂。詢諸黃子。子則吳其姓。瞿菴其字。枕葄經史外。癖嗜詞曲。英雄肝膽。兒女心腸。往往流露於文字間。所著血花飛傳奇。乃其出手之初著也。心異其人。因與定交。民國以來。黃子以心疾死。宿草離離矣。瞿菴亦不通訊問者十餘年。嗣聞其至京師。入某大學。擁皋比。某年移硯南來。主東南大學講席。大名雷顛。詞曲家推爲牛耳。信乎藝成而上。可以傲文

J812/S656　演员自我修养

［俄］史旦尼斯拉夫斯基著，郑君里、章泯合译。
上海：新知书店，1947年9月版。一册，32开。

作者为俄国著名演员、导演、戏剧教育家和理论家。本书是现实主义表演体系的奠基之作，包含很多非常实用的影视和戏剧表演技巧、演员培养的教学方法及基础理论。两位译者均在中国电影、戏剧的表演和教育方面卓有成就，是国内最早介绍史旦尼斯拉夫斯基者之一。本书有多种译本，该译本于1943年7月在重庆初版，为《苏联文学丛书》之一。

蘇聯文學叢書

演員自我修養

史旦尼斯拉夫斯基著

鄭君里・章泯合譯

—10—

新知書店

蘇聯文學叢書

演員自我修養

有版權

著作者　史旦尼斯拉夫斯基
翻譯者　鄭君里・章泯
主編者　曹靖華
編輯者　中蘇文化協會編譯委員會
發行人　沈靜芷
發行者　新知書店　上海四川北路八號
分發行所　重慶三聯書店　香港南洋書店　各地聯營書店　漢口・重慶・成都

三十二年七月渝初版
三十六年九月滬二版
基本定價十一元

(1000)

作者寫作本書時留影

鄭君里先生：

我非常高興地展讀了你的信，並將你的信轉給我們劇場同志們傳閱。我們很愉快地得知康斯旦丁・塞爾格耶維奇・史旦尼斯拉夫斯基的『體系』，對於藝術劇場的創造及其學派具有如許重大意義的體系，在中國演員們中間也獲得廣泛的公認和推重。

可惜，康斯旦丁・塞爾格耶維奇・史旦尼斯拉夫斯基不及親自完成他所計劃的全部著作，它的第一部就是『演員自我修養』一書。然而在他的文學遺產裏，在演員舞台有機的生活『體系』方面，却顯示出今後作品最珍貴的片斷。史旦尼斯拉夫斯基和聶米洛維奇・丹欽柯文學遺產出版專門委員會準備出版藝術劇場奠基者的著作集。一俟這種著作集問世，你可以請蘇聯對外文化協會把這些材料寄給你。但是，必須預先告訴你上述著作集的出版，需要巨大而長期的科學研究工作，因而也就需要相當的時間。因此現在很難說出著作集出版的確期。

請允許最後感謝你對藝術劇場活動著作及其奠基者的關懷與興趣，同時由衷地祝你在創造工作中的成功。

你惠贈的書，我已轉交我們的劇場博物館，以便珍藏。衷心地感謝你。

蘇聯莫斯科藝術學院劇場場長
蘇聯人民藝人，斯太林獎金得獎者
I. M. 莫斯克文
一九四四年二月十日
莫斯科

K825.7/X575　梨园影事

徐慕云编。

上海：大东书局，1933年4月再版，一册，16开。

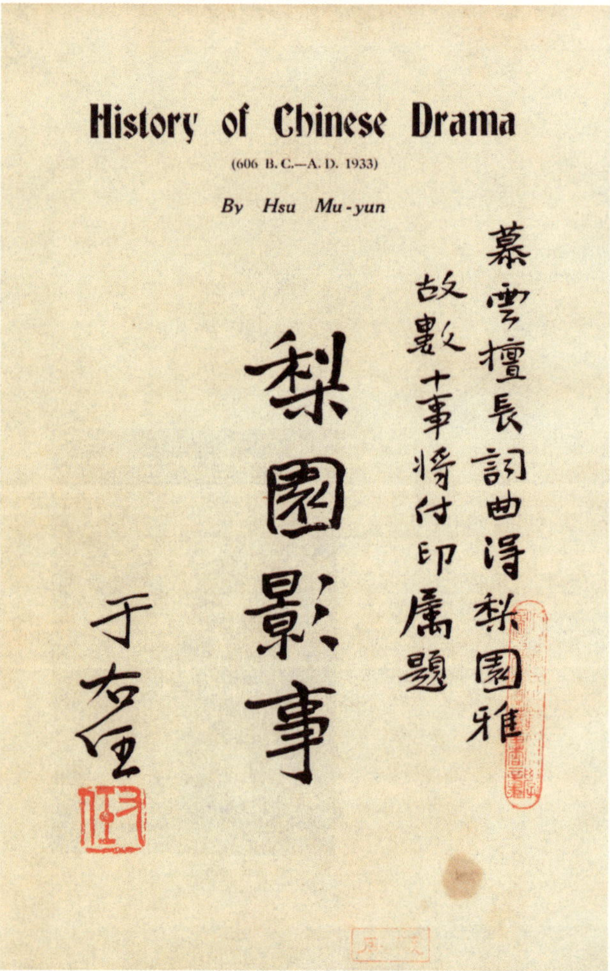

徐慕云，戏曲史家。曾任上海戏剧学校教务长、中华国剧学校校长、中南戏剧学校教务主任等职。该书为戏曲史论资料集，分为名伶小影、名伶书法作品、戏曲文物、《三千年中国戏剧变迁史》及京剧脚本五部分，包含中英文说明。

梨園影事目錄

历史

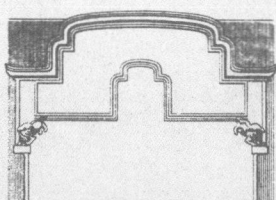

304/700 史学概要

卢绍稷著，傅运森校。

上海：商务印书馆，1930 年 6 月初版。一册，32 开。

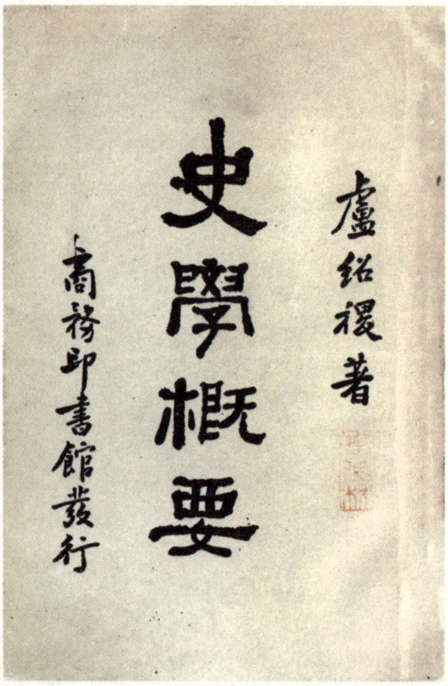

卢绍稷，生于 1899 年，曾就读于大夏大学、任教于上海中学，1949 年赴台。本书前有 1929 年 7 月作者自序，后附何炳松《中国史学演化之陈迹》一文。内容分七章，第一章绪论，介绍历史之定义、目的、起源、进化、分期、性质和种类及史学之定义与目的，后六章分别为中国史学界之回顾、西洋史学界之回顾、现代史学之发达、史学与科学、历史研究法、历史教学法等。

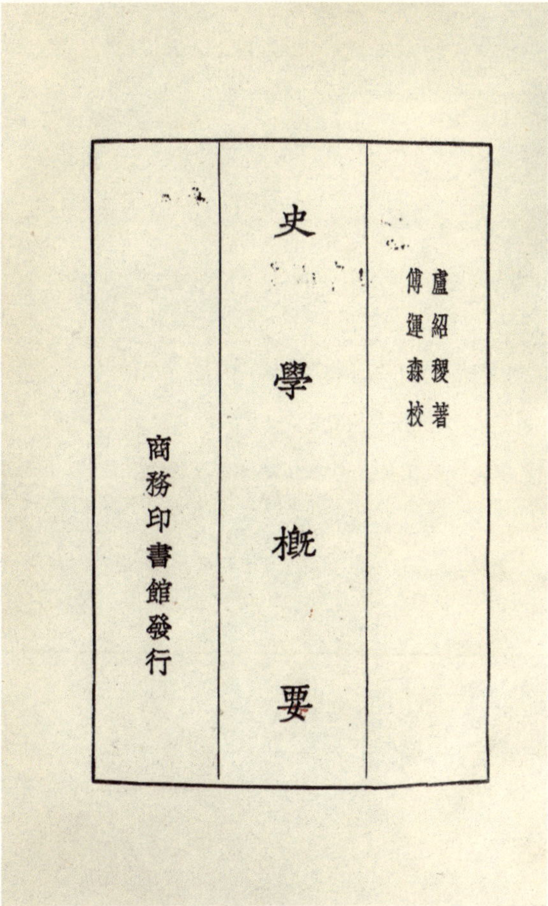

盧紹稷著
傅運森校

史學概要

商務印書館發行

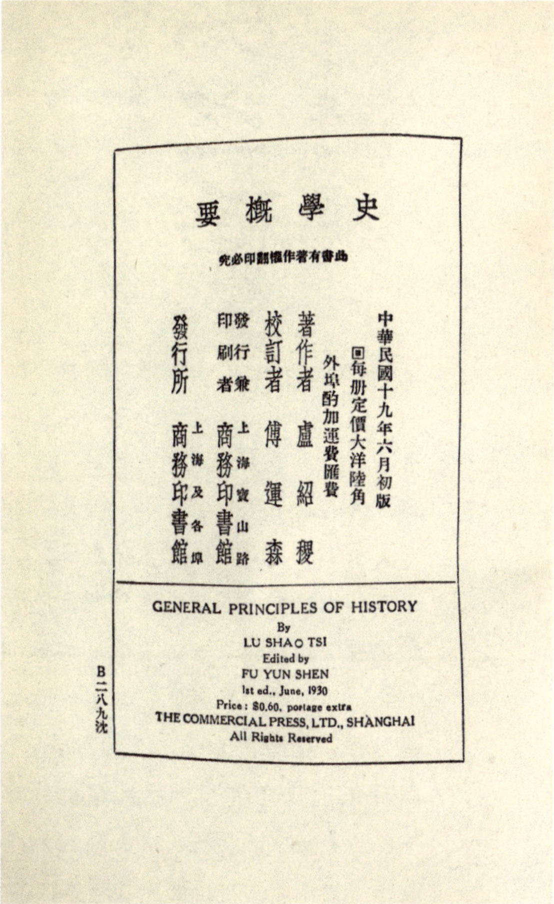

史學概要

此書有著作權翻印必究

中華民國十九年六月初版
每冊定價大洋陸角
外埠酌加運費匯費

著作者 盧紹稷
校訂者 傅運森
發行兼印刷者 上海寶山路 商務印書館
發行所 上海及各埠 商務印書館

GENERAL PRINCIPLES OF HISTORY
By
LU SHAO TSI
Edited by
FU YUN SHEN
1st ed., June, 1930
Price: $0.60, portage extra
THE COMMERCIAL PRESS, LTD., SHANGHAI
All Rights Reserved

B二八九沈

309/104　史之梯

吴贯因著。

上海：上海联合书店，1930年6月初版。一册，32开。

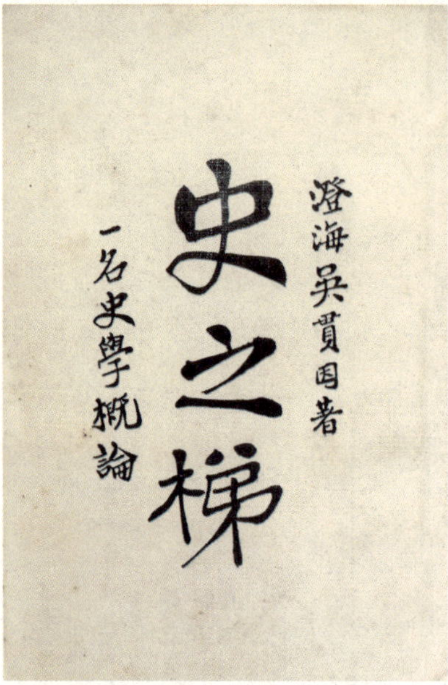

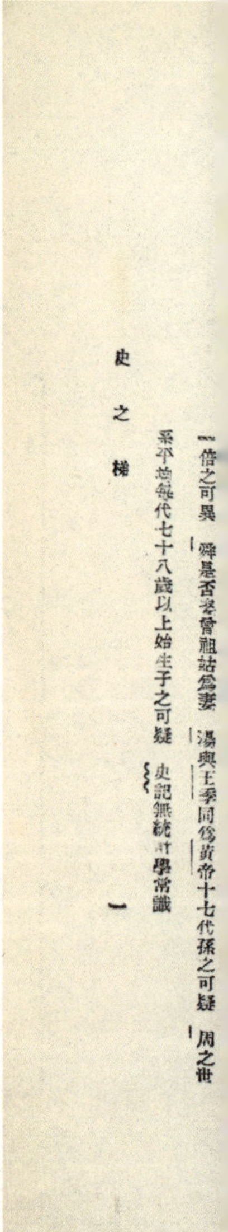
一倍之可異　舜是否娶曾祖姑爲妻　湯與王季同爲黃帝十七代孫之可疑　周之世
系平均每代七十八歲以上始生子之可疑　史記無統計學常識

史之梯　一

吴贯因，又名吴冠英，字柳隅，广东澄海人，早年留学日本，与梁启超关系密切。本书又名《史学概论》，是二十世纪初中国新史学思潮时期的重要史论著作之一，崇尚史学科学化、客观化，批判传统史学的研究方法。全书分六章，首为导论，其后依次为史学与其他科学之关系、历史进化之历程、史家地位之变迁、史学与史料、读史与论史。

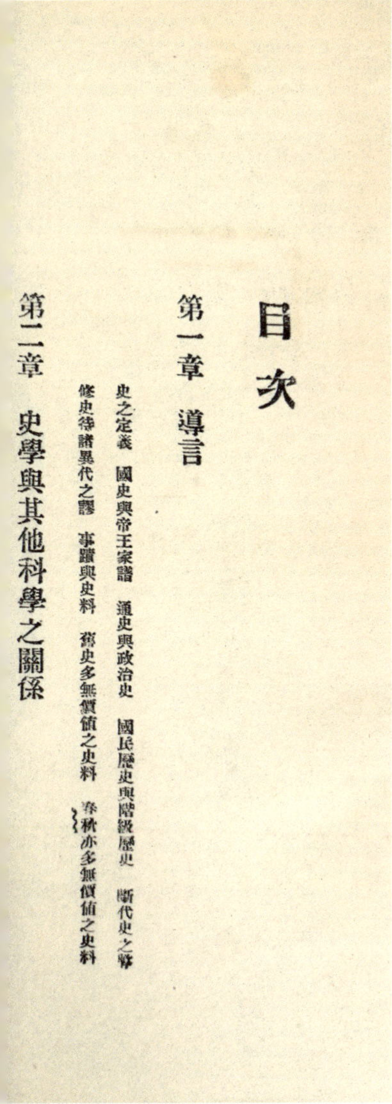
目次

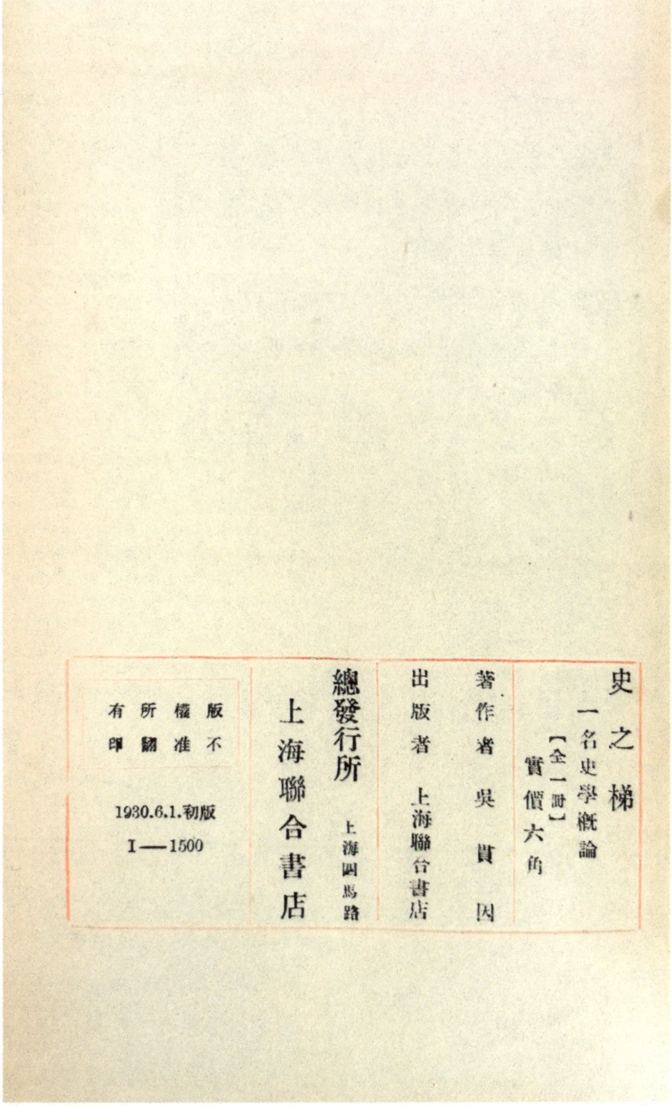
史之梯
一名史學概論
【全一冊】實價六角
著作者　吳貫因
出版者　上海聯合書店
總發行所　上海四馬路　上海聯合書店
1930.6.1.初版
I—1500

304/350　新史学与社会科学

［美］班兹著，董之学译。

上海：商务印书馆，1933 年 10 月初版。一册，大 32 开。

本书主要内容为：史学之过去与将来、地理与历史撰述历史解释之关系、心理学与史学、人类学与史学、社会学与史学、科学史与史学之关系、经济学与动进史学、政治学与史学、伦理学与历史、史学与社会理智，凡十章。此为《大学丛书》之一种，该丛书出版由王云五主持，庞大的丛书审查委员会委员皆为各学科一时之选。光华大学图书馆旧藏。

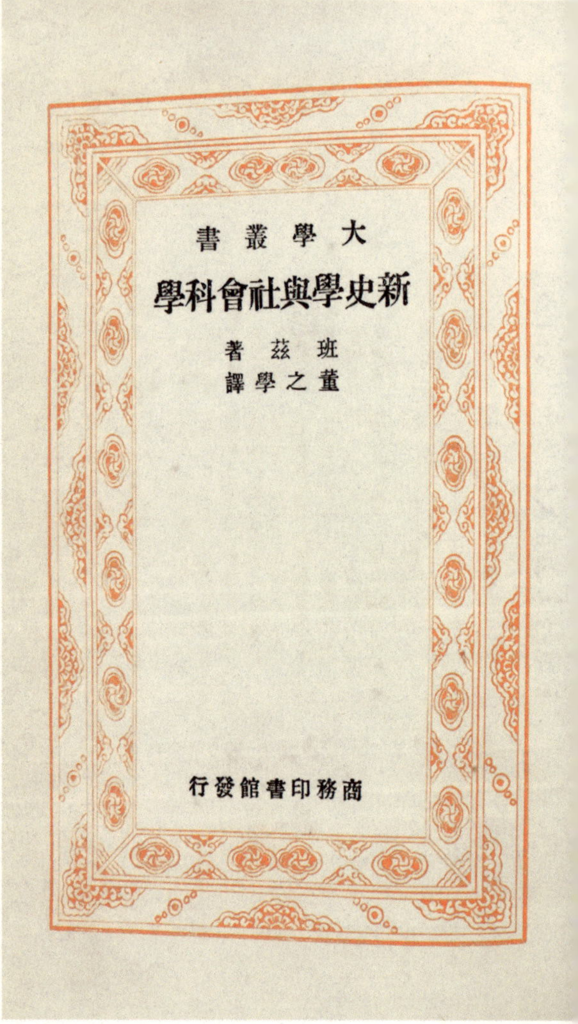

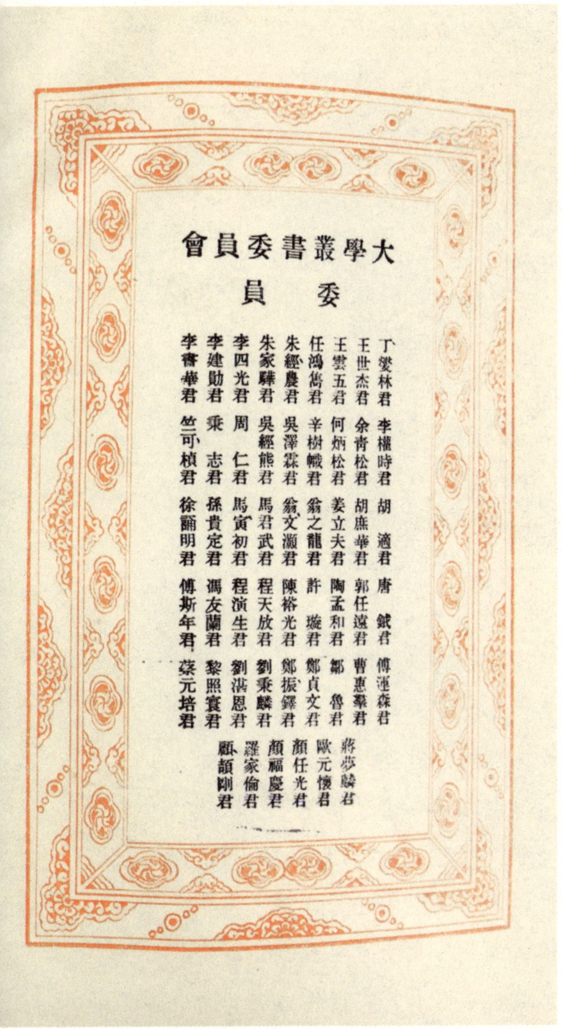

大學叢書委員會

委員

丁燮林君 李權時君 胡適君 唐鉞君 傅運森君
王世杰君 余青松君 胡庶華君 郭任遠君 曹惠羣君
王雲五君 何炳松君 姜立夫君 陶孟和君 鄒魯君
任鴻雋君 辛樹幟君 翁之龍君 許璇君 鄭貞文君
朱經農君 吳澤霖君 翁文灝君 陳裕光君 鄭振鐸君
朱家驊君 吳經熊君 馬君武君 程天放君 劉秉麟君
李四光君 周仁君 馬寅初君 程演生君 劉湛恩君
李建勛君 秉志君 孫貴定君 馮友蘭君 黎照寰君
李書華君 竺可楨君 徐誦明君 傅斯年君 蔡元培君
蔣夢麟君 歐元懷君 顏任光君 顏福慶君 羅家倫君 顧頡剛君

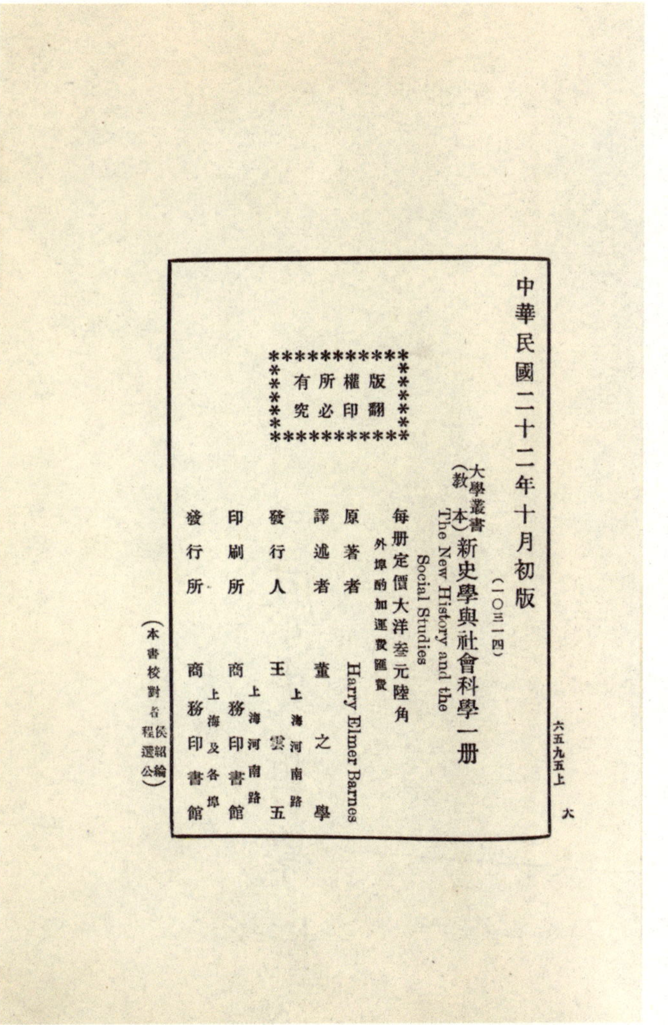

中華民國二十二年十月初版

（一〇三一四）

大學叢書（教本）新史學與社會科學一冊
The New History and the Social Studies

每冊定價大洋叁元陸角
外埠酌加運費匯費

原著者 Harry Elmer Barnes
譯述者 董之學
發行人 王雲五 上海河南路
印刷所 商務印書館 上海河南路
發行所 商務印書館 上海及各埠

版權所有 翻印必究

六五九五上

大

（本書校對者侯紹綸 程選公）

300.1/186.5　历史哲学概论

［英］罗伯特·弗林特著，郭斌佳译。

上海：新月书店，1928 年 9 月初版。一册，32 开。

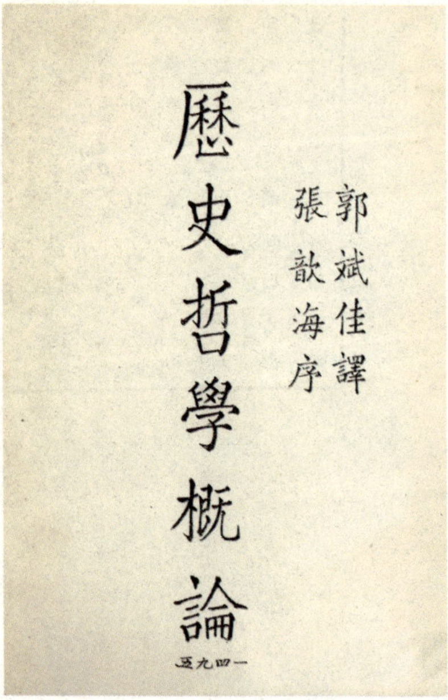

本书的主要内容为评述十八世纪中期至十九世纪末期西方思想家的历史哲学思想，对当时各国历史学的研究颇具参考价值。前有“弁言”交代翻译缘起，另有张歆海序一篇。译者郭斌佳毕业于光华大学，作序者张歆海曾为光华大学教授、副校长。该版本之后，本书作为《社会科学名著译丛》之一种，曾由上海黎明书局出版。

一九二八年九月初版

歷史哲學概論

每册實價七角半

Robert Flint 著

郭斌佳譯

發行者　新月書店

總發行所　上海望平街一六一號　新月書店

郭斌佳所譯

歷史哲學序言

二千餘年以前，中國與東蘇夷族接觸：不久中國的美術受了絕大的影響。現存山東嘉祥及南京相近棲霞的石獅雕刻，都可以證明。至於印度的佛教，更不庸說了。中國的文化處處可以見到他的影響。然而何以歐美與中國雖已經發生了極密切的關係，至今沒有好結果？非但沒有好結果，中國的社會反而發現種種非驢非馬的狀況？譬如關於建築方面，近幾十年的高樓大廈，全國可以說沒有一所可以引起有智識人的美感；而本來負極大聲名的杭州，現在此化成了一片工廠式或汽車間式的洋房，而游人居然揚揚得意逍遙自在。說到中國現代文明的他方面，沒有一處不見受了西洋文化的影響，而沒有一處可說是有了好結果。學生如此之囂張，以鬧風潮罷課為自由的表示，女子以蕩檢踰閑為男女平等的表示，諸如此

—1—

類已的的醜態怪狀，都顯出國內人士對於西洋，完完全全沒有澈底的了解。真真來懂自己的文化，真真來懂西洋文化的精神，我以爲是目前中國教育最重要的職務，因爲西洋的文化影響到中國的社會，是現在最大的事實。去抵抗他是絕對不可能的，也不是應該的，因爲要懂中國的文化，要發揚中國固有的特點，我以爲非懂西洋文化不可。既然如此，我們不得不設法澈底的去研究這文化究竟包含的什麼特性，到了實在了解的時候，再下批評的工夫去採納他的優點。現在的中國，我以爲應得也有一種焚書坑儒的舉動。愛近幾年所謂受了西洋學術思想影響的著作，百之九十九，應該付之於火；根本上這種著述，看學問太輕了，所以禍實在不淺。現在第一要職，我以爲須介紹在西洋學術史上確佔地位的著作，這種介紹愈多愈好，一則可以知道學問是不容易得的，一則可以知道西洋人思想之真精神。看歐洲的歷史，一國的思想輸入他國，總有一翻譯極盛的時代。譬如英國十六世紀文學如此之有生氣，卽因當初有選擇意大利或法國最要緊的著作譯成

—2—

英文的運動，例如 Hoby 譯 Castiglione 所著的 Il Cortegiano，或 Florio 譯 Montaigne 的 Essais。德國十八世紀文化，如此之盛，也因當時用翻譯來紹介法國十六及十七世紀的傑作。所以我自己最喜勉勵學生所做的，是翻譯西洋學術史上確佔重要地位的著作。我長光華大學一年，同時授課，教到了極用功的好學生幾名，是我那一年最得意最可自慰的事。郭君斌佳，尤其孜孜不倦，與我研究西洋文學，今譯成歷史哲學一册，索序於我，我當然樂爲，并希望以後幾年的中國學術，就走上翻譯的一條活路。

張歆海十七，十，六，南京。

—3—

312/351　古代社会

［美］路易斯·亨利·摩尔根著，杨东莼、张栗原译。
上海：商务印书馆，1935年12月初版。一册，32开。

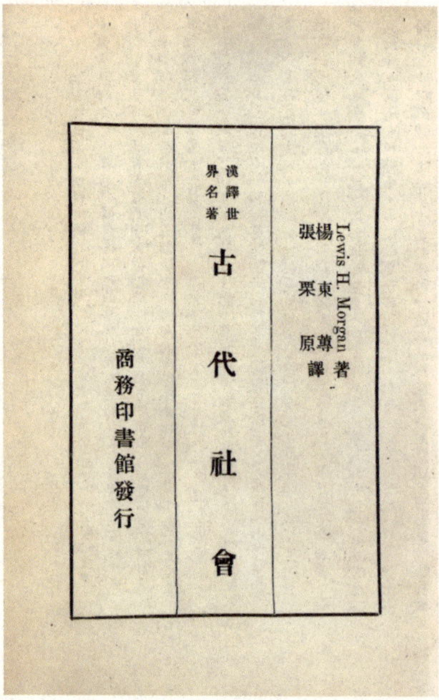

路易斯·亨利·摩尔根（1818—1881），美国人类学家，进化论学派的代表人物。《古代社会》是摩尔根通过几十年的调查研究写出的一部综合性的人类学著作，也是学术史上第一部用人类学材料写成的原始社会的发展史，系统全面地阐明了原始社会的生产生活、社会结构、婚姻家庭等主要制度的基本特征及其发展情况。前有著者序、译者序各一篇，正文四编二十六章。此为《汉译世界名著》丛书之一种。东吴法学院图书馆、华东政法学院图书馆和上海第二教育学院图书馆旧藏。

譯者序言

一、莫爾甘 (Lewis H. Morgan) 的古代社會，是一部世界名著，這用不着我們多說。我們初譯這書，是在民國十八年夏季交由上海崑崙書店出版。出版以後，得到相當的好評；但因印刷惡劣和排字錯誤，使原著減色不少。現在承何柏丞、周予同、郭一岑三位先生介紹，改由商務印書館出版，收爲萬有文庫之一種；我們就藉此機會把舊譯本仔細修改一遍。

一、在我們的修改工作中，第一、着重術語的統一，全書除 consanguinity 一詞，因行文便利計，有時譯爲「血緣」有時又譯爲「血族」外，其他可以說全部都統一了。第二、所有固有名詞的漢譯，都是根據商務印書館的外國人名地名表譯出來的，其不見於該表者，便是我們試譯的。第三、在舊譯本中，發見了幾個錯誤之處，我們在這次都全部修正了。

一、承何柏丞、周予同、郭一岑三位先生的幫助，使本書得以再版，這是我們應該在此向三位先生致謝的。

民國二十四年三月譯者

304/342 史学原论

［法］朗格诺瓦、瑟诺博司著，李思纯译述，任鸿隽校订。
上海：商务印书馆，1931年4月再版。一册，32开。

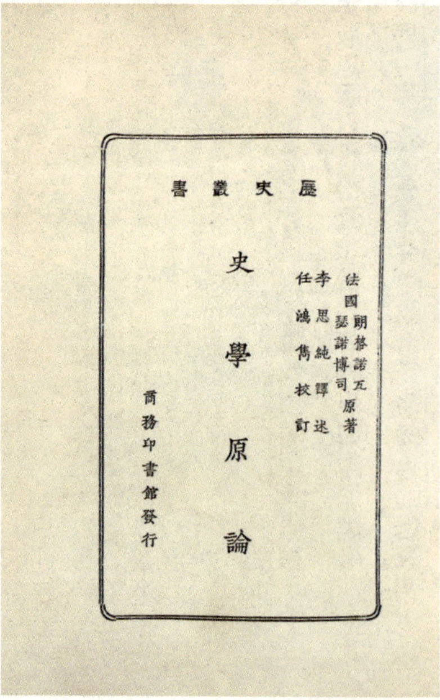
歷史叢書
法國 朗格諾瓦 瑟諾博司 原著
李思純 譯述
任鴻雋 校訂
史學原論
商務印書館發行

《史学原论》是欧洲实证史学的代表作，集中反映了十九世纪晚期实证史学的基本原则与方法，主要内容有“初基知识”“分析工作”和“综合工作”上中下三篇十五章。自五四运动以来，《史学原论》在中国史学界一直享有极高的赞誉，近百年来，英译本在国内广为流传，李思纯的文言译本是较早较完整的中译本，初版于1926年10月。本书为商务印书馆《历史丛书》之一种。

歷史叢書

史學原論

中華民國十五年十月初版
中華民國二十年四月再版

每冊定價大洋貳元
外埠酌加運費匯費

原著者 法國 朗格諾瓦 瑟諾博司
譯述者 李思純
校訂者 任鴻雋
發行兼印刷者 上海寶山路 商務印書館
發行所 上海及各埠 商務印書館

N六五〇自

Historical Series
INTRODUCTION AUX ÉTUDES HISTORIQUES
By
CH. V. LANGLOIS and CH. SEIGNOBOS
Translated by
LI SZU CHUN
Edited by
H. C. JEN, M. S.
1st ed., Oct., 1926 2nd ed., Apr., 1931
Price : $2.00, postage extra
THE COMMERCIAL PRESS, LTD., SHANGHAI

307/178　通史新义

何炳松著。

上海：商务印书馆，1930年6月初版。一册，大32开。

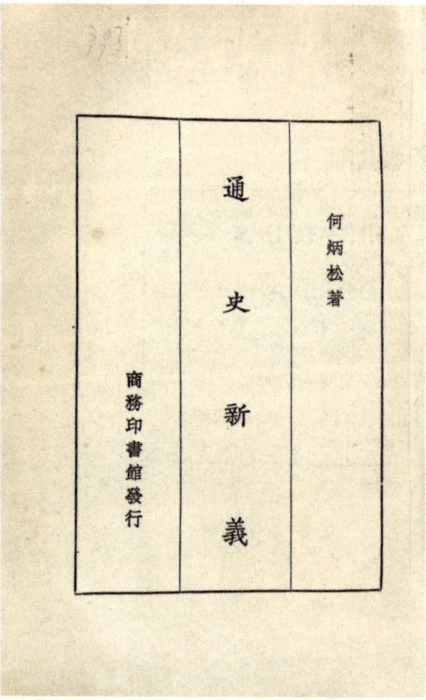

何炳松，著名历史学家，新史学的奠基人。《通史新义》是作者有鉴于中国传统史学之弊端，“介绍西洋最新之通史义例”而作。前有作者自序、导言（历史研究法与社会科学）。内容分上、下二编，上编（共十章）详述社会史料研究法，下编（共十一章）详述社会史研究法。圣约翰大学罗氏图书馆旧藏。本馆另有1933年5月再版本（纳入《大学丛书》），光华大学图书馆旧藏。

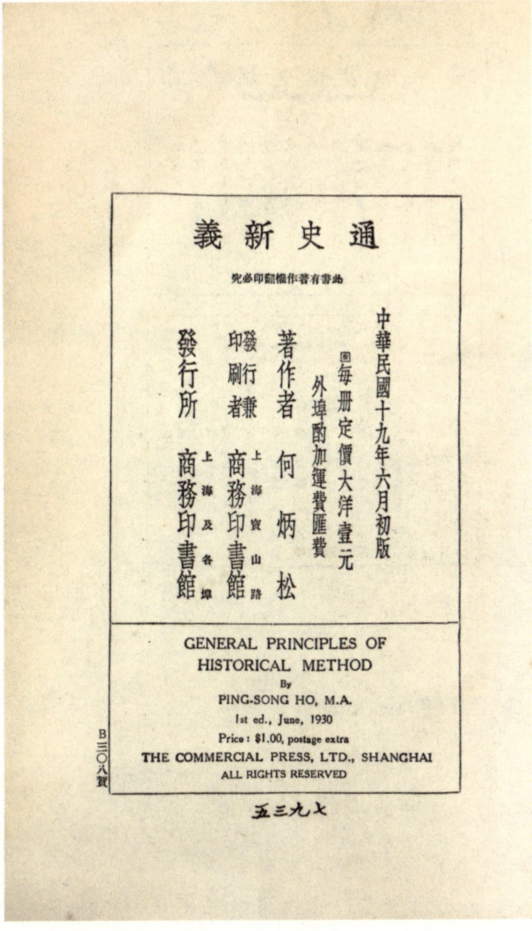

通史新義

此書有著作權翻印必究

中華民國十九年六月初版

(圖)每冊定價大洋壹元
外埠酌加運費匯費

著作者 何炳松

發行兼印刷者 商務印書館 上海寶山路

發行所 商務印書館 上海及各埠

GENERAL PRINCIPLES OF HISTORICAL METHOD

By

PING-SONG HO, M.A.

1st ed., June, 1930

Price: $1.00, postage extra

THE COMMERCIAL PRESS, LTD., SHANGHAI

ALL RIGHTS RESERVED

B三〇八賀

五三九七

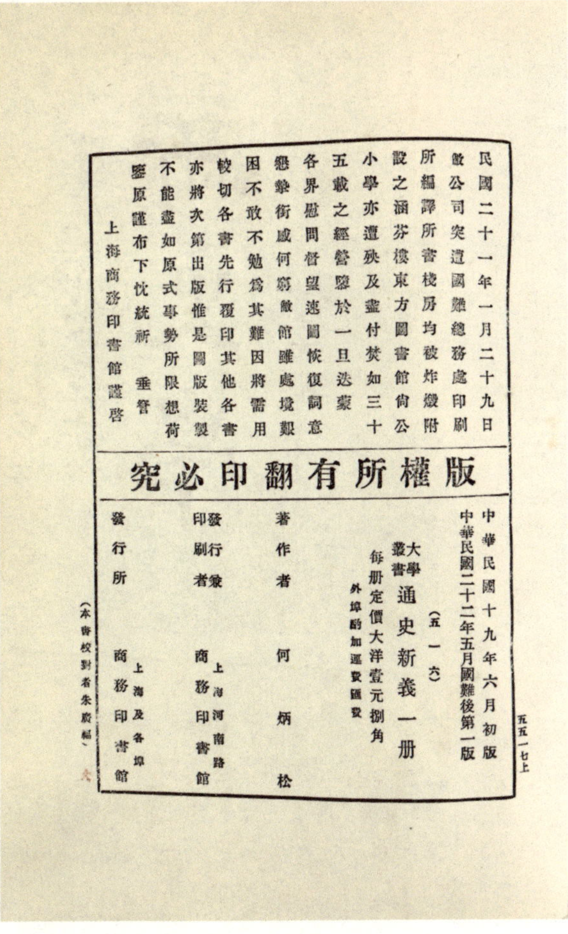

民國二十一年一月二十九日敝公司突遭國難總務處印刷所編譯所書棧房均被炸燬附設之涵芬樓東方圖書館尚公小學亦遭殃及盡付焚如三十五載之經營隳於一旦迭蒙各界慰問督望速圖恢復詞意懇摯銜感何窮敝館雖處境艱困不敢不勉為其難因將需用較切各書先行覆印其他各書亦將次第出版惟是圖版裝製不能盡如原式事勢所限想荷鑒原謹布下忱統祈

垂鑒

上海商務印書館謹啓

版權所有翻印必究

中華民國十九年六月初版
中華民國二十二年五月國難後第一版

(五一六)

大學叢書 通史新義 一冊

每冊定價大洋壹元捌角
外埠酌加運費匯費

著作者 何炳松

發行兼印刷者 商務印書館 上海河南路

發行所 商務印書館 上海及各埠

(本書校對者朱廣福)

五五一七上

304/665　新史学

［美］詹姆斯·哈威·鲁滨逊著，何炳松译。

上海：商务印书馆，1924 年 7 月初版。一册，大 32 开。

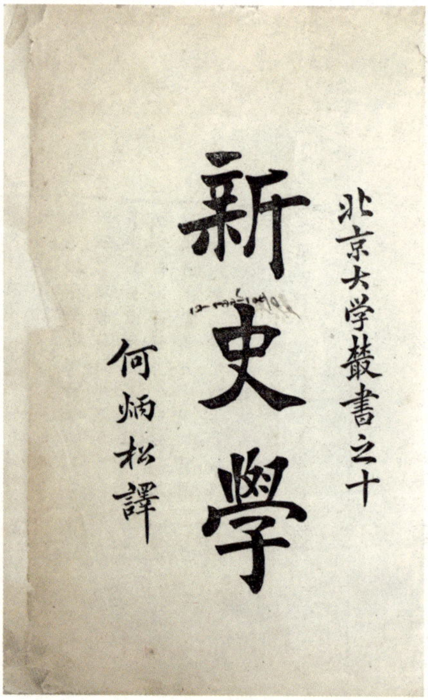

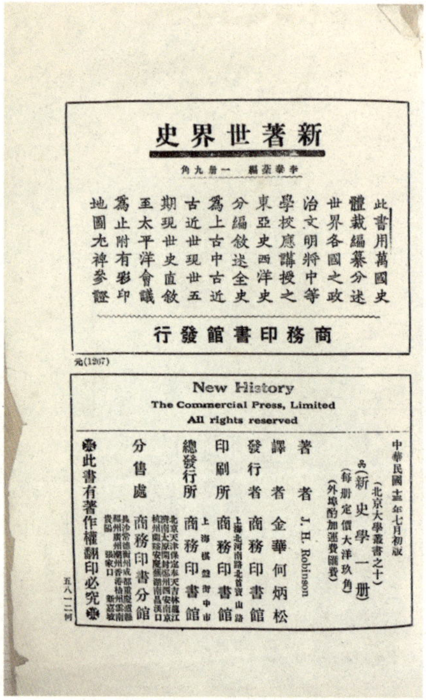

新著世界史

李泰棻編　一冊九角

此書用萬國史體裁編纂分述世界各國之政治文明將中等學校應講授之東亞史西洋史分編敘述全史為上古中古近古近世現世五期現世史直敘至太平洋會議為止附有彩印地圖尤裨參證

商務印書館發行

元(1207)

New History
The Commercial Press, Limited
All rights reserved

中華民國十三年七月初版

(北京大學叢書之十)
新史學一冊
(每冊定價大洋玖角)
(外埠酌加運費匯費)

著者　J. H. Robinson
譯者　金華何炳松
發行者　商務印書館
印刷所　上海北河南路北首寶山路 商務印書館
總發行所　上海棋盤街中市 商務印書館
分售處　北京 天津 保定 奉天 吉林 龍江 濟南 太原 開封 鄭州 西安 南京 杭州 蘭谿 安慶 蕪湖 南昌 漢口 長沙 常德 衡州 成都 重慶 瀘縣 福州 廣州 潮州 香港 梧州 雲南 貴陽 張家口 新嘉坡 商務印書分館

此書有著作權翻印必究

五八一二何

本书的翻译缘于译者在北京大学史学系任教时，以该书原本做课本，颇受学生欢迎，时任史学系主任的朱希祖极力促成翻译事，译成后经胡适校阅。全书共分八章，即新史学、历史的历史、历史的新同盟、思想史的回顾、普通人应读的历史、罗马的灭亡、一七八九年的原理和史光下的守旧精神。前有朱希祖序、译者导言及“译者再志”，为《北京大学丛书》之十。暨南大学图书馆旧藏。

新史學序

民國九年的夏天、我擔任北京大學校史學系的主任、那時我看了德國 Lamprecht的近代歷史學。他的最要緊的話、就是：『近代的歷史學、是社會心理學的學問。現在歷史學新舊的論爭、就是研究歷史、本於社會心的要素？還是本於個人心的要素？稍嚴密一點說起來、就是歷史進程的原動力在全體社會？呢還是在少數英雄？』Lamprecht 的意思、以爲歷史進程的原動力、自然在全體社會；研究歷史、應當本於社會心的要素。所以研究歷史、應當以社會科學爲基本科學。我那時就把北京大學史學系的課程、大加更改。本科第一二年級、先把社會科學學習做一種基礎——如政治學、經濟學、法律學、社會學等、——再輔之以生物學、人類學及人種學、古物學等。特別注重的、就推社會心理學。然後把全世界的史綜合研究、希望我們中國也有史學的發展。那時史學系中又有歷史研究法一課、就請金華何炳松先生擔任、何先生用美國 Robinson 所著的新史學原本做課本、頗受學生歡迎。我那時就請何先生

腐不堪的地方摧陷擴淸了、然後慢慢的想到積極的建設方面去。所以何先生譯了這部書、是很有功於我國史學界的。

還有一層、Robinson 的新史學第六篇、主張歷史是連續的、說明斷代的不妥、把歷史的時間須連貫；Lamprecht 和 Mehlis 都主張歷史是全人類的、國別史斷不能完足歷史的功能、所以二人都歸宿到世界史或普徧史、把歷史的空間須連貫。照這樣看來、美國的學說和德國的學說、兼收並蓄、那末可以達到史學完善的目的；而且他們的學說、殊途同歸、都歸到社會科學那方面去、可見學問是斷不可分國界的。我國史學界總應該虛懷善納、無論那一國的史學學說、都應當介紹進來。何先生譯了這部書、爲我國史學界的首唱者、我很望留學各國回來的學者、多譯這種書、指導吾國史學界、庶幾不負何先生的苦心呵！

民國十年八月十日海鹽朱希祖謹序

300/566　史学通论

杨鸿烈著。

长沙：商务印书馆，1939 年 4 月初版。一册，32 开。

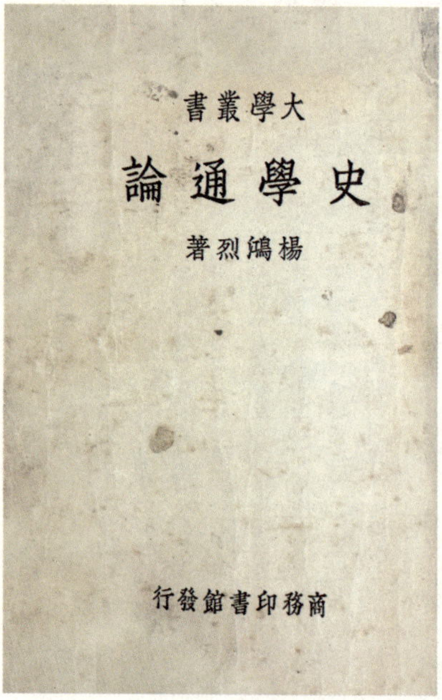

杨鸿烈，著名法制史学者。书凡七章，第一章导言论述中外学界关于“历史”及“史学”的本义，后六章分别探讨史学的科学性质、新旧史学的发展、史学的目的、史学的功能、史学的分类、史学与各门学科的关系（涉及语言文字学、年代学、考古学、人类学、民俗学、社会学、政治学、经济学、地理学、心理学、文学和哲学）。此书为商务印书馆《大学丛书》之一种。圣约翰大学罗氏图书馆旧藏。

史學通論

第一章　導言

著者在南北各大學擔任史學通論這門課程已有八九年的時光了，所最常感觸到的便是中外一般的學者們都很隨便的把「歷史」和「史學」兩個名詞混爲一談，舉例來說罷，如——

呂瑞庭氏說：『歷史者，研究人類進化社會發達文明進步之學也。』（註一）

梁任公師說：『史者何？人類社會賡續活動之體相，校其總成績求得其因果關係，以爲現代一般人活動之資鑑者也。』（註二）

呂思勉氏說：『歷史者，研究人類社會之沿革，而認識其變遷進化之因果關係者也。』（註三）

王桐齡氏說：『歷史者研究人類之進化，社會之發達與凡百事務變遷代替之現象者也。』（註四）

李泰棻氏說：『史者，研究人類之進化現象者也。』（註五）

這是中國的方面，即在日本歐美也不乏其例，如——

內藤智秀氏說：『歷史是研究人類行動變遷的學問。』（註六）

鮑爾圖（M. Bardeaux）說：『歷史是研究理性發展的科學（La science des développements de la

311/764.3　西洋通史

［日］瀬川秀雄著，章起渭编译，傅运森校订。

上海：商务印书馆，1913 年 7 月三版。一册，大 32 开。

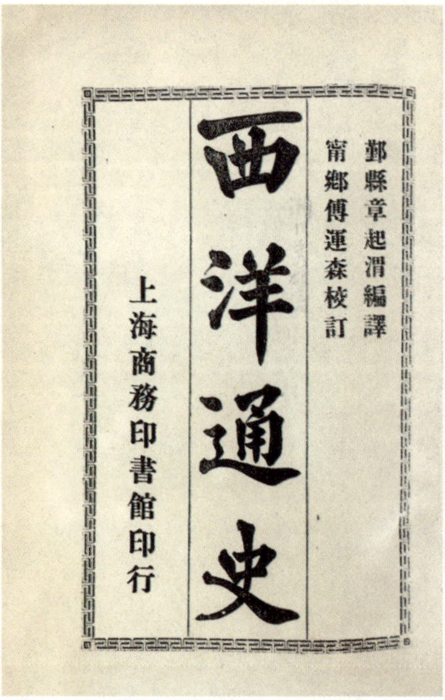

瀬川秀雄所著《西洋通史》，能查见的最早版本是明治三十七年（1904）东京富山房本，出版后影响较大，多次再版。中译本初版于“宣统二年十二月”（三版版权页注为“庚戌年十二月”）。初版时扉页题“日本瀬川秀雄著”，此版扉页无著者姓名，而换之以编译者、校订者。前有作者自序，内容含“序论”一篇，交代研究范围及主旨；“本论”四编，第一编七章为“古代史”，第二编三章为“中世史”，第三编六章为“近世史”，第四编十章为“最近世史”。

西洋通史序

輓近學界進步。史界亦日見開拓。先輩諸大家。既於東西古今史實。著爲名論。以倡於世。同學諸子。又爭著中等教科書。相續出版。不啻汗牛而充棟焉。此余所目擊欣忭者也。顧嘗考之。西洋史著作雖夥。然除中等教科書外。其可供高等學生中等教員參考者。殆無其書。豈非學界之缺憾耶。矧日本帝國。將一躍而與歐美列强伍。立於最光輝之地。爲國民者。不可不熟讀西洋史。覽其文化發展之次序。國民隆替之狀態。及歐美現時之大勢。俾確知日本所處世界之位置也。余淺學不才。竊不自揣。編著此書。以在學習院及陸軍大學所講者爲藍本。附諸剞劂。聊補此缺憾。先輩諸大家。或因此動機。更出精確之著作。尤余之所冀。若夫記事之繁簡。議論之精粗。固不得其宜。然使讀者因此而知西洋古今之大勢。於研究及教授。有所裨焉。則余之榮幸。無逾於此矣。瀨川秀雄識。

310.1/390.5　人类的前程

［美］俾耳德编著，于熙俭译述。

上海：商务印书馆，1933 年 1 月版。一册，32 开。

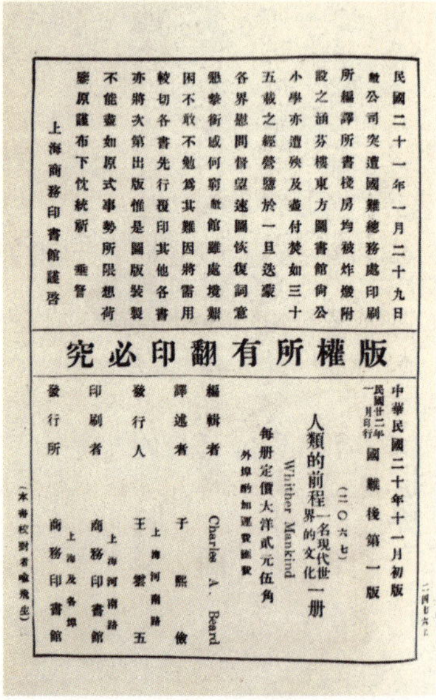

民國二十一年一月二十九日
敝公司突遭國難總務處印刷
所編譯所書棧房均被炸燬附
設之涵芬樓東方圖書館尚公
小學亦遭殃及盡付焚如三十
五載之經營隳於一旦迭蒙
各界慰問督望速圖恢復詞意
懇摯銜感何窮敝館雖處境艱
困不敢不勉爲其難因將需用
較切各書先行覆印其他各書
亦將次第出版惟是圖版裝製
不能盡如原式事勢所限想荷
鑒原謹布下忱統祈
垂督
上海商務印書館謹啓

版權所有翻印必究

中華民國二十年十一月初版
民國廿二年一月日行國難後第一版

(二〇六七)
人類的前程（一名現代世界的文化）一冊
Whither Mankind
每冊定價大洋貳元伍角
外埠酌加運費匯費

編輯者　Charles A. Beard
譯述者　于熙儉
發行人　王雲五　上海河南路
印刷者　商務印書館　上海河南路
發行所　商務印書館　上海及各埠

（本書校對者喻飛生）

俾耳德（1874—1948），二十世纪美国最有影响的史学家之一，在历史和政治学研究方面著作等身，对美国历史教学亦贡献突出。于熙俭，生于清末，毕业于私立武昌文华图书馆学专科学校，曾就职于国立中央大学图书馆和浙江省立图书馆，后专事翻译，成果丰硕。该书为论文集 *Whither mankind : a panorama of modern civilization*，汇集了近现代学者对于工业革命后世界文化各方面影响的看法，通过历史与文学、科学与商业、法律与政治、战争与和平、宗教与艺术、种族与文化等角度来讨论现代文化的各个方面，收录《东西文化之比较》（胡适）、《上古文化及中古文化》（房龙）、《现代科学及其将来》（罗素）、《种族与文化》（多尔西）、《现代哲学及其将来》（杜威）等专论十六篇，编者则撰写了绪论、结论二章，前有编者原序和译者序言。本书中译本初版于1931年11月。大夏大学图书馆旧藏。

譯者序言

數年前中國學術界討論東西文化之優劣，很是熱鬧；但近年來因政治革命之激潮，而對於文化之討論，漸趨於沉寂。然而文化究竟是根本問題，凡一國之興衰，種族之存亡，無不基於其文化之性質。

現代世界各學者對於近代西方文明之態度，約可分悲觀樂觀兩派：歐洲方面因大戰之創傷，大都趨於悲觀，德國斯盆勒(Spengler)所著之西方之衰徵('The Decline of the West')，即代表悲觀派之最著者；美國近代氣象興盛，機械發達，以故大都趨於樂觀，俾耳德之編輯此書，請各著名學者從各方討論現代之文化，大半表示樂觀，即爲反駁斯盆勒之悲觀態度而發，亦可代表樂觀派之言論。至於我們中國究竟要取何態度，走何途徑，很可以此書爲借鏡。

關於此書之編輯及內容，俾耳德之序言，緒論及結論，均已詳細說明，在此恕不贅。

書內胡適之先生一文，曾請胡先生親自校對一過，謹在此致謝。

中華民國十九年十月一日，于熙儉於上海。

K103/S157 世界文化史

［美］林恩·桑戴克著，冯雄译。

上海：商务印书馆，1936 年 3 月初版。一册，32 开。

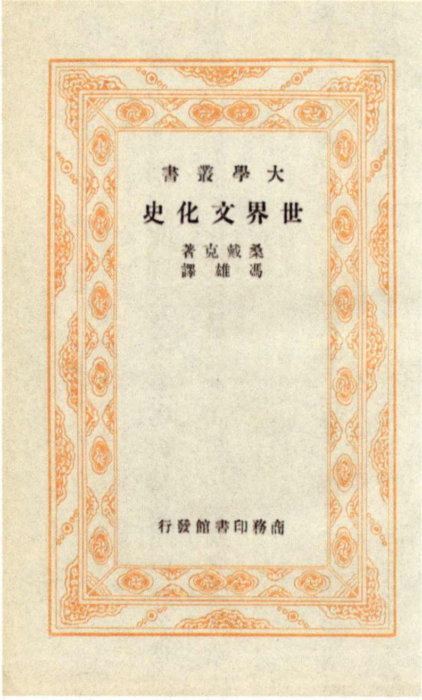

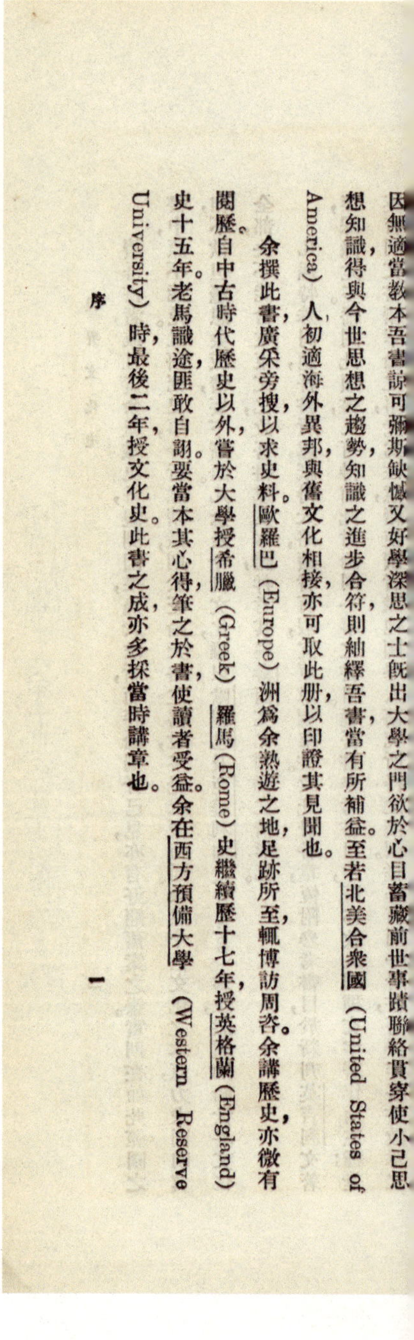

因無適當教本吾書詎可彌斯缺憾又好學深思之士既出大學之門欲於心目蓄藏前世事蹟聯絡貫穿使小己思想知識，得與今世思想之趨勢，知識之進步合符，則紬繹吾書，當有所補益。至若北美合衆國（United States of America）人，初適海外異邦，與舊文化相接，亦可取此册，以印證其見聞也。

余撰此書，廣采旁搜，以求史料。歐羅巴（Europe）洲爲余熟遊之地，足跡所至，輒博訪周咨。余講歷史亦徵有閱歷。自中古時代歷史以外，嘗於大學授希臘（Greek）羅馬（Rome）史，繼續歷十七年，授英格蘭（England）史十五年。老馬識途，匪敢自詡，要當本其心得，筆之於書，使讀者受益。余在西方預備大學（Western Reserve University）時，最後二年，授文化史。此書之成，亦多採當時講章也。

序 1

林恩·桑戴克是美国著名历史学家。冯雄是著名水利学家、作家、藏书家。二十世纪三四十年代的学术界出现了西方文化热，译自欧美学者的文化史著作和国内学者编著的文化史著作多至几十种，本书就是具有代表性的著作之一。收入《大学丛书》。

目錄

序

西元一九一四年，世界大戰起，余竊不自揆，思竭微力，使文化（civilization）延其生機，故撰此一冊書，誠以爲世亦需此一冊書也。蓋自泛覽史籍，以至深研史學，著書傳世之人，於爭戰焚殺一切破壞之事，固早已厭聞，而移其目光，察昔人建設措施，其於舊時文化，盡智考探，正不遜於其紬繹政治史也。然以一冊書，鋪陳文化史上大事，提要鉤玄，朗然在目者，今尚未見流傳，縱或有之，定非用英吉利文（English）所寫矣。顧如大學生徒，欲於他日用

318.2/784.3　第二次世界大战前夜的文件和材料

苏联外交部档案保管局编，译者不详。
外国文书籍出版局 1948 年印行。二册，32 开。

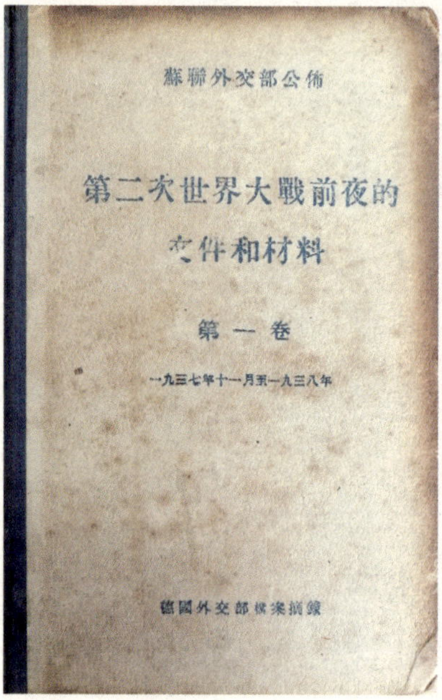

本书全称《苏联外交部公布第二次世界大战前夜的文件和材料》，第一卷封面题“一九三七年十一月至一九三八年”“德国外交部档案摘录”，汇集了 1937 年 11 月至 1938 年 12 月的文件，有希特勒、里宾特罗普及其他德国政府代表人物同外国政治家们的谈话录，有德国驻外代表的报告，也有关于德国政府与他国谈判的文件。第二卷封面题“狄克逊文件（一九三八年至一九三九年）”，包含有时任德国驻苏、驻日、驻英大使狄克逊爵士原保存于格列吉茨堡狄克逊私邸的文件，有各种公务电文、书信和报告留作存根的打字机复写副本，另有一些是德国外交部及个别外交官致狄克逊的公函和私札。

序

一九四八年初，美國國務院公佈了由希特勒外交官各種情報和札記編成的彙集，標題爲「一九三九至一九四一年納粹與蘇聯間的關係』。從該彙集序言中，顯然可以看出，美英兩國政府在一九四六年夏季，就已協商就緒，要公佈德國外交文件。隨後，法國也參加了這一協定。一九四五年，蘇聯政府曾向英國政府提議共同研究德國文件，並堅持要有蘇聯專家來參預此事。但是，蘇聯政府底提議竟被拒絕。 美英法三國政府不讓蘇聯政府參加，便單獨公佈了德國文件。 因之，蘇聯政府認爲自己也有權公佈蘇軍在勝利地攻佔柏林後所鹵獲的德國外交部檔庫祕密文件。

本彙集係第一卷，其中所包括的是一九三七年十一月至一九三八年十二月這時期內的文件。編入本卷的有希特勒，里賓特羅普及其他德國政府代表人物同外國政治家們的談話錄，有德國駐外國外交代表底報告，還有其他關係於德國政府與他國政府間談判經過的文件。

5

外國文書籍出版局印行
一九四八年。莫斯科

320/441　中国史(第一册)

陈恭禄著。

长沙：商务印书馆，1940年1月初版。一册，大32开。

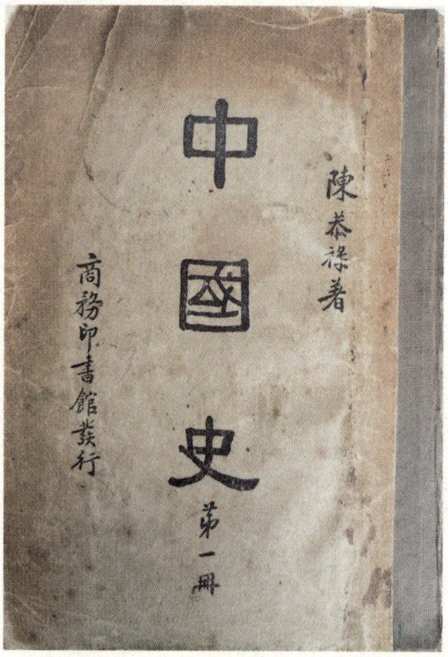

陈恭禄，江苏丹徒人，著名历史学家，曾在金陵大学、武汉大学、西北大学及南京大学任教。陈氏《中国史》编写的初衷是为应对大学教本之匮乏，1934年《中国近代史》一书完稿后即着手此书，四年内陆续完成，前有作者自序（1939年1月）交代撰述缘起及经过，内容凡十一编，即地理及其影响，上古史料之评论及史前社会，神话传说之古史，商、西周（五、六编），东周（七、八编），战国（九、十编），思想与学艺。第一册完成后，作者又用两年多时间完成了《中国史》第二册（秦汉史）的写作，凡十一编四十余万言，自始皇统一，迄献帝逊位，上海商务印书馆1947年9月初版。圣约翰大学罗氏图书馆旧藏。

自序

歷史爲研究人類已往經驗之學問，其包涵者至爲廣大，民族之分合，政治制度之改革，社會經濟情狀之嬗變，宗教之演變，學說思想之進步，文藝之發達等，莫不屬之。其遺傳於後世者，成爲構造今日政治社會情狀之主要成分。其他構成現狀之因素，尚有天然環境及外來影響。地理爲一國人民之天然環境，影響於人生者至爲鉅大。人類祇能予以利用，如土壤氣候，而不能減少其勢力；所謂征服天然者，亦不過認識較深，而利用之耳。吾人苟知一國利用天然勢力之程度，常能明瞭其文化發達與否。事之成功，固在人爲。外來影響，指環境懸殊之國，因其歷史上之遺傳，及人事之努力，演進成爲獨立之文化，及與他國接觸，發生比較，遂有優劣異同之別。識者有所借鏡，取長去短，常易改善其政治社會情狀。此亦人爲之結果。歷史則綜合天然環境，人事臧否，社會趨勢及外來影響，敍述一國發達或演進之過程。

一國現象之造成，原因雖常紛雜，而人事臧否，實一主要原因。蓋政治社會爲多數人結合之團體，而改善其狀況者，常賴極少數之優秀份子，或所謂治人者之階級。其思想與活動影響於人民者，至深且鉅。人民處於治於人者之地位，常有重大之義務，而少權利，惟知服從而已。此我國有史以來之現象。專制帝王視其統治境內之土地人民爲其財產臣妾，有自由處置之大權。國君之賢否，登庸之士大夫，採取之政策，對外戰爭之勝負，常影響或決定一國

320/21.1　中国史（第一编）

王桐龄著。

北京：北京文化学社，1927 年 1 月再版。一册，大 32 开。

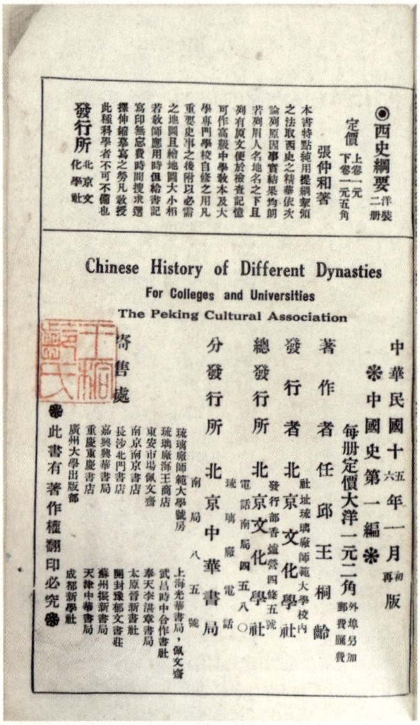
◉西史綱要 洋裝二冊
定價 上卷一元 下卷一元五角
張仲和著
本書特點純用提綱挈領之法取西史之精華依次論列原因事實結果均朗若列用人名地名之下且列有原文便於檢查記憶可作高級中學教本及大學專門學校自修之用凡重要史事之後附以必需之地圖且繪地圖大小相若教師應用時但給書記寫印無忘費時間搜求選擇伸縮摹寫之勞凡教授此種科學者不可不備也
發行所 北京文化學社

Chinese History of Different Dynasties
For Colleges and Universities
The Peking Cultural Association

中華民國十五年一月初版
中華民國十六年一月再版
※中國史第一編※
每冊定價大洋一元二角 外埠另加郵費匯費
著作者　任邱王桐齡
發行者　北京文化學社 社址琉璃廠師範大學校內
總發行所　北京文化學社 發行部香爐營四條五號 電話南局四五八〇
分發行所　北京中華書局 琉璃廠電話南局八五號
寄售處　琉璃廠師範大學號房　琉璃廠海王商店　東安市場佩文齋　南京南京書店　長沙北門書店　嘉興興華書局　重慶重慶書店　廣州大學出版部　上海光華書局，佩文齋　武昌時中合作書社　奉天李洪章書局　太原晉新書社　開封豫鄁文書莊　蘇州振新書局　天津中華書局　成都新學社
※此書有著作權翻印必究※

王桐龄，字峄山，河北任邱（今任丘）人，著名历史学家。王著《中国史》共四编，其中绪论讲述史的定义、中国的种族、中国的历史地理等。本论第一编为上古史——汉族萌芽时代（史前时代到春秋战国），第二编为中古史——汉族全盛朝代（秦汉至唐末），第三编为近古史——汉族衰微时代（宋至明末），第四编为近世史——西力东渐时代（清初至嘉、道两朝）。四编分别初版于 1926 年 1 月、7 月、10 月和 1929 年 8 月，并于数年之内多次再版。本书规模宏大，叙述中国从远古至清末历史，以“境内民族之盛衰兴亡”为主线贯穿全书，体例独特，史料丰富，语言简练，分析精辟。前附梁启超题词“成一家之言”及作者自序两篇。

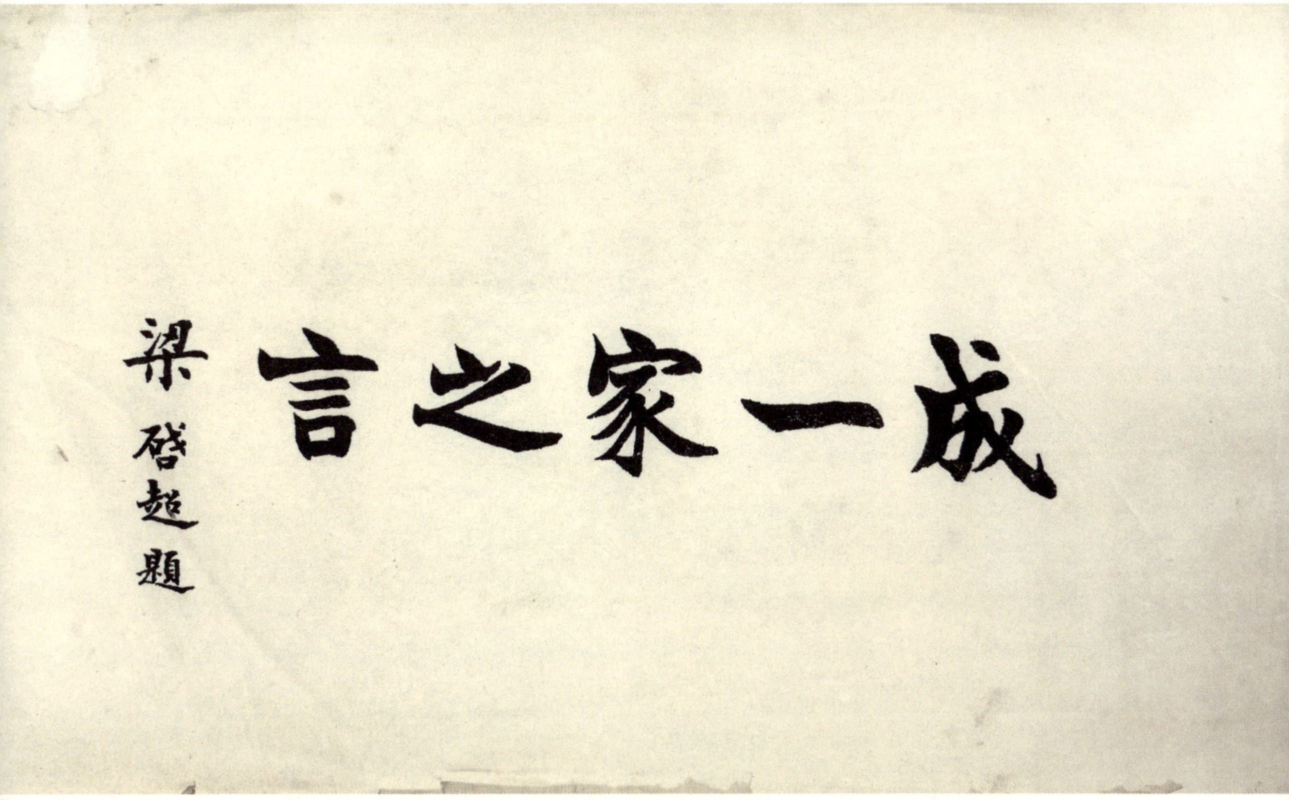
成一家之言
梁啓超題

320/248 中国通史

周谷城著。

上海：开明书店，1939 年 8 月初版。一册，大 32 开。

周谷城，湖南益阳人，著名历史学家、教育家、社会活动家，复旦大学教授。周著《中国通史》主要内容含导论（《历史完形论》）、第一篇《游牧部族定居时代》（共六章）、第二篇《私有田制生成时代》（共六章）、第三篇《封建势力结晶时代》（共八章）、第四篇《封建势力持续时代》（共十一章）和第五篇《资本主义萌芽时代》（共五章），结构严谨，纲目清晰，各部分有机地联系在一起，既反映了历史自身的完整统一性，又说明了中国历史各个时期的特性。该书自初版以来，经 1957 年修订，多次再版，深受读者欢迎，为史学界公认之力作。圣约翰大学罗氏图书馆旧藏。

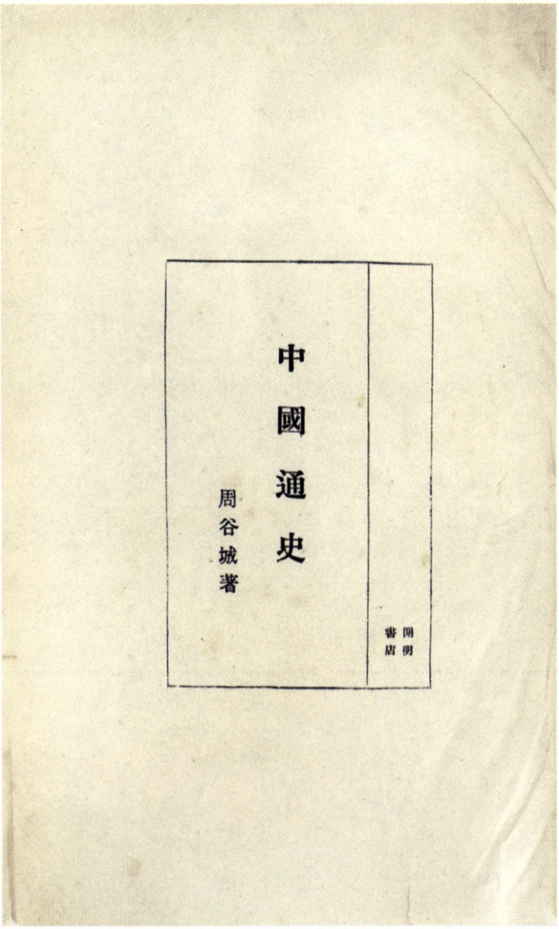

中國通史

周谷城著

開明書店

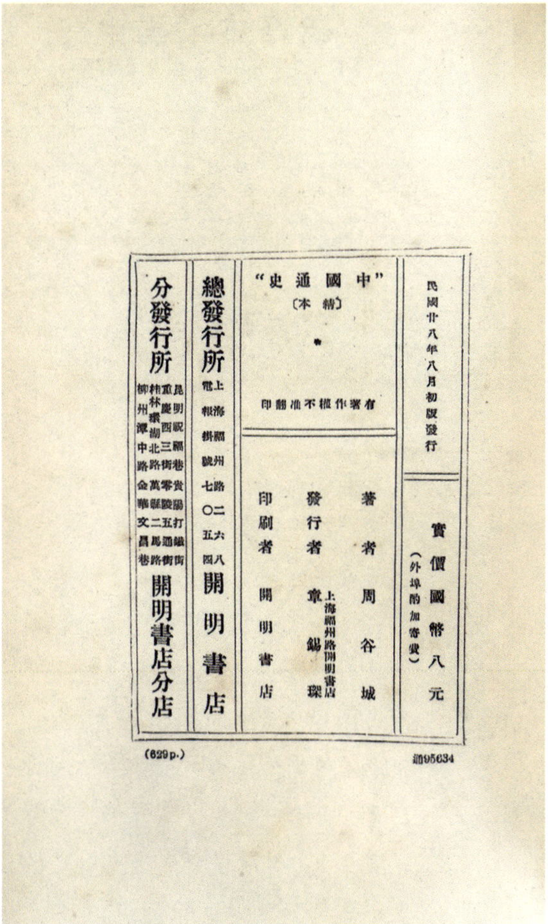

民國廿八年八月初版發行

實價國幣八元（外埠酌加寄費）

"中國通史"〔精本〕

有著作權不准翻印

著者 周谷城

發行者 章錫琛 上海福州路開明書店

印刷者 開明書店

總發行所 上海福州路二六八 電報掛號七〇五四 開明書店

分發行所 昆明祝福巷貴陽打鐵街 重慶西三街零陵五通街 桂林環湖北路萬縣二馬路 柳州潭中路金華文昌巷 開明書店分店

(629p.)

通95634

K203/W234　中国考古学史

卫聚贤著。

上海：商务印书馆，1937年2月初版。一册，32开。

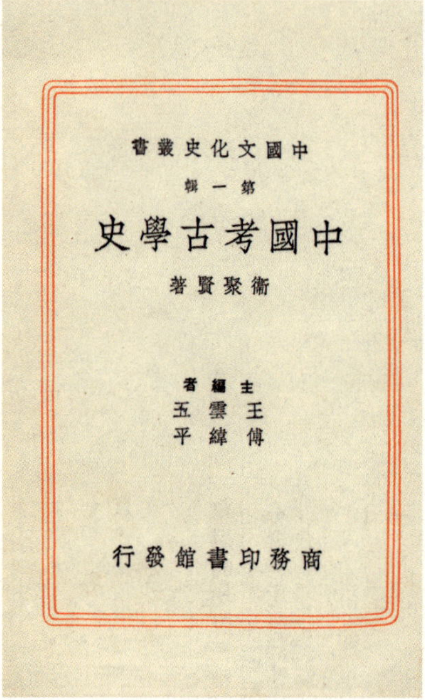

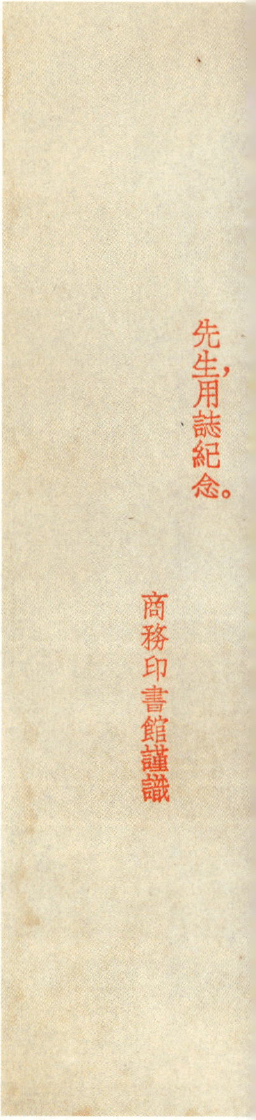

卫聚贤，号卫大法师，山西万泉人，历任暨南大学、中国公学、持志大学教授。曾主编《吴越文化论丛》、学术月刊《说文》。本书列举了周到民国以来考古发展的种种材料，是中国早期的一部关于考古学史的专著，具有一定的学术价值，另对考古学家和考古爱好者也有一定借鉴作用。

張菊生先生致力文化事業三十餘年，其躬自校勘之古籍，蜚聲士林，流播至廣，對於我國文化之闡揚，厥功尤偉。中國文化史叢書之編印，

目錄

K20/Z983　中国历史教程

[日] 佐野袈裟美著，刘惠之、刘希宁译。

上海：读书出版社，1945 年 10 月第六版。一册，32 开。

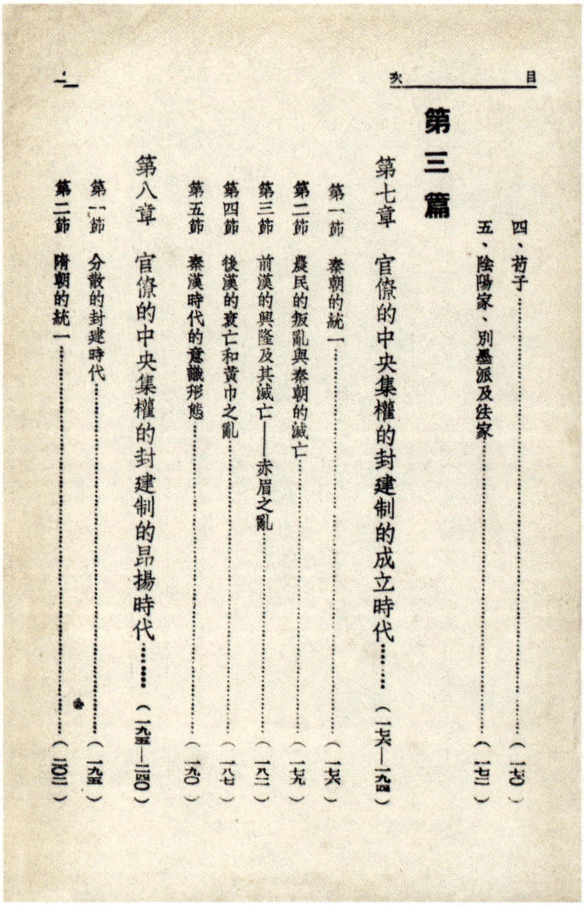

佐野袈裟美，日本现代著名历史学家。本书是佐野袈裟美的代表作，全书从中国人种的起源讲起，历述氏族制以前的中国社会、奴隶制社会、封建社会，一直讲到清代外国资本主义入侵，是一部浓缩中国历史发展的教科书，对人们了解中国古代社会概貌，研究中国历史，有一定启示和帮助。

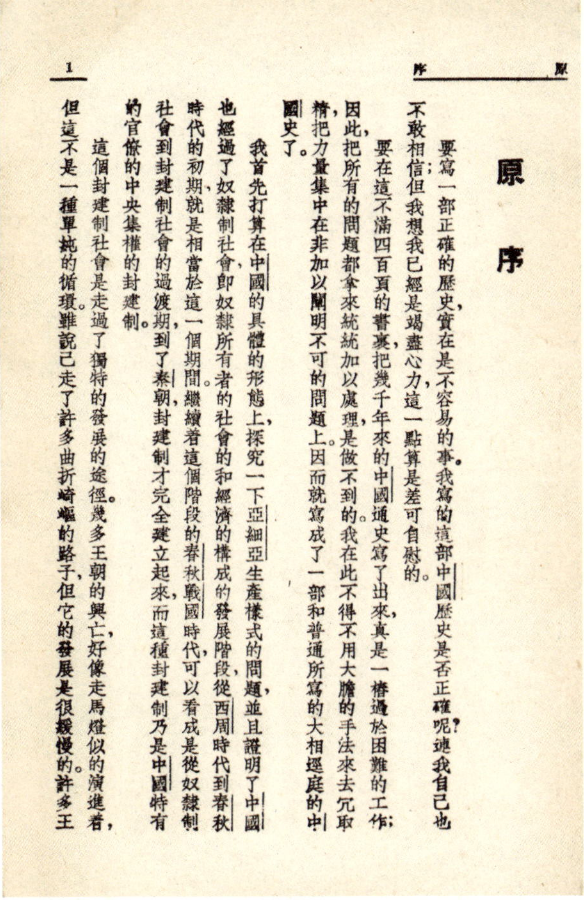

原　序

原序

要寫一部正確的歷史，實在是不容易的事。我寫的這部中國歷史是否正確呢？連我自己也不敢相信；但我想我已經是竭盡心力，這一點算是差可自慰的。

要在這不滿四百頁的書裏，把幾千年來的中國通史寫了出來，真是一樁過於困難的工作；因此，把所有的問題都拿來統統加以處理，是做不到的。我在此不得不用大膽的手法來去冗取精，把力量集中在非加以闡明不可的問題上。因而就寫成了一部和普通所寫的大相逕庭的中國史了。

我首先打算在中國的具體的形態上，探究一下亞細亞生產樣式的問題，並且證明了中國也經過了奴隸制社會、即奴隸所有者的社會的和經濟的構成的發展階段，從西周時代到春秋時代的初期就是相當於這一個期間。繼續着這個階段的春秋戰國時代，可以看成是從奴隸制社會到封建制社會的過渡期，到了秦朝，封建制才完全建立起來，而這種封建制乃是中國特有的官僚的中央集權的封建制。

這個封建制社會是走過了獨特的發展的途徑。幾多王朝的興亡，好像走馬燈似的演進着，但這不是一種單純的循環。雖說已走了許多曲折崎嶇的路子，但它的發展是很緩慢的。許多王

1

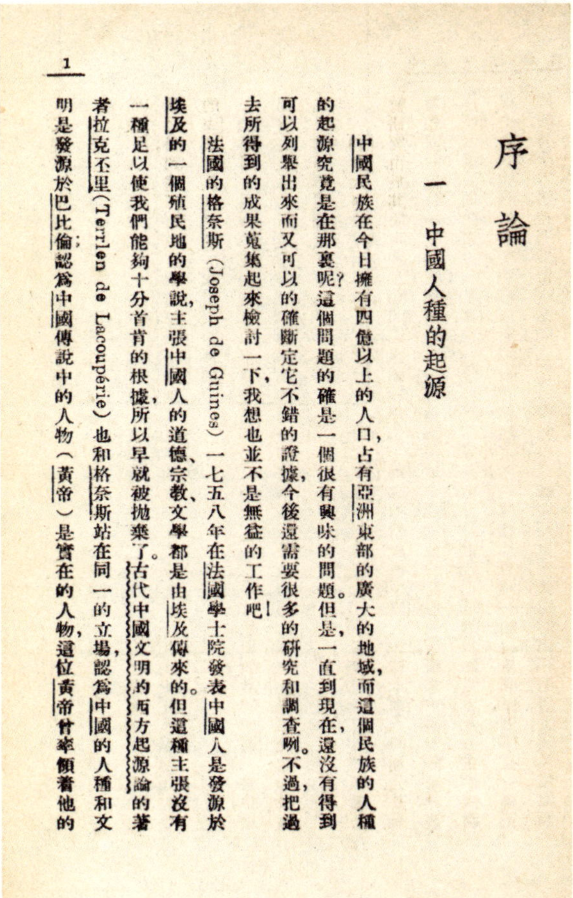

序論

一　中國人種的起源

中國民族在今日擁有四億以上的人口，占有亞洲東部的廣大的地域，而這個民族的人種的起源究竟是在那裏呢？這個問題的確是一個很有興味的問題。但是，一直到現在，還沒有得到可以列舉出來而又可以的確斷定它不錯的證據，今後還需要很多的研究和調查咧。不過，把過去所得到的成果蒐集起來檢討一下，我想也並不是無益的工作吧！

法國的格奈斯（Joseph de Guines）一七五八年在法國學士院發表中國人是發源於埃及的一個殖民地的學說，主張中國人的道德、宗教、文學都是由埃及傳來的。但這種主張沒有一種足以使我們能夠十分首肯的根據，所以早就被拋棄了。古代中國文明的西方起源論的著者拉克不里（Terrlen de Lacoupérie）也和格奈斯站在同一的立場，認為中國的人種和文明是發源於巴比倫；認為中國傳說中的人物（黃帝）是實在的人物，這位黃帝曾率領着他的

1

K201.32/Y173　通鉴补正略

（明）严衍著。

上海：商务印书馆，1935 年初版。一册，32 开。

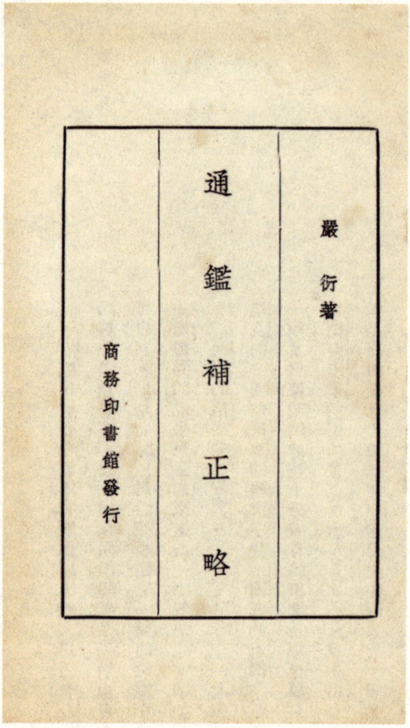

严衍，字永思，明末清初嘉定（今属上海）人。书成于明崇祯十一年（1638），清咸丰、道光、光绪年间各有刊本问世，流传渐广。光绪二十八年（1902），上海益智书局又据盛氏本石印，题名为《资治通鉴补正》。

通鑑補正略

上卷

卷一

六頁後五行　列改別

二十頁前六行　陽孤改陽狐從史記改

二十三頁前七行　襄陽改襄陵從史記改

二十五頁後四行　剛勁自喜改節廉而自喜從史記改

二十七頁後三行　立下補僭稱王三字

卷三

二十四頁後四行　高陵君下補顯字涇陽君下補悝字

二十八頁前三行　昭上補屈平及三字

四行　之子下補子字

二十九頁後七行　平原君通鑑原文於此下有平原君好士一條今按史記趙武靈王十六年納吳娃則子何之生必在十七十八年間也武靈王以二十七年傳位於何何於是時多則十一少則十齡耳平原君又其弟也則此時決未及十歲如何便能養士爲豪俠之行儻此時果能招致天下之士則其父武靈王爲李充公子成所幽死去此只四年耳勝何以不能救解好士之效安在愚以爲封勝之事雖在此年勝之好士未必卽在此年今移於趙惠文王二十八年平原君薦用趙奢時因

通鑑補正略

中卷

卷一百一

一頁後一行　戊子改戊戌

六行　仇池公楊俊卒子世立按魏書及北史皆云楊國子叛秦殺俊復稱藩於晉安元子世自立爲仇池公與此不同備考

卷一百二

一頁前七行　下改中

十四頁前十行　移於并土控制西河改攝就并豫以臨二河

卷一百三

一頁前七行　太宗簡文皇帝改海西公下

八行　咸安元年改太和六年

六頁後八行　補太宗簡文皇帝一行

七頁前一行　以下補巳字

後一行　第改第

十頁前三四行　御史中丞譙王恬七字改有司二字

通鑑原文以承溫旨請誅晞者乃譙王恬今徧考恬傳及晞傳並無其事況恬傳載恬於時劾溫大不敬請科罪又言恬忠正有幹局豈肯迎合溫意哉不知通鑑何以不錄人善妄記人過如此卽溫公別自有所本然要以本傳爲正故删恬名并錄

321/151　中国古代社会新研

李玄伯著。

上海：开明书店，1948年9月初版。一册，32开。

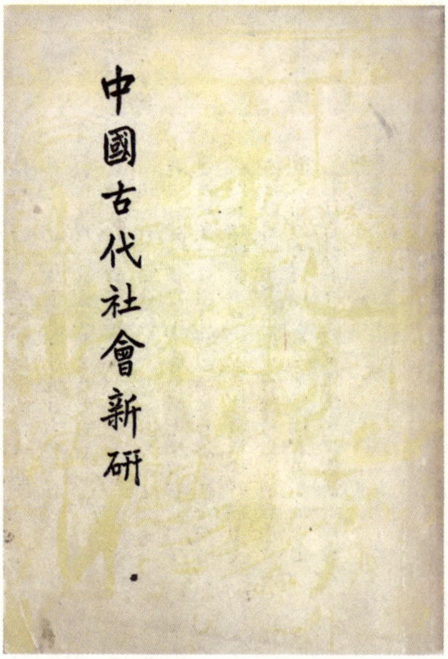

李宗侗，字玄伯，河北高阳人，出身于晚清世家大族，李鸿藻孙，其治史理念早先倚重于考古学，后转向文化人类学，主张用社会史学、比较史学研究中国古史，本书即为其代表，蔡元培对其关于史前时期婚姻制度、图腾诸问题之新见解给予了高度评价（见序文）。此书为《开明文史丛刊》之一种。

蔡序

歷史的材料，以有文字而後爲限斷；過此則有資於史前學及考古學。但史前學之所得，又往往零星斷爛，不能爲獨立的說明；乃有資於旁證的民族學。自民族學發展而現在未開化人物質方面與文化方面的種種事實，乃正與開化人有史以前的事實以證明；所以史學的範圍比前擴大了。

吾國號稱有五千年歷史；但較爲明備的，不過二千六百餘年，即自春秋所記魯隱公元年之事以至現在。至於二千六百年以前的史事，大都不易了解；非以史前學考古學之所得爲補充而以民族學之所敍爲比證不可。

李君玄伯夙究心於此；讀法國古朗士之古代希臘羅馬社會而好之，譯成國語，以餉學者。於序文中擬撮舉吾國古代社會狀況以與希臘羅馬對照；而文字綦繁，不能冠於譯本之上；乃別加整理而勒爲中國古代社會新研的專著。專著凡三册，第一册仍爲希臘羅馬古代社會序，分爲家的通論至中國與希臘羅馬古代相同制度表之十章。其第二册及第

262.019/170　史学丛书

吕诚之著。

上海：龙虎书店，1936 年 4 月增订三版。一册，32 开。

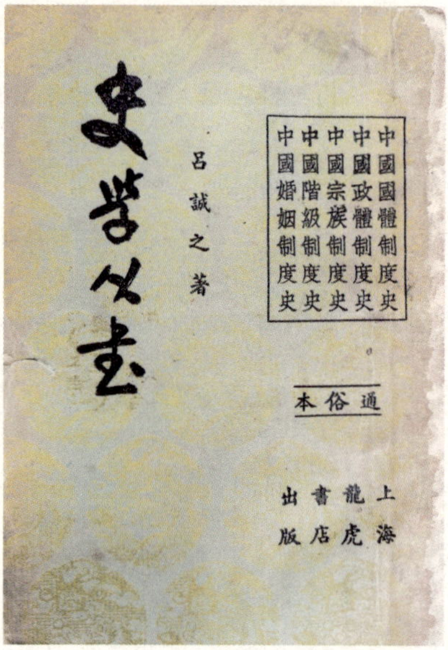

吕思勉，字诚之，江苏武进（今常州）人，历史学家，先后在东吴大学、光华大学、华东师范大学任教。吕思勉《中国国体制度小史》《中国政体制度小史》《中国宗族制度小史》《中国阶级制度小史》《中国婚姻制度小史》五本专著，初由上海中山书局出版印行，后由上海龙虎书局增订发行，并合编成一册，改书名为《史学丛书》，每一部分各自独立，又相互照应，分别就相应制度的起源、演进、转变进行考察，论证严谨周密，又通俗易读。馆藏另有 1935 年 4 月增订版一册。

提要

中國國體制度小史

此篇論我國國體，如何由部落時代，進於封建時代，更進至統一時代，深探其原，而以史事爲佐證，精確不移，顯明易解，其論封建國數里數之差異，及郡縣之起原，尤爲前人屐齒所未到。

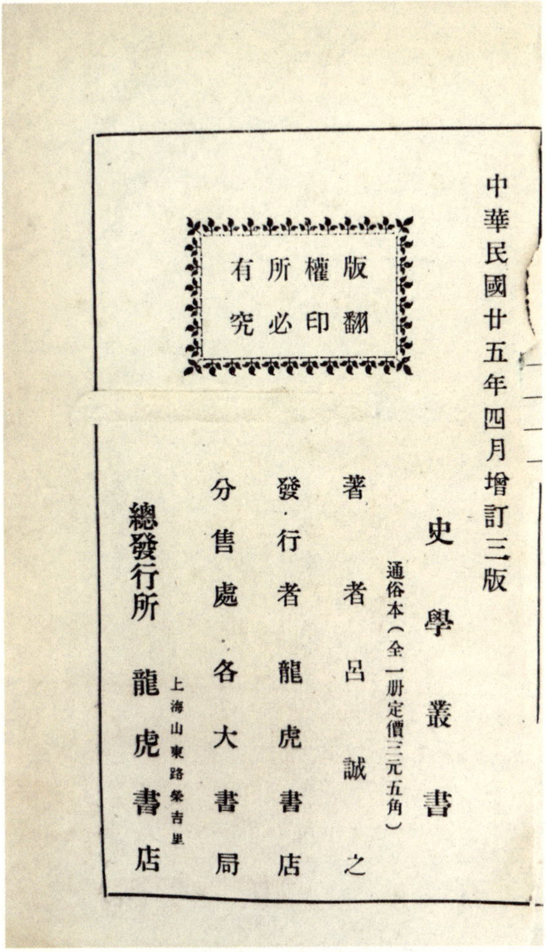

中華民國廿五年四月增訂三版

史學叢書

通俗本（全一册定價三元五角）

版權所有 翻印必究

著者 呂誠之

發行者 龍虎書店

分售處 各大書局

總發行所 龍虎書店 上海山東路榮吉里

321/671　先秦史

黎东方著。

上海：商务印书馆，1948 年 4 月三版。一册，32 开。

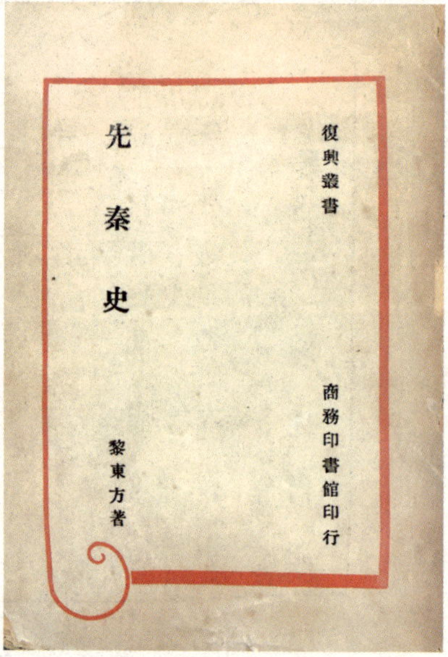

黎东方，原名智廉，河南正阳人，出生于江苏东台，以通俗历史演讲蜚声海外。该书是黎东方的早期作品，先于 1944 年 9 月重庆初版，此版则为王云五主编《复兴丛书》之一种，与吕思勉《先秦史》同期问世，内容包括远古、春秋、战国上中下三卷二十四章。光华大学图书馆旧藏。

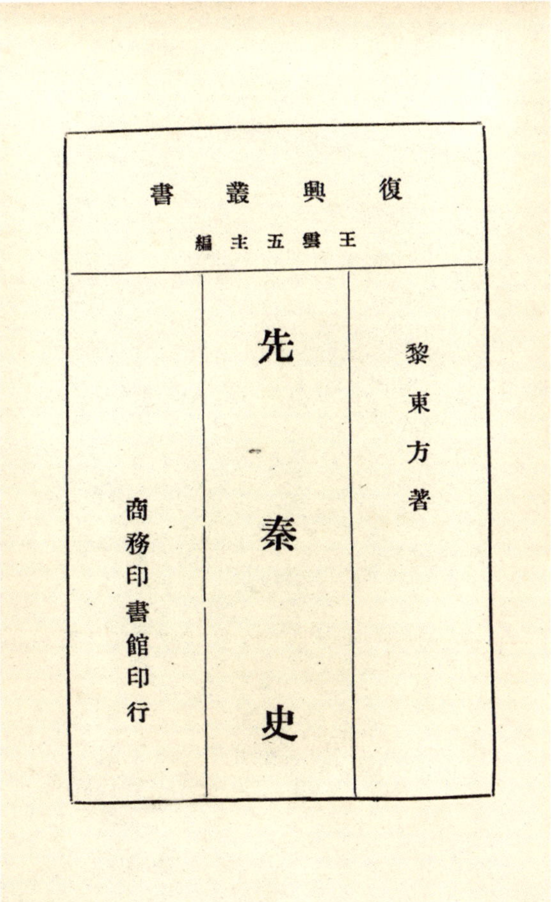

復興叢書

王雲五主編

黎東方著

先秦史

商務印書館印行

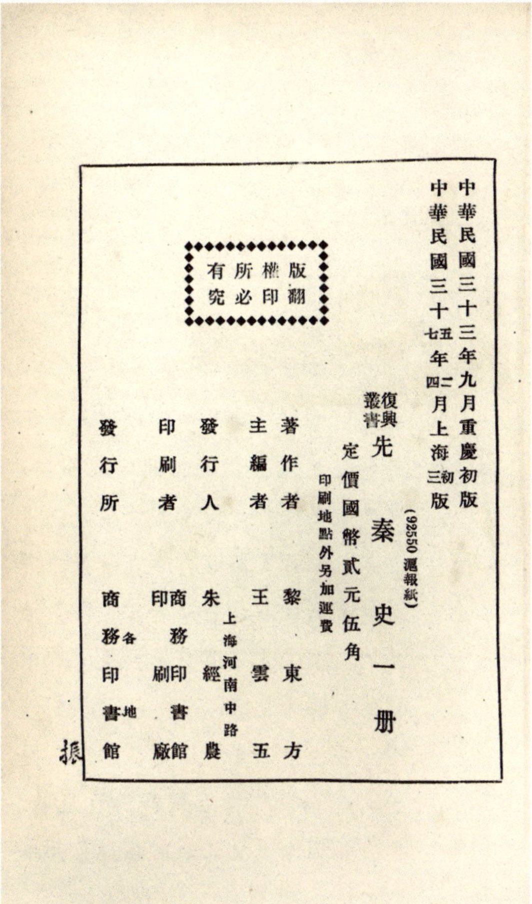

中華民國三十三年九月重慶初版

中華民國三十五年二月上海初版

三十七年四月上海三版

(92550 滬報紙)

復興叢書 先秦史 一冊

定價國幣貳元伍角

印刷地點外另加運費

版權所有 翻印必究

著作者 黎東方

主編者 王雲五

發行人 朱經農 上海河南中路

印刷者 商務印書館印刷廠

發行所 商務印書館 各地

K87/W515　吴越文化论丛

吴越史地研究会编辑。

上海：江苏研究社，1937 年 7 月初版。一册，32 开。

吴越史地研究会是中国近现代较早的研究区域文化的民间学术机构。在成立之初，会员有二百余人，多为学、政两界名流。其宗旨是研究吴越（以江苏、浙江二省为限）地区的前期文化，从有关吴越史地记载的一些古籍来考稽吴越两国的地理，并踏勘调查予以确认。本书是论文汇编，包括卫聚贤、吕思勉、罗香林等人论文二十四篇。蔡元培题名。

吳越文化論叢目次

弁言

當地球在新生代第三紀第四紀之時，正是強大鳥獸繁盛之期。人類的爪牙既不鋒利，蹄角又爲缺乏，而人類能戰勝自然以至於今者，完全由於人類有文化所使然。

氣候有變遷，居地有轉移。古代的文化是否適用於現在，誠爲問題。尤其是當此非常時期，而欲研究中國古代化文，豈不爲人所笑！

但是，中國因各地氣候及自然環境之不同，而形成民族性上之特異，如能利用民族上特異之點，自易解決目前

吳越釋名

衛聚賢

吳越是古代江蘇浙江兩個國名。但爲甚麼名吳？吳上加句爲句吳？又爲甚麼名越？越上加於爲於越？茲釋於左：

一 吳

甲 就字形言

甲骨文金文上吳字，猶其是金文上的蘇字，均像魚形：

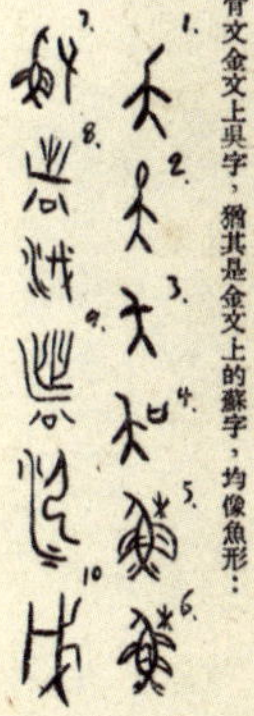

一 太伯封於東吳說

太伯封於東吳，有左列各書所載：

國語吳語『吳……使王孫苟告勞於周……王曰「伯父」』。——按春秋時習慣，周天子對於同姓諸侯稱『伯父』，異姓諸侯稱『舅父』，周敬王稱吳王夫差爲伯父，是周承認吳爲姬姓。

左傳閔元年『晉士蔿曰：「太子（申生）不得立矣……不如逃之，無使罪至爲吳太伯。不亦可乎？猶有令名」』——有明白的表示，太伯是出奔的。

左傳僖五年『晉侯復假道于虞以伐虢，宮之奇諫曰「……太伯虞仲，太王之昭也。太伯不從，是以不嗣」』——以『太伯不從，是以不嗣，』有太伯出奔之意在內。

左傳昭十三年『楚子西曰「吳，周之冑裔也，而棄在海濱，不與姬通，今而

321/756 中国封建社会

瞿同祖著。

上海：商务印书馆，1937 年 4 月初版。一册，32 开。

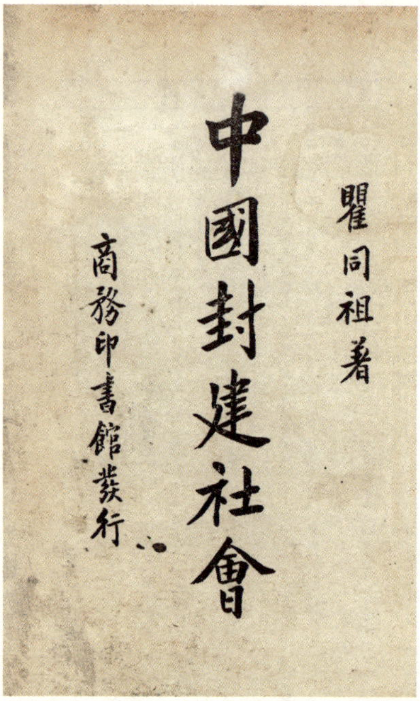

瞿同祖，湖南长沙人，燕京大学硕士。本书为作者首部印行的作品，以封建社会的社会现象为讨论对象，注意其整体的社会结构及功能，是对当时社会史论战的回应。全书分八章，前有陶希圣、杨开道序文及自序。1939 年 1 月作者赠予大夏大学图书馆收藏。

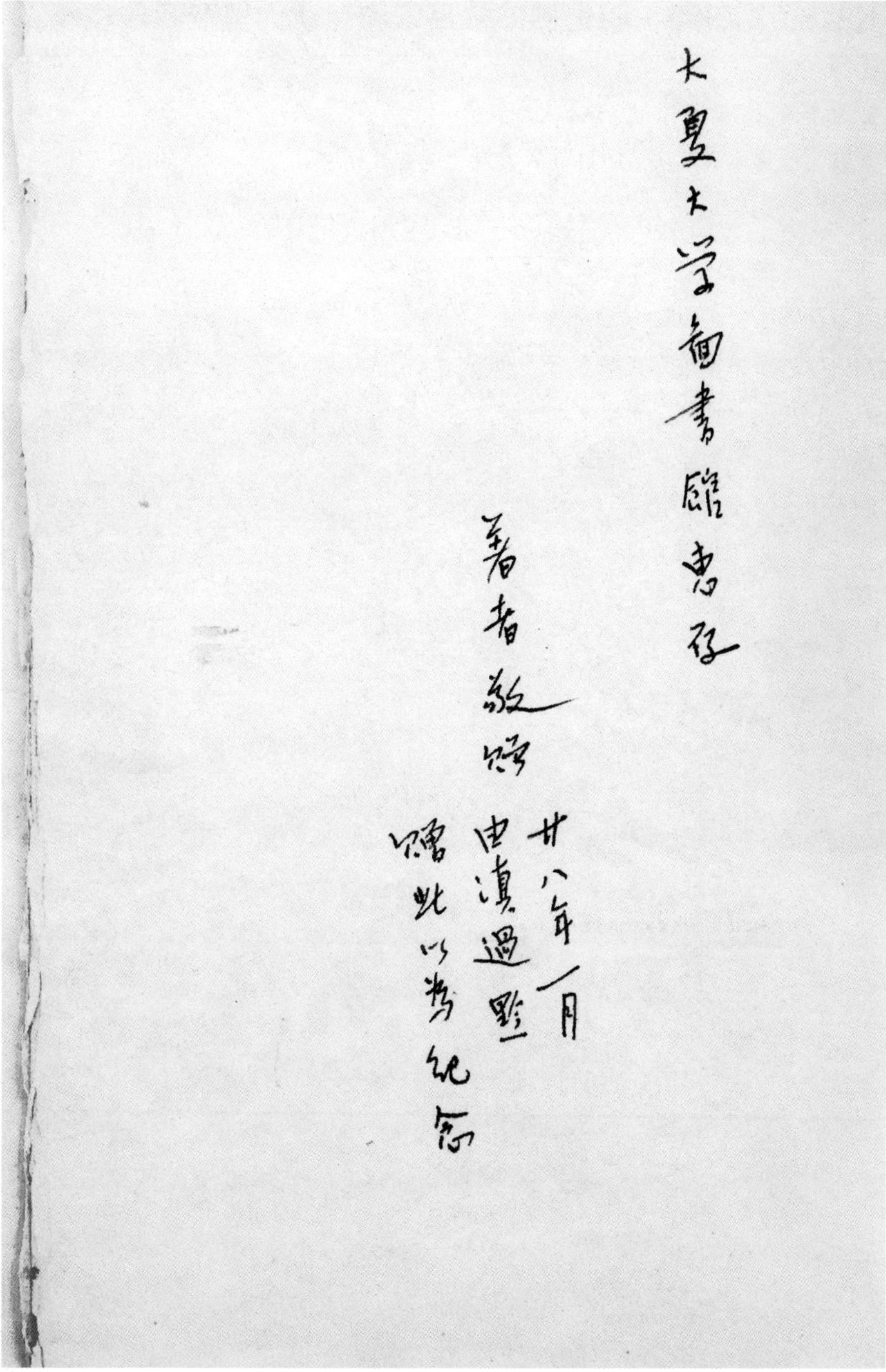

大夏大学图书馆惠存

著者敬赠

廿八年一月

由滇过黔

赠此以为纪念

K248.07/Z366　明史佛郎机吕宋和兰意大里亚四传注释

张维华著。

北京：哈佛燕京学社，1934 年 6 月版。一册，16 开。

张维华，曾任齐鲁大学文学院院长兼历史系主任，1952 年后执教于山东大学，是中国近现代著名历史学家，在中西交通史、秦汉史和明清史等研究领域都有突出贡献。本书对明史中的佛朗机、吕宋、和兰、意大里亚四传进行考证，补正文之缺或刊正文之误。本书是《燕京学报》专号之七。

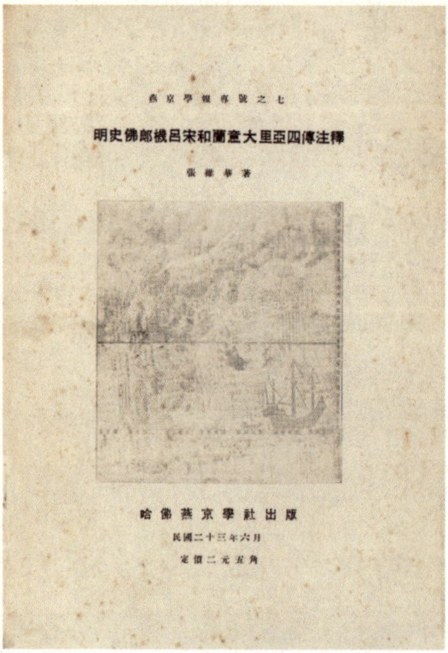

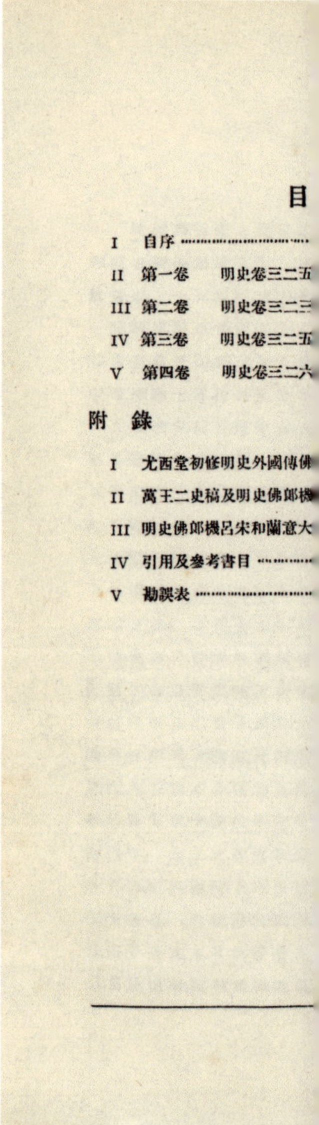

目

附　錄

自序

歐西與吾國之交通,導源西漢,至元而漸趨於繁。然其時海運未開,陸路險阻,山川跋涉,旅途艱苦;交通之蹟,時絕時復,初無常也。十五世紀末,西葡二國,競爲新航路之發現,航運之利,一時稱便,歐亞交通之新局,亦由此始。考西人之初艤至吾國者,爲葡萄牙國,時在明正德間。厥後西班牙荷蘭二國,相繼東來,西洋教士,亦接踵至,洎乎明之末季,歐西人士,殆遍於海內矣。西人東來之蹟,吾國史書,多述其事,然散出羣籍,檢閱未易。清初纂修明史,尤西堂(侗)任纂外國各傳,始採集前人所述,匯歸爲佛郎機呂宋和蘭歐邏巴四傳(見西堂餘集明史外國傳)。厥後萬季野(斯同)以布衣參史局,於西堂舊稿,重加釐定,損益頗多;且易歐邏巴爲意大里亞(國立北平圖書館藏萬季野史稿,可參考)。王鴻緒橫雲山人史稿取季野之文,而稍點竄其文句,然於史實則無更易。張廷玉主修明史,復取王氏史稿而删訂之,遂成今本明史四傳,世之談歐亞交通者,率即以此爲藍本焉。先年旅羈歷下,嘗思吾國晚近文化,所受於歐西之影響者至鉅,溯於源流,則以兩地之交通,爲其先導;因欲於歐人東來事蹟,稍事研討。暇中披閱明史,嘗取此四傳而深究之,每病其疏略脫漏,且往往與西人所誌不合,欲爲蒐輯正補;歲月遷延,迄未竟業。二十一年秋,負笈來平,從洪煨蓮先生受業,先生以裴松之註三國志體例相告。松之之註,蒐羅宏富,細鉅靡遺,上可補志文之闕略,往事舊聞,賴以得傳;下可供後人之摭拾,考訂故實,有所憑藉,其法固至善也。因即踵其成例,取先年檢討所得,繼事蒐求,每有所得,即分註其下,且間從張亮丞(星烺)王克私(Philippe de Vargas)兩先生,質疑問難,兩年始得竟業。

327/441　中国近代史

陈恭禄著。

上海：商务印书馆，1936年12月六版。一册，大32开。

陈恭禄，著名历史学家，曾在金陵大学、武汉大学、西北大学及南京大学任教。本书初版于1935年2月，多次再版，也曾引起较大争论。前有作者自序两篇，书分上下两卷共十九篇，包括鸦片战争前之形势、民国以来之内政外交、全书结论及史料评论等内容。本书为《大学丛书》之一种。上海教育学院图书馆旧藏。

第六版自序

中國近代史於去年三月發行，數月內售至四版，並承讀書競進會選為大學組必讀之書。知識界之歡迎，遠出於著者意料之外，一面表示感謝，一面深感不安。其煩惱之主因，則以發現不少之誤植也。余於本書發行之後，閱讀一遍，發現誤植，即函請發行人挖正；改正一次，又有發現，校對無訛，誠非易事。余不願諉過於人，負有相當責任。幸今所知之誤植，列入勘誤表中，此稍可告慰者也。

一人之知識有限，而近代史蹟繁賾，材料之多，浩如煙海，國內專家論文，尚不甚多。著者限於時間及能得之圖書，疏忽之處，當或不免，問題之待研究而遽作結論者，或亦不少。本年秋，著者再讀中國近代史，感覺應有一二改正之處，顧限於環境人事，難於着筆，更不願虛耗光陰，幸其偏於敍述民國以來之史蹟，其他部分尚無修改之必要。其偶爾訂正者，要以紙版能用為原則，其影響篇幅，暫時不能改者，共有三事，今可於此說明。一、袁昶許景澄奏疏，實不足信，應當删去。二、景善日記著者初未能得原文，書中譯文，當改用原文。三、政府廢兩，並改用公擔，而書仍用舊制。讀者當知關銀一兩抵一·五五八元，一公擔抵一·六五四擔。他如論者謂書敍述外交太多，而關於學術者太少，則因所見不同，著者自有立場，倘有修正，亦當俟諸將來。

書為大學教本，篇幅已多，未能一一注明出處，教本異於專門論文，事實上亦難將其一一指明，乃竟引起評者之誤會。據余所見之書評，評者或以參看之書籍太少，或缺乏鑑別史料之經驗，或執一二誤植大發議論，乃多不能

253/208　农民运动

一青编。

上海：北新书局，1927 年排印本。一册，32 开。

作者生平不详，此书由演讲稿结集印行，含《农民运动概论》《农民运动初步》两个部分。第一部分内容包括农民运动之各方面观、农民运动计划、农民协会的组织及其工作、中国农村社会问题，第二部分包括上篇（农民的分析、农民协会的性质、农民运动的发生和需要）与下篇（准备工作、实际工作）。

例如三水縣農會才開幕，便給地主們襲擊，因爲這時候的實力還未充足，他們便提出這個口號來，所以終歸失敗。

還有一層，就是策略問題，我們的策略很多，差不多一二天還講不完。現在我把最普通的說說：我們最要認識清楚那種是我們的敵人，那種是同情者，那種是同盟者，那種是自己的步隊，既然分清楚友軍和敵人之後，進行「聯絡友軍，保持中立，分裂敵人，擴大步隊」這個大策略，使我們的力量穩固，作事才不發生阻礙。其餘的策略，因爲各處的情形不同，很難預定，要實際做去，隨機應變才能生出來，但照着上舉這個策略作原則，便可以安然做去了。

這個農民運動的演講，便在這裏完結。

十六年一月十日講

392.8/562.4　西行逐日记

叶夏声著。

广州：中华书局，1935 年 11 月初版。一册，32 开。

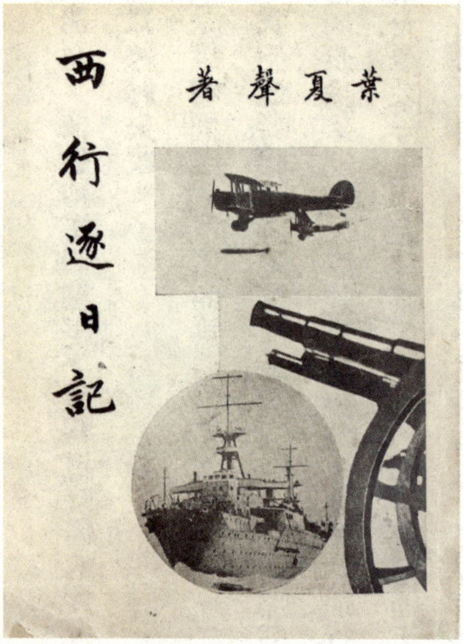

叶夏声，字竞生，广东番禺江村人，早期同盟会会员，1929 年赴欧美亚非诸国考察，本书即考察记录，文辞并茂，议论精警，曾在广州公评报馆按日刊出。书前有萧佛成、邹鲁、谢英伯序和叶氏自序，内有精美图片四十九帧，史料珍贵。收入《近代中国史料丛刊》。

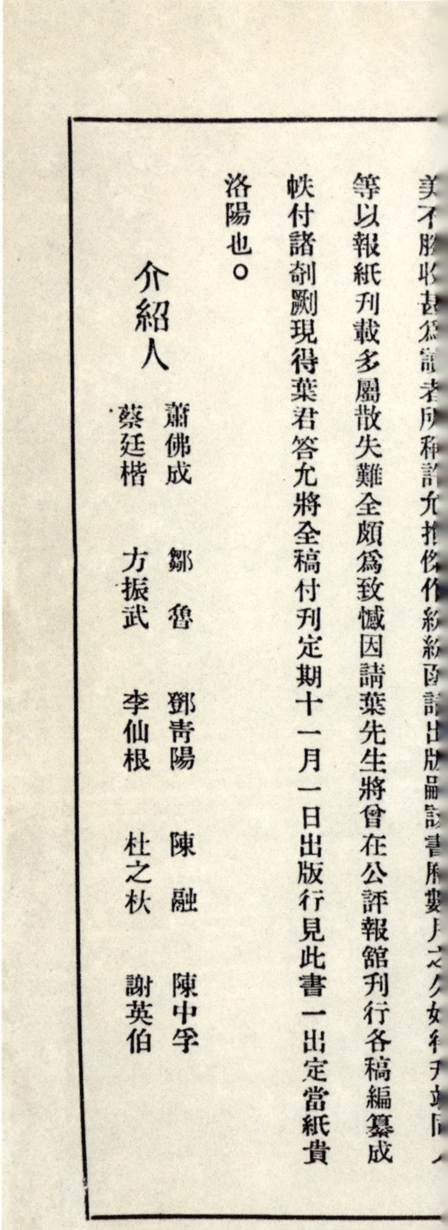

等以報紙刋載多屬散失難全頗爲致憾因請葉先生將曾在公評報館刋行各稿編纂成帙付諸剞劂現得葉君答允將全稿付刋定期十一月一日出版行見此書一出定當紙貴洛陽也。

介紹人

蕭佛成　蔡廷楷

鄒魯　方振武

鄧青陽　李仙根

陳融　杜之秋

陳中孚　謝英伯

鄒序

覺生先生佐方叔平先生抗日軍失敗後，漫遊世界，仍作抗日宣傳，成西行逐日記，先生爲余言，此名涵義有二，一爲旅行逐日之記載，一爲宣傳逐日之記載，余因之有感焉，今之擁高位握實權者，始之畏敵如虎，不敢抵抗，終之擁敵自重，以固利祿，不特失地不敢言復，卽顏色亦不敢稍予拂逆，以視先生爲何如哉，先生年雖在四十以上，望之如二十許人，其性情活潑，亦如少年，故所到之地，均能得其社會情形，描以靈妙之筆，俾各國之人情風俗，一一躍之紙上，尤足以增閱者之興味，先生以余曩遊各國，曾作記，同具遊興，屬序其書，久無以應，書將出版，乃將其書命名之涵義，代爲表出，當亦閱者所樂聞也。

民國二十四年十月鄒魯序於國立中山大學

介紹：葉夏聲先生著西行逐日記

葉夏聲先生前啣命赴歐美各國考察並向華僑報告東北西北抗敵經過歷時九閱月足跡遍全球所到之處備受歡迎返國後將其所歷所見著成「西行逐日記」一書凡廿餘萬言用筆瀟洒脫俗文詞並茂議論精警新舊淹通爲遊記中之別開生面者業在廣州公評

262.0965/406　清代考试制度资料

章中如著。

上海：黎明书局，1934年12月初版。一册，32开。

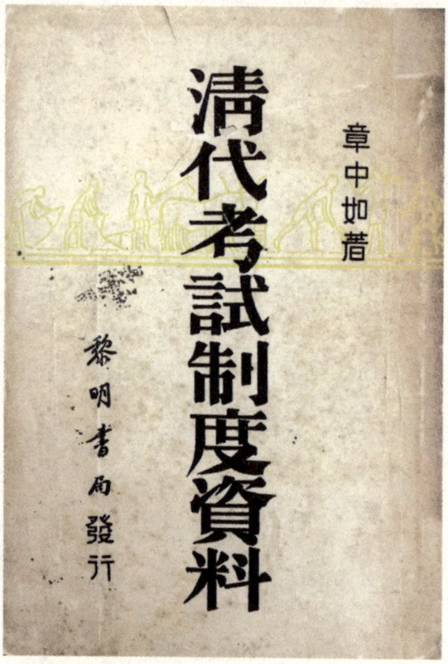

章中如生平不详，民国学者。之前已由黎明书局出版《清代考试制度》一书，叙述清代考试制度情形及其利弊得失至为详尽，因称"兹就朝章国故，详稽博考，续为此编，以补前编之未备"（序），内容包括举士、孝廉方正、武举、任子、吏道、方伎、举官、辟举及考课九个方面。收入《近代中国史料丛刊》。

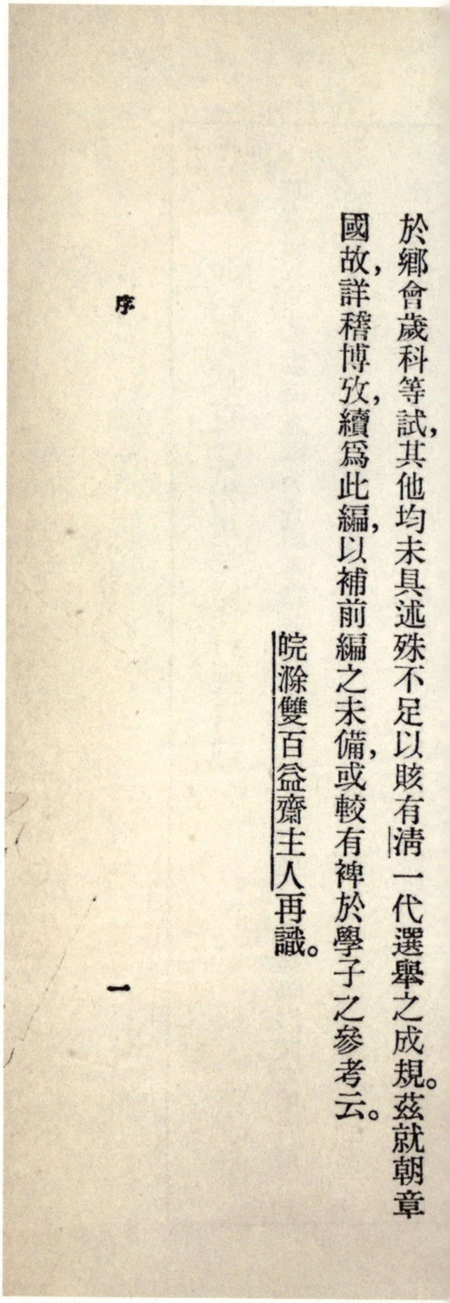

於鄉會歲科等試，其他均未具述殊不足以賅有清一代選舉之成規。茲就朝章國故，詳稽博攷，續爲此編，以補前編之未備，或較有裨於學子之參考云。

皖滁雙百益齋主人再識。

序

一

序

有清末造，罷廢科舉，後起青年，自無從知其制度。客有以是爲詢者，閒居無聊，因就己所經歷，及素所聞知者，筆之於書。孫子寒冰見之，以爲有參考之用，爰刊入政治經濟與法律雜誌。未幾而黎明書局復請以付印，書出，竟風行一時，不

民國二十三年十二月一日初版

清代考試制度資料

版權所有 黎明書局

（$2.00）

著者 章中如
出版者 黎明書局
發行者 徐毓源
發行所 黎明書局 上海四馬路中市二五四號
代售處 各埠各大書坊

分發行所
北平 佩文齋書莊
天津 會友書局
濟南 東方書社
開封 豫郁文書莊
漢口 金城圖書公司
南昌 掃葉山房
安慶 景文書局
廣州 共和書局
南京 中南書局
杭州 武林書店
西安 大東書局
重慶 北新書局
桂林 桂海書局
保定 直隸書局

明字第一三八號

268.9/98　洪门志

朱琳编。

上海：中华书局，1947 年 7 月初版。一册，32 开。

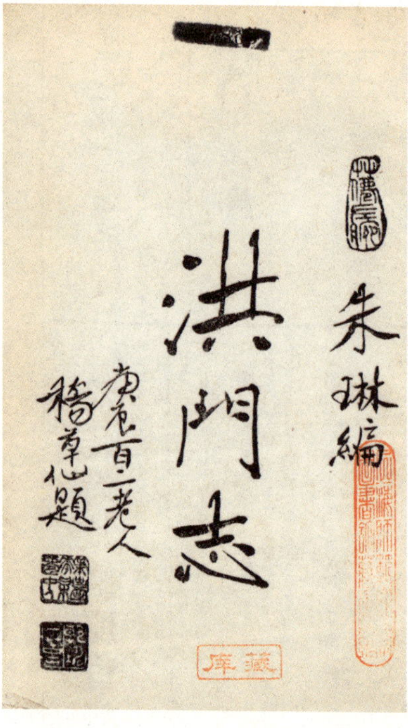

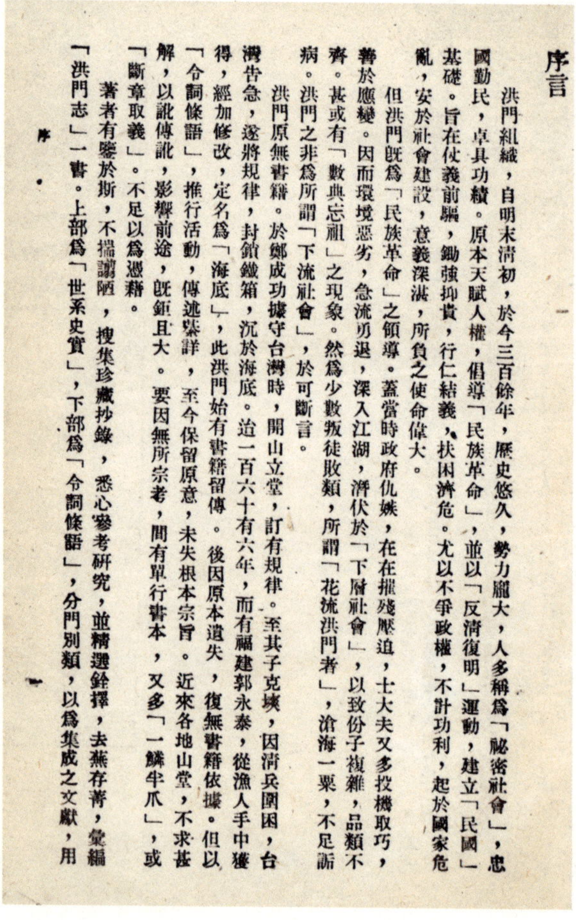

序言

洪門組織，自明末清初，於今三百餘年，歷史悠久，勢力龐大，人多稱爲「祕密社會」，忠國勤民，卓具功績。原本天賦人權，倡導「民族革命」，並以「反清復明」運動，建立「民國」基礎。旨在仗義前驅，鋤強抑貴，行仁結義，扶困濟危。尤以不爭政權，不計功利，起於國家危亂，安於社會建設，意義深湛，所負之使命偉大。

但洪門既爲「民族革命」之領導。蓋當時政府仇嫉，在在摧殘壓迫，士大夫又多投機取巧，善於應變。因而環境惡劣，急流勇退，深入江湖，潛伏於「下層社會」，以致份子複雜，品類不齊。甚或有「數典忘祖」之現象。然爲少數叛徒敗類，所謂「花流洪門者」，滄海一粟，不足詬病。洪門之非爲所謂「下流社會」，於可斷言。

洪門原無書籍。於鄭成功據守台灣時，開山立堂，訂有規律。至其子克塽，因清兵圍困，台灣告急，遂將規律，封鎖鐵箱，沉於海底。迨一百六十有六年，而有福建郭永泰，從漁人手中獲得，經加修改，定名爲「海底」，此洪門始有書籍留傳。後因原本遺失，復無書籍依據。但以「令詞條語」，推行活動，傳述綦詳，至今保留原意，未失根本宗旨。近來各地山堂，不求甚解，以訛傳訛，影響前途，既鉅且大。要因無所宗考，間有單行書本，又多「一鱗半爪」，或「斷章取義」。不足以爲憑藉。

著者有鑒於斯，不揣譾陋，搜集珍藏抄錄，悉心參考研究，並精選銓擇，去蕪存菁，彙編「洪門志」一書。上部爲「世系史實」，下部爲「令詞條語」，分門別類，以爲集成之文獻，用

序　一

朱琳，河北人，生活于清末至民国，为抗日义士。《洪门志》详述了中国第一大帮派“洪门”的起源和发展。

洪門志目錄

269.2/442　清门考源

陈国屏著。

上海：联谊出版社，1946 年三版。一册，32 开。

陈国屏，保定陆军军需学校毕业。1946 年当选江西省参议会参议员，1948 年当选第一届国民大会代表。后去台湾，专任“国民大会”代表。清门（即“青帮”）是清初以来流行最广、影响最深远的民间帮派之一，《清门考源》系统考证了其历史。

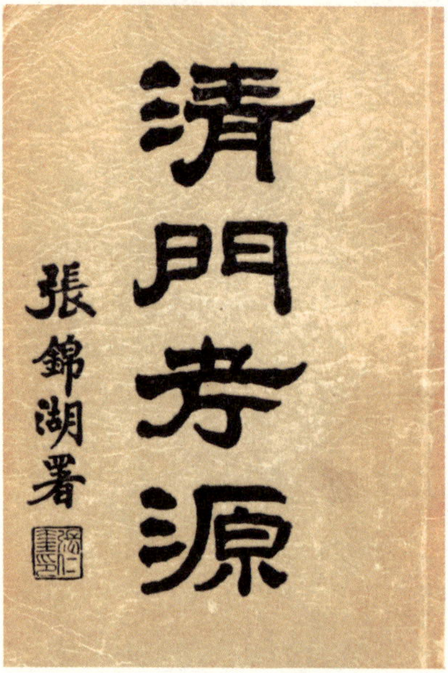

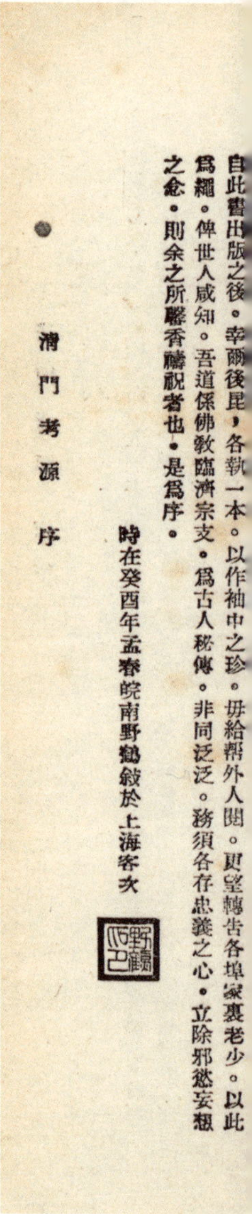

自此書出版之後。幸爾後昆，各執一本。以作袖中之珍。毋給幫外人閱。更望轉告各埠家裏老少。以此爲綱。俾世人咸知。吾道係佛教臨濟宗支。爲古人秘傳。非同泛泛。務須各存忠義之心。立除邪慾妄想之念。則余之所馨香禱祝者也。是爲序。

時在癸酉年孟春皖南野鶴敍於上海客次

清門考源　序

重訂加註清門考源目錄

著者金陵陳國屏一帆

清門考源目錄　一

序

盞河漕轉運。自明初迄今。已近六百餘載。翁錢潘三祖承運糟粮。已逾二百六十年。清譜經典編纂已有二百年矣。余進幫已有五十餘年。所閱清譜經典抄本。不下百種。大略相似。而內容均都各別。可觀者雖多。蕪亂亦復不少。其故皆因太平軍興之後。原版眞本被燬。世上所存皆傳抄秘本。類多後人紀錄前人口授之詞。或簡或繁。仍多缺點。文字白話難免神話之譏。余每思如有志士。搜集秘本。棄而修之。去其蕪雜。集其精粹。刊成正本。眞屬幸事。余年近古希。今春作最後南海之遊。途過滬上。得識陳君一帆。交談之下。深悉經驗宏富。好學不倦。每當質衣物購書。以作參考。用心可謂苦矣。余下榻君宅數日，得閱君著中國秘密黨會野乘。洪門秘笈。清門考源。社會秘記。等稿，實啻人欽佩贊仰不已。惟清門考源一篇。較余平生所見諸本，大有霄壤之別。其所不同者。乃追本窮源。以眞理闡明道義。

268.9/265　天地会研究

［荷兰］施列格著，薛澄清译。

长沙：商务印书馆，1940 年 8 月初版。一册，32 开。

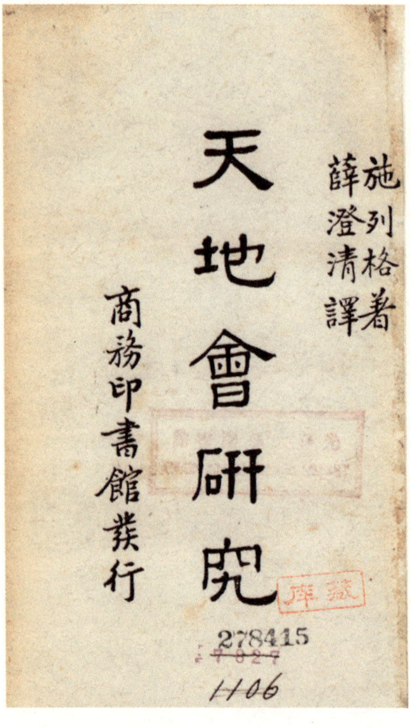

施列格，荷属东印度公司汉文翻译官。1863 年，荷兰殖民地政府在一个华侨家中搜出一批天地会书籍，包括会章、誓词、旗帜等，施列格据此撰写《天地会》一书，1866 年出版。本书论述了天地会的起源、发展、演变过程、组织系统、秘密用语，并与西方的共济会进行了比较研究。著名作家许地山为此书作序。

「天地會研究」序

有清一代，各地所稱底「會匪」，大體指祕密社會底會員而言。祕密社會底組織在中國歷史中，自漢以後，任何朝代都有。不過在佛教未入中華以前，人們只以圖讖爲根據，而自佛教信仰普及以後，彌勒降世底思想，便成爲祕密社會信仰底根據。所以唐以後「白蓮教」或「彌勒教」等名目，都被祕密政治運動家所採用。祕密社會所奉底祖師，多半是佛、道中人物，其原故也是在此。清代會匪最著者有三大系統：一是白蓮系，二是天地會系，三是安清系。其它小會很多，或係混合他系，或是自立教義，教祖名稱，大抵不如上述三系底勢力底廣大。白蓮系是最古的組織。安清系是青紅幫底前身。這兩系底活動在清朝都不如天地會底厲害。

天地會在福建、台灣用本名，在長江流域稱哥老會，在兩廣稱三合會、三點會、三星會、清水會、小刀會、雙刀會，都是屬於這會底系統。會中人對內稱「洪門」，而對外名稱因時因地每有更變，如在

序　一

目錄

目錄　一

328.3/99　二万五千里长征记

朱笠夫编著。

上海：抗战出版社，1937 年 11 月初版。一册，32 开。

本书作者朱笠夫，其生平事迹待考。书名上方印有“第八路军红军时代的史实”，下方印“从江西到陕北”。全书共六章，前三章介绍中国工农红军的发展与壮大，后三章叙述红军长征的艰苦历程，记录长征途中的珍文轶事，是最早展现红军长征史的单行本。本书收入《抗战丛书》。

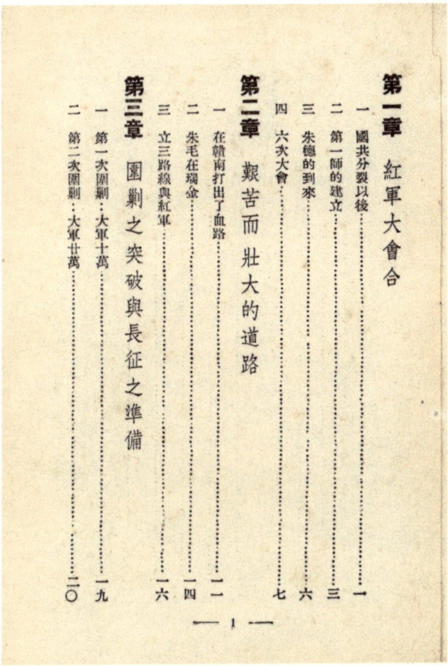

第一章　紅軍大會合

第二章　艱苦而壯大的道路

第三章　圍剿之突破與長征之準備

— 1 —

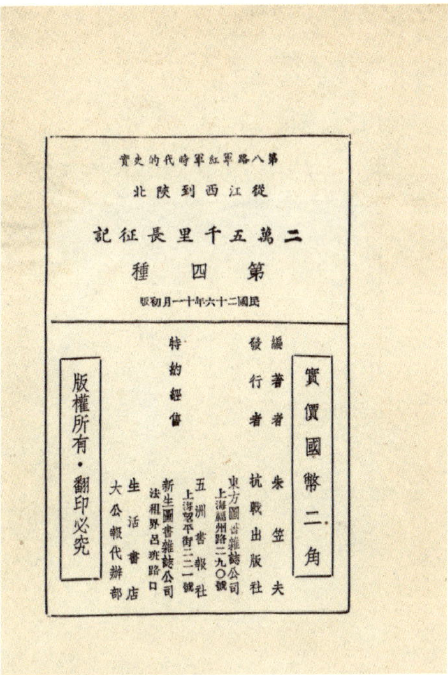

第八路軍紅軍時代的史實
從江西到陝北
二萬五千里長征記
第四種
民國二十六年十一月初版

實價國幣二角

編著者　朱笠夫
發行者　抗戰出版社
特約經售　東方圖書雜誌公司　上海福州路二九〇號
五洲書報社　上海望平街二二一號
新生圖書雜誌公司　法租界呂班路口
生活書店
大公報代辦部

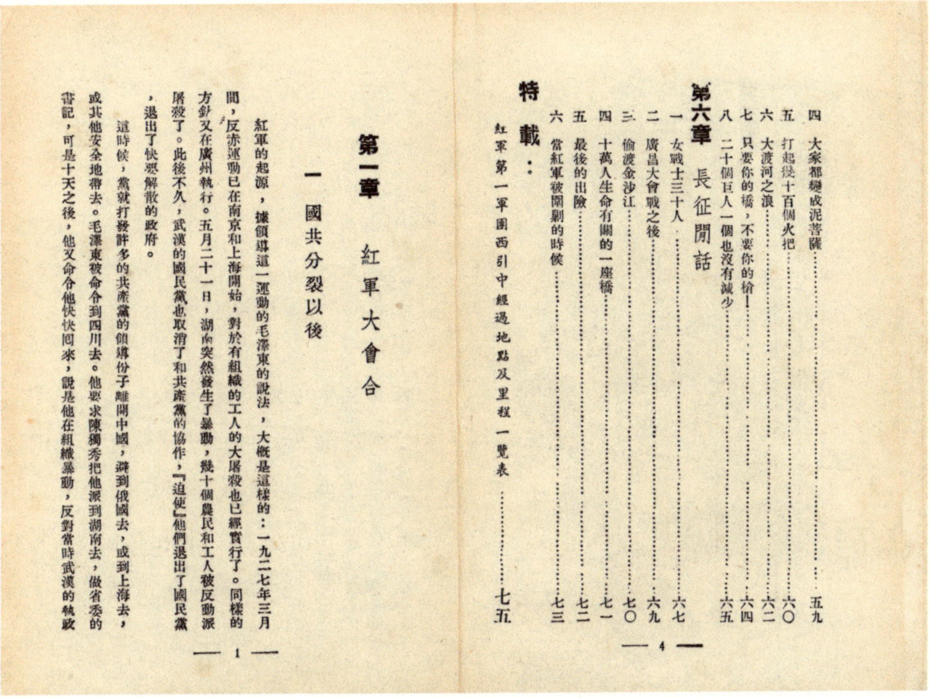

第六章　長征閒話

特載：

— 4 —

第一章　紅軍大會合

一　國共分裂以後

紅軍的起源，據領導這一運動的毛澤東的說法，大概是這樣的：一九二七年三月間，反赤運動已在南京和上海開始，對於有組織的工人的大屠殺也已經實行了。同樣的方針又在廣州執行。五月二十一日，湖南突然發生了暴動，幾十個農民和工人被反動派屠殺了。此後不久，武漢的國民黨也取消了和共產黨的協作，『迫使』他們退出了國民黨，退出了快要解散的政府。

這時候，黨就打發許多的共產黨的領導份子離開中國，避到俄國去，或到上海去，或其他安全地帶去。毛澤東被命令到四川去。他要求陳獨秀把他派到湖南去，做省委的書記，可是十天之後，他又命令他快快回來，說是他在組織暴動，反對當時武漢的執政

— 1 —

362.21/352　老上海见闻

马健行编著。

上海：国光书店，1947 年 5 月再版。一册，32 开。

本书作者马健行是民国年间生活于上海的学人。封面题“希奇古怪老上海见闻”。本书介绍了老上海的许多掌故，对上海的花界艳事、党会的秘史、欺诈黑幕也有揭露，是了解二十世纪前期上海社会和市民生活的重要资料。

上集目錄

希奇古怪

老上海見聞（上集）

上海倡門沿革史

自海禁開放以來。孤塚荒郊。一變而爲繁華之地。且香迷十里。麗門六朝。楊柳簾櫳。送出笙歌一派。枇杷門巷。圍來粉黛三千。其盛況固不亞于北地煙花。秦淮風月也。海上之有女閭。迄今亦祇有六七十年歷史。在嘉道之際。十里夷場。尙無伎女之踪迹。惟黃浦江中。時有巨船。游弋其間。厥制尙精美。陳設尤極華麗。明窗淨几。錦榻銀屏。猶紹秦淮畫舫之餘緒。繼而舍舟登岸。羣居于城內虹橋銀燈珠箔。比院笙歌。蓋物以類聚也。然倡家門戶之見甚深。蘇常土著。已若冰炭。後且雜人揚州烟花。于是稍負時譽者。即遷至魚行橋南唐家弄。以示不與同流合汙。未幾南唐家弄又爲魚龍混雜之處。乃更遷至梅宣使弄。至同光之際。書寓都麕集於沈香閣一帶。長三伎院則盛于四馬路東西薈芳里。么二伎院則在四馬路之萃秀里。厥後長三西漸。由四馬路而及于跑馬廳。復蔓延至五馬路之百花里。石路之普慶里同慶里。六馬路之吉慶坊同春坊及東西畫錦里等處。在四馬路西段。俗

310.1/352　泰西进步概论

［英］马尔文著，伍光建译。

上海：商务印书馆，1929 年 7 月初版。一册，大 32 开。

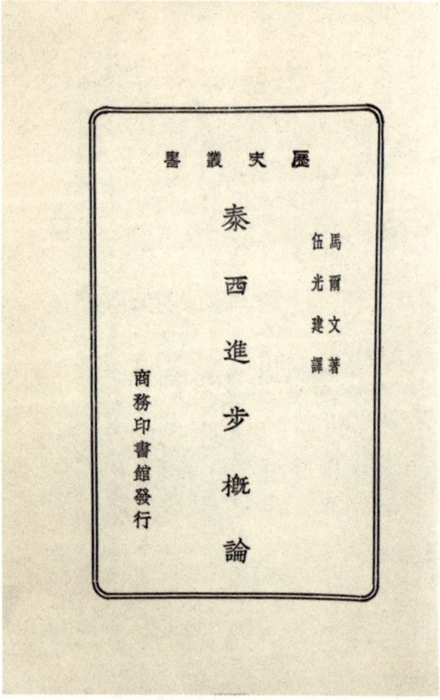

歷史叢書

馬爾文著

伍光建譯

泰西進步概論

商務印書館發行

马尔文，英国著名历史学家。本书前有作者初版、二版、三版、四版原序，内容共十二章，依次为回顾、人类孩提时代、古初帝国时代、希腊、罗马人、中古时代、艺术中兴及新世界、新科学之发起、实业革命、社会革命政治革命、革命后之进步、纵观前程。此书为《历史丛书》之一种。圣约翰大学罗氏图书馆旧藏。

泰西進步概論

作者原敍四篇

第一版敍

衆人之注意歷史，顯然日見其增加；然而其有效果之研究歷史，則有其爲難，且亦日見其增加，不獨人類之思想及其動作，常常積累材料，以爲新歷史所取資，且有探勘世界所得之往古知識，新發露之文件，加以吾人對於歷史之眼界之擴充。由是所得之往古之知識，變作較爲繁複；誠恐今日注意於歷史者，不患其材料之不足，而患其過多，有不能消納之患也。

是以研究歷史，必要有一引線。若以英國而論，因其習慣之教授法，及考試之所需，往往不能一覽歷史全局。是以學者後來研究此項大學問，則往往興望洋之歎。是以英國學者尤應有研究歷史之引線也。是以教歷史者，欲推廣其知識，及改良其教

318.1/62.4　欧洲战后十年史

［美］布渥尔著，谭健常译。

上海：商务印书馆，1930 年 12 月初版。一册，大 32 开。

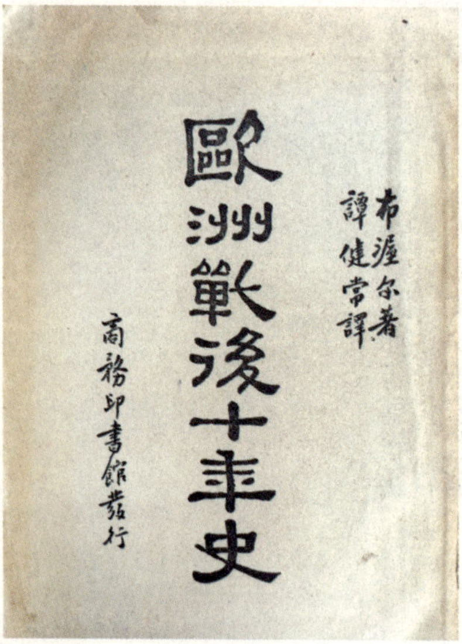

本书作者布渥尔，二十世纪上半叶美国著名历史学家。译者谭惕吾（健常），女，湖南长沙人，爱国民主人士，1928 年起在南京为商务印书馆翻译了《欧洲战后十年史》和《经济学原理》。本书前有作者原序和译者序，内容凡十九部分：欧洲与欧战、凡尔赛条约、德国之违约、法国的安全保障、专家的计划、洛迦诺会议、法兰西战后的复兴、英国是否趋于末运、德国国内的情形、德国东部的国界问题、波兰的复兴、波罗的海的新局势、苏维埃俄罗斯、苏俄的外交政策、奥匈联邦的改造、小协商诸国、法西斯蒂政治、巴尔干各国及土耳其、和平的希望。

原序

約在七十五年前，法國有史家柏朗氏者著有最近十年史一書，卷帙浩繁，褎然鉅製。氏於序言中嘗稱著作現代史爲一『困難而危險』之事；又謂每於提筆之先，必常嚴刻自警，反問敍述時是否能毫無偏私，是否曾膠執成見。本書雖不敢妄媲於柏著之宏富深博，惟柏氏作史的精神，嚴正謹飭，不偏不倚，則實著者所竊慕而師法焉。

本書之作，非欲以供專家研討之資，惟覺吾美明達人士，對於近十年來歐洲事變，莫不欲求得正確的普通知識，因以此編應其要求而供一般流覽。國民外交協會每週發行之時聞彙刊及每兩週發行之訪問通報已足供吾人以多量的事實；各種重要年鑑及專門論文復可資吾人以補充的材料。是單就一方面言，此册之成似屬易易；顧就他方面而論，欲將歐洲各國內政外交上種種顯著的歷史變化綜合連貫而組織之，並各由因推果，循果溯因，以求一確當的解釋，則又爲一種困難工作。本書除敍巴黎和約之經過及其影響而外，復將各國復興事業與內部發展細爲闡述。戰後突起之政治制度有布爾希維克及法西斯蒂兩大變體，在歐洲歷史上實爲極富潛力的兩大潮流，本書對之尤推論不厭其詳。關於此類討論，固知難免批評，然使讀者能平心靜氣觀察，將一九一八年歐洲大勢與現在局面作一比較，當信其間雖尙有多種問題未能解決，而十年來各國內情與國際關係上則有長足之進步。

K829.158/Z375　台湾时人志

章子惠编辑。

台北：国光出版社，1947 年 3 月版。一册，16 开。

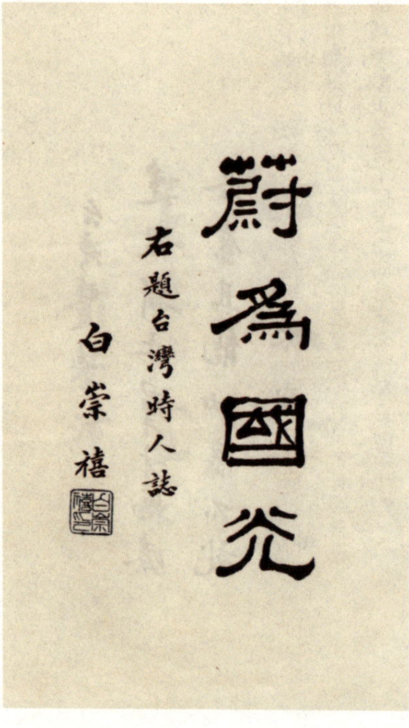

章子惠，台湾现代学者。作者广罗博采，搜集台湾地方硕彦人士资料，以姓氏笔画为序排列，收录一千余人，每一位人物有姓名、简介、照片。本书保存了台湾当时的重要资料。

弁言

每讀蘭亭集序　羣賢畢至　少長咸集　欣其所遇　未嘗不假書羨嘆　而心向往之也　夫人之相處　俯仰一世　懷抱異殊　尤貴相知　共資觀摩　故列叙時人　錄其所述　雖非晤對　其致一耳　況今社會益臻文明　科學演進日新月異　更賴敦睦情感　加深認識　以期羣策羣力　互信互助　進而貢獻社會　造福人羣也

本省地處海疆　爲我國防重地　物產豐富　人才輩出　中經甲午戰役　割讓異族　淪陷達五十有一年　幸我抗戰勝利　版圖重光　金甌無缺　海內外有志之士　莫不聞風興起　衆志一心　或遠涉重洋　或來自田間　以謀新臺灣之建設　惟塵寰遼廓　相見期難　端賴以文會友　互通情誼　矧値國憲初頒　民治基始　濟濟多士　俱屬地方碩彥　允宜表彰　以資矜式　編者有鑒及此　爰將服務本省公務機關　與社會知名之士　廣羅博採　叙其行誼　附以玉影　編成鉅帙　題名曰臺灣時人誌　誠有如集各界名流於一堂　匪獨親炙之情　日益增進　而其嘉模嘉猷　亦足勵人心而風末世　於地方建設前途　或不無少裨焉

惟是編者　才識謭陋　見聞未週　叙述難免不愜　滄海定有遺珠　諸俟補編續集　再加增訂　尚祈　高賢不吝指正

編者近影

編者謹識　三十六年三月於臺灣省黨部

臺灣時人誌第一集目次

（以姓氏筆畫多寡爲序）

目次　一

S T12.7–7/8.122　乐陵宋氏家谱 不分卷

宋哲元修。

稿本。白口，四周单边。线装一册。开本 31.5cm × 21.2cm，版框 21.5cm × 16.4cm。

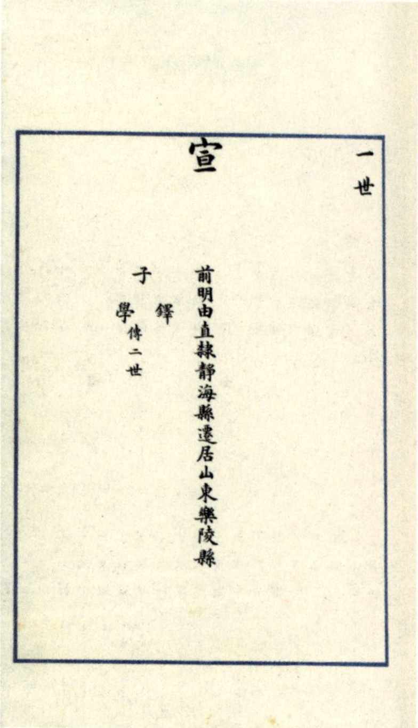

宋哲元，山东乐陵人，是民国时期著名的将领，西北军五虎上将之一。他主持编修的这部《乐陵宋氏家谱》，前后有何应钦、段祺瑞、章太炎等题跋。

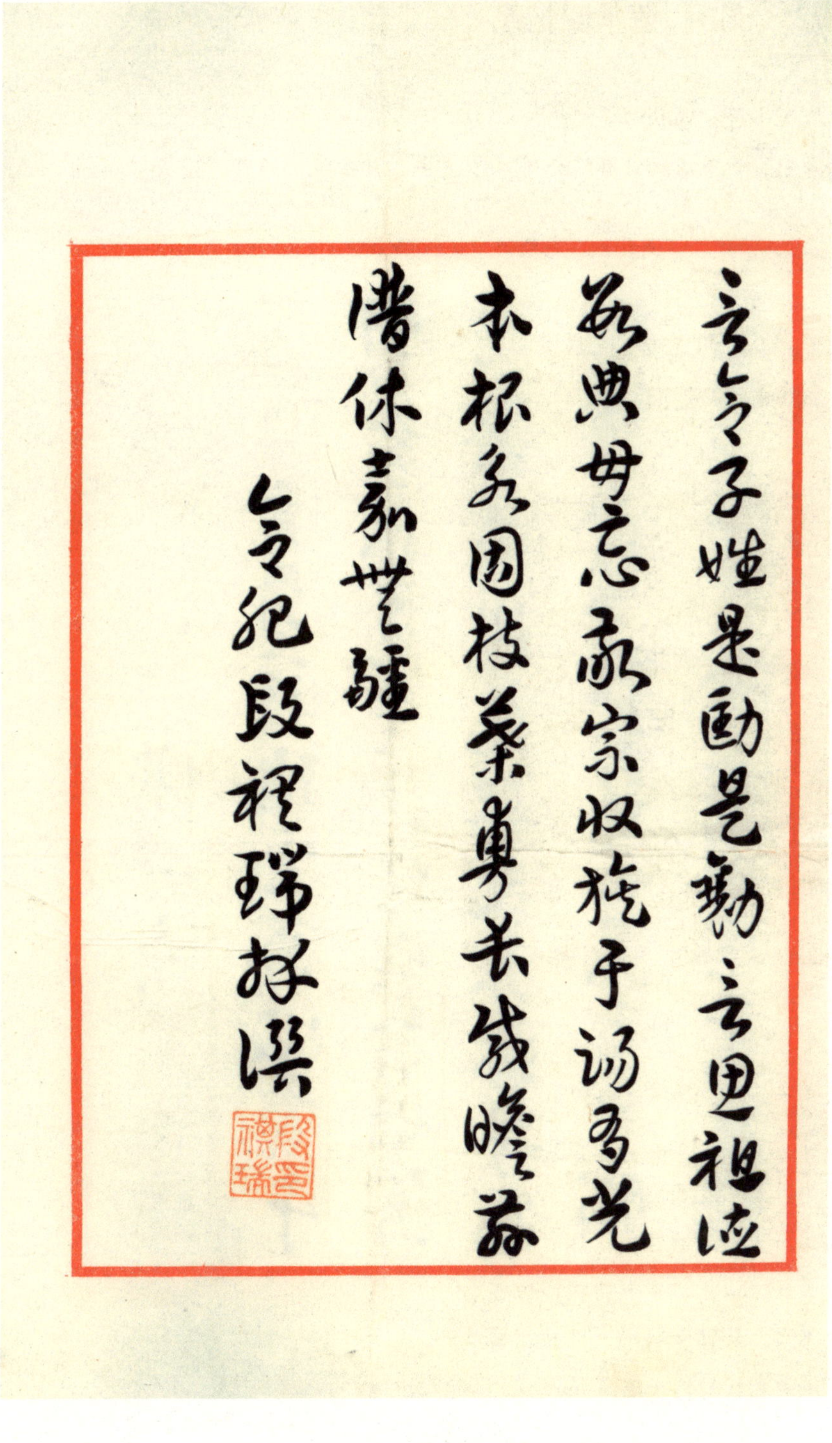

言合子姪是勗是勤言思祖德
敬典毋忘承宗收族予詡多光
本根永固枝葉蕃長我瞻蔚
潛休嘉無疆
合肥段祺瑞撰

392.8/663　童年回忆录

德龄女士著，顾秋心译。

上海：百新书店股份有限公司，1948年3月初版。一册，32开。

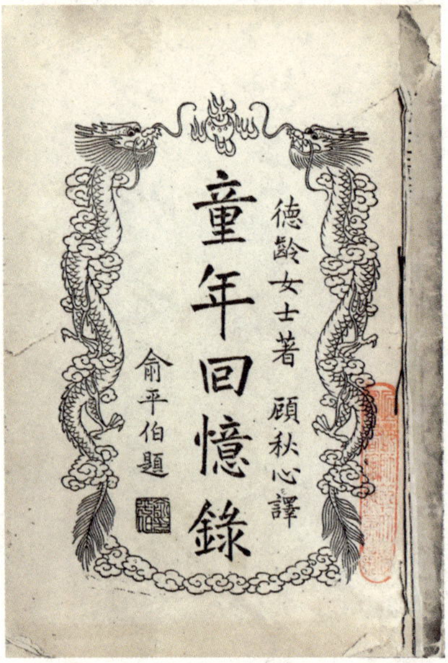

德龄女士即裕德龄，出生于武昌，满洲汉军正白旗人，被封郡主，又称德龄公主或德龄郡主。从四五岁开始一直到进清宫前，作者随父游历国外十余年，本书所记即为作者所见日、法社会状况，亦从侧面反映了清末政局的一些情况。

他低聲溫柔地用一種父親特有的愛安慰着她。

原著者 德齡女士

童年回憶錄

(KOWTOW

譯述者 顧秋心

395.2/550.5R 达尔文自传

［英］达尔文原著，周韵铎译。

上海：世界书局，1935 年 4 月版。一册，32 开。

作者达尔文为英国著名生物学家、进化论创始人。译者周韵铎为民国学人。该书分为两部分，分别介绍了达尔文精神与性格的发展以及其日常生活。此自传是名人自传中的佳作，也是了解达尔文生平的重要资料。

達爾文自傳

——我的精神與性格發展之回憶錄——

一位德國記者來信，約我寫一篇專述我的精神與性格之發展而含有自傳性質的素描文字，這一種筆墨的嘗試，我頗以爲不僅足以使我自己歡娛，或許還足以引起我的孩子們及他們的孩子們的興趣也說不定。嘗記得我的祖父在世的時候，他也曾自撰過一篇素描文章，敍述他自己的精神思想事業以及工作方法，雖略嫌短小而欠生動，然而確曾引起過我很大的興趣的。如今我試作如下的自傳，這正與在陰間中的死人回顧其生平的情形相彷彿。這事我並不感到困難，因爲我的生涯是快要終結的了。至於用筆方面，我也不費勁道的了。

我生於雪留斯堡壘（Shrewsbury），時爲一八〇九年二月十二日。我現在所尚能憶及的最早的幼年時代，乃是在我四歲零八個月的時期，我們曾赴亞勃蓋爾（Abergele）附近作海水浴，我隱約尚回憶得起那邊的若干事件和地址。

我的母親死在一八一七年七月中間，也就是我剛滿八歲後不多久，除了她的死牀，她的絲絨的

500/391　参加伦敦中国艺术国际展览会出品图说

伦敦中国艺术国际展览会筹备委员会编。
上海：商务印书馆，1938 年四版。四册，16 开。

书分四册，分别为铜器、瓷器、书画及其他。书中著录的是 1934 年、1935 年政府拟选送到英伦以供国际展览的艺术品，这些艺术品多来自故宫博物院、古物陈列所、河南博物馆等机构，品类齐全，中国传统艺术发展的历史于此略具梗概。

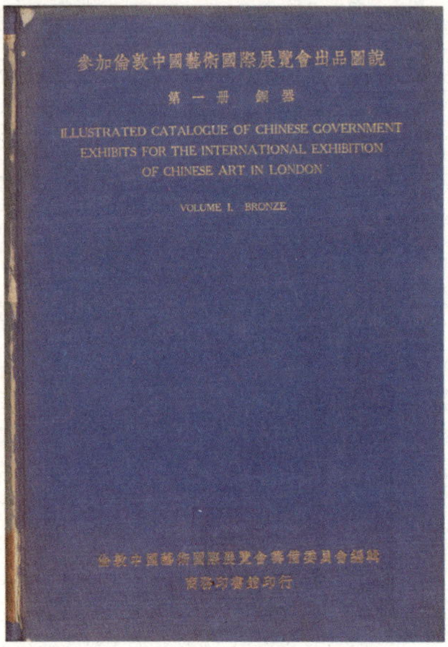

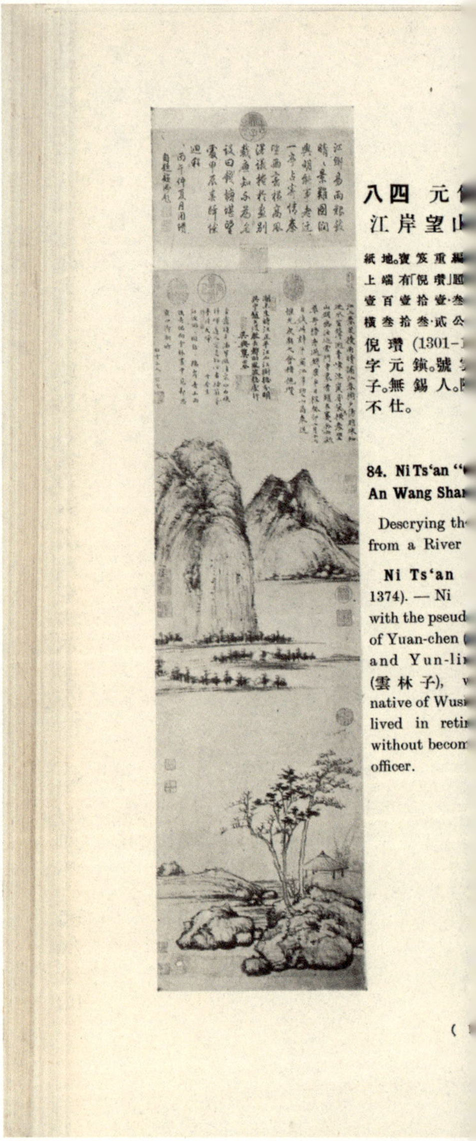

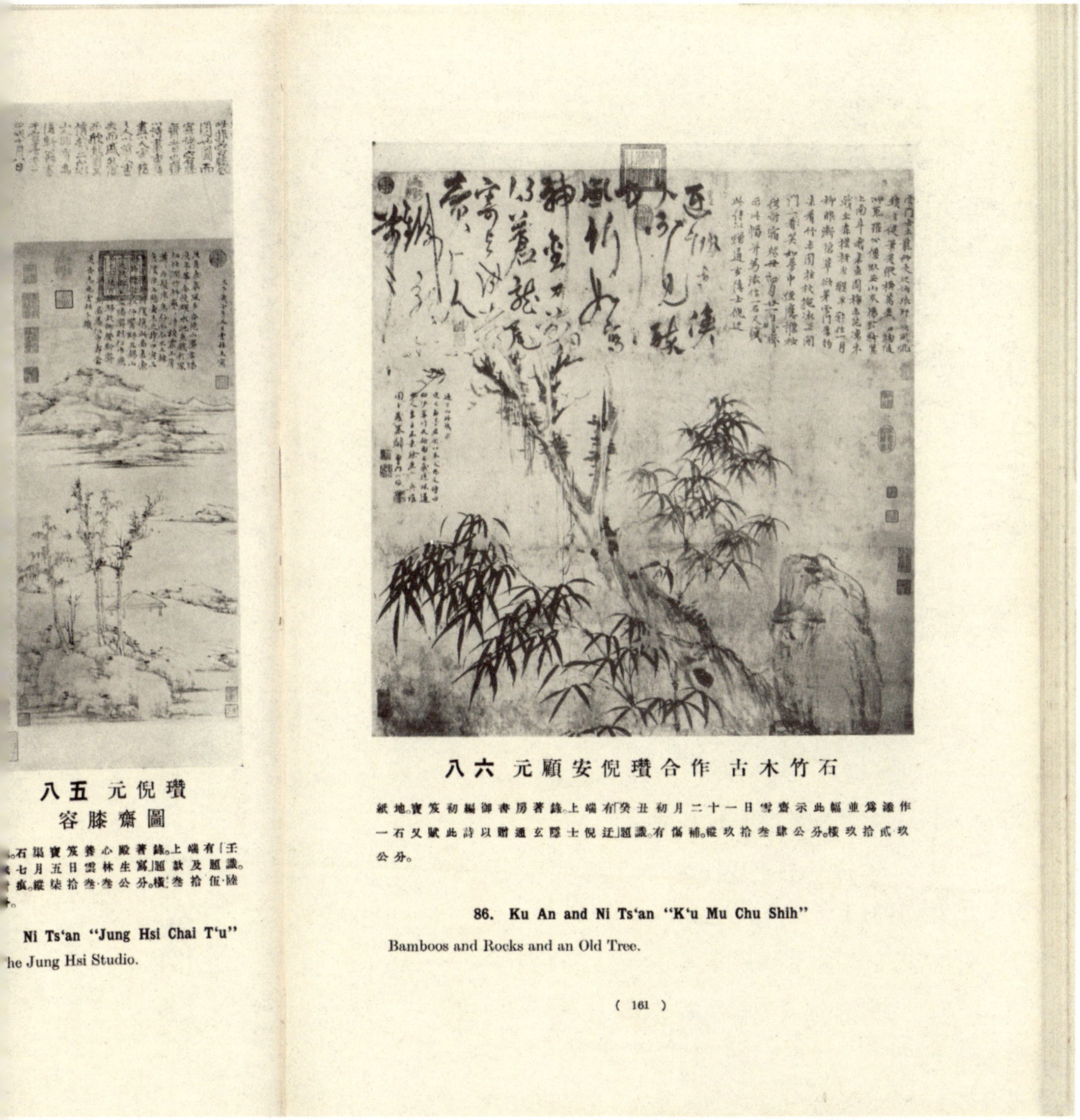

八五 元倪瓚
容膝齋圖

…石渠寶笈養心殿著錄。上端有「壬…七月五日雲林生寫」題款及題識。…疵。縱柒拾叁·叁公分。橫叁拾伍·陸…。

Ni Ts'an "Jung Hsi Chai T'u"
…he Jung Hsi Studio.

八六 元顧安倪瓚合作 古木竹石

紙地。寶笈初編御書房著錄。上端有「癸丑初月二十一日雪齋示此幅並爲添作一石又賦此詩以贈通玄隱士倪迂」題識。有傷補。縱玖拾叁肆公分。橫玖拾貳玖公分。

86. Ku An and Ni Ts'an "K'u Mu Chu Shih"

Bamboos and Rocks and an Old Tree.

(161)

362.21/502　费唐法官研究上海公共租界情形报告书

［英］费唐著，工部局华文处译述。

1931—1932 年铅印本。二册（第一至四卷），大 32 开。

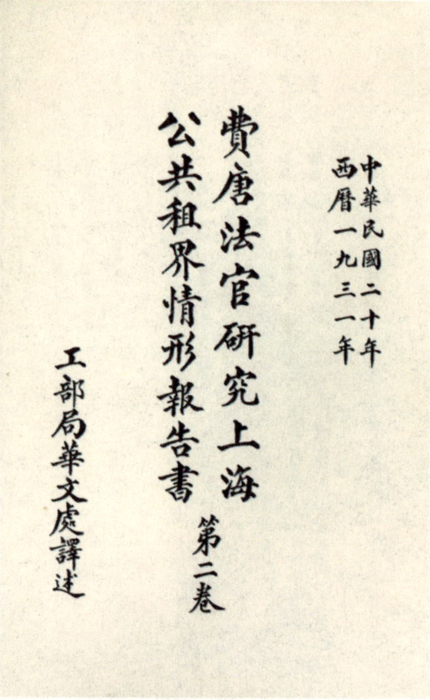

中華民國二十年
西曆一九三一年
費唐法官研究上海
公共租界情形報告書　第二卷
工部局華文處譯述

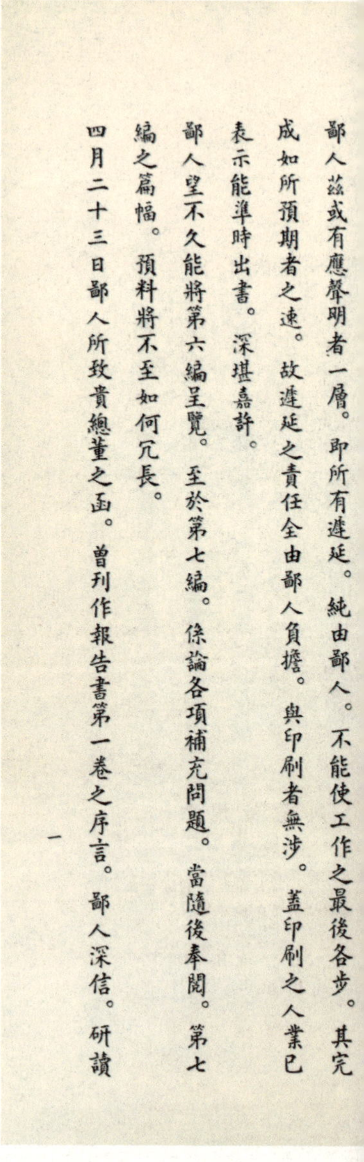

鄙人茲或有應聲明者一層。即所有遲延。純由鄙人。不能使工作之最後各步。其究成如所預期者之速。故遲延之責任全由鄙人負擔。與印刷者無涉。蓋印刷之人業已表示能準時出書。深堪嘉許。

鄙人望不久能將第六編呈覽。至於第七編。係論各項補充問題。當隨後奉閱。第七編之篇幅。預料將不至如何冗長。

四月二十三日鄙人所致貴總董之函。曾刊作報告書第一卷之序言。鄙人深信。研讀

一

费唐为英国人，南非最高法院法官，曾在爱尔兰、印度、肯尼亚等地工作，1931 年由工部局借调来沪调查租界问题。本书分第一册第一卷（1931），第二册第二卷（1931）、第三卷（1931）和第四卷（1932），各卷前均附费唐致上海公共租界时任工部局总董的麦克诺登之函，长短不一。报告共七编，是上海租界史研究的重要资料。

所謂『報告書業已見及』。必係指各該章而言。亨特生君不能業已見及他章。亦無他章可供亨特生君之閱覽。倘是項答復經加重視。而認為可作上文所述傳說之根據。則係完全誤會。鄙人之所以提及此項傳說。係因有人見告。謂倘不更正。或將在某某方面。發生令人誤會且有損害之結果。此致

上海公共租界工部局總董麥

費唐敬啓 一九三一年六月十五日

三

費唐君致上海公共租界工部局總董麥克諾登君函

敬啓者。茲將鄙人報告書第二批奉閱。其中所載。為報告第四第五兩編。

鄙人曾望將專論『界外馬路地面』之第六編。亦包括在本批之內。第以繕就第四第

K28.48-3/8.128　上海保安会会务报告册 不分卷

沈泽春编。

上海保安会，1925 年铅印本。白口，四周双边。

线装一册。开本 27.0cm × 14.7cm，版框 20.0cm × 12.0cm。

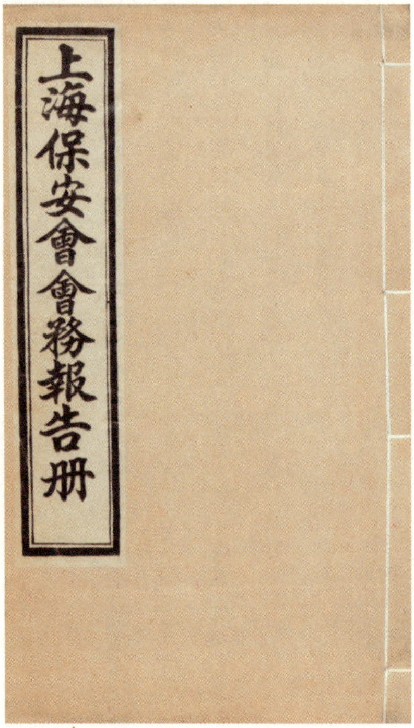

沈泽春，字田莘，浙江吴兴人，书法家，曾任苏州关监督等。创立劳动大学，与蔡元培等十一人为筹备委员。《报告册》内有参加团体、简章、干事表、文牍摘要、收支款项等内容。

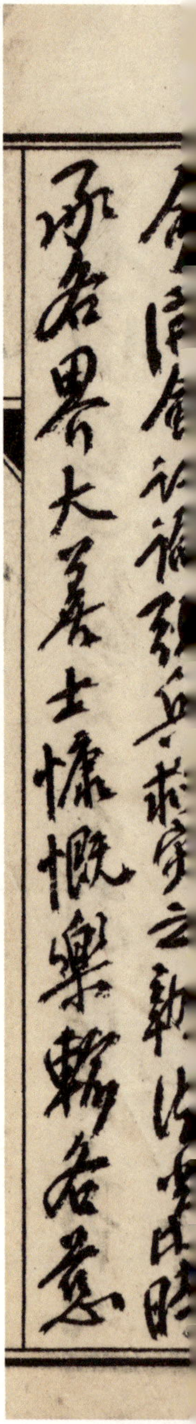

組織各團體

上海總商會　絲業會館
上海縣商會　南北市銀樓公所
上海銀行公會　鐵業公會
上海錢業公會　金業公會
江蘇省教育會　江浙皖絲繭總公所
上海縣議事會　華商紗廠聯合會
麵粉公會　綢緞業緒綸公所
紗業公所　震巽木商公所
振華堂洋布公所　典質業公所
嘉穀堂米業公會　皮商公會
仁穀堂米業公所　浙湖縐業公所

一

上海吳承記印書局承印

去年秋江浙戰爭上海居
要地並自經大兵麕集以致閘
南市勢臨危險緣合集各業團體
[illegible]

地理

645/164　地球新话

吴湘渔著。

上海：永祥印书馆，1947 年 2 月再版。一册，小 32 开。

本书讲述地球的产生，以及四季、气候、陆地、海洋等科学知识。这本科学读物，当时被形容为“充满了耸人听闻的新奇和骇怪”。收入范泉主编《青年知识文库》。

第一章　我們所住的地球

『不見廬山眞面目，只緣身在此山中。』這兩句詩實在道出了一般人僅憑肉眼的觀察，而把眞實的事理所以弄錯了的最重要的原因。如果我們住在火星上或金星上，或者我們能夠乘了火箭，飛往太空中，離開了地球的週圍，那末我們就能一望而知，我們所住在的地球，是一個橢圓形的，也立卽會明白古代人說天圓而地方的理論是謬誤的。並且我們現在許多的沒有受過科學洗禮的人，當你告訴他地球是圓的時候，也就不會認爲你在說謊，會面紅耳赤的和你爭論，或者掉頭不顧，不屑爭辯而去。

受過科學洗禮的青年，都知道地球是圓的。你所讀的書本上，告訴你是這樣，你的先生告訴你是這樣，你的父親告訴你是這樣，你也就這樣相信這理論是眞實無

K916/F266　史地关系新论

［英］非耳格林著，滕柱译，刘虎如校。

上海：商务印书馆，1931 年 5 月初版。一册，32 开。

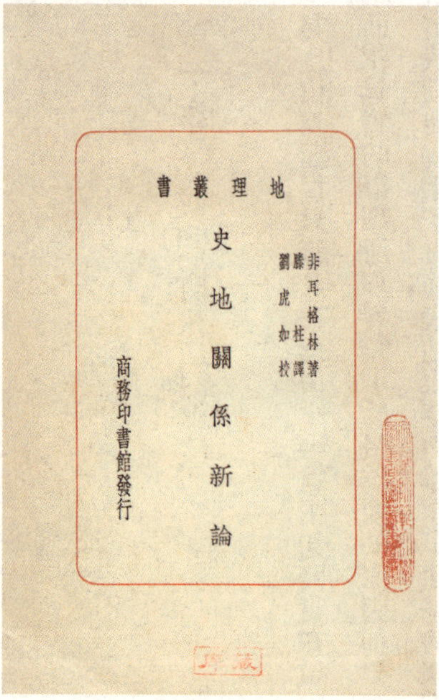

地理叢書

史地關係新論

非耳格林著

滕柱譯

劉虎如校

商務印書館發行

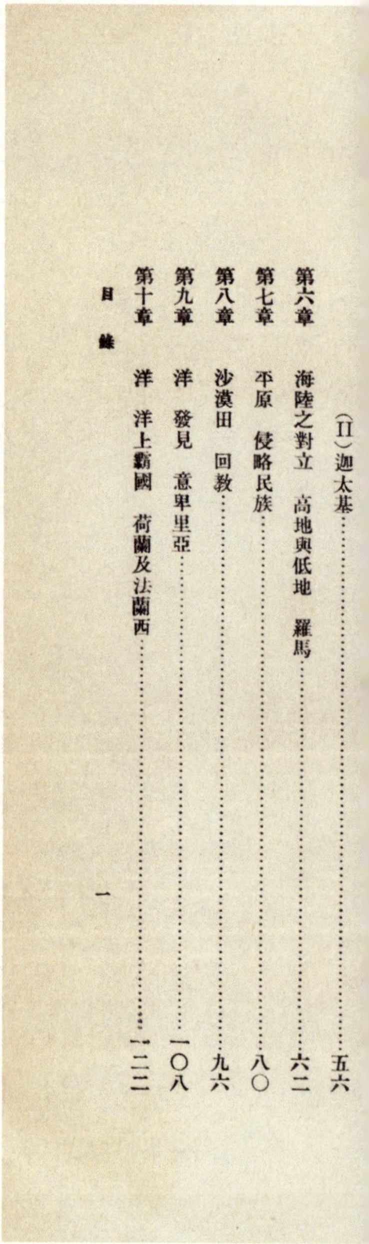

目錄　一

该书共有十九章，引言之外，分别是沙漠、沼地与草原、道、海、平原、森林、河地、煤等内容，最后一章提出“将来的可能”，旨在探讨历史如何被地理的各种状况和现象所“驾驭”。本书是《地理丛书》之一种，发行人王云五。

史地關係新論

第一章 引言

第一節 本書的目的

本書的目的，是要講明世界的歷史是怎樣爲屬於地理這門中的各種况狀和現象所駕馭，並且對於駕馭歷史最有效力的各項，加以注意，從而指出實在是重要的地理事實來。上面這句話裏有三個詞兒的意義，必須明白了解的，便是『歷史』『駕馭』『地理』。

（一）歷史　我們這樣的談到歷史，意思中當然是指地球上人類的歷史而言。但即如此，歷史的意義，仍可以有許多種哩。

（a）他可以解做僅是一種依年代的先後，記述各種史實而絲毫不加批評的實錄。然在研究歷史的時候，史實的知識，固然萬不可缺，但只求知史實，必然乾燥乏味。且即使所有的史實，均已搜羅無餘，也不見得有人能夠統統明了他們。這其間對於重大事件的選擇，就不可缺少了。

史地關係新論

目錄

K919/S771　世界游记选

孙季叔编注。

上海：中国文化服务社，1936年5月五版。一册，32开。

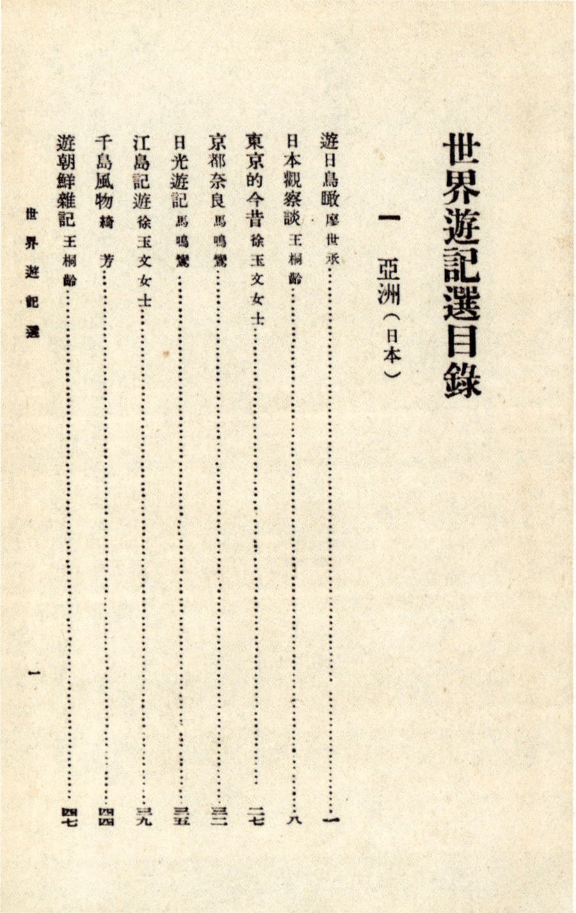

世界遊記選目錄

一　亞洲（日本）

世界遊記選　一

孙季叔，民国学者，编有《中国游记选》《儿童文章作法》。该书是中学地理科补充读物。主要收录了世界游记，共辑录五十一篇游记，内分八卷，亚洲三卷，欧洲三卷，南北美洲一卷，非洲及澳洲一卷。每篇后附有注释。

頗似北平之四合房而無天井。四圍皆有廻廊，有窗無戶，廊下脫鞋，由窗出入。窗臺約高尺餘，室內地上皆鋪石板，上敷以最厚之高麗紙。西北角一間為廚房，其下燒火，其煙可達室內全部之地板下，冬天溫暖，夏天蒸熱。室內無牀無炕，以地板代炕。無高棹，無椅，以矮几代桌，以鋪墊代椅。後有靠枕，盤膝而坐。几旁有唾壺一，尿壺二，上皆有蓋，或有用紅藍花磁者，我輩初見時，猶以為點心盒或茶葉罐也。主客坐談久，可以隨意取尿壺小便，與中國南省人之坐馬桶無異，不以為怪也。街上官廁所絕少，出門時必須在旅館內小解，否則出門以後，除去公園博物館以外，必須在商店或人家覓地解手，殊費周折也。

六　朝鮮人之飲食

日本人早午晚三餐，皆白米飯，菜多用魚，頗似中國南方生活。朝鮮人中等以上者吃白米飯，中等以下者吃雜糧，無一定度數，每早晨作飯一次，每人分與一大銅碗，隨意取食。最普通之菜為醃辣菜，每年陰歷九月間，取白菜若干，加鹽及香料辣料，封置甕中，至十二月間開封，即可食矣；其上等者每鋪白菜一層，隔以萍果、火腿、醃魚各一層；其物含酒精甚多，初食時

遊日鳥瞰

廖世承

這次赴日，時間很匆忙，沒有什麼詳盡的參觀記錄。但遊蹤所及，也曾用凌空的目光觀察日本。茲就臆想所及，把他們的優點缺點寫出來，供國人參考。

（一）在中國住久了，一到了日本，就覺得社會秩序安甯，各事欣欣向榮。他們整個的國家，可說是官安其職，商安其業，民安其居，社會上自呈一種熙熙攘攘的精神。返觀我國，無年不有內亂，無地不有戰爭，喘息未蘇，風鶴頻驚。在這種狀況之下，各業那裏振興得來？我記得上次財政部報告，謂全國軍費已超過國家全部收入，如編遣實行，軍費尚須佔到歲入百分之八十。再加水旱兵災，如何得了？報載本年陝西災民死亡的有一百數十萬，人民救死扶傷不暇，那裏再有精神作貢獻事業？總之，內戰一日不停，軍費一日不裁，各種事業永不會上軌道。日本外務省文化事業部某君告我『日本人決無自相殘殺之理，沒有一個日本兵肯打日本人，也沒有一個日本人民能容忍這種舉動。』這幾句話雖不免自誇，但也係實情。

KZ D29F J86(1932)　Géographie de la Chine(中华地理)

［法］René Joüon, S, J.（周儒望）主编。

上海：徐家汇土山湾印书馆，1932 年版。一册，8 开。

周儒望（René Joüon, S, J.）是法籍耶稣会传教士。此书面向的读者是以徐汇中学为主的教会学校学生及法国各界人士。书体主要为法文，间杂汉字地名、人名。全书以地图为主体，“研究地理，图较书为要”，包括中国山脉图、物产图、铁路图，以及分省地图等，印刷殊为精美。

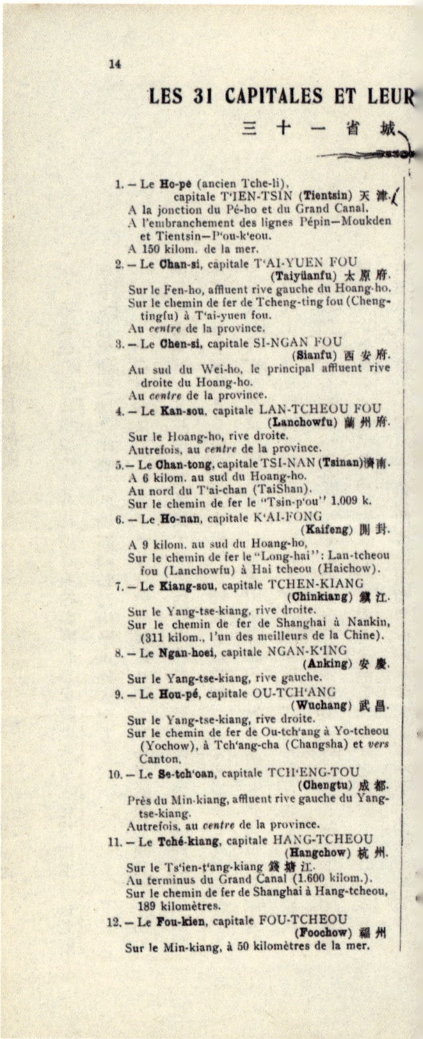

14

LES 31 CAPITALES ET LEUR

三 十 一 省 城

1. – Le **Ho-pé** (ancien Tche-li),
capitale T'IEN-TSIN (**Tientsin**) 天 津.
A la jonction du Pé-ho et du Grand Canal.
A l'embranchement des lignes Pépin—Moukden et Tientsin—P'ou-k'eou.
A 150 kilom. de la mer.

2. – Le **Chan-si**, capitale T'AI-YUEN FOU
(**Taiyüanfu**) 太 原 府.
Sur le Fen-ho, affluent rive gauche du Hoang-ho.
Sur le chemin de fer de Tcheng-ting fou (Chengtingfu) à T'ai-yuen fou.
Au *centre* de la province.

3. – Le **Chen-si**, capitale SI-NGAN FOU
(**Sianfu**) 西 安 府.
Au sud du Wei-ho, le principal affluent rive droite du Hoang-ho.
Au *centre* de la province.

4. – Le **Kan-sou**, capitale LAN-TCHEOU FOU
(**Lanchowfu**) 蘭 州 府.
Sur le Hoang-ho, rive droite.
Autrefois, au *centre* de la province.

5. – Le **Chan-tong**, capitale TSI-NAN (**Tsinan**) 濟南.
A 6 kilom. au sud du Hoang-ho.
Au nord du T'ai-chan (TaiShan).
Sur le chemin de fer le "Tsin-p'ou" 1.009 k.

6. – Le **Ho-nan**, capitale K'AI-FONG
(**Kaifeng**) 開 封.
A 9 kilom. au sud du Hoang-ho,
Sur le chemin de fer le "Long-hai": Lan-tcheou fou (Lanchowfu) à Hai tcheou (Haichow).

7. – Le **Kiang-sou**, capitale TCHEN-KIANG
(**Chinkiang**) 鎮 江.
Sur le Yang-tse-kiang, rive droite.
Sur le chemin de fer de Shanghai à Nankin, (311 kilom., l'un des meilleurs de la Chine).

8. – Le **Ngan-hoei**, capitale NGAN-K'ING
(**Anking**) 安 慶.
Sur le Yang-tse-kiang, rive gauche.

9. – Le **Hou-pé**, capitale OU-TCH'ANG
(**Wuchang**) 武 昌.
Sur le Yang-tse-kiang, rive droite.
Sur le chemin de fer de Ou-tch'ang à Yo-tcheou (Yochow), à Tch'ang-cha (Changsha) et *vers* Canton.

10. – Le **Se-tch'oan**, capitale TCH'ENG-TOU
(**Chengtu**) 成 都.
Près du Min-kiang, affluent rive gauche du Yang-tse-kiang.
Autrefois, au *centre* de la province.

11. – Le **Tché-kiang**, capitale HANG-TCHEOU
(**Hangchow**) 杭 州.
Sur le Ts'ien-t'ang-kiang 錢 塘 江.
Au terminus du Grand Canal (1.600 kilom.).
Sur le chemin de fer de Shanghai à Hang-tcheou, 189 kilomètres.

12. – Le **Fou-kien**, capitale FOU-TCHEOU
(**Foochow**) 福 州
Sur le Min-kiang, à 50 kilomètres de la mer.

GEOGRAPHIQUE

位 置

d, capitale NAN-TCH'ANG (**Nanchang**) 南昌.
iang, qui se jette dans le lac P'ouo-
ang).
n de fer de Nan-tch'ang à Kieou-
kiang).

n, capitale TCH'ANG-CHA (**Changsha**) 長沙.
g-kiang, qui se jette dans le lac
(Tungting).
n de fer de Ou-tch'ang (Wuchang)
cha.

cheou, capitale KOEI-YANG (**Kweiyang**) 貴陽.
kiang, affluent rive droite du Yang-
et les monts Miao-ling.
la province.

tong, capitale **Canton** 廣州.
ang, rive gauche (la "Rivière des

in de fer de Canton à Chao-tcheou
) et *vers* Han-k'eou (Hankow).

si, capitale NAN-NING (**Nanning**) 南甯.
-kiang, rive gauche, affluent rive
Si-kiang.

an, capitale YUN-NAN FOU (**Yunnanfu**) 雲南府.
ng-tse-kiang et le Si-kiang.
in de fer de Hanoï (au Tonkin) à
ou, qui a 858 kilomètres.

oning, ancien Fong-t'ien (Fengtien), capitale **Moukden** 奉天.
affluent du Liao-ho.
nemin de fer Pépin-Moukden, 847 k.
chemin de fer le "Sud Mandchou-
(ligne japonaise) : Dalny à Tch'ang-
n (Changchun), 701 klm.

-lin, capitale KI-LIN (**Kirin**) 吉林.
Soungari, affluent rive droite de
ur 黑龍江.
hemin de fer de Tch'ang-tch'oen à

-long-kiang, capitale TSITSI-KAR (**Tsitsihar**) 齊齊哈爾.
ivière le Nonni (le Nonni River) 嫩
ffluent du Soungari.
ligne de Angangki (29 km.), où
le chemin de fer de l'«Est Chi-
(Changchun, Kharbine, Manchouli
里), tronçon (partie) du "TRANS-
RIEN" 西伯利亞鐵路, qui aboutit
oscou, la nouvelle capitale de la
e (à 7.800 kil. de Vladivostok). C'est
s long chemin de fer transcontinen-
monde.

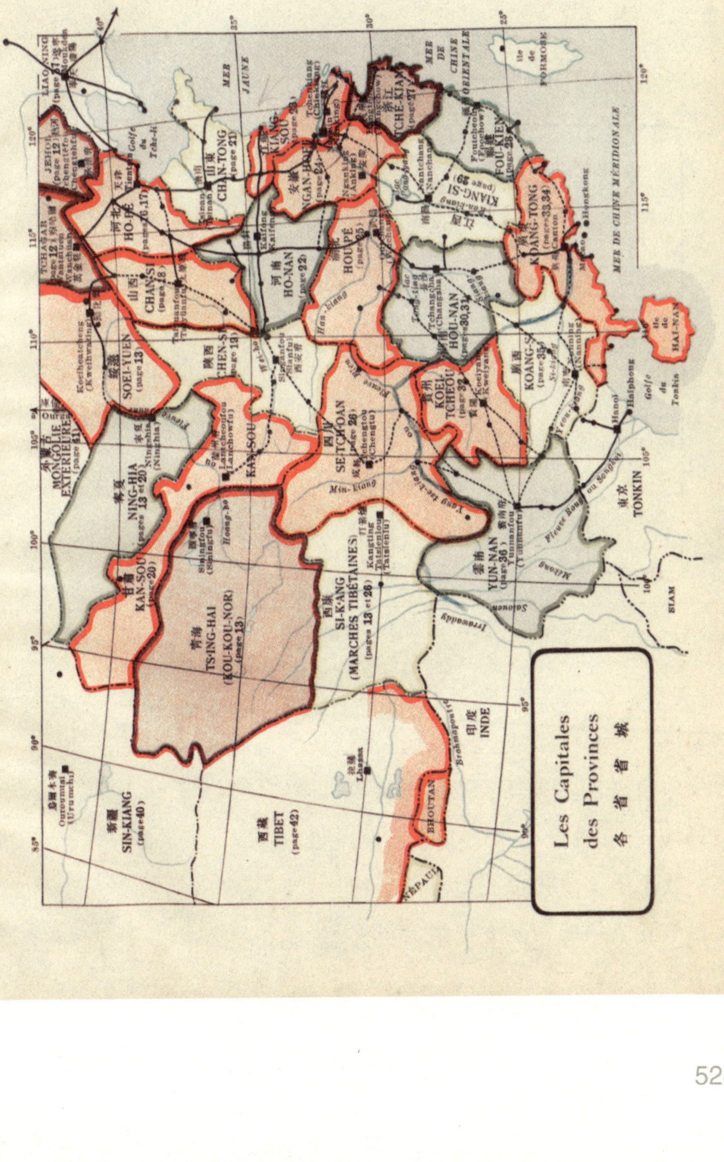

K925.8/L3972　台湾

李絜非著。

重庆：商务印书馆，1945 年 10 月上海再版。一册，32 开。

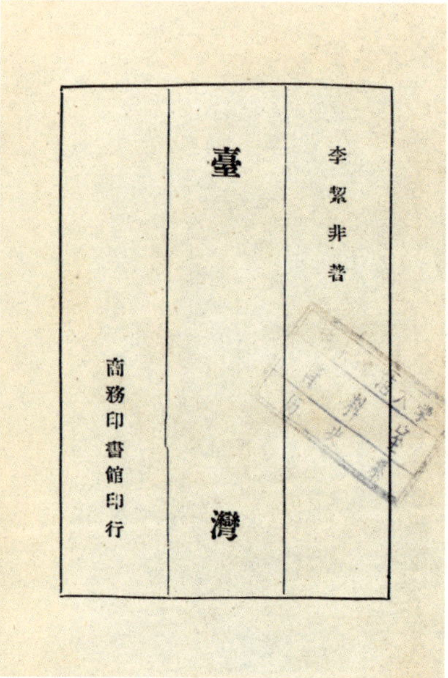

李絜非，浙江大学史地系副教授，后代理系主任。参与了保护文澜阁《四库全书》内迁贵州的重要工作。本书收录于《近代中国史料丛刊续编》第五十一辑，具有一定的历史价值与现实意义。

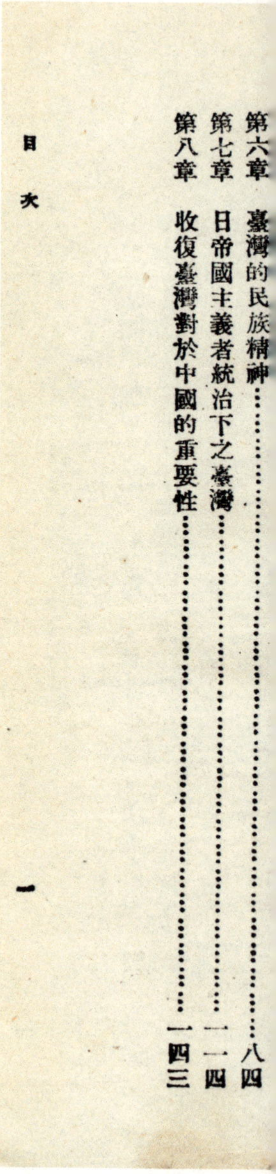

目次　一

目次

臺灣

第一章　臺灣的地理基礎

屹峙海中，延袤二千餘里，
為東南屏障。
——臺郡見聞錄——

臺灣位置於亞洲東部大陸邊緣的太平洋上，這一大陸邊緣，形成若干列的島弧，北起日本千島羣島，南抵南洋羣島，臺灣與琉球及日本羣島兩島弧，則為之中堅。抑臺灣在東亞島弧中，有兩顯著的特點：一則其位置約略居於此大陸邊緣南北縱線的中點，北距千島羣島，與南距荷屬東印羣島，皆約略相等。而在其北的日本羣島，與其南的菲律濱羣島之間，為一最大且獨富經濟價值的島嶼。其二，則在此若干島弧之中，與我國最稱接近，距我國的福建，較距日本之九州為尤近，以是在歷史上、文化上、與經濟上，最先受我國的影響，尤其在實際上，形成我國之一部。

論臺灣之地質構造，前臨深洋，後負淺海，在其東海岸十數公里外，太平洋即下陷為二千

320.103/21.40　中国疆域沿革史

顾颉刚、史念海著。

长沙：商务印书馆，1938年3月初版。一册，32开。

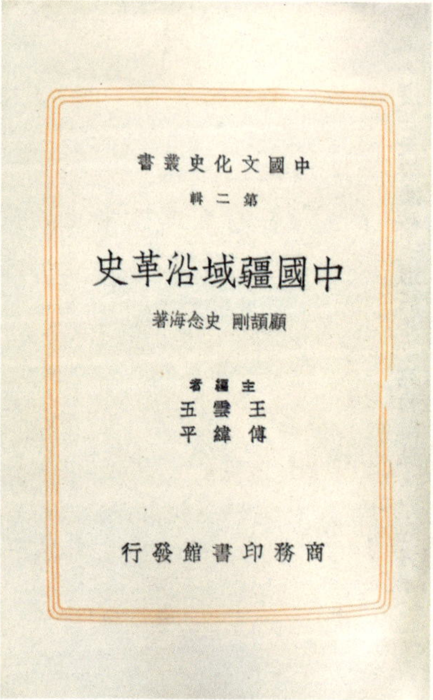

顾颉刚，江苏苏州人，著名历史学家，古史辨学派创始人，现代历史地理学和民俗学的开拓者。史念海，山西平陆人，著名历史地理学家。《中国疆域沿革史》是近代中国学术史上第一部系统的疆域沿革著述，由顾颉刚、史念海共同署名，实际上是顾颉刚发凡起例，史念海执笔完成。书分二十六章，第一章绪论，第二章中国疆域沿革史已有之成绩，其后各章依次记述了夏朝至民国初年中国各个朝代疆域的变迁、各个朝代地方制度改革的情况，书中附有三十一张制度表和二十七幅各朝代疆域地图。本书为《中国文化史丛书》第二辑之一种，大夏大学图书馆旧藏。

中華民國二十七年三月初版

中F四四二

翁

中國文化史叢書 中國疆域沿革史 一冊
(95617)

每冊實價國幣貳元伍角
外埠酌加運費匯費

著作者 顧頡剛 史念海
主編者 王雲五 傅緯平
發行人 王雲五 長沙南正路
印刷所 商務印書館 長沙南正路
發行所 商務印書館 各埠

377.1/491.1　科学的南洋

黄素封编著。

上海：商务印书馆，1934 年 11 月初版。一册，大 32 开。

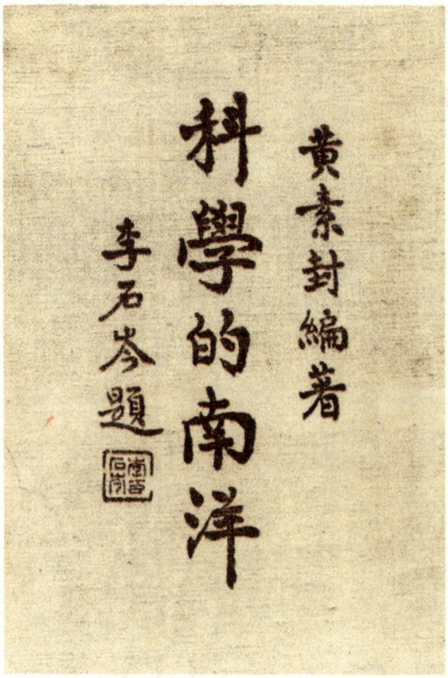

黄素封，著名化学史家、医药学家、教育家。作者对印度尼西亚的地理位置、人口、气象、贸易、自然地理、人种、植物、动物、食物、渔业、佛像与石雕作了详细介绍与探讨，有益于增进读者对彼时南洋独特的自然背景、社会组织结构及社会文化模式的认识。

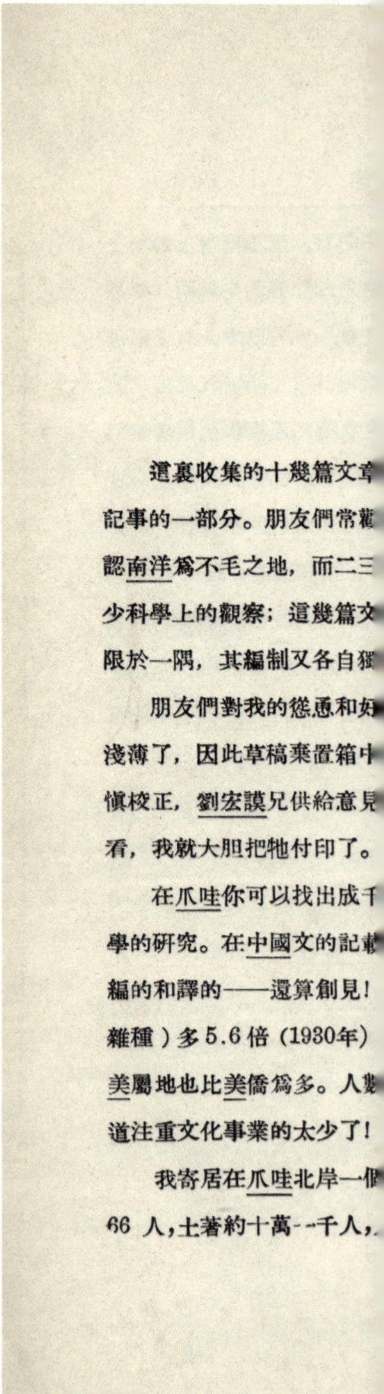

這裏收集的十幾篇文章
記事的一部分。朋友們常觀
認南洋爲不毛之地，而二三
少科學上的觀察；這幾篇文
限於一隅，其編制又各自獨
朋友們對我的慫恿和好
淺薄了，因此草稿棄置箱中
愼校正，劉宏謨兄供給意見
看，我就大胆把牠付印了。
在爪哇你可以找出成千
學的研究。在中國文的記載
編的和譯的——還算創見！
雜種）多 5.6 倍（1930年）
美屬地也比美僑爲多。人數
道注重文化事業的太少了！
我寄居在爪哇北岸一個
66 人，土著約十萬--千人，

序

家居爪哇一二年來讀書筆記和旅行
說『國人多不瞭解南洋實況，誤
者遊記，又是僅憑一時感觸，缺
是根據事實的報告：其範圍既不
必能供給一般的需要』。
感激不置．但自己終以爲觀察太
敢付印。最近得友人吳直由兄譴
些南洋華僑學生們等待着要看一

用荷、德、英或法文寫成的南洋科
憐這幾篇簡短的文字——寫的，
僑，在荷屬地比歐僑（包括歐亞
比歐僑多 48 倍（1929 年），在
，其中富裕的人亦夥，可惜能知

這一區有華僑 3445 人，歐僑 13
合每方哩 1687 人。大家安居樂業，

科學的南洋

第一篇

荷屬東印度的位置人口及華僑密度

一　位置❶

荷領東印度羣島橫在亞、澳兩洲的中間，凡自東經九十五度到一百四十一度，南緯十一度至北緯六度，所包有星羅棋布的羣島，大半屬於荷蘭領土以內。

這片地方的原名，已不可攷知，近來土人有稱爲印度尼西亞（Indonesia）的，我國自昔稱爲南洋，因爲是在我國洋海的南邊。荷人通稱曰 Nederlandsch Oost Indië，亦呼爲 Insulinde，前者可譯作「荷屬東印度」，後者爲荷蘭文人德克（Eduard Dowes Dekker）氏所創用，其意卽「島嶼帝國」。以外如英、德、法人，不呼爲「馬來羣島」卽呼爲「荷屬東印度」。馬來一字本由人種而得名，東印度乃對西印度而言。玆將該處各種名稱列下：

荷蘭文：Nederlandsch Oost Indië 或 Insulinde.

土人自稱：Indonesia 或 Nousantara.❷

中文：南洋羣島或荷屬東印度。

英文：Malay Archipelago 或 Netherlands East-Indies.

072.36/21　中国地理图籍丛考

王庸编。

上海：商务印书馆，1947 年 6 月初版。一册，32 开。

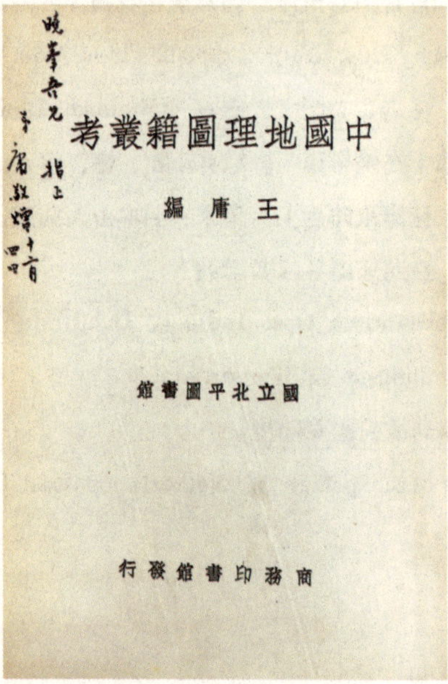

王庸，字以中，江苏无锡人。该书分甲乙两编，甲编收文三篇《明代总舆图汇考》《明代北方边防图籍录》《明代海防图籍录》；乙编收文三篇《中国地理学史订补》《中国历史上地图与军政之关系》《中国历史上之土地疆域图》，另有《地图闲话》（一）（二）。附录为吴玉年《明代倭寇史籍志目》。1956 年订本再版。

編輯小記

是編爲舊作關於中國地圖地志文字之彙輯，其有已採入拙著中國地理學史而內容大體相同者，本編概不編列。惟兩書中材料與解說仍不免稍有重複，是則因文義上之連貫關係，未便删削，只能姑仍其舊。

是編所刊文字，皆曾發表於報章雜誌，前此刊行處及發表日期，均附記於各篇之末。但在刊載以後，所發現之遺漏與錯誤，今均加以增改，而以甲編所增者較多。但亦有因參考書籍缺乏，一時未能增改者。其中北邊與海防圖籍二錄，關於原著者事蹟之見於明詩綜明詩紀事分省人物考明史等；經吳辰伯（晗）先生之指示而補入者，不下十餘事。而海防圖籍錄中，除二三則原註吳先生均附按語外，更有王在晉海防纂要一條，則全出吳先生改作，特此誌感！

禹貢半月刊中曾刊有吳玉年（豐培）先生之書目，爲補拙著海防圖籍錄之不及者，今以附刊本編。

是書分甲乙兩編。甲編三篇，均考錄圖籍，且皆爲關於明代之書。乙編除中國地理學史訂補外，均帶通論性質，兼評現代圖籍；但所據以論評之材料，則仍以舊圖籍之記錄爲基礎。至於乙編各篇，文字多爲語體，今一仍舊貫，未加改作。所幸是編爲論文集性質，本非有一貫系統之述作，則其文體之不一致，或亦無傷於大雅歟？

關於中國地理圖籍之敍錄工作，爲個人所擬作而未作者，尚有下列數事：

（一）漢唐間地志彙考。

（二）元以後中國總地志通考。

（三）明清外國地理圖籍考。

（四）中國沿革地圖之沿革。

（五）清代經緯度圖籍考。

此類工作苟無直接材料，又無相當完備之參考書籍，則均無所措手，將來環境許可，當賡續完成。

是編蒙袁守和先生之雅意，採作國立北平圖書館刊物之一，特此誌謝！且此等掇輯記注之學，在學術上或卑卑不足道，但若曩日無北平圖書館豐富之書籍爲憑藉，則此區區者，固亦無從下筆也。

是編之彙刊，雖數經校改，而遺漏錯誤之處，仍必不免。尚望海內博雅，指示疏訛，是所深幸！

民國二十九年六月二日編者識

科学技术

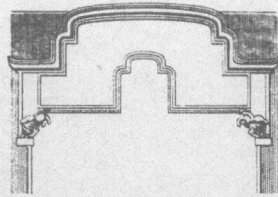

601/21.1 科学概论

王星拱著。

上海：商务印书馆，1930 年 9 月初版。一册，32 开。

本书作者王星拱为二十世纪中国著名的教育家、科学家和哲学家。该书探讨的话题有：联续和无限、附时间与空间相对观、物质、能力、生物进化与球面沿革、科学与哲学、科学与美术、科学与伦理等。该书是民国年间中国科学主义思潮发展的里程碑，具有重要的资料价值。收入《国立武汉大学丛书》。

科學概論

目次

科學概論

聯續和無限

羅素說:『顛諾(Zeno)(希臘哲學家,生於紀元前五百年,相信宇宙是一元而靜的,不是多元而動的。)專心研究的問題,乃是無限,至小,和聯續,的問題。自他一直到我們,每時代中最好的腦筋,都想用方法去解釋牠;然而大概說起來,並沒有什麼效果之可言。』我爲什麼要引這幾句話,來做開宗明義的楔子呢?因爲:這一類的問題,——有關於宇宙之理論的了解的問題——還沒有得到確定不移的解決,倘若有人在這主權未定的田園裏邊,加意種植,也許可以獲取良美的收穫。所以這幾句話,不應該引起我們的灰心,牠應該鼓勵我們的努力。

我現在先把幾個哲學家科學家所舉的關於聯續和無限的難題陳列出來,然後

620.12/574.5　相对论浅释

［美］爱因斯坦著，夏元瑮译。

上海：商务印书馆，1923 年 3 月再版。一册，32 开。

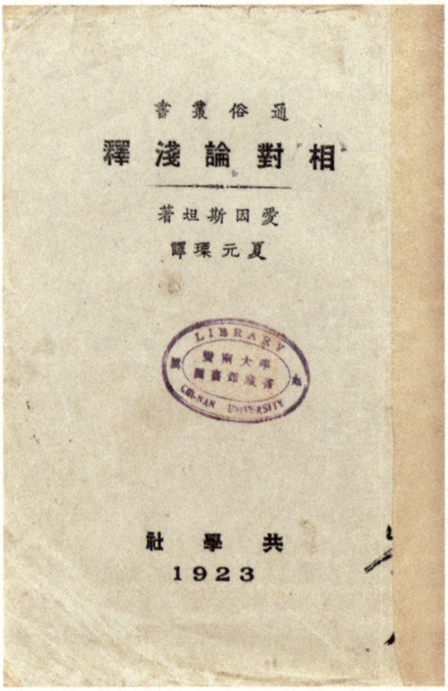

本书作者爱因斯坦为美国著名的科学家，译者夏元瑮为中国近代物理学家、教育家。全书分上下两编，上编为相对各论，下编为相对通论，书末附爱因斯坦小传。该书是中国第一部有关相对论的译著，收入《通俗丛书》。

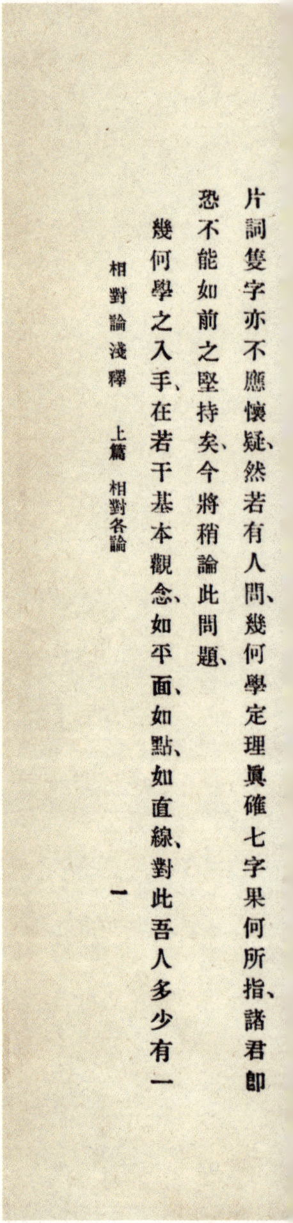
片詞隻字亦不應懷疑、然若有人問、幾何學定理眞確七字果何所指、諸君卽恐不能如前之堅持矣、今將稍論此問題、

幾何學之入手、在若干基本觀念、如平面、如點、如直線、對此吾人多少有一

相對論淺釋　上篇　相對各論　一

相對論淺釋

愛因斯坦著　夏元瑮譯

上篇

相對各論

第一節　幾何學定理之物理意義

讀者諸君必記憶童時、在學校中習歐几里得幾何學之大構造、心雖歎其

381/164.2　现代种族

吴泽霖著。

上海：新月书店，1932 年初版。一册，32 开。

本书作者吴泽霖是中国现当代著名的社会学家、人类学家。全书共分五章，分别为什么是种族、现代种族怎样来的、种族分类应用什么标准、现代种族可以分成几种、种族是否平等。这是中国第一部全面系统地论述人类种族和种族问题的专著。该书收入《现代文化丛书》。

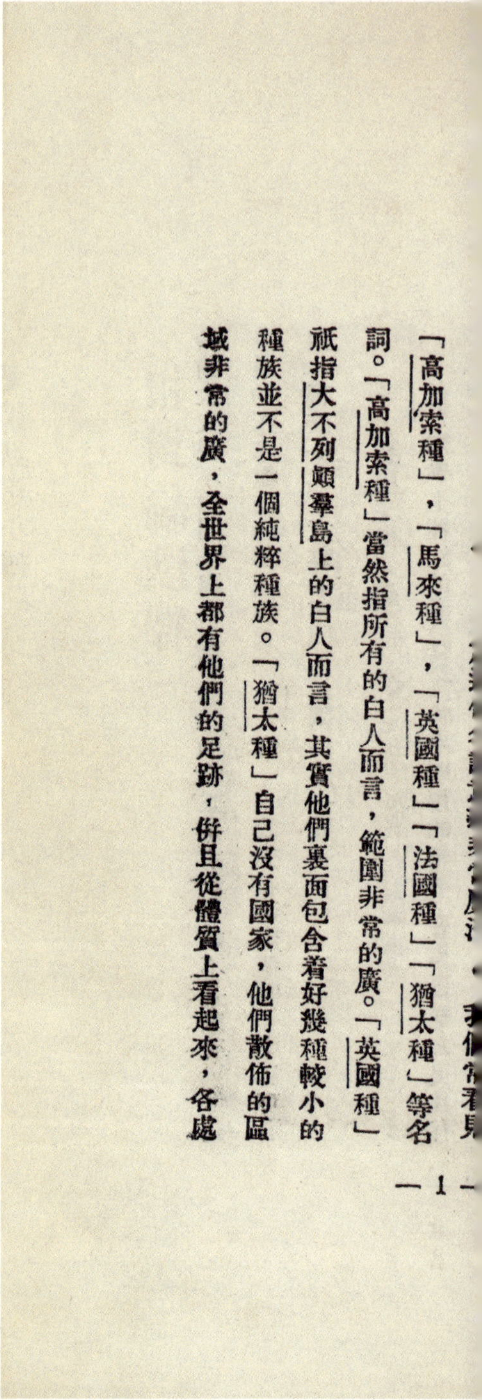

「高加索種」，「馬來種」，「英國種」「法國種」「猶太種」等名詞。「高加索種」當然指所有的白人而言，範圍非常的廣。「英國種」祇指大不列顛羣島上的白人而言，其實他們裏面包含着好幾種較小的種族並不是一個純粹種族。「猶太種」自己沒有國家，他們散佈的區域非常的廣，全世界上都有他們的足跡，併且從體質上看起來，各處

— 1 —

本小冊雖經羅隆基君幾次的催促，總無以報命，幸有內子德音不厭不煩的督策，並予以種種臂助，居然假期的一月中能夠脫稿，謹將這冊供獻於她，以表示無限的感謝。

再本書中的外國人名地名譯音，均根據商務印書館出版的外國人名地名表一書。凡該書中所不見者，才自己擬定，如有不妥的地方，尚望讀者指教。

吳澤霖民國二十年，七月廬山，蓮谷。

— 4 —

第一章　什麼是種族？

K203/W234　中国医学史

陈邦贤著。

上海：商务印书馆，1937 年 5 月四版。一册，32 开。

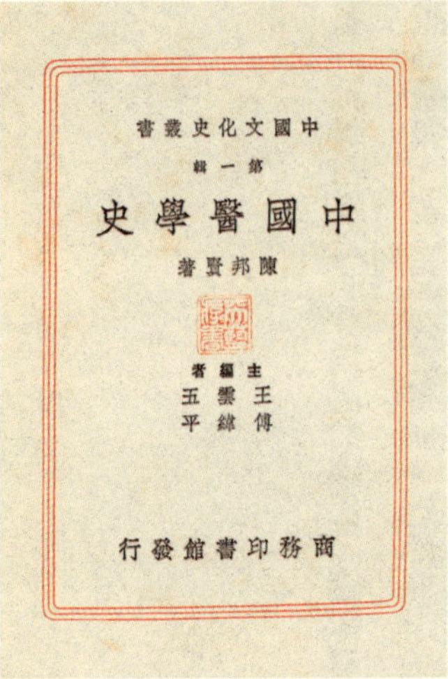

中國文化史叢書

第一輯

中國醫學史

陳邦賢著

主編者　王雲五　傅緯平

商務印書館發行

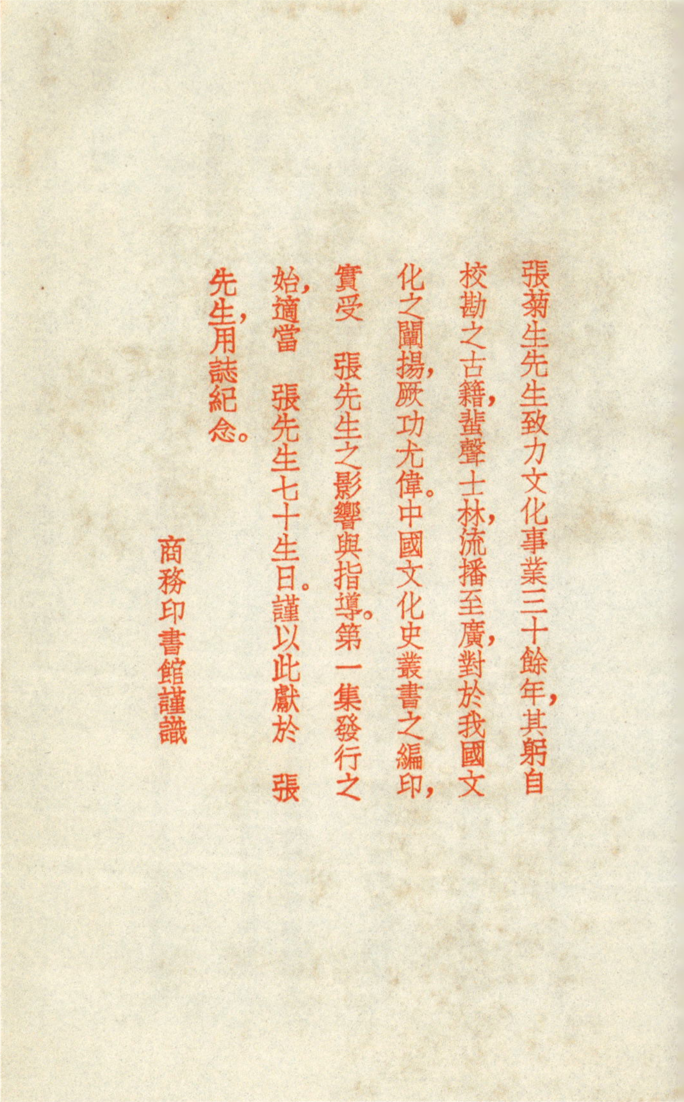

張菊生先生致力文化事業三十餘年，其躬自校勘之古籍，蜚聲士林，流播至廣，對於我國文化之闡揚，厥功尤偉。中國文化史叢書之編印，實受　張先生之影響與指導。第一集發行之始，適當　張先生七十生日。謹以此獻於　張先生，用誌紀念。

商務印書館謹識

陈邦贤是中国医学史研究的开拓者、医史学家。他是中国倡导医学史教育的先行者、教育家，使得医学史在中国逐渐成为一门独立的学科。1919 年，《中国医学史》出版，为中国近代第一部医史学。

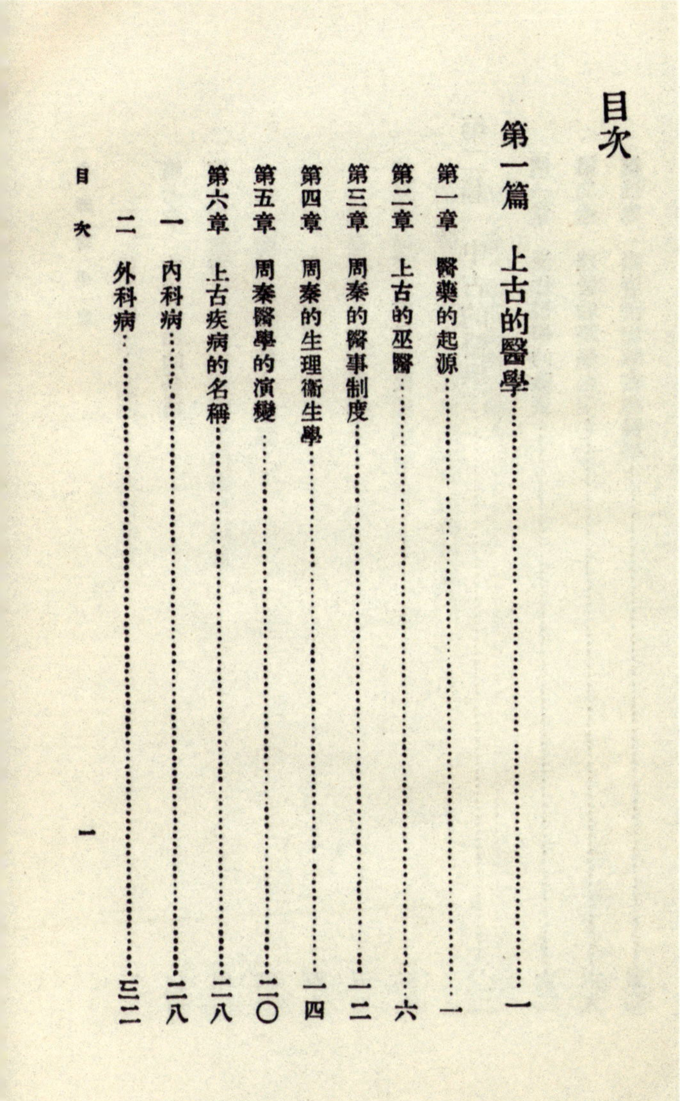

目次

746.8/506　近代印刷术

贺圣鼐、赖彦于著。

上海：商务印书馆，1947年四版。一册，32开。

全书分上下两篇，上篇由贺圣鼐执笔，分凸版、平版、凹版三类介绍中国印刷术；下篇由赖彦于执笔，从铸字、排字、制版、印机、装订五个步骤介绍欧美印刷术。此书为《百科小丛书》之一种。

近代印刷術

目次

中華民國二十三年三月初版

中華民國三十六[illegible]一月四版

(63271·1)

百科小叢書　近代印刷術一冊

定價國幣貳元

印刷地點外另加運費

編著者　賀聖鼐　賴彥于

主編者　王雲五

發行人　朱經農

印刷所　商務印書館印刷廠　上海河南中路

發行所　商務印書館　各地

丛书、类书及书目

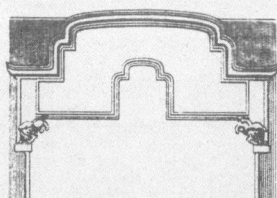

E20-5/406.5　四部丛刊

张元济辑。

上海：商务印书馆。线装三千一百余册。开本 13.2cm × 20.0cm。

分初编、续编、三编。初编 1923 年、续编 1934 年、三编 1936 年印刷完成，共收录中国经典古籍代表著作 504 种、3100 余册。全书大量汇集中国古籍经典，精选珍本善本，按经、史、子、集四部排列，有较高的文献价值。该丛书规模宏大，版本珍稀，为中国古籍的保护、整理、传播做出了巨大贡献，为学术研究提供了极大便利，影响深远。

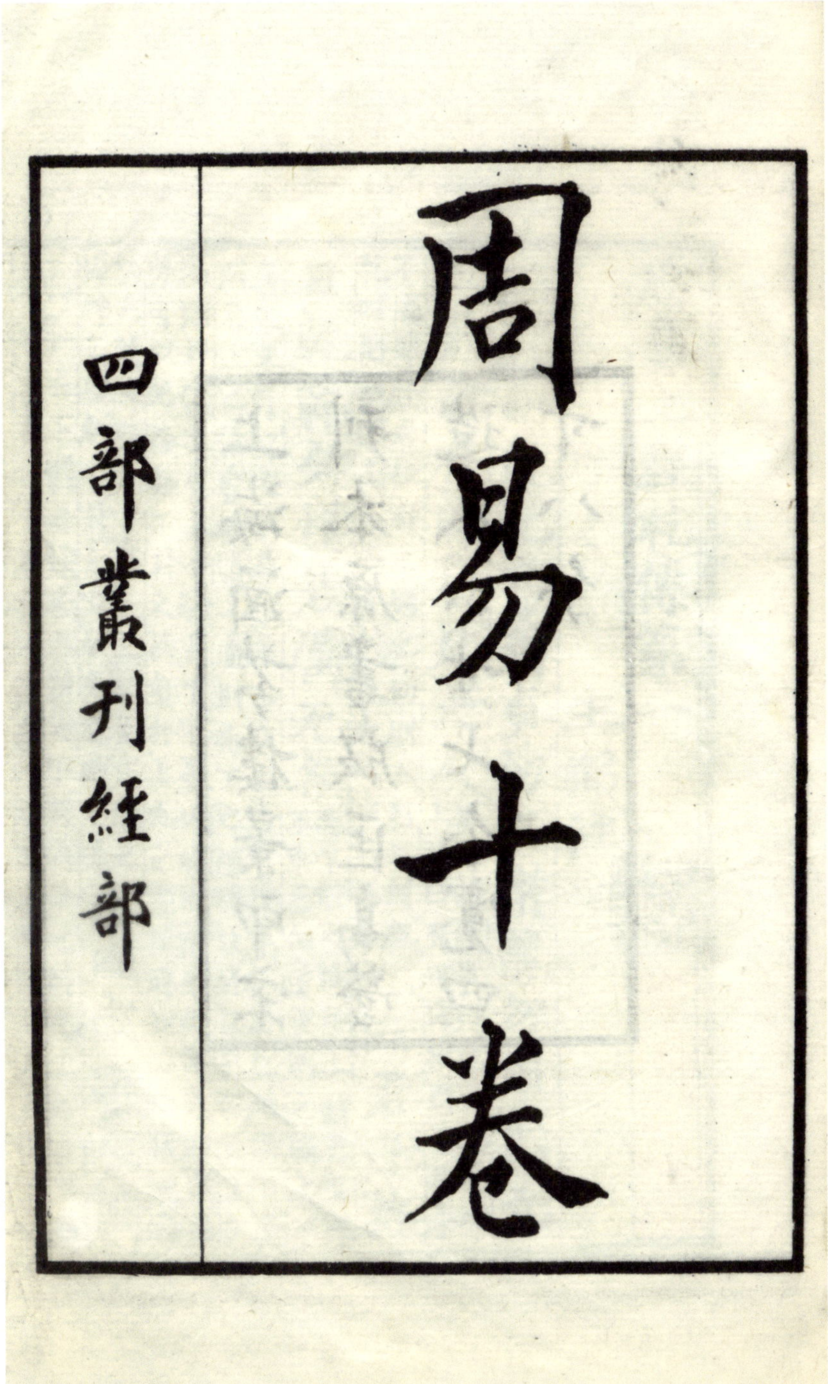
周易十卷

四部叢刊經部

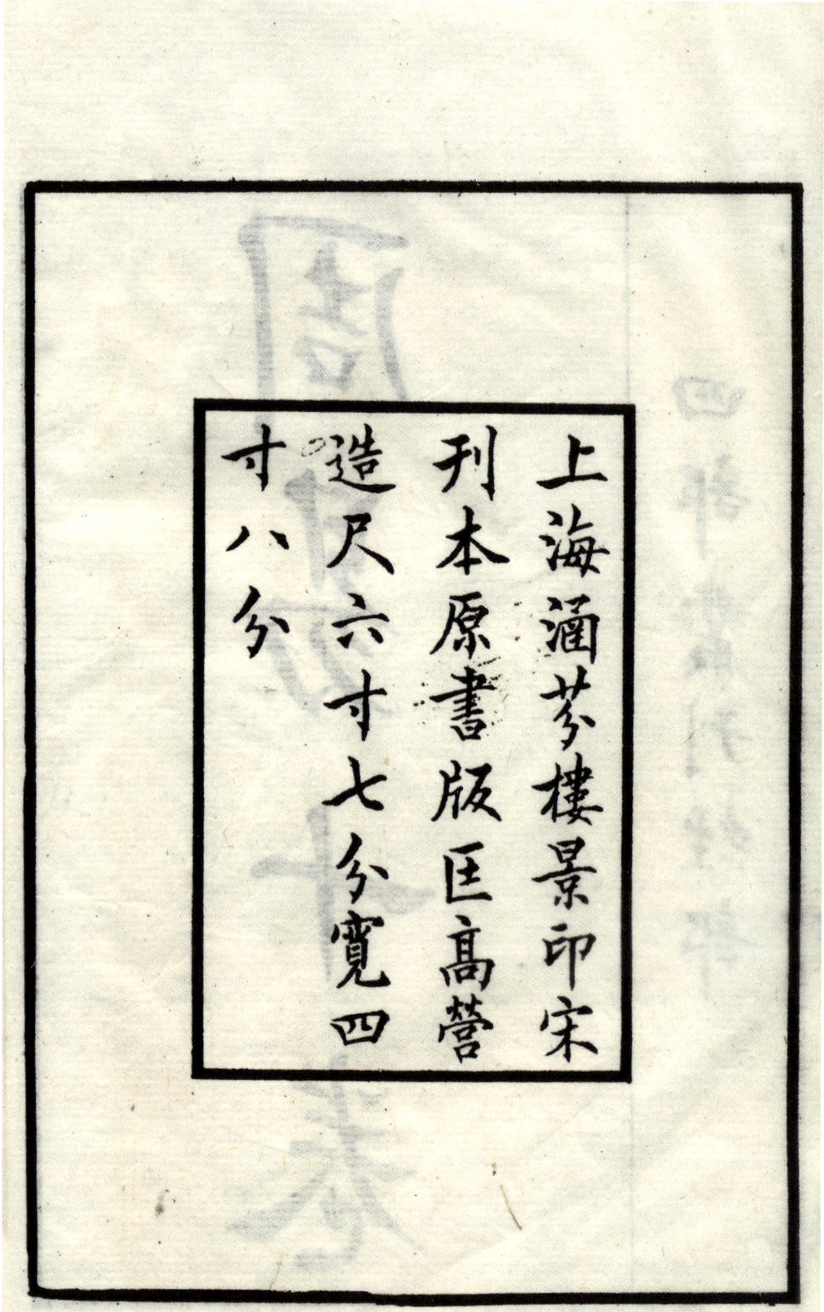

上海涵芬樓景印宋刊本原書版匡高營造尺六寸七分寬四寸八分

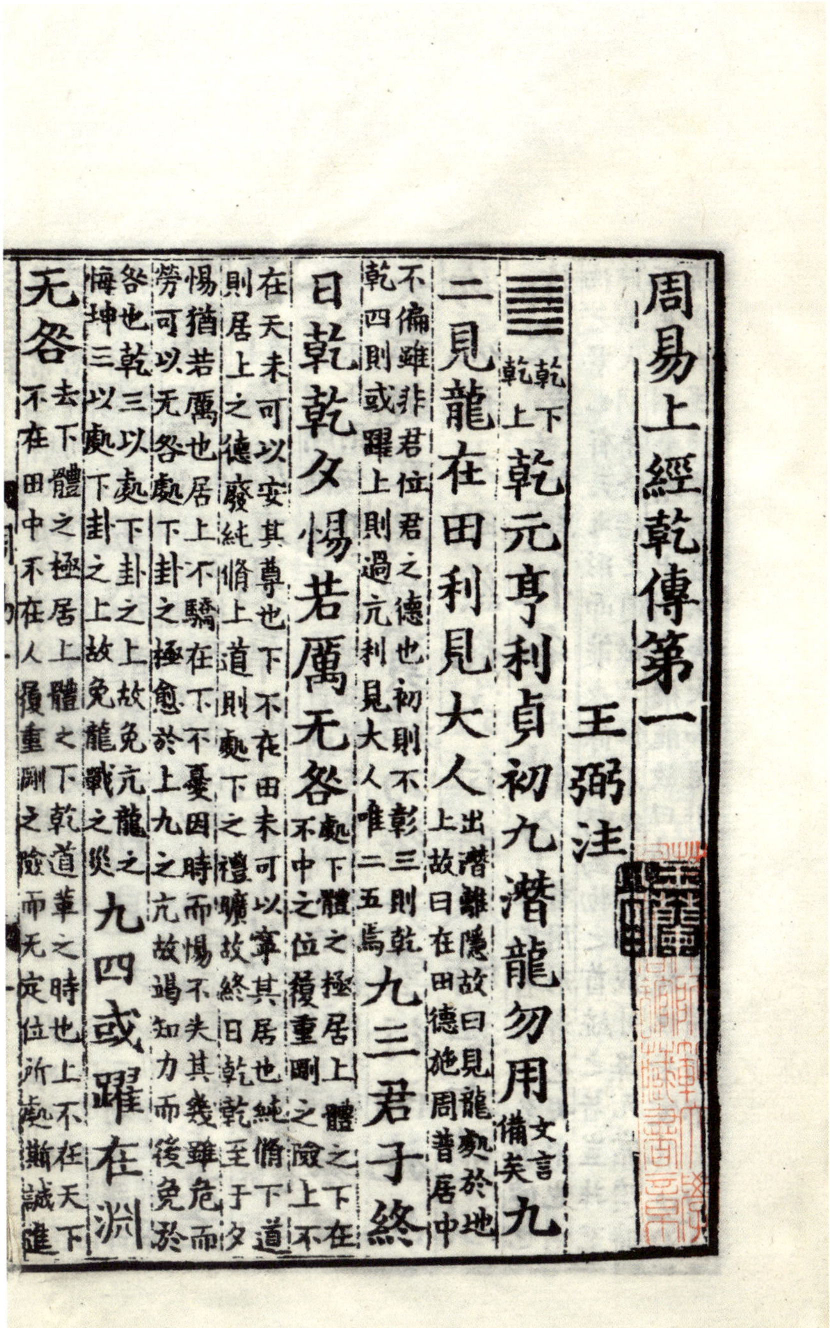

周易上經乾傳第一

王弼注

䷀乾下乾上乾元亨利貞初九潛龍勿用文言備矣九二見龍在田利見大人出潛離隱故曰見龍處於地上故曰在田德施周普居中不偏雖非君位君之德也初則不彰三則乾乾四則或躍上則過亢利見大人唯二五焉九三君子終日乾乾夕惕若厲无咎處下體之極居上體之下在不中之位履重剛之險上不在天未可以安其尊也下不在田未可以寧其居也純脩下道則居上之德廢純脩上道則處下之禮曠故終日乾乾至于夕惕猶若厲也居上不驕在下不憂因時而惕不失其幾雖危而勞可以无咎處下卦之極愈於上九之亢故竭知力而後免於咎也乾三以處下卦之上故免亢龍之悔坤三以處下卦之上故免龍戰之災九四或躍在淵无咎去下體之極居上體之下乾道革之時也上不在天下不在田中不在人履重剛之險而无定位所處斯誠進

D11-5/7.2 (5) 古今图书集成 一万卷

陈梦雷原辑、蒋廷锡重辑。

1934 年 10 月中华书局影印本。白口，四周双边。线装八百册。

开本 27.9cm × 16.5cm，版框 22.2cm × 14.3cm。

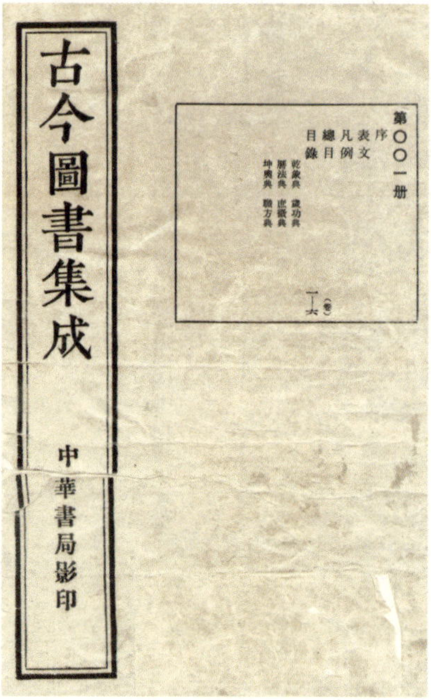

该书原名《古今图书汇编》，由清朝康熙年间陈梦雷（1650—1741）所编辑。雍正继位，又命蒋廷锡（1669—1732）重新编校。雍正六年（1728），此书用铜活字印刷 64 部，亦称殿本。光绪二十年（1894），上海同文书局以此为底本石印 100 部，并增刊《考证》24 卷。1934 年，上海中华书局以康有为所藏铜活字本为底本缩小影印，字迹清晰，墨色均匀，最为通行，流传甚广。内容分为 6 汇编、32 典、6117 部，举凡天文地理、鸟兽虫鱼、文学乐律、农桑牧渔、百家考工、医药良方等无所不包，规模宏大，图文并茂，是现存规模最大、资料最丰富的大型类书。

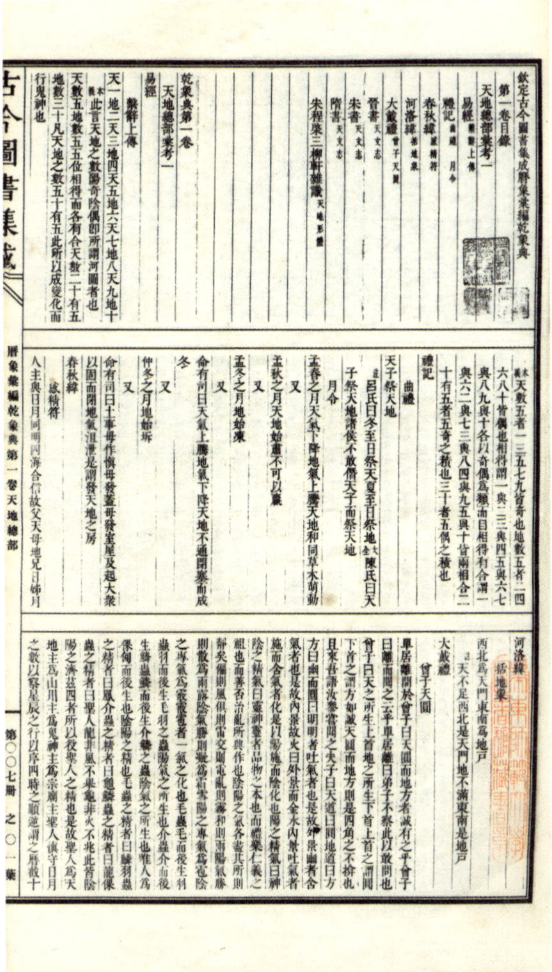

古今圖書集成

欽定古今圖書集成曆象彙編乾象典

第一卷目錄

天地總部彙考一

易經 繫辭上傳

禮記 曲禮 月令

春秋緯 感精符

河洛緯 括地象

大戴禮 曾子天圓

晉書 天文志

宋書 天文志

隋書 天文志

宋程棨三柳軒雜識 天地形體

乾象典第一卷

天地總部彙考一

易經

繫辭上傳

天一地二天三地四天五地六天七地八天九地十

本義 此言天地之數陽奇陰偶即所謂河圖者也

天數五地數五五位相得而各有合天數二十有五地數三十凡天地之數五十有五此所以成變化而行鬼神也

本義 天數五者一三五七九皆奇也地數五者二四六八十皆偶也相得謂一與二三與四五與六七與八九與十各以奇偶爲類而自相得有合謂一與六二與七三與八四與九五與十皆兩相合二十有五者五奇之積也三十者五偶之積也

禮記

曲禮

天子祭天地

注 呂氏曰冬至日祭天夏至日祭地 大全 陳氏曰天子祭天地諸侯不敢僭天子而祭天地

月令

孟春之月天氣下降地氣上騰天地和同草木萌動

又

孟秋之月天地始肅不可以贏

又

孟冬之月地始凍

又

命有司曰天氣上騰地氣下降天地不通閉塞而成冬

又

仲冬之月地始坼

又

命有司曰土事毋作慎毋發蓋毋發室屋及起大衆以固而閉地氣沮泄是謂發天地之房

春秋緯

感精符

人主與日月同明四海合信故父天母地兄日姊月

河洛緯

括地象

西北爲天門東南爲地戶

注 天不足西北是天門地不滿東南是地戶

大戴禮

曾子天圓

單居離問於曾子曰天圓而地方者誠有之乎曾子曰離而聞之云乎單居離曰弟子不察此以敢問也曾子曰天之所生上首地之所生下首上首之謂圓下首之謂方如誠天圓而地方則是四角之不揜也且來吾語汝參嘗聞之夫子曰天道曰圓地道曰方方曰幽而圓曰明明者吐氣者也是故外景幽者含氣者也是故內景故火曰外景而金水內景吐氣者施而含氣者化是以陽施而陰化也陽之精氣曰神陰之精氣曰靈神靈者品物之本也而禮樂仁義之祖也而善否治亂所興作也陰陽之氣各盡其所則靜矣偏則風俱則雷交則電亂則霧和則雨陽氣勝則散爲雨露陰氣勝則凝爲霜雪陽之專氣爲雹陰之專氣爲霰霰雹者一氣之化也毛蟲毛而後生羽蟲羽而後生毛羽之蟲陽氣之所生也介蟲介而後生鱗蟲鱗而後生介鱗之蟲陰氣之所生也唯人爲倮匈而後生也陰陽之精也毛蟲之精者曰麟羽蟲之精者曰鳳介蟲之精者曰龜鱗蟲之精者曰龍倮蟲之精者曰聖人龍非風不舉龜非火不兆此皆陰陽之際茲四者所以役聖人也是故聖人爲天地主爲山川主爲鬼神主爲宗廟主聖人愼守日月之數以察星辰之行以序四時之順逆謂之曆截十

曆象彙編乾象典第一卷天地總部

第〇〇七冊 之〇一葉

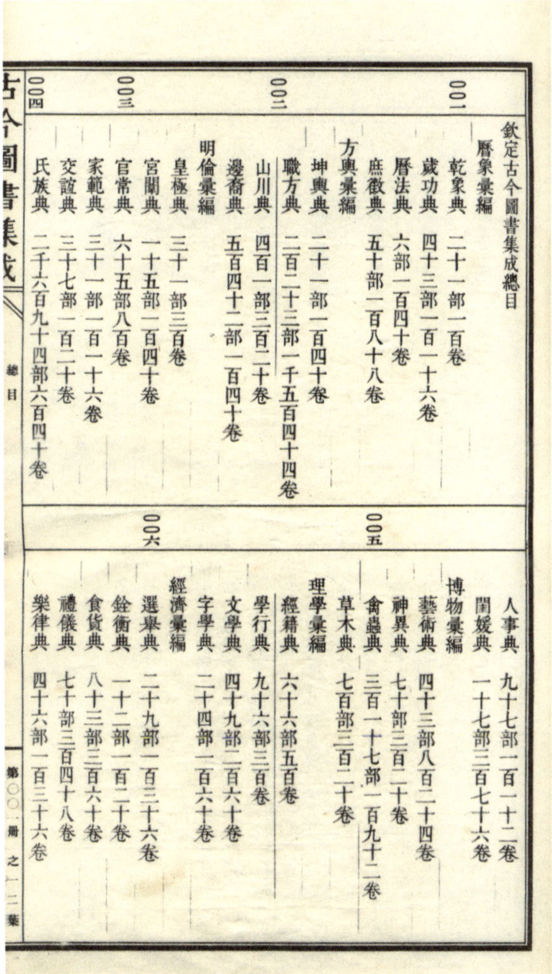

古今圖書集成

〇〇一 〇〇二 〇〇三 〇〇四

欽定古今圖書集成總目

曆象彙編

乾象典 二十一部一百卷

歲功典 四十三部一百一十六卷

曆法典 六部一百四十卷

庶徵典 五十部一百八十八卷

方輿彙編

坤輿典 二十一部一百四十卷

職方典 二百二十三部一千五百四十四卷

山川典 四百一部三百二十卷

邊裔典 五百四十二部一百四十卷

明倫彙編

皇極典 三十一部三百卷

宮闈典 一十五部一百四十卷

官常典 六十五部八百卷

家範典 三十一部一百一十六卷

交誼典 三十七部一百二十卷

氏族典 二千六百九十四部六百四十卷

〇〇五 〇〇六

人事典 九十七部一百一十二卷

閨媛典 一十七部三百七十六卷

博物彙編

藝術典 四十三部八百二十四卷

神異典 七十部三百二十卷

禽蟲典 三百一十七部一百九十二卷

草木典 七百部三百二十卷

理學彙編

經籍典 六十六部五百卷

學行典 九十六部三百卷

文學典 四十九部二百六十卷

字學典 二十四部一百六十卷

經濟彙編

選舉典 二十九部一百三十六卷

銓衡典 一十二部一百二十卷

食貨典 八十三部三百六十卷

禮儀典 七十部三百四十八卷

樂律典 四十六部一百三十六卷

總目

第〇〇一冊 之一二葉

072.021922/428　清代毗陵书目

张维骧辑。

上海:常州旅沪同乡会，1944年11月初版。一册，32开。

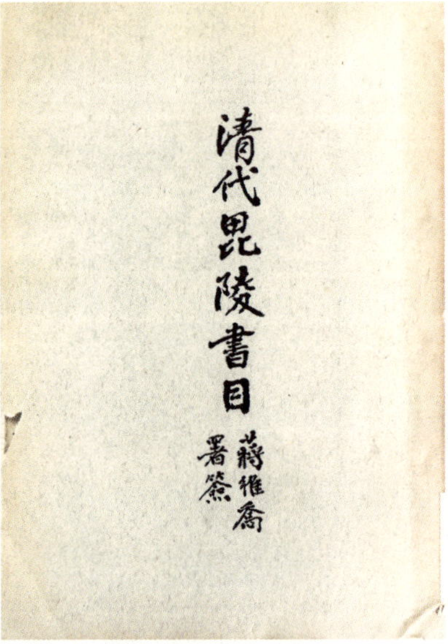

毗陵为古地名，春秋时为延陵邑，西汉置县，于清为武进、阳湖两县地，又为常州府治。《清代毗陵书目》凡八卷，包括现存书、校刻书、已佚书等，分别以四部分类，由蒋维乔题签。同年，作者另有《清代毗陵名人小传稿》十一卷出版，汇集清初至民国年间常州名人数百余人小传。钱建初医师图书室旧藏。

序

清代毗陵書目八卷武進張先生季易所輯也先生名惟驤性耽撰述鄉邦舊典聞見尤洽是書已數易稿行將付印遭世亂流遷之中不廢斠訂豫是有益仍加補正既寫定索序於邑人徐震爲之序曰毗陵於清爲武進陽湖兩縣地又爲常州府治今不曰常州者嫌於兼賅八邑不曰武進陽湖者以其稱名過繁援用舊名蓋爲是爾惟清室當順康之世有明遺老志恢復而不遂則移心力於學術亦有自託于文辭書畫者于時吾鄉則有臧琳攷證經義惲鶴生治顏元之學邵長蘅工爲詩古文惲壽平擅妙于書畫此其見端也下逮乾嘉厥途四暢羣美萌生其在吾鄉乃有趙翼黃景仁孫星衍洪亮吉張惠言惲敬趙懷玉莊述祖李兆洛董祐誠之倫於經於史於諸子於文字音韻訓詁校勘金石天算之學於詩於賦於詞於古文駢儷之作既各極其精能旁及經脈藥石如鄒澍張琦之造述藝事如錢伯坰莊寶書黃乙生之書錢維城錢維喬湯貽汾之畫亦一時之雋也復有莊存與劉逢祿上

S C14.1-16/8.393 积学斋藏善本书目 四卷

徐乃昌编。

稿本。白口，四周单边。线装一册。开本 22.3cm × 18.9cm，版框 20.3cm × 15.2cm。

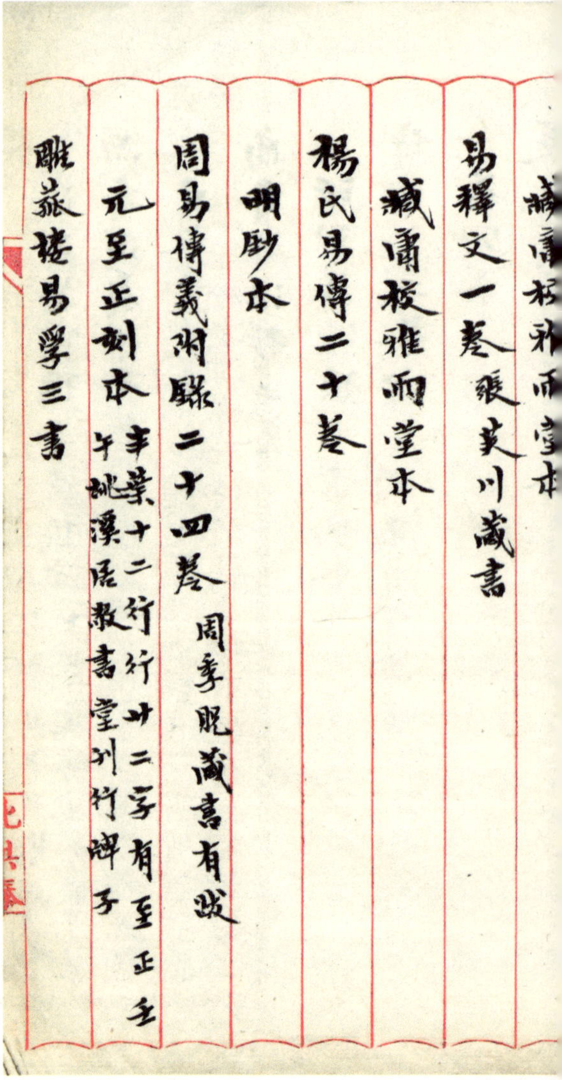
易釋文一卷 張芙川藏書
臧庸校雅雨堂本
楊氏易傳二十卷
明鈔本
周易傳義附錄二十四卷 周季貺藏書有跋
元至正刻本 半葉十二行行廿二字有至正壬午桃溪居敬書堂刊行牌子
雕菰樓易學三書

徐乃昌是晚清民国间著名的收藏家、目录学家，安徽南陵人，官至江南盐巡道兼金陵关监督。《积学斋藏善本书目》是徐乃昌自撰手稿本藏书目录，书以经、史、子、集四部分类。该目字迹工整，与已经披露的徐乃昌手迹相符，确为其手稿本无疑。卷后有徐氏后人的两篇跋语。该书为白色硬质封面，笺纸红格栏。版心下印“北洪泰”。笺纸右边印“民国 年(阴阳)历 月(印号)第 号”。

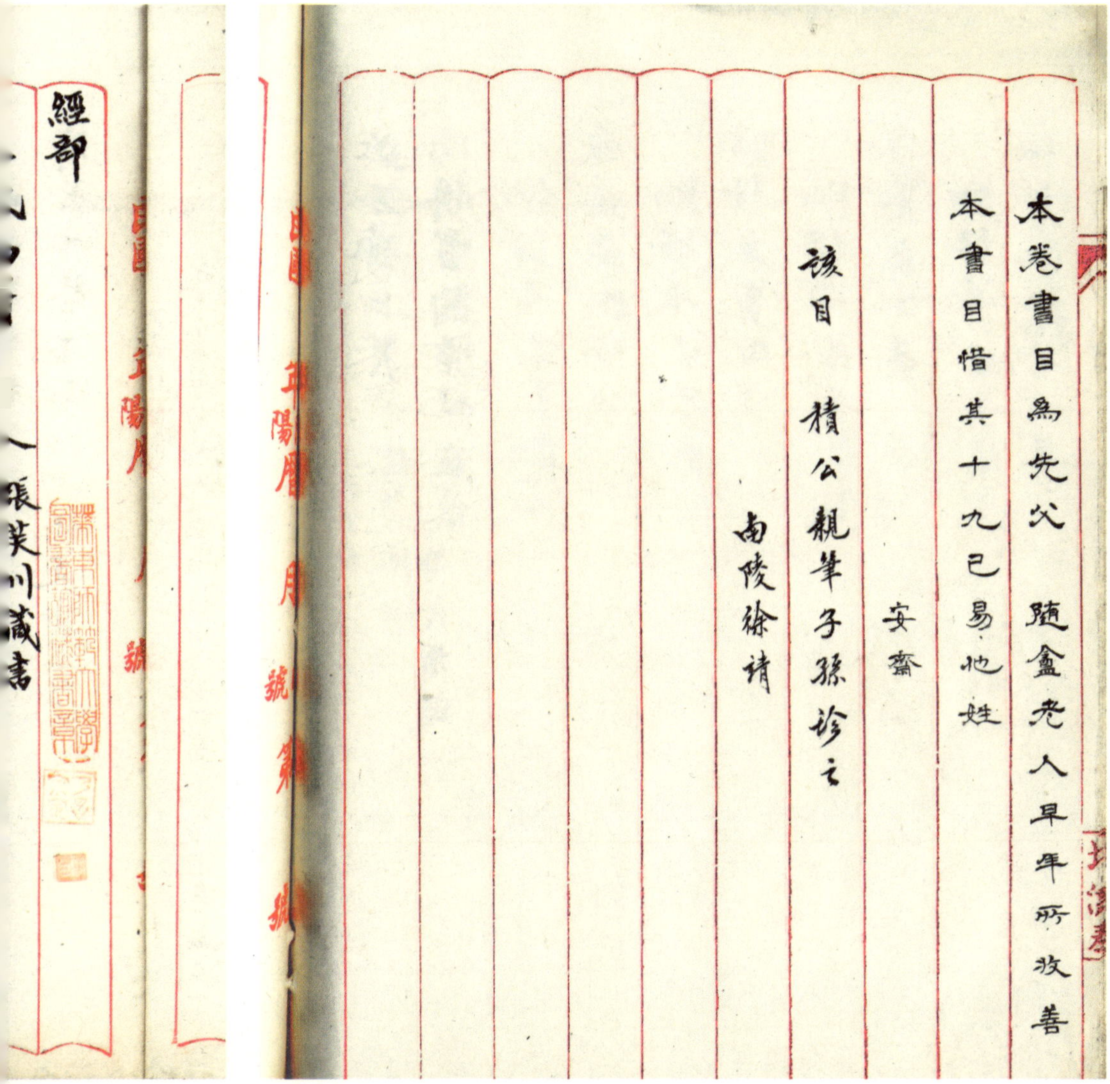
本卷書目爲先父　隨盦老人早年所收善
本書目惜其十九已易他姓
安齋
該目　積公親筆子孫珍之
南陵徐靖
經部
張芙川藏書

S C18.8-16/8.393　积学斋书目 不分卷

徐乃昌编。

稿本。黑口，四周单边。线装一册。开本 27.5cm × 17.2cm，版框 19.0cm × 12.9cm。

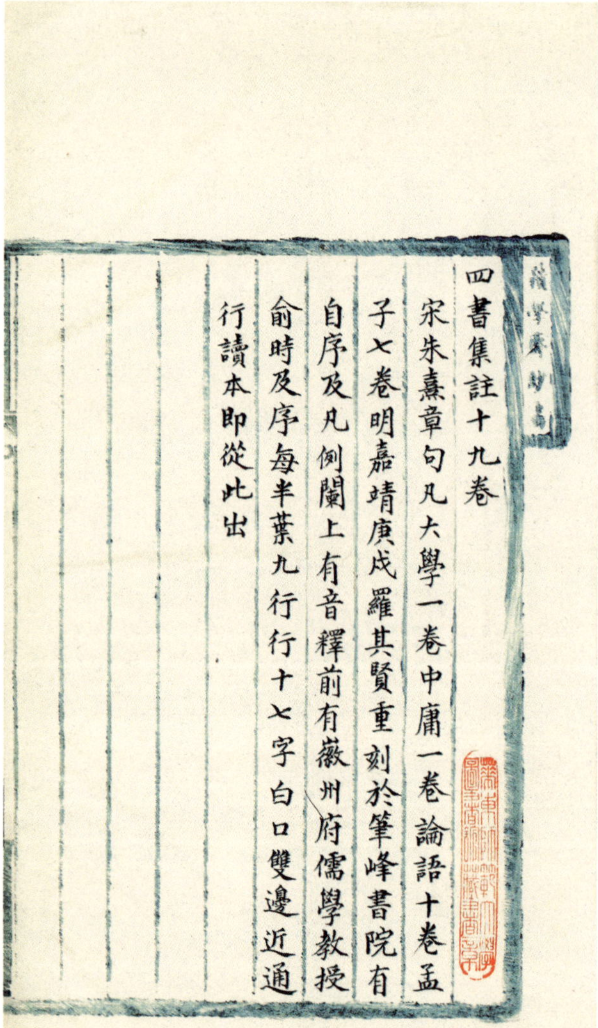
積學齋鈔書

四書集註十九卷

宋朱熹章句凡大學一卷中庸一卷論語十卷孟子七卷明嘉靖庚戌羅其賢重刻於筆峰書院有自序及凡例闌上有音釋前有徽州府儒學教授俞時及序每半葉九行行十七字白口雙邊近通行讀本即從此出

《积学斋书目》为徐乃昌修改稿本藏书志，收书四十五种，以四部分类。其中，经部三种，史部四种，子部十五种，集部二十三种。史部四种《新安名族志》《武夷志略》《惠山集》《历代山陵考》，均为地方志，对《惠山集》考订尤详，反映了徐乃昌的兴趣所在。此目与《积学斋藏善本书目》均为徐乃昌手定，体例、侧重点各异。每种书名卷数后，有解题式目录。提要稿由徐乃昌撰写，写工照其行款誊录。该书内封题“积学斋书目”，书耳印“积学斋钞书”字样。徐氏版格纸，蓝、绿、黑格栏，第四十六页《元末十九家集》为绿色版格纸，书耳印“灵华馆钞书”。卷端钤徐乃昌印。

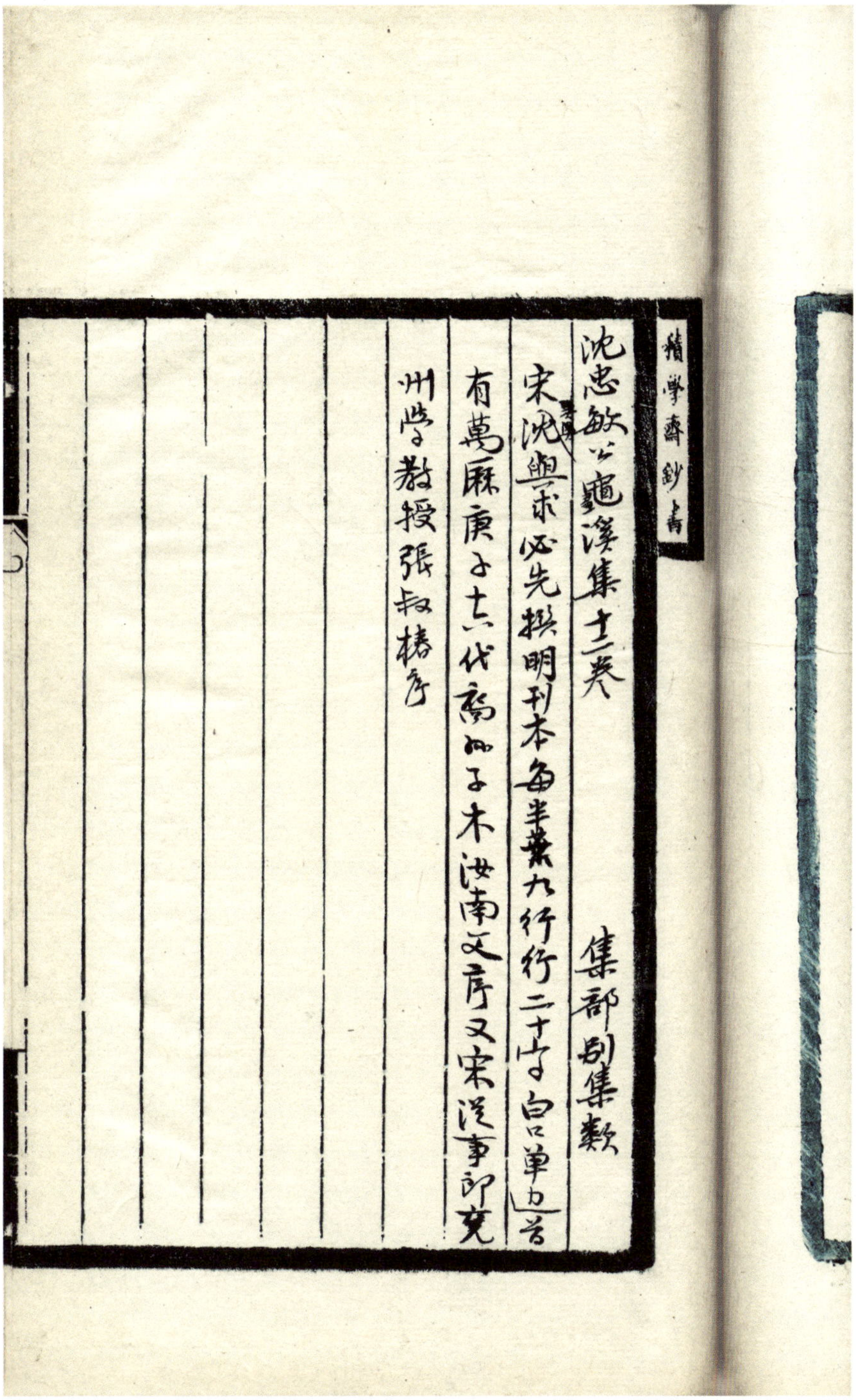

積學齋鈔書

沈忠敏公龜溪集十二卷　集部別集類

宋沈與求必先撰明刊本每半葉九行行二十字白口單邊首

有萬厯庚子十六代孫如子木汝南文序又宋從事郎寃

州學教授張叔椿序

期刊

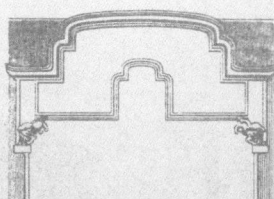

外交月报

王芃生、张忠绂、徐淑希、吴其玉先后主编。

北平：外交月报社编辑发行。月刊，16 开。1932 年 7 月 15 日创刊，1937 年 7 月 1 日出至第 11 卷第 1 期停刊,共出版 10 卷 61 期。馆藏第 1—7 卷各 1—6 期。

该刊以记载国际情报、阐明国际法理、研究国际条约、讨论外交政策、考证外交史实、便利外交研究为主旨，以中日和中苏外交关系为基点，以亚洲为主要内容，剖析中国在亚太体系中的处境。内容有论说、批评、译丛、记事、资料、杂纂等，执笔者有徐淑希、萧叔絅、吴涤愆、陈言、罗坚白、刘奇甫、王文山等人。

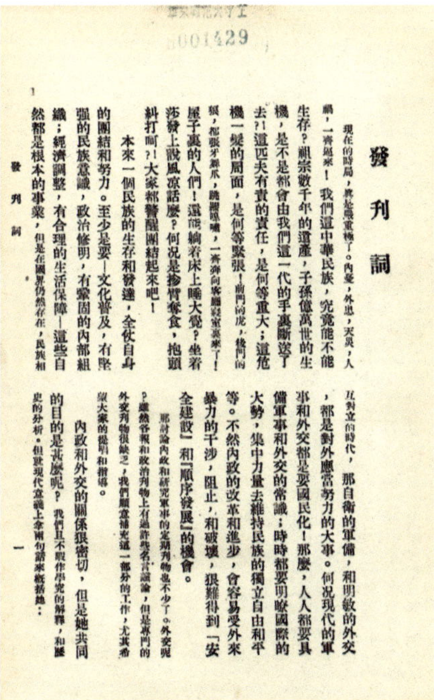

發刊詞

現在的時局，真是嚴重極了。內憂，外患，天災，人禍，一齊湧來！我們這中華民族，究竟能不能生存？祖宗數千年的遺產，子孫億萬世的生機，是不是都會由我們這一代的手裏斷送了去？！這匹夫有責的責任，是何等重大；這危機一髮的局面，是何等緊張！前門向虎，後門向狼，都張牙舞爪，跳躍咆嘯，一齊奔向寒舍寢室裏來了！屋子裏的人們！還能躺着床上睡大覺？坐着涉發上說風凉話麼？何況是捋臂奪食，抱頭斜打呵？！大家都警醒團結起來吧！

本來一個民族的生存和發達，全仗自身的團結和努力。至少是要—文化普及，有堅強的民族意識，政治修明，有鞏固的內部組織；經濟調整，有合理的生活保障—這些自然都是根本的事業，但是在國界仍然存在，民族相互對立的時代，那自衛的軍備，和明敏的外交，都是對外應當努力的大事。何況現代的軍事和外交都是要國民化！那麼，人人都要具備軍事和外交的常識；時時都要明瞭國際的大勢，集中力量去維持民族的獨立自由和平等。不然內政的改革和進步，會容易受外來暴力的干涉，阻止，和破壞，很難得到「安全建設」和『順序發展』的機會。

那討論內政和研究軍事的定期刊物也不少了。外交呢？雖然各報和政治刊物上有過許些名貴議論，但是專門的外交刊物很缺乏，我們願意補充這一部分的工作，尤其希望大家的提倡和指導。

內政和外交的關係很密切，但是她共同的目的是甚麼呢？我們且不做作學究的解釋，和歷史的分析。但就現代意義上拿兩句話來概括她：

1 發刊詞 一

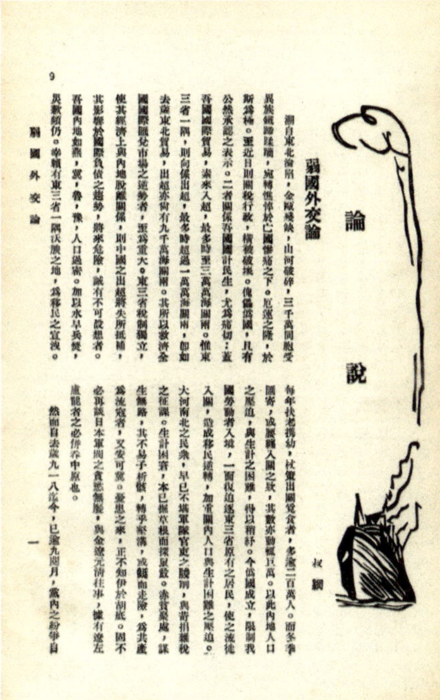

論說

弱國外交論

叔絅

溯自東北淪陷，金甌殘缺，山河破碎，三千萬同胞受異族鐵蹄蹂躪，宛轉慘悴於亡國慘痛之下。厄運之降，於斯爲極。至近日則關稅行政，橫被破壞。傀儡僞國，且有公然承認之表示。二者關係吾國國計民生，尤爲痛切；蓋吾國國際貿易，素來入超，最多時至三萬萬海關兩。惟東三省一隅，則向係出超，最多時超過一萬萬海關兩。即如去歲東北貿易，出超亦尚有九千萬海關兩。其所以彌濟全國國際貿易市場之逆勢者，至爲重大。東三省稅關獨立，使其經濟上與內地脫離關係，則中國之出超將失所抵補，其影響於國際負債之趨勢，將來危險，誠有不可設想者。吾國內地如燕，冀，魯，豫，人口過密。加以水旱兵燹，災歉頻仍。幸賴有東三省一隅沃腴之地，爲移民之宣洩。每年扶老攜幼，杖策出關覓食者，多至二百萬人。而多季歸寄，或展轉入關之款，其數亦動輒巨萬。以此內地人口之壓迫，與生計之困難，得以稍紓。今僞國成立，限制我國勞動者入境，一面復迫逐東三省原有之居民，使之流徙入關，造成移民逆轉，加重關內人口與生計困難之壓迫。大河南北之民衆，早已不堪軍隊官吏之勒削，與苛捐雜稅之征課。生計困窘，本已掘草根而採鼠穀。赤貧累歲，謀生無路，其不易子析骸，轉乎溝壑，或鋌而走險，爲共產爲流寇者，又安可覓。憂患之來，正不知伊於胡底。固不必再談日本軍閥之貪慾無厭，與金遼元清往事，據有遼左虛覬者之必併吞中原也。

然而自去歲九一八迄今，已逾九閱月，黨內之紛爭自

9 弱國外交論 一

新渔

渔业善后物资管理处研究训练所编辑。

上海:渔业善后物资管理处研究训练所发行。月刊,16 开。1948 年 7 月 5 日创刊,1949 年 4 月 20 日出至第 10 期停刊,共出版 10 期。馆藏全套。

本刊是渔业类专业期刊，栏目有论著、研究译作、调查通讯、每月什锦等。内容主要是宣传新式渔业，比如海洋鱼类研究、水产养殖、鱼类加工、国内外渔业发展及现状分析等。主要撰稿人有王刚、李东芗、王贻观、梅荪、杨月安、余鲲、赵君迈、陈同白、夏世福等。该刊对于学者研究中国渔业发展状况提供了丰富的资料。

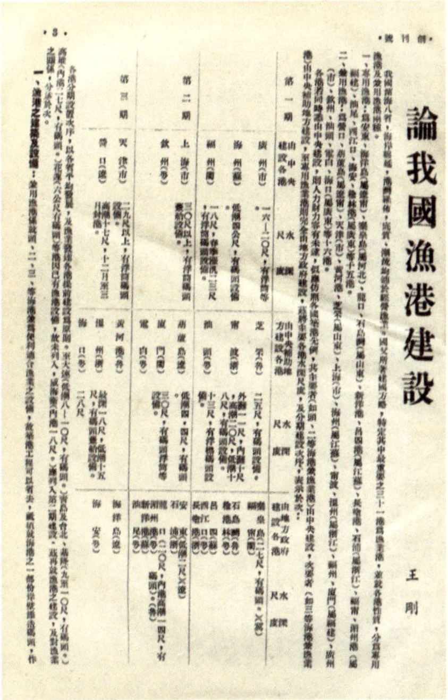

論我國漁港建設

王剛

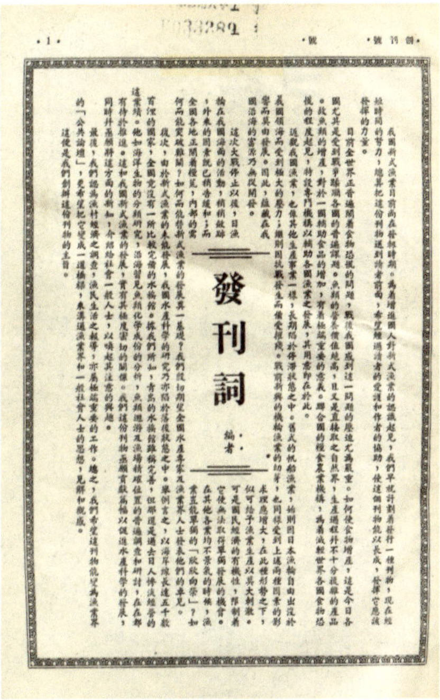

發刊詞

編者

真美善

曾虚白主编。

上海：真美善杂志编辑部发行。半月刊（后改为月刊和季刊），32开。1927年11月1日创刊，每月1日及15日或16日发行，1928年5月出第2卷第1期起改为月刊，1931年1月16日出至第7卷第3号停刊，共出版45期。1931年4月起改为季刊，出新1卷1期，同年7月出新1卷2期后停刊。馆藏前5卷。

该刊内容有小说、诗作、翻译、文艺评论等。大力推介西方文学，尤其是法国浪漫派文学。刊载了大量编者及其父曾朴的创作及翻译，曾朴的《鲁男子》《孽海花》等小说即连载于此。

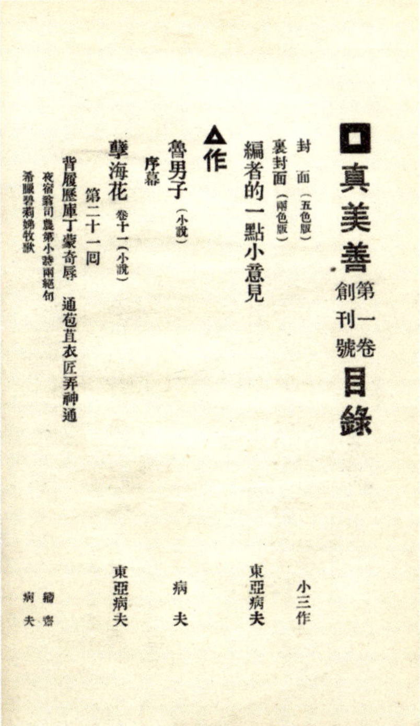

□真美善 第一卷创刊號 目錄

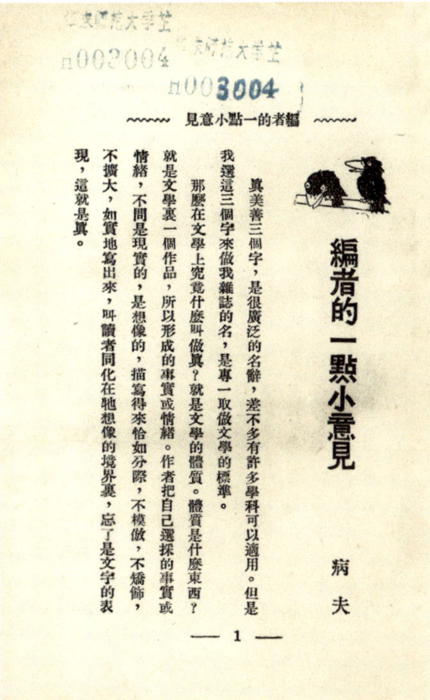

編着的一點小意見

病　夫

真美善三個字，是很廣泛的名辭，差不多有許多學科可以適用。但是我選這三個字來做我雜誌的名，是專一取做文學的標準。

那麼在文學上究竟什麼叫做真？就是文學的體質。體質是什麼東西？就是文學裏一個作品，所以形成的事實或情緒。作者把自己選採的事實或情緒，不問是現實的，是想像的，描寫得來恰如分際，不模倣，不矯飾，不擴大，如實地寫出來，叫讀者同化在牠想像的境界裏，忘了是文字的表現，這就是真。

奔流

鲁迅、郁达夫主编。

上海：北新书局出版。月刊，大32开。1928年6月20日创刊，1929年12月20日出至第2卷第5期停刊，共出版15期。馆藏全套。

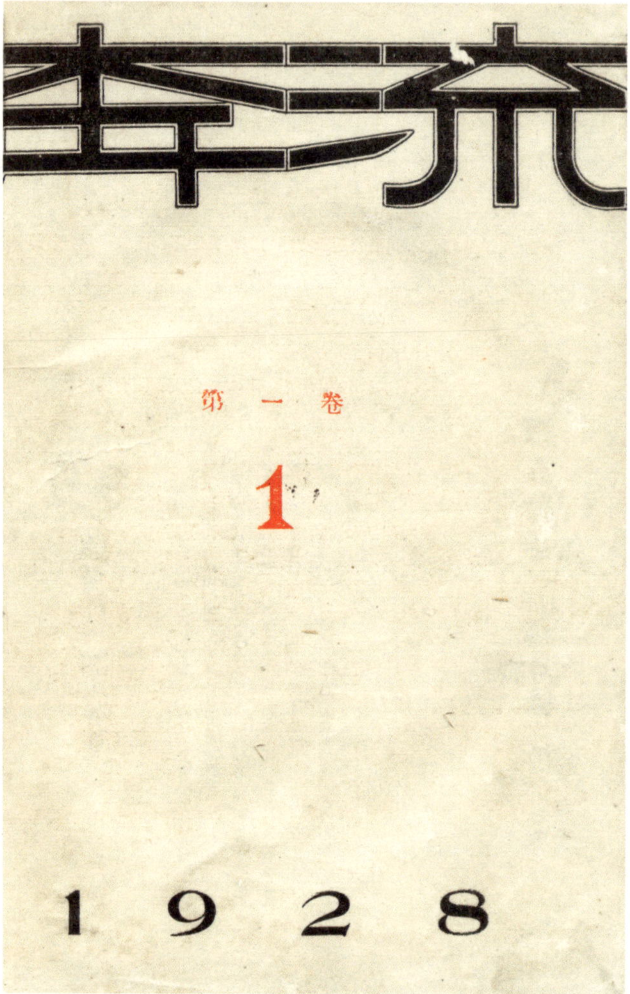

该刊以介绍外国文艺理论和作品为主，也发表文学创作。主要著译者有鲁迅、郁达夫、林语堂、张天翼、柔石、白薇等。

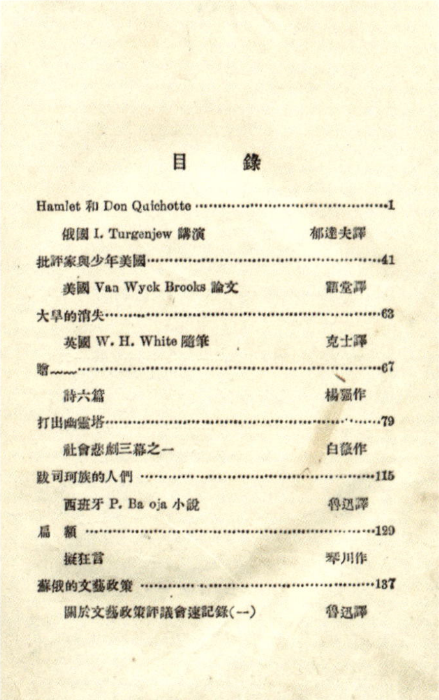

目　録

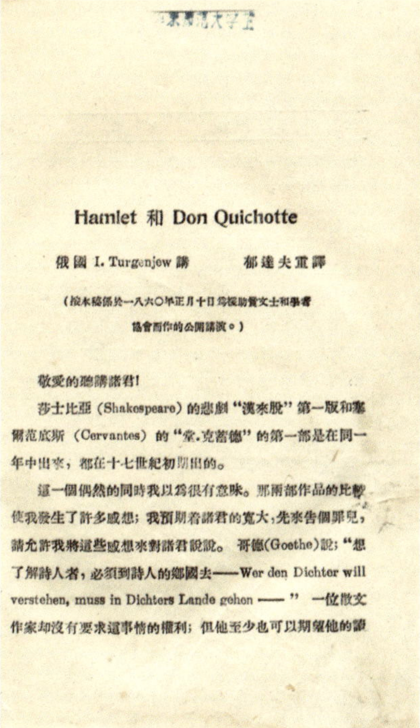

Hamlet 和 Don Quichotte

俄國 I. Turgenjew 講　郁達夫重譯

（按本稿係於一八六〇年正月十日為援助貧文士和學者協會而作的公開講演。）

敬愛的聽講諸君！

莎士比亞（Shakespeare）的悲劇"漢來脫"第一版和塞爾范底斯（Cervantes）的"堂.克蓄德"的第一部是在同一年中出來，都在十七世紀初期出的。

這一個偶然的同時我以為很有意味。那兩部作品的比較使我發生了許多感想；我預期着諸君的寬大，先來告個罪兒，請允許我將這些感想來對諸君說說。哥德(Goethe)說；"想了解詩人者，必須到詩人的鄉國去——Wer den Dichter will verstehen, muss in Dichters Lande gehen——"一位散文作家却沒有要求這事情的權利；但他至少也可以期望他的讀

太白

陈望道主编。

上海：上海生活书店发行。半月刊，16开。1934年9月20日创刊，1935年9月5日停刊，共出版2卷24期。馆藏全套。

该刊栏目有短论、速写、漫谈、科学小品、读书记、风俗志、杂考、文选等。作者有鲁迅、茅盾、巴金、徐懋庸、胡愈之、夏丏尊、艾芜、陈伯达、丰子恺、郑振铎、曹聚仁、贾祖璋等。该刊提倡健康、战斗的小品文，以刊行科学性、进步性小品文为己任，开科学小品创作之先河，与当时论语派倡导的幽默小品旨趣迥异，具有鲜明的倾向性。

太白 半月刊創刊號目錄

民國二十三年九月二十日出版
民國二十三年九月廿一日再版
民國二十三年十月五日三版

短論

不知肉味和不知水味

公汗

今年的尊孔，是民國以來第二次的盛典，凡是可以施展出來的，幾乎全都施展出來了。上海的華界雖然接近爽（亦作塽）場，也聽到了當年孔子聽得『三月不知肉味』的『韶樂』。八月三十日的『申報』報告我們說——

『廿七日本市各界在文廟舉行孔誕紀念會，到黨政機關，及各界代表一千餘人。有大同樂會演奏中和韶樂二章，所用樂器因欲擴大音量起見，不分古今，凡屬國樂器，一律配入，共四十種。其譜一仍舊貫，並未變動。聆其節奏，莊嚴肅穆，不同凡響，令人悠然起敬，如親三代以上之承平雅頌，亦即我國民族性酷愛和平之表示也。』

樂器不分古今，一律配入，蓋和周朝的韶樂，該已很有不同。但為『擴大音量起見』，也只能這麼辦，而且和現在的尊孔的精神，也似乎十分合拍的。『孔子，聖之時者也』，『亦即聖之摩登者也』，要三月不知魚翅燕窩味，樂器大約決非『共四十種』不可；況且那時候，中國雖然已有外患，卻還沒有爽場。

不過因此也可見時勢究竟有些不同了，縱使『擴大音量』，終於擴不到鄭聞，同日的『中華日報』上，就記着一則頗傷『承平雅頌，亦即我國民族性酷愛和平之表示』的體面的新聞，最不湊巧的是事情也出在二十七——

『（甯波通訊）餘姚入夏以來，因天時亢旱，河水乾涸，住民飲料，大半均在河畔開鑿土井，藉以汲取，故往往因爭先後，而起衝突。廿七日上午，距姚城四十里之朗霞鎮後方屋地方，居民楊厚楚與姚士蓮，又因爭井水，發生衝突，互相加毆。姚士蓮以烟筒頭猛擊楊頭部，楊當即昏倒在地。繼姚又以木棍石塊擊楊中要害，楊竟遭毆斃。迨鄰地聞聲施救，楊早已氣絕。而姚士蓮見已闖禍，知必不能免，即乘機逃避。……』

聽說在阿剌伯，有些地方，水已經是寶貝，為了喝水，要用血去換。『我國民族性』是『酷愛和平』的，想必不至於如此。

宇宙风

林语堂主编。
上海：宇宙风社编辑部发行。抗日战争全面爆发，编辑部从上海迁往广州、香港、桂林、重庆等地。半月刊，16开。1935年9月16日创刊，每月1日及16日出版，1947年8月10日终刊，共出版152期。馆藏第1—67期。

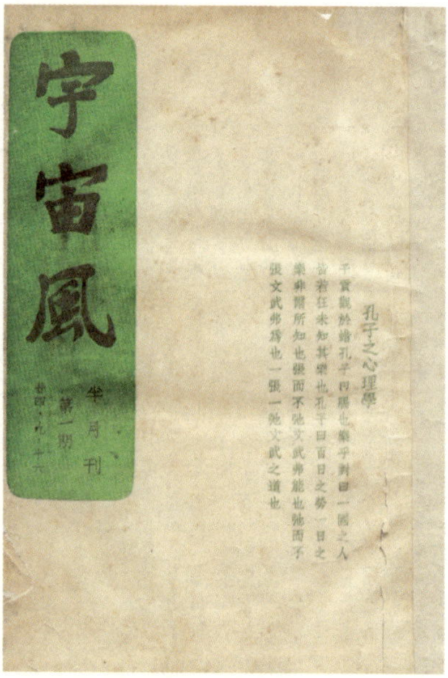

《宇宙风》“以畅谈人生为主旨，以言必近情为戒约”，内容以小品散文为主。执笔者有林语堂、老舍、许钦文、丰子恺、郁达夫、刘大杰等。

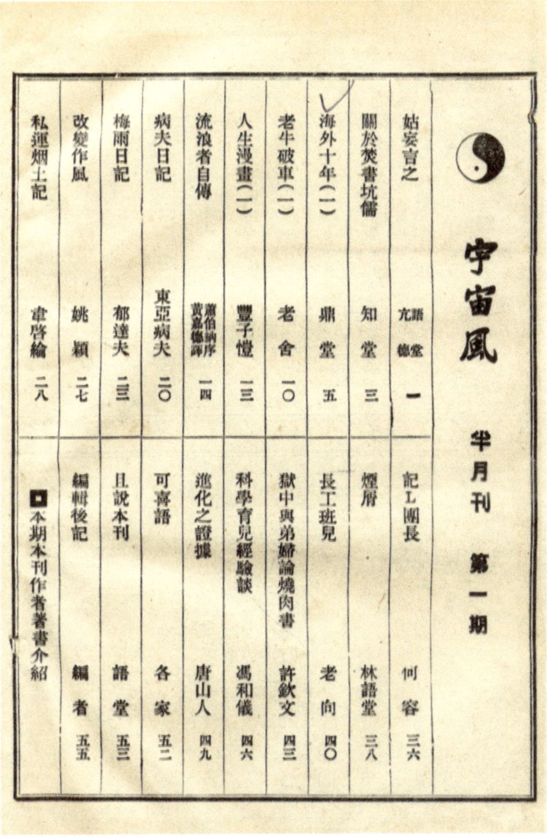

宇宙風

半月刊　第一期

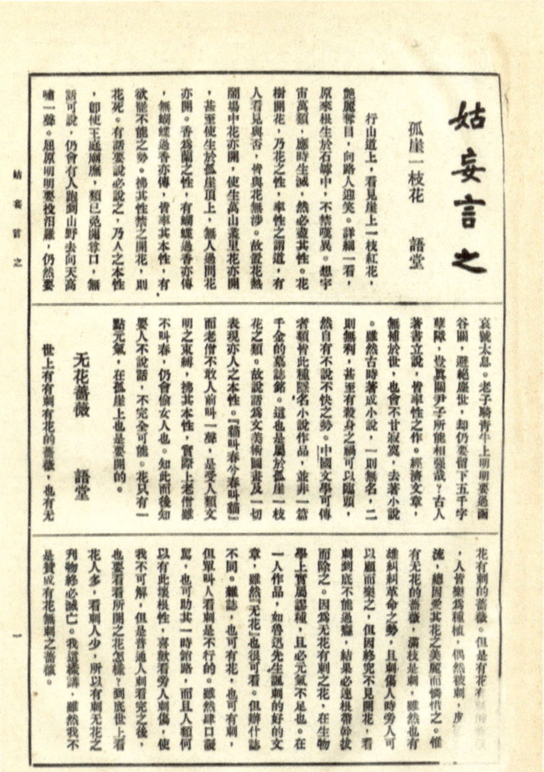

姑妄言之

孤崖一枝花　語堂

行山道上，看見崖上一枝紅花，艷麗奪目，向路人迎笑。詳細一看，原來根生於石罅中，不禁嘆異。想宇宙萬類，應時生滅，然必盡其性。花樹開花，乃花之性，率性之謂道，有人看見與否，皆與花無涉。故置花熱鬧場中花亦開，使生萬山叢里花亦開，甚至使生於孤崖頂上，無人過問花亦開。香爲蘭之性，有蝴蝶過香亦傳，無蝴蝶過香亦傳，皆率其本性，有欲罷不能之勢。拂其性禁之開花，則花死。有話要說必說之，乃人之本性，即使王庭廟廡，類已箝閉聲口，無話可說，仍會有人跑到山野去向天高嘯一聲。屈原明明要投汨羅，仍然要哀號太息。老子騎青牛上明明要過函谷關，避絕塵世，却仍要留下五千字孽障，豈眞關尹子所能相强哉？古人著書立說，皆率性之作。經濟文章，無補於世，也會不甘寂寞，去著小說。雖然古時著成小說，一則無名，二則無利，甚至有殺身之禍可以臨頭，然自有不說不快之勢。中國文學可傳者類皆此種隱名小說作品，並非一篇千金的墓誌銘。這也是屬於孤崖一枝花之類。故說話爲文美術圖畫及一切表現亦人之本性。『貓叫春兮春叫貓』而老僧不敢人前叫一聲，是受人類文明之束縛，拂其本性，實際上老僧雖不叫春，仍會偷女人也。知此而後知要人不說話，不完全可能。花只有一點元氣，在孤崖上也是要開的。

无花薔薇　語堂

世上有有刺有花的薔薇，也有无花有刺的薔薇。但是有花有刺的薔薇，人皆樂爲種植，偶然被刺，亦[illegible]流，總因愛其花之美麗而憐惜之。惟有无花的薔薇，滿枝是刺，雖然也有雄糾糾革命之勢，且刺傷人時旁人可以顧而樂之，但因終究不見開花，看刺到底不能過癮，結果必連根帶幹拔而除之。因爲无花有刺之花，在生物學上實屬謬種，且必元氣不足也。在一人作品，如魯迅先生諷刺的好的文章，雖然『无花』也很可看。但辦什誌不同。雜誌，也可有花，也可有刺，但單叫人看刺是不行的。雖然肆口謾駡，也可助其一時銷路，而且人類何以有此壞根性，喜歡看旁人刺傷，使我不可解，但是普通人刺看完之後，也要看看所開之花怎樣？到底世上看花人多，看刺人少，所以有刺无花之刊物終必滅亡。我這樣講，雖然我不是贊成有花無刺之薔薇。

姑妄言之　一

谈风

浑介、海戈、黎庵编辑。

上海：谈风社发行。半月刊，16 开。1936 年 10 月 25 日创刊，每月 10 日、25 日出版，1937 年 8 月 10 日终刊，共出版 20 期。馆藏全套。

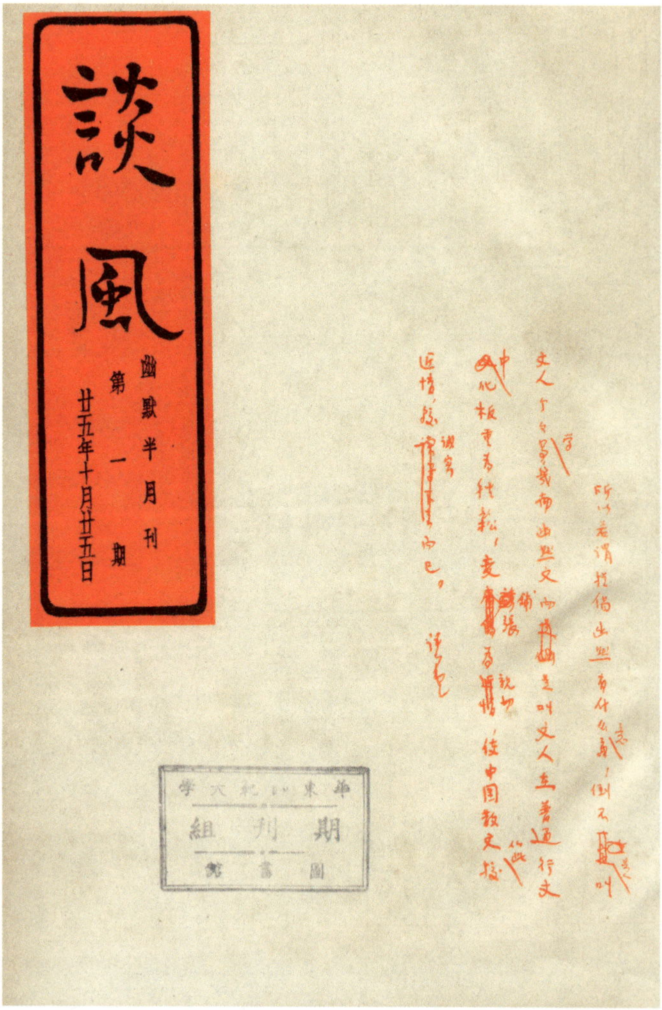

该刊栏目有谈锋、月旦菁华、幽默文粹、语林、书评等，内容多为书评、小品、散论。执笔者有林语堂、老舍、许钦文、丰子恺、俞平伯、施蛰存、谢冰莹等。

談風

幽默半月刊第一期目錄

緣起

海戈

本刊創刊號的稿子收集得差不多了，黎庵說我們應該有一個緣起，不然，無頭無腦，不好見人，那意思是要我來寫一篇。我素來不會大發議論，也不會先告訴你，我會做甚麼甚麼，好像也就不曾計算過——譬如明天我要讀一本應世指南。因此，好些年以前，我家二胖兄就笑過我「不大正經」。對於這四個字考語，我相當喜歡，於是便在二胖兄家裏開始給論語寫稿，後來稿刊出來了，我發現二胖兄却偸偸地在馬桶上長期默誦；不料後來因此我竟跑到上海，幾個月後，漸漸熟悉了些不大正經的與像煞有介事的人，自然都是和雜誌或稿紙有關的。

因爲國難愈來愈緊，而雜誌也愈辦愈鬧熱，正經之士便打算從辦雜誌方面雙手挽狂瀾於將倒，於是高呼口號，一脚踢去幽默，兩拳打死小品，情形甚爲緊張，幾乎在今年西瓜上市那些時候，便要把國難硬栽在吃西瓜者的頭上，說「你不該在吃西瓜時不想到國難呀」！但不幸就在口號上頭就起了糾紛，大有盤腸大戰下去之勢。這且不提。

湊巧在這時以前不約而同在一道寫文章的人，漸漸分散，有的自起爐灶，研究不欠稿費，有的自辦專刊，研究太平文史，有的自費出國，研究西洋幽默，有的自己理家，研究油鹽柴米，有的照管嬰孩自己藥片，研究生產統制，久已乎東鱗西爪，無萃聚一堂之樂，殊感幽運不振，而默道頹唐。但據古人主張，文武之道要一張一弛，近人主張血管不宜硬化，西人主張一個堅强的民族，應當有健全的幽默，而這些曾使幽默小品發揚光大的諸君，以及在朝在野不大正經之士，未能湊合一起，實是一件憾事。其原因是：一，幽默不像別的口號容易高呼，也不能卽就口號大作論文；二，正經之士，看見幽默極爲驚疑怪詫，如讀阿Q正傳者，深疑阿Q卽是自己，於是從而反對，以前借口下流，而今借口國難，極力阻止；三，我私下看出幾位對於幽默小品有深切成功的朋友，實在不及正經之士努力於

语丝

周作人、鲁迅等主编。

北京：北新书局出版，出至第156期后迁往上海。周刊，16开。1924年11月17日创刊，1930年3月10日出至第5卷第52期停刊，共出版260期。前156期顺序编号，不分卷，后分为第4、5两卷，各52期。馆藏1—52期、105—156期，第4卷1—52期，第5卷1—26期。

该刊以发表杂感、短评、随笔为主，兼及其他形式的文学创作。主要撰稿人有周作人、林语堂、鲁迅、钱玄同、刘半农、顾颉刚、俞平伯、江绍原、孙伏园等。

的汚穢。動物的生活本有自然的調節，中國在千年以前文化發達，一時有臻于靈肉一致之象，後來爲禁欲思想所戰勝，變成現在這樣的生活，無自由，無節制，一切在禮敎的面具底下，行迫壓與放恣，實在所謂禮者早已消滅無存了。

生活不是很容易的事。動物那樣的，自然地簡易地生活，是其一法；把生活當作一種藝術，微妙地美地生活，又是一法：二者之外別無道路，有之則是禽獸之下的亂調的生活了。生活之藝術只在禁欲與縱欲的調和。藹理斯(Havelock Ellis)對于這個問題很有精到的意見，他排斥宗敎的禁欲主義，但以爲禁欲亦是人性的一面；歡樂與節制二者並存，且不相反而實相成。人有禁欲的傾向，即所以防歡樂的過量，並即以增歡樂的程度。他在「聖弗蘭西思與其他」一篇論文中曾說道，「有人以此二者（即禁欲與耽溺）之一爲其生活之唯一目的者，其人將在尚未生活之前早已死了。有人先將其一（耽溺）推至極端，再轉而之他，其人纔眞能了解人生是什麼，日後將被記念爲模範的高僧。但是始終尊重這二重理想者，那纔是知生活法的明智的大師。……一切生活是一個建設與破壞，一個取進與付出，一個永遠的構成作得模仿大自然的豪華與嚴肅。」他又說過，「生活之藝術，其方法只在于微妙地混和取與捨二者而已。」更是簡明的說出這個意思來了。

生活之藝術這個名詞，用中國固有的字來說便是所謂禮。斯諦耳博士在「儀禮」的序上說，「禮節並不單是一套儀式，空虛無用，如後世所沿襲者。這是用以養成自制與整飭的動作之習慣，唯有能領解萬物感受一切之心的人纔有這樣安詳的容止。」從前聽說辜鴻銘先生批評英文「禮記」譯名的不妥當，以爲「禮」不是 Rite 而是 Art，當時覺得有點乖僻，其實却是對的，不過這是指本來的禮，後來的禮儀禮敎都是墮落了的東西，不足當這個稱呼了。中國的禮早已喪失，只有如上文所說，還略存于茶酒之間而已。去年有西人反對上海禁娼，以爲妓院是中國文化所在的地方，這句話的確難免有點荒謬，但仔細想來也不無若干理由。我們不必拉扯唐代的官妓，希臘的「女友」(Hetaira)的韻事來作辨護，只想起某外人的警句，「中國挾妓如西洋的求婚，中國娶妻如西洋的宿娼，」或者不能不感到「愛之術」(Ars Amatoria)眞是只存在草野之間了。我們並不同某西人那樣要保存妓院，只覺得在有些怪論裏邊，也常有眞實存在罷了。

節制，去建造中國的新文明，也就是復興千年前的舊文明，也就是與西方文化的基礎之希臘文明相合一了。這些話或者說的太大太高了，但據我想捨此中國別無得救之道，宋以來的道學家的禁欲主義總是無用的了，因爲這只足以助成縱欲而不能收調節之功。其實這生活的藝術在有禮節重中庸的中國本來不是什麼新奇的事物，如「中庸」的起頭說，「天命之謂性，率性之謂道，修道之謂敎，」照我的解說即是很明白的這種主張，不過後代的人都只拏去講章旨節旨，沒有人實行罷了。我不是說半部「中庸」可以濟世，但以表示中國可以了解這個思想。日本雖然也很受到宋學的影響，生活上却可以說是承受平安朝的系統，還有許多唐代的流風餘韻，因此了解生活之藝術也更是容易。在許多風俗上日本的確保存這藝術的色彩，爲我們中國人所不及，但由道學家看來，或者這正是他們的缺點，也未可知罷。

Abstinence sows sand all over
The ruddy Limbs & flaming hair,
But Desire Gratified
Plants fruits of Life & beauty there.
—William Blake—

記顧仲雍

伏園

珊瑚細珠穿成的瓜皮帽結，光緒末年很通

語絲

第二號

每星期一出版

地址	報費	廣告費
北大一院新潮社	每份本京銅元四枚外埠連郵費二分半年五角全年一元郵票代價以九五折計算	每方寸每期五角十期以上七折二十期以上對折

記「楊樹達」君的襲來

魯迅

今天早晨，其實時候是大約已經不早了。我還睡着，女工將我叫了醒來，說：「有一個師範大學的楊先生，楊樹達，要來見你。」我雖然還不大清醒，但立刻知道是楊遇夫君，他名樹達，曾經因爲邀我講書的事，訪過我一次的。我一面起來，一面對女工說：「略等一等，就請罷。」

我起來看鐘，是九點二十分。女工也就請客去了。不久，他就進來，但我一看很愕然，因爲他並非我所熟識的楊樹達君，他是一個方臉，淡赭色臉皮，大眼睛長眼梢，中等身材的二十多歲的學生風的青年。他穿着一件藏青色的愛國布(?)長衫，時式的大袖子。手上拏一頂很新的淡灰色中折帽，白的圍帶；還有一個釆色鉛筆的匾匣，但聽那搖動的聲音，裏面最多不過是兩支很短的鉛筆。

「你是誰？」我詫異的問，疑心先前聽錯了。

「我就是楊樹達。」

我想：原來是一個和敎員的姓名完全相同的學生，但也許寫法並不一樣。

「現在是上課時間，你怎麼出來的？」

「我不樂意上課！」

我想：原來是一個孤行己意，隨隨便便的青年，怪不得他模樣如此傲慢。

「你們明天放假罷…………」

「沒有，爲什麼？」

「我這里可是有通知的，……」我一面說，一面想，他連自己學校裏的紀念日都不知道了，可見是已經多天沒有上課，或者也許不過是一個假借自由的美名的游蕩者罷。

「我團掉了。」我說。

「拏團掉的我看。」

「拏出去了。」

「誰拏出去的？」

我想：這奇怪，怎麼態度如此無禮？然而他似乎是山東口音，那邊的人多是率直的，況且年青的人思想簡單……或者他知道我不拘這些禮節：這不足爲奇。

「你是我的學生麼？」但我終于疑訝了。

「哈哈哈，怎麼不是。」

「那麼，你今天來找我幹什麼？」

「要錢呀，要錢！」

我想：那麼，他簡直是游蕩者，蕩窮了，各處亂鑽。

「你要錢什麼用？」我問。

「窮呀。要吃飯不是總要錢嗎？我沒有飯吃了！」他手舞足蹈起來。

「你怎麼問我來要錢呢？」

「因爲你有錢呀。你敎書，做文章，送來的錢多得很。」他說着，臉上做出兇相，手在身上亂摸。

我想：這少年大約在報章上看了些什麼上海的恐嚇團的記事，竟模仿起來了，還是防着點罷。我就將我的坐位略略移動，預備容易取得抵抗的武器。

「錢是沒有。」我決定的說。

「說謊！哈哈哈，你錢多得很。」

本期目錄

现代

施蛰存、杜衡主编。

上海：现代书局发行。月刊，16开。1932年5月1日创刊，1935年5月1日出至第6卷第4期终刊，共出版6卷34期。馆藏全套。

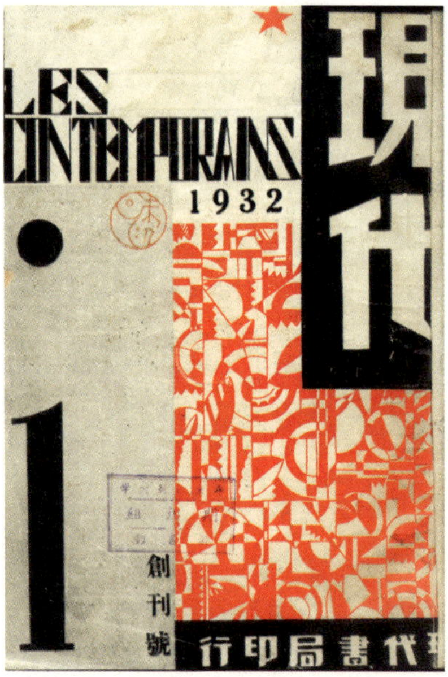

该刊内容有小说、诗歌、戏剧、杂文、书评、翻译等。撰稿者有穆时英、张天翼、魏金枝、戴望舒、杜衡、茅盾、老舍、巴金等。施蛰存在《创刊宣言》中说："本志是文学杂志，凡文学的领域，即本志的领域。"故该刊注重"文学作品的本身价值"，旨在向广大文学爱好者介绍中外文学作品。

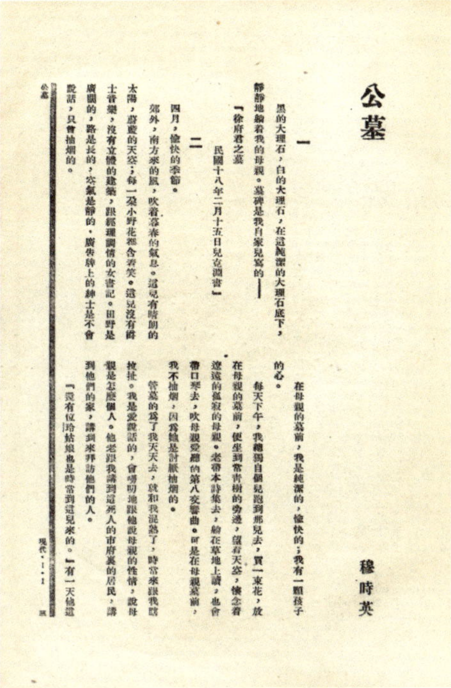

公墓

穆時英

一

黑的大理石，白的大理石，在這純潔的大理石底下，靜靜地躺着我的母親。墓碑是我自家兒寫的——

「徐府君之墓

民國十八年二月十五日兒克淵書」

二

四月，愉快的季節。

郊外，南方來的風，吹着暮春的氣息。這兒有晴朗的太陽，蔚藍的天空；每一朵小野花都含着笑。這兒沒有爵士音樂，沒有立體的建築，跟經理調情的女書記。田野是廣闊的，路是長的，空氣是靜的，廣告牌上的紳士是不會說話，只會抽烟的。

在母親的墓前，我是純潔的，愉快的；我有一顆孩子的心。

每天下午，我總獨自個兒跑到那兒去，買一束花，放在母親的墓前，便坐到常青樹的旁邊，望着天空，懷念着遼遠的孤寂的母親。老帶本詩集去，躺在草地上讀，也會帶口琴去，吹母親愛聽的第八交響曲。可是在母親墓前，我不抽烟，因爲她是討厭抽烟的。

管墓的爲了我天天去，就和我混熟了，時常來跟我聒扯。我是愛說話的，會嘮叨地跟他說母親的性情，說母親是怎麼個人。他老跟我講到這死人的市府裏的居民，講到他們的家，講到來拜訪他們的人。

「還有位玲姑娘也是時常到這兒來的。」有一天他這

公墓　　現代・一・一　三

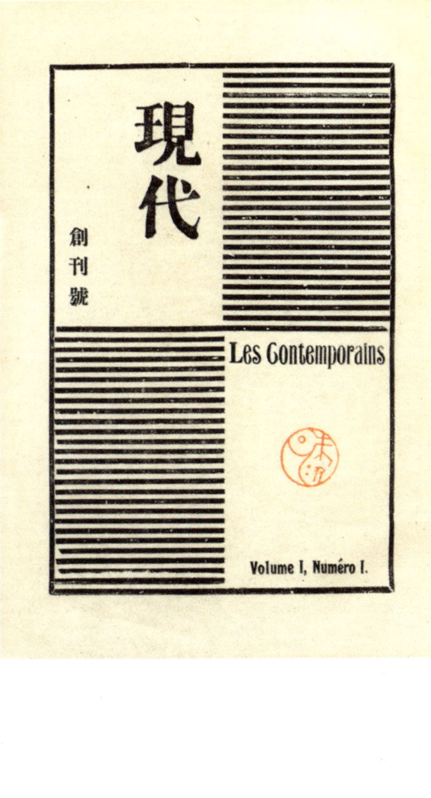

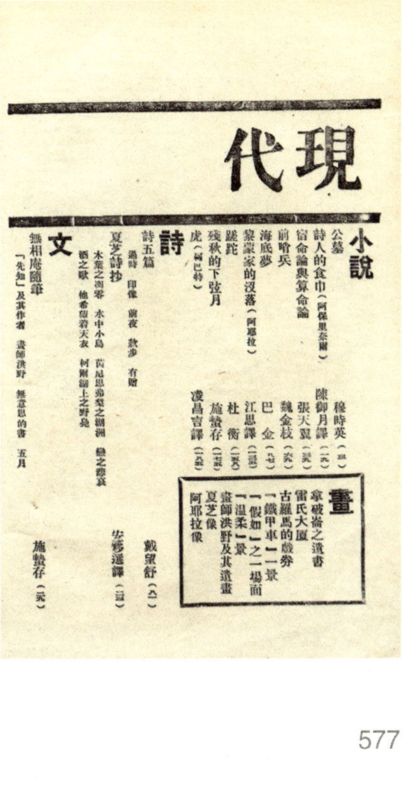

現代

小說

詩

文

畫

红玫瑰

严独鹤、赵苕狂编辑。
上海：世界书局发行。先为周刊，后为旬刊，32开。1924年创刊，1932年停刊。本馆收藏1924年1—5期、11—22期，1925年46—50期，1927年31—45期，1931年1—15期。

《红玫瑰》创刊于民国十三年（1924），其前身为《红杂志》，其发行者世界书局素来注重通俗图书的出版。此刊定位于小市民阶层，以发表鸳鸯蝴蝶派的小说为主要内容。

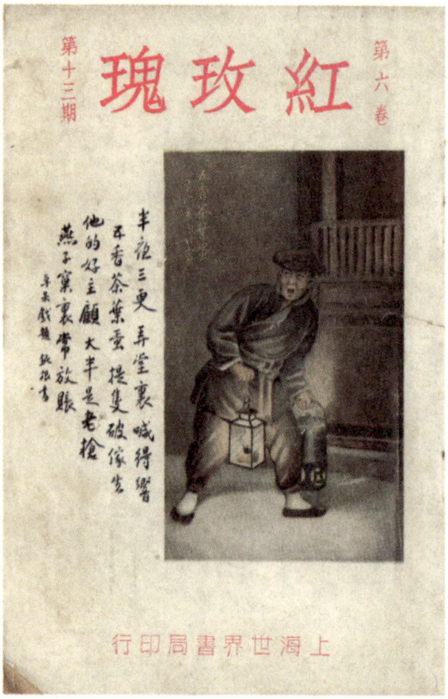

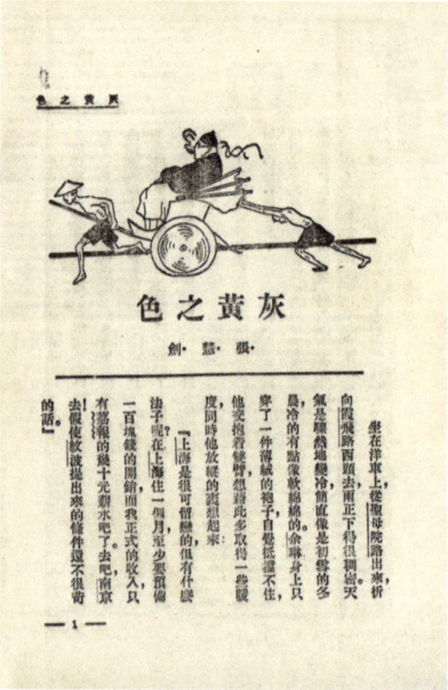
灰黃之色

灰黃之色

張·慧·劍·

坐在洋車上，從聖母院路出來，折向霞飛路西頭去，雨正下得很稠密。天氣是驟然地變冷，簡直像是初雪的冬晨，冷的有點像軟綿綿的。余珠身上只穿了一件薄絨的袍子，自覺抵擋不住，他交抱着雙臂想藉此多取得一些暖度，同時他放縱的遐想起來：

「上海是很可留戀的，但有什麼法子呢？在上海住一個月，至少要預備一百塊錢的開銷，而我正式的收入，只有藐很的幾十元薪水吧了。去吧，南京！去假使紋波提出來的條件還不很苛的話。」

—1—

虞岫雲女士
范申美女士 陳傳霖攝
武女師張蘊女士 張國英贈
呂珏筠女士 陳傳霖攝
周瑾女士
傳霖贈

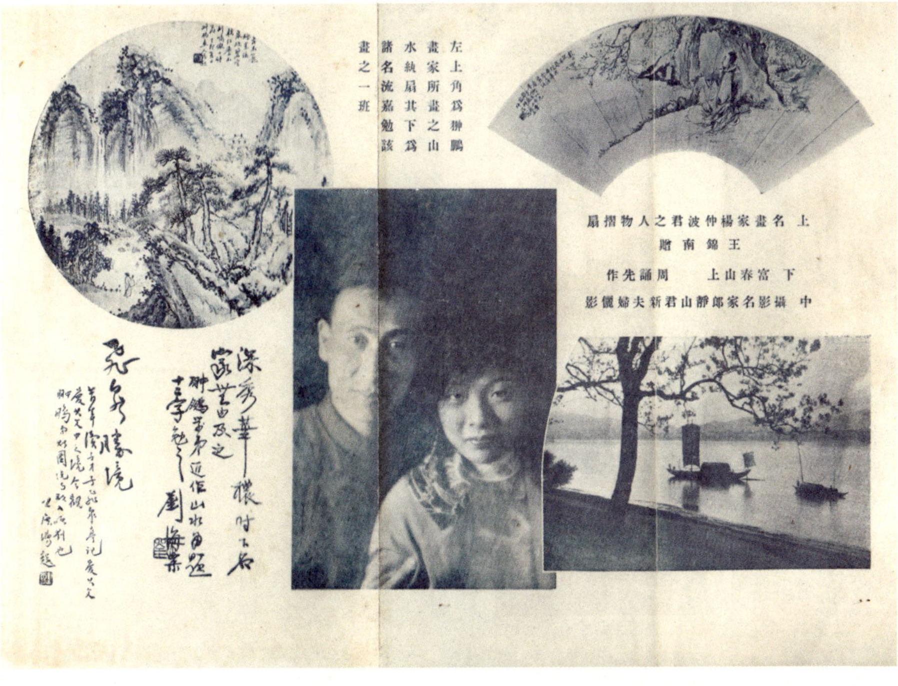
左上角爲耕鵬畫家所畫之山水紈扇其下爲諸名流嘉勉該畫之一班
上 名畫家楊仲波君之人物摺扇
王錦南贈
下 富春山上 周誦先作
中 攝影名家郎靜山君新夫婦儷影

水星

卞之琳、巴金、沈从文、李健吾、靳以、郑振铎主编。

北平：文华书局发行。月刊，大 32 开。1934 年 10 月 10 日创刊，1935 年 6 月 10 日出至第 2 卷第 3 期终刊，共出版 2 卷 9 期。馆藏全套。

该刊专门发表文学创作，刊发了大量的京派小说、散文和诗歌，推崇精美散文，是比较严肃的纯文学期刊。撰稿者有萧乾、芦焚、靳以、沈从文、郑振铎、蹇先艾、李健吾、臧克家、何其芳、李广田等。

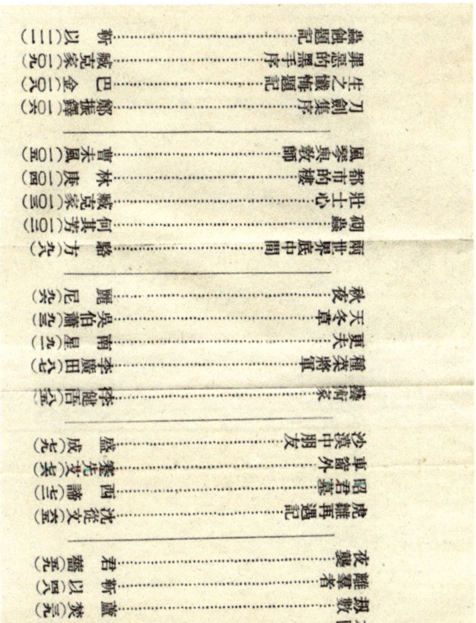

水星

第一卷·第一期

目錄

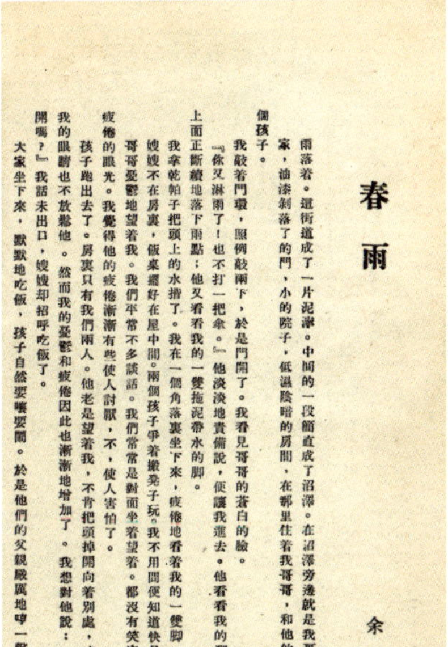

春雨

余 一

雨落着。這街道成了一片泥濘。中間的一段簡直成了沼澤。在沼澤旁邊就是我哥哥的家。家，油漆剝落了的門，小的院子，低濕陰暗的房間，在那里住着我哥哥，和他的妻子，他們的兩個孩子。

我敲着門環，照例敲兩下，於是門開了。我看見哥哥的蒼白的臉。

『你又淋雨了！也不打一把傘。』他淡淡地責備說，便讓我進去。他看看我的潤濕的頭髮，從那上面正斷續地落下雨點；他又看看我的一雙拖泥帶水的脚。

我拿乾帕子把頭上的水揩了。我在一個角落裏坐下來，疲倦地看着我的一雙脚。

嫂嫂不在房裏，飯桌擺好在屋中間。兩個孩子爭着搬凳子玩。我不用問便知道快是吃飯的時候了。哥哥憂鬱地望着我。我們平常不多談話。我們常常是對面坐着望着。都沒有笑容，交換着憂鬱的疲倦的眼光。我覺得他的疲倦漸漸有些使人討厭，不，使人害怕了。

孩子跑出去了。房裏只有我們兩人。他老是望着我，不肯把頭掉開向着別處，也不再說一句話。我的眼睛也不放鬆他。然而我的憂鬱和疲倦因此也漸漸地增加了。我想對他說：『你不可以把頭掉開嗎？』我話未出口，嫂嫂却招呼吃飯了。

大家坐下來，默默地吃飯，孩子自然要嚷要鬧。於是他們的父親嚴厲地哼一聲，滿桌都靜了。

2

流沙

上海：创造社出版部发行。半月刊，32开。1928年3月15日创刊，每月1日及15日发行，同年5月30日出至第6期停刊。馆藏全套。

该刊是创造社后期主办的刊物之一。内容有小说、诗歌、散文、政论等，执笔者有华汉、彭康、黄药眠、朱镜我、李一氓、成仿吾等。

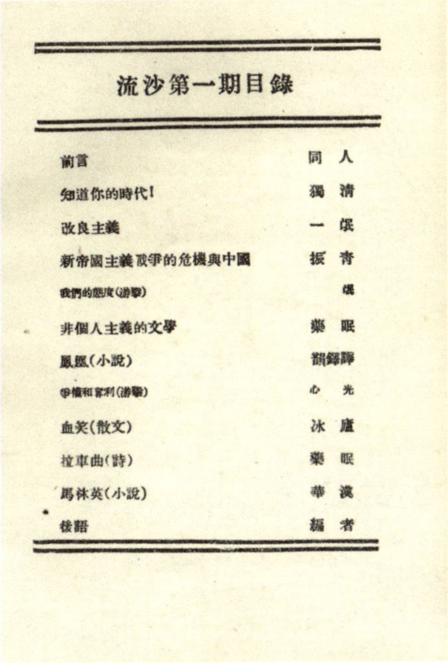

流沙第一期目錄

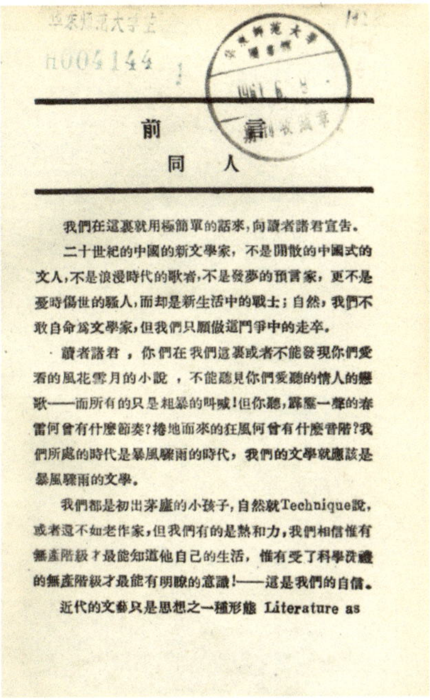

前言

同人

我們在這裏就用極簡單的話來，向讀者諸君宣告。

二十世紀的中國的新文學家，不是閒散的中國式的文人，不是浪漫時代的歌者，不是發夢的預言家，更不是憂時傷世的騷人，而却是新生活中的戰士；自然，我們不敢自命爲文學家，但我們只願做這鬥爭中的走卒。

讀者諸君，你們在我們這裏或者不能發現你們愛看的風花雪月的小說，不能聽見你們愛聽的情人的戀歌——而所有的只是粗暴的叫喊！但你聽，霹靂一聲的春雷何曾有什麼節奏？捲地而來的狂風何曾有什麼音階？我們所處的時代是暴風驟雨的時代，我們的文學就應該是暴風驟雨的文學。

我們都是初出茅廬的小孩子，自然就Technique說，或者還不如老作家，但我們有的是熱和力，我們相信惟有無產階級才最能知道他自己的生活，惟有受了科學洗禮的無產階級才最能有明瞭的意識！——這是我們的自信。

近代的文藝只是思想之一種形態 Literature as

北斗

丁玲主编。

上海：湖风书局发行。月刊，16 开。1931 年 9 月 20 日创刊，每月 20 日出版，1932 年 7 月停刊，共出版 2 卷 8 期（第二卷 3、4 期为合刊）。馆藏全套。

该刊是左联重要机关刊物，带有强烈的政治色彩。栏目有插图、小说、戏剧、诗、小品、世界名著选译、批评与介绍、文艺随笔。撰稿者有鲁迅、白薇、沈起予、戴望舒、叶圣陶、冰心、田汉、丁玲、徐志摩、郑振铎、钱杏邨、冯雪峰、张天翼、茅盾、穆木天、魏金枝、赵景深等。

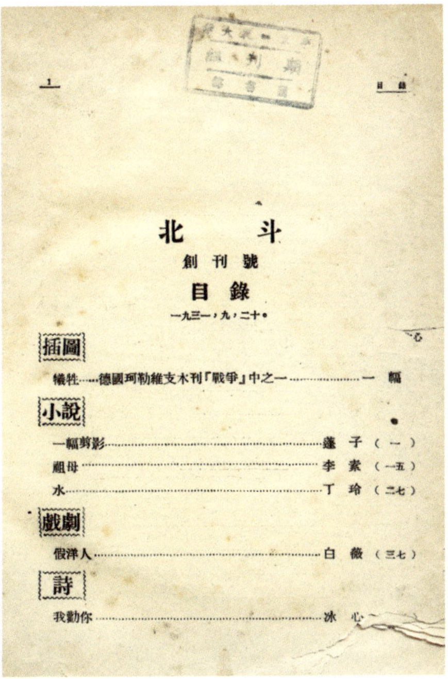
1　　目錄

北斗
創刊號
目錄
一九三一，九，二十。

插圖

小說

戲劇

詩

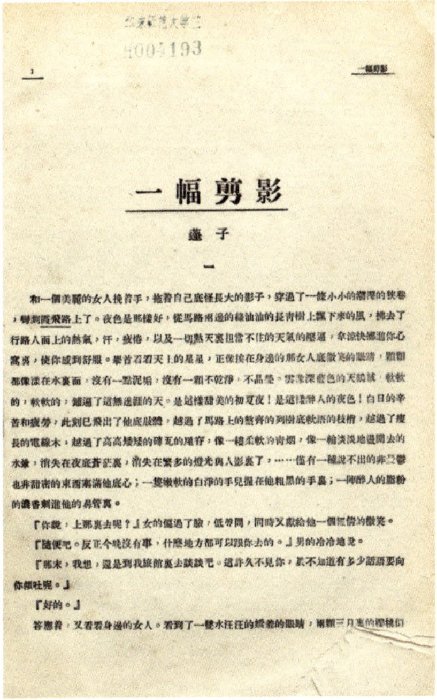
1　　一幅剪影

一幅剪影

蓬子

一

和一個美麗的女人挽着手，拖着自己底怪長大的影子，穿過了一條小小的潮濕的狹巷，彎到霞飛路上了。夜色是那樣好，從馬路兩邊的綠油油的長青樹上飄下來的風，拂去了行路人面上的熱氣，汗，疲倦，以及一切熱天裏担當不住的天氣的壓逼，拿涼快鄉進你心窩裏，使你感到舒服。舉首看看天上的星星，正像挨在身邊的那女人底微笑的眼睛，顆顆都像浸在水裏面，沒有一點泥垢，沒有一粒不乾淨，不晶瑩。雲像深藍色的天鵝絨，軟軟的，軟軟的，鋪遍了這無邊涯的天。是這樣甜美的初夏夜！是這樣醉人的夜色！白日的辛苦和疲勞，此刻已飛出了他底肢體，越過了馬路上的整齊的列樹底軟語的枝椏，越過了瘦長的電線木，越過了高高矮矮的磚瓦的屋脊，像一縷柔軟的青烟，像一輪淡淡地盪開去的水紋，消失在夜底蒼茫裏，消失在繁多的燈光與人影裏了，……僅有一種說不出的非憂鬱也非甜蜜的東西窩滿他底心；一隻嫩軟的白淨的手兒握在他粗黑的手裏；一陣醉人的脂粉的濃香刺進他的鼻管裏。

「你說，上那裏去呢？」女的偏過了臉，低聲問，同時又獻給他一個嫵媚的微笑。

「隨便吧。反正今晚沒有事，什麼地方都可以跟你去的。」男的冷冷地笑。

「那末，我想，還是到我旅館裏去談談吧。這許久不見你，眞不知道有多少話語要向你傾吐呢。」

「好的。」

答應着，又看看身邊的女人。看到了一雙水汪汪的嬌羞的眼睛，兩顆三月裏的櫻桃似

创造月刊

郁达夫、成仿吾、王独清及创造社文学部编辑。

上海:创造社出版部发行。月刊,32开。1926年3月16日创刊,1929年1月停刊,共出版2卷18期。馆藏全套。

该刊是创造社后期的重要刊物。内容有小说、诗歌、戏剧、译介、文艺评论等,执笔者有成仿吾、郭沫若、张资平、穆木天、冯乃超、郁达夫等。

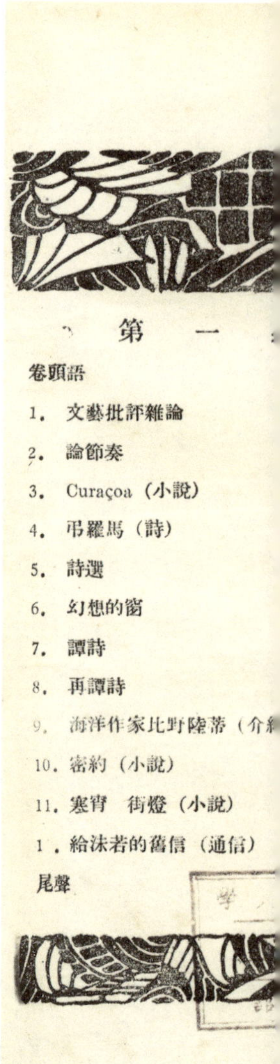

第一

卷頭語

1. 文藝批評雜論
2. 論節奏
3. Curaçoa (小說)
4. 弔羅馬 (詩)
5. 詩選
6. 幻想的窗
7. 譚詩
8. 再譚詩
9. 海洋作家比野陸蒂 (介
10. 密約 (小說)
11. 寒宵 街燈 (小說)
1. 給沫若的舊信 (通信)

尾聲

目　　錄

文藝批評雜論

成　仿　吾

一.　主觀的與客觀的

主觀與客觀是相對的,有此必有彼。主觀不外構成對象界之內面的作用。素朴的實在論 Naiver Realismus 以客觀的實在為與主觀獨立存在,然而這種對立的關係是依然存在的。由認識論Erkenntnislehre說來,在意識中,凡直觀等單係由經驗所統一的皆爲主觀的統一,若再經過悟性Verstand 的統一便可以稱爲客觀的。換句話說,在直觀發展的途中,統一,區別而固定自己的普遍卽是對象(客觀),這是與直觀之內面的統一——自我Ego(主觀)——對立的。

在目前常識缺乏的一般人的眼中,大多數往往把主觀與客觀的作用認爲絕對的,這是對於了解文藝批評的一種障礙。然而這裏還有第二種,或者可以說是更大的一種障礙,那便是一般的人對於主觀的 subject-與個人的 individual兩字的誤會。我們可以絕大的公算 Probability 斷

(1)

芒种

徐懋庸、曹聚仁主编。

第1期至第8期由上海群众杂志公司发行，自第9期起改由上海北新书局发行。

半月刊，16开。1935年3月5日创刊，1935年10月5日出至第2卷1期停刊，共出版2卷13期。馆藏第1卷1—6期。

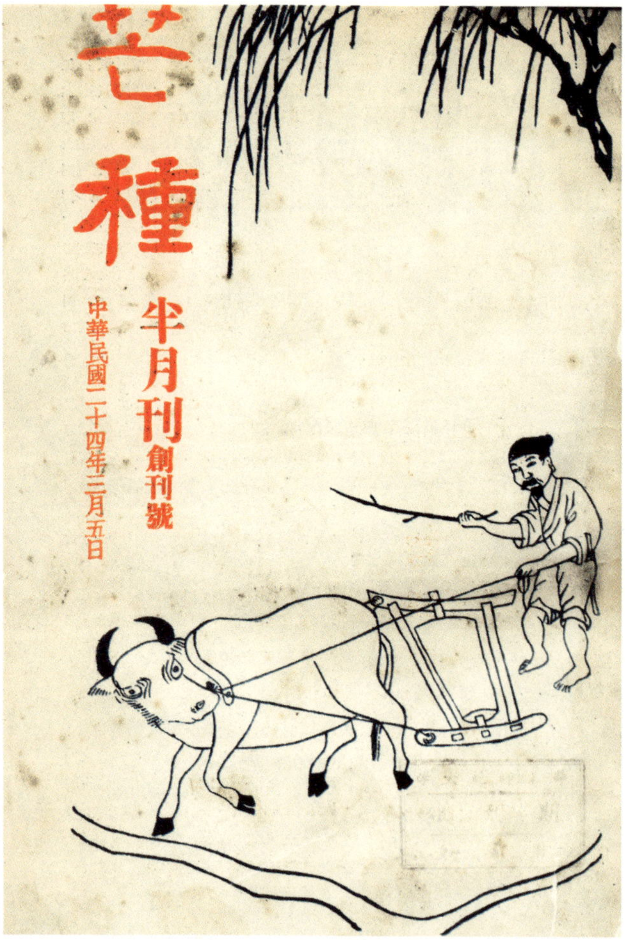

该刊以杂文、小品为主，栏目有新语、半月读报记、飞长流短、历史小品、随笔、书评、游记、小说等。撰稿者有徐懋庸、曹聚仁、鲁迅、周楞伽、聂绀弩、胡绳、姚雪垠、周木斋、陈子展、李辉英等。

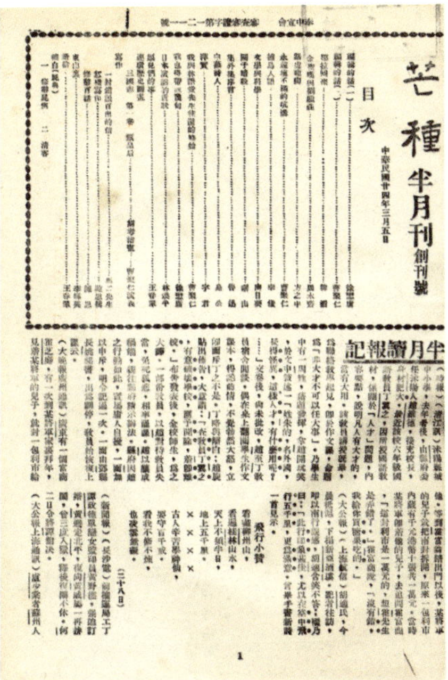

芒種 半月刊 創刊號

目次

中華民國廿四年三月五日

半月讀報記

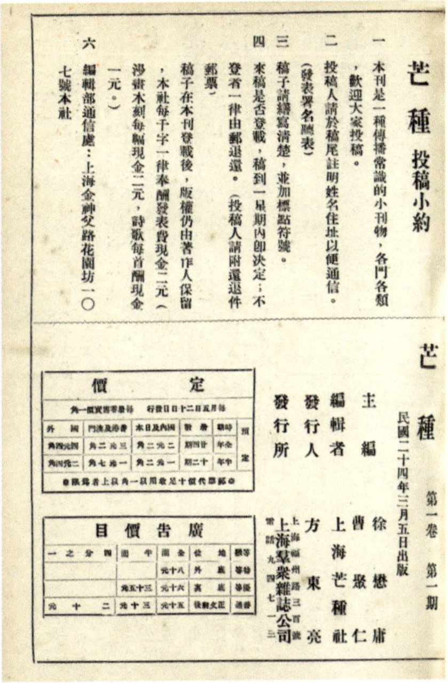

芒種 投稿小約

一 本刊是一種傳播常識的小刊物，各門各類，歡迎大家投稿。

二 投稿人請於稿尾註明姓名住址以便通信。（發表署名聽便）

三 稿子請繕寫清楚，並加標點符號。

四 來稿是否登載，稿到一星期內即決定；不登者一律由郵退還。（投稿人請附還退件郵票）

五 稿子在本刊登載後，版權仍由著作人保留，本社每千字一律奉酬發表費現金二元（漫畫木刻每幅現金二元，詩歌每首酬現金一元。）

六 編輯部通信處：上海金神父路花園坊一〇七號本社

芒種 第一卷 第一期

民國二十四年三月五日出版

主編 徐懋庸

編輯者 曹聚仁

發行人 上海芒種社

發行所 方東亮

上海群衆雜誌公司 上海福州路三百號 電話九四七一三

定價

每月五日二十日發行 每冊零售實價一角

預定 時期	冊數	國內及日本	香港及澳門	國外
全年	廿四期	二元二角	三元二角	四元四角
半年	十二期	一元二角	一元七角	二元四角

郵票代價十足通用以一角以上者為限

廣告價目

等級	地位	全面	半面	四分之一
特等	底外	八十元		
優等	底裏	六十元	三十五元	
普通	正文前後	五十元	三十元	二十元

人间世

林语堂主编，徐讦、陶亢德编辑。

上海：良友图书印刷有限公司出版发行。半月刊，16开。1934年4月5日创刊，每月5日、20日发行，1935年12月20日停刊，共出版42期。馆藏全套。

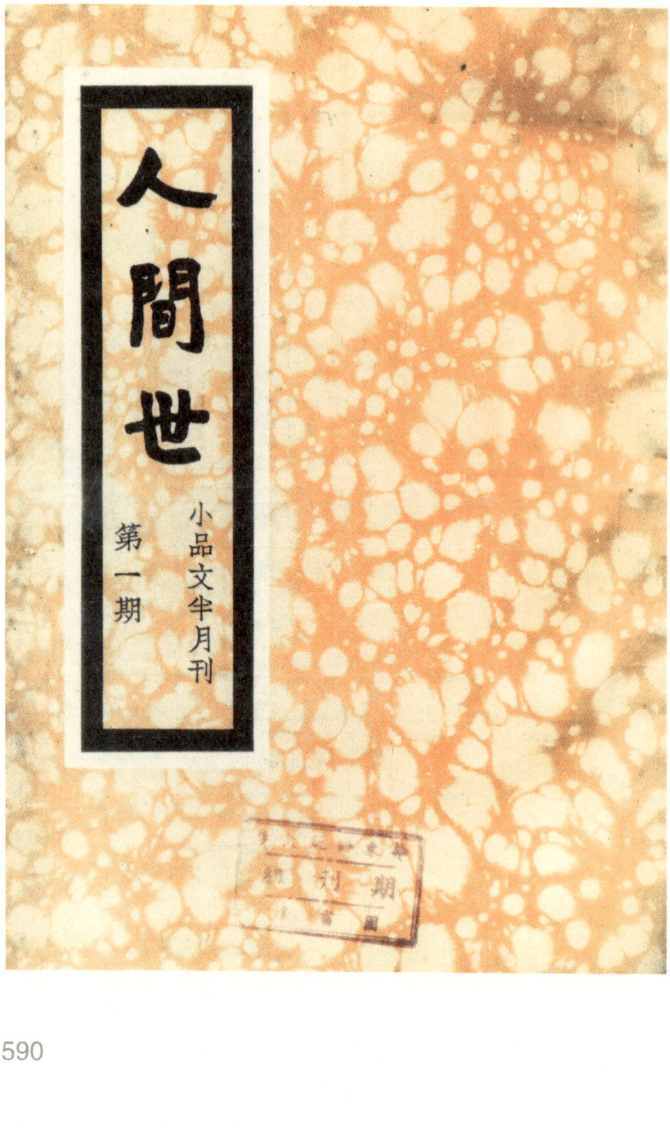

该刊封面标明“小品文半月刊”。栏目有随感录、读书随笔、译丛、诗、杂俎、书评、今人志、小品文选等；内容为小品文，诸如游记、诗歌、题跋、赠序、尺牍、日记、随笔等。撰稿者有周作人、林语堂、阿英、老舍、刘半农、郁达夫、赵景深、郑振铎、沈从文、叶绍钧、刘大杰、曹聚仁、俞平伯、卞之琳等。

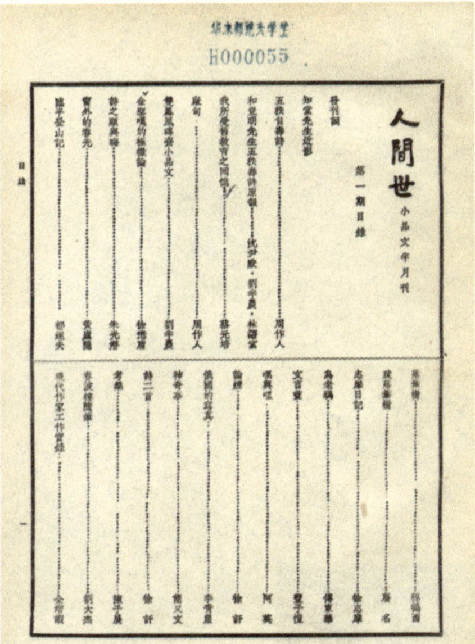
人間世 小品文半月刊
第一期目錄

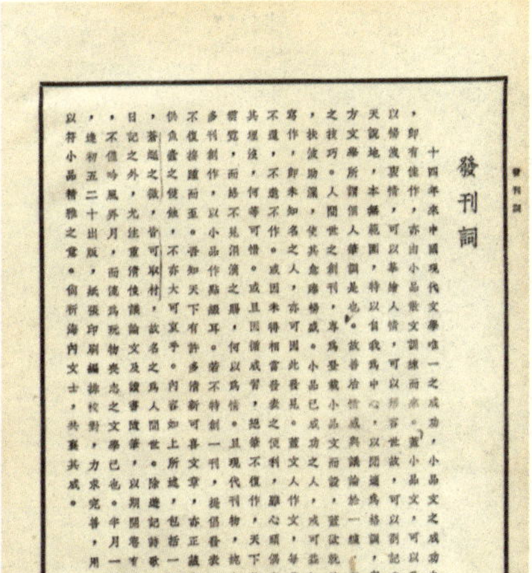
發刊詞

文饭小品

康嗣群编辑。

上海:上海杂志公司发行。月刊,大32开。1935年2月5日创刊,同年7月停刊,共出版6期。馆藏全套。

本刊内容有散文、诗歌、随笔、游记、读书录、社会掌故、译作和短篇小说等。撰稿者有林语堂、周作人、李广田、丰子恺、刘大杰、张天翼、俞平伯、阿英、梁宗岱、施蛰存、戴望舒等。该刊走闲适幽默小品路线，发表了很多名家美文，是当时重要的纯文学期刊。

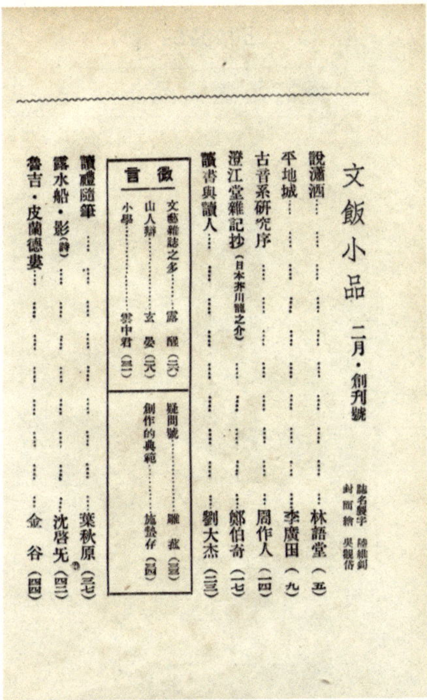

文飯小品 二月・創刊號

題名製字 陸維釗
封面繪 吳觀岱

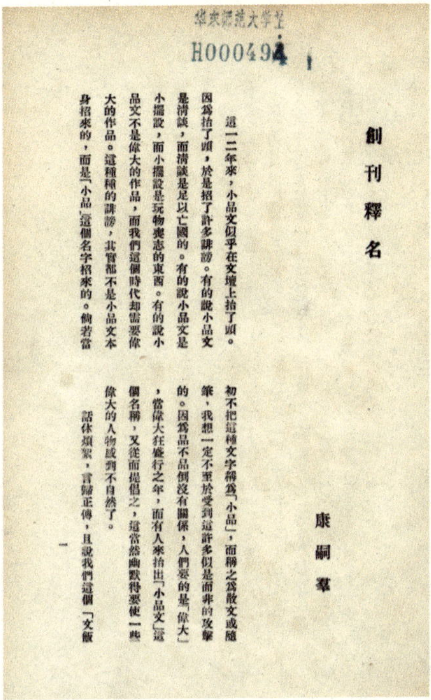

創刊釋名

康嗣羣

這一二年來，小品文似乎在文壇上抬了頭。因爲抬了頭，於是招了許多誹謗。有的說小品文是清談，而清談是足以亡國的。有的說小品文是小擺設，而小擺設是玩物喪志的東西。有的說小品文不是偉大的作品，而我們這個時代却需要偉大的作品。這種種的誹謗，其實都不是小品文本身招來的，而是「小品」這個名字招來的。倘若當初不把這種文字稱爲「小品」，而稱之爲散文或隨筆，我想一定不至於受到這許多似是而非的攻擊的。因爲品不品倒沒有關係，人們要的是「偉大」，當偉大狂盛行之年，而有人來拾出「小品文」這個名稱，又從而提倡之，這當然幽默得要使一些偉大的人物感到不自然了。

話休煩絮，言歸正傳，且說我們這個「文飯

一

一般

夏丏尊主编，立达学会编辑。
上海：开明书店发行。月刊，32开。1926年9月5日创刊，每月5日出版，至1929年12月第9卷第4期停刊，每4期为1卷，共出版9卷36期。馆藏缺第7卷1—4期。

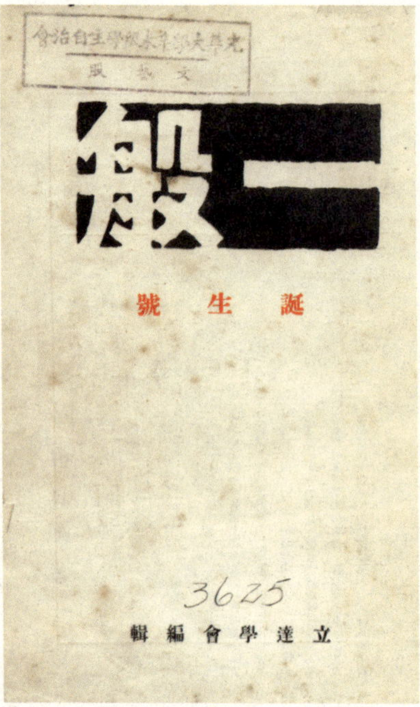

该刊以一般人的现实生活为出发点，介绍学术，努力使学术生活化，文体力求清新，注重趣味。主要撰稿者有胡愈之、朱自清、朱光潜、刘大白、郑振铎、刘薰宇、周予同、丰子恺、赵景深等。

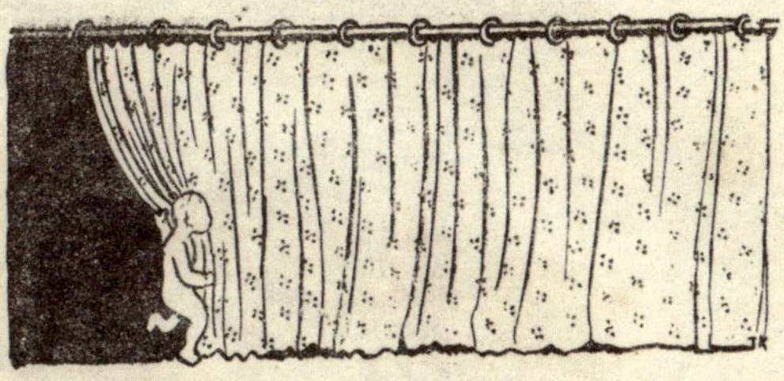

『一般』的誕生（對話）

「好久不見了，你好！」

「你好！」

「聽說你們要出雜志了。眞的嗎？」

「眞的。正在進行中。」

「現在雜志不是很多了嗎？有甚麼教育雜志，學生雜志，婦女雜志，文藝雜志，還有鼓吹甚麼主義宣傳甚麼主張的許多東西，眞連記也記不淸楚。」

「你喜歡看雜志嗎？在現在的許多雜志中，那幾種最有興味？」

「看呢，有時也去購幾種來看看。你是知道我的，我雖然也入過學校，但並無專門知識，雜志中的洋洋大文，覺得比學校裏的課本還難懂，並且似乎與我們一般人的生活上也無直接關係，所以總不十分發生興味。」

大众

钱须弥主编。

上海：大众出版社发行。月刊，32 开。1942 年 11 月 1 日创刊，每月 1 日出版，至 1945 年 7 月号后停刊，共出版 4 卷 33 期。馆藏全套。

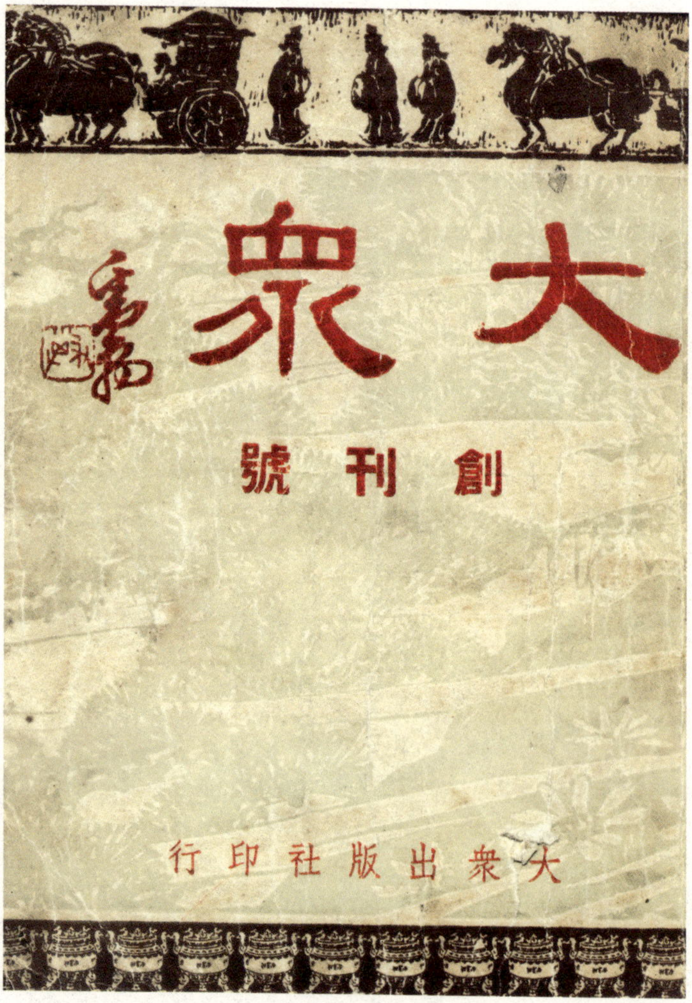

该刊内容有创作、译作，题材有小说、戏剧、诗歌、散文。撰稿者有潘予且、包天笑、张恨水、于右任、柳雨生、苏青、谭惟翰、程小青、唐文治、孙了红、丁谛、周瘦鹃、傅增湘、吕白华、吕思勉、徐卓呆等。于右任的书法名著《标准草书千字文》、包天笑的长篇《拈花记》、张恨水的长篇《京尘影事》等均曾在《大众》连载，深受欢迎。

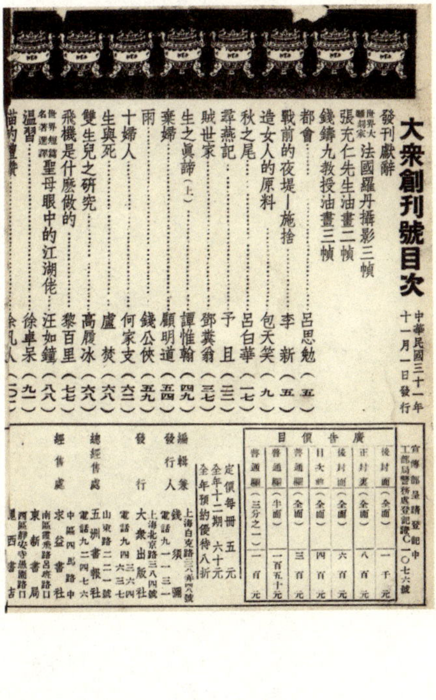

大衆創刊號目次

中華民國三十一年十一月一日發行

宣傳部呈請登記中
工部局警務處登記證C一〇七六號

廣告價目	
後封面（全面）	一千元
正封裏（全面）	八百元
後封裏（全面）	六百元
目次前（全面）	四百元
普通欄（全面）	三百元
普通欄（半面）	一百五十元
普通欄（三分之一）	一百元

定價每冊五元
全年十二期六十元
全年預約優待八折

編輯兼發行人 錢須彌 上海白克路三六弄四六號 電話九一一三一
發行 大衆出版社 上海北京路三八四號 電話九四三六四六三七
總經售處 五洲書報社 山東路二二一號 電話九二四七六
經售處 求益書社 中區四馬路中
東新書局 南區霞飛路呂班路口
西區靜安寺路愚園路口
[illegible]西書店

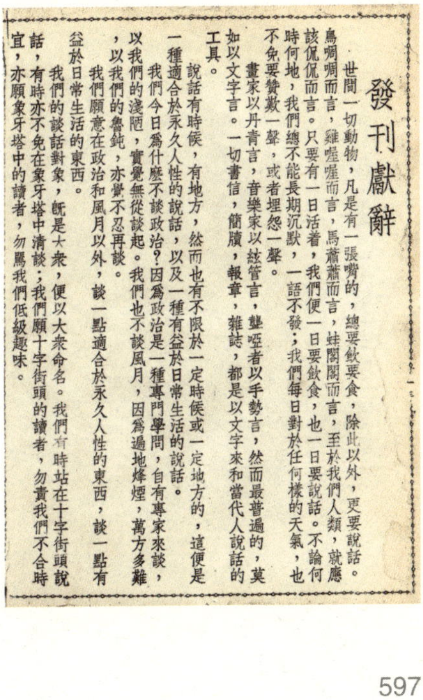

發刊獻辭

世間一切動物，凡是有一張嘴的，總要飲要食，除此以外，更要說話。鳥啁啁而言，雞喔喔而言，馬蕭蕭而言，蛙閣閣而言，至於我們人類，就應該侃侃而言。只要有一日活着，我們便一日要飲食，也一日要說話。不論何時何地，我們總不能長期沉默，一語不發；我們每日對於任何樣的天氣，也不免要贊歎一聲，或者埋怨一聲。

畫家以丹青言，音樂家以絃管言，聾啞者以手勢言，然而最普遍的，莫如以文字言。一切書信，簡牘，報章，雜誌，都是以文字來和當代人說話的工具。

說話有時候，有地方，然而也有不限於一定時候或一定地方的，這便是一種適合於永久人性的說話，以及一種有益於日常生活的說話。

我們今日為什麼不談政治？因為政治是一種專門學問，自有專家來談，以我們的淺陋，實覺無從談起。我們也不談風月，因為遍地烽煙，萬方多難，以我們的魯鈍，亦覺不忍再談。

我們願意在政治和風月以外，談一點適合於永久人性的東西，談一點有益於日常生活的東西。

我們的談話對象，既是大衆，便以大衆命名。我們有時站在十字街頭說話，有時亦不免在象牙塔中清談；我們願十字街頭的讀者，勿責我們不合時宜，亦願象牙塔中的讀者，勿罵我們低級趣味。

金石书画

余绍宋主编。

杭州：东南日报社出版发行。每月三期，8 开。1934 年 9 月创刊，馆藏此本汇编 1934 年 9 月 15 日发刊号到 1935 年 4 月 25 日，共 14 期。

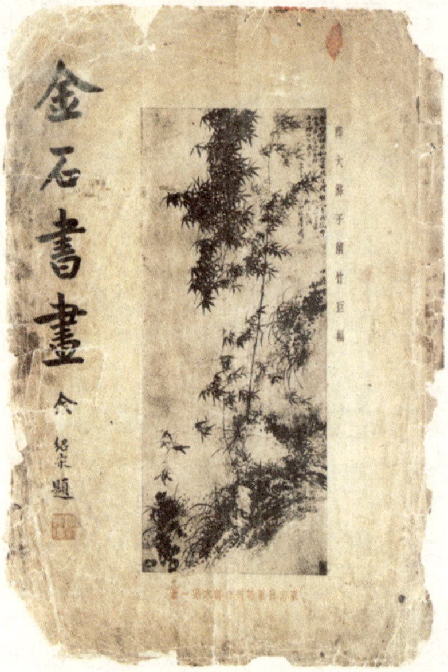

此为《东南日报》特种副刊，创刊号有余绍宋《发刊词》。余绍宋是当时著名的画家、美术文献家。该刊以录古书画和古器物的图片、书画家小传、题跋释文和相关著述为主要内容，兼及时人书画，图文并茂，登有多则时人书画润例。

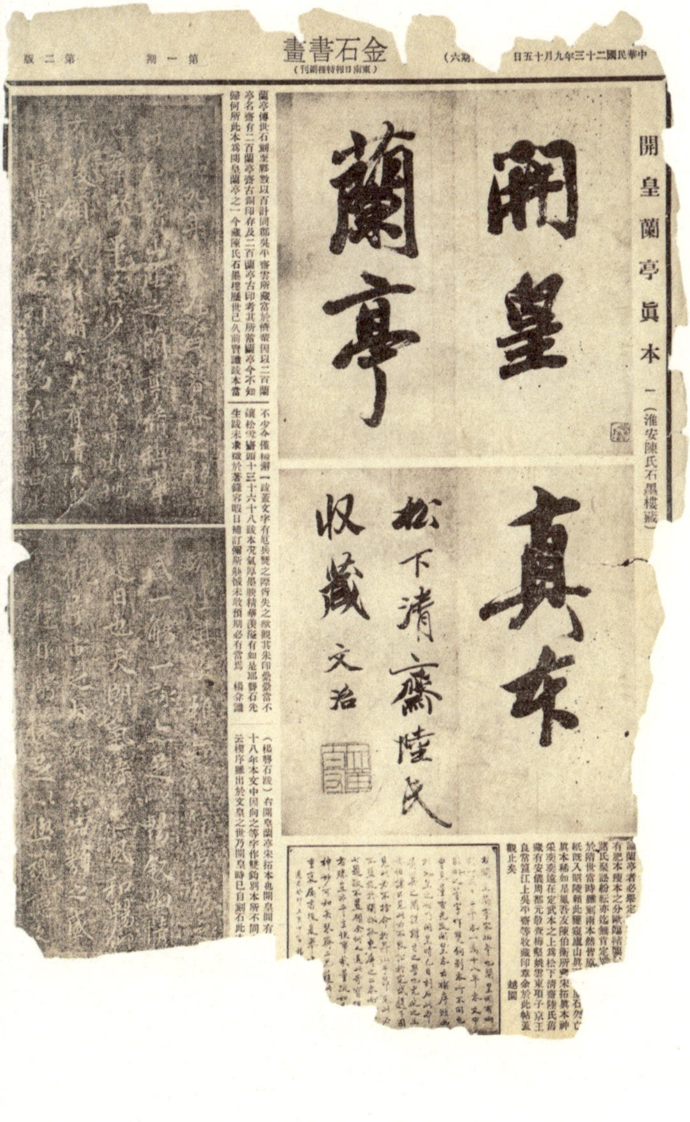

中華民國二十三年九月十五日（六期） 金石書畫（東南日報特種副刊） 第一期 第二版

開皇蘭亭眞本一（淮安陳氏石墨樓藏）

蘭亭傳世石刻奎夥數以百計同郡吳平齋雲所藏富於儕輩因以二百蘭亭名齋有二百蘭亭齋古銅印存及二百蘭亭古印考其所蓄蘭亭今不知歸何所此本爲開皇蘭亭之一今藏陳氏石墨樓歷世已久前賢識跋本當不少今僅楊澥一跋蓋文字有厄兵燹之際胥失之歟觀其朱印纍纍當不讓松雪蘭亭十三跋十六跋十八跋本况氣厚墨腴精華湊溢有如是耶聾石先生跋未隶載於著錄容暇日補訂彌斯缺憾未敢預期必有當焉 楊兪識

（楊聾石跋）右開皇蘭亭宋拓本也開皇十八年本文中因向之等字作鉤別本所不同云禊序雖出於文皇之世乃開皇時已自刻石此……

中華民國廿四年四月五日（星期五） 金石書畫（東南日報特種副刊） 第二十期 第三版

明戴鷹阿山水册之八 紹興余氏怡園藏 （小傳見第十二期）

明歸玄恭墨竹册之七 杭州陳氏伏廬藏

（小傳見第十期）

少年中国

李大钊主编，王光祈等编辑。

北京：少年中国学会出版。月刊，16 开。1919 年 7 月 15 日创刊，每月 15 日出版，至 1924 年 5 月停刊，每年出 12 期为 1 卷，共出 4 卷。馆藏第 1 卷 1—12 期，第 2 卷 1—12 期。

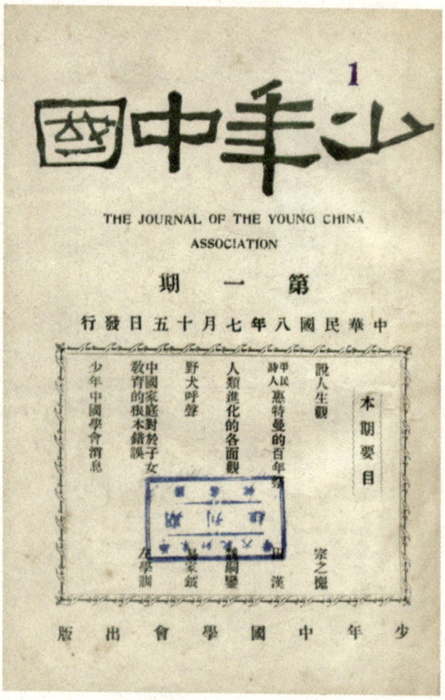

该刊是少年中国学会会刊，也是“五四”时期大型综合性期刊。内容多为关于自然科学、文学、社会学、哲学方面的论文。执笔者有王光祈、田汉、周作人、康白情、宗白华、恽代英等。

『少年中國』月刊的宣言

『少年中國』月刊，是少年中國學會的出版物。本月刊的宗旨就是，

本科學的精神，爲文化運動，以創造『少年中國』

本學會同人老老實實的向着這一條路走，決不停步。擔任本月刊著作的，都是本學會的會員。但是會外同志，若以大作見示，只要合於本月刊的宗旨，無論文言白話，一律歡迎。惟去取之權，要讓與編輯主任。

少年中國學會啟事

本學會於去年六月三十日發起。預定籌備期間一年。應於今年七月一日開成立大會。茲屆成立大會之期。特創刊『少年中國月刊。』所有籌備期中印行之『會務報告。』即併入此項月刊內。每月按。期。出。版。決不。遲。誤。一俟經費充裕。再行擴充篇幅。以副閱者雅意。本學會於籌備期中。曾發行四期『會務報告。』頗蒙海內外同志獎許。今後當力圖進步。尚希賢達之士。隨時指教爲荷。

說人生觀

宗之櫆

世俗衆生。昏蒙懸闇。心爲形役。識爲情奈。茫昧以生。朦朧以死。不審生之所從來。死之所自往。人生職任。究竟爲何。斯亦已耳。明哲之士。智越常流。感生世之哀樂。驚宇宙之神奇。莫不憬然而覺。蘧然而省。思窮宇宙之奧。探人生之源。求得一宇宙觀。以解萬象變幻之因。立一人生觀。以定人生行爲之的。是以今日哲學之所事有二

（一）依諸真實之科學（即有實驗證據之學）建立一真實之宇宙觀以統一一切學術

（二）依此真實之宇宙觀建立一真實之人生觀以決定一生行爲之標準

第一問題今世歐土大哲學家殫思竭慮。以從事於此者甚衆。大致可分四大派別。（一）唯物派（二）唯心派（三）實證派（四）認識論派。櫆將另篇詳其原委。今所略述者。即是第二問題之一部分。

第二問題。即由宇宙觀。決定人生觀。是也。但今世學派分歧。人各異執。尚未得一確定不易舉世共認之宇宙觀。是以人生觀亦因人而異。不歸一致。今但就櫆平日觀察所見各種人生觀。及由人生觀所發之人生行爲。略陳於後。並稍附鄙見。先列一表。以明條理。

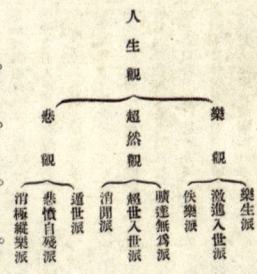

人生觀
- 樂觀
  - 樂生派
  - 激進入世派
  - 佚樂派
- 超然觀
  - 曠達無爲派
  - 超世入世派
  - 消閒派
- 悲觀
  - 遁世派
  - 悲憤自殘派
  - 消極縱樂派

宇宙真際。人生實事。變化遷流。皆有因果。依常恆不變之律令。據亘古常新之公理。本無悲觀樂觀之可言。悲觀云者。有情衆生主觀之感也。但衆生既含識有情。迷執主觀。則於人事世事。不能無欣厭之情。悲樂之見。樂觀之輩。視宇宙如天堂。人生皆樂境。春秋

大陆杂志

大陆杂志社编辑。

上海：南京书店发行。月刊，16 开。1932 年 7 月 1 日创刊，每月 1 日出版，停刊时间和原因不详。馆藏第 1 卷 1—12 期，第 2 卷 1—8 期。

该刊栏目有插图、世界论丛、世界文坛等。内容有创作，有译作，材料丰富。撰稿者有徐悲鸿、毛以亨、陈范予、巴金、汪静之、侯佩尹、穆时英等。

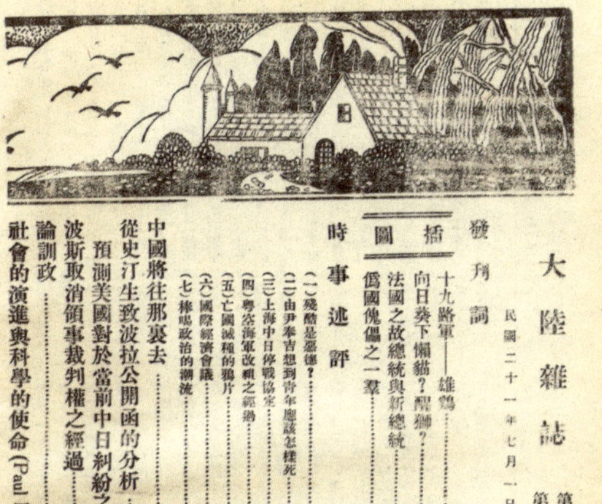

大陸雜誌

第一卷 第一期
民國二十一年七月一日
南京書店發行

時事述評

(一)殘酷是惡德？

——一月內法總統及日首相相繼被刺——

不久以前日本有一位大員給人打了一槍，打中肚子，不易醫治。彷彿有人在痛罵開槍的暴徒太殘酷，爲甚麼偏朝人家的肚子打進去。當時我想：這一槍要是打在肩膀上大概就不算殘酷了。最近虹口公園的炸彈總算沒有把誰的肚子炸穿，該不至於殘酷了，然而日內瓦的一位大政治家在會議席上，仍然痛罵「殘酷的暴徒。」我這纔明白所謂殘酷並不限於打進肚子，或傷害個體的任何部分，祇在於被害者的身分。有身分的人物就是在自己院子裏蹭了一交，也是要接受國際間熱烈的慰問。我以爲一個人突然給人打死，總比先曉得自己將要被人打死而又不得不被打死的情形容易忍受，但社會上的習慣，把一個人押到刑場去朝着許多槍口然後「伏法」的，大家反覺泰然。

其實「殘酷」在某一個時代並不是惡德，殘酷絕非儒怯者所能運用，於是儒怯者便喊出慈悲和憐憫！我叫這做：「卑鄙。」卑鄙便是儒怯者生存的唯一手段，殘酷才是生命力充溢者的象徵。

中國是慈悲和憐憫的世界，充溢生命力不是沒有，却是另用一種方法去消磨，例如在茶館裏拍棹子扔掉個把茶盅。對於厭惡的對象不能把牠毀滅，不敢把牠毀滅，就祇有把厭惡變爲奉承，希冀得到慈悲和憐憫，先前在茶館裏扔茶盅的神氣到了此刻就是笑嘻嘻的滿臉春風。

我對於「殘酷者」的殘酷事業總覺得應該在慈悲和憐憫的世界中引起一點興趣。慈悲和憐憫太多了的人們，對於一切生活都要感到厭倦，這樣便成爲人類的剩餘者，在地球上是一羣疲勞的屍體在腐臭的空氣中呼吸。

國際間「殘酷」的行爲造成了甚麼効果是異常顯然的，同時「殘酷者」本身的高傲坦白證明了他的行爲是值得尊敬的，至於行爲的背景各有不同那是另一件事。法總統杜美爾被刺，兇手是自請逮捕的，最近日首相犬養毅被刺後，六位兇手也是自首。各個生命的價值是相

逸经

谢兴尧、陆丹林主编（1—21 期由谢兴尧主编，22—36 期由陆丹林主编）。
上海：简又文发行。半月刊，16 开。1936 年 3 月 5 日创刊，1937 年八一三淞沪抗战爆发停刊，共出版 36 期。馆藏全套。

该刊为综合性文史刊物，史学方面偏重于太平天国和辛亥革命的史实介绍。内容有图像、史实、考据、纪游、书评、人志、诗词、纪事、特写、考古、文学、逸闻、艺林、杂俎等。撰稿者有俞平伯、柳亚子、谢刚主、王重民、许钦文、林语堂、冯自由等。

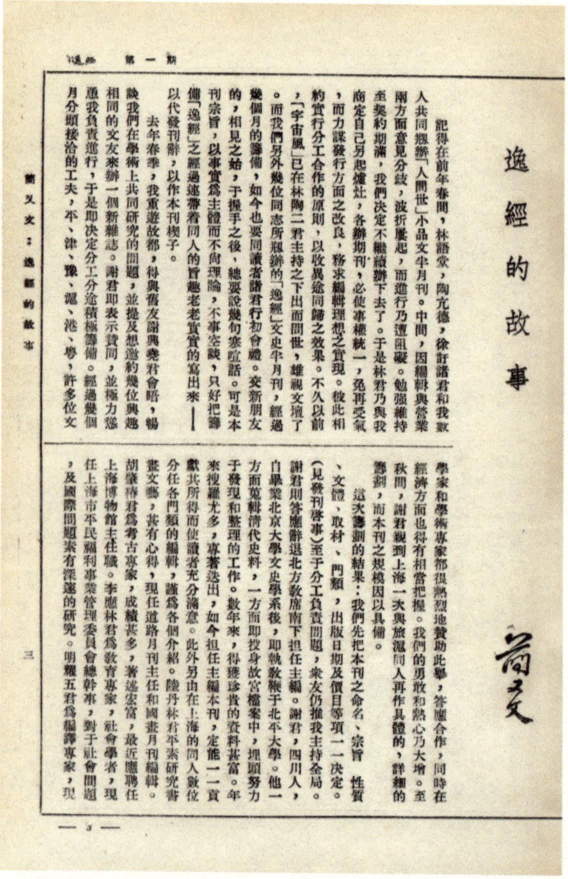
逸經　第一期

逸經的故事

簡又文

記得在前年春間，林語堂，陶亢德，徐訏諸君和我數人共同刱辦「人間世」小品文半月刊。中間，因編輯與營業兩方面意見分歧，波折屢起，而進行乃遭阻礙。勉強維持至契約期滿，我們決定不繼續辦下去了。于是林君乃與我商定自己另起爐灶，各辦期刊，必使事權統一，免再受氣，而力謀發行方面之改良，務求編輯理想之實現。彼此相約實行分工合作的原則，以收異途同歸之效果。不久以前，「宇宙風」已在林陶二君主持之下出而問世，雄視文壇了。而我們另外幾位同志所刱辦的「逸經」文史半月刊，經過幾個月的籌備，如今也要同讀者諸君行初會禮。交新朋友的，相見之始，于握手之後，總要說幾句寒暄話。可是本刊宗旨，以事實爲主體而不尚理論，不事空談，只好把籌備「逸經」之經過連帶着同人的旨趣老老實實的寫出來——以代發刊辭，以作本刊楔子。

去年春季，我重遊故都，得與舊友謝興堯君會晤，暢談我們在學術上共同研究的問題，並提及想邀約幾位興趣相同的文友來辦一個新雜誌。謝君即表示贊同，並極力慫慂我負責進行，于是即決定分工分途積極籌備。經過幾個月分頭接洽的工夫，平、津、豫、滬、港、粵，許多位文學家和學術專家都很熱烈地贊助此舉，答應合作，同時在經濟方面也得有相當把握。我們的勇敢和熱心乃大增。至秋間，謝君親到上海一次與旅滬同人再作具體的，詳細的籌劃，而本刊之規模因以具備。

這次籌劃的結果：我們先把本刊之命名、宗旨　性質、文體、取材、門類，出版日期及價目等項一一決定。（見發刊啓事）至于分工負責問題，衆友仍推我主持全局。謝君則答應辭退北方教席南下担任主編。謝君，四川人，自畢業北京大學文史學系後，即執教鞭于北平大學。他一方面蒐輯清代史料，一方面即投身故宮檔案中，埋頭努力于發現和整理的工作。數年來，得獲珍貴的資料甚富。年來搜羅尤多，專著迭出，如今担任主編本刊，定能一一貢獻其所得而使讀者充分滿意。此外另由在上海的同人數位分任各門類的編輯，謹爲各個介紹。陸丹林君平素研究書畫文藝，甚有心得，現任道路月刊主任和國畫月刊編輯。胡肇椿君爲考古專家，成績甚多，著述宏富，最近應聘任上海博物館主任職。李應林君爲教育專家，社會學者，現任上海市平民福利事業管理委員會總幹事，對于社會問題，及國際問題素有深邃的研究。明耀五君爲編譯專家，現

簡又文：逸經的故事　三

— 3 —

逸經 文史半月刊

逢五日廿日發行

第一期創刊特大號

廿五年三月五日初版壹萬
三月十二日再版四仟
八月十二日三版一仟

業經聲請登記

社長兼發行人　簡又文
主編　謝興堯

分門編輯
謝興堯「史實」「遊記」「書評」
陸丹林「人志」「秘聞」「詩歌」
胡肇椿「考古」
李應林「紀事」
明耀五「圖象」「特寫」
大華烈士「雜俎」「小說」

會計兼事務主任　楊玉潔

社址及總經售處　人間書屋
上海愚園路愚谷村廿號
電話二二五七九

印刷者　倉頡印務有限公司
上海南成都路一四一號
電話三四七二〇

定價
每册零售一角
預定全年廿四册二元
半年十二册一元國內
及日本郵費在內
國外全年四元四角

第一期（創刊特大號）目錄

逸經文史半月刊發刊啓事

我們集合東西南北志同道合的文友多人，發刊這「逸經」文史半月刊，籌備了幾個月，如今出世了。謹先將我們的志趣和本刊的規模明白宣布出來。

「逸經」之命名，蓋本於「漢六經皆置博士，其出自屋壁，傳於民間，不在博士所習者，皆謂之逸。」

「逸經」之宗旨，乃在供給一般讀者們以高尚雅潔而興趣濃厚，同時既可消閑復能益智的讀品，並圖貢獻于研究史學及社會科學者以翔實可靠的參考資料，務期開卷有益，掩卷有味。

「逸經」之性質，是超然的及純粹的文藝與史學的刊物，並無政治作用，亦無牟利企圖，尤其是無黨見，無派別；既不爲個人作宣傳，更不受團體所利用；經費全由創辦者個人負責，不受何方津貼。

「逸經」之文體，長短不拘，語文並用，莊諧雜出，雅俗共賞。

「逸經」之取材，中西並集，今古盡收，譯作皆有，小大悉備。

「逸經」之內容，不尙清談，不發空論，必求言中有物，華而且實，使能篇篇可讀，期期可傳。因此……

「逸經」之門類，分爲十二：

圖象　注重人物，事實，風景之眞像，及珍貴的書畫古物之攝影與拓片。
史實　注重史料之發現與整理，及史事之系統的記載與考據。
人志　注重對于人類，民族，社會，學術及文化有偉大的工作與特殊的貢獻者之寫眞及傳記。
遊記　注重親見親歷的風景，民俗，及地方眞相。
特寫　注重各種制度，組織，事業，社會之實際狀況。
紀事　注重國內外各地重大事件之親見的，特訪的，生動的，詳實的消息，以作現代的信史。本刊有特約各地通訊員担任此門。讀者投稿尤所歡迎。
秘聞　注重希有的，雅潔的軼聞秘史。
考古　注重古物古蹟之新發現，及簡潔有味的敍述。
詩歌　注重詠史，詠人，詠物，詠事的佳作。
小說　注重有技巧，有內容，有意義，有文學價值的作品。
書評　注重學術之介紹而爲公允的，專門的評價。
雜俎　注重幽默的及有趣的小品。

以上各門類，未必期期具備，要不出此範圍。

「逸經」之出版，每月二册，每册字數由四萬至五萬，每逢五日，廿日出版。

同人等或性耽文史，或雅好藝術，或嗜考求古物，或喜網羅舊聞，或則研究風俗民情，或則專訪中外時事，願本其所得所見，以公諸同好，更欲藉本刊爲嚶鳴求友之媒介，謹以至誠邀請　各界人士共同合作，以促進本刊之成功。是爲啓。

逸經社同人